법학총서

법 학 통 론

노 병 호
이 영 진 공저
장 석 천

法 文 社

서 문

이제 우리나라에 근대법학이 뿌리내리기 시작한 지도 한 세기를 경과하였고 그 동안 국내외의 법학 환경도 많은 변화와 발전을 거듭해왔다. 또한 당연하게도 법은 사회라는 유기적 생명체의 토양 위에서 살아숨쉬며 각 시대와 공간의 특성을 반영해가면서 나름의 수요와 필요성에 직면하여 서로 영향을 끼치고 새로운 방법론을 모색하기도 하는 것이다.

최근 대한민국에서도 법조인 양성과 법학교육 방법에 있어서 획기적인 새로운 시도를 하고 있는바, 십여년에 걸친 오랜 논쟁과 갈등을 거듭한 끝에 2007년 관련법률이 국회를 통과함에 따라 2009학년도부터 도입하도록 예정되어 있는 법학전문대학원제도가 바로 그것이다. 이는 그 동안 많은 문제점을 노정시켰던 지금까지의 사법시험에 의한 법조인 선발방식으로부터 이른바 미국식의 Law School(법학전문대학원)체제를 모델로 삼아 이론과 실무를 겸비한 심층적인 교육을 통해 법조인을 양성해 나가겠다는 의지의 표현으로 볼 수 있을 것이다.

본서는 이러한 법학환경의 변화에 부응하여 기존 교양과목으로서의 법학 입문자들을 위한 길잡이로서 역할뿐만 아니라, 새로이 법학전문대학원에 입학하여 법학이론을 처음 접하게 되는 비법학 전공 출신의 예비법조인들에 대해 법학이라는 방대한 학문의 숲을 조감하고 체계적으로 파악한 연후에 개별 법학분야의 나무를 접할 수 있도록 함으로써 법학 전반에 걸쳐 보다 알기 쉽고 일목요연하게 이해할 수 있도록 하는 데 주안점을 두었다.

본서의 내용과 체제는 저자가 지난 20여년간 충북대학교 법과대학에서의 연구와 강의경험을 토대로 국내외 여러 저작물의 섭렵을 통해서 자칫 딱딱하게 느껴지기 쉬운 법학이라는 학문을 어떻게 하면 알기 쉽고 또 지적 호기심을 충족시킬 수 있도록 할 것인가에 중점을 두면서도 전체적인 학문적인 체계를 흐트러뜨리지 않도록 하고자 하는 결코 쉽지 않은 과제에 대한 타협적인 산물이다. 그런 점에서 특히 본서는 이러한 두 가지 과제에 대한 문제의식을 바탕으로 이미 10여년 전 간행하여 독자 여러분의 격려와 비판 속에 판을 거듭하였던

「신법학개론」의 토대 위에서 근간 법학계의 동향과 최근까지의 각종 법령개폐 현황 등을 최대한 반영하면서 기존의 연구성과물을 융합하여 체계화한 것인 만큼 필자의 독창적인 노작물이라 하긴 어려울 것이다. 그러나 법학교육의 방법론에 있어서도 새로운 전기가 마련되어야 한다는 명제하에서 법학에 입문하고자 하는 초심자들의 법 자체에 대한 경직된 인식의 전환을 꾀하는 한편, 보이지 않는 갖가지 법망의 테두리 속에서 살아가고 있는 현대인들에게 우리의 생활과 불가분의 관계에 있는 법과 법학 전반에 관해 올바르게 이해하고 친근감을 가질 수 있도록 하고자 하는 본래의 기조는 일관되게 유지되도록 노력하였다.

또한 최근 우리나라에서 법조인 양성제도의 일대 전환을 시도하고 있는 점에서도 가늠할 수 있듯이 법학의 성격에 있어서 이론뿐만 아니라 실무와 연계된 실천과학적 측면을 부인할 수 없을진대 법학 연구 및 교육의 내용은 종래와 같이 추상적인 이론의 탐구에 치우칠 것이 아니라 시공을 초월하여 시시각각으로 일어나고 있는 사회현상을 법률적으로 분석하고 판단하는 능력을 기르고 그것을 위한 동기부여를 끊임없이 해나가야 할 것으로 보이는 바, 본서는 이 점에 관해서도 일조가 되도록 배려하고자 하였고 그러한 노력은 앞으로도 시간을 두고 계속 이어질 것이다.

끝으로 이 책이 새로운 모습으로 출간되기까지는 음양으로 많은 분들의 도움이 있었음을 밝히며 이 자리를 빌어 감사의 말씀을 드리고 싶다. 특히 촉박한 시일임에도 불구하고 본서의 새학기 간행을 흔쾌히 받아들이고 물심양면으로 협조하여 주신 법문사 관계자 여러분에게도 고마움의 뜻을 담아 전하고자 한다.

가을이 오는 문턱, 충북대학교 법과대학 연구실에서

저 자 씀

차　　례

제 1 편　총　　론

제 1 편

총　　론

제 1 장 법의 개념

법학개론은 법학의 기초적인 일반이론의 학습과 세분화된 각 분야의 법의 개요를 배우는 교과목이다. 모든 학문이 그러하듯이 학문에는 대상이 있다. 법학의 대상은 물론 법이다. 따라서 법학은 법이란 무엇인가라는 물음으로부터 출발하지 않을 수 없다. 법학의 대상인 법에 관한 이론은 복잡다기하고 사회의 변천에 따라 그 내용에 있어서나 방법론에 있어서나 눈부신 변화와 발전을 거듭하고 있다. 또한 법은 여러가지 측면에서 파악이 가능하고 궁극적으로는 법철학적 문제로 귀결되므로 법의 개념에 있어서 누구도 부인할 수 없는 객관적인 정의는 불가능하고 다만 통설적 견해에 의한 개념정립이 시도될 수 있을 뿐이다. 우리는 법의 개념정립과 특징요소를 분석하기에 앞서 법의 존재기반으로서의 법과 사회의 문제, 법의 발전의 문제를 먼저 검토하고자 한다.

제 1 절 법과 사회

Ⅰ. 인간과 사회

인간은 "죽음이 무서워 종교를 만들었고 삶이 두려워 사회를 구성하였다"고 한다. 사람은 살기 위하여 일찍부터 사회 속에서 생활을 영위하고 또 보다 나은 삶을 위해 문화를 창조해 왔다. 사람은 생존 자체를 위한 의·식·주의 문제와 현실생활에 직접 연관된 정치적, 경제적인 갖가지 문제를 해결하기도 하고, 진선미를 탐구하여 가치의 세계를 창출해 내기도 한다. 인간의 이러한 생활을 도외시한 사회의 현상을 생각한다는 것은 원천적으로 불가능한 일이 될 것이다.

인간은 본래 공동생활을 하는 본질적 존재로서 집단생활을 하는 다른 어떤 동물들보다 집단사회 내지 공동사회를 이룩하려는 본성이 월등히 강하다고 할 수 있다. 가상인물이긴 하나 절해고도에 표류하게된 로빈슨 크루소와 같이 독립한 존재로서는 제대로 삶을 영위해 나갈 수 없는 것이다. 아리스토텔레스가 '인간은 사회적 동물'이라고 한 것은 바로 이러한 인간의 본성을 강조한 말이라고 할 수 있다. 심지어 마르크스도 인간은 스스로의 소질을 충분히 계발하기 위해서 종국적으로 국가는 필요없다고 하더라도 공동사회는 필요하다는 것을 전제로 하고 있다.

그러면 공동사회라는 개념의 본체는 무엇일까? 다수의 인간 사이에는 일정한 관계를 맺는 형식이 존재하게 되며, 인간의 행위는 이에 의해서 끊임없이 일정한 방법으로 정립되어 간다. 즉 인간은 일하며, 의견을 주고 받으며, 서로 거래를 한다. 이것이 바로 공동사회의 본체이다. 이와 같이 공동사회는 인간상호간의 행위의 질서적인 구조(또는 상호작용체계)가 형성되는 곳에 그 존재의 기반을 두고 있다.

그렇다면 이 공동사회 속에서 개개의 인간행위는 어떻게 서로 조정되는 것인가가 문제된다. 이 경우 공동사회의 형성과 구조에 있어서는 개개의 인간행위의 의미가 결정적 역할을 하게 된다. 그러나 개미나 벌의 사회에서와는 달리 인간사회에서는 개인들이 앞을 내다보면서 확실하게 그들의 행위를 공동생활과 조화시킬 수 있는 본능을 갖추고 있는 것은 아니다. 따라서 인위적 행동양식인 제도를 통하여, 다시 말하면 규범적 행위질서를 통하여 인간의 선천적 행위성향을 보충하는 것이 필요하게 된다. 바로 이와 같은 규범적 행위질서에 의하여 문화적 존재로서의 인간은 본능에 의해 규율되는 동물세계와 구별되는 것이다.

이처럼 인간의 사회생활은 각 개인이 인격을 서로 존중하면서 긴밀하게 영위되고 있는 공동생활의 터전 위에 보다 나은 삶의 질을 유지·발전시키기 위한 인류적 결합이요 협동생활의 양식이라고 할 수 있다.

이런 의미에서 인간의 사회적 본성은 기에르케(O. Gierke)가 적절하게 지적한 바와 같이 '사람과 사람의 결합'에 있다고 할 것이며, 현대 인간사회의 근본문제 가운데 하나는 바로 전체사회와 개체의 조화로운 결합에 놓여 있는 것이다. 사회로부터 유리된 인간은 자연과학 혹은 생리학의 대상으로 존재할 수 있을지 모르나 사회과학의 대상이 될 수는 없는 것이다.

II. 사회생활과 법질서

앞서 본 바와 같이 사회적 존재로서의 인간의 생활은 본질적으로 공동생활의 형태이며, 이는 하나의 사회적 현상이다. 사람이 사람답게 잘 살아나가기 위해서는 사회구성원으로서 협동관계를 유지해야 한다. 그러자면 생활 속에서의 단순한 약속이나 공통의식에 바탕한 규칙 그리고 도덕이나 종교 교리와 같은 공동생활을 유지하기 위한 규범적 수단이 있어야 할 뿐 아니라 나아가 법과 같은 보다 체계적인 외부적 규제도 필요하다. 인간의 행동은 자연발생적인 양식에 의해서 일률적으로 조절되는 것은 아니기 때문에 자신의 사회 속에서의 행위에 대해 일정한 의미와 공동의 목표를 부여함으로써 신뢰를 갖고 예측 가능한 공동체적 방향을 유지할 수 있게 되는 것이다.

예를 들어 연주회가 진행되는 경우 개개의 연주자들은 모두 악보에 표기된 동일한 악곡을 연주함으로써 그들의 행위를 서로 맞추어 나간다. 즉 그들은 객관적으로 동일한 방향지침에 따라 각자의 행위를 서로 조율해 간다. 또한 도로교통에 있어서 자동차 운행자들이 동일한 교통규칙을 준수함으로써(예컨대 우측주행, 좌측추월 등) 운행자들의 행위는 상호 조정된다. 그리고 청과물시장에서 사람들은 또다른 그들 나름의 규칙에 따라 각자의 행위를 공동의 준칙에 맞추어 나가는 것이다. 즉, 사고자 하는 사람은 약정된 가격을 지불하여야 하고, 판매하는 사람은 일정한 물품을 인도하면서 소유권을 이전해야 한다. 도로교통이나 매매에 있어서의 이러한 규칙들은 누구나 알 수 있는 객관적인 의미내용이다. 이러한 사실들은 서로 다른 사람들에게 똑같이 의식될 수 있는 규칙이 존재한다는 것, 그러므로 단순한 심리적 사실이 아니라 전달가능하며 다수의 인간에게 동일한 의미를 갖는 의미내용이 존재한다는 것을 뜻한다. 공동사회를 이룩하기 위한 인간들의 상호조정작용은 자연법칙이나 단순한 심리적 메커니즘을 통해서 이루어지는 것이 아니라, 개개인이 일정한 규범적 행위양식에 따라 제각기 행위를 서로 조화시킴으로써 이루어지는 것이다.

물론 우리가 공동사회 속에서 일상적 생활을 하면서 모든 면에 있어 일일이 규칙이나 법을 의식하고서 하는 것은 아니다. 나쁜짓을 전혀 하지 않고 살면 법은 필요하지 않다고 생각하는 사람도 있을 것이다. 사실상 사회생활이 비교적 단순했던 시대에 있어서는 사회의 질서를 유지하기 위한 규범도 많이 요구되지 않았을 뿐 아니라 그 내용에 있어서도 간단한 것만으로도 충분했던 것이다. 이는 우리 역사상 고조선시대의 '팔조금법'이나 한나라의 고조가 살인, 상해, 절도를 금지하는 이른바 '법삼장'을 만들어 그것만으로도 선정을 하였다는 역사의 기록을 보아도 쉽게 알 수 있는 일이다.

그러나 오늘날과 같이 개인의 자의식이 높아지고 사람의 욕망이 증대하여 경제생활이 복잡해짐에 따라서 인류사회의 규모가 커지고, 그 결과 사람들 사이에서 발생하는 이해의 대립과 충돌도 더욱 크고 복잡해지면 그것을 규율하는 법도 정비례하여 복잡하게 되는 것은 당연한 일이다. 그리하여 이제 법은 악행을 처벌하는 단순한 법만이 아니라 사회생활에 있어서 어떤 사물의 일정한 자격이나 조건을 규정하기도 하고, 제도를 창설하는 조직규범으로서 작용하기도 하며, 모든 인간의 행위를 규제하는 행위규범으로서 기능하게 되어 사람이 그에 복종할 것을 요구하고 있다. 이제 훗설(Husserl)이 적절하게 지적한 바와 같이 현대사회에 있어서 "법은 그 구속에 복종하는 모든 법주체가 꿈도 꾸지 않고 자고 있을 때에도 또한 타당하다"고 하지 않을 수 없다.

흔히 법이 인간의 삶을 통제하는 수단에 지나지 않는 것이라는 인식과 함께 '법학무용론'을 내세우거나 혹자는 '모든 법전은 악마의 성서'라고 몰아부치는 등 법 혹은 법률가에 대한 악의에 찬 비난을 가하는 부류들도 있다. 그들에 의하면 "법률은 혼인에 대해서는 말하나 연애에 대해서는 말하지 않고, 계약에 대해서는 말하나 우정에 대해서는 말하지 않는다"고 하여 대중의 지(知)·정(情)·의(意)로부터 유리된 이러한 법률은 조금도 중요하지 않을 뿐만 아니라 차라리 무가치하다고 한다. 그러나 이러한 모든 사고는 법률만능사상과 조금도 다름없는 잘못된 생각으로서, 그것은 법 내지 법학에 대한 지나친 요구 내지 몰이해에서 나온 것이라 할 것이다. 이 점은 법에 대한 적의를 가진 모든 사람들의 생활이익까지도 법에 의하여 철저히 보호되고 있다는 사실을 보아서도 알 수 있다.

이제 우리는 사회생활을 전제로 하지 아니한 법을 생각할 수 없으며 법 없는 생활의 질서화를 기대하기도 어렵다. 법은 현실생활에 기초를 두고 뿌리를 박은, 인간적 주체적인 사회생활의 실천적 요구와 관련지움으로써만 비로소 그 뜻을 찾을 수 있는 것이다. 즉 법은 인간의 사회적 생활현상과 관련·교섭함으로써만 현실적 의미를 갖는 것으로서, 법 그 자체만 가지고서는 전혀 무의미한 것이다. 이처럼 법은 우리가 그것을 원하든 원하지 않든 우리의 사회생활 가운데 현실적으로 존재하여 그 질서를 유지하고 동시에 우리의 정신적·물질적인 문화를 유지·발전시키기 위하여 반드시 필요한 것이다. 국민의 의사에 기초를 두고 정치가 법에 의하여 실현되고, 우리 자신의 인간으로서의 권리=기본적 인권을 법에 의하여 보장하고 있는 오늘날, 법에 관한 어느 정도의 지식을 갖는 것은 주권자인 국민의 의무이기도 한 것이다.

Ⅲ. 법의 존재기반

1. 법과 국가사회

법은 그것이 다른 어떠한 현상이나 대상과 상호 연관을 갖지 않고 그야말로 그 자체만으로 홀로 존재한다면 적어도 사회 속의 인간들에게는 무의미한 것에 지나지 않을 것이다.

우리 모두에게 법이 가치가 있다라고 할 때 그것은 인간의 일상생활, 특히 사회생활과 밀접한 관련을 가지고 있다는 사실에 근거를 두고 있다.

본래 인간의 사회생활, 즉 공동생활은 개인과 개인, 개인과 단체, 단체와 단체의 제생활관계로 이어져 마지막에 가서는 보다 조직적이고도 가장 큰 규모의 생활단체인 국가생활로 발전한다.

즉 사회적 존재로서의 인간의 공동생활은 최초의 인류사회인 원시공동체로부터 노예제사회에 이르는 고대사회에 있어서는 물론, 봉건적 지배관계를 중심으로 하고서 전개되는 중세사회에 있어서의 협동과 규제라고 하는 사회적 생활관계로서 나타났던 것이며, 이러한 현상은 근대사회에서도 예외일 수 없어 근대적인 사회적 생활관계는 특히 국가라는 조직적인 사회형태를 그 기초로 해서 역사적 범주에서 성립하는 각종 법적 생활관계의 무한한 연쇄로서 나타나게 된 것이다.

본래 인간의 사회적 생활관계의 질서를 유지하기 위하여 요청되는 법규범은, 처음에는 종교·도덕 등과 함께 사회적 관습 가운데 혼재되어 미분화상태에 있었던 것이나, 사회적 생활관계가 일정한 발전단계에 이르게 됨에 따라 정치적 단체, 즉 국가가 형성되고, 다시 그 정치적 권력에 의하여 사회규범이 유지되기 시작하면서부터 법규범은 다른 사회규범으로부터 분화·발전하게 된 것이다. 그리하여 거기에 자연적 질서로서의 사회질서와는 다른, 권력에 의해 강제성이 부여된 질서로서의 국가질서가 성립하게 되고, 이 국가질서로부터 구체적인 내용을 부여받은 사회적 생활관계가 법적 생활관계로서 일정한 역사적 내용을 갖게 된 것이다.

그러므로 근대시민사회나 국가의 법 내지 법률의 내용에 구체적인 현실성을 부여하는 기반은, 바로 이러한 근대사회가 가지고 있는 역사적·구체적 개성 위에서 성립한 사회적 생활관계 그것이라고 할 수 있다. 그러나 근대사회에 있어서의 인간의 사회적 생활관계 전부가 법적 관계로 나타나는 것은 물론 아니다. 그것은 근대사회가 내포하고 있는 모든 사회적 생활관계 가운데 국가를 직접 혹은 간접적인 매개체로 하고서 이루어지는 사회적 생활관계만이 법적 관계로서 구체적으로 나타나는 것이다. 왜냐하면 국가는 본래 인류의 사회적 단체라는 점에서 일반사회와 조금도 다름이 없는 것이나, 일반사회와 같이 역사의 내재적 범주에서 존재하는 것이 아니기 때문에 국가를 매개로 하는 사회적 생활관계는 그 이외의 다른 사회적 생활관계가 그 현실적 기반을 사회적 관습 그 자체안에 가지고 있는 것과는 스스로 그 뜻을 달리 하지 않을 수 없기 때문이다. 뿐만 아니라 국가는 정치권력에 의하여 통제·조직되는 치자와 피치자의 관계에 놓이는 인간의 조직적인 단체이므로 거기에서의 사회적 생활관계는 그 자체내에 이미 강제성을 내포하며, 그 강제성은 권력적으로 유지되는 것이다. 따라서 법적 관계는 권력적 강제성을 본질적으로 내포하는 사회적 생활관계가 되어 스스로 종교적 관계·도덕적 관계·사교적 관계 등과는 다르지 않을 수 없게 되는 것이다. 예컨대 인간의 사회생활 가운데 혈연관계 내지 혼인을 중심으로 하고서 전개되는 신분적인 생활관계와 같은 것은 국가와는 직접 아무런 관계도 없이 창설되고 유지되는 인간의 자연적 존재로서의 생활관계이다. 그것은 국가의 법률이나 재판 등에 의하여 직접 창설되는 관계는 아니지만, 일단 그러한 신분적 생활관계를 중심으로 한 분쟁이 발생한 경우에는 당사자의 힘으로 그것을 원만히 해결할 수 없는 한 그것은 국가의 법률이나 법원의 재판에 의하여 강행적으로 해결할 수밖에 없게 된다. 그렇다면 거기에는 그러한 사회적 생활관계로서의 신분관계에 대하여 하나의 생활정형이 국가에 의하여 주어진 셈인데, 이는 이제 단순한 관습이나 도덕규범의 범주를 벗어난 생활관계, 즉 법적 관계로서의 성격을 갖게 되는 것이다.

이처럼 역사사회에서 생성·발전하는 인간의 사회적 생활관계는 역사의 어느 시기에 발생하고, 다시 역사의 어느 시기에 소멸할 가능성을 가진 특수한 사회형태로서의 국가를 매개로 하고서 구체적·법적 관계로 전화하는 것으로서, 그것은 국가의 생성 내지 각 발전단계에 따라 여러 가지 제도로서 표현되는 역사성을 갖는 것이다. 이것을 바꾸어 말하면 어떤 사회적 생활관계가 법적 관계로서의 규제를 받게 되는 것은 정해진 국가의 법규가 그것을 규제하고자 자의적으로 결정하기 때문이 아니라 사회적 생활 가운데 그러한 결과를 발생시킬 원인이 존재하기 때문인 것이며, 이런 의미에서 국가는 법의 존재기반이 되는 것이다.

2. 법과 국제사회

무릇 "사회있는 곳에 법이 있다"(ubi societas, ibi jus). 이는 사회적 생활관계로 조직되어 있는 사회는 필연적으로 법규범의 존재를 전제로하고 있다는 의미이다. 이러한 조직된 사회는 그 구분의 원리나 관점에 따라 다양한 형태로 나타나게 되며, 그것은 또한 국제적 평면 위에서도 포착될 수 있다. 어차피 상호의존도가 높아진 인간의 근대적 생활에 있어서의 제조건으로 인하여 현대의 각 국가는 어떠한 형태로든간에 결합하지 않을 수 없게 되고, 따라서 그러한 결합관계가 곧 필연적 국제사회를 성립시키게 되는 것이다. 그러므로 오늘날 국제사회는 초국가적 사회 내지 어떤 형태의 필연사회로서의 구조적 특징을 가진 인류적 사회·세계적 사회가 되어 있는 것이다. 즉 오늘날 세계의 인류는 아직 완전히 통일적인 세계사회를 조성하지는 못하고 있으나, 적어도 국가라고 하는 지역적 단체를 구성하고, 이것을 통하여 일정한 조직적 사회를 형성하고 있는 것인데, 이 국가들은 서로 고립하여 있는 것이 아니라 정치적·경제적·문화적으로 밀접한 관계를 맺어 끊임없는 교통을 계속하고 정신적 물질적인 공동이익을 추구하기 위하여 일정한 의식적인 공동생활을 하고 있는 것으로서 이것이 곧 국제사회인 것이다.

그런데 이러한 국제사회에 있어서도 물론 그것이 하나의 조직사회인 이상 그 사회를 평온하게 유지할 수 있도록 법이 필요할 뿐만 아니라 현실적으로도 국제사회에는 많은 법규가 존재하고 있는 것도 사실이다. 그리고 이러한 국제사회의 질서를 유지하기 위한 법규의 총체를 국제법이라고 하는데, 이것은 국제교통이 빈번해지고 세계인류의 정치·경제적 관계가 밀접해짐에 따라 그 국제적 사회에 적용하기 위하여 발생·발달한 것이다.

국제법은 국제사회의 질서를 유지하고, 각 국가의 공동이익을 추구하며, 나아가서는 인류의 공동복리를 실현함을 그 이념으로 한다. 그러므로 국제사회의 법적 관계에 있어서는 국제법의 주체인 어떤 특정한 일국의 법이 아니라, 국가의 경계를 초월한 사회(국제사회) 및 그에 수반하는 법(국제법)의 존재를 승인하고 그에 의거하여 규율되어야 하는 것이다. 따라서 1945년 성립된 이래 국제사회의 보편적 조직으로서 중요한 역할을 담당하고 있는 UN(국제연합)의 경우를 위시하여 최근에 있어서 각 국가는 예컨대 유럽연합(EU)과 같은 국제적 조직을 위해서 일정한 경우 자국의 고유한 주권을 어느 정도 포기하고, 유럽연합의 권한에 유보된 사항에 대해서 그 임무를 부여받은 주요기관이나 혹은 독자적 사법기관에 그 권한을 위임하여 국제적 협력을 추구하고 있다.

이것은 인간의 사회생활에 있어서의 '협동·규제'라고 하는 요인이 국제사회에 있어서도 본질적으로 타당하며 또 그 차원에서 승인되고 있는 것을 의미하는데, 이제 이런 의미에서 인간의 사회생활관계→법적 관계→국제사회적 생활관계로 전개되어 감을 알 수 있다. 즉 국제사회에 있어서의 인간의 '협동·규제'는, 부분적으로 국가주권이 일국적 단계로부터 국제적 단계로 옮겨짐으로 해서, 점차적으로 국제사회·인류사회의 이념인 평화질서(Friedensordnung)를 달성하게 되는 것이다. 이렇게 해서 오늘날 법학의 대상인 법적 현상은 단순히 국가적 법에만 한정되지 않고, 국가내의 제사회 내지 초국가적 사회·세계인류적 사회에까지 확장하게 된다. 이렇게 보는 것은 단순한 국가적 법률관을 벗어나 사회생활의 현실에 맞추어 법을 고찰하여야 한다는 것을 요청하는 것이며, 또 이런 관점에서 법을 '사회의 제생활조건'이라고 보는 예링(Rudolf von Jhering)의 견해는 정당한 일면이 있다고 하지 않을 수 없는 것이다.

이와 같이 국제사회에 있어서 여러 가지 분쟁을 규율함으로써 국제질서를 유지하려는 것이 국제법이다. 그러나 국제사회의 법, 즉 국제법은 그 규율의 대상인 국제사회의 구성적 특질, 특히 주요한 법적주체로서의 주권국가 내지 국가군의 원심적인 권력적 경합 혹은 분극적 경향에 의하여, 집권적 통합 아래 기능하는 근대국가의 법과 비교하여 보면 법적·역사적으로 상당히 특이한 성격과 기능을 가지고 있다는 점을 유의할 필요가 있다. 이 점에 관해서는 뒤에 다시 설명하게 될 것이다.

제 2 절 법의 생성과 발전

I. 서 설

법의 역사적 발전은 여러 단계로 나누어서 고찰할 수 있다. 그러나 각 단계에는 각각 특유한 성격이 인정되는 것이지만, 그 단계 사이에는 밀접한 관계가 있는 것이므로 이것을 전체의 일환으로 관찰하지 않으면 안된다. 이러한 입장에서 영국의 법사상가인 비노그라도프(Vinogradoff)는 법의 발전단계설을 주장하여 법은 토템(Totem)사회에서부터 비롯되어 종족법(tribal law)과 도시국가법(civic law)의 단계를 거쳐 교회법과 봉건법이 결합한 형태의 중세법(medieval law), 근세시민사회의 법형태인 개인주의적 법시대를 지나 오늘날의 사회주의적 성격이 강한 법단계로 발전했다고 주장한다. 이와 비슷한 논리는 미국의 법학자인 로스코 파운드(Roscoe Pound)의 단계설에서도 찾아볼 수 있는데, 그에 따르면 법은 고대법시대→엄격법(strict law)시대→자연법 및 형평법시대(natural law and equity)→법성숙시대(maturity of law)→법의 사회화시대(socialization of law)로 발전하고 있다고 한다.

어떠한 이론에 따르든 법은 사회발전의 소산으로서 생성되어 사회의 변동에 따라 끊임없이 변천·발전하고 있다고 볼 수 있다. 이러한 법의 생성·발전과정을 좀더 구체적으로 보기로 한다.

II. 법의 생성

오늘날과 같은 법제도가 성립되기 이전의 사회규범으로는 타부(taboo), 복수, 동해보복(talio) 등이 있었는데 이들이 법의 기원과 관련하여 논의되고 있다.

1. 타 부

원시사회에 있어서는 특정한 사람이나 사물과의 접촉이 금지되고, 만약 이 금지사항을 위반하면 개인은 물론 종족이나 사회 전체에 초자연적인 힘의 제재에 의하여 질병·불행·죽음 등의 재앙이 온다고 믿었다. 이러한 타부라고 하는 원시인의 자연에 대한 공포심이 원시적 종교와 결합하여 엄격히 준수되어 사회적 규범이 되었다.

2. 복 수

타인의 침해에 대한 보복은 인간의 본능적 요구로서 미개한 원시사회에 있어서는 개인적 복수 또는 혈족복수나 부락복수가 공공연하게 시행되었다. 개인적 또는 집단적인 침해를 받았을 때 피해자측은 가해자측에게 보복함으로써 그 침해에 대하여 제재를 가하였다. 이러한 복수에 의한 응보의식은 원시사회의 질서를 유지하는 기능을 하였다.

3. 탈 리 오

탈리오(lex talionis)란 피해자가 입은 피해와 동일한 정도의 손해를 가해자에게 가하는 동해보복(同害報復)을 말한다. 이것은 원시사회에 있어서 정의관념의 소박한 표현으로서 무제한한 복수를 허용하던 단계에서 한걸음 발전한 문화적 발전단계에서 볼 수 있는 법칙이다. 이 탈리오의 법칙은 고대의 함무라비법전, 모세법전, 로마의 12표법 등에서 볼 수 있다.

4. 공권력에 의한 제재(制裁)

원시사회의 타부·복수·탈리오 등의 제규범들은 사회의 지배권을 옹호하고, 개인의 생명·신체·재산 등을 보호하면서 사회질서를 유지하는 역할을 하였다. 그러나 사회의 발전과 더불어 복수에 대한 제한이 생겼다. 즉 복수의 인정여부, 그 범위에 관한 문제가 생겨나게 되었으며, 구체적인 사항은 그 사회의 장로가 결정하게 되었다. 이것이 곧 재판의 시초가 되었고, 이를 통하여 법규범이 점차로 명확한 형태를 갖추게 된 것이다. 특히 국가라는 통치단체가 확립됨에 따라 종래 타부·복수·탈리오의 형식으로 존재하고 있던 사적 제재는 국가권력에 의해 대치되어 공권력으로 다스리게 되었다. 국가가 발동하는 공권력에 의하여 형벌 및 손해배상의 제도가 확립되었고, 이것이 법규범으로 발전되어 국가의 법으로 정립되기에 이르렀다.

Ⅲ. 법의 발전

1. 고대사회의 법

고대에는 원시시대에 비하여 사회의 구성이 복잡하게 되고, 조직도 발전하여 중앙집권의 강화를 위한 수단으로서 성문법의 성립을 보게 되었다. 그러나 현실적으로는 관습법이 성문법보다도 중요시된 결과, 그 사회 전체의 규범은 아직 법치의 단계에는 도달하지 못하였다. 이 시대의 법의 일반적인 특색은 종교적·도덕적·관습적인 요소가 많이 혼합되어 있었으며, 이것들이 미분화된 상태로 사회를 규율하고 있었다. 그후 로마의 12표법, 시민법, 만민법 등에 나타나고 있는 바와 같이, 법은 종교·관습·도덕 등의 규범으로부터 불완전하지만 분화되어서 그 자체가 사회를 통제하는 기능을 다하였다. 530년경에 로마의 유스티니아누스(Justinianus)황제는 당시의 학설법(學說法)·제칙법(諸勅法) 등을 통일·정리하여 유스티니아누스법전을 제정하여 오늘날 대륙법계의 기초를 마련하였다.

2. 중세의 법

중세에는 봉건제도가 성립됨에 따라 엄격한 신분관계를 규율하는 봉건주의 법이 발달하였다. 이 시대에는 특히 기독교세력이 강대하여 교회법(canon law)이 서양세계를 지배하였다. 또한 게르만민족이 유럽을 지배하게 되자 그들 고유의 관습법이 널리 전파되어 로마법과 쌍벽을 이루어 대륙법의 형성에 큰 영향을 주었다. 이 시대에는 법과 다른 사회규범과의 분화는 과거에 비하여 크게 발전하였으나, 국가가 아직도 근대국가적인 중앙집권을 확립하지 못하였다. 이 시대의 법은 법의 실효성을 보장하기 위하여 그 내용이 신분적·고정적이어서 탄력성을 잃었으며, 파운드(Pound)가 지적한 바와 같이 엄격법(strict law)시대를 이루었다. 중세의 영국에서는 일찍이 순회재판소의 재판관이 전국을 순회하면서 관습법에 의한 재판을 하여 보통법재판소(court of common law)에 의해 판례법이 형성되었다. 여기에서 판례를 중시하는 보통법(common law)이라는 불문법이 형성되어 대륙법과 상이한 법체계를 이루었다. 그후 보통법은 지나친 형식성으로 인해 탄력성을 잃게 되고, 시대의 요구에 적응하지 못하여 보통법을 보충하는 법으로서 형평법(equity)이 나타나게 되었다.

3. 근대의 법

근대에 이르러 산업혁명에 따른 상공업의 비약적인 발달과 새로운 시민계급의 대두로 정치·경제·사회 등의 모든 분야에서 봉건적인 구제도를 타파함으로써 근대적 의미의 중앙집권적 시민국가가 탄생하였다. 시민사회는 개인주의와 자유주의를 사상적 배경으로 하여, 정치적으로는 민주주의, 경제적으로는 자본주의를 원칙으로 성립·발전하였고, 이들 개인주의·민주주의·자본주의 등의 근대적 이념은 근대국가의 성립과 발전에 이론적 근거가 되었다. 이 결과 근대시민법은 사유재산권의 보장(소유권절대의 원칙), 계약자유의 원칙, 과실책임의 원칙 등을 기본이념으로 하여 발전하였다.

이 시기에 이르러 비로소 인권보장을 전제로 하는 법치주의국가가 성립되고, 개인의 자유·평등 및 권리에 대한 국가적 보장이 확립되어, 개인은 법률상의 권리·의무의 주체로서 인정되었다. 따라서 법의 이념은 종래의 의무본위적 사상으로부터 권리본위의 법률관계에로, 또한 국가본위의 법으로부터 개인본위의 법으로 변천하였다.

4. 현대의 법

근대의 법은 국가권력으로부터 개인의 자유와 평등을 보호함으로써 개인의 권리를 보장하는 데 절대적인 공헌을 하였으나, 시민적 경쟁사회를 바탕으로 자유·평등의 추상적 이념만을 추구하였고, 인간의 구체적 가치를 실현하여 이를 확보하는 것은 등한시하였다. 따라서 이에 대한 반성으로 개인에게 참다운 자유와 평등을 누릴 수 있는 현실적인 자유와 구체적인 급부를 제공함으로써 보다 나은 인간다운 삶을 보장하는 것이 법의 이상이 되었다. 이에 따라 개인주의와 자유주의를 기반으로 하는 법의식이 사회 본위의 측면에서 반성하기에 이르렀다. 그리하여 사법의 기본원칙 등이 각각 수정되게 되었는데, 즉 재산권의 사회공공복리에 대한 의무를 강조하여 소유권(특히 재산권)의 절대적 가치에서 상대적 가치에로, 그리고 계약에 대한 국가의 간섭이나 통제가 인정되고, 무과실책임도 인정하게 되었다.

현대국가는 인간다운 생활을 보장하기 위한 노력의 일환으로 사회법의 발달을 가져왔고, 동시에 복지국가를 실현하기 위하여 국가권력의 확대와 강화를 초래하였으며, 이것은 구체적으로 행정권의 강화로 나타나고 있다.

제 3 절 법의 개념과 규범적 특성

Ⅰ. 법의 개념

'법이란 무엇인가?'라는 물음은 법학을 배우기 시작하면서 제일 먼저 부딪치게 되는 문제이자 법학을 다배우고 나서도 그 완전한 정의를 내리기 곤란한 문제이다. 우리가 법의 개념정의에 앞서 '법의 존재기반'으로서의 '법과 사회'와 '법의 발전'을 먼저 다루었던 것도 법의 개념정립에 도움을 받고자 함에 그 목적이 있다.

우선 법의 어원부터 살펴보면, '법'에 해당하는 라틴어 ius, 독일어 Recht, 프랑스어 droit는 모두 '옳은 것'이라는 뜻을 가지며, 또 영어의 law는 그 어원이 '정하여진 것'이라는 뜻을 갖는다. 따라서 이러한 표현들은 모두 법과 권리·정의라고 하는 두 가지 뜻을 동시에 포함하고 있는 것으로 이해된다. 한편 한자의 法(fa)은 '수'와 '거'가 합쳐진 글자로서, 그것은 '치수'를 의미하는 것이며 따라서 다스리는 것, 질서의 뜻으로 쓰였다. 본래 동양에서는 서양의 법과 분명히 일치되는 개념을 찾기는 어려우나, 예(禮)·의(義)·율(律)·이(理)·칙(則) 등의 용어로 법의 뜻을 나타내기도 하였다.

사회현상으로서의 법은 일반적으로 "사회생활관계의 질서를 유지하기 위하여 국가권력에 의하여 강행되는 사회규범"이라고 정의할 수 있다. 이러한 정의는 실증적으로 증명되고 있는 사실을 근거로 하여 정의를 내린 것이다. 이러한 정의로부터 법은 규범성, 목적성, 강제성을 필수적 요소로 가진다는 점을 알 수 있다. 순수법학자 켈젠(H. Kelsen)은 "법이란 일정한 제약적 요건(불법요건)과 다른 피제약적 요건으로서의 강제효과를 당위의 관련 아래서 결합하는 강제규범"이라 정의함으로써 규범성, 강제성, 가언성(假言性)을 법의 개념요소로 보았다.

II. 법의 규범적 특성

법은 규범이다. 따라서 '법'이라는 말과 '법규범'이라는 말은 같은 뜻으로 쓰이기도 한다. 즉 여기에서 말하는 법(Recht)은 법규범 전체를 총칭하며, 국회에서 의결되어 대통령이 공포한 법률(Gesetz)만을 의미하는 것은 아니다. 규범은 당위를 내용으로 하는 명제로서 자연법칙과는 구별되는 것이며, 어떠한 존재적 사실이나 행위의 의미를 해석하는 공식이라 할 수 있다. 때문에 만일 그러한 사실이 규범의 내용과 일치하면 '가치가 있다', '합법적이다'라는 해석이 내려지고, 반대의 경우에는 '가치가 없다', '불법적이다'라는 해석이 내려진다.

1. 규범법칙으로서의 법

법은 사회의 목적이나 가치의 실현을 위하여 인간이 준수하여야 할 사회규범이며, 사회구성원으로서 지켜야 할 준칙으로서의 법칙이라고 일응 말할 수 있다. 법칙은 칸트(Kant)에 따르면 자연을 대상으로 하는 자연법칙과 인간사회를 대상으로 하는 규범법칙으로 구분된다. 자연법칙은 '해는 동쪽에서 떠서 서쪽으로 진다', '사람은 죽는다'는 말에서도 알 수 있듯이 정(正)·사(邪)·선(善)·악(惡) 등 가치판단을 내릴 수 없는 법칙으로서 사실상의 인과율에 지배되는 법칙인 동시에 필연적인 것을 의미하며 인과율을 나타내는 존재(Sein)의 법칙이다. 따라서 인간은 이러한 필연의 법칙을 발견하거나 응용할 수는 있어도 법칙 그 자체를 창조하거나 변경할 수는 없다.

이에 반하여 규범적 법칙은 사회구성원에 대하여 '하여야 한다', '하여서는 아니된다' 등 규범으로서의 당위성(Sollen)을 의미하며, 그것은 따라서 목적률이고 목적의 세계가 된다. 규범적 법칙은 필연적 결과로서의 인과율이 아니고 사회구성원 스스로의 자유의사를 전제로 하기 때문에 사회생활의 질서유지와 이에 조화되는 목적달성을 위하여 성립되는 목적률이며, 그의 활동기반은 가치의 세계인 인간사회가 중심이 된다. 따라서 규범은 일정한 당위성에 대한 위배행위의 결과에 대하여 책임을 귀속시키게 된다. 이로 인해 규범은 언제나 인간의 의사활동과 행위에 대한 위반을 예정하고 사회생활의 질서유지라는 목적에 비추어 이를 제재함으로써 그 성립이 가능하게 된다. 이와 같이 법은 자연법칙이 아닌 규범법칙의 일종으로 성립한다.

2. 목적규범으로서의 법

법은 인간이 국가적 생활을 영위하기 위하여 그 질서를 유지할 것을 목적으로 하고서 성립하는 규범이라는 점에서 목적규범성을 갖는다. 따라서 법은 특정한 목적달성을 위한 국가적 사회의 구성원으로 하여금 공동의 목적을 달성시키기 위한 준수규범으로서 그 중심적 권력에 의하여 강행되는 규범인데, 이것을 법이 규율하는 생활관계라고 하는 측면에서 보면 국가와 그 구성원 사이의 생활관계(헌법·행정법·형법·소송법 등), 국가의 구성원 상호간의 생활관계(민법, 상법 등), 국가들 상호간의 관계(국제법)로 나타나고, 법의 작용이라는 측면에서 그 내용을 보면 일정한 행위 혹은 부작위에 관한 것이라고 할 수 있다.

법이 국가사회의 질서유지를 목적으로 하는 한, 국가에 의해 그 공동생활에 있어서의 행위의 준칙으로서 승인되어야 한다는 것은 필연적이다. 따라서 제정법이든 불문법이든 언제나 국가의 권력에 의하여 승인되어져야 하며, 또한 국가의 승인에 의하여 비로소 법은 법으로서의 존재가치를 갖게 되는 것이다. 이에 따라 법에 대해서 국가사회 구성원으로 하여금 법적 인식 혹은 법적 확신을 갖게 하여 일반적으로 준수된다.

3. 강제규범으로서의 법

법규범은 그 사회질서유지의 기능을 충족하기 위하여 그 준수가 강제되는 규범이다. 도덕이나 관습 등의 사회규범도 역시 사회적 비난 등에 의하여 유지되고 있는 것은 틀림없는 사실이지만, 그것은 결코 조직적인 것은 아니므로 이 점에서 법은 다른 사회규범과 구별되는 것이다. 법규범이 조직적인 국가권력에 의하여 강제된다는 것은 그 법규범의 적용을 받는 당사자가 규범을 존중하도록 국가권력에 의하여 강행된다는 것을 의미하는 것이므로, 만약 그 규범을 당사자가 지키지 않는 경우에는 직접적으로 일정한 제재나 불이익을 받게 된다는 것을 뜻하는 것이다. 이 경우의 강제성이라는 의미는 강제수단이 반드시 직접적으로 구비되어 있어야만 한다는 것은 아니고, 강제력을 구비하고 있는 다른 법의 규정과 관련하여 법규범체계의 전체로서 강제성이 승인되어 있거나 혹은 그것이 일반인에 의하여 기대되어 있으면 된다고 하는 의미로 이해하여야 할 것이다. 이와 같은 경우는 헌법이나 국제법 등에서 많이 볼 수 있다. 그리하여 예링(Jhering)은 "법적 강제가 없는 법규는 그 자체가 모순이며 타지 않는 불, 비치지 않는 등불과 같다"고 하여 국가의 강제(Zwang)를 법의 본질적 징표로 보고 있으며, 칸트(Kant)도 '법과 강제기능은 동일하다'고 하였고, 파운드(R. Pound)는 '법은 사회의 강제력의 체계적 적용에 의한 사회통제(social control)'라고 하여 법의 특성으로서의 강제성을 강조하고 있다. 이에 대하여 도덕법(moral law)만을 진정한 법으로 인정하는 도덕주의자(moralist)들은 궁극적으로 강제, 즉 폭력에 입각한 법은 진정한 도덕의 원칙에 반한다고 하면서, 도덕법은 인간의 양심에 대해서만 호소한다고 하고, 한편 사람이 법을 준수하는 것은 강제에 의한 것이 아니라 국민의 법에 대한 승인(consent)에 있다고 보는 법에 대한 승인론자들은 강제성을 법의 본질적 징표로 보는 데 부정적이나, 법이 다른 사회규범과 구별되는 점은 국가에 의한 물리적 강제에 의해 실현된다는 점은 부인할 수 없다.

4. 법의 가언명제성(假言命題性)

법은 무제약적인 타당성을 주장하는 정언명령(定言命令)이 아니라 일정한 제약적 요건에 대하여 일정한 효과를 부여하는 규범이라는 뜻으로, 가령 "살인하지 마라"라고 하는 것만으로는 법이 될 수 없고, "살인의 죄를 범하였을 때에는 처벌되어야 한다"고 규정하는 것이 법규의 특성이다(if, wenn). 우리 형법이 "타인을 살해한 자는 사형·무기 또는 5년 이상의 징역에 처한다"고 규정하고 있는 것은 바로 이러한 특성을 나타내고 있는 것이다.

제 4 절 법의 구조

법의 본질파악에 필수적으로 수반하는 문제가 법(규범)의 구조문제이다. 이것은 법규범 자체에 어떠한 입체적 계층이 있는가 하는 문제로 법의 복합구조, 중층구조, 입체구조로 논의된다. 이하에서는 법의 구조에 관한 학설을 살펴보고 일반적으로 주장되는 법의 구조에 대해서 살펴보기로 한다.

Ⅰ. 법의 구조에 관한 학설

마이어(M. E. Mayer)는 법의 구조를 '문화규범'과 '법규범'의 복합구조로 파악하고 있다. 문화규범이란 법규범의 근저에서 그 사회의 생활을 규제하는 규범을 의미하고, 법규범은 문화규범에 위반하는 행위로 인하여 사회인의 이익이 침해되었을 때 그것을 보호하는 규범을 의미한다고 한다. 문화규범은 일반 사회인이 그 수범자로 되며, 법규범은 그 적용을 담당하는 법관이 그 수범자로 된다고 한다.

에를리히(E. Ehrlich)는 법을 '사회단체의 내부질서'와 '판결규범'의 복합구조로 파악하고 있다. 그는 법의 기초가 되는 규범인 사회단체의 내부질서와 판결규범에서 발달한 성문법규를 명백히 구별하여 '살아있는 법'(lebendes Recht)을 밝혀야 하며, 분쟁으로 인하여 파괴된 사회단체의 내부적 질서를 재판을 통하여 회복하는데 법의 기능이 있다고 하여 법의 사실적 연구에 새로운 면을 개척하였다.

뒤기(L. Duguit)는 법의 구조를 '규범적 법규'와 '구성적 · 기술적 법규'의 복합구조로 파악하고 있다. 그는 사회연대주의자로서 인간사회에는 경제적 규범 · 도덕적 규범 · 법규범의 세 가지 종류의 사회규범이 있는데, 이것은 인간의 행위를 규율하는 준칙으로서 사회연대의 사실을 확보하기 위하여 필요한 사회의 법칙이라고 한다. 그는 법규범은 도덕규범과 같이 행위규범에 속하는데, 일정한 도덕규범이 통용되고 있을 경우에 그 효력이 사회적인 강제에 의하여 확보되어야 한다고 인정하면 이러한 도덕규범은 곧 법규범으로 된다고 한다. 그러므로 법규범이 성립될 때에는 동시에 이 법규범을 위반하는 행위에 대하여 어떠한 제재가 가해질 것인가를 정하는 준칙이 만들어져야 하며, 이러한 준칙을 '구성적 · 기술적 법규'라고 부르고, 이에 대하여 본래적인 법규범을 '규범적 법규'라고 부른다. 성문화된 대부분의 법규는 대부분 구성적 · 기술적 법규에 해당한다고 한다.

켈젠(H. Kelsen)은 순수법학의 입장에서 법규범은 강제규범이며 강제규범만이 법규범이라고 하며, 그것은 일정한 행위를 불법요건으로 하여 일정한 강제효과를 귀속시키는 순수한 법규범으로서 제1차규범인데 대하여, 이러한 강제규범인 법규범에 선행되고 그 타당성의 전제가 되는 규범인 제2차규범은 강제규범인 법규범과 결합됨으로써 비로소 법적 의미를 갖는다고 한다.

II. 법의 구조적 특질

이상의 법의 구조에 관한 학설은 각각 사용하는 개념과 설명의 방법은 다르지만, 결국 법이 행위규범과 강제규범의 복합구조성을 갖는 것이라는 점에 있어서는 공통되어 있다고 할 것이다. 나아가 행위규범과 강제규범(재판규범)을 통합하여 그 존립의 기초와 작용방식을 부여하는 조직원리에 관한 규범으로서의 조직규범도 법의 구조적 특질의 하나로서 들 수 있다. 법은 이와 같은 세 가지 주된 형태로 이루어진 복합체로서 서로 관련을 맺으면서 국가의 조직과 작용을 규정하고 법질서를 유지하고 있다.

1. 행위규범

법규범은 1차적으로 사회공동질서의 유지를 위하여 일반인에게 특정사항을 명령하거나 금지하는 행위규범으로서 나타난다. 예컨대 헌법 제12조 제3항의 「체포・구속・압수 또는 수색을 할 때에는 적법한 절차에 따라 검사의 신청에 의하여 법관이 발부한 영장을 제시하여야 한다」라든가 민법 제2조 제2항의 「권리는 남용하지 못한다」 등의 규정은 행위규범으로서 질서유지를 위한 제1차적인 기능을 갖고 있다. 이러한 행위규범의 구조에서만 본다면 법규범은 도덕이나 관습 등의 다른 사회규범과 같이 강제성이 포함되어 있지 않다는 점에서 그것들과 다를 바가 없게 된다.

2. 강제규범

조직화된 공동사회에 있어서 법의 실현은 법적으로 규제된 방법에 의해서 이루어지게 된다. 따라서 법규범은 1차적 행위규범만을 규율하는 것이 아니라, 이러한 규범이 관철될 수 있는 절차까지도 규율하게 된다. 이러한 의미에서 행위규범은 그에 위반되는 행위에 대하여 일정한 강제효과가 귀속된다고 하는 규정과 결합됨으로써 비로소 법규범으로서의 의미를 갖게 되는 것이다. 예컨대

「사람을 살해한 자는 사형 · 무기 또는 5년 이상의 징역에 처한다」라고 하는 것은(형법 제250조 제1항), "사람을 죽이지 말라"는 행위규범을 전제로 하여, 이에 대한 위반행위가 있는 경우에는 형벌을 가한다는 강제규범이다. 따라서 법은 행위규범과 강제규범의 복합체, 즉 두 개의 이질적인 규범으로 구성되는 복합구조를 가진 규범체계로서 파악할 수 있는 것이다. 이를 법규범의 복합구조라고도 한다. 이와 같이 법이 이중적 구조를 갖는 이유는 법의 실효성을 확보하기 위한 수단을 의미하는 동시에, 어떠한 행위를 하거나 또는 하지 않는 자는 일정한 처벌을 받을 것이라는 것을 미리 예고함으로써 일반인의 예측가능성과 안정성을 보장하여 주는 데 있다.

구체적으로 법규범이 강제되는 양상은 다양하게 나타난다. 현존하는 법적 의무의 강행의 경우, 예컨대 채무자가 지급의무를 이행하지 않는 경우에는 채무자는 채권자의 제소에 의하여 법원으로부터 지급판결을 받게 된다. 채무자가 여전히 지급하지 않는 경우에는 판결에 의하여 그에 대하여 강제집행이 행하여질 수 있다. 이로 인해 채무자의 지급의무가 강제적으로라도 이행되도록 한다. 그러나 의무가 이미 위반되어 있는 경우에는 형사적인 제재만을 물을 수 있게 된다. 즉, 의무위반에 대하여 형벌을 부과함으로써 다른 일반인으로 하여금 의무위반을 하지 않도록 동기를 부여하며(일반예방) 또한 위반자 자신으로 하여금 장래에는 이러한 의무를 다시는 위반하지 않도록 영향을 주게 된다(특별예방). 법규범의 강제성은 또한 위법행위가 무효로 선언되거나 취소됨으로써 보장될 수도 있다. 예컨대 헌법위반의 법률(입법행위)은 헌법재판소의 구체적 규범통제절차에 의해 무효로 선언될 수 있고, 위법한 행정행위는 행정소송절차에 의해서 취소될 수 있으며, 부당한 법원의 판결(사법행위)은 상소에 기해서 상소심에 의하여 파기될 수 있다.

3. 조직규범

법규범에서는 이러한 행위규범과 강제규범 외에도, 행위규범과 강제규범을 통합하고, 그 존립기초와 작용방식에 관하여 규정하는 조직규범이 존재한다. 조직규범이란 구체적으로 법의 제정 · 적용 · 집행을 담당하는 기관의 조직과 이 조직을 구성하는 기관에 일정한 권한을 부여하는 규범을 말하는 것으로서 이러한 조직규범이 개개의 법체계를 전체로서 통괄하여 국가의 근본조직과 정치운영의 원칙을 규정함으로써 법은 사회질서를 유지하고 그 기능을 발휘할 수 있게 된다. 따라서 법은 도덕규범 등과 같이 단층구조로 존재하는 것이 아니라, 조직규범을 기초로 하고서 그 위에 행위규범과 강제규범이 불가분하게 연결되어 있는 복합체로서 하나의 실정법질서를 구성하고 있다고 할 수 있다.

국가의 가장 기본적인 조직규범은 물론 헌법이지만, 헌법의 위임을 받아서 다시 국가기관의 조직과 권한을 정하는 법(예컨대 국회법, 법원조직법, 정부조직법, 공무원법 등)도 조직규범에 속한다.

조직규범은 국민일반의 사회생활을 직접적으로 규율하는 것이 아닌 점에서 행위규범과는 다르며, 또 위반행위에 대하여 직접 강제력을 발동하는 것이 아니므로 강제규범과도 구별된다. 즉, 조직규범의 직접적 수범자는 국가기관의 구성자이다.

제 2 장 법과 다른 사회규범과의 관계

사회공동생활에 있어서의 개인의 행위를 규율하는 규범으로서는 법규범 이외에도 다른 많은 사회규범이 존재한다. 따라서 법규범은 사회의 여러가지 생활관계를 규율하는 행위규범의 일부를 이룰 뿐이고, 사실상 사회생활관계는 법 이외의 행위규범인 관습규범이나 사회도덕에 의해서 대부분 규율된다. 예컨대 가족이나 친구 혹은 이웃사촌 사이의 관계와 같이 매우 긴밀한 일상생활 관계에서는 법적인 것보다 다른 행위양식(예컨대 예의범절, 상호배려의무, 부조의무 등)이 우선한다. 거래생활에 있어서도 상인의 친절의무와 같은 비법적 규범이 거래관계의 대부분을 규율한다.

사회제도의 원활한 기능은 법을 보충해 주는 이와 같은 사회규범에 달려있는 것이 보통이다. 예컨대 가정생활의 기능이 전적으로 가족법규에 의해서만 보장되는 것은 아니다.

법규범을 포함한 사회규범들은 본래는 서로 미분화된 상태에서 혼합되어 있었으나, 사회의 발달과 사회생활의 복잡화로 인하여 점차 분화되어, 서로 독립적 위치를 갖고 각기 다른 가치기준을 추구하는 사회규범으로서 존립하고 있다. 오늘날에도 이러한 규범들은 엄격히 분리되어 존재하는 것이 아니라 서로 밀접한 관계를 갖고 공존하고 있어, 규범상호간의 차이점과 관련성을 논하는 것은 이론상이나 현실에 있어서 어려운 문제로 되어 있다.

법과 다른 사회규범과의 관계를 고찰함으로써 법의 개념을 더욱 분명히 할 수 있다.

제1절 법과 도덕과의 관계

법과 도덕과의 관계는 일찍부터 법학에 있어서 가장 오래되고도 어려운 문제로 논의되었고 이에 대해서 많은 이론이 주장되어 왔으나, 예링(Jhering)이 지적한 바와 같이 '법철학에 있어서의 케이프 혼'에 비유할 만큼 어려운 주제로 인식되고 있다. 본래 법과 도덕은 결합된 하나의 사회규범을 이루고 있었으나 사회의 공동생활이 복잡화·다양화함에 따라 법이 도덕에서 분화하게 되었고, 근대국가가 성문법제도를 완비하여 법이 사회질서의 유지를 위한 중추적 기능을 담당하게 되면서 법의 존재가 더욱 중요시되어 법과 도덕의 구별은 비교적 명확하게 되었다. 그러나 이러한 구별은 성문법의 내용이 적지않은 경우에 있어서 도덕적 내용을 수용하고 있기 때문에 상대적인 것이 될 수밖에 없고 따라서 양 규범은 서로의 관계에 있어서 밀접한 연관성을 가지면서도 동시에 구별되어야 하는 특성을 갖게 된다.

Ⅰ. 법과 도덕의 구별

법과 도덕의 구별에 관해서는 근본적인 두 입장이 있는데, 인간이 만드는 법은 그 보다 더 궁극적인 도덕에 기초하고 그에 합치되어야만 법으로서의 효력을 갖는 것이며, '부정당한 법'(unjust law)이란 법이 아니라고 보는 자연법론과 법의 내용이 도덕에 반하더라도 법은 법이라고 주장하는 법실증주의가 그것이다. 자연법론은 궁극적으로 법과 도덕은 일원적인 것으로 보는 반면(일원론), 법실증주의는 법과 도덕을 이원적으로 구별한다(이원론). 이러한 법학에 있어서의 근원적인 두 입장의 면을 떠나 법과 도덕을 어떠한 기준에 따라 구별할 것인가에 대해서는 많은 견해가 존재하나 그 중 주요한 입장을 정리하면 다음과 같다.

1. 법의 외면성과 도덕의 내면성

슈타믈러(Stammler)가 대표적으로 주장하는 이 입장에 의하면 법은 사람의 외면적 행위를 규율하고(즉, 외면성이 강조되고), 도덕은 사람의 내면적・정신적인 의사를 규율하는 것이라고 한다. 예컨대 어떤 사람이 다른 사람을 살해할 의사나 생각을 갖고 있다 하더라도 그것이 외부적 행위로 구체화되지 않는다면 법규범에는 위반되지 않는 것이나, 도덕규범에서는 마음 속의 살의(殺意)도 금지되어야 할 내용이 된다고 한다.

이 견해는 물론 일면의 진리를 내포하고 있으나, 상대적 의미의 구별에 지나지 않음을 쉽게 알 수 있게 된다.

인간의 행위는 내부적 요소로서의 의사와 외부적 요소로서의 행위나 부작위 등의 태도로 구성되는 것이고, 양자의 관계는 서로 분리할 수 없는 하나의 통일체로서 성립하는 것이다. 즉, 외부적으로 나타나는 한 인간의 태도는 의사의 구체적 외부세계에의 표현이고, 의사는 외부적 태도의 원인이기에 법적 평가는 내부적 의사에도 미쳐서 고의・과실, 선의・악의에 대한 법적 평가가 달라지게 되는 것이다. 또한 반면에 도덕에 있어서도 외부적인 태도가 어떠하든 의사만 훌륭하면 족하다고 보지는 않게 된다. 따라서 법이 그 관심의 대상을 인간의 내면적 의사에 대해서 등한시하는 것도 아니고, 도덕 역시 외면적 행위에 대해서 관심을 갖지 않는 것도 아니라면 이 견해는 별로 설득력을 갖지 못하게 된다.

2. 법의 타율성과 도덕의 자율성

이는 칸트(Kant)가 구별하는 견해로서, 법규범은 외부적인 힘을 요인으로 하는 타율성을 그 본질로 하는 것이나, 도덕은 개인의 양심에 기초를 둔 자율성에 있다고 한다. 그러나 법이 부여하는 의무도 자신이 의욕을 갖고 실행하는 한 자율적일 수가 있는 것이며, 반면에 도덕도 자기 자신을 규율할 뿐만 아니라 타인도 규율한다는 점에서는 타율적이 된다. 또한 법이나 도덕은 현실적으로는 모두 외부로부터 강요되고, 그 실효성은 타율적인 것에 의해 이루어지므로 이 구별기준은 문제가 있다고 할 것이다.

3. 법의 현실성과 도덕의 이상성

이 견해에 따르면 법은 현실을 바탕으로 하여 전체 사회구성원에게 행하여지는 규범이므로 사회 일반 평균인을 대상으로 하여 보통사람이면 누구나 할 수 있는 행위를 요구하는 데 반해서 도덕은 사회평균인이 지키기 어려운 높은 이상까지도 지향한다는 것이다. 즉, 법은 실천을, 도덕은 이상을 목표로 하므로 "왼뺨을 맞으면 오른뺨을 내밀어라"와 같은 말은 도덕이나 종교 등에서는 기대할 수 있지만, 평균인에 의한 실천을 목표로 하는 법에서는 기대하기 어렵다. 그러나 법규범도 현실사회의 도덕적·윤리적 발전을 위해서 높은 이상을 추구하는 경우가 있고(예컨대 교육법 제1조에서 규정하고 있는 '홍익인간'의 이상), 도덕도 사회의 평균인으로서 행할 수 있는 현실적인 규범을 내용으로 하는 경우도 있다는 것을(예컨대 공중도덕이나 교통도덕) 생각한다면 이 견해도 허점이 있는 것으로 지적될 수 있다.

4. 법의 양면성과 도덕의 일면성

이 견해에 따르면 법에는 권리에 대응하는 의무가 있듯이 양면성을 가지는 데 대하여, 도덕은 의무의식의 측면만 갖는 일면성을 갖는다고 한다. 즉, 법적 의무에는 반대급부인 권리가 있으나, 도덕적 의무에는 이에 상응하는 권리가 없고 자신의 양심에 기초를 둔 양심적 의무만이 일방적으로 존재하는 것으로서 양심적 가치에 따른 행동은 반대급부를 요청하지 않고 의무자 자신이 목적주체라는 것이다. 그러나 법률상의 권리 전부가 이에 대응하는 의무를 수반하지는 않으며, 법률상 의무의 전부가 이에 대응하는 권리를 수반하지는 않고 있다. 예컨대 자연채무는 법률상의 채무이지만 이 의무자의 상대방은 자기의 권리로서 그 의무의 이행을 청구할 수가 없다. 또한 권리자의 일방적인 의사표시로 일정한 법률관계의 변동, 즉 법률관계의 발생·변경·소멸을 발생시키는 사법상의 취소권·인지권·추인권 등의 형성권이나 일정한 청구권에 대하여 그 청구를 거절하는 항변권도 법률상의 중요한 권리이지만 이에 대응하는 의무는 존재하지 않는다. 따라서 이 견해도 문제점이 있게 된다.

5. 법의 강제성과 도덕의 비강제성

이 주장에 의하면 법의 효력은 국가의 강제력에 의하여 보장되는 데 반하여, 도덕은 이러한 강제력이 없이 인간의 양심과 양식에 구속을 받는다고 한다. 즉, 법에 있어서 강제력은 국가의 권력에 의하여 강행되는 권력적·물리적인 유형력의 실력행사이나, 도덕은 각자의 양심에 따라 그 준수가 요구되는 비권력적·심리적 강제이므로 이에 위반하더라도 국가권력에 의하여 강제되지 않는다고 한다.

6. 결 어

생각건대 법규범과 법 이외의 보충적인 사회규범인 도덕규범과의 차이는 당해 규범을 관철시키는 기술 내지 방법에 있다고 생각된다. 즉, 도덕의 경우는 자유의사에 의한 준수나 사회적 압력에 의하여 강요되는 준수를 의미하는 데 반하여 법규범의 준수는 법적으로 조직화된 관철절차에 의하여 강제된다. 예컨대 남의 돈을 갚지 않는 채무자에 대해서는 법원에 반환청구소송을 제기할 수 있고, 이 경우 법관은 지급하지 않는 채무자에 대하여 지급할 것을 명하며 필요한 경우에는 집행관이 그 판결을 집행하게 된다는 확실한 가능성이 존재한다. 따라서 법규범은 국가적 공권력에 의하여 담보된 강제성을 일반적 속성으로 하고 있다는 점에서 도덕과 구별된다. 앞에서 본 바와 같이 독일의 법학자 예링(Jhering)도 이러한 법의 일반적 속성으로서의 강제성에 관해 국가에 의하여 실시되는 강제성을 법규범의 절대적 기준으로 보고 있다.

II. 법과 도덕의 연관성

법과 도덕은 위에서 설명한 바와 같은 구별은 가능하지만 모두 현실적으로 사회생활의 행위규범으로서 작용하기 때문에 그 내용에 있어서 합치하는 부분이 많으며 또한 상호 밀접한 관련이 있다. 즉, 법질서는 도덕적 가치와 불가분의 관계를 맺고 있어서 마치 서로 중복되는 많은 부분을 가지고 있는 두 개의 원이 교차하고 있는 것과 같다. 따라서 중복되는 부분은 법적 가치와 도덕적 가치가 일치하는 경우가 된다. 현실적으로 법은 도덕을 바탕으로 할 때 가장 강력하게 되고, 도덕적 지지를 받지 못하는 법은 법으로서의 가치와 타당성이 작아지며 그 존립의 기초도 약해진다. 그러나 모든 도덕이 법으로서 성립할 수는 없는 것이고, 또한 법으로서 강행되는 것은 적당하지 아니하다. 그리하여 옐리네크(G. Jellinek)는 법과 도덕이 중복되는 규범인 것을 중시하여, 법은 도덕 가운데서 그 실현을 강제할 필요가 있는 경우에 성립한다고 하여 '법은 최소한도의 도덕'이라고 하였다. 이와는 대조적으로 슈몰러(Schmoller)는 도덕에는 제재가 없지만 법에는 제재가 있으므로 도덕이 법의 내용이 될 때에는 법적 제재를 갖추게 되므로 도덕은 최대한도로 그 유효성을 발휘하게 된다고 하여 '법은 최대한도의 도덕'이라고 하였다. 그런데 도덕은 법을 통하여 실현할 수 있는 가능성이 있으나, 반드시 도덕성이 실현되는 것도 아니고 오히려 법 그 자체가 도덕을 해칠 경우도 있는 것이다. 그리하여 라드브르흐(Radbruch)는 "법은 도덕을 실현할 가능성과 동시에 부도덕을 실현할 가능성을 지닌다"고 지적한 바 있다.

법과 도덕이 갖는 이러한 연관성에 비추어 볼 때에 도덕성을 지나치게 강조한 결과로 실정법을 배척하거나 또는 적법성을 이유로 하여 도덕적인 면을 무시하는 태도는 다같이 법과 도덕의 가치를 올바르게 이해하지 못한 것이다. 법과 도덕의 개념은 구별되더라도 양자는 한결같이 사회규범으로서 공공의 질서와 선량한 풍속을 유지한다는 공통의 목적과 사명을 갖고 있는 까닭에, 양 규범은 서로 의존하고 보완하여 올바른 사회적 가치의 실현에 이바지하여야 할 것이다.

제 2 절 법과 관습과의 관계

I. 관습의 개념

관습이라 함은 사회에 있어서의 관행에 의하여, 즉 같은 행동이 다수인에 의해 반복됨으로써 무의식중에 생겨난 행위의 준칙으로서 그 구성원을 구속하는 사회규범을 말한다. 이와 같은 관습이라는 사회규범이 나타나는 이유는 선례를 존중하고 이것을 이용하는 동시에 타인의 행위를 모방하려는 인간의 주관적 요소와 사회생활의 안정이라는 객관적 요소가 그 성립의 기초를 이루는 데에 있다고 할 것이다.

본래 국가성립 이전까지의 모든 사회규범은 관습의 형태로 존재하였고 관습은 사회통제의 수단이었으나, 사회발전에 따라 관습은 스스로 분화과정을 밟아 법·도덕·종교 등의 다른 규범으로 분리되었다. 이러한 의미에서 관습은 가장 원시적인 사회규범이라 할 수 있으며, 법은 사회관행으로부터 발생하여 시초에는 사회적 규범인 관습이 법으로 진화되었다고 볼 수 있다. 관습은 사회의 관행에서 발생하여 그에 기반을 두는 것이므로 불합리성도 많으나 현실성을 가지고 있어 다른 사회규범보다 실제적 의미가 강하다.

이러한 관습은 전국적으로 행하여지는 것(일반관습)도 있고, 한 지방에서만 행하여지는 것(지방관습)도 있으며, 널리 일반인간에 행하여지는 것(일반관습)도 있고, 직업 등에 의하여 한정된 범위내의 사람 사이에만 행하여지는 것(특별관습)도 있다.

II. 법과 관습과의 관계

법과 관습은 모두 외면적인 사회생활규범이라는 점에서는 유사하나 그 성립기반이나 제재력 등에서 구별된다. 즉, 법은 국가의 조직적인 권력에 의하여 강행되는 데 반하여, 관습은 사회에서 비조직적으로 생성되어 자유로운 규범의식을 갖고 있고, 법의 강제력과는 달리 사회의 비난을 두려워하는 심리적 강제가 이의 제재력이 된다.

그러나 관습도 법에 못지 않게 자주적인 까닭에 관습이 사회생활의 질서유지에 중요한 공헌을 하고 있는 것이 확신된 때에는 법의 내용으로서 흡수되어 조직적 · 사회적 힘에 의하여 강행된다. 즉, 관습이 발전하여 법적 가치에 합치될 때에는 불문법인 관습법이 생성되고, 법과 관습은 융화하게 된다. 또한 관습은 실정법상 일정한 요건 아래에서 법률행위 해석의 표준이 되기도 한다. 즉, 민법 제106조는 「법령 중의 선량한 풍속 기타 사회질서에 관계없는 규정과 다른 관습이 있는 경우에 당사자의 의사가 명확하지 아니한 때에는 그 관습에 의한다」고 규정하여 관습이 임의법규에 우선하여 법률행위 해석의 표준이 될 수 있는 경우를 인정하고 있다.

제 3 절 법과 종교와의 관계

종교는 초인격적인 신을 대상으로 하고 이에 대한 개인적인 내심적 신앙을 기초로 하여 절대자에게 귀의하기 위하여 성립하는 규범이다. 따라서 영혼의 구원을 목적으로 하는 종교는 신자에게 일정한 계율을 제시한다. 일찍이 고대

사회에서는 제정일치사상에 의하여 법과 종교가 혼동되어 양자는 미분리 상태였다. 특히, 중세 서구에서는 기독교와 법이 서로 혼합되어 종교가 최고 권위의 가치기준이어서, 평등사상 · 이자금지 · 혼인 등에 관한 종교적 계율이 교회법(canon law)이라는 이름으로 일반사회를 규율하였다. 이로 인해 유럽각국의 법전은 기독교적 영향을 받지 않은 것이 거의 없었으며, 오늘날도 실정법 가운데 종교에 관한 규정이 여러 곳에 남아 있다. 그러나 근세 이래 교회의 세속화와 함께 정교분리가 이루어져서, 법은 국가법을 의미하게 되고, 교회법은 종교내부에서만 적용되는 자치법적 효력을 갖게 되었다. 법규범과 종교규범은 일응 다음의 기준에 의해서 구별될 수 있다.

우선 법은 사회생활의 질서유지를 위한 규율이지만, 종교규범(교리)은 절대자에게 귀의하기 위한 규율이다. 즉, 법이 외면적인 사회규범이라면 종교는 각자의 신념의 기초인 양심의 자유에 의하여 확보가 가능하다는 의미에서 내면적 규범이다. 또한 법에는 신앙의 요소가 없으나 종교에는 신앙의 요소가 있으므로 이러한 신앙이 없는 자에게는 규범적 가치가 없게 된다. 그리고 규범준수의 정도가 종교에 있어서는 평균인의 표준을 능가하는 경우가 있게 된다.

법과 종교는 위와 같이 서로 차원을 달리하는 개념이지만, 그 속성이 어떤 권위에 대한 복종이 공통적이며 법학과 신학은 절대적인 가치의 추구와 교조적인 성격을 갖는다는 점에서 서로 유사한 점이 있다. 법과 종교는 사회정의와 평화의 실현을 위한다는 점에서 궤도를 함께 하고 있기 때문에 서로 협력하고 그 조화를 모색하는 것이 타당하다.

종교의 가치는 본래 선한 것이기 때문에 법은 종교의 자유를 최대한 보장하고 있으며, 이상과 현실의 대립에서 배태(胚胎)된 양면을 가지고 있는 종교는 법에 대하여 비판적 · 지도적 입장에 서는 경우가 없지 않다.

제 3 장 법의 이념

법규범은 그 본질상 가치관계적 규범이다. 따라서 법에는 기본적 가치가 내재하고 있으며, 이러한 기본적 가치는 많은 제도를 통해서 구현되는 것이 보통이다. 법의 이념에 관한 논의는 이러한 법에 내재하고 있는 기본적 가치에 대한 문제로서 실정법에 포함되어 있어야 할 보편적인 당위적 내용에 관한 것이다. 즉, 법의 이념의 문제는 법이 지향하고 있는 궁극의 목적·가치가 무엇인가에 관한 문제이다.

법의 이념과 개념은 서로 밀접한 관련을 가지고 있지만, 법의 개념이 다른 사회규범과의 구별을 통해서 법이란 무엇인가를 밝히는 외형적인 문제라면 법의 이념은 "법의 근원에 존재하면서 법의 형성이나 실현의 지표"(H. Coing)가 되는 법의 내용적·실재적·객관적인 문제, 그 근원에 관한 문제라고 할 수 있다.

법의 이념에 대해서는 가치관의 입장에 따라서 매우 상이한 주장이 전개되어 왔으나, 일반적으로 라드브르흐(Radbruch)가 법의 이념으로서 제시한 정의, 합목적성, 법적 안정성의 내용이 그 타당성을 인정받고 있으므로 여기에서도 이에 따라서 법의 이념을 논하기로 한다.

제 1 절 법에 있어서의 정의(正義)

Ⅰ. 정의의 개념

정의의 문제는 법학에서 가장 근본적인 문제로서 오랫동안 논의되어 왔다. 로마의 법학자 켈수스(Celsus)가 '정의와 형평의 술(術)'이라고 한 바와 같이 서양법철학에 있어서는 법은 정의에서 나오는 것으로 보았다. 그리스어에서 법(Dike)과 정의(Dikaion)는 언어적으로 밀접한 관련을 맺고 있으며, 로마어에서 법(jus)은 정의(justitia)에서 유래한 것이다.

정의가 무엇인가라는 문제에 대한 고찰은 과거로부터 다양한 견해들이 주장되고 있지만, 일반적으로 정의란 인간과 사회와의 관계에 있어서 이상적 상태로서 인간이 추구하여야 할 가치기준, 마땅히 지켜져야 할 생활규범상의 이념이라고 할 수 있다. 그러나 정의에 대한 절대적 척도는 어느 누구도 내세울 수 없는 것이며 개인의 양심에 따라, 사회질서에 따라 그리고 논의되는 영역에 따라 상대적으로 파악하게 된다.

법에 있어서의 정의는 따라서 법의 궁극적 이념이며, 실정법에 대하여 가치를 부여하는 의미를 갖는 것으로서 공동사회질서를 정당한 질서로 만들게 한다.

II. 정의의 내용

법의 이념인 정의가 구체적으로 어떠한 내용을 갖는가에 대해서는 역사의 진행과 더불어 여러 문화권에서, 많은 사람들에 의해서 끊임없이 논의되어 왔으나, 아직도 완전한 합의에는 도달하고 있지 못하다. 다만 아리스토텔레스(Aristoteles) 이래 정의의 핵심적인 내용을 평등으로 파악하는 것이 전통적이다. 키케로(Cicero)가 "각자에게 그의 몫을 귀속시키는 것이야 말로 최고의 정의다"라고 한 것이나, 울피아누스(Ulpianus)가 "정의란 각인에게 그의 것을 주는 항상적이고 영원한 의지"라고 한 것은 정의의 핵심내용이 평등임을 나타낸 것이다. 오늘날에는 여기에 부가하여 기본적 인권의 존중을 드는 것이 일반적인 경향이다.

1. 아리스토텔레스의 정의론

정의의 개념을 최초로 체계화 한 아리스토텔레스(Aristoteles)는 정의를 윤리학적 견지에서 "사람이 이행하여야 할 최고의 덕"이라고 하고, 이는 단순한 개인의 도덕이 아니고 각자가 타인과의 관계에 있어서 실현하여야 할 사회적 도덕이라 하였다. 그는 인간의 심정 및 행동을 공동생활의 일반원칙에 적합하게 하는 것, 즉 공동체의 법을 준수하는 것을 '일반적 정의'라 하고, 법의 구체적인 원리에 따라 각인의 물질상 및 정신상의 이해를 평등히 하는 것을 '특수적 정의'(평등)로 보았다. 그리고 특수적 정의, 곧 평등은 평균적 정의와 배분적 정의로 나누어 고찰하고 있다.

평균적 정의란 급부와 반대급부, 손해와 배상, 범죄와 형벌 등의 절대적 · 산술적 평등으로서 양 대상 사이의 동등가치에 따라 이루어지는 개인 사이의 횡적 질서를 전제로 하는 것이라 하였다. 예를 들어 매매에 있어서의 등가의 원칙, 토지수용에 있어서의 정당한 보상 등은 평균적 정의의 예라 할 수 있다. 이에 대하여 배분적 정의는 여러 사람 사이의 상대적 · 비례적 평등으로서 사람의 능력이나 공적에 따라 다르게 취급함을 인정하는 것이라 하였다. 예를 들어 임금지급에 있어서의 성과급, 누진세제도, 공적에 따라 훈장을 수여하는 것, 생활보호대상자를 특별보호하는 것 등은 배분적 정의의 예라 할 수 있다. 이상의 고찰을 통해 평균적 정의는 형식적 평등으로서 동위질서를 주장하는 사법영역에서 타당하고, 배분적 정의는 실질적 평등을 목표로 상하질서를 수립하는 공법영역에서 타당한 것이라 할 수 있다.

2. 라드브르흐의 정의론

라드브르흐(Radbruch)도 아리스토텔레스의 정의론을 원용하여 평균적 정의는 평등한 입장에 있는 사람끼리의 정의이고, 그 전제로서 배분적 정의가 적용되어 당사자에게 평등한 입장을 만들어 주어야 한다고 하여 배분적 정의를 정의의 근원적인 형태로 보고 있다.

3. 롤즈의 정의론

한편 오늘날 정의론으로 유명한 롤즈(John Rawls)는 정의의 문제를 국민의 기본적 자유, 사회적 · 경제적 가치들의 분배에 관한 문제라고 보고, 정의의 기본원리로 ① 모든 개인은 다른 사람들의 같은 자유와 양립할 수 있는 가장 광범한 기본적 자유에 대하여 동등한 권리를 가져야 한다. ② 사회적 · 경제적 불균등은 ⓐ 그 불균등이 모든 사람들을 위해서 이익이 되리라는 것을 합리적으로 기대할 수 있고, ⓑ 그 불균등의 모체가 되는 지위와 직무는 모든 사람에게 공개되도록 한다는 두 조건을 만족시키도록 조정되어야 한다는 것을 들고 있다. 즉 롤즈는 정의의 본질을 기본적으로 개인의 자유의 보장을 전제로 하면서, 그 강조점을 분배의 공정성에서 찾고 있다(최종고, 「법학통론」 참조).

4. 카우프만의 정의론

비교적 상세히 법적 정의의 내용을 연구해 온 카우프만(E. Kaufmann)은 평균적 정의와 배분적 정의 외에 거래적 정의, 조직상의 정의, 절차상의 정의, 형벌상의 정의 등으로 분류하고 있다.

(1) 거래상의 정의

거래상의 정의의 원칙들은 공동사회의 개개의 구성원 상호간의 법적인 거래, 특히 그들 사이의 재산교환의 규율에 관한 것이다.

거래상의 정의의 원칙 중 이론의 여지가 없을 만큼 중요한 원칙은 "계약은 지켜져야 한다(pacta sunt servanda)"라는 것이며, 이 원칙은 개개의 법적 거래에 있어서 뿐만 아니라 국제법에 있어서도 중요시되고 있다. 또한 교환의 대상이 되는 재화(상품)나 이에 대해서 지급되는 급부는 거래당사자의 지위에 관계없이 등가적이어야 한다는 것도 거래상의 정의의 원칙이다. 즉, 쌀 1가마를 거지가 사든 부자가 사든 쌀 1가마의 가격은 동일해야 한다는 것이다. 그러나 무엇을 기준으로 재화와 급부의 특가성을 판단하는가의 문제는 여전히 남아 있다. 이 문제는 정당한 가격, 정당한 임금이라는 형태로 논의되고 있는, 정의론에 있어서 아직 해결되지 않은 주제 가운데 하나이다.

(2) 평균적 정의

평균적 정의는 이익과 손해를 평균화하고 서로 조정하는 가치로서 인정된다. 이에 있어서는 어느 사람이 타인에게 손해를 가하거나 또는 타인의 손실로 부당이득을 얻은 때, 어떠한 요건하에서 어떤 방법으로 배상을 해야 하는가의 문제가 중요하다.

(3) 배분적 정의

배분적 정의에 있어서는 재화, 관직 및 경제적 부담이 공동사회의 구성원 사이에 어떻게 분배되는 것이 정당한가의 문제가 중요하다. 이 경우에 있어서는 평등한 것은 평등하게, 불평등한 것은 그 차이에 따라 불평등하게 취급한다는 원칙이 적용된다. 따라서 개개인의 차이점들이 결정적인 중요성을 갖게 된다. 예컨대 부자는 가난한 사람보다 더 많은 세금을 내야 하고, 비겁한 군인이 아닌 용감한 군인이 훈장을 받아야 한다. 그러나 당시의 규율의 관점에 비추어 무엇을 본질적으로 평등한 것으로 보고, 무엇을 불평등한 것으로 보아야 할 것인가, 그리고 어떤 차이점들이 차별적 취급을 정당화하며, 심지어는 요구까지 하는가라는 문제가 발생한다.

관직의 분배에 있어서 능력이 보다 뛰어난 자에게 우선권이 주어져야 한다는 점에 대해서는 광범위한 합의가 이루어질 수 있을 것이다. 그러나 이 경우에도 관직에 대한 적성을 어떻게 판정하는 것이 정당한가라는 새로운 문제가 대두된다.

분배문제의 또 다른 예로서는 조세를 어떻게 부담시키는 것이 정당한가, 특히 소득세에 있어서 누진율을 어떻게 결정하는 것이 정당한가라는 문제를 들 수 있다. 이와 같은 분배문제에 있어서는 때때로 현저한 견해의 차이가 존재한다.

(4) **조직상의 정의**(또는 헌법상의 정의)

조직상의 정의의 관점에서는 권력을 행사하는 국가기관의 조직이 어떻게 구성되는 것이 정당한가라는 문제가 논의된다. 예컨대 권력을 행사하는 기관의 정당한 권력근거, 기관 사이에 상호견제를 할 수 있는 권력배분 및 권력제한의 문제가 주된 논의의 대상이 된다.

(5) **절차상의 정의**

절차상의 정의의 원칙들은 행정기관의 결정절차(행정절차)나 재판상의 소송절차의 공정한 진행에 관한 것이다. 널리 알려진 이에 관한 원칙으로는 대표적으로, 자신의 이해관계에 관한 결정이 내려지는 절차에 있어서는 관련되는 모든 사람에게 자신의 의견을 진술할 수 있는 기회가 공평하게 주어져야 한다는 것이다(이른바 청문권(聽聞權)).

(6) **형벌상의 정의**

형벌상의 정의의 관점에서는 정당한 형벌의 요건, 경중, 종류 및 범위가 논의된다. 이러한 논의에서는 끊임없이 많은 의문이 제기되는 데, 특히 형벌의 목적에 관한 문제가 대두된다. 즉, 형벌은 응보를 행하여야 하는가? 형벌은 범죄자의 장래의 사회적 위험성을 제거하고, 범죄자를 장기간 사회생활로부터 격리시키며 위하(威嚇)해야 하는가? 아니면 교육시켜야 하는가? 형벌은 행위자가 아닌 제3자의 위하를 위해서도 이용되어야 하는가? 그리고 이러한 형벌의 목적들은 서로 어떤 관계에 놓여 있는가? 극형으로서의 사형은 유지되어야 할 것인가 등이 문제로 논의된다.

5. 결 어

정의의 본질적 내용을 평등이라고 할 때, 그것은 자의의 배제를 의미한다. 즉 같은 것을 같게, 다른 것을 다르게 취급하는 것이다. 이러한 평등은 원칙적으로 보면 타당한 성격을 가지고 있다. 그러나 정의에는 개별적인 경우와 개개의 구체적인 사람을 위한 개별적 정의가 있을 수 있다. 이를 보통 형평(Billigkeit)이라고 한다. 따라서 일반적 정의의 이념이 가지는 보편성의 요구와 형평이념이 가지는 개별성의 요구 사이에는 긴장관계가 존재하며, 이의 엄격한 조화를 통하여 정의는 실질적 평등을 추구하는 법의 이념이 되는 것이라 할 수 있다.

제 2 절 법에 있어서의 합목적성

법에 있어서의 정의의 이념이 전체적인 관점에서 법의 내용을 일반화한다면, 법에 있어서의 합목적성의 이념은 법의 내용을 개별화·구체화하는 것이다. 정의는 같은 것을 같게, 다른 것을 다르게 취급하라는 형식적 이념에 불과하므로, 같은 것과 같지 않은 것을 구별할 표준은 다른 곳에서 구해질 수밖에 없다. 따라서 어느 국가의 법질서가 어떠한 표준과 가치관에 의하여 구체적으로 제정·실시되는 원리로서 합목적성이 필요하게 된다. 즉, 개별 실정법이 요구하는 가치관에 따라서 정의의 이념을 현실화하는 것이 법의 합목적성의 요청이다.

라드브르흐는 정의의 내용은 법의 목적에 따라 정하여 진다고 하면서, 법목적과 관련한 가치관의 종류로 개인주의, 단체주의, 문화주의(초인격주의)를 들고 있다. 즉, 개인주의적 가치관은 개인의 인격이 가치의 궁극적 기준이며, 이는 개인주의로 표출되어 법은 자유(Freiheit)를 그 구체적 이념으로 하고, 단체주의적 가치관은 단체를 가치의 고유한 담당자로 보아 단체의 유지·발전을 위한 배분적 정의에 중점을 두고 국민(Nation)을 구체적인 법의 내용으로 하며, 문화주의적 가치관은 개인도 단체도 아닌 인간이 만든 문화(Kultur) 혹은 작품을 최고의 가치로 신봉한다는 것이다. 라드브르흐는 이 세 가지 가운데 어느 하나의 선택과 결정이 이루어지면 그것을 절대적인 것으로 믿고 끝까지 밀고 나가야 한다는 것이 상대주의(Relativismus)라고 설명하고 있다.

법의 합목적성의 관점에서 대표적으로 논의되는 사항은 법의 목적에 있어서 대립되는 두 가치관인 사익과 공익을 어떻게 조화시킬 것인가를 모색하는 방법에 관한 것이다. 예컨대 어느 정도의 세율을 소득세의 누진세율로 정하는 것이 국민의 재산권의 보장(사익)과 경제적 능력에 상응한 공평분배원칙에 근거한 세금부과(공익)의 양 요청을 충족시킬 것인가? 어느 규모 이상의 택지에 대해서 그 소유를 제한하는 것이 국민의 택지소유권의 보장(사익)과 국토의 효율적 이용을 통한 주택건설부지확보(공익)의 요청을 충족하는 것인가? 공용수용의 범위와 한도는 어느 정도까지 인정할 것인가? 등의 문제가 논의될 수 있다.

법에 있어서의 합목적성의 원칙을 구체화하게 되는 입법자나 행정기관은 법의 일반원칙에 해당하는 이른바 비례성의 원칙을 준수해야 되는데, 이는 구체적인 행위가(사익을 제한하는 행위) 이를 통해서 달성하고자 하는 목적(주로 공익)을 위해서 적합할 것, 구체적인 그 행위 이외에는 목적 달성을 위한 다른 수단이 없을 것, 그리고 구체적인 행위와 달성하고자 하는 목적 사이에 비례관계에 있을 것을 그 내용으로 한다.

제 3 절 법적 안정성

법적 안정성은 정의와 합목적성의 이념을 바탕으로 법에 의해서 사회질서가 안정되는 것을 의미한다. 따라서 법적 안정성은 먼저 법 그 자체의 안정성을 요청하게 된다.

법 자체의 안정성을 확보하기 위해서는 몇 가지 요건을 충족시켜야 되는데, 우선 법의 내용이 명확하여 일반인이 무엇이 법인지를 미리 알고 자신의 행동을 법의 내용에 맞출 수 있는 가능성을 제공해야 한다. 이러한 법적 예측가능성의 보장을 위해서 많은 나라의 법은 성문법의 형식을 채택하고 있다.

또한 법은 수시로 변경되는 것이어서는 안된다. 물론 법은 사회현실의 변화에 따라서 그 내용이 변동 가능해야 하는 것이 당연하나, 정치목적이나 다른 정당하지 못한 동기에 의해 자주 변경되는 경우에 법으로서의 권위를 상실하게 되어 법의 내용과는 동떨어진 다른 질서가 법질서를 대신하게 된다.

법이 안정되기 위해서는 또한 법의 적용에 있어서 자의적이어서는 안되고 공평성을 유지해야 한다. 특정집단에게는 법의 적용이 배제 또는 완화되고 일반시민에게는 엄격히 적용된다면 법의 실효성은 상실되어 법의 안정성을 저해하게 된다. 그러나 법적 안정성의 이념은 그 적용에 있어서 한계를 갖게 되는데, 즉 법적 안정성을 극단적으로 주장하게 되는 경우에는 법질서의 '안정(安定)'이 아니라 '정체(停滯)'를 초래하여 종국에는 법에 있어서의 정의의 이념과 부합되지 못하게 되는 것이다. 사회생활은 부단하게 유동·변동하는 것이므로 법질서를 지나치게 고정시키게 되면 법이 사회생활과 유리되고 정의의 이념에 어긋나는 결과를 초래하게 되며, 현재 질서의 긍정에만 치우쳐 심지어 불법이 적법인 것으로 변질되는 결과를 가져와 마침내 통치권력의 정당성 자체에 회의를 일으키는 경우가 생길 수 있다. 따라서 사회의 발전에 순응하고 정의의 이념에 따라 변화할 수 있는 정도의 탄력성을 법에 부여하는 것이 오히려 법적 안정성을 유지할 수 있는 하나의 방법이 될 수 있다.

선의취득, 시효제도, 국제법상의 현상유지(status quo)이론 등은 법적 안정성에 입각한 제도라 할 수 있다.

제4절 법의 이념 상호간의 관계

개념상으로는 법의 세 이념은 비교적 명확히 서로 구별되어진다. 즉, 정의나 합목적성은 법의 내용에 관한 이념인데 반해서, 법적 안정성은 사실적인 법질서의 정립이라는 법의 기능에 관한 이념이고, 정의나 합목적성은 주로 법의 실체에 중점을 두고 있으나, 법적 안정성은 법의 형식에 중점을 두고 있다.

또한 역사적인 경험을 돌이켜 보아도 세 이념은 비교적 쉽게 구별되는데,

자연법을 중요시하는 시대에는 정의의 이념이 최고의 가치기준이었으나 경찰국가시대에는 합목적성의 이념이 만능시되었고, 법실증주의시대에는 법적 안정성의 이념이 특히 강조되었다.

법체계에 있어서도 세 이념의 구별은 나타나게 되는데, 형법에는 정의의 이념이, 행정법에서는 합목적성의 이념이, 민법이나 소송법에서는 법적 안정성의 이념이 비교적 강하게 작용하게 된다.

이상의 세 이념은 일견 상호모순의 관계에 서 있는 것으로 보일 수 있다. 극단적으로 정의만을 강조하면 "세상은 망하더라도 정의를 세워라"라는 말에서도 볼 수 있듯이 법적 안정성이 해쳐지고, 반면에 법적 안정의 이념이 극단적으로 주장되는 경우에는 법의 내용이 비록 정의나 합목적성의 이념에 부합하지 않더라도 강제적으로 준수될 것을 요구하게 되므로 정의 · 합목적성 · 법적 안정성의 세 이념 사이에는 모순과 갈등이 생기게 된다. 이 경우에는 세 이념은 서로 대립적 관계를 형성하게 되므로 이른바 악법도 법인가 하는 문제를 제기하게 된다.

이러한 문제는 소크라테스시대나 법실증주의가 절정에 달했던 일본의 군국주의시대나 독일의 히틀러체제에서 뿐 아니라, 현대에 들어와서도 정치적인 혼란으로 인해 법 자체의 의미에 대해 의문이 제기되는 독재체제나 권위주의 정치체제하에서도 수시로 등장했던 문제이다.

정의와 합목적성 · 법적 안정성은 법이 추구해야 할 이념이므로 법을 제정하는 경우에는 이 세 이념을 서로 조화시키는 것이 가장 바람직하며, 이는 입법자뿐 아니라 사회구성원 모두가 공동으로 달성해야 할 과제이다.

그러나 법적 안정성의 이념과 정의 · 합목적성의 이념이 서로 대립 · 충돌하는 경우에는 우리는 궁극적인 법의 이념으로서 정의의 이념에 최우선적 지위를 인정하는 것이 타당할 것이다. 법은 존재하고 있다는 사실만으로 의미를 갖는 것이 아니고, 살아있는 규범으로서 그 실효성을 발휘하기 위해서는 국가권력에 의한 강제력 발동에 의하기보다는 자발적인 임의적 준수를 기대하는 것이 합리적이며, 이를 위해서는 그 법의 내용이 사회공동구성원의 공감하에서 형성되어져야 할 필요가 있다. 따라서 법은 정의의 내용을 실현하는 구체화된 형태이어야 하며, 정의의 이념에 부합하지 못하는 경우에는 이른바 악법으로서 더 이상

구속력을 가질 수 없게 되는 것이다. "악법에 복종하는 것은 범죄행위이다"라고 극언을 하는 라드브르흐(Radbruch)의 이야기는 히틀러체제하에서 뿐 아니라 오늘날도 여전히 그 타당성을 갖는 이야기이다.

제 4 장 법의 효력

제 1 절 법의 효력의 양면성

법은 사회생활을 규율하는 규범인 관계로 법의 생명은 실제 사회생활 속에서 그 규범의 내용대로 실현되어지는 데에 있다. 현실의 사회문제에 눈감은 법은 죽은 법이고, 현실사회에서 타당성을 가진 법은 살아있는 법이다. 그러나 이렇듯 법이 사실적 요구에 기반을 두고 규범화된 것이긴 하지만 어느 경우에나 항상 현실적으로 실현된다고 볼 수는 없다. 즉, 규범적 당위(sollen)가 실생활에서 지켜지지 않거나 때로는 의도적으로 그 적용이 유보되는 경우도 있다. 우리 형법 제269조 제1항은 낙태죄와 관련하여 "부녀가 약물 기타 방법으로 낙태한 때에는 1년 이하의 징역 또는 200만원 이하의 벌금에 처한다"고 규정하고 있지만, 오늘날 인구증가를 억제하기 위하여 가족계획을 강력히 추진하게 된 결과, 모자보건법 등을 통하여 낙태행위를 처벌하지 않는 경우가 점차 많아지고 있어 이 규정은 사실상 사문화 되어 가고 있는 실정이다.

이처럼 사실상 실현되지 않는다고 하여 그 자체만으로 법이 규범성을 잃는다고 생각해서는 안된다. 현실사회에서 실현되든 안되든간에 법에는 그「규정을 지켜야 한다」는 당위성(sollen)이 내재하고 있으며, 이것이 법의 효력문제를 다루는 데 있어 기본 바탕을 이루고 있다.

그런데 실정법적인 측면에서 법의 효력에 관한 문제는 두 가지 측면, 즉 실질적 · 형식적 양 측면에서 고찰할 수 있다.

첫째는 규범이 현실사회에서 사실로 행하여지지 않으면 안된다는 요구, 즉 규범적 타당성과 실제로 행하여지고 있다는 상태, 즉 사실적 실효성을 뜻하는 실질적 효력의 문제이다. 말하자면 이는 법이 실질적으로 그 효력을 갖게 되는 근거를 규명해야 하는 과제를 안고 있다. 여기에서는 앞서의 타당성과 실효성을 어떻게 조화시킬 것인가 하는 것이 문제가 될 것이다.

다음으로 실정법 규범이 그 사회의 역사적·사회경제적인 요인에 따라 시간적·공간적·인적으로 어떻게 한정된 범위에서의 효력을 갖게 되는가 하는 것이 문제가 되는데, 이것이 법의 형식적 효력의 문제이다. 이는 달리 표현하면 법의 효력의 적용범위라고도 할 수 있다.

제2절 법의 실질적 효력

Ⅰ. 규범적 타당성

이는 앞장에서 살펴본 법의 이념과도 관련된 문제이다. 고금을 막론하고 인간은 사회생활 속에서 "…을 해야 한다" 혹은 "…을 해서는 아니된다"는 규범체계 속에서 살아가고 있다.

그런데 이러한 요구나 의욕만으로는 곧바로 당위를 도출해 낼 수 없다. 한 국가 내지 사회의 법의식이 어떻게 하여 법적인 당위성을 발생시키는가 하는 근거가 밝혀져야 하는 바, 이것이 법의 효력에 있어 규범적 타당성의 문제이다. 옐리네크(G. Jellinek)는 이를 두고 '사실적인 것의 규범성'이라고 한 바 있고, 라드브루흐는 이를 '복종에의 요청, 그 의무부과력'에 관한 문제를 의미한다고 하였다. 그러면 어떤 근거로 인하여 존재적 사실에서 규범이 형성되는가? 즉, 법의 타당성의 근거는 어디에 있는가 하는 문제를 이하에서 개관해 보기로 한다.

1. 법학적 효력론

규범주의적 법실증주의의 입장으로서 법학적 효력론은 법이 갖는 타당성의 근거를 법 자체가 갖는 논리구조 속에서 설명하려고 하며, 그 대표적인 것이 켈젠(H. Kelsen)의 순수법학적 법단계설의 입장이다. 그의 순수법학에 따르면, 법 자체에 포함되어 있는 전체적인 법질서의 단계구조를 예정하여 모든 법은 그 상위의 법규범에 효력근거가 있다고 하여 법의 효력은 그 자체에 내재해 있는 논리적 타당성에서 유래한다고 하였다.

그런데, 여기서 규칙·명령·법률·헌법의 단계구조 위에 있는, 다시 말해

헌법의 효력근거가 되는 법규범의 최후의 단계에는 무엇이 있는가가 문제된다. 결국 순수법학의 이론 자체가 한계를 안고 있듯이 켈젠의 이러한 법률적 효력론은 최상위 수권규범인 헌법이 어떻게 효력을 갖는가를 설명하기 위하여 '근본규범'(basic norm, Grundnorm)이라는 개념을 창안하지 않으면 안되었다. 이 근본규범의 실체는 무엇인가?

그것은 하나의 논리적 전제 내지 가설로서 주창된 것으로서 '법논리적 의미에서의 헌법'으로 불려지기도 한다. 그러나 켈젠도 근본규범이 궁극적으로 무엇인지에 대한 충분한 해답을 제시하지는 못하였을 뿐만 아니라, 내용적으로도 법단계설은 법의 타당성의 근거를 지나치게 형식화한다는 비판이 가해지고 있다. 특히 "법을 제정할 수 있는 가장 높은 권위의 소재를 가리키는 국가의 정치적 근본원리 내지 국민의 정치적 결단"으로 표현된 근본규범의 개념 속에서 발견되는 정치성은 순수법학에 바탕하고 있는 그의 지론과 조화되기 어려울 것이란 지적도 가능하게 하는 것이다.

2. 사회학적 효력론

이처럼 순수한 법학적 효력론으로서는 설명의 어려움이 있다는 점을 감안하여 사회학적 내지는 역사적 효력의 측면에서 법을 규범의 세계에서 존재의 세계로 끌어내려 설명하고자 하는 시도가 행해지고 있다. 보는 시각에 따라 몇 가지 대표적인 이론 방향으로 정리해 볼 수 있다.

(1) 실력설

이는 법에 대해 사람들이 복종하는 것은 그것이 그 복종을 실현할 수 있는 실력이 있기 때문이라는 데에 법의 효력의 근거를 찾고자 하는 이론이다. 고대 그리스의 소피스트들은 '각자에게 그의 것을'이라는 정의의 이념이 지지되기 위해서는 힘의 뒷받침이 있어야 된다고 하면서 결국 강자의 이익에 합치되는 것이 정의이며, 법을 규정하는 것도 힘이라고 하여 실력을 법의 효력근거로 보았다. 마르크스주의의 입장에서는 법은 사회의 물질적 생산력에 대응하는 생산관계를 토대로 하면서 그 위에 구축된 상부구조이고, 또 계급적 지배의 수단으로서 지배계급이 국가권력과 결합하여 규범화한 것이라고 주장하면서 "법은 곧 권력이다"라고 한다. 또한 오스틴(John Austin)은 실정법의 본질을 주권자의 명령으로 파악하고 따라서 법을 제정하거나 바꾸는 행위의 근거는 당연히 주권자의 실력이나 지배자의 의지에 있다고 본다.

실력설은 그 권력이 강자의 권리이든, 주권자의 명령이든, 지배자의 의사이든 궁극적으로 힘(권력)이 법이라는 점에서는 공통적이다. 이 실력설은 법의 성립과정이나 원인을 설명하기에는 용이한 견해이다.

그러나 앞서 말한 실력설의 입장은 힘의 근거가 주권자, 강자 혹은 지배계급 가운데 그 어디에 있든 왜 그 실력이 유효하게 행해지며 또 어째서 법으로서의 타당성이 확보되는가에 대한 이유를 밝히지 못하고 있다. 명령이나 실력은 그 상태로는 단지 의욕이나 가능성을 가져오게 할 뿐이지 법적인 당위를 생기게 할 수는 없는 것이다. 이는 마치 총칼을 들이대고 돈 대신 종이조각으로 대금을 지급하고자 강요한다고 하여도 그 종이조각이 통용력을 갖지 못하는 것과 같다. 억지로 받게 할 수는 있을지 모르나 그렇다고 그것이 화폐가 되는 것은 아니다. 다음과 같은 루소(J. J. Rousseau)의 말이 이를 잘 나타내고 있다. "아무리 강한 자라 할지라도 폭력을 법으로, 복종을 의무로 변하게 할 수는 없다."

(2) 승인설

이상과 같은 실력설의 난점을 극복하고자 법의 효력의 근거를 힘이나 위로부터의 지배권력에서보다는 규범복종자인 민중의 지지나 승인에서 찾아보려는 시도가 승인설의 입장이다. 법제도로 하여금 그 구실을 하게 하는 것은 강제적 힘에 의한 위협이 아니라 사회구성원의 법의 대한 승인(consent)이라고 하는 것이 이 견해의 요지이다. 이러한 견해는 과거에는 특히 사회계약설과 결합되어 주장되었다. 즉 사회계약설은 자연상태에 살고 있었던 자유인들이 합의에 의하여 법과 국가에 복종하기로 약속하였다고 하는 이론이다. 따라서 사회와 법은 구성원들의 사회계약, 즉 동의 내지는 승인에 그 기초를 두고 있다는 결론이 나오게 된다.

승인설의 대표적인 이론가는 비얼링(E. R. Bierling)인데, 그에 따르면 여기에서 말하는 승인은 반드시 자발적인 승인을 통해 자진해서 법에 복종하고자 하는 경우뿐만 아니라 본인 의사와는 관계없이 복종하게 되는 소극적인 태도까지도 포함하는 것으로 본다.

그러나 이 견해가 "법의 효력의 근거가 사회에서 생활하는 일반인이 법에 대하여 인정하는 정신적 지지에 있다"고 지적한 것은 일리가 있으나, 법의 효력근거에 대한 설명으로는 충분하지 못하다. 즉, 무정부주의자는 현존의 실정법을 승인하지 않지만 법은 이런 자들에게도 효력을 미친다. 또 이 주장은 기존의 법의 효력을 설명할 수는 있으나, 새로 법이 성립하는 근거를 납득시키는 데는 무력하며 승인을 하는 경우에도 그 승인을 하는 이유에 대한 언급이 없는 것이 문제점으로 지적될 수 있다.

(3) 여론설

현대 국가에 있어서 여론은 의회제도의 보급과 근대적인 언론매체의 발달에 의하여 법의 효력을 지지하거나 그 변동을 촉구하는 중요한 요소로 등장하였다.

다이시(Albert Venn Dicey)는 20세기를 전후하여 영국의 입법 경향이 여론의 흐름에 크게 의존하고 있다는 점을 지적하면서 여론(public opinion)이야말로 법의 효력의 근거이며, 법 창설의 연원이라고 주장하였다. 또한 다이시는 모든 사회제도의 존립기초를 사회구성원의 일반적인 신념이나 감정을 나타내는 여론에 근거하여 이것이 법을 변혁하거나 창조할 수 있는 계기가 된다고 보았다.

그러나, 대중언론매체나 군중심리를 이용한 책동이 여론을 비뚤어진 방향으로 이끄는 경우에는 법의 타당성도 또한 이에 의하여 왜곡되어질 수도 있다. 따라서 여론의 왜곡과 사이비화경향을 피하고 진정한 여론을 육성하기 위해서는 사상과 언론의 자유가 보장되어야 하고, 선동과 편견을 배척하기 위하여는 '알 권리'가 사회일반에 보편화되어야 한다. 그럼으로써 보편성을 지닌 사회구성원의 신념 내지 감정이라고 할 만한 법목적에 적합한 입법여론을 발견할 수 있는 것이다. 그러나 여론도 결국 주관적 의욕을 초월한 객관적 계기에서 고찰되지 않으면 안되는 것인 만큼 오늘날 여론이 최대의 정치적 압력으로 작용하더라도 그것만으로는 법변동의 근거 내지 법적 타당성의 논거로 삼을 수는 없다. 실제로 '다수'의 의견도 경우에 따라 '소수'의 신념에 의해 배제되어 법을 창조할 힘을 잃게 되는 경우도 없지 않기 때문이다.

3. 철학적 효력론

사회학적 효력이론으로도 법의 효력문제가 충분히 납득할 만한 해결의 기미가 보이지 않는다면 결국은 보다 근본적인 차원에서의 타당성, 즉 법철학적인 타당근거를 모색하는 방법론으로 돌아와 법효력의 문제를 해결할 수밖에 없다는 것이 철학적 효력론의 입장이다. 이는 앞에서 말한 법학적 효력론과 더불어 규범적 효력이론이라고 할 수 있는 것으로 법의 효력을 법의 이념 내지 가치와 결부시켜 설명하려고 하는 일종의 법이념설이다. 라드브루흐가 "법의 효력은 실정법규에도, 힘이나 승인과 같은 사실에도 의거할 수 없으며, 오로지 더 높은 혹은 가장 높은 당위, 즉 하나의 초실정적인 가치에만 의거할 수 있다"고 한 것은 이를 잘 나타내주는 표현이다.

법에 내재한 이념과 가치에 합치된다는 믿음이 있기 때문에 법복종자는 그것에 기꺼이 따르는 것이며, 그럼으로써 법이 효력을 갖게 된다는 것이다. 이를 두고 벨첼(H. Welzel)도 "힘으로서의 법은 강제할 뿐이며, 가치로서만 법이 의무를 부과시킨다"라고 하였다.

그러나 앞서 보았듯이 법의 이념 그 자체나 그것이 갖는 내용도 결국은 각자의 세계관과 양심에 따른 가치상대적인 것이어서 법철학에서도 이 문제를 완전히 해결했다고는 볼 수 없다. 따라서 마이어(Max E. Mayer)도 이와 관련하여 "마치 둥지에서 쫓겨난 새처럼 효력의 개념은 가는 곳마다 자리를 잡으나, 어느 곳에서도 안정을 찾지 못하고 법철학의 여기 저기를 날아 다닌다"라고 적절히 지적한 바 있다.

4. 결 어 — 법의 이념과 타당성 —

이상에서 본 바처럼 법의 타당성에 관해 경험주의적인 혹은 규범적 관점에서 각기 근거있는 논리를 내세웠음에도 불구하고 아직도 법의 규범적인 타당성에 관한 만족스런 해결책을 제시해 주지는 못하였다. 원래 법이 법으로서 타당하기 위해서는 무엇보다도 그 사회의 실정법이 봉사해야 할 규범목적에 충실하지 않으면 안된다. 이 법의 목적이나 가치, 이념이 법복종자의 지지를 받게 될 때에 법에 의한 실력적 지배나 강제적 명령은 비로소 정당성을 획득하고 그 결과 타당성을 갖게 되는 것이다. 즉, 법이 정당(legitim)하다고 하는 믿음에서 법의 권위가 확립되고 또한 법의 복종이 동기지워진다. 이 과정에서 법의 타당성을 둘러싸고 일어나는 투쟁은 단순히 신·구실력의 충동일 뿐 아니라 이들 실력이 주장하는 정당성이나 이념의 대립으로 나타나는 것이다. 이런 의미에서 법의 변동은 항상 법이념의 변동을 수반하게 된다. 따라서 합목적적인 이념일수록 법을 움직이는 주요한 동기라고 하지 않을 수 없다. 물론 여기에서의 법의 근본목적이나 이념이 초역사적인 일정한 가치만을 담고 있는 것은 아니며,

어떤 단일요소로 환원될 수 있는 성질의 것도 아니다. 이는 사회의 여러가지 요구에 의하여 제약된, 상대적이고 유동적인 것으로서, 궁극적으로는 법에 내재하는 특유한 원리와 이념에 의해 종합되어지고 조화된 모습으로 나타나게 되는 것이다. 요컨대 경험계를 초월하여 구름 위에서 빛나는 이념이 바로 법을 움직이는 현실적인 실력으로 작용하는 것은 아니다. 적어도 실정법에 타당성을 부여하거나 새로운 질서로 변동시킬 법목적적 이념은 그 자체를 사회력으로 고양시킬 수 있는 현실성을 가져야 한다. 영원히 타당하고 절대적으로 정당하다고 생각되는 가치도 역사의 구체적 조건 아래서 상대적으로 변화하는 것이다.

II. 사실적 실효성(實效性)

1. 법의 실효성

전술한 바와 같이 법의 내용이 실제로 구현되기 위해서는 규범적 타당성이 있어야 함은 물론 일정한 사실에 대해 규정에 따른 효력발생을 강행할 수 있는 장치를 마련하는 것이 필요하다. 즉 법은 사실적인 요소에 소정의 힘이 가해져서 규범으로 전화(轉化)된 형태의 것이므로 그 자체가 당위적인 것인만큼 현실에 있어 실현되어지지 않는 경우도 적지 않다. 이렇듯 어떠한 이유로 법질서에 대한 위반상태가 발생하였을 경우에 그 위반상태의 회복을 위해 강제수단을 발동하여 국가가 권력으로써 그 효력을 보장하는 경우를 두고 법이 실효성을 가진다고 말한다. 그런데 현대사회에서 법의 실효성을 보장하는 것은 어디까지나 국가권력이기 때문에 개인의 실력이나 폭력에 의한 자력구제는 원칙적으로 인정되지 않는다. 법의 효력은 앞서의 타당성과 이 실효성이 합치될 때 비로소 온전하게 발휘될 수 있는 것이다. 실효성이 보장되지 않는 법은 아무리 타당하다 하더라도 사회 현실을 규율하는 실정법으로서의 임무를 다하지 못할 것이며, 실효성은 인정되나 타당성이 결여된 법은 그 존재이유에 대해 많은 저항에 부딪히게 될 것이다. 여기에 법의 실질적 효력의 한계로서 악법의 문제가 등장하게 된다.

2. 악법의 문제

법적인 타당성이 없는 법규가 실효성을 가지는 경우 일응 이를 악법이라 지칭하는 것이지만, 과연 무엇이 악법인가 하는 물음에 대한 대답은 간단치 않다. 즉, 정의 등 이념상의 가치와 각종 이데올로기적 입장에서 상호간에 차이가 있을 경우에 객관적으로 보편타당한 기준을 정하는 것은 지극히 어렵다. 대체로 그 시대나 상황에 따른 보편적인 법이론에 비추어 판단하게 될 것이다. 예컨대 법률이 인권을 침해하거나 지역출신별 차별 등을 규정하고 있다면 이것은 법의 이념이나 목적에 반하는 악법으로서 규범적 타당성을 잃고 있다고 할 것이다. 문제는 이러한 기존의 법률이 악법인가 하는 가치판단은 개별적인 것이므로 그대로 준수되지 않는다면 사회생활에 있어서 법규범에 대한 판단을 자의적으로 하게 될 것이며, 법을 준수하지 않는 사태가 빈발하여 사회생활은 큰 혼란에 빠지게 될 것이란 사실이다.

반면에 "악법도 법이다"(Dura lex, sed lex)라고 하여 국가권력을 등에 업은 부정한 실정법이 추구해야 할 이념과 관계없이 효력을 갖는다면 경우에 따라 극단적인 전제주의가 등장할 수도 있는 것이다.

여기에 법의 효력 특히 실질적 효력의 한계로서 마침내 악법에 대한 법준수 거부문제가 대두된다. 법관의 법형성 기능이나 위헌법률심사제도와 같은 현대화된 제도로서도 치유할 수 없는 악법에 대해서는 시민의 고유한 권리로써 그 복종을 거부할 수 있다는 저항권과 시민불복종이론이 체계화되었다. 이 이론은 미국독립선언(1776년)이나 프랑스 인권선언(1789년)에서 인정하고 있는 바와 같이 오늘날의 국민주권국가들에서 합법적 제도로까지 고양되어 있음은 이를 웅변으로 말해 준다고 할 수 있다. 즉, 악법을 퇴치하기 위해서는 민주주의를 위한 국민적 자세와 책임있는 비판정신이 필요하며 특히 국가권력이 과거 야경국가적 차원에서 행정국가·복지국가로 넘어오면서 매우 비대해지고 비상대권과 같은 위기정부의 원리가 국가통치의 이론적 근거로 등장한데 대한 대응으로 국민에게도 고유한 비상대권으로서의 저항권 내지 시민불복종이 인정되어야 한다는 것은 자연스러운 추세로 받아들여 지기도 하였다. 이러한 점에서 저항권은 결국 자연법적인 것이며 국민의 법의식과도 직결된 문제라고 할 수 있다. 건전한 법의식이 살아 있는 사회에서 법실증주의는 오히려 자연법적 기능을 할 수도 있으며, 반면에 무기력한 법의식 속에서의 법실증주의는 악법 탄생의 온상이 되는 것이다.

제 3 절 법의 형식적 효력

Ⅰ. 때에 관한 효력(시간적 효력)

1. 법의 시행기간

(1) 법의 시행

법의 때에 관한 효력은 법이 현실적으로 인간을 규율하는 시간적 한계로서 나타난다. 법은 그 시행일로부터 폐지하는 날까지 효력을 갖는다. 시행일로부터 폐지하는 날까지의 사이를 시행기간(유효기간)이라 하는데, 법은 그 시행기간 안에 발생하는 사항에 대해서만 효력을 갖는 것을 원칙으로 한다. 그런데 법률은 시행에 앞서 그 법률의 존재를 국민에게 알리기 위하여 공포(promulgation, Publikation)되는 것이 보통이다. 공포는 법의 성립과 내용을 국민에게 알리기 위한 것으로서 원칙적으로 관보에 게재함으로써 한다. 공포일로부터 시행일 사이에는 원칙적으로 일정한 기간이 설정되는데, 그 기간을 주지기간이라 한다. 법률은 공포한 날로부터 즉시 효력을 갖는다고 특히 정하는 경우가 있는데 이런 경우에는 주지기간이 없게 된다. 법의 시행일에 관하여는 부칙에서 정하는 것이 보통인데, 시행일이 따로 정해 있지 않은 경우에는 공포일로부터 20일이 경과함으로써 효력을 발생한다.

법령등의 공포일은 그 법령등을 게재한 관보 또는 신문이 발행된 날로 하며, 국민의 권리제한 또는 의무부과와 직접 관련되는 법률·대통령령·총리령 및 부령은 긴급히 시행하여야 할 특별한 사유가 있는 경우를 제외하고는 공포일로부터 30일이 경과한 날로부터 시행되도록 하여야 한다.

(2) 법의 폐지

법의 폐지라 함은 법이 가지고 있는 구속력을 명시적·묵시적으로 소멸시키는 것을 말한다.

'명시적 폐지'는 법문에 그 폐지의 뜻을 명확히 규정함으로써 폐지하는 것을 말하는데, 첫째, 법이 시행기간을 정하였을 때 그 시행기간의 만료로 인하여 폐지되는 이른바 한시법(Zeitgesetz)의 경우와 둘째, 신법의 규정에 의하여 구법의 일부 또는 전부가 폐지되는 경우가 있다. 후자의 경우, 구법의 일부만이 폐지된 경우에는 폐지되지 않은 부분은 신법과 병존하여 효력을 갖는 것은 물론이다.

'묵시적 폐지'는 법의 효력을 소멸케 한다는 명시적 규정은 없으나, 다음과 같은 경우에 폐지된다. 첫째 구법의 규정이 신법의 규정과 상호 모순·저촉되는 경우 "신법은 구법을 개폐한다"(Lex posterior derogat legi prioi)는 원칙과 신법이라고 해도 일반법인 신법은 특별법인 구법을 개폐하지 못한다는 "일반적 신법은 특별적 구법을 개폐하지 못한다"(Lex posterior penerulis non derogat legs priori speciali)는 원칙의 적용으로 인하여 법이 폐지되는 경우와, 둘째 목적사항의 소멸이나 조건의 성취로 인하여 법이 자연히 폐지되는 경우를 말한다.

요컨대 법은 시행기간의 종료, 목적사항의 소멸, 폐지의 명시규정, 구법개폐의 원칙 등에 의하여 그 구속력을 잃게 되는 것이다.

2. 법률불소급의 원칙

(1) 의 의

법률불소급의 원칙(prinzip der Nichtrückwirkung, principe de nonretroactivité)이라 함은, 법은 그 시행기간 중에 발생한 사항에 대하여서만 적용되고 그 시행 이전에 발생한 사항에 대하여는 적용되지 않는다는 원칙을 말한다. 법률의 소급효를 인정하여 그 시행 이전의 사항에 대하여도 신법을 적용한다면 법률생활의 안정을 유지할 수 없을 것이기 때문에 이 원칙이 필요한 것이다. 그러나 이 원칙은 법률 본래의 성질에서 나온 것이 아니고, 기존법률관계의 혼란 및 법질서의 분규를 방지함으로써 국민의 법적 생활의 안정을 유지하기 위한 법적 용상의 원칙에 불과한 것이다.

(2) 내 용

(가) 사후법제정금지의 원칙 헌법 제13조 제1항은「모든 국민은 행위시의 법률에 의하여 범죄를 구성하지 아니하는 행위로 소추되지 아니하며, 동일한 범죄에 대하여 거듭 처벌받지 아니한다」고 규정하여 법률불소급의 원칙을 선언하고 있다. 헌법의 이 규정은 형사책임에 관한 죄형법정주의의 원칙을 규정한 것이지만 그렇다고 이 원칙이 형법에 한하는 것이 아님은 의문이 없다. 그래서 헌법의 이러한 정신을 이어받아 형법 제1조 제1항은「범죄의 성립과

처벌은 행위시의 법률에 의한다」고 규정함으로써, "법률이 없으면 범죄도 형벌도 없다"(Nulla poena sine lege, Nullum crimen sine lege)고 하는 이른바 죄형법정주의(principle of legality)를 명문화하여 형법에 있어서의 법률불소급의 원칙, 즉 형벌불소급의 원칙을 규정하고 있다. 그러므로 형법에 있어서 소급효를 인정하면 죄형법정주의는 파괴되고 형법질서는 혼란에 빠지게 된다.

그러나 이러한 법률불소급의 원칙도 그것이 절대적인 것은 아니므로 (1) 신법이 진화에 알맞고, (2) 합리적이며, (3) 입법의 실제적 목적달성을 위하여 필요한 경우에는 특히 소급효를 인정하는 경우가 있게 된다. 그래서 민법 부칙 제2조 전단이 「본법은 특별한 규정이 있는 외에는 본법시행일전의 사항에 대하여도 이를 적용한다」고 하고, 상법시행법 제2조 제1항이 「상법은 특별한 규정이 없으면 상법시행전에 생긴 사항에도 적용한다」고 하며, 형법 제1조 제2항이 「범죄후 법률의 변경에 의하여 그 행위가 범죄를 구성하지 아니하거나 형이 구법보다 경한 때에는 신법에 의한다」고 규정한 것 등은 그 예가 된다고 할 것이다.

(나) 기득권불가침의 원칙 법률불소급의 원칙과 관련하여 그 파생원칙으로 기득권불가침의 원칙이라고 하는 것이 있다. 이 원칙은 이미 폐지된 구법에 의하여 생긴 권리, 즉 기득권(jura quaesita, vested right, wohlerworbene Rechte, droits acquis)은 신법에 의하여 변경·소멸시킬 수 없다는 원칙을 말한다.

역사적으로는 주로 개인의 재산권에 관하여 주장되어 왔던 이 원칙도 오늘날에 있어서는 절대적인 것은 아니지만, 법적 생활의 안정을 위하여 일단 부여된 기득권은 존중되도록 노력해야 할 것이다.

3. 경 과 법

법의 때에 관한 효력에 있어서, 어떤 사항이 구법시대에 발생하여 신법시대에 까지 계속해서 진행되고 있는 경우에는 그 사항에 대하여 발생 당시의 구법을 적용해야 할 것인가 또는 신법을 적용해야 할 것인가 하는 문제가 있게 되는데, 이러한 문제를 해결하기 위하여 만들어진 법을 경과법(transitorisches Recht)이라 한다. 경과법은 보통 법령의 부칙에 규정하는 경우가 많으나, 특히 시행법·시행령 등을 제정하여 규정하는 수도 있다. 그러므로 시행법은 대부분 경과규정으로 구성되어 있다고 할 수 있는데, 그 내용은 대체로 (1) 구법과 신법의 적용에 관한 시간적 한계, (2) 종전의 법령의 효력에 관한 조치, (3) 종전의 법령 아래서 발생한 상태를 일정한 제한 아래 또는 잠정적으로 승인하는 것, (4) 신법의 최초의 적용에 관한 특례조치, (5) 행정기관의 신설·개폐의 경우의 기관·직원의 경과조치, (6) 법인·단체의 재산처분, 조직변경 등의 조치 등 여러가지가 있다. 상법시행법 제4조 제1항이 「상법시행 당시 구법의 규정에 의한 소멸시효기간을 경과하지 아니한 권리에는 상법의 시효에 관한 규정을 적용한다」고 규정한 것은 그 한 가지 예인데, 이처럼 경과법은 신·구법시대를 연결하는 시제법으로서 양법간의 조화를 꾀하는 것이 그 목적인 것이다.

II. 사람에 관한 효력(인적 효력)

1. 원 칙

(1) 속인주의와 속지주의

누가 법의 적용을 받으며, 또 누가 법의 적용으로부터 제외되는가 하는 것이 법의 사람에 관한 효력의 문제다. 이에 관하여는 종래로부터 속인주의와 속지주의가 있는데, 속인주의(Nationalitätsprinzip)라 함은 일국의 법은 그 국민을 표준으로 하고서 그가 국내외 어느 곳에 있음을 묻지 않고 항상 본국법에 따르게 하는 입법주의를 말하고, 속지주의(Territorialitätsprinzip)라 함은 일국의 법은 그 영역내에 있어서는 내외국인의 구별없이 항상 절대적으로 적용하는 입법주의를 말한다.

역사적으로 볼 때 이것은 속인주의로부터 속지주의로 발전하였으며, 다시 오늘날에 있어서는 속지주의에다 속인주의를 병용하는 절충주의를 각국이 채택하고 있다. 즉, 오늘날 각국은 신분관계에 대하여는 속인주의를 원칙으로 하고 속지주의를 예외로 하며, 다시 재산관계에 대하여는 속지주의를 원칙으로 하고 속인주의를 예외로 하는 입법을 하고 있는데, 이것은 인간의 장소적 이동성에서 오는 결과라 할 것이다.

(2) 절충주의와 적용

속인주의는 대인고권(Personalhoheit)의 요청에서 비롯된 것이고, 속지주의는 영토고권(Gebietshoheit)의 요청에서 비롯된 것이다. 그런데 근대국가에 있어서는 영토고권이 대인고권에 우선한다는 원칙이 일반적으로 승인되고 있으므로 속지주의를 원칙으로 하게 되는데, 이에 그것을 관철함으로써 발생하는 불합리성을 보충하기 위하여 국가적 입장에서 다시 속인주의를 병용하게 된다.

그리하여 오늘날에 있어서는 일국의 법은 자국 안에 재류(在留)하는 자에 대하여는 그 국적 여하를 묻지 않고 자국의 법을 적용하게 되고, 다시 국민인 이상 외국에 재류하고 있어도 본국법의 적용을 받게 되는 것이 원칙이다.

2. 예 외

(1) 치외법권

국가의 원수, 외교사절 및 그의 가족과 수행원, 기타 군함의 승무원, 일정한 책임있는 지휘관의 인솔 아래 있는 군대 등은 치외법권(exterritoriality, Extraterritorialität)을 가지는 자로서, 이러한 특별한 신분을 가지는 자들은 타국에 있어서도 재류국의 법의 적용을 받지 아니하고 그 본국법의 적용을 받는다. 치외법권은 접수국의 재판권·경찰권·과세권 등으로부터의 면제를 그 내용으로 하는 것인데, 이것은 국가예외 또는 직무수행의 편의상 재류국의 법의 적용을 받지 않는다는 것으로서 국제법상 인정된 특권인 것이다.

(2) 신분상의 특권 및 적용의 제한

헌법 제84조 및 제44조에 의하여 대통령과 국회의원은 형사상의 특권을 갖는다. 즉 대통령은 내란, 외환의 죄를 범한 경우를 제외하고는 재직 중 형사상의 소추를 받지 아니하고, 국회의원도 현행범인 경우를 제외하고는 회기 중 국회의 동의없이 체포·구금되지 않는 특권을 갖는데, 이것은 직무수행의 안전을 위하여 인정되는 특권인 것이다.

또 특별법과의 관계로 인하여 법이 전국민에게 적용되지 않고 일정한 신분을 가진 사람에게만 적용되는 경우가 있다. 국가공무원법이 국가공무원에게만 적용되는 것은 그 예이다.

(3) 섭외적(涉外的) 생활관계에 있어서의 준거(準據)법의 적용

사법상의 생활관계가 2개 이상의 법역에 걸쳐 있는 섭외적 생활관계에 있어서는 그 법률관계에 따라 본국법, 행위지법, 불법행위지법, 목적물소재지법 등을 적용하는 것이 타당한 경우가 있게 된다.

이러한 경우에는 법정지가 한국인 경우에도 외국법이 적용되게 된다.

(4) 보호주의 · 세계주의에 의한 국내법의 적용

보호주의는 우리나라의 중요한 국익에 대한 침해행위에 대하여는 국익보호를 위하여 범죄지, 범죄인을 불문하고 우리나라 법을 적용하는 원칙으로서, 내란죄, 외환죄, 통화위조죄 및 동행사죄 등은 그러한 범죄가 국·내외에서 행하여졌는가를 묻지 않고 또 범인이 내국인인가 여부에 관계없이 우리 형법을 적용한다(형법 제6조). 세계주의는 국제적 연대성의 관점에서 일체의 반인류적 범죄에 대처하기 위하여 모든 국가가 자국의 형법을 적용한다는 원칙이다. 예를 들면, 선박·항공기 납치, 국제테러, 통화·유가증권 위조, 마약 밀매, 인신매매 등이 여기에 속한다.

Ⅲ. 장소에 관한 효력

1. 원 칙

장소에 관한 법의 효력의 문제는 법이 어떠한 지역적 범위에서 적용되느냐 하는 문제이다. 그런데 법이 사람의 행위를 규율하는 것인 이상, 법의 장소적 적용범위는 결국 법의 사람에 대한 적용범위의 문제와 일치하는 경우가 많은 것이다. 일국의 법은 그 국가의 영역, 즉 영토·영해·영공의 전역에 걸쳐서 내국인·외국인의 구별없이 적용된다. 따라서 법의 효력은 자국의 영역 안에서만 미치고 그 영역 밖에는 미치지 않는다는 것이 원칙이다. 그러나 여기에는 예외가 있어서 국내법이 외국에까지 그 효력이 미치는 경우가 있는가 하면, 다시 자국내에서도 그 일부에만 적용되는 경우가 있다.

2. 예 외

먼저 국내법이 그 영역 외에까지 효력을 미치는 경우로는 (1) 영사재판권행사지역, 조차지, 점령지 및 타국의 영토내에 있는 자국의 군함·공선 또는 타국의 영공 안에 있는 자국의 군용·공용의 항공기 안에 있어서의 자국국내법의 적용, (2) 타국에 재류하는 자국민에 대한 참정권·청원권·병역의무·국제사법상의 신분능력·친족·상속 등에 관한 자국 국내법의 적용을 들 수 있고, 다시 국내법이 자국내에서도 그 일부지역에만 효력을 미치는 경우로는, 도시계획법 등에서 보는 바와 같이 특별법이 시행되는 지역을 기준으로 하여 그 특별법이 적용되는 경우를 들 수 있다.

요컨대 법의 장소에 관한 효력의 범위는 그것이 사회적 · 경제적 사정에 의하여, 또는 정치적 · 관습상의 이유에 의하여, 혹은 일국의 법이 그 영역 외에 미치는 경우 등에 의하여 다양한 예외를 볼 수 있는 것이다.

제5장 법의 변동

제1절 법변동의 요인과 사회

법은 인간의 사회적 생활관계를 타당하게 규율하기 위하여 존재하는 것이다. 법은 인간이 그에 따라서 행위하고 또 반드시 지켜야 할 생활규범이다. 그러므로 가령 법이 카멜레온(chameleon)의 몸이 무시(無時)로 그 색깔을 변하는 것과 같이 조령모개된다면 법의 준수를 기대할 수 없음은 물론이고 사회생활의 질서유지도 불가능하게 될 것이므로, 일단 성립된 법은 고정성·보수성을 갖지 않을 수 없게 된다.

그러나 법의 이러한 고정성이나 보수성에는 어쩔 수 없는 한계가 있다. 그것은 법의 존재기반인 사회가 진전함에 따라 법도 새로운 방향으로 발전하지 않을 수 없게 되기 때문이다. 사회의 발전에 적응하지 못하는 낡은 법을 그것이 법이기 때문에 지켜져야 한다고 강요된다면, 그것은 이미 생활로부터 유리된 공허한 형해(形骸)에 불과한 것으로서, 아무리 강력한 권력적 배경을 가지고 있다 할지라도 법으로서의 실효성을 유지하기는 어려운 것이다.

그런데 추상적·일반적 형식으로 규정된 법은 본래 사회가 다소 변동하여도 충분히 그에 대응할 수 있을 정도의 폭을 가지고 있어서 무질서하게 개폐되지 않는 탄력성과 지속성을 스스로 가지고 있는 것이므로, 일반적으로는 법해석이라는 과정을 통하여 유동적인 사회의 현실에 어느 정도는 적응하여 갈 수가 있는 것이다. 그러나 법과 사회현상 사이에 너무나 큰 간격이 생기면, 법경시 내지 탈법행위라고 하는 소극적 저항이 생기거나 적극적으로 법체제 전체를 파괴하는 혁명으로 발전하게 된다.

그러나 이러한 실력에 의한 법의 변혁은 결코 바람직한 것이 못됨은 말할 필요도 없는 것이다. 따라서 법질서는 항상 진화하는 사회적 현실에 적응하여 정의와 구체적 생활질서를 실현하여 나아가지 않으면 안된다. 그러기 위해서는 법이 변화하는 시대와 사회에 적응할 수 있는 자체의 탄력성을 가져야 함은 물론 필요한 경우에는 법의 평화적인 변혁을 할 수 있는 유연성을 갖지 않으면 안 된다. 그리고 근대민주주의 국가에 있어서 법이 가져야 할 이러한 탄력성과 유연성은 민의의 반영이라고 하는 기능을 수행하는 입법부의 법제정활동에 의하여 어느 정도 보장되는 것도 사실이다.

그렇다면 이러한 법의 변동을 가져오는 요인은 과연 무엇인가. 지켜지지 아니하는 구법을 파괴하고 지켜져야 할 새로운 법을 창조하는 원동력은 어디에서 나오는 것인가. 종전에는 시대적 정신이라든가 사회의 요구라고 하는 막연한 명칭으로 표현되었다. 그것은 한마디로 말해서 사회력이라 불러도 좋을 것이다. 그러나 한층 더 깊이 이를 분석하면 사회력(social force)이라고 하는 말의 내용을 한가지 의미로만 규정할 수 없는 복잡한 상황이 있다. 즉, 어떤 경우에는 군사력이나 정치력이, 어떤 경우에는 사상의 힘이, 또 어떤 경우에는 경제력이 법의 변동을 촉구하는 중요한 원동력이 되어 왔다. 따라서 법을 만들고 움직이고 파괴하는 원동력을 초역사적으로 규정하고 구체적 현실을 보지 않는 경우에는 독단적 편견에 빠질 위험이 있다. 그러므로 법의 변동을 추진하는 것이나 법을 움직이는 것을 탐구함에 있어서는 역사적인 구체적 제조건을 분석하고 검토하는 것이 특히 필요한 것이다.

이러한 문제는 구체적으로 살펴보면 결국 법은 왜 준수되어야 하는가 또 법이 왜 효력을 가지며, 그 효력을 변혁시키는 요인은 무엇인가 하는 이른바 법의 본질적 기초에 관한 문제를 발전적으로 혹은 동태적으로 고찰하는 일이 될 것이다. 그러나 이는 결국 법의 본질, 효력, 이념 등 앞서 본 바와 같은 문제에 관련된 시각, 즉 세계관, 역사관의 차이에 따라 해석이 현저히 다르게 나올 수 있다.

여기에서 필요한 것은 무엇보다도 특정한 '이데올로기'적 편견을 배제하고 구체적 조건들은 역사적·기능적으로 고찰하는 태도라고 할 수 있다. 이러한 태도에서 볼 때, 법의 변동은 일정한 역사적 조건 밑에서 정치·경제·사상 등의 요인들이 각기 특유한 역할을 하면서 추진해 나간다고 할 수 있을 것이다. 따라서 법변동의 궁극적 원인(cause finalis)을 탐구하기 위하여는 구체적 조건 밑에서 상호작용하는 여러가지 힘의 동태를 파악하는 것이 중요하다고 할 수 있다. 아래에서는 법의 변동요인으로 가장 주요한 정치, 경제, 혁명의 문제를 분석해 보기로 한다.

제2절 법과 정치

일찍이 아리스토텔레스(Aristoteles)가 지적한 바와 같이 인간은 본질적으로 사회적·정치적인 동물(Zoon politikon)이다. 인간의 생존은 항상 일정한 사회관계에 의하여 유지되는 것이며, 이 사회에 있어서 인간과 인간의 생활관계는 '협동' 혹은 '대립'이라고 하는 역학관계로 표현되는 정치적인 관계인 것이다.

정치는 일정한 지도자가 일정한 목적 아래 사회의식을 통합하고 대중을 조직적으로 지도·통제 내지 지배·조정하면서 그 통합된 사회력을 가지고 일관된 목적행위를 실천하여 나아가는 목적활동이 그 본질이다. 따라서 지배적 세력을 장악한 정치권력은 법정립조직(국회)을 통하여 자신의 정치이론에 알맞도록 법을 정립하는데, 그것에 따라 사회를 실력적으로 지배·통일하는 사회실력적 통제작용이 정치인 것이다. 그런데 한편 법은 집권정치세력에 의하여 정립되는 것이기는 하지만, 일단 정립된 법은 그 정치체제와 정치적 목적활동을 법적으로 보장하고 확립시키는 기능을 한다.

이처럼 정치는 법의 목적을 실천하는 목적적 실력통제작용인데 비하여 법은 정치의 이념을 실현·확보하는 기능을 갖는다는 의미에서, 법과 정치는 그 구조와 기능면에서 상호완결적인 밀접한 관계에 놓여 있는 것이다. 말하자면 정치의 모습은 활동·진전·변화라고 하는 '목적활동'인데 대하여, 법은 역사변혁의 제지요 '질서의 안정'으로 표현된다고 할 수 있다. 따라서 정치는 사회의 동태원리인데 대하여 법은 인간생활의 정태원리인 것이다.

정치는 법적 가치실현을 목적으로 하는 작용인 동시에 법을 수단으로 하는 실력적 통제작용이라는 의미에서 법은 정치에 대하여 이중의 관계에 놓인다. 그러므로 정치는 법을 통하여 실현되고 정치의 작용은 법의 작용으로 실현된다. 법은 본질적으로 정치적인 것이어서 정치를 떠나서는 법이 존재할 수 없는 것이다. 이런 의미에서 법은 '정치의 아들'이며, 정치의 수단 내지 도구이지만, 일단 정치이념의 표현으로서의 법이 정립되고 나면, 정상적인 정치는 그 도구인 법의 규율을 받아야 하므로, 법과 정치는 순환관계에 놓이게 된다. 이런 의미에서 보면 법은 기존질서로서 완성된 가치, 즉 구정치이념의 표현이라는 것 이외에 아무 것도 아닌 것이다. 그리고 이러한 기존 질서로서의 법은 새로운 기존질서로서의 법, 즉 신정치이념의 출현을 원리적으로 항상 예정하는 것으로서 양자간에는 대립과 모순의 지양·통일이라고 하는 원리가 성립하게 된다.

그리하여 기존질서로서 완성된 법질서는 기존정치이념을 고수하려 하나 이를 부정하려는 신정치이념과 모순·충돌하여 법질서와 정치 사이에 균열이 생기고, 그에 따라 신정치세력이 승리하면 거기에 '법의 혁명'이 생겨 새로운 법질서가 형성된다. 이처럼 정치는 법에 인과적으로 작용하여 '법제정력'이 되는 동시에 '법보호력'이 되기도 하는 것이다. 그리하여 18세기 유럽에 있어서 개인의 자유와 평등을 주장하는 신흥정치이념이 구정치체제인 봉건사회의 법질서를 파괴하고 근대적 시민사회를 건설한 것이라든지 혹은 제1차 세계대전 이후 독일과 이탈리아에서 근대사회가 완성했던 개인주의·자유주의에 대한 반동으로 나온 전체주의적 세계관에 의하여 민주주의적 법질서를 파괴하고 독재주의적 법질서를 수립한 것이라든지, 혹은 제2차 세계대전 이후에 다시 독재정권을 무너뜨리고 민주주의 정치조직과 법질서로 되돌아간 것 등은 법과 정치의 끊임없는 신장관계의 표현 이외에 아무 것도 아닌 것이다. 그리고 이러한 현상은 정치의 목적과 법의 목적 가운데 어느 면을 더 강조하느냐에 따라서 전개되는 역사의 한 가지 운동과정이었다고 하는 점에 주의할 필요가 있는 것이다.

이상에서 법과 정치의 필연적인 관련성과 정치가 법변동의 원인이 된다는 점을 살펴보았지만, 법은 어디까지나 정치의 수단에 불과하고, 정치가 법의 구속을 받아서는 안된다는 정치주의는 독재주의의 사상을 이끌어 내게 된다. 그러므로 현대민주사회에 있어서 법에 의하지 않는 정치는 아무리 국민복지를 위한 것이라 하더라도 민주정치라 할 수 없고 주권재민의 근본이념에 반한다는 사실을 분명히 인식해야 한다.

제 3 절 법과 경제

법이 규율하는 생활관계는 도덕·종교·관습 등에 맡겨진 부분을 제외하면,

인간의 사회생활 거의 전반에 걸쳐 있었다고 해도 지나친 말은 아니다. 그리고 법은 이러한 인간의 사회적 생활관계에 있어서 공평한 배분질서를 유지하기 위하여 그의 경제적 생활관계와 깊은 관련을 갖지 않을 수 없게 된다. 물론 법에 있어서 배분질서유지 대상이 되는 것은 경제적 가치있는 재화에 국한되는 것은 아니다. 그러나 인간의 사회적 생활관계에 있어서 가장 말썽이 많고 또 부정의(不正義)가 뒤따르게 되는 것은 말할 것도 없이 경제적 재화의 배분문제에 있다. 오늘날 경제는 인간의 사회생활 가운데 매우 중요한 부분을 차지하고 있기 때문에, 실정법은 직접 간접으로 경제적 관계에 관한 여러가지 규정을 두고 있다. 우리 헌법 제199조(경제질서의 기본원칙), 동 제23조(재산권의 보장), 동 제34조(인간다운 생활을 할 권리) 등의 제조항은 그 중요한 예라 할 것이다.

인간은 본질적으로 사회적·정치적 동물이며 동시에 경제적 동물이다. 그래서 인간은 경제적 관계를 떠나서는 단 하루도 생활할 수 없는 존재이다. 이런 의미에서 보면 경제는 법에 의하여 규율되는 인간의 사회생활 자체인 것이다. 따라서 경제는 법의 내용에 인과적으로 영향을 주며, 법의 내용을 결정하고 법을 형성시키는 관계를 갖는다.

먼저 경제는 법의 내용이 된다. 따라서 자유주의경제에 있어서 '자유'의 의미는, 생산된 재화의 사용·수익 및 교환에 있어서의 자유를 뜻하는 것인데, 이것은 모두 소유권절대의 원칙 및 계약자유의 원칙으로 표현되어 근대법의 내용을 이루고 있는 것이다.

다음에 이러한 근대사회에 있어서의 자유경제의 원리는 자본주의경제의 발달을 가져오게 되고, 그에 따라 극심한 부의 편중현상이 발생하여 '경제활동의 자유'는 필연적으로 '공익'이라고 하는 법의 이념의 요청에 의하여 그 범위내로 제한되지 않을 수 없게 된다. 그 결과 토지수용법이나 유질계약(流質契約)의 금지규정 등에 의하여 소유권절대의 원칙이나 계약자유의 원칙은 제한을 받지 않을 수 없게 될 뿐만 아니라, 더 나아가서는 노동법·경제법 등의 새로운 법질서가 형성되기에 이르는데, 이것은 경제가 법의 규율을 받으면서 법의 형성을 촉진하는 현상이라 할 것이다.

이처럼 법이 그 규율하는 경제적 관계에 대하여 '내용으로서의 기능'을 하는 것은 법의 규범적 성질상 당연한 것이다. 경제는 하나의 '사실'인데 대하여 법은 규범으로서 그와 관련하기 때문이다. 따라서 '사실'인 새로운 경제적 생활관계가 발생하면, 거기에 그 사실에 관한 새로운 법이 발생하지 않을 수 없으나, 법은 결코 경제의 운동 그 자체에 맹목적으로 따르는 것이 아니라 법이념에 비추어 가치판단을 하고 또 그것을 지도하는 기능을 하는 것이다. 이러한 점은 경제의 목적은 합목적성의 추구에 있으나, 법의 목적은 정의의 실현에 있기 때문이다.

요컨대 실정법이 경제생활에 적응하는 내용을 가지는 것은 사실이며, 또 실정법의 세목적(細目的) 규정이 경제에 의하여 어느 정도 결정된다고 하는 것도 사실이나, 인간생활에 있어서 적정한 배분질서를 실현하려는 법의 이념은 경제에서 발생한 것이 아니고 그에 선행하는 원리로서 존립하고 있는 것이므로, 슈타믈러(Rudolf Stammler, 1856~1938)가 법은 경제에 논리적으로 선행한다고 한 것은 정당하다고 하지 않을 수 없는 것이다. 그렇다면 인간의 경제생활의 진전에서 발생하는 경제적 제여건이 그대로 법의 기반이 되며, 법은 결국 경제에 추종할 따름이라고 하여 법을 상부구조, 경제를 상부구조라고 단정했던 마르크스(Karl Marx, 1818~1883)의 유물사관이 갖는 잘못을 곧 알 수 있는 것이다. 왜냐하면 인간사의 대립은 비단 경제상의 대립에 국한하는 것이 아니라, 종교적 대립, 민족적 대립, 인종적 대립, 남녀의 대립, 지방색의 대립 등이 있기 때문이다. 이러한 대립을 극복하려는 운동이 정치의 발생을 가져 왔다고 할 수 있다.

제 4 절 법과 혁명

Ⅰ. 혁명의 법적 의미

"법률은 안정함을 요하나 정지함을 불허한다"고 한 것은 파운드(Roscoe Pound)의 말이다. 이것은 일단 정립된 법은 사회생활의 안정을 유지하기 위하여 함부로 변동되어서는 안 되지만, 사회는 끊임없이 유동·변화하므로 법이 법으로서 기능하려면 사회의 진전에 따라 변동하지 않으면 안 된다는 말이다.

혁명이란 기존정치체제 혹은 법질서를 실력에 의하여 급격하고도 근본적으로 파괴하고 새로운 정치체제 내지 법질서를 확립하는 정치적 운동을 말한다.

그러므로 법의 측면에서 혁명을 보면 그것은 기존법질서의 전면적인 파괴를 의미하는 까닭에 위법성을 지니게 되는 것이나, 혁명세력은 기존질서의 부패와 타락을 지적하고 자기의 행위의 정당성과 정의를 내세우는 것이 일반적이고, 양자간에는 서로 자기 정당성의 대립관계에 서게 되는 까닭에, 혁명행위 그 자체가 곧 부정한 것이라고 규정할 수 없음을 주의해야 한다.

이처럼 혁명은 기존법질서의 이념에 대한 부정으로서의 새로운 법질서의 이념을 그 정신적 기초로서 정립하고 그 이념을 달성하기 위하여 실력으로서 투쟁한다는 의미에서 그것은 법변동요인의 종합형태가 되는 것이다. 따라서 이념이 없는 실력행위는 혁명이라고 할 수 없고 오로지 폭동에 불과한 것이다. 또 정권의 교체만을 목적으로 하는 실력행위도 혁명이라고 할 수 없다. 즉 쿠데타(Coup d'état)는 비합법적인 폭력적 수단에 의한 정치적인 변혁인 점에서는 혁명과 유사하지만, 그것은 지배자의 단순한 인적 교체만을 의미하고 새로운 법질서의 형성을 의미하는 것이 아니기 때문이다. 혁명은 이기적이거나 감정적인 것이 아니고 새로운 세계관에 입각한 법질서의 수립이라고 하는 이념을 배경으로 하기 때문에 비록 그 행위가 비합법적인 실력에 호소한다고 할지라도 조직적이며 명료한 목적의식을 가진 정치운동으로 이해되는 것이다.

혁명은 이념투쟁을 위한 실력행위이다. 역사적으로 볼 때, 인간의 평등이나 피치자의 해방이라고 하는 이념이 구정치질서의 타파를 요청할 경우 그것을 실력에 호소하여 쟁취했던 것으로 나타났던 프랑스혁명 혹은 미국혁명 등이 대표적이라 할 수 있다. 혁명이 실력행위라고 할 때, 그 실력이란 반드시 합법적인 힘(주관적 실력)을 의미하는 것이 아니고 비합법적인 힘(폭력)을 의미하는 것임을 주의할 필요가 있다. 따라서 폭력을 행사하지 않고 적법하게 법을 변화시키는 '개혁'(reform)과 구별된다. 이렇게 본다면 혁명이란 폭력이 합법적인 힘을 타도하고, 기존질서이념으로서의 정의에 갈음하여 새로운 질서이념으로서의 정의를 확립하는 것 이외에 아무 것도 아닌 것이다.

II. 법의 변동과 혁명의 조건

혁명은 이념투쟁이요 실력투쟁이다. 따라서 법적인 입장에서 혁명을 볼 때에는 혁명의 가치관·윤리관의 결정문제보다도 오히려 그 비합리적인 폭력에 의하여 법의 변동을 가져오는 점에 중점이 놓이게 된다. 즉, 법에 있어서 혁명의 문제는 그것이 법의 변동요인이 된다고 하는 점에 있는 것이므로 혁명권의 정당성 여부에 관한 가치판단에 있는 것이 아니라, 어떠한 조건아래에서 혁명이 발생하고 또 그에 의하여 법의 변동이 발생하게 되는가 하는 데에 문제가 있는 것이다. 일반적으로 혁명은 기존법질서가 규범적 타당성을 상실하여 그 정당성에 대한 '아래로부터'의 승인을 얻지 못하는 경우에, 혹은 기존 법질서가 완전히 경화되어 그 부패와 타락이 '아래로부터' 비판의 대상이 된 경우에 각각 발생하게 된다고 할 수 있다.

법질서가 혁명을 유발시켜 법의 변동을 가져오게 하는 가장 중요한 원인 가운데 하나는 기존법질서가 타당성을 상실한 경우이다. 법규범의 정당성이 충분히 인정되고 그에 따라서 행위하는 것이 개인의 이익이나 전체의 복지에 적합하다고 승인될 경우에는 결코 법의 혁명은 발생할 수 없다. 그러나 대중이 법규범의 정당성을 부인하고 그것을 악법이라고 인정하여 그 복종을 거부하는 경우에는 법질서와 대중간에 간격이 생기고 여기에 법질서의 변혁을 요구하는 혁명이 발생하게 된다. 따라서 기존법질서가 대중에 대하여 다소 불평·불만의 요소를 가지고 있는 경우라도 전체로서의 법질서가 정당하고 정의로운 것이라고 일반적 승인을 얻을 수 있을 때에는 물리적 힘에 의한 법의 변동은 불가능하게 되는 것이다.

반면에 기존법질서가 경화현상을 일으켜 그 기능이 현실적으로 상실되었음에도 불구하고 법규범으로서의 실효성을 확보하려고 권력적 압박수단을 사용하려 할 때 혁명의 기운이 움트게 되는 것이다. 물론 이러한 경우에 있어서도 혁명은 결코 간단하게 발생하는 것은 아니다. 혁명이 완성되기 위해서는 경화된 법질서를 고수하려는 기존정권의 물리적 강제에 대항하여, 새로운 질서이념을 집적화하고 그에 대한 대중의 지지를 얻은 신흥세력이 조직적인 폭력에 의하여 구질서를 타도할 때에 비로소 가능한 것이다. 그러므로 대중과 유리된 혁명세력은 아무리 훌륭한 새로운 질서이념을 표방하고 있다 해도 혁명을 완성할 수 없음은 물론이다.

이렇게 본다면 혁명에 의한 법의 변동을 저지하는 길은 오로지 정책에 대한 자유로운 비판과 민의를 육성함으로써 기존질서 자체의 경화현상을 완화하고 법규범에 탄력성을 주어 법과 대중과의 간격을 최대한 줄이는 데 있다고 할 것이다. 사회는 끊임없이 유동변전(流動變轉)한다. 그리고 그에 따라 여론과 이념도 실력을 예상하면서 항상 진전한다. 여론의 집적은 이념을 형성하고 이렇게 형성된 새로운 이념은 실력과 결합하여 혁명적 방법에 의하여 법의 변동을 가져오는 것이므로, 법에 있어서 혁명의 동인(動因)이 되는 법질서의 구체적 타당성의 상실과 그 경화 현상이야말로 법변동의 요인이 되는 것임을 알 수 있다.

제6장 법 원(法源)

제1절 법원의 의의

흔히 우리는 '법'이라고 할 때, 이것이 어떠한 모습으로 또는 어떤 형식으로 존재하는가 하는 것이 법의 연원 내지 법원의 문제이다. 본래 법은 사회생활의 준칙으로서 의식의 세계에 존재하는 것이며 공간적·외관적으로 가시적인 것은 아니다. 그런데 실천적 사회규범으로서 법의 내용은 어떤 소재를 통해서든 인식될 수 있는 것이어야만 한다. 따라서 법은 일정한 형식으로 나타나고 또 존재하여야 하는 것이다. 그러므로 여기서 법의 연원을 다룰 때에는 항상 법의 바탕과 본질적인 문제와 맞물려 성찰이 되어져야 한다. 말하자면 법이란 무엇인가, 법은 어떻게 성립하는가, 법이 법으로서 사회적 타당한 근거는 무엇인가 하는 법철학적 문제들과 함께 법원을 추구하지 않으면 안된다. 그런 의미에서 이것을 철학적 법원이라 할 수 있다. 여기서는 법을 경험적으로 인식할 수 있는 자료로서, 즉 법의 존재형식·발현형식의 의미로 형식적 법원의 개념을 사용하기로 하는 바 일반적으로도 법원이라고 할 때에는 이것을 가리킨다.

물론 이들 양자는 서로 무관한 것이 아니다. 실정법을 해석하는 데에는 법의 본질적인 내용을 추적하여 판단자료로 삼아야 할 필요가 있을 것이고, 민법 제1조에서처럼 조리(條理)가 재판규범으로 작용하게 되는 경우라면 철학적 법원이 형식적 법원으로 합치되는 상황을 생각할 수도 있는 것이다.

따라서 본장에서 말하는 법의 존재형식은 경험적·역사적 사실에 기초한 실정법의 법원으로서 그 표현방식에 따라 성문법과 불문법으로 나뉘어진다.

제2절 성 문 법

성문법(written law, geschiebenes Recht, droit écrit) 또는 제정법은 국가 또는 국가의 수권에 의한 지방자치단체가 그 규범적 의의를 문장의 형식으로 표현하여 일정한 절차와 형식에 따라 제정·공포한 법령을 말한다. 말하자면 성문법은 권력자의 의사가 문장의 형식으로 나타난 것이며, 이것은 조직적 현대사회에 있어서 가장 중요한 법원으로서의 위치를 차지한다. 그러한 성문법이 법원으로서 위치하는 순위는 어느 나라에 있어서도 같은 것은 아니다. 영미법은 원래 불문법을 원칙으로 하기 때문에 성문법의 범위가 그다지 많지도 않고 따라서 최고로 중요하지도 않지만, 대륙법계의 국가들, 즉 독일, 프랑스, 이탈리아, 북유럽 및 라틴아메리카 국가들, 그리고 한국, 일본 등은 성문법 특히 법전(Code, Gesetzbuch)을 갖는 나라들이다.

법의 진화과정을 그 존재형식의 면에서 보면 불문법(unwritten law)에서 성문법으로 이행한 것을 알 수 있는데, 근대국가는 국민의 권리를 보장할 목적으로 명시적 법규로 구성된 성문법을 가지고 있는 것이 일반적이다. 불문법에 비하여 성문법은 문장으로 표현되어 있기 때문에 그 의미·내용이 명백하고 고정적일 뿐만 아니라 정책목적을 실현하기 위한 입법을 하는 경우에도 편리하다는 점에서, 오늘날 불문법국가인 영미법계의 제국에서도 점차로 성문법화하여 가는 경향마저 있으나, 성문법은 그 장점이자 단점이기도 한 고정성으로 인하여 변화하는 사회의 실정에 민감하게 적응할 수 없을 뿐만 아니라, 입법자의 자의에 의한 법만능사상에 빠지기 쉽다는 결점을 피할 수 없는 것이기도 하다. 성문법에 속하는 것으로서는 성문헌법·법률·명령·자치법규·조약 등이 있다.

Ⅰ. 성문헌법

헌법은 국가의 기본조직 및 기본작용을 정한 국가의 근본법으로서 그 내용이 문장의 형식으로 되어 있을 때 이것을 성문헌법이라 한다. 국가가 있으면 반드시 이러한 의미의 근본법으로서의 헌법이 존재하지 않으면 안되는데, 불문법국가인 영국을 제외한 거의 모든 나라들은 성문헌법을 가지고 있다.

성문헌법은 보통 법률이나 명령보다 상위규범이므로 법령은 헌법에 의하여 비로소 효력을 가질 수 있을 뿐만 아니라 헌법을 전제로 하고서만 존재할 수 있는 것이다. 따라서 규칙의 규칙(norma nornmarum)이라고 할 수 있는 헌법에 위배되는 법률·명령은 무효이며(헌법 제107조), 국가기관의 행위가 헌법에 위반한 것인 때에도 그 효력이 없음은 물론, 헌법의 개정에 있어서도 일반법률의 개정보다 엄격한 절차에 의하도록 규정되어 있는 것이 일반적이다. 현행 우리의 헌법은 전문과 본문 130개조, 부칙 6개조로 구성되어 있다.

II. 법 률

법률은 넓은 의미에서 법(Recht)과 같은 뜻으로 쓰이기도 하나, 좁은 의미로는 국회에서 제정된 성문법, 즉 헌법에서 말하는 법률(Gesetz)을 가리키는 것으로, 일반적으로 법률이라고 할 때에는 후자의 뜻으로 쓰이는 경우를 말한다. 법률은 그 수·종류·성질 등의 점에 있어서 국가법체계 가운데 매우 중요한 지위를 차지하고 있으며, 그 형식적 효력도 헌법보다는 하위에 있으나, 다른 어떤 규범보다도 상위에 위치한다.

법률제정권은 국회에 속하는 것이므로(헌법 제40조), 국회는 유일한 입법기관이며, 그 제정은 보통 법률안의 제출·의결·공포의 단계를 거치게 된다. 법률안의 제출은 국회의원과 정부가 할 수 있으며(동 제52조), 국회에서 법률안이 의결되면 정부에 이송되어 15일 이내에 대통령이 공포한다(동 제53조 제1항). 그러나 법률은 공포와 동시에 효력을 가지는 것이 아니고, 특별한 규정이 없는 한 공포한 날로부터 20일을 경과함으로써 효력을 발생하게 된다(동 제53조 제7항).

법률규정의 내용이 될 수 있는 사항을 입법사항이라고 하는데, 현대 법치국가에 있어서는 국민의 권리·의무에 관한 사항은 법률로 정하게 되어 있으므로, 국민의 권리의 제한이나 의무의 부과는 반드시 법률에 의하지 않으면 안되며, 헌법은 특히 법률로 규정되어야 할 명시된 사항을 여러가지로 규정하고 있다.

법률은 헌법의 하위규범으로서 그 효력이 헌법에는 미치지 못하는 것이지만, 법률상호간에 있어서의 효력은 원칙적으로 우열관계는 없다. 그러나 규범의 내용에 모순이 있을 때에는 '신법은 구법에 우선'하며, 또 일반법과 특별법의 관계에 있을 때에는 '특별법은 일반법에 우선'하여 적용된다.

Ⅲ. 명　　령

국회가 '국가의 유일한 법률제정기관'임에는 의문의 여지가 없으나, 국회 이외의 국가기관에게도 예외적으로 입법의 기능이 인정되고 있다. 국회 이외의 국가기관이 제정하는 법을 명령이라고 하는데, 그 가운데 특히 행정관청이 제정하는 법을 협의의 '명령'이라고 한다.

이처럼 명령은 국회의 의결을 거치지 않고 행정관청이 제정하는 성문법이라는 점에서 법률과 다르며, 또 그 효력도 법률의 하위에 있는 것이다. 따라서 원칙적으로 명령에 의한 헌법·법률의 개폐는 불가능한 것이다. 그러나 법률적 효력을 갖는 긴급명령의 경우는 예외이다(헌법 제76조).

명령은 관점에 따라 여러가지로 분류된다. (1) 제정권자를 표준으로 하여 대통령령·총리령·부령으로, (2) 수권의 근거를 표준으로 하여 위임명령·집행명령으로, (3) 법률에 대한 관계를 표준으로 하여 위임명령·독립명령으로, (4) 규정상의 내용을 표준으로 하여 집행명령·독립명령으로 각각 분류된다. 여기에서는 편의상 (1)의 표준에 의한 명령을 중심으로 설명하기로 한다.

대통령령은 대통령이 법률에서 구체적으로 그 범위를 정하여 위임받은 사항과 법률을 집행하기 위하여 필요한 사항에 관하여 발하는 명령으로서, 여기에는 다시 위임명령과 집행명령이 있다. 대통령이 대통령령으로서 발하는 위임명령은 헌법 제75조 전단에 의하여, 그리고 집행명령은 헌법 제75조 후단에 의하여 발하는 것인데, 전자는 법률이 입법사항 중 중요한 것만을 정하고 부분적으로 그 범위와 기준을 정하여 명령에 위임하는 경우에, 그리고 후자는 법률의 규정을 실제에 적용하여 현실적으로 완성하기 위하여 각각 발하는 명령인 것이다. 위임명령은 법률이 위임한 범위 안에서는 입법사항에 관하여 새로운 규정을 할 수 있지만, 집행명령은 법률을 집행하기 위하여 필요한 세칙을 규정하는 것으로 모법을 변경·보충하거나 새로운 입법사항을 정할 수 없다. 집행명령은 흔히 '시행령'으로 나타난다. 대통령이 발하는 명령의 일종이나, 헌법에서 정한 요건하에서 발해질 수 있는 긴급명령이나 긴급재정경제명령은 법률과 동일한 효력을 가진다(헌법 제76조). 이를 법률대위명령이라고도 한다. 제4공화국 헌법에는 헌법적 효력을 가진 긴급조치가 있었으나 현행헌법에는 없다.

총리령과 부령은 각각 국무총리 혹은 행정각부의 장이 자기의 사무에 관하여 법률·대통령령의 위임 또는 직권으로 발하는 명령인데(헌법 제95조), 여기에는 다시 위임명령과 직권명령이 있다. 위임명령은 위임된 범위내에서 법률·대통령령으로 규정할 사항을 새로이 정하는 명령이며, 직권명령은 다시 행정규칙과 법규명령으로서의 집행명령으로 나누는데, 전자는 헌법·법률의 수권없이 직무권한 범위내에서 당연히 발할 수 있는 명령이다.

이상의 각 명령의 형식적 효력은 대통령령이 총리령과 부령의 상위에 서는 반면에, 총리령과 부령은 우열상의 차이는 없다고 보는 견해가 있는가 하면, 행정 각부를 통할하는 국무총리의 지위에서 볼 때 총리령이 부령보다 우월하다고 보는 견해도 있다.

Ⅳ. 규 칙

헌법은 권력분립의 취지에서 입법부와 사법부 및 중앙선거관리위원회에 각각 규칙의 제정권을 부여하고 있다. 국회는 그 자치권에 의하여 법률에 저촉되지 아니하는 범위 안에서 의사와 내부규율에 관한 규칙을 제정할 수 있다(동 제64조 제1항). 의사규칙과 내부규칙은 국회 안에서만 효력을 가지는 것이나, 그 효력은 국회의원에게만 미치는 것이 아니라 국회 안에 들어오는 모든 사람에게 적용되는 국가법규로서의 효력을 가질 뿐만 아니라, 그것이 폐지·변경될 때까지는 영속적인 효력을 가지는 것이다.

또 대법원은 그 규칙제정권에 의하여 법률에 저촉되지 않는 범위 안에서 소송절차·내부규율·사무처리에 관한 규칙을 제정할 수 있으며(동 제108조), 중앙선거관리위원회도 선거관리·국민투표관리·정당사무에 관한 규칙을 제정할 수 있다(동 제114조 제6항).

이와 같이 규칙은 국가기관의 내부규율과 사무처리에 관한 사항을 정한다는 점에서 하나의 법규이며, 규칙은 명령과 동일한 효력을 가진다는 점에서 법률의 하위규범이다. 그러나 중앙선거관리위원회의 선거관리·국민투표관리·정당사무에 관한 규칙은 법령의 범위내에서 규정하므로 다른 행정명령보다 하위의 규범에 속한다.

V. 자치법규

헌법은 '지방자치'를 헌법상의 제도로서 보장하고 있다. 헌법 제117조 제1항은 '지방자치단체는 주민의 복리에 관한 사무를 처리하고 재산을 관리하며 법령의 범위 안에서 자치에 관한 규정을 제정할 수 있다'고 하여 지방자치단체에 자치입법권을 부여하고 있다.

자치법규는 이러한 자치입법권에 의하여 지방자치단체가 제정한 법규인데, 여기에는 조례와 규칙이 있다. 조례는 지방자치단체가 법령의 범위 안에서 그 사무에 관하여 지방의회의 의결을 거쳐 제정하는 자치법규로서(지방자치법 제15조) 법률과 명령보다는 하위의 효력을 가지며, 규칙은 지방자치단체의 장이 법령·조례가 위임한 범위 안에서 그 권한에 속하는 사무에 관하여 제정한 자치법규를 말하며, 조례보다 하위의 효력을 가진다(동 제16조).

VI. 조약 및 국제법규

조약은 국제적 권리·의무의 발생을 목적으로 문서에 의한 국제법 주체간의 합의이다. 따라서 조약(treaty)·협약(convention)·규약(covenant)·헌장(charter)·규정(statute)·협정(agreement)·의정서(protocol)·결정서(act)·약정(arrangement) 등 어떠한 명칭이든 상관없이 국제법 주체간의 문서에 의한 합의이면 모두 조약인 것이다.

조약은 원칙적으로 체약국의 전권위원이 서명하고 주권자가 승인하는 비준을 함으로써 성립하고, 그 문서를 교환하여야 효력을 갖게 되는 것이나 그 내용이 직접 국민의 권리의무에 관계가 있는 경우에는 그 조약이 국내법으로서의 효력이 있는가 하는 문제가 나오게 되는데, 이에 대하여는 여러가지 논의가 있어 왔다. 그러나 우리 헌법 제6조는 「이 헌법에 의하여 체결·공포된 조약과 일반적으로 승인된 국제법규는 국내법과 같은 효력을 가진다」고 규정함으로써 조약의 국내법적 효력을 인정하고 있을 뿐만 아니라, 일반적으로 승인된 국제법규, 즉 국제관습법 혹은 포로에 관한 제네바 협정과 같이 우리나라가 직접 체약당사국이 아닌 조약으로서 국제사회에서 그 규범성이 일반적으로 승인된 조약은 국내법으로서의 효력을 인정하고 있다.

제 3 절 불 문 법

불문법(unwritten law) 혹은 비제정법이라 함은 입법기관에 의하여 소정의 절차에 따라 제정·공포되지 아니한 법규를 말한다. 성문법과 불문법은 법의 성립과정에 따른 분류이다. 그러므로 불문법 가운데 판례법 같은 것은 문서로 기록된 것이지만, 그것이 법제정기관의 입법절차를 거치지 않았다는 의미에서 불문법에 속하는 것이다.

한 국가의 법은 성문법만이 그 전부가 아니고, 그것이 불문법과 아울러서야 비로소 법원의 전체계가 갖추어지는 것이다. 그리하여 우리나라는 성문법(제정법)주의를 원칙으로 하고 불문법은 성문법에 대한 보충적 효력을 갖도록 하고 있다.

일반적으로 법원의 탐구에 있어서 문제가 되는 불문법은 관습법·판례법·조리 등이다.

I. 관 습 법

1. 관습법의 의의

관습법(customary law, Gewohnheitsrecht, droit countumier)이라 함은 사회생활의 자연발생적 관습규범을 내용으로 하는 불문법을 말한다. 인간이 영위하는 사회생활에는 여러가지의 생활관습이 발생하게 되는데, 그 관습 전체가 관습법이 되는 것이 아니고, 그 중에서도 특히 사회적·경제적 사정에 의하여 법질서의 구성부분이 될 만한 통용력과 가치가 있는 관습만이 법적 구속력을 취득하여 관습법이 되는 것이다. 그러므로 아직 법질서의 구성부분이 될 만큼은 발전하지 못하고 다만 사회생활 가운데 단순한 사실로만 행하여지고 있는 관습을 관습법과 구별하여 '사실인 관습'(Verkehrssitten, usages admis dans les affaires)이라고 한다. 사실인 관습은 법률행위의 해석상의 의미를 갖게 된다.

관습법은 이러한 '사실인 관습'과는 물론, 다시 '관행'·'관례'와도 구별된다. 관습으로서 행하여지고 있는 사항에 관하여 규범의 측면으로부터가 아니라, 행위의 측면으로부터 본 것을 관행(Übung)이라 하고, 또한 관습에까지 이르지는 않았으나 얼마동안 되풀이하여 반복된 사례를 관례라고 한다.

2. 관습법의 성립기초 및 요건

관습이 어떠한 경우에 법적 구속력을 갖는 관습법으로서의 지위를 갖게 되느냐에 관해서 종래 여러가지 학설이 주장되어 왔다. 첫째, 관습설은 어느 사항에 있어서 동일행위가 오랫동안 반복되면 그 관행이 관습법이 된다는 입장인데, 이는 치텔만(E. Zitelmann)의 이론이다. 이는 관습법 그 자체와 그 내용을 형성하는 소재로서의 관습을 혼동한 것으로써 관습 자체가 왜 관습법이 되는가를 설명하지 못한다.

둘째, 확신설은 사회의 다수인이 어떤 관습적인 것을 법이라고 확신함으로써 그것이 법이 된다는 것으로 이는 사비니(F. C. von Savigny), 푸흐타(G. Puchta), 기에르케(O. von Gierke) 등 역사법학파의 주장이다. 여기서 일반인의 법적 확신을 토대로 법을 결정한다는 것이 사회학적 견지에서는 매우 중요한 의미를 가지겠지만 국가법체계에서는 그것이 입법적 소재는 될 수 있어도 법 그 자체라고 할 수 없는 것이라는 비판이 있지만 이는 종래 통설의 입장이다.

다음으로 국가가 어떤 관습의 내용을 법으로 승인함으로써 관습법이 성립한다는 라손(A. Lasson)과 빈딩(K. Binding) 등의 국가승인설이 있다. 말하자면 관습법의 승인·강행 및 완성을 국가적 작용으로 보는 것이다. 관습법에 관한 국가적 승인의 방법은 국가가 성문법을 중심으로 함으로써 관습법을 그에 대한 보충적 또는 변경적인 것으로 하는 경우(민법 제1조, 제105조, 제185조)도 있고, 법원이 관습의 규정내용을 채택하여 재판의 준거로 하는 수도 있고, 또는 행정관청이 관습에 의하여 처분하는 일도 있을 것이다.

국가승인설에 대해서는 국가성립 이전의 관습법의 존재를 설명하지 못한다는 비판이 있지만, 국가에 있어서 무엇이 그 나라의 법이냐는 결국 그 국가의 의사(주권)가 결정하는 것이니, 만일 관습법이 국가의 의사에 의한 결정이 아닌 방법으로 그 국가의 법이 된다는 것은 사실상의 모순이다. 사회의 자연발생적인 관습법이 존재하는 것은 사실이지만 그것은 일정한 국가법체계상의 것이 아니고 사회학적 견지에서 법의 보편개념으로 불려지는 것일 뿐이다. 그러한 관습법이 특정한 국가의 법이 되기 위해서는 그 국가의 의사에 의한 선택이 필요한 것은 당연하다. 말하자면 국가적 승인없이 관습법은 존재할 수 없는 것이며, 우리나라 민법 제1조 등이 일정한 제한 아래에서만 관습법의 성립을 규정한 것도 관습법 성립의 기초가 국가의 승인에 있다는 것을 뜻하는 것이다.

그러면 관습법이 성립하기 위해서 구체적으로 어떠한 요건을 갖추어야 하는가, (1) 어떤 관행이 존재하여야 하고, (2) 그 관행이 공서 양속에 위반하지 않아야 하며, (3) 그 관행을 국민일반이 단순한 도덕적·종교적인 규범으로서가 아니라 법규범으로서의 의의 즉, 법적확신을 가지고 지켜야 하며, (4) 법령이 그 관행에 반대하는 것, 또는 그 관행과 동일한 것을 규정하고 있지 않는 경우라야 관습법은 성립하게 된다.

3. 관습법의 효력

관습법의 법규범으로서의 효력에 관한 문제는 관습법과 사실인 관습과의 관계 및 관습법과 성문법의 관계로 나타난다.

(1) 관습법과 사실인 관습과의 관계

① 민법 제106조는「법령 중의 선량한 풍속 기타 사회질서에 관계없는 규정과 다른 관습이 있는 경우에, 당사자의 의사가 명확하지 아니한 때에는 그 관습에 의한다」고 규정하여 사실인 관습은 다만 당사자의 의사가 불명확할 때에만 법률행위의 내용을 결정하는 법적 구속력 있는 표준이 됨을 인정하고 있다. 그러나 이에 대하여 관습법은 법규범이므로 당사자의 의사와는 관계없이 법적 구속력을 갖는다.

② 또 민사소송법 제393조는「상고는 판결에 영향을 미친 헌법·법률·명령 또는 규칙의 위반이 있음을 이유로 하는 때에 한하여 이를 할 수 있다」고 규정하여, 법원의 판결이 관습법에 위반한 때에는 법률의 적용에 위반이 있는 것으로 되어 상고이유가 되는 것이지만, 사실인 관습은 이를 인정하지 않고 법원이 판결을 해도 상고이유가 되지 않는다.

③ 상법 제1조는「상사에 관하여 본법에 규정이 없으면 상관습법에 의하고, 상관습법이 없으면 민법의 규정에 의한다」고 규정하여, 상관습법의 민법에 대한 특별법의 지위를 인정하고 있다. 따라서 상관습법은 민법의 강행규정에 위

반되는 경우에도 법적 구속력을 갖는 것이나, 사실인 상관습은 그러하지 못하다.

이처럼 관습법과 사실인 관습은 서로 구별되는 관계에 서 있다. 그러나 실제에 있어서 이 양자는 그 구별이 쉽지 않을 뿐만 아니라 사실인 관습도 사적 자치가 인정되는 범위 안에서는 임의규정에 우선하여 해석의 기준이 되므로 이 양자를 구별할 실익은 거의 없다고 할 것이다.

(2) 관습법과 성문법과의 관계

① 민법 제1조와 상법 제1조에서 보는 바와 같이 관습법은 성문법에 규정이 없는 사항에 관하여서만 성립할 수 있으며, 따라서 관습법은 성문법에 대한 보충적 효력만을 갖는다고 하는 견해에 대하여 ② 관습법은 성문법규가 있는 사항에 관하여서도 성립할 수 있으며(예:동산의 양도담보, 수목집단 및 미분리과실의 소유권 이전에 관한 명인방법), 따라서 관습법은 성문법에 대한 변경적(대등적·개폐적) 효력을 갖는다고 하는 견해가 대립되고 있다. 현재의 다수의 견해는 민법 제1조의 규정에 충실하여 관습법의 보충적 효력을 인정하고 있다. 변경적 효력설이 그 근거로 내세우는 사례는 판례법의 경우로 처리하면 된다고 한다. 그러나 변경적 효력을 주장하는 견해는 관습법을 포함하여 법의 운용에 있어서는 "특별법은 일반법을 깨뜨린다" 혹은 "신법은 구법을 변경한다"는 원칙이 적용된다고 한다.

한편 상법 제1조는「상사에 관하여 본법에 규정이 없으면 상관습법에 의하고 상관습법이 없으면 민법에 의한다」고 규정하여 상관습법은 성문상법에 대하여는 보충적 효력을 가지지만 성문민법에 대해서는 변경적 효력을 가짐을 인정하고 있다. 따라서 특별관습법은 일반성문법을 개폐한다고 할 수 있다. 그리고 민법은 물권의 성립에 관하여는 관습법에 대하여 성문법과 대등한 효력을 인정하고 있다(제185조). 이것이 관습법의 보충적 효력을 인정한 민법 제1조의 예외규정인가가 다투어지고 있다.

성문법이 발달함에 따라 관습법의 영역은 그만큼 좁아진 것도 사실이다. 그러나 성문법만으로 끊임없이 유동하는 모든 사회현상을 빠짐없이 규정할 수 없는 것이다. 따라서 성문법과 함께 관습법이 존재할 여지는 여전히 남아 있으며, 그 중요성도 감소되지는 않을 것이다.

II. 판 례 법

판례(legal precedents)는 어떤 법률문제에 대한 법원의 선언이며, 개별적 사건에 대한 법규의 적용이다. 그리고 이렇게 하여 내려진 판결예는 유사한 사건에 반복·답습됨으로써 일정한 법적 규범의식을 갖게 되는데, 이것을 판례법(case law, Fallrecht)이라고 한다.

판례, 즉 판결 가운데 있는 추상적 법칙은 관습법의 성립을 조장하고, 법(특히 관습법)의 존재를 밝히는 기능을 하며, 또 법의 해석이라는 면에서 새로운 법을 발견하여 성문법의 수명을 오래 가게 하는 기능을 하는 것이지만 적어도 그 판례가 관습법화되지 아니하고 단순한 판례 자체로 있을 때에는 법적 구속력을 갖거나 법규를 형성하는 것은 아니라고 하여 판례의 법원성을 부인하는 견해가 상당히 유력하게 주장되고 있다.

불문법주의인 영미법계의 국가에 있어서는 판례의 법원성은 이를 의심할 여지가 없는 것이나, 성문법주의를 채택하고 있는 대륙법계의 국가에 있어서는 판례는 법원에 대하여 법적 구속력을 갖지 않는 것이 원칙으로 되어 있다. 따라서 법제상으로는 하급법원은 상급법원의 판례와 다르게 판결할 수도 있고, 또 법원은 자기의 종전의 판례와도 다른 판결을 할 수 있는 것이다. 그러나 하급법원이 상급법원과 다른 판결을 하게 되면 그 판결이 상급법원에 가서 파기될 염려가 있으므로, 실제에 있어서는 상급법원의 판례를 존중하지 않을 수 없으며, 또 대법원의 심판에서 판시한 법령의 해석은 당해 사건에 관하여 하급심을 기속하는 것(법원조직법 제8조)이므로, 판례는 사실상의 구속력을 갖는다고 보아야 할 것이다.

그리하여 발견되고 창조된 새로운 법규인 판례가 법원을 구속하게 되면 다시 그것이 재판을 통하여 일반인도 구속하게 되는 것이므로 판례의 법원성은 이를 인정하지 않을 수 없을 것이다.

III. 조 리(條理)

조리(law of natur, Natur der Sache, natur des choses)라 함은 사물의 합리성

내지 그 본질적 법칙을 말한다. 즉, 이성에 의하여 승인된 사회적 생활에 있어서의 원리로서 그것은 사회통념, 선량한 풍속 기타 사회질서, 신의칙 등으로 표현되기도 한다.

사회생활의 현상들은 복잡한 것이며 동시에 항상 변화하는 것이기 때문에 아무리 정밀하게 법을 제정한다 하더라도 그리고 관습법이 발달한다 하더라도 사회가 요청하는 모든 법률관계를 완전히 망라하여 규정할 수는 없는 것이다. 그리고 법원은 특정한 구체적 사건에 있어서 이에 적용한 법규가 없다 하여 재판을 거부할 수는 없는 것이니, 이러한 경우 법원은 그 법의 결함(법률의 흠결, Lücken des Rechts)을 보충하여 판결할 수밖에 없는 것이다.

그리하여 스위스 민법(1907년법) 제1조 제2항은 「사건에 적용할 수 있는 성문규범이 없는 때에는 법관은 관습법에 의하여 재판하여야 한다. 그 점에 관한 관습법이 존재하지 않을 때에는 법관은 만약 자기가 입법자라면 제정하였을 것이라는 규범에 따라 재판해야 한다. 그러한 경우에는 법관은 법학설과 선례에 의하여 확립된 견해에 의거해야 한다」고 규정하고, 우리 민법 제1조도 이러한 스위스 법에 따라 같은 취지의 규정을 두고 있다.

통설은 조리가 성문법과 관습법을 개폐하는 효력은 없지만, 성문법·관습법·판례법 등이 없는 경우에 보충적으로 법원이 되는 것으로 보고 있다. 그러나 조리에 의해 재판을 한다는 이유만으로 이것이 곧 형식적 법원으로 인정받을 수 있는 근거가 되느냐에 관해 의문을 제기하는 견해가 있다.

전술한 바와 같이 재판은 반드시 법률에 의하지 않으면 할 수 없는 것이 아니고 그 법률의 흠결의 경우에도 재판은 법률 이외의 다른 준거에 의해서라도 하여야 하는 것이며, 재판이 조리에 의한다는 것은 다시 말하면 정의·형평 등, 즉 법이 원래 따라야 할 원리 그 자체에 의거한다는 것을 의미하는 것이다. 조리는 그것이 정당하고 합리적인 것을 의미하는 것이므로 법도 그에 의거해야 할 원리이기는 하지만, 법은 반드시 그 원리와 합치되어 있는 것은 아니다. 이 점에서 조리의 법원성을 부정하는 견해는 조리는 법 그 자체는 아닌 것이고 조리에 법원성을 인정하는 이론은 긍정하기 어렵다는 것이다. 조리는 정확히 말하자면 재판의 기준은 되지만 법 그 자체는 아니다라는 것이다. 그러나 조리에 의한 재판일지라도 그 판례가 판례법이 될 수 있는 것은 당연한 일이다.

제7장 법 계(法系)

제1절 서 설

지구상의 수많은 국가들은 그들이 처한 지리적·역사적·사회적 환경에 따라 저마다 다른 생활관계를 영위하고 있다.

법은 인간의 사회적 생활관계를 규율하는 규범인 만큼 각 국가 또는 민족의 생활문화와 밀착하여 발달하지 않을 수 없다. 따라서 그들이 빚어낸 문화나 민족성에 의해 혹은 그 국가나 민족의 정치적·사회적 제상태 및 관습·습속 등에 따라 법은 각기 특색있는 법문화권을 창조해 왔다. 이는 마치 인류의 혈통이 있어서 그에 따라 각 민족군이 성립되는 것과도 같이 법에도 일정한 계통이 형성되어 그에 따라 각각 특색있는 법가족(Rechtsfamilien)이 성립되는 것을 말하는 것이다.

그러나 인류의 문화는 끊임없이 진전하고 교류되는 것이므로, 각 국가나 민족의 제문화적 특성은 서로 영향을 주고받아 문화권 상호간의 복합현상이 일어나게 되는데, 이러한 문화의 융합현상은 법문화에 있어서도 예외가 되는 것은 아니다. 그래서 경우에 따라서는 다소 정도가 낮은 법문화를 가지고 있는 국가 또는 민족은 보다 정도가 높은 문화를 가진 국가·민족으로부터 법을 계수하게 되는데, 이러한 법의 계수(Rezeption des Rechts)에 의하여 여러 나라와 민족의 법이 동일한 계통에 속하게 되는 현상이 일어나게 된다. 그리고 이러한 법의 계수현상에 의하여 이룩된 법문화 그 자체가 다시 새로운 법문화권을 형성하여 독자적인 발전을 하게 되는데, 이러한 법문화의 흐름을 법의 계통 혹은 법계라고 한다.

법계는 이렇게 성립하여 그 자체의 특색을 가지고 전개되어 가는 것이지만, 경우에 따라서는 한 법계가 다른 법계에 흡수되어 버리는 수도 있는가 하면 그 법계를 생성시킨 민족이나 국가와는 관계없이 사라지는 것이 있고 다시 그 법계를 생성시킨 민족이나 인종과는 관계없이 존속하는 경우도 있다. 가령 이집트 법계 · 헤브라이 법계는 그것을 생기게 한 민족은 멸망하지 않았으나 그들이 생성한 법계는 이미 사라져 버렸으며, 로마 법계는 그 법계를 생성시킨 민족과는 관계없이 아직도 존속되고 있는 것이다. 이러한 현상을 법계의 보편화 현상이라고 하는데, 교통수단이 고도로 발달하고 국제관계가 더욱 밀접하게 되어가고 있는 오늘날과 같은 시대에 있어서는 이러한 법계의 보편화 현상도 보다 일반화하여 세계법적 경향으로 나아가고 있음을 알 수 있다.

제 2 절 법계의 분류

오늘날 세계에는 매우 많은 법질서가 존재하고 있다. 하나의 독립국가가 원칙적으로 하나의 독자적인 법질서를 가지고 있는 것은 물론, 비독립국이라고 할지라도 독자적인 법체계를 가지고 있는 경우가 많고, 미국의 예에서도 보는 바와 같이 하나의 독립국가 내부에 많은 이법역을 포함하고 있는 국가도 있는 것이다. 그런데 이 무수히 많은 법질서는 결코 서로 무관계한 것이 아니라, 오히려 많은 점에서 공통 · 유사한 것으로서 여기에 법계의 관념이 성립하게 한다.

이처럼 법계론은 전세계에 존재하는 수많은 법질서를 몇 개의 법계로 나누어 이것을 비교 고찰하는 비교법의 중요한 연구분야의 한 가지를 말한다. 법계는 학자에 따라서 여러가지로 분류되어 왔으나, 크게는 대륙법계와 영미법계로 분류하는 것이 일반적이다.

학자에 따라서는 법계를 (1) 서구법계, (2) 소비에트법계, (3) 이슬람법계, (4) 힌두법계, (5) 중국법계 등 다섯 법계로 나누기도 한다.

제 3 절 대륙법계와 영미법계

I. 법계론에 있어서 대륙법과 영미법

세계의 법질서를 대륙법과 영미법으로 2대별하는 것은 오래 전부터 널리 인정되어 왔다. 영미제국에서는 대륙법(Continetal law)을 Civil law라고도 하며, 영미법(Angol-American law)을 Common law라고 하여 양자를 대비시키고 있다. 이 경우의 Civil law는 로마법을 의미하는 것이며, Common law는 본래 영미법 가운데 독자적인 판례체계를 가리키는 것이나 영미법 전체를 가리키는 경우도 있다.

이처럼 대륙법과 영미법이라고 하는 개념은 본래 법계로서의 개념이다. 즉, 대륙법이라고 하는 통일적인 법질서가 있는 것이 아니라, 그것은 구체적으로 독일법 · 프랑스법이라고 하는 개개의 법질서로 나누어지는 것이지만, 주로 영미법과 대비시키는 의미에서 대륙법이라고 총칭되고 있는 것이다. 이 점은 영미법에 대해서도 동일하다. 그래서 오늘날 영미법이라고 하는 개념은 없고 다만 존재하는 것은 영국법과 미국법이 있을 뿐이라고 하는 견해가 유력하게 나오고 있다.

대륙법계를 구성하고 있는 법질서는 다시 프랑스법계와 독일법계로 분류된다. 프랑스법계는 그 기원에 있어서는 독창성을 발견할 수 없으나 로마법이래 세계에 최대의 영향을 준 법계로서, 베네룩스 3국 · 이탈리아 · 스페인 · 포르투갈 · 중남미제국 · 폴란드 · 루마니아 · 이집트 및 미대륙에까지 그 영향을 미치고 있으며, 독입법계는 주로 로마법에다가 게르만법의 약간의 제도를 결합하여 성립한 것으로서, 스위스 · 오스트리아 · 그리스 · 일본 · 중국 · 샴 · 터키 등과 우리나라도 이 법계에 속한다. 이에 대하여 영미법계에 속하는 것으로는 대영제국의 전판도(全版圖)와 미합중국은 물론 지리적으로는 거의 전세계에 그 영향을 미치고 있으며, 우리나라도 부분적으로는 이 영미법계의 영향을 받고 있다.

끝으로 한 가지 주의할 것은 대륙법계와 영미법계가 모두 기독교의 도덕적 기초, 자유주의적 민주주의의 정치 · 사회원리 및 자본주의적 경제구조라고 하는 공통한 기반 위에 세워진 서구법계에 속하는 것으로서, 이것은 그 본질적 성격으로 인하여 사회주의적 구조를 갖는 소비에트법계와 대립하고 있다는 점이다. 따라서 이렇게 보면 대륙법과 영미법의 분류는 단순한 기술적인 문제에 불과한 것이다.

II. 대륙법계

1. 로마법계

대륙법계는 독일·프랑스를 중심으로 한 유럽 대륙 여러 나라의 법계를 말하는데, 그 근간은 로마법계와 게르만법계로 구성되고 있다. 그러므로 대륙법계를 이해하기 위해서는 로마법계를 알지 않으면 안된다. 로마법(Roman law)은 기원전 753년 도시국가의 형태로 출발한 로마 초기로부터 기원후 6세기 중엽의 동로마제국의 유스티니아누스(Flavius Petrus Sabbatius Justinianus) 황제가 「로마법대전」(Corpus Juris Civilis)을 완성하기에 이르기까지 약 1300년에 걸쳐 형성·발전했던 법을 말한다. 로마 민족이 역사의 무대에 등장했던 초기에 있어서는 그들의 법도 다른 민족의 법에 비하여 별로 발달하지 못하였고 고대법의 일반적 특징인 규범의 미분화상태에 놓여 있었던 것이나, 기원전 약 150년 동안에 그들의 법은 비약적인 발전을 하여 기원후 2세기로부터 약 100년 동안에는 이미 이른바 고전시대(법학융성시대)를 맞이할 정도로 찬란한 법문화를 형성하였던 것이다. 그러나 그 후 3세기 중엽에 로마제국은 약 반세기 동안 무정부상태의 혼란 속을 헤매다가 마침내 동서로 분열되어, 서로마제국은 게르만 민족의 침입을 받아 멸망하고 동로마제국이 그 명맥을 유지하던 가운데 고전시대의 로마제국을 재건하려는 유스티니아누스(Justinianus) 황제를 맞이하게 되었고, 그에 의하여 사상 초유의 대입법사업(大立法事業)이 완성되었던 것이다.

이렇게 하여 완성된 것이 「로마법대전」인데 이 법전은 당시의 학설법을 집대성한 학설휘찬(digesta), 법의 근본원칙을 기술한 법학제요(institutiones), 칙법의 집대성인 칙법휘찬(codex)의 3부와 이러한 법전들의 성립 후 황제 사망시까지 새로 공포된 칙법을 수록한 신칙법(novellae)의 4부로 구성되어 있다. 그리고 이 법전은 기원후 11세기로부터 12세기에 이르러 라틴문화 부흥운동과 관련하여 이탈리아의 볼로냐(Bologna)에서 일어난 주석학파(Glossatoren)에 의하여 대륙법계의 제국가에 계수되어 당시의 유럽 제국의 현행법으로 적용되다가, 그 후 각국의 고유법과 융합되어 점차적으로 보편화된 대륙법으로 발전하였던 것이다.

그리하여 특히 독일에 있어서는 로마법을 계수한 법이 보통법(gemeines Recht)으로서 실질적으로 적용되고, 각 지방의 고유법(Landrecht)이 보충적으로 적용되다가 1900년에 독일 민법전이 시행되기에 이르러 비로소 로마계수법은 폐지되었던 것인데, 이처럼 로마법은 로마 제국의 멸망 후에도 로마인을 떠난 객관적 존재로서 유럽인의 법생활을 지배하였을 뿐만 아니라 아직도 유럽 법사상의 근간을 이루고 있는 것이다.

'로마법을 통하여 로마법 위에'(durch das römische Recht über das römische Recht hinaus!)라고 하여 법학에 있어서 로마법연구의 중요성을 강조한 예링은, "로마는 세 번 세계를 통일하였다. 한 번은 무력으로 국가를 통일하고, 다음에는 로마의 몰락 후 종교로 교회를 통일하였고, 중세에 와서는 로마법의 계수를 통하여 법으로 통일하였다. 뒤의 두 가지는 정신에 의한 세계의 통일이다"고 지적하고 있는데, 참으로 법문화의 극치로서 로마법이 차지하는 위치는 절대적이었던 것이다.

2. 게르만법계

게르만법계는 게르만 민족이 기원전 1세기 경에 역사에 그 모습을 나타내기 시작한 이래 중세를 통하여 다채로운 발전을 보이고 근대법질서에 대하여 로마법계에 이어 중대한 영향을 준 법계를 말한다. 역사상 유명한 게르만 민족대이동 후 각지에 정주한 이후에도 여전히 그들의 주업인 농목생활을 영위하였던 관계로, 혈연적인 소집단생활을 중심으로 하는 게르만인의 법은 불문의 관습법이었다. 따라서 그들의 법은 다른 사회규범과 미분화된 상태로 존재하는 민족의 생활규범 그 자체였던 것이다. 그러나 이러한 규범의 미분화상태는, 그들이 집단생활을 하는 가운데 발생하는 분쟁이나 집단구성원 일반의 신념에 위반하는 행위에 대한 제재가 가하여지고, 다시 이러한 과정을 계속하는 가운데 형성된 일정한 관념이 법으로 분화되었다. 즉, 민회나 군회의 총의에 의하여 동일한 사건에 대하여는 동일한 제재가 가하여진다는 신념이 먼저 생기고, 다시 이런 신념은 구체적인 문답의 형식으로 구전되어 오다가, 그것이 점차적으로 추상적인 격언이나 법언의 형식으로 전승되어 그들의 신앙이나 언어와 마찬가지로 민중의 공유물로 널리 유포되어 이것이 관습법의 형태로 오랫동안 정체되어 있으면서, 각 부족들의 비교적 포괄적인 법전이 나타나기 시작한 5세기 중엽에 이르기까지 그들의 생활을 지배하였다.

그러나 13세기에 들어와서는 관습법을 바탕으로 한 법서가 편찬되었는데 봉건법(Lehnrecht)·란트법(Landrecht)·도시법(Stadtrecht) 등에 걸치는 이러한 법서 가운데, 작센(Schsen)의 배심원(Schöffe)이었던 레프고우(Eike von Repgow, 1180~1233)가 사찬(私撰)한 작센슈피이겔(Sachsenspigel)은 독일어로 쓰여진 최초의 법서로서 독일 내외 여러 지방에 널리 퍼져서 다른 법서편찬의 기초가 되었다. 이러한 개인에 의해 편찬된 법서 이외에도 몇몇 성문법령이 발표되어 법의 성문화가 어느 정도는 진전되었으나 대체로 중세말까지는 관습법에 의한 민족생활을 하였다.

이상의 불문관습법·부족법·법서 등의 3시대는 게르만 고유법의 시대이었으나, 1495년을 분기점으로 하여 독일에서는 외국법계수시대가 시작되었다. 외국법의 계수란 로마법의 계수를 의미하는 것으로서 로마법의 계수가 게르만 법사에 미친 영향은 참으로 컸던 것이다. 게르만법계의 로마법계수는 특히 그 이후의 법전제정에 큰 영향을 주어서 유럽 최초의 체계적인 법전인 1794년의 프로이센 보통법전, 1804년의 프랑스 민법전(나폴레옹법전) 및 1896년의 독일 민법전 등은 모두 그 영향 아래 제정되었던 것이다. 그리고 이렇게 해서 성립 발달한 독일법은 일본과 우리나라에도 계수되어 오늘날 우리나라의 중요한 기본법들의 대부분은 독일법의 영향 아래 제정된 것이다.

요컨대 대륙법계의 법은 주로 법조법(法曹法)·도시법·상인법적 특색을 갖는 로마법에다가 민중법·농촌법·농민법적 특색을 가진 게르만법을 융합하여 성립된 것으로서, 그 가운데 특히 게르만법은 법분열의 경향이 강하고, 관습법주의에 입각하고 있으며, 상징주의적 요소가 강하며, 공·사법의 융합 내지 단체주의 등을 그 특색으로 하고 있다.

3. 사회주의법계

사회주의법계(Socialistic legal family)란 구소련을 위시한 공산국가들의 법계이다. 원래 이들은 로마·게르만법계의 국가들이었으며 따라서 로마·게르만법의 요소들을 상당히 간직하고 있었다. 예를 들면 법규칙을 행위규칙으로 보는 점, 법의 분류, 각종 법률용어 등이 거의 로마·게르만법계에서 유래된 것이다. 그러나 공산주의 이론이라는 전혀 차원이 다른 이념을 기초로 하기 때문에 이러한 피상적 유사성에도 불구하고 그 근본에 있어서는 매우 차이가 있는 것이다. 마르크스주의(Marxim)를 기초로 새로운 경제구조를 목표로 생산수단을 국유화함에 따라 개인간의 관계는 퇴색하여 사법 자체가 크게 위축되었다. 그러므로 로마·게르만법계와는 달리 철저하게 공법이 주도하고 있다. 또한 법규정이 정의 혹은 도덕관념에 결부되기보다도 집권계급의 지배 수단으로 생각하여 적어도 이론상으로는 국가와 법의 '사멸'(死滅, Absterben)을 주장하고 있다. 이러한 이념적 차이는 법규정의 제정, 적용, 해석에 있어서 상당한 차이를 가져올 수밖에 없는 것이다. 그러나 원래 법과 정치의 구분이 분명치 않은 것이 특징인 이들 사회주의 국가군이 겪고 있는 오늘날의 커다란 변화의 흐름은 법체계에서도 적지 않은 영향을 줄 것으로 보인다.

III. 영미법계

1. 영 국 법

게르만 민족의 분족인 노르만인에 의하여 통일된 왕조가 수립될 때까지는 영국은 켈트인·로마인·덴마크인·앵글로색슨인 등의 게르만 부족법의 적용을 받았다. 1066년에 영국을 정복하고 노르만 왕조를 수립한 윌리엄 1세(William I, 1066~1087)는 그가 정복한 일체의 토지를 수용하고 이것을 기초로 하여 강력한 중앙집권적 봉건제를 확립하기 위하여 국가조사서(Domesday Book 1081~1086)를 작성 실시하는 한편, 법의 통일을 기도하여 그 실현에 성공하였다. 즉, 윌리엄 1세로부터 시작해서 헨리 2세(Henry II. 1154~1189) 및 에드워드 1세(Edward I. 1272~1307)의 치세에 걸쳐서 약 2세기간에 웨스트민스터에 정착하게 된 중앙재판소와 매년 거기서 각지를 순회하면서 재판을 한 순회재판소의 기구를 통해서 보통법(Common law)이라는 것이 점차 성립되었다.

그리하여 보통법은 특히 12세기 중엽부터 13세기 중엽에 걸쳐 약 1세기 동안에 그 형태를 점차로 정비하여 그 다음 세기에 완성되었는데, 이 보통법은 영국 고래의 관습을 기초로 삼아 수세기에 걸친 판결에 의해서 성립 전개된 법체계로서의 판례법인 것이다. 이처럼 보통법재판소(Common law Court)에서 적용된 보통법의 내용은 영국의 일반관행으로서 이른바 '영국왕국의 일반관습'(Universal Custom of the Realm)이며 재판은 이러한 일반 관습을 기준으로 하여 행하여졌다. 그리고 이러한 보통법재판소와 순회재판소에 의하여 통일되고 확립된 영국의 법은 판례집에 집대성되었는데, 그 가운데 1225년으로부터 1535년까지의 수세기에 걸친 대판례집인 연서(年書, Year Books)는 보통법의 중요한 법원으로 되어 있다.

이렇게 하여 영국인이 형성한 법체계인 코먼 로(Common law)는, 15세기 내지 16세기에 유럽 대륙에서는 로마법의 대규모적인 계수가 진행되고 있었음에도 불구하고, 강인한 방위력을 발휘하여 그 침투를 저지함으로써 고유한 판례법체계를 유지할 수가 있었던 것이다.

그러나 판례법체계로서 성립 발전한 코먼 로는 그 역사적 지속성이나 강인성으로 인하여 일단 대륙법의 침입을 막을 수는 있었으나, 한편 오랜 시일이 흐름에 따라서 점차로 경화현상을 보이게 되고 탄력성을 상실하게 되어 이미 시대의 요청에 적응하지 못하게 되었다. 그리하여 보통법의 이러한 경직성을 보충하고 시의에 적합한 재판을 할 수 있는 권한이 대법관재판소(Court of Chancery)에 부여되고, 여기에 보통법재판소와 대립하는 형평법재판소(Court of Equity)가 성립되기에 이르렀다. 이 형평법재판소는 도덕과 양심에 따라 선례에 구속됨이 없이 구체적 타당성을 존중하여 재판하였는데, 여기에 성립된 법리(Doctrine)와 그에 의하여 발달된 법을 형평법(Equity)이라고 한다.

이렇게 하여 성립한 형평법은 보통법과 함께 재판법체계로서의 영국법에 있어서 가장 중요한 법원이 되었던 것인데, 17세기에 들어와서는 형평법재판소와 보통법재판소 사이에 항쟁이 발생하게 되어, 마침내 1873년에는 재판소법(Judicature Act)을 재정하여 종래에 분리되어 있던 재판소를 폐지하고 통일적인 재판소를 설립하기에 이르렀다. 그 결과 양자 사이에 저촉이 생길 때에는 형평법을 적용하게 되었다. 물론 영국법에 있어서도 판례법 이외에 많은 성문법전이 제정되어 있으나, 아직도 그 근간을 이루고 있는 것이 보통법임에는 의문이 없다. 이것은 영국의 헌법이 불문헌법이라는 사실만으로도 충분히 짐작할 수 있는 것이다.

2. 미 국 법

미국에 유럽으로부터 식민이 시작되었던 것은 17세기이었으나, 영국법의 계수가 시작된 것은 17세기 후반부터이었다. 이같이 식민개시 이후에 장기간 동안 영국법의 계수가 없었던 것은, 개척기의 미국인들의 생활은 매우 소박한 것이었기 때문에 본국의 봉건적인 지역법이나 기술적인 절차법의 계수가 필요없었으며, 당시의 제주(諸州)는 식민지에서 적용할 최소한도로 필요한 제정법을 가지고 있었을 뿐만 아니라 영본국(英本國)의 보통법에 대한 반감이 격렬하게 일어나고 있었기 때문이다. 이렇듯 개척기 이주민이 처한 환경적 요인과 본국재판에 대한 불만 그리고 특히 제대로 교육받은 법률가의 부족도 초기의 영국법 계수의 장애요소로 작용했던 것이다. 따라서 당시의 재판은 상당부분 성서와 자연법적 권리감정에 기초한 사례가 많았고, 전문성이 결여된 판사에 의한 재판을 받는 경우도 흔히 볼 수 있었다.

그러나 17세기로부터 18세기에 걸쳐 영국이 상업경제시대로 들어가게 됨으로써 미국도 영국법을 계수하기에 편리하게 되고, 한편 미국내에서도 순회재판에 갈음하는 지방재판소의 설치, 사법권의 독립, 법률가의 양적 증가 및 영국법 연구자료의 증가라고 하는 사정의 변화가 일어나게 되어 본격적으로 영국법을 계수하게 되었다.

그리하여 미국에 있어서의 영국법의 계수는 우선 각 특정주에 대하여 각 특정시대의 영국법이 구속적 권위(binding authority)를 가지고 적용되는 것으로부터 시작하여, 그 후 이것이 보편화되어 설득적 권위(persussive authority)를 갖는데 불과하게 된다는 과정을 밟았던 것이다. 그리고 이러한 계수과정은 코크(Sir Edwars Coke, 1552~1634)와 블랙스톤(Sir William Blackstone, 1723~1780)의 이른바 고전적 보통법에 의하여 창도(唱導)되었던 것인데, 영국에서는 18세기로부터 19세기에 걸친 보통법의 근대화가 진행되었음에 비추어 미국에서는 그를 모방하여 가면서도 미국 특유의 사정과 그 변화에 순응하여 가면서 독자적인 법을 서서히 전개하여 갔던 것이다. 또한 미국법과 자연법사상 위에서 프랑스법 등을 참조하여 가면서 비교법적 작업을 하였던 재판소의 역할과 켄트(James Kent, 1763~1847)나 스토리(Joseph Story, 1779~1845) 등의 법률가들의 저작활동에 의하여 미국법을 확립하여 나아갔을 뿐만 아니라, 다시 입법부우위의 사상 및 구주제국의 법전편찬운동에 자극되어 활발한 법전운동이 일어나는 등 본격적인 미국법계의 정립이 이루어졌던 것이다. 여기서 외부적으로 미국법의 형성기와 발전기를 획하는 사건이 남북전쟁이었고, 이후 미국은 급속한 산업화의 길로 접어들게 됨으로써 새로운 변혁과 사회입법의 증대와 더불어 독자적 발전의 기틀이 마련되었던 것이다. 요컨대 미국의 영국법계수영역은 그 대부분이 사법과 절차법이었는데, 그 가운데서 특히 사법분야에 있어서의 제정법의 비중이 컸던 것이다. 한편 미국의 공법은 성문법과 그 사법적 해석에 의한 독자적인 전개가 있었다. 위헌입법심사제라든가 법조양성방법의 특이성이라든가 실용주의 철학과 법현실학파에 의한 새로운 법철학의 형성 등은 미국법의 커다란 특색이 되는 것으로서 미국법계의 기반이 되고 있는 것이다.

제 8 장 법의 분류

법규범은 무조직·무질서한 것이 아니라 하나의 통일된 성격을 가지고 있는데, 법규범이 하나의 통일된 성격을 가지고 있을 때 이를 법의 체계(legal system)라 한다. 법의 체계는 관찰의 방법에 따라 여러가지로 분류할 수 있다.

법의 분류는 이미 법원에서 살펴본 바와 같은 형식으로 존재하는 법이 어떠한 표현방식으로 나타나는가를 문제로 함으로써 실정법의 표현방식으로서 법의 종류를 설명하려는 것이다. 법은 그 발생·효력·내용·기능 등 분류의 기준에 따라서 여러가지로 나눌 수 있으나, 이는 편의상의 분류에 지나지 않으며 본질적인 것은 아닌 것이다.

제 1 절 국내법과 국제법

국내법은 국가단위로 제정·공포되고 그 국가내에 한하여 적용되는 국가와 국민 사이, 국민상호간의 권리·의무관계를 규율하는 법규범의 총체인데 대하여 국제법은 국제사회의 법으로서 국가 사이의 권리·의무관계와 국제조직에 관한 법규범이다.

국내법과 국제법의 본질적인 차이점은 법을 인정하는 주체와 그 효력의 측면에서 볼 수 있다. 즉 국내법의 주체는 일국가인데 반하여 국제법의 주체는 복수의 국가 내지 국제조직이다. 또 효력의 면에 있어서도 국내법은 국가적 사회를 기초로 하여 법이 적용·집행되는 관계로 국내에서만 효력을 가지며 그 강제의 방법과 기구가 정비되어 있는데 반하여 국제법은 국제사회를 기반으로 하여 국가 사이 혹은 국제조직 사이에서만 효력을 가지므로 국내법에 비하여 그 강제성이 약하다. 국제법의 이러한 점 때문에 국제법은 법이 아니라는 학설도 나오게 되었다. 그러나 국내법에 비하여 그 조직적 기반·재판기구·제재방법 등이 매우 미약하고 불완전하기는 하나 국제법도 국내법과 같이 사회생활의 규범으로서 국제사회에서 강행되는 것이기 때문에 국제법부인설은 타당하지 못하다.

국내법과 국제법의 관계에 대하여는 국내법과 국제법은 통일적인 법체계를 이룬다고 보는 일원론과 국내법과 국제법은 각각 별개의 체계를 형성한다고 하는 이원론(Triepel, Anzilotti)이 있다. 전자는 다시 국가주권을 강조하는 입장에서 법은 국가법일 뿐이라는 전제에서 국제법은 국가법의 하나의 형태이고 그 구속력도 국가의 의사에 의하여 주어진다고 하는 국내법우위설(G. Jellinek, A. Zorn)과 국제사회에 있어서의 조약체결방식이라든가 국가의 조약에 대응하는 자세의 변화 등을 근거로 하는 국제법우위설로 나뉘어진다. 우리 헌법은 「이 헌법에 의하여 체결·공포된 조약과 일반적으로 승인된 국제법규는 국내법과 동일한 효력이 있다」(제5조)고 규정하여 국내법과 국제법의 동위성을 인정하고 있다.

다만 국내법 중에는 헌법·법률·명령 등 여러가지가 있는데, 이들과 국제법과의 효력관계에 대해서는 학설에 맡겨져 있다. 조약의 경우는 헌법보다는 하위라고 보는 설이 통설이며(헌법우위설), 헌법 이외의 법과 조약의 효력관계에 대해서는 국회의 동의를 받도록 되어 있는 조약(헌법 제60조)은 법률과 동일한 효력을 가지는 것으로 보고 그 외의 조약은 명령(대통령령)과 동일한 효력을 가지는 것으로 보는 것이 일반적이다. 일반적으로 승인된 국제법규는 법률과 동일한 효력을 가진다고 보는 견해와 단계적으로 나누어 효력을 고찰해야 한다는 견해로 나뉘어진다.

그리고 국제법과 국제사법(conflict of Laws)은 이를 구별하여야 한다. 국제법 가운데 국제공법과 국제사법이 있는 것이 아니라 국제법은 국제공법만을 가리키는 국제법주체간의 법(jus intergenteo)을 의미하는 것이고, 국제사법은 섭외적 생활관계에 있어서 법적 안정을 도모하기 위하여 섭외적 사법관계에 적용할 법의 저촉이 있는 경우에 적용할 법을 지정하여 판결의 조화를 꾀하기 위한 법으로서 국내법의 일부를 구성하는 법인 것이다.

제 2 절 공법 · 사법 · 사회법

법을 분류하는데 있어서 가장 전통적이며 또 그 만큼 난점도 많은 것이 공법과 사법의 구별이다. 이 구별은 오래 전부터 시도되어 왔지만 그 표준은 아직도 문제로 남아 있다. 공법과 사법을 나누는 분계선은 그것이 논리적 범주에 속하는 것이 아니라 역사적 범주에 속하는 것으로서 역사적 변천은 다시 사회법이라고 하는 제3의 영역을 만들기에 이르렀다. 여기서는 공법과 사법의 구별에 관한 학설을 소개하고 사회법의 내용에 대하여 설명하고자 한다.

Ⅰ. 공법과 사법

1. 서 설

게르만법이나 중국을 중심으로 하는 동양의 법계에서는 공 · 사법의 구별이 인정되지 않았으나 법을 공법(public law)과 사법(private law)으로 분류하는 것은 로마법 이래의 전통이라고 할 수 있다. 그러나 이 구별은 절대적인 것이 아니라 편의적 · 상대적인 것에 불과한 것이다. 그래서 그 구별을 부정하는 이른바 법일원설이 나오게 되었는데 오스틴(J. Austin) · 켈젠(H. Kelsen) · 뒤기(Léon Duguit) 등이 공 · 사법 구별을 부인하는 대표적인 법학자들이다.

오스틴은 법은 주권자의 명령이며 공법과 사법은 모두 국가에 의하여 강제되는 것이므로 이 양자간에 구별은 존재하지 않는다고 하였으며, 켈젠도 국가와 국민의 관계는 법률상 권력에 의한 복종의 관계가 아니라 권리 · 의무관계로 그 성질은 대등한 개인 상호간의 관계와 조금도 다름이 없다고 하여 양자의 구별을 인정하지 않았다. 한편 뒤기는 권리 · 주권 · 인권 등은 경험에 입각하지 않은 형이상학적인 개념이라 하여 부정하면서 권리의 내용 · 이익의 성질 등을 기준으로 공법과 사법을 구별하는 것은 부당하다고 하면서 공 · 사법의 구별을 부인하였다.

그런가하면 영국의 다이시(A. V. Dicey)의 '법의 지배'를 중심으로 한 법일원론에 입각한 영법계에서도 오늘날 순수한 자유주의가 지양되고 복지행정이 강조됨에 따라 의회제정법이 제정되어 이것이 공법분야를 형성하게 됨에 따라 common law는 사법체계로 의회제정법은 공법체계로 분화되어 법의 이원화를 인정하지 않을 수 없게 되었다.

켈젠과 뒤기 등의 권리부인설은 권리에 관한 특수한 학설로 국가와 국민사이의 법과 개인상호간의 법의 성질상의 차이를 부정하는 것은 이론적으로 지지하기가 어렵다. 여기에 양자를 구별하려는 법이원설이 나오게 되었다. 그러나 이 법이원설도 구별의 기준을 어디에 두느냐에 따라 학설의 대립이 있다.

2. 학 설

(1) 주체설

국가 기타 공법인 상호간의 관계 또는 이들과 사인간의 관계를 규율하는 법이 공법이고, 사인 상호간의 관계를 규율하는 법이 사법이라고 하는 학설이다. 이 설은 그 구별기준이 매우 명백하고 공권력의 행사가 행정주체에 유보되어 있다는 점에서 일면의 타당성을 가졌다고 할 것이다. 그러나 국가 기타 공법인이 사인과 동등한 입장에서 매매·도급·임대차 등의 계약을 체결하는 경우에 현실적으로 민법 혹은 상법의 규정에 의하여 법률관계가 정하여진다는 점에서 이 학설은 이론상 문제가 있다.

(2) 이익설

이 설은 법이 보호하는 이익을 기준으로 하여 공익의 보호를 목적으로 하는 법을 공법이라고 하고 사익의 보호를 목적으로 하는 법을 사법이라고 한다. 그러나 공익과 사익의 구별이 명확하지 않을 뿐만 아니라 또 법익이라고 하는 것도 공법·사법 가운데 어느 한 쪽에 반드시 명확하게 속하는 것이 아니라는 점에 이 설의 문제가 있다. 왜냐하면 형법과 같은 공법속에도 개인의 생명·재산을 보호하는 법규범이 포함되어 있고 사익을 보호하는 경우에도 공익적 견지에서 이를 규정하고 있기 때문이다. 예컨대 민법·상법 등은 개인의 이익의 보호에만 그치지 않고 공익에 관한 규정도 많이 포함하고 있는 것이다.

(3) 법률관계설

이 설은 권력관계 즉 법률상 불평등관계(상하수직적인 종적 생활관계)를 규율하는 법은 공법이고, 대등의 관계 즉 횡적인 평등의 관계를 규율하는 법은 사법이라고 한다. 따라서 헌법·행정법·형법 및 소송법 등에 의하여 국가가 국민을 대하는 관계는 법률상의 지배·피지배의 관계로서 권력관계·불평등의 관계를 규율하므로 공법관계이고, 민법·상법은 사인간의 평등관계를 규율하므로 사법이라고 한다.

그러나 이 설에 의하면 국제법은 평등한 국가간의 관계를 규율하므로 공법이 아닌 사법이 되며, 불평등관계인 부자관계를 규율하는 친족법은 공법이 될 수밖에 없으므로 이 설도 정당하다고 할 수는 없다.

(4) 통치관계설

법이 통치권의 발동에 관한 것이냐 아니냐에 따라 국가통치권의 발동에 관한 법을 공법, 그렇지 않은 법을 사법이라고 하는 설이다. 따라서 통치권의 존재, 그 발동의 형식, 국가기관의 조직·권한 등에 관한 법이 공법이며, 사인간의 생활관계를 규율하는 법을 사법이라고 한다. 그러나 이 설에 의하면 국제법이 통치권의 발동이라는 국가권력의 대내적 관계를 규율하는 것이 아니므로 사법이 될 수밖에 없는 문제가 있다.

(5) 신주체설

이 설은 일방당사자로서 고권적 권력담당자(행정주체)에게만 권리·의무를 귀속시키는 법이 공법이고 묵시적 내지 실제적으로 모든 자에게 권리·의무를 부여하는 법이 사법이라고 한다. 따라서 이 설에 의하면 공법과 사법은 본래 고정된 법영역이 아니라 사법은 모든 사람에게 적용되는 일반법이고 공법은 권력주체에게만 예외적으로 적용되는 일종의 특별법이라는 것이다. 볼프에 의하여 주장된 이 설은 공·사법의 구별을 권리·의무의 귀속주체에 따라 구별하려는 것으로서 귀속설·법규설 또는 특별법설이라고 한다.

이 설은 공권력이 부여된 사인까지도 권력주체에 포함시킬 수 있고, 상·하위관계가 없는 경우에도 공법관계를 인정할 수 있다는 점에서 주체설이나 법률관계설보다 진보된 견해라 할 수 있다. 그러나 이 설에 따르면 사인이 공공적인 사무를 위탁받았다고 해서 그 사무처리에 관한 법을 일반적으로 공법이라고 할 수가 없을 뿐만 아니라, 더구나 사인간의 법률관계를 공법관계라고 하는 것은 공법관계를 부당하게 확대하는 것이라고 하지 않을 수 없으므로 설득력있는 학설이라고는 할 수 없다.

(6) 생활관계설

이 설은 인간의 생활관계를 국민으로서의 생활관계와 사인으로서의 생활관계로 나누어 전자를 지배하는 것이 공법, 후자를 규율하는 것이 사법이라고 한다.

공익설이 지니고 있는 결점을 보충하려고 하는 이 학설에 의하면 국가 기타 공법인 상호간 및 그들과 사인간을 규율하는 법은 정치적 생활관계를 규율하는 것으로서 공법이 되고, 정치적 권력자로서의 지위를 떠난 국가 기타 공법인 상호간 및 그들과 사인과의 관계 그리고 사인 상호간의 관계를 규율하는 법은 민사적 생활관계를 규율하는 것으로서 그것은 사법이 된다.

그러나 인간의 생활관계가 국민으로서의 생활관계와 사인으로서의 생활관계로 뚜렷이 양분될 수 있느냐가 문제이며 설사 구별된다고 하더라도 그 기준이 다시 문제되어 논리적 순환에 빠질 우려가 있다는 점에서 이 설에 대한 비판이 가해진다.

3. 구별의 실익

법은 본래 공법과 사법의 명확한 표준을 세워가지고 제정한 것은 아니므로 이미 살펴본 바와 같이 어떤 명확한 기준에 의하여 공·사법을 분류하는 것은 매우 곤란한 일이다. 그러나 현실적으로 공법과 사법의 구분이 이루어지고 있는 점을 감안할 때 어느 하나의 기준에 의존할 것이 아니라 상술한 제학설을 종합적으로 고려하여 분류하는 것이 타당하다고 할 것이다.

그러면 그 구별의 기준이 애매함에도 불구하고 공·사법을 구별하는 실익은 어디에 있는가. 첫째, 법원리에 있어서 양자는 차이가 있다. 즉, 사법관계의 경우에는 개인이 자유롭게 법률관계를 창설할 수 있는 사적자치의 원칙이 인정되고 있다는 점에서 공법과 다르다. 둘째로, 쟁송상에 차이가 있다. 행정소송은 소송사항의 한정, 제소기간의 제한, 직권주의의 가미 등의 점에서 민사소송과는 다르다.

II. 사 회 법

개인주의·자유주의적 사상에 기초를 둔 근대시민법의 원리는 자본주의 사회를 고도로 발전시켰으나, 한편으로는 무산대중을 증가시키고 노동자의 생활을 위협하여 국민의 경제적 생활을 불안하게 하였으며, 자유방임적인 경제는 주기적인 공황과 독・과점의 형성이라는 폐해를 초래하였기 때문에 정치적・사회정책적 입장에서 그 수정이 불가피하게 되었다. 그 결과 소유권의 불가침・계약의 자유・과실책임 등으로 집약되는 자유주의적 사법원리는 그것을 상대적으로 제한하는 공법원리와 결합하게 되어 새로운 법역을 형성하게 되었는데 이를 사회법이라고 하는 것이다.

따라서 사회법(social law)은 인간의 사법적 생활관계에 있어서 사회적・경제적 약자를 공법적인 규제와 간섭을 가하여 보호하여 사인의 실질적인 평등을 실현하려고 하는 법이라고 할 수 있다. 즉, 사회법은 공법도 사법도 아닌 그 혼합법으로서 제3의 법이라고 할 수 있다. 또 사회법은 강학상의 개념으로서 여기에 속하는 것으로는 노동법・경제법・사회보장법 등이 있다.

제 3 절 일반법과 특별법

I. 의 의

법의 효력이 미치는 범위를 표준으로 하여 보면 일반법과 특별법으로 분류된다. 일반법(general law, gemeingültiges Recht)은 법의 효력이 미치는 범위에 특별한 제한이 없는 법이고, 특별법(special law, spezialrecht)은 일정한 범위 안에서만 효력을 가지는 법이다. 법의 효력은 사람・장소・사항・적용기간 등과 관계가 있으므로 일반법과 특별법의 구별도 이에 따라 나누어 고찰할 수 있다.

II. 구별기준

1. 인적 범위를 표준으로 한 구별

법의 효력이 국민 전체에 대하여 미치는 법을 일반법(신분적 일반법)이라 하고, 어떤 특정된 신분이나 직업을 가진 사람에게만 미치는 법을 특별법(신분적 특별법)이라 한다. 민법・형법 등은 일반법인 데 대하여 국가공무원법・외국인토지법・군형법・소년법 등은 공무원・외국인・군인 혹은 만 20세 미만의 소년에게만 적용되는 특별법이다.

2. 지역적 범위를 표준으로 한 구별

법의 효력이 국가의 전영역에 걸쳐서 미치는 경우에 이를 일반법이라 하고, 그 국가영역의 일부에만 미치는 법을 특별법이라고 한다. 민법 · 상법 · 형법 및 지방자치법은 일반법이며, 각 도 · 시 · 군의 조례는 각 지방자치단체의 관할구역 안에서만 효력을 갖는 지역적 특별법이다.

3. 사항을 표준으로 한 구별

어떤 사항 전반에 걸쳐서 효력이 미치는 법을 일반법이라 하고, 특정한 사항에 대해서만 효력이 미치는 법을 특별법이라고 한다. 민법은 민사에 관한 일반법이고, 상법은 민사관계 가운데 특히 상사에 관하여 효력을 미치는 민사특별법이다. 또 민사특별법인 상법은 상사관계 중 어음, 수표에 관한 어음법, 수표법에 대하여는 일반법인 것이다.

Ⅲ. 구별의 실익

이처럼 일반법과 특별법은 일단 구별되는 것이나, 그것은 절대적인 것이 아니고 상대적인 개념에 불과하다. 즉, 상법은 민법에 대해서는 특별법이나 신탁업법 · 은행법에 대해서는 일반법이며, 또 동일법전 가운데서도 어떤 조문과 다른 조문과의 사이에 일반규정과 특별규정의 관계가 있기 때문이다.

그러나 이 양자의 구별은 “특별법은 일반법에 우선한다”(Lex specialisderogat legi generali)고 하는 원칙이 적용되어, 비교적 사회생활의 현실에 적합한 특별법이 우선적으로 적용된다는 데 그 실익이 있는 것이다. 또 이와 관련하여 “일반법은 넓게, 특별법은 좁게 해석하여야 한다”는 견해가 있으나, 일률적으로 그렇다고 할 수는 없다.

요컨대 특별법은 특수한 경우에 대하여 규율하는 것이므로 현실적으로 보다 타당한 내용을 갖는 경우가 많아서 일반법을 보충 · 수정하는 내용을 갖게 된다. 이러한 특별법이 누적되면 일반법을 전면적으로 개정하거나 그 특별법이 법체계상 일반법적인 역할을 하게 되어 특별법은 법 발달의 동향을 결정짓기도 하는 것이다.

제 4 절 원칙법과 예외법

원칙법이란 일정한 사항에 대하여 일반적으로 적용되는 법규를 말하고, 예외법은 원칙법의 예외를 정하고 있는 법규를 말한다. 예컨대 민법 제3조는 “사람은 생존하는 동안 권리와 의무의 주체가 된다”고 규정하여 사람의 권리능력의 발생에 관하여 원칙을 정해 놓고, 다시 그 예외로서 제762조에서 「태아는 손해배상의 청구권에 관하여는 이미 출생한 것으로 본다」라고 특칙을 두고 있으며, 그 밖에 유증(제1064조), 사인증여(제562조), 상속(제1000조)의 경우에도 태아는 출생한 것으로 보는 예외규정을 두고 있다.

원칙법과 예외법의 구별은 법의 근본원칙이 어디에 있는가를 밝히는 데 있는 것이며, 보통은 동일한 법령 중에서나 동일한 조문 중에서 구별된다. 법령 가운데 있는 단서는 대개의 경우 예외법이다. 원칙법과 예외법은 어떤 특정한 사항에 관하여 그 원칙과 예외를 정한다는 점에서 넓은 범위에서 지역적·인적 또는 사항에 관하여 효력을 정하는 일반법·특별법의 구별과 다르며 일반법과 특별법이 보충적 성격을 가지는 반면 원칙법과 예외법은 본질상 차이가 있기 때문에 배제관계에 있다는 점에서도 구별된다. 원칙법과 예외법을 구별하는 실익은 “예외법은 엄격히 해석하여야 한다”는 원칙이 있어 예외규정을 확장 해석해서는 안된다는 데 있다. 그리고 소송법상 증명책임에 있어서 전제되는 사실에 대하여 원칙법은 그 사실을 주장하는 원고 또는 청구자에게 증명책임이 있으나 예외법은 그 사실을 부인하는 피고 또는 피청구자에게 증명책임이 있다는 데 구별의 실익이 있다.

제 5 절 실체법과 절차법

실체법과 절차법의 구별은 법의 내용에 의한 구별이다. 실체법(substantive law)은 권리·의무의 실체관계 즉 그 성질·종류·발생·변경·소멸 등에 대하여 규정하는 법이고, 절차법(adjective law)은 실체법상의 권리의 보장과 실현·의무의 이행 또는 강제를 실현하는 절차를 규정하고 있는 법이다. 민법·상법·형법 등은 실체법에 속하고, 민사소송법·형사소송법·비송사건절차법·부동산등기법 등은 절차법에 속한다. 그러나 민법 가운데도 법인의 설립·등기와 같은 절차법적인 규정이 들어 있는가 하면 민사소송법이나 형사소송법 등에도 상당수의 실체규정이 들어 있어서 양자의 구별은 절대적이 아니다.

법의 생성·발전과정을 살펴보면 먼저 절차법이 생겨나고 그 뒤를 이어 점차 실체법이 발전하였음은 '함무라비법전'이나 로마의 12표법 등과 같은 고대의 법전에서 그 첫머리에 소송절차에 관한 규정을 두었던 것을 보아 알 수 있는 것이다.

사회적 생활관계에서 실체법은 그 적용의 과정을 걸쳐서 비로소 현실적인 의미를 갖는 것이므로 절차법과 밀접한 관계를 가지고 있다. 분쟁이 발생하면 절차법에 의하여 추상적으로 규율하고 있는 실체법을 현실화함으로써 법의 목적을 달성할 수 있기 때문에 양자는 상호보완관계에 있다고 할 수 있다.

실체법과 절차법의 구별의 실익은 재판과 법의 개정에 있다. ① 법원은 실체법규가 존재하지 않는다는 것을 이유로 재판을 거부할 수는 없지만, 절차법이 없을 때에는 임의로 절차를 만들어 재판을 할 수가 없다. 또 법률관계의 실체에 관하여 실체법과 절차법이 서로 저촉될 경우에는 전자를 기준으로 재판하여야 한다. ② 법의 개정에 있어서 실체법은 신법에 소급효를 인정하지 않는 것이 일반적인 원칙인데 반하여 절차법의 경우에는 특별한 규정이 없는 한 구법시대의 법률관계에도 신절차법을 적용한다. 왜냐하면 절차법은 실체법상의 권리·의무의 실현방식만을 정할 따름이므로 신법을 적용하더라도 당사자의 권익을 침해할 우려가 없기 때문이다.

제 6 절 고유법과 계수법(繼受法)

고유법(native law)과 계수법(adopted law)은 법이 형성되는 자료를 표준으로 한 분류이다. 그 사회내의 고유한 관습·도덕 기타 사회적 제조건을 토대로 하여 형성·발전된 법을 고유법이라고 하고, 외국법을 수입하여 성립된 법을 계수법이라 한다. 여기서 계수되는 외국법을 모법(mother law)이라고 하고 계수하여 성립된 법을 자법(filial law, children's law)이라고 한다.

법은 본래 하나의 정신적 산물이며 한 국가의 문화적 현상이므로 그 국가의 특유한 정치·경제·문화·역사적인 제상황에 따라 형성·발전되어 온 것은 사실이나 교통이 발달하고 국민의 생활이 국제화되어 있는 오늘날 외국법을 전혀 계수하지 않는다는 것은 이론적으로나 현실적으로나 기대할 수 없는 일이다. 근대 유럽제국은 로마법을 계수하여 그들의 고유법으로 발전시켰으며, 우리나라도 이러한 유럽제국의 법 가운데 독일과 프랑스의 법을 계수하여 이를 근간으로 하고, 다시 최근에는 영미법을 부분적으로 계수하여 현행법을 이루고 있는 것이다.

계수법은 계수방식에 따라 외국법을 그대로 번역하는 직접계수와 외국법을 모법으로 하고 거기에다 자국의 특수한 사정을 참작하는 간접계수로 나뉘어지며, 계수된 법의 내용에 따라 다른 사회의 법체계를 모범으로 하여 입법자가 자국법으로 제정하는 입법적 계수와 다른 사회의 법체계가 자국에 이입되어 관습법으로 행해지는 관습적 계수로 나뉘어진다.

한 나라의 계수법은 이것이 일단 계수법으로 성립하여 오랜 세월이 지나면 국민의 생활 속에 흡수·소화되어 그 국가의 고유법으로 변천되게 된다. 이러한 점에서 보면 고유법과 계수법의 구별은 상대적인 것에 불과하다. 그럼에도 불구하고 양자를 구별하는 실익은 그 법규가 어느 것에 속하느냐에 따라 법의 해석이나 연구방법에 있어 상당한 차이를 가져온다는 데 있다. 즉, 고유법은 자국의 법제를 연역·귀납적 방법에 의하여 연구하면 되지만, 계수법의 경우에는 그 모법을 발달시킨 국가의 역사적·문화적 제특성을 고려하여 연구하여야 한다는 데 있다.

제 7 절 강행법과 임의법

강행법(imperative law)과 임의법(dispositive law)은 당사자의 의사에 의하여 법의 적용을 배제할 수 있느냐의 여부에 따른 분류이다. 당사자의 의사와는 관계없이 적용되는 법을 강행법이라 하고, 당사자가 그 법의 규정과 다른 의사표시를 한 때에는 그 법의 규정이 적용되지 않는 법을 임의법이라 한다. 임의법도 일단 당사자의 의사에 의하여 적용하기로 한 다음에는 강행된다는 점에서는 강행법규와 같으나, 미리 당사자가 반대의 의사를 표시함으로써 그 적용을 배제할 수 있다는 점에서 강행법과 다르다.

행정법·형법·소송법과 같은 공법분야는 그 내용의 실현을 강행할 필요가 있기 때문에 대체로 강행법규로 되어 있다. 그러나 공법 가운데에도 임의법이 있다. 제1심 재판관할에 관한 당사자 합의의 유효성을 인정하고 있는 민사소송법 제26조가 그 예이다. 이에 대하여 민법이나 상법과 같이 개인간의 법률관계를 규율의 대상으로 하는 사법분야는 당사자의 의사를 존중하여 사적자치에 맡기는 경우가 많아 임의법이라 할 수 있다. 그러나 사법관계 가운데에도 친족·상속·권리능력·물권의 내용 등에 관한 규정 및 회사법, 어음법, 수표법 등은 강행규정에 속한다. 이와 같이 일반적으로 공서양속·공공복리 등에 관한 규정은 강행법이고 사인상호간의 관계를 규율하는 법은 임의법이라고 할 수 있으나 많은 법규는 임의법규인가 강행법규인가가 명확하지 못한 경우가 많다. 이러한 법규는 각 조항의 내용·성질 및 입법취지 등을 참작하여 구체적으로 판단하여야 할 것이다. 대체로 「…하여야 한다」, 「…하지 못한다」라고 규정된 것은 강행규정이며, 「특별한 의사표시가 없으면」, 「다른 의사표시가 없으면」 등의 형식으로 규정하고 있는 것은 임의규정이다.

강행법은 다시 그 규정에 위반되는 행위의 법률상의 효과가 부정되는 효력규정(예 : 미성년자의 능력에 관한 민법 제5조)과 국가가 일정한 행위를 단속할 목적으로 금지·제한하는데 불과하기 때문에 그 규정에 위반하여도 벌칙의 적용이 있을 뿐 그 행위 자체의 효력에는 영향을 미치지 않는 규정인 단속규정(예 : 무허가음식점의 영업행위 식품위생법 제20조, 제23조 등)으로 나눌 수 있으며, 임의법규도 의사표시의 내용에 빠진 것이 있는 경우에 이를 보충하는 기능을 하는 보충규정과 당사자의 의사표시가 불명확한 경우 이것을 일정한 의미로 해석하는 기능을 하는 해석규정(예 : 추정)으로 나눌 수 있다.

어떤 법규가 강행법인가 혹은 임의법인가를 구별하는 실익은 당사자가 법규의 내용과 다른 의사표시를 한 경우에 그 효력을 달리하는데 있다. 즉 의사표시 기타의 행위가 임의법규의 내용과 다른 때에도 유효하거나 적어도 불법한 것으로는 되지 않는다. 그러나 그것이 강행법규에 위반한 것인 때에는 무효이거나(민법 제103조 참조) 취소할 수 있으며(민법 제5조 제3항), 경우에 따라서는 일정한 제재를 받게 된다(민법 제97조)는 점에서 양자는 구별할 필요가 있다.

제 8 절 행위법과 조직법

행위법(Geschäftsrecht)이란 사람의 행위 자체를 규율하는 법을 말하며, 조직법(Organisationsrecht)이란 행위의 기초 또는 수단이 되는 조직과 제도를 규정하는 법을 말한다. 전자에는 헌법, 민법, 형법 등이 이에 속하고 후자에는 국회법, 법원조직법, 정부조직법 등이 이에 속한다. 그러나 동일한 법내에서도 행위법과 조직법의 두 가지 특성이 병존하는 경우도 많이 있다. 이와 같이 행위법과 조직법의 구별은 절대적인 것이 아니라고 할 수 있다.

양자의 구별의 실익은 행위법이 비교적 자유로운 법의 해석·적용이 가능한 것에 반해서 조직법은 법의 간섭이 따르는 엄격주의가 지배한다는 것이다. 즉, 행위법에는 임의규정과 강행규정이 모두 존재하지만, 조직법은 일반적으로 강행법적 성질이 강하다는 점이다.

제 9 장 법의 해석과 적용

법은 인간의 사회적 생활관계를 규율하는 규범이다. 법은 그 자체만으로는 아무런 의미가 없는 것으로 법은 그 내용에 있어서 사회생활의 구체적 사실을 규율하여야 하는 실천적 성격을 가지고 있는 것이다. 그러나 법이 규정하는 내용은 일반적이고 추상적이기 때문에 법을 실제의 사회생활에서 발생한 구체적 사실에 적용하기 위해서는 법의 의미·내용을 그 사실에 결부시킬 수 있도록 구체화하여야 한다. 요컨대 법은 '적용'되어야 하며 법을 적용하기 위한 전제로서 반드시 법은 해석되어야 하는 것이다.

제 1 절 법의 적용

I. 법의 적용의 의의

법은 대개 가언판단의 형식으로 구성되어 있다. 즉, 법은 "만일 어떠한 사실이 있으면 어떠한 효과가 생긴다"고 하는 가언판단 형식의 논리적 구조로 구성되어 있는데, 여기서 '만일 어떠한 사실이 있으면'이라고 표현되는 조건명제의 부분에서 요구되고 있는 것을 법률요건이라 하고, 이러한 법률요건을 구성하는 개개의 사실을 법률사실이라고 한다. 이처럼 법은 그것을 논리적 구조라는 측면에서 보면 추상적 사실(법률요건)에 대하여 추상적 법효과를 정한 것이라고 할 수 있다.

법의 적용(application of law)이란 법의 내용과 효력을 구체적 사실에 관하여 실현케 하는 것, 즉 법률요건을 대전제로 하고 구체적 사실(법률사실)을 소전제로 하여 논리적 삼단논법의 방법에 의하여 구체적인 법률효과를 판단하는 것을 말한다. 그러므로 법적 판단을 하는데 있어서는 먼저 구체적 사실을 확인하고 그 사실에 적용할 법률을 발견한 다음에 그 법을 해석해서 이미 확정된 사실에 발견된 법을 적용하는 재판의 전과정, 즉 법 운용의 과정을 거쳐야 한다.

II. 사실의 확정

법이 적용되기 위하여는 먼저 법이 적용될 사실의 존부 및 그 내용이 확정되어야 한다. 사실의 확정이라 하여 사회적 사실을 있는 그대로 자연적으로 인식하는 것이 아니고 법적으로 인식하는 것이다. 사실의 확정은 법의 적용에 있어서 그 전제가 되는 것으로서 사실문제라 하며 법의 해석에 관한 문제를 법률문제라고 한다. 사실의 확정은 원칙적으로 증거에 의하여 하여야 하는 것이나 실제에 있어서는 입증이 불가능한 경우도 있고 또는 곤란한 경우도 적지 않기 때문에 법은 일정한 사실을 '추정'하거나 '의제'하는 경우가 있다.

1. 입 증

법의 적용과정에 있어서 그 기초가 되는 것은 법의 적용을 받게 될 사실의 존부와 그 존재에 대한 태양의 확정인데, 이러한 사실의 확정에 있어서 근거가 되는 것을 증거라고 한다. 증거를 일정한 법칙에 따라 주장하는 것을 입증이라고 하며 입증을 할 책임은 원칙적으로 그 사실의 존부를 주장하는 당사자가 부담한다.

사실을 확정하기 위한 입증방법에는 증명과 소명의 두 가지가 있다. 증명은 당사자가 법원으로 하여금 그 사실관계에 대한 확신을 갖도록 하는 것이고, 소명이란 확신을 갖게까지는 못할지라도 다만 그러할 것이라는 개연적 심증을 갖게 하는 정도의 입증을 말한다.

2. 추정과 의제(擬制)

사실의 확정은 당사자의 입증을 기초로 한다. 그러나 모든 사실에 관하여 입증한다는 것은 매우 번거롭거나 불가능한 경우가 있다. 그래서 법은 이러한 입증의 번거로움을 피하거나 공익상의 이유에서 사실의 존부를 추정하거나 의제하는 경우가 있다.

법령에서는 대체로 「…로 추정한다」든가, 혹은 「…으로 본다」·「…으로 간주한다」라는 표현으로 그것이 추정규정인지 또는 의제규정인지를 구별하는 것이 보통이다.

(1) 추정(Vermutung)

추정이란 편의상 명확하지 않은 사실을 일단 있는 것으로 가정하여 법률효과를 발생시키고, 만일 그에 대한 반증이 성립하는 경우에는 추정된 사실이 전복되는 것을 말한다. 민법 제200조가 「점유자가 점유물에 대하여 행사하는 권리는 적법하게 보유한 것으로 추정한다」고 하고 있는데 이 경우 점유의 사실이 부적법하게 성립한 것이라는 반증(예 : 도둑)이 성립되면 점유자의 점유물에 대한 권리는 무효가 되는 것이다. 또 민법 제844조 제1항에서 「처가 혼인중에 포태한 자(子)는 부(父)의 자(子)로 추정한다」라고 하여 일단 친생자관계를 인정하고 있으나 동법 제846조에서 「부부의 일방은 제844조의 경우에 그 자(子)가 친생자임을 부인하는 소를 제기할 수 있다」라고 규정하여 추정사실은 반증(예 : 처의 불륜행위로 인한 타인의 자라는 것을 입증)을 들어 이를 부정할 수 있음을 규정하고 있다. 다만 법은 이 경우에도 사회의 질서라든가 평화의 유지라는 다른 이유에서 부인을 무제한으로 인정하지 않고 부인의 소는 부 또는 처가 다른 일방 또는 자를 상대로 하여 그 사유가 있음을 안 날로부터 2년 내에 제기하도록 그 기간을 한정하고 있다.

(2) 간주(看做)(의제, Fiktion)

의제라 함은 사실이 진실인가 아닌가 여부에 관계없이, 법이 의제하는 사실을 기초로 하고서 그것에 법을 적용하는 것으로 공익 또는 기타의 이유로 정책상 일정한 사실의 존부를 결정적으로 확정하여 추정과 달리 반증을 들어서도 당장에 그 효과를 뒤집을 수 없음을 정하고 있는 것을 말한다. 법문에는 보통 '…본다'라는 용어를 쓰고 있다. 민법 제19조가 「주소를 알 수 없으면 거소를 주소로 본다」고 규정한 것이나, 동법 제28조에서 「실종선고를 받은 자는 전조의 기간이 만료한 때에 사망한 것으로 본다」고 규정한 것 등이 그 예이다. 따라서 실종선고가 사실과 어긋난다는 사실이 뒤늦게 밝혀지더라도 실종선고를 소로써 취소하지 않는 한 의제된 사실(사망)이 뒤집어지는 것은 아니다.

제 2 절 법의 해석

Ⅰ. 법의 해석의 의의와 필요성

(1) 법의 해석이란 일반적·추상적으로 규정되어 있는 법규의 의미·내용을 구체적인 경우에 명확히 밝히는 것을 말한다. 법은 그가 예정하는 구체적 사실에 대하여 법률효과를 발생시키기 위해서는 법의 적용이라는 과정을 거쳐야 한다. 법의 적용은 법원이 구체적인 사실관계에 대하여 법의 규범력을 실현하는 과정을 의미하므로, 법 적용의 전단계에서 반드시 그 법의 의미·내용이 구체적으로 밝혀져야만 한다. 이와 같이 법을 구체적인 사실관계에 적용하기 위해서는 법이 가지고 있는 객관적 의미·내용을 그 적용 대상이 되는 사실관계에 결부시킬 수 있도록 구체화하지 않으면 안되는데 이것을 법의 해석이라고 한다.

(2) 법해석의 대상이 되는 것은 주로 성문법이다. 관습법이나 판례법과 같은 불문법은 그 성격상 구체적 색채가 강하기 때문에 그 의미의 인식이 문제가 되기 보다는 존부가 문제된다. 문자로 표현되어 있는 성문법은 그 성질상 고정적·일반적·추상적 성격에서 오는 불완전성을 면할 수 없기 때문에 이를 유동적·구체적 사실관계에 적용하기 위하여는 반드시 해석이라는 과정을 거쳐야 하는 것이다. 또 성문법규 가운데에는 그 법규에 포괄성·탄력성을 주기 위하여 매우 추상적이고 막연하게 규정하고 있어서 그 내용을 알기 위해서는 해석을 통하지 않으면 안되는 것이 있다. '정당한 사유'·'불가항력'·'선량한 풍속' 등이 그 예이다.

Ⅱ. 법해석의 종류

법의 해석은 그 해석이 구속력을 가지느냐의 여부에 따라 유권해석과 학리해석(무권해석)으로 나뉘어지고, 학리해석은 해석의 방법에 따라 다시 문리해석과 논리해석으로 나뉘어진다.

1. 유권해석

유권해석(authentic interpretation)은 권한을 가진 국가의 관계에 의하여 행하여 지는 해석으로 공적인 구속력을 가지므로 공권해석이라고도 한다. 유권해석은 해석하는 기관에 따라 다시 입법해석 · 사법해석 · 행정해석의 세 가지로 나뉘어진다.

(1) **입법해석**(legislative interpretation)

입법기관이 법을 제정할 때 법문으로서 어떤 용어의 뜻을 확정하여 두는 것을 입법해석이라고 한다. 입법해석은 다음과 같이 몇 가지 경우로 그 예를 나눌 수 있다. ① 동일법령 가운데 그 해석규정을 두는 경우; 민법 제98조에서 「본법에서 물건이라 함은 유체물 및 전기 기타 관리할 수 있는 자연력을 말한다」라고 규정한 것이 그 예이다. ② 부속법령에 그 해석규정을 두는 경우; 개별소비세법 시행령 제2조 제1항 제1호 「수출이라 함은 내국물품을 국외로 반출하는 것, 외국공공기관 또는 국제금융기관으로부터 받은 차관자금으로 물품을 구매하기 위하여 실시되는 국제경쟁입찰의 낙찰자가 당해 계약내용에 따라 국내에서 생산된 물품을 납품하는 것」이라고 규정한 것이 그 예이다. ③ 법조문해석의 편의를 위하여 예시규정을 둔 경우; 민법 제32조가 비영리법인에 관하여 「학술 · 종교 · 자선……사단 또는 재단」이라고 규정한 것이 그 예이다. ④ 어떤 규정을 해석하기 위하여 별개의 법규를 제정하는 경우; 국가공무원법 제3조 제3항의 공무원의 범위에 관한 규정(대통령령 제17663호)가 그 예이다.

(2) **사법(司法)해석**(judicial interpretation)

사법기관인 법원에서 구체적인 소송사건을 해결하기 위하여 내리는 해석으로 보통 판결의 형식으로 나타나는 법의 해석이다. 특정한 사건에서 행한 해석은 그 사건에서만 효력을 가지며 다른 사건에 대해서는 효력이 미치지 아니한다. 영미법계의 국가에서와는 달리 대륙법계에서는 선례구속의 원칙이 적용되지 않기 때문이다.

(3) **행정해석**(administrative interpretation)

행정관청에서 법을 집행하는 데 있어서 법의 의미를 확정하거나 또는 상급관청의 하급관청에 대한 질의회답 · 훈령 · 지시의 형식으로 하는 해석이다. 일단 내려진 행정해석은 상급관청의 해석에 의하여 취소되든가 행정소송에 의한

동법해석으로 취소될 수도 있다. 따라서 사법해석이 행정해석보다는 상위에 있다고 할 수 있다.

2. 학리해석(doctinal interpretation)

학리해석이란 법학자가 법조문 그 자체나 입법취지 및 그 법에 적용할 사물의 성질 등을 기초로 하여 학문적인 입장에서 학설로서 법의 의미·내용을 밝히는 것을 말한다. 이 해석은 법에 대한 개인의 견해에 불과하기 때문에 구속력은 없으나 유권해석에 상당한 영향을 주게 된다.

(1) 문리해석(grammatical interpretion)

법규의 자구·문장의 언어적 의미에 따라서 법규의 의미·내용을 확정하는 해석이다. 문리해석은 법해석의 출발점으로 법문의 자구·문언에 충실하게 법문의 언어적 의미를 밝혀야 한다.

문리해석은 ① 문자 및 문장은 전체 법문과 관련시켜 해석하여야 하며, ② 동일법령 중에 있는 동일한 문자와 문장은 동일한 의미로 해석하여야 하며, ③ 문자와 문장은 법규의 제정 당시의 의미로 해석하는 연혁적 해석을 할 것이 아니라 해석 당시의 의미로 해석하는 진화적 해석을 하여야 한다.

그러나 문리해석을 하는 경우 다음과 같은 사항에 주의하여야 한다.

① 법령 가운데에는 시대의 변천에 따라 법문의 해석을 달리할 것을 전제로 한 것이 있다. 민법 제103조의 '선량한 풍속'이 그 예이다. ② 법문의 법률용어 가운데는 통상의 용례와는 다른 의미로 사용되는 경우가 있다.「선의」,「악의」가 그 예이다. ③ 동일 법령 가운데의 동일어라 할지라도 다른 의미로 이해하여야 할 경우가 있다. 민법전상의「사람」이라는 용어도 경우에 따라서는 자연인과 법인을 동시에 의미하거나, 자연인만을 지칭하는 것이 그 예이다.

문리해석은 법의 해석의 기초이기는 하나 법문의 자구에 얽매여 법령의 진의를 잘못 파악하거나 구체적 타당성을 잃은 해석을 할 우려가 있다. 이러한 까닭에 논리해석이 필요하게 되는 것이다.

(2) 논리해석(logical interpretation)

논리해석이란 법규의 문자나 문장의 문법적 의미에 구애되지 아니하고, 또 입법자의 심리적·주관적인 의사와는 관계없이 법질서 전체와 법전 전체의 체계를 유기적으로 관련시켜 논리적으로 법규의 의미·내용을 확정하는 법의 해석방법을 말한다.

법의 해석은 법조문의 자구(字句)만의 문리적 해석만으로는 충분하지 못하므로 이러한 문리해석을 토대로 논리해석을 함으로써 비로소 완전하게 될 수 있는 것이다. 논리해석에는 다음과 같은 방법이 있다.

(가) **확장해석**(intentive interpreation) 확장해석은 법규의 언어적 표현의 의미가 좁아서 문리해석만으로는 법규의 진정한 제정목적을 달성할 수 없을 경우 법규의 문구의 의미를 보통의 뜻보다 넓게 해석하는 방법이다. 예컨대 형법 제259조의 '상해'의 뜻을 문구의 의미상으로만 보아 생리적 장애에 국한하지 않고, 여성의 두발을 절단함으로써 외관상의 손상을 가져온 경우에는 상해죄를 적용하도록 상해의 의미를 확장하여 해석하는 것이나, 형법 제250조에서 '살해'의 의미를 작위에 의한 살해뿐만 아니라 부작위에 의한 살해도 포함한다고 해석하는 것 등이 그 적절한 예이다.

(나) **축소해석**(restrictive interpretation) 축소해석은 법규의 의미를 통상의 경우보다 좁고 엄격하게 해석하는 것을 말한다. 이는 법조문의 언어적 표현보다 제한하는 해석이므로 제한해석이라고 한다. 예컨대 형법 제329조의 절도죄의 객체인 '재물'의 뜻을 동산과 부동산 가운데 동산만으로 제한하여 해석하는 것이 그 좋은 예이다.

(다) **물론해석** 물론해석은 법규가 일정한 사항을 규정하고 있는 경우에 그 이외의 사항에 대하여도 사물의 성질상 당연히 그 규정에 포함되는 것으로 해석하는 방법이다. 예컨대, 어느 법규에서 '과실'에 의한 불법행위책임을 묻고 있는 경우 과실에 의한 불법행위는 물론 '고의'에 의한 불법행위에도 당연히 포함되는 것으로 해석하는 것이나 '우마통행금지'의 경우 자동차통행은 당연히 금지되는 것으로 해석하는 것이 그 예이다. 물론해석은 법규의 자구의 의미를 확장하여 해석하는 확장해석과 구별된다.

(라) **반대해석**(argumentum a contrario) 반대해석이란 법규에서 일정한 사항에 대하여 규정하여 일정한 효과를 부여하고 있는 경우에 여기서 빠진 사항에 대하여는 반대의 효과가 발생하는 것으로 해석하는 방법이다. 예컨대, 민법 제184조가 「소멸시효의 이익은 미리 포기하지 못한다」고 규정한 것을, 시효완성 후에는 포기할 수 있다고 해석하는 것이나 민법 제356조에 저당권을 부동산에 대하여 설정할 수 있음을 규정하고 있는데, 다른 특별한 명문의 규정이 없

는 한 동산에 대하여는 그 설정이 인정되지 않는다고 해석하는 것이 그 예이다.

그러나 반대해석은 언제나 당연히 할 수 있는 것은 아니다. 그 당부의 판단은 법의 일반적인 목적에 터잡은 목적론적 해석에 의하여야 할 것이다.

(마) **보정해석** 보정해석은 법조문의 용어에 명백한 착오가 있어 이것을 문리해석할 때에는 법의에 현저히 반하는 경우에 그 법조문의 자구를 보정·변경하여 법의에 맞도록 하는 해석으로 변경해석 또는 보충해석이라고도 한다. 예컨대 민법 제 7 조에서 「법정대리인은 미성년자가 아직 법률행위를 하기 전에는 전 2 조의 동의와 승낙을 취소할 수 있다」라고 규정하고 있는데, 여기서 취소는 철회라고 보정하여야 할 것이다. 왜냐하면 법문의 의미를 법정대리인이 미성년자에게 준 동의나 승락을 장래에 향하여 효력이 없도록 하는 것으로 보아야 하기 때문에 일정한 원인에 기하여 의사표시의 효과를 소급적으로 소멸시키는 취소가 아닌 장래에 향하여 효력이 없도록 하는 것을 의미하는 철회로 고쳐야 하기 때문이다.

그러나 입법자가 용어의 표현을 잘못하였으냐의 여부는 확실하지 못할 뿐만 아니라 보정해석을 일반적으로 허용하면 법의 안정성을 해치므로 입법자의 법문의 표현이 명백히 잘못된 경우에 한하여 허용하여야 할 것이다.

(바) **목적해석** 목적해석은 그 법의 입법목적을 고려하여 법조문의 합리적 의미·내용을 파악하려고 하는 해석방법이다. 법은 반드시 그것을 제정한 목적이 있으므로 법의 해석에 있어 개개의 법의 목적뿐만 아니라 법의 일반적 목적이 고려되어야 한다. 또한 법의 성립 당시의 목적은 물론 법적용시에 요청되는 법의 목적도 고려되어야 한다.

(사) **연혁해석** 법 성립의 연혁, 특히 법안의 이유서·입안자의 의견·의사록·정부위원의 설명 등을 자료로 하여 그 법규의 진의를 발견하는 해석방법이다.

3. 유추와 준용

(1) 유추해석(analogy)

유추해석이란 어느 사항에 관하여 적용할 규정이 없으나 이와 유사한 다른 사항을 규율하는 규정이 있는 경우에 양 사항의 공통적 요소를 발견하여 동일한 법리의 적용이 타당하다고 생각될 때에 유사한 사항을 규율하는 법을 적용하는 것을 말한다. 예컨대, 권리능력없는 사단의 법률관계에 대하여 민법에 규정이 없으므로 법인에 관한 규정을 적용하는 것이나, 민법 제326조의 유치권에 대한 소멸시효의 규정을 질권에도 적용하는 것이 그 예이다.

유추는 직접 적용할 법규가 없는 경우에 일정한 법규를 그 형식적 범위를 넘어서 그 법규 외의 사항에 적용하는 것으로, 법규의 자구의 의미를 목적에 적합하도록 법규의 범위 안에서 확장하는 확장해석과 다르다. 또 유추해석은 입법자가 예기하지 않았던 것을 정하는 것으로 이는 새로운 입법이지 해석이 아니라는 주장(신입법설)이 있으나, 유추는 어디까지나 구체적 사건에 대한 원칙의 적용에 불과한 것이지 원칙의 설정 그 자체는 아니라는 의미에서 입법이라고 볼 수는 없다.

일반적으로 형법에서는 죄형법정주의의 원칙상 유추는 허용되지 않는다고 하나, 형법에 있어서도 형법의 목적에 비추어 논리적으로 허용되는 범위내에서 합리적으로 이루어지는 한 유추해석을 하더라도 죄형법정주의의 원칙에 반하지 않을 것이다. 예컨대, 형법 제186조의 교통방해죄에서 동조의 객체로 열거한 이외의 새로운 교통기관이 나타나는 경우에는 동조를 유추적용하여야 할 것이다. 이러한 경우의 유추해석은 범죄에 대한 사회의 방위라는 측면에서 필요하며, 유추하더라도 인권을 부당하게 침해하는 것으로 볼 수는 없는 것이다.

(2) 준용(application correspondante)

준용이란 법문의 번잡한 중복을 피하고 법조문을 간결하게 하기 위하여 명문의 규정을 두어 다른 법조문을 적용하도록 하는 것을 말한다. 예컨대 어음법에서 약속어음에 환어음에 관한 조문을 준용하는 것이나, 민법 제 10 조가 「제 5 조 내지 제 8 조의 규정을 한정치산자에 준용한다」고 규정한 것이 그 예이다.

준용은 법문에서 「…을 준용한다」는 명문의 규정이 있는 경우에 한한다는 점에서 명문의 법규로 인정하지 않은 사례에다 그와 비슷한 예에 관한 법규를 적용하는 유추와 구별된다.

4. 체계해석

문리해석과 논리해석을 한 후에는 법규의 체계해석을 하여야 한다. 원래 법규는 단편적으로 존재하는 것이 아니라, 다른 법규와 더불어 통일적인 법체계를 이루며 존재하고 있기 때문에 어느 한 법규의 의미·내용은 다른 법규와 관련시켜 상호간에 모순이 없도록 할 필요가 있기 때문에 인정되는 해석이다.

III. 법해석의 방향

법은 사회생활에 대한 규범이지만 그 의미·내용이 반드시 명확한 것만은 아니며, 또 현재 및 장래에 일어날 모든 문제를 빠짐없이 규율할 수 없는 것이다. 그러므로 행위규범인 동시에 재판규범인 법은 해석 특히 문리해석이나 논리해석을 필요로 하는 것이며, 때로는 유추가 허용되지 않으면 안되는 것이다. 법의 해석은 법규범에 대한 의미이해적인 성격을 가지는 동시에 그것을 넘어서 법을 발전시키는 의미확충적인 성격을 가지는 것이다. 따라서 법의 해석은 의미의 이해와 의미의 확충 중 어느 한 가지만으로 기울어서는 안되는 것이다. 법의 해석과 관련하여 이른바 개념법학(Begriffsjurisprudenz)과 자유법론(Freirechtslehre)의 대립이 있어 왔다. 개념법학은 제정법을 자족적(自足的)이고 결함없는 완결적 근거로 보아 법규범에 대한 정밀한 개념의 구성과 그 이론적 전개를 중요시하는데 대하여, 자유법론은 법의 운용에 있어서 법관은 법률 이외에 과학적 자유탐구에 의하여 '사물의 본성'(Natur der Sache)에 알맞는 '살아있는 법'을 발견하여야 한다고 주장한다.

법의 해석에 있어서는 법의 개념에 정도한 이론구성과 그 이론적 전개가 반드시 필요한 것이나, 그것이 주관적·형식적·논리적인 개념구성에 그쳐 변동하는 사회실태에 적응하지 못하여서는 안되며, 그 개념구성의 시대성을 인식하고 또 시대정신에 적응하여 새로운 사회적인 실천적 요구에 부응하는 것이어야만 하는 것이다.

이런 의미에서 개념법학적인 입장과 자유법론적인 입장은 서로 대립은 하나 그 법해석에 있어서의 실천성은 다름이 없는 것으로서 양자는 모두 일면의 타당성이 있는 법해석의 이대지도원리가 되는 것이다. 다만 "입법자가 법조문의 글자를 석자만 개정하면 모든 법서는 휴지로 돌아간다"고 하여 법해석학의 학문적 무가치성을 역설하면서 키르히만(Kirchmann)이 법조문의 형식적인 해석에만 매달리는 태도를 비판한 것이나, 예링(Jhering)이 법관에게 법을 해석하는데 있어 자유재량이 부여되어야 한다는 자유법학적 태도에 관해 법관의 판단이 주관적·독선적으로 되면 '감정법학'에 빠진다고 지적하여 법적 안정성을 해칠 우려를 비판한 것처럼 양자는 극단적인 조문법학이나 감정법학이 되어서는 안 되며 조화적·보완적인 입장에서 그 기능을 다하여야 할 것이다. 이 점에 관하여 라드브르흐(G. Radruch)는 "금석문(金石文)의 해석과 같은 언어학적 해석에 그치지 말고, 능숙한 연주나 극작가와 같이 의미해석에까지 도달해야 한다"고 하였던 것이다.

Ⅳ. 재 판

전술한 바와 같이 우리의 생활은 법의 지배를 받고 있는 관례상 다방면에서 법의 적용이 이루어지고 있다. 예컨대 세금을 부과·징수하는 일이나 행정적 인허가 및 처분을 하는 것 등 모두 법의 적용과정에서 이루어지는 일이다.

그러나 그 중 앞서의 법적용이 가장 명확하고 전형적으로 나타나는 것이 사법기관인 법원에 의한 재판절차일 것이다. 법원은 구체적 사실을 갖가지 인정방법을 통해 확정하여 후술하는 법해석과정을 거쳐 해당사실에 들어맞는 법규를 찾아내고(법의 발견) 거기에 적용함으로써 합법적인 결론을 도출해 내게 된다. 즉 이와 같은 재판과정에서의 법적용방식은 이른바 논리적 이단논법의 형태를 띠게 되는데 말하자면 적용할 추상적 법규범을 '대전제'로 하고 사회생활 속에서 일어난 구체적 사실을 '소전제'로 삼아 '결론'에 해당하는 판결을 내리는 것이다. 예컨대 형법 제241조의 "배우자 있는자가 간통한 때에는 2년 이하의 징역에 처한다"라고 하는 추상적 법규를 대전제로 하고 갑과 을이 간통을 하였다라는 구체적 사실을 소전제로 하여 이를 근거로 갑 또는 을을 2년 이하의 징역에 처한다는 논리적 판단의 형식을 취한다.

흔히 법원에서 내린 판결의 선고문이 '주문', '사실과 쟁점', '판결이유' 등의 모습을 갖고 있는 것은 재판이라고 하는 법적용의 전형적 과정이 바로 이와 같은 논리적 이단논법의 전개를 전제로 하는 것이라고 할 수 있다. 물론 재판에 의한 법의 적용은 대체로 권력적 강제를 거쳐 최종적으로 마무리가 되나 역시 구체적 법집행 내용을 확정짓는 재판이 법적용의 가장 주된 부분을 이룬다는 점은 의문의 여지가 없다. 재판과정에서 사실의 인정이나 법 적용이 왜곡되거나 국가권력이나 여론 등에 의해 영향을 받게 된다면 이를 통한 정의의 실현이나 법적 안정성 등 법의 이념을 올바르게 구현하기가 어려울 것이다.

제10장 법의 제재(制裁)

법은 조직적 사회력에 의하여 강행되는 규범으로서 강제성을 갖는다는 점에서 다른 사회규범과 구별된다. 법규범이 강제된다는 것은 그 법규범의 적용을 받는 수범자가 그 규범을 지키지 않는 경우에 직접적으로 일정한 제재 또는 불이익을 받게 된다는 것을 뜻하는 것이다. 이와 같은 강제의 수단을 법의 제재라고 한다. 법의 제재는 국내법상의 제재와 국제법상의 제재로 크게 나누고 국내법상의 제재는 다시 공법상의 제재와 사법상의 제재로 나눌 수 있다.

제 1 절 국내법상의 제재

I. 헌법상의 제재

헌법상의 제재란 헌법에 규정한 규정된 제재를 말하는 것으로 대통령·국무총리·국무위원·행정각부의 장·헌법재판소 재판관·법관·중앙선거관리위원회 위원·감사위원 등에 대한 탄핵(헌법 제65조), 정당해산(헌법 제8조 제4항) 등이 그 예이다.

II. 행정법상의 제재

행정법규에 위반한 자에 대한 제재로서 공무원에 대한 제재와 사인에 대한 제재의 두 가지로 나뉘어진다.

1. 공무원에 대한 제재

공무원에 대한 제재에는 공무원의 직무행위에 대한 제재와 공무원에 대한 신분상의 제재가 있다. 공무원의 직무상의 명령·처분이 위법·부당한 경우 이를 취소·변경하는 것이 전자의 예이고, 공무원이 파면·해임·정직·감봉·견책 등의 징계처분을 받는 것이 후자의 예이다.

2. 사인(私人)에 대한 제재

사인에 대한 행정법상의 제재에는 행정벌과 행정법상의 강제처분이 있다. 행정벌이란 사인의 행정법상의 의무위반에 대하여 국가·공공단체가 일반행정작용에 의하여 국민에게 과하는 제재를 말한다. 행정벌은 다시 징역·금고·구류·벌금·과료·몰수 등을 과하는 행정형벌과 과태료를 과하는 행정질서벌로 나누어진다.

행정법상의 강제처분(행정강제)이란 행정청이 행정목적을 달성하기 위하여 개인의 신체나 재산에 실력을 가함으로써 행정상 필요한 상태를 실현하는 권력적 사실작용을 말한다. 이에는 의무불이행을 전제로 하는 대집행·집행벌·직접강제·행정상 강제징수 등의 행정상 강제집행과 의무불이행을 전제로 하지 않는 행정상 즉시강제가 있다.

Ⅲ. 형법상의 제재

형법 기타의 형벌법규에 위반한 자에 대하여 과하는 제재로서 형벌이라고 한다. 그 종류는 사형·징역·금고·자격상실·자격정지·벌금·구류·과료 및 몰수의 9가지가 있다.

Ⅳ. 사법상의 제재

민법·상법 등의 사법규정에 위반한 자에 대한 제재이다.

1. 손해배상

채무불이행·불법행위 등으로 타인에게 손해를 가한 경우에 그 손해를 전보해 주는 것을 말한다. 금전배상을 원칙으로 한다. 민법 제764조는 타인의 명예를 훼손한 자에 대하여는 법원은 피해자의 청구에 의하여 손해배상에 갈음하거나 손해배상과 함께 '명예회복에 적당한 처분'을 명할 수 있다고 규정하고 있다. 종래 '명예회복에 적당한 처분'으로 법원은 사죄광고를 명하는 경우가 보통이었으나, 법원의 판결로 사죄광고를 명하는 것은 양심의 자유와 헌법상 보장되는 인격권의 침해라고 위헌결정을 받았다(헌재 1991. 4. 1. 89헌마100). 법원의 명에 의한 사죄광고는 위헌이지만, 당사자 사이의 합의에 의한 사죄광고는 가능하다.

2. 강제집행

채무자가 채무를 임의로 이행하지 아니할 때 국가가 공권력으로 이를 이행하게 하는 것을 말한다.

3. 실 권

일정한 권리를 갖는 자가 법에 위반하여 권리를 행사하거나 권리를 오랫동안 행사하지 않는 경우에 권리를 상실하게 하는 것을 말한다. 친권상실(민법 제924조), 소멸시효(민법 제162조) 등이 그 예이다.

제 2 절 국제법상의 제재

국제법상의 제재란 국제법을 위반한 국가에 가하는 수단으로서 경제봉쇄·무력제재·전쟁 등이 있다. 국제법은 국제사회에 있어서 여러가지 분쟁을 규율함으로써 국제질서를 유지하고자 하나 국제사회는 국가권력과 같은 조직적인 중앙권력이 확립되어 있지 아니하므로 강제규범으로서의 성격에는 불완전한 점이 있다. 그러나 오늘날 문명된 대부분의 국가가 국제법을 준수하고 있으며, UN이라는 국제조직이 여러 방면으로 활동하고 있어 세계의 평화와 안전이 어느 정도 유지되고 있다고 할 수 있다.

제11장 권리와 의무

제 1 절 법률관계와 권리 · 의무

Ⅰ. 법률관계

인간의 사회생활관계는 매우 복잡하고 다양하여 각종의 사회규범에 의하여 규제되고 있다. 이 가운데 매매 · 대차 · 어음수표 · 상속 등과 같이 법의 규율대상이 되는 생활관계를 법률관계(Rechtsverhältnis)라고 하고 애정관계 · 친구관계 · 신앙관계와 같이 법적으로 아무런 관계가 없는 생활관계를 사실관계라 한다. 사회가 조직화되고 발전되기 전의 단계에서는 도덕 · 관습 등의 규범에 의하여 사람의 생활관계가 규율되나 점차 사회의 조직이 정비되고 이해관계의 대립이 증가됨에 따라 법의 규율을 받는 생활관계, 즉 법률관계가 증가하게 되는 것이다.

1. 법과 권리

법은 인간의 사회생활상의 규범이므로 사회와 그 구성원인 개인의 발전에 필요한 생활이익을 보호하지 않으면 안된다. 법에 의하여 보호되는 사회와 개인의 생활상의 이익 또는 가치를 법익(Rechtsgut)이라고 하며, 이러한 법익을 누리도록 법이 부여하는 힘을 권리라고 한다.

법과 권리는 이와 같이 매우 밀접한 관계에 놓여 있어서 법을 의미하는 jus · Recht · droit · diritto 등의 말은 모두 권리의 뜻도 동시에 가지고 있는 것이다. 다만 법은 객관적 · 일반적 · 추상적인데 대하여 권리는 주관적 · 특수적 · 구체적이라는 점에 차이가 있을 뿐이다.

2. 법과 의무

법익이 보호되기 위해서는 그에 대한 적극적·소극적인 모든 침해를 막지 않으면 안된다. 따라서 법은 법익의 침해를 막기 위하여 법률관계에 들어오는 모든 사람들에게 일정한 행위를 적극적으로 할 것을 명하거나, 소극적으로 그러한 행위를 하지 못하도록 금하며 경우에 따라서는 타인의 일정한 행위에 대하여 그것을 참도록 구속한다. 이러한 법에 있어서의 일체의 구속을 의무라고 한다.

원칙적으로 권리는 이러한 의무와 서로 대응관계에 있다. 권리와 의무가 대응관계에 선다는 것은, 예컨대 채권관계에서 보는 바와 같이 한 쪽 당사자에게 권리(채권)가 존재하면 그 상대방에게는 의무(채무)가 따르는 것과 같은 관계를 의미하는 것이다. 그러나 이는 어디까지나 상대적인 것에 불과한 것이다. 경우에 따라서는 권리만 존재하고 의무를 수반하지 않는 경우가 있는가 하면, 의무만 있고 권리가 따르지 않는 때도 있기 때문이다. 대체로 사법관계에 있어서는 권리와 의무의 대응관계가 성립하나 공법상의 관계에 있어서는 그렇지 않다고 할 수 있다.

3. 권리·의무관계

법률관계는 사람과 사람의 관계로 구성된다. 이와 같은 사람들의 관계는 법에 의하여 보호되는 자와 제약되는 자의 관계로 나타나는데, 전자를 권리자로서의 지위, 후자를 의무자로서의 지위라고 한다. 따라서 법률관계는 권리·의무관계라고 할 수 있다.

II. 법률관계의 변천

법률관계의 내용이요 핵심이 되는 권리와 의무는 대응관계에 있으므로, 법의 규율을 받는 인간의 생활관계를 권리를 중심으로하는 권리본위로 규율할 수도, 반대로 의무본위로 규율할 수도 있는 것이다.

이러한 관계를 법발달사적으로 보면 중세봉건사회에 있어서는 상하의 지배·복종의 체제 아래서 의무본위로 규율되었으나, 근대에 들어와서는 상하의 신분적인 예속관계가 타파되고 자아의 자각에 의한 개인주의적 사상이 반영되어 법률관계의 핵심이 의무본위로부터 권리본위로 옮겨가게 되었다.

그러나 자유주의와 개인주의를 기반으로 성립된 근대자본주의경제와 이를 배경으로 한 권리본위의 법제는 사회의 모순이 심화되기 시작하자 이를 수정하고자 사회본위법제로 나아가게 되었다. 사회본위법제는 권리와 의무의 융합본위법제라고 할 수 있는 것으로서 사회법의 출발점이 되었던 것이다.

이와 같이 법률관계는 의무본위에서 권리본위로, 권리본위에서 사회본위로 변화·발전하여 갔다.

우리 헌법에서 "재산권의 행사는 공공복리에서 적합하도록 하여야 한다"라고 규정한 것이나, 민법 제2조에서 "권리의 행사와 의무의 이행은 신의에 좇아 성실히 하여야 한다," "권리는 남용하지 못한다"라고 규정한 것은 사회본위의 입장에서만 이를 이해할 수 있는 것이다.

제 2 절 권리·의무의 개념

I. 권리의 본질

1. 권리학설

법의 내용인 권리(right)는 법학상 매우 중요한 개념으로 권리의 본질에 관하여는 종래부터 여러가지 학설이 있어 왔다. 이것을 권리학설이라고 하는데, 그 가운데 중요한 것은 의사설·이익설·절충설 및 법력설 등이다.

(1) 의사설(Willenstheorie)

의사설은 권리의 본질을 의사의 자유(칸트·헤겔) 혹은 의사의 지배 내지 의사의 힘(빈트샤이트·사비니)이라고 하는 학설이다. 이 학설은 유아나 심신상실자와 같은 의사무능력자가 권리의 주체가 된다는 사실을 설명하지 못하는 결점이 있다.

(2) 이익설(Interessentheorie)

이익설은 권리의 본질을 법에 의하여 보호되는 이익 내지는 법에 의하여 개인에게 귀속하는 생활재화(예링)라고 하는 학설이다. 이 설은 의사설이 갖는 결함을 보충하기 위하여 나타난 것이나, 이 설도 결국 이익이란 권리의 목적이며 권리행사의 결과에 불과한 것이지 권리 그 자체는 아닌 것일 뿐만 아니라, 법의 작용에 의한 반사적 이익을 누리는 자까지도 권리의 주체라고 보게 되는 난점을 가지고 있다. 도로교통법상 좌측통행의무가 규정되어 있어 우리가 얻게 되는 이익이나, 의사의 진료의무에 대응한 환자의 진료이익 등은 권리가 아니라 반사적 이익인데, 이익설은 이러한 이익도 권리로 보게되는 결함이 있다.

(3) 절충설(gemischte Theorie)

절충설은 권리의 본질을 이익의 보호를 위하여 법이 인정한 의사의 힘, 혹은 의사력의 승인에 의하여 보호된 재화 내지 이익이라고 하는 학설이다. 이는 의사설과 이익설을 절충한 것으로서 옐리네크(G. Jellinek)와 베커(Ernst Immanuel Bekker) 등이 주장하였다. 그러나 이 학설은 의사설과 이익설의 결함을 그대로 가지고 있다는 문제가 있다.

(4) 법력설(rechtliche Machttheorie)

법력설은 권리의 본질을 법이 일정한 이익의 향수를 위하여 사람에게 부여한 법률상의 힘이라고 하는 학설이다. 이 설은 권리의 실질적 요소인 이익이라는 개념에다가 권리행사의 전제인 법률상의 힘이라고 하는 형식적 요소를 결합시킨 것이다. 이 학설에 있어서 그 내용이 되는 이익의 개념은 재산적인 이익이외에 사회생활전체의 이익일반, 즉 생명 · 신체 · 자유 · 명예 등도 포함되고 있다.

메르켈(Adolf Josef Merkel, 1836～1896)과 레겔스베르거(Ferdinand Regelsberger, 1831～1910)에 의하여 주장된 법력설은 우리 헌법 제23조 제 3 항이 공공의 필요에 의한 재산권의 수용 · 사용 또는 제한을 규정하고 있는 데에서도 볼 수 있듯이 권리는 결국 법에 의하여 부여된 힘에 불과한 것이므로 법을 떠나서는 존재할 수 없을 뿐만 아니라 반대로 그 내용을 법에 의하여 제한할 수도 있는 것으로 보는 것이며, 이것이 오늘날의 통설이다.

2. 권리부인설

법적 권리의 존재를 부인하는 의무본위의 극단적인 형태로서 권리부인설이 있다. 권리본위사상에 반대하는 이 학설은 꽁뜨(A. Comte, 1798～1857)와 뒤기(Leon Duguit) 등에 의하여 주장된 것이다. 이 학설은 권리개념을 형이상학적이라고 하여 배척하고 실증주의와 사회연대주의의 입장에서 의무개념을 법이론의 중심으로 하고 있다. 따라서 이들은 권리를 일종의 사회적 기능으로 보게 된다. 이들의 주장은 전통적 공법이론 특히 권력적 독일이론과 개인주의적 프랑스이론을 배척하기 위한 것이었다고 할 수 있다. 켈젠(H. Kelsen)도 법의 근본관념은 법적 의무이고 권리는 법적 의무의 반사형태에 불과하다고 보고 있으나, 오늘날의 통설은 권리를 법의 중심개념으로 인정하고 있다.

II. 권리의 개념

1. 권리의 의의

권리의 본질을 법력설에 따라 "일정한 법익을 향수하기 위하여 법에 의하여 부여된 법률상의 힘"이라고 할 수 있다. 이를 나누어 설명하면 다음과 같다.

(1) 권리는 법에 의하여 주어진다

권리는 법에 의하여 주어지는 것이므로 법이 있어야 비로소 권리가 존재하게 된다. 따라서 법에 의하지 아니하는 것은 여기서 말하는 권리가 아니다.

(2) 권리는 법률상의 힘이다

여기서 법률상의 힘이라 함은 법에 의하여 부여된 힘이라는 의미이다. 따라서 이것은 사실상의 힘이나 물리적 실력과 구별된다. 또 힘은 이익의 향수를 위하여 필요한 행위를 할 가능성·능력을 의미한다.

(3) 권리는 법익의 보호를 그 내용으로 한다

법이 보호하는 이익에는 경제적 이익은 물론 정치적·사회적 이익 및 개인적·정신적·비재산적 이익도 포함된다. 이들은 곧 인간의 생활이익 그 자체를 말하는 것이다. 여기서의 이익은 막연한 이익을 의미하는 것이 아닌 특정이익이어야 한다. 즉 사람이 아닌 동물이나 또는 특정되지 않은 가공인은 권리를 가질 수 없다.

2. 권리와 구별하여야 할 개념

(1) 권 력

권력이란 자기의 권리를 강행할 힘을 스스로 가진 것을 말한다. 헌법제정권력 내지 주권이 이에 속한다. 권리 가운데는 다른 힘에 의하지 않고서는 법률상 직접 강제하지 못하는 단순한 권리인 것이 있기 때문에 권리와 권력은 구별되어야 한다.

(2) 권 한(Zuständigkeit)

권한이란 국가·공공단체의 기관 또는 사법상의 법인의 기관이 하는 행위가 국가·공공단체 혹은 법인의 행위로서 효력을 발생하는 범위를 말한다. 예컨대 권한의 대리, 권한의 위임 등이 그 예이다.

(3) 권 능(Befugnis)

권능은 넓은 의미로는 권리와 같이 쓰이나 보통 권리의 내용 내지 효력이라는 뜻으로 쓰인다. 예컨대 민법 제211조에서와 같이 물건의 소유권자가 그 소유물을 사용·수익·처분할 수 있다는 것은 그 소유권이라고 하는 권리의 내용 내지 그 효력으로서 그 소유물에 대한 사용권능·수익권능·처분권능을 가진다는 의미이다. 또 상법상 주주가 가지는 의결권·이익배당청구권·잔여재산분배청구권 등은 주주권으로부터 파생하는 권능인 것이다.

(4) 권 원(Rechtstitel)

권원이란 어떤 법률적·사실적 행위를 하는 것을 정당화하는 법률상의 근거를 말한다. 예컨대 남의 토지에 물건을 부속시키는 권원에는 지상권·임차권 등이 있다.

(5) 반사적 이익(reflective interests)

반사적 이익은 어떤 법규가 사회일반을 대상으로 하고 있는 규정의 반사적 효과로서 받게 되는 이익을 말한다. 따라서 사회일반인이 다만 반사적 이익을 가지는 데 불과한 경우에는 어떤 특정인의 작위·부작위로 인하여 이익의 향수가 방해되어도 사회일반인은 이에 대하여 자기의 권리를 주장할 수 없다.

III. 의무의 개념

1. 의무의 의의

의무(duty)의 본질에 관하여도 권리에 있어서와 마찬가지로 여러가지 학설이 있다.

(1) 의사설

이 설은 의무의 본질을 법에 의하여 정하여진 의사의 구속력이라고 한다.

그러나 이 설은 의사무능력자도 의무를 부담하는 것을 설명하지 못하는 난점이 있다.

(2) 책임설

이 설은 의무를 법률상의 책임이라고 한다. 그러나 이 설은 책임을 수반하지 않는 의무, 예컨대 시효완성 후의 채무에 대하여 설명할 수 없으며 또 의무를 의무위반에 대한 넓은 의미의 제재를 뜻하는 책임과 혼동하고 있다는 문제점이 있다.

(3) 법적 구속설

이 설에 의하면 의무란 법적 인격자의 특정한 작위·부작위에 대하여 자기의 의사 여하를 묻지 않고 강요되는 법률상의 구속, 즉 법이 인정하는 구속을 말한다. 오늘날의 다수설이다.

2. 의무와 책임

의무와 책임은 구별하여야 할 개념이다. 책임은 의무위반에 대하여 가하여지는 넓은 의미의 제재, 예컨대 형벌·강제집행·손해배상 등의 불이익을 받게 되는 기초를 말하는 것으로 의무의 담보를 뜻한다.

의무는 일반적으로 책임을 수반함으로써 그 법적 구속성이 확보되는 것이지만 책임없는 의무도 존재하는 것이다. 예컨대 소멸시효완성 후의 채무(자연채무)에 있어서는 의무는 있으나 책임은 없다고 할 수 있다. 또 의무없는 책임의 예로는 보증채무를 들 수 있다.

제 3 절 권리·의무의 분류

Ⅰ. 권리의 종류

권리는 법을 떠나서는 존재할 수 없는 것이므로 그 법률관계가 어떤 법의 관계에서 규정된 것이냐에 따라 국제법상의 권리와 국내법상의 권리로 나누고 국내법상의 권리는 다시 법을 공법·사법·사회법으로 분류하는 것과 대응하여 공권·사권·사회권으로 분류할 수 있다.

1. 공 권

공권이란 공법상의 생활관계에서 당사자의 어느 하나가 가지는 권리를 말하는데, 이는 크게 국내법상의 공권과 국제법상의 공권으로 나눌 수 있다.

(1) 국내법상의 공권

(가) **국가적 공권** 국가·공공단체가 공법인으로서 그 자체의 존립을 위하여 가지는 권리 및 그가 국민에 대하여 가지는 권리를 말한다.

국가적 공권은 다시 그 작용에 따라 입법권·행정권·사법권으로 나뉘어지고, 목적에 따라 조직권·경찰권·군정권·형벌권·재정권·보육권·공기업권 등으로 나뉘어지며, 권리의 내용에 따라 명령권·강제권·형성권·공법상의 물권 등으로 나뉘어진다.

(나) **국민적**(개인적) **공권** 국민이 국가·공공단체에 대하여 가지는 권력이다. 이는 다시 자유권·참정권·수익권으로 나눌 수 있다.

(2) 국제법상의 공권

국제법상의 공권이란 국가가 국제법상의 주체로서 가지는 권리를 말한다. 국가는 대내적으로 최고의 지배권을 가지는 동시에 대외적으로는 독립적인 주체로서 국제법상의 권리·의무를 가진다. 국가가 가지는 국제법의 주체로서의 권리에는 여러가지가 있으나, 그 기본적이고 고유한 것으로 독립권·평등권·자위권·교통권 등이 있다.

2. 사 권

사권이란 사인상호간에 존재하는 재산과 신분에 관한 법률관계와 국가·공공단체의 사인과 대등한 지위에서 행하는 사경제적 작용(국고작용)에서 발생하는 권리를 말한다. 사권을 여러가지 기준에 따라 다음과 같이 분류할 수 있다.

(1) 권리의 내용에 의한 분류

(가) **인격권**(Persönlichkeitsrecht) 인격권은 권리자 자신의 인격적 이익의 향수를 목적으로 하는 권리로서 그 성질상 권리자 자신으로부터 분리할 수 없는 권리이다. 생명권·신체권·자유권·명예권 등이 이에 속한다. 인격권은 권리자가 적극적으로 주장할 수 있는 권리라기 보다는 타인에 의하여 침해가 있을 경우에 그 침해의 배제를 청구하거나 침해로 생긴 손해의 배상을 청구할

수 있는 권리라는 특색을 가진다.

(나) **신분권**(Statusrecht) 신분권은 가족·부부·친자·친족 등의 일정한 신분관계에 있는 자들 사이에 신분적 이익을 목적으로 하는 권리이다. 친권·징계권, 부부간의 동거청구권, 친족간의 부양청구권, 상속권 등이 그 예이다. 신분권의 특색은 일신전속적이며 권리라기보다는 가족공동체의 유지·발전을 위한 의무적 색채가 짙은 권리라는 점에 있다.

(다) **재산권** 재산권은 경제적 이익을 목적으로 하는 권리로서 물권·채권·무체재산권 등이 이에 속한다.

① 물 권 물권은 직접 물건에 관하여 일정한 이익을 향유하는 것을 내용으로 하는 권리로서 민법 제2편에 규정하는 점유권·소유권·지상권·지역권·전세권·유치권·질권·저당권 등이 이에 속한다.

② 채 권 채권은 계약(매매·임대차·도급)에 의하여 또는 특정의 법률원인에 의하여 특정인이 특정인에 대하여 특정한 급부 또는 행위(작위·부작위)를 할 것을 청구할 수 있는 권리이다.

③ 무체재산권 무체재산권이란 사람의 정신적 산물을 직접 지배하는 것을 내용으로 하는 권리로서 저작권·특허권·상표권 등이 이에 속한다.

(라) **社員權** 사원권이란 사단법인의 구성원인 사원의 자격으로 그 법인에 대하여 갖는 권리를 말한다. 이에는 의결권·업무집행권 및 감독권 등과 같이 법인단체 자신의 목적을 위한 공익권과 이익배당청구권·잔여재산분배청구권 등의 사원 자신의 이익을 위한 자익권이 있다.

(2) 권리의 작용에 의한 분류

(가) **지배권**(Herrschaftsrecht) 지배권은 권리의 객체를 직접·배타적으로 지배하는 것을 내용으로 하는 권리이다. 이에는 물권·무체재산권·친족권 등이 속한다.

(나) **청구권**(Anspruchsrecht) 타인의 행위(행위·부작위)를 요구할 수 있는 권리이다. 청구권은 권리의 목적인 이익을 향수하는 데에는 타인의 행위를 필요로 하는 점에서 지배권과 다르다. 채권이 그 대표적인 예에 속하나 물권 및 비재산권에 터잡아 청구권이 생기는 경우도 있다. 즉 물권이 침해당한 때에는 손해배상청구 및 방해제거청구권 등의 물권적 청구권이 생긴다.

(다) **형성권**(Gestaltungsrecht) 권리자의 일방적인 의사표시에 의하여 법

률관계를 발생·변경·소멸시키는 법률효과를 가져오는 권리가 형성권이다. 취소권·추인권·해제권·상계권·선택권·포기권 등이 이에 속한다. 형성권의 행사는 일반적으로 보통의 의사표시로 족하지만(예 : 취소권·해제권·추인권 등), 일정한 경우는 법원의 재판을 통해서만 행사하도록 하는 경우가 있다(예 : 채권자취소권).

(라) **항변권**(Einrede)　항변권은 타인의 청구권의 행사에 대하여 그 청구를 거절하는 작용을 하는 권리이다. 이는 상대방의 청구를 일시적으로 저지하여 연기의 효력을 발생시키는 정기적 항변권과 청구를 영구적으로 저지하여 청구권 소멸의 효과를 가져오는 영구적 항변권이 있다. 보증인의 최고·검색의 항변권과 동시이행의 항변권이 전자에 속하며 한정상속인의 항변권은 후자에 속한다. 항변권은 상대방의 현존하는 청구권의 실행을 저지하는 소극적·수동적인 권리로서의 특색을 가진다.

(3) 권리의 효력범위에 따른 분류

(가) **절대권**(absolutes Recht)　절대권은 권리의 대외적 효력이 일반인에게 미쳐 모든 사람으로 하여금 침해하지 아니할 의무를 부담시키는 배타성있는 권리로서 대세권이라고 한다. 물권·무체재산권·인격권 등이 그 예이다.

(나) **상대권**(relatives Recht)　상대권은 권리의 내용이 특정인에게만 일정한 행위를 요구하며 그 효력이 특정인만을 의무자로 하여 그에 대하여만 대항할 수 있는 배타성없는 권리이다. 특정인에 대하여만 주장할 수 있는 권리라 하며 대인권이라고도 하다. 채권이 그 예이다.

(4) 권리의 이전성(移轉性)에 의한 분류

(가) **일신전속권**(nichtübertragbares Recht)　일신전속권은 그 권리의 향유 또는 행사가 권리자에게 전속되어 분리할 수 없는 권리로서 양도나 상속 등으로 타인에게 이전할 수 없다. 인격권·신분권 등이 이에 속한다.

(나) **비전속권**(übertragbares Recht)　비전속권은 권리를 권리자로부터 분리하여 타인에게 이전할 수 있는 권리를 비전속권이라 한다. 재산권이 이에 속한다.

(5) 권리의 독립성에 의한 분류

(가) **주(主)된 권리**(Hauptrecht)　타 권리에 의존치 않고 완전히 독립하여 존재하는 권리이다. 소유권·원본채권 등이 이에 속한다.

(나) **종(從)된 권리**(Nebenrecht) 다른 권리에 종속하여 존재하는 권리로서 주된 권리가 있어야 존재할 수 있고 그와 함께 운명(발생·변경·소멸)을 같이하는 권리이다. 예컨대 채권에 대한 담보물권인 질권·유치권·저당권 등이나 원본채권에 대한 이자채권은 종된 권리이다.

3. 사 회 권

사회권은 사회법상의 권리이다. 사회법이 공법·사법의 혼합적·중간적 영역에 성립되어 있는 관계로 사회권도 공권·사권의 혼합적 성격을 지니고 있다. 사회권은 국민이 인간다운 생활을 영위할 수 있도록 그에 필요한 조건의 보장을 국가에 대하여 요구할 수 있는 권리로서, 자본주의 사회의 내재적 모순으로 인하여 많은 사람들의 생존이 위협받게 되자 국민생활의 보장을 국가의 책임으로 인정한 결과로 발생한 권리이다. 우리 헌법상 근로의 권리, 교육을 받을 권리, 근로자의 단결권·단체교섭권·단체행동권, 인간다운 생활을 할 권리, 생활무능력자가 국가의 보호를 받을 권리, 국가로부터 혼인 및 가족생활과 보건을 보호받을 권리 등이 이에 속한다.

II. 의무의 종류

1. 공의무와 사의무(주체에 의한 분류)

(1) 공의무

공의무라 함은 국민 또는 국가가 공적·정치적 생활관계에서 부담하는 일정한 법적 구속을 말한다. 공의무는 국제법상의 공의무와 국내법상의 공의무로 나뉘어지는데, 전자는 국가가 국제법상의 주체로서 다른 국가에 대하여 부담하는 의무이고, 후자는 다시 국민이 국가·공공단체에 대하여 부담하는 의무(납세의 의무·국방의 의무·교육의 의무·근로의 의무·환경보전의무)와 그와는 반대로 국가·공공단체가 국민에 대하여 부담하는 의무(국가의 국민의 기본권보장의무 등)로 나뉘어진다.

(2) 사의무

사의무는 사권에 대응하는 사법상의 의무로서, 사권의 거의 대부분은 사의무를 수반하고 있다. 채권에 대한 채무가 그 예이다.

2. 작위의무와 부작위의무(내용에 의한 분류)

(1) 작위의무

작위의무란 일정한 행위를 하여야 할 의무로서 적극적 의무라고도 한다. 노동의 제공·금전의 급부 등이 그 예이다.

(2) 부작위의무

이는 어떤 행위를 소극적으로 하지 않을 것을 내용으로 하는 의무이므로 소극적 의무라고도 한다. 상법상의 부당한 경쟁을 하지 않을 의무, 비밀을 유지하여야 할 의무, 일조권을 침해하지 않을 의무 등이 그 예이다. 부작위의무와 관련하여 인용의무가 있다. 이는 타인의 일정한 행위를 참고 감수하여야 할 의무이다. 예컨대 강제집행의 경우에 있어서 집행관의 압류를 받아 들이고 이의를 제기하지 않을 의무가 이에 해당한다.

요컨대 작위와 부작위의 구별은 행위 자체에 의하여 이루어지는 것이 아니라 일정한 관점에서 보아 상대적으로 이루어지는 것이다. 예컨대 어머니가 시장에 가는 작위도 수유(授乳)라는 관점에서 보면 부작위가 된다. 이처럼 부작위는 아무 것도 하지 않는 것이 아니라 규범적으로 기대되는 일정한 행위를 하지 아니하는 것을 말한다. 작위와 부작위의 문제는 특히 부작위가 채무의 내용이 된 경우에 문제가 된다.

제 4 절 권리의 행사와 의무의 이행

I. 권리의 행사

1. 의 의

권리는 어디까지나 이익을 얻을 수 있는 가능성을 추상적으로 법이 부여한 것에 지나지 않는다. 따라서 그 목적이 되는 이익을 얻기 위해서는 이를 구체화·현실화하는 수단으로서 권리의 행사가 필요하다. 여기서 권리의 행사라 함은 권리의 내용을 실현하려는 행위, 즉 권리의 내용인 이익을 향수하려는 행위를 말한다.

권리행사의 모습은 권리의 종류에 따라서 다르다. 소유권 기타의 물권에 있어서는 권리의 객체인 물건을 직접 지배하는 형태로 나타나고, 채권에 있어서는 그 내용인 급부를 채무자에게 청구하는 형태를 취한다. 또 형성권에 있어서 보통은 상대방에 대한 의사표시만으로 하지만 소를 제기함으로써 하는 경우도 있다.

권리의 행사는 권리자의 자유에 속하고 또 그 한도에서는 원칙적으로 제한이 없다. 일찍이 로마법시대부터 「자기의 권리를 행사하는 자는 누구에 대하여도 불법을 행하는 것이 아니다」라든가 「자기의 권리를 행사하는 자는 누구도 해하지 아니한다」 등의 법격언은 사권의 행사는 자유롭게 할 수 있다는 원칙을 단적으로 표현하는 말이다. 그러나 「권리 위에 잠자는 자는 권리자로서 보호할 가치가 없다」라는 예링의 말처럼 일정한 경우에는 권리의 불행사에 대하여 일정한 불이익을 가져오게 하여 간접적으로 권리의 행사를 강제하는 경우(소멸시효제도)가 있는가 하면, 권리행사의 의무가 내재되어 있는 권리도 있다(친권).

2. 권리행사의 제한

권리는 권리주체인 개인의 이익을 직접의 목적으로 하고 있는 것은 사실이나, 모든 권리는 궁극에 있어서는 사회공동생활을 위하여 존재하는 것이라고 할 수 있다. 따라서 권리의 행사는 개인의 문제일 뿐만 아니라 사회와도 관계를 가지게 되므로 그 개인성과 사회성의 조화가 요구되며, 사회성의 요구의 결과 권리행사는 스스로 그 한계가 있으며 또 법에 의하여 일정한 제약도 받게 되는 것이다. 다음에 설명하는 공공복리 · 신의성실의 원칙 · 권리남용금지 등이 그 구체적 표현이다.

(1) 공공복리

개인주의적 법사상에 기인한 권리의 행사는 자본의 축적과 이윤추구를 가능하게 하여 자본주의 사회의 발전에 기여한 면이 적지 않다 하겠으나, 19세기 말부터 주로 부의 편재로 인한 사회사정의 변화로 인하여 사권의 절대성의 강조는 자본주의 사회 자체의 유지 · 발전에 도리어 장애가 되어 사권의 사회성 · 공공성을 강조하게 되었다.

1919년 바이마르헌법이 「소유권은 의무를 부담한다. 그 행사는 동시에 공공복리에 부합하도록 하여야 한다」라고 규정하였고, 이 규정은 서독(현 독일)

의 기본법에도 그대로 채택되었다. 또한 독일기본법은 토지 · 자연자원 및 생산수단을 사회화의 목적을 위하여 공공의 소유로 이전할 수 있는 것으로 규정하고 있다. 이러한 사권의 사회화는 프랑스에서도 명시 · 강조되고 있다. 우리 헌법도 국민의 재산권을 보장하고 있지만 그 행사는 공공복리에 적합하도록 하여야 한다고 규정하고 있다.

이와 같이 20세기에 들어와서는 일반적으로 권리는 단지 그 권리자의 이익만을 위하여 존재하는 것이 아니라 공공의 이익을 위하여 존재하는 것이라고 하는 권리의 사회성 · 공공성이 강조되고 권리행사에는 의무가 따르는 것으로 생각하게 되었다.

(2) 신의성실의 원칙

신의성실이라 함은 사회공동생활의 일원으로서 서로 상대방의 신뢰를 헛되이 하지 않도록 성의있게 행동하여야 한다고 하는 것이다. 신의성실이란 정의 · 형평 등을 의미하는 동시에 사회의 일반적인 도덕의식을 가리킨다. 이 원칙은 채권법 전체를 지배하는 최고의 원칙으로 확립되었으나 오늘날에는 사법전체에 걸치는 원칙으로 확대되었다. 이 원칙에서 사정변경의 원칙 · 실효의 원칙이 파생된다. 일단 행한 진술 등에 대해 타인에게 어떤 사실의 존재를 믿게 한 후에는 그 다음에는 부인함을 금지하는 영미법상의 금반언(estoppel)의 원칙도 신의성실의 원칙과 관련이 있다.

(3) 권리남용금지의 원칙

권리남용이란 겉으로 보기에는 권리의 행사인 것처럼 보이지만 실질상 권리의 행사가 권리의 사회성에 반하여 권리의 행사로서 인정할 수 없는 행위를 말한다. 종전에는 가해의 목적 내지 의사라는 주관적 요소가 있는 경우만 권리남용이 된다는 시카네(Schikane)금지 원칙이 요구된 적도 있었지만, 오늘날은 가해의 목적이 없더라도 객관적으로 보아 가해의 결과가 생기는 경우에도 권리남용이 인정된다. 우리 민법은 제 2 조 제 2 항에서 「권리는 남용하지 못한다」라고 규정하여 권리남용금지를 민법의 기본원칙으로 하였다. 본래 권리남용금지의 원칙은 소유권법에서 발전하였으나 오늘날에 와서는 민법 뿐만 아니라 공법 · 사회법 등 전체 법질서에 적용되게 되었다.

권리행사가 권리남용으로 인정되는 경우는 권리행사의 효과가 생기지 않으며, 위법행위가 되는 경우에는 손해배상책임을 지게 된다. 또 권리남용의 정도가 지나친 때에는 권리 그 자체가 박탈되는 경우도 있게 된다(예 : 친권의 상실).

II. 의무의 이행

의무의 이행이란 의무자가 자기가 부담하는 의무내용을 실현하는 것을 말하며, 이에는 작위의무·부작위의무가 있다. 의무는 그 내용에 좇아서 반드시 이행되어야 하며, 불이행의 경우에는 그 이행이 강제되거나 손해배상책임을 지게 되며 경우에 따라서는 형사상의 처벌을 받게 된다.

의무의 이행도 권리의 행사와 마찬가지로 신의성실의 원칙에 따라 이루어져야 한다. 이에 위반하는 경우에는 의무의 이행으로 인정되지 못하며 의무불이행의 책임을 지게 된다.

제5절 권리·의무의 주·객체 및 득실변경

I. 권리·의무의 주체

권리는 법에 의하여 부여된 법적인 힘이고 그것은 특정인에게 부여되는 것인 바, 법에 의하여 그러한 법적 힘을 부여받은 특정인을 권리의 주체라고 한다. 권리의 주체가 될 수 있는 지위 또는 자격을 권리능력 또는 인격이라고 한다. 현대의 법제에 있어서는 권리를 가질 수 있는 자는 동시에 의무도 부담할 수 있으므로 권리능력을 가지는 자는 동시에 의무능력도 가지는 것이다. 권리와 의무의 주체라고 하는 것도 바로 이 때문이다. 권리 능력을 가지는 것은 모든 자연인과 법률에 의하여 인정된 법인이다.

II. 권리의 객체

권리는 법에 의하여 특정인에게 부여된 힘인데 그 구체적 내용은 어떤 명령·금지 또는 허용이다. 이러한 명령·금지 또는 허용을 권리의 내용 또는 목적이라고 한다면, 이러한 내용 내지 목적이 성립하기 위하여 필요한 일정한 대상을 권리의 객체라고 한다. 이에는 생명·명예·정조·자유·비밀·사람의 행위·물건·발명·저작 등이 있으며, 이를 크게 나누면 유체물과 무체물로 분류할 수 있다.

Ⅲ. 권리·의무의 득실변경

1. 의 의

사람들 사이의 권리·의무관계는 고정·불변인 것이 아니라 법률관계의 변화에 따라 항상 변한다. 이것이 바로 권리·의무의 변동이며, 이 변동은 법률관계의 발생·변경·소멸이다. 이러한 변동은 무원칙하게 일어나는 것이 아니라 일정한 원인이 있을 때 그 결과로서 일어나게 된다. 이 경우에 그 원인이 되는 것이 법률요건이고, 결과로서 일어나는 권리·의무의 변동이 법률효과이다.

2. 권리·의무의 득실변경의 원인

권리·의무는 법이 그 발생·변경·소멸의 원인으로서 정한 사실이 생긴 경우에 발생·변경 또는 소멸하는 것이다. 이와 같은 권리·의무의 변동원인을 법률사실이라고 하며 법률사실은 자연적 사실과 사람의 정신작용의 발동인 행위로 분류된다.

(1) 자연적 사실(사건)

권리·의무의 변동은 자연적 사실에 의하여도 생긴다. 여기서 자연적 사실이란 물리적 또는 사회적으로 자연 또는 우연으로 나타나는 사실로서 사람의 정신작용과는 관계없는 사실로서 법률상의 효과를 가져오는 사실을 말한다. 예컨대 홍수나 화재에 의하여 가옥의 소유권의 일부 또는 전부가 소멸한다든가 출생·사망에 의하여 권리가 발생 또는 소멸한다든가 일정한 연령에 달하여 선거권 또는 피선거권 등을 얻게 되는 것 등이 그 예이다.

(2) 행 위

행위란 사람의 정신작용, 즉 의사에 기한 신체의 외부적 동정 가운데 특히 법률상의 효과를 생기게 하는 것을 말한다. 법률상의 효과를 발생하는 행위, 즉 권리·의무의 발생·변경·소멸의 원인으로 되는 행위는 이를 다시 적법행위와 위법행위로 나눌 수 있다.

(가) 적법행위 적법행위는 법규에 위반하지 않고 이에 적합함으로써 일정한 법률효과를 발생하는 행위를 말한다. 이는 다시 다음과 같이 분류할 수 있다.

① 법률행위(의사표시행위) 법률행위라 함은 하나 또는 두 개 이상의 의사표시를 불가결의 요소로 하는 법률요건을 말하며 그 법률효과가 의사표시에 의하여 당사자가 의욕한 바에 따라서 발생한다. 법률행위는 다시 공법적 효과를 발생하는 것을 공법상의 법률행위, 사법적 효과를 발생하는 것을 사법상의 법률행위라고 한다.

② 준법률행위 준법률행위는 행위자의 의사와는 관계없이 법률의 규정에 의하여 일정한 법적효과가 부여되는 행위를 말한다. 이는 다시 일정한 의사내용을 표현하였을 때 그 표현행위에 기인하여 법률효과가 생기는 표현행위와 법률상의 효과발생을 위하여 의식내용을 표현하는 것이 필요하지 않은 행위인 비표현행위(사실행위)로 구분된다. 표시행위는 다시 의사의 통지·관념의 통지·감정의 표시의 세 가지로 나뉘어진다.

(나) 위법행위 법질서에 위배하여 법이 허용할 수 없는 행위라고 평가되어 행위자에게는 불이익한 효과를 발생시키는 행위를 말한다. 범죄행위가 가장 대표적인 것이며 행정상의 월권행위·불법행위·채무불이행·사용자의 부당노동행위 등이 그 예이다.

3. 권리·의무의 득실변경의 모습

권리·의무의 변동, 즉 권리·의무의 발생·변경·소멸에는 다음과 같은 모습이 있다.

(1) 권리·의무의 발생(취득)

권리·의무의 발생이란 특정한 권리·의무가 일정한 법적 원인에 의하여 특정한 주체에 결합하는 것을 말한다. 이를 권리를 중심으로 설명하면 전주의 권리를 기초로 하는 것이 아닌 취득인 절대적 취득(원시취득; 선점·습득·시효취득 등)과 그렇지 않은 상대적 취득(승계취득)으로 나누고, 전주의 권리를 그대로 승계하느냐 내용의 일부를 별개의 권리로서 승계하느냐에 따라 이전적 취득과 설정적 취득(지상권·저당권 등의 설정)으로 나눌 수 있다. 상대적 취득은 다시 전주의 권리를 포괄적으로 승계하느냐 아니냐에 따라 포괄승계(상속이 그 예)와 특정승계로 나뉘어진다.

(2) 권리 · 의무의 변경

권리 · 의무의 변경이란 권리 또는 의무의 본질을 변경하지 아니하고 그 형태를 변경하는 것을 말한다. 이는 주체의 변경(타면에서 보면 승계)와 객체의 변경(내용의 변경)으로 나눌 수 있으며, 후자는 소유권의 내용의 증감이 그 예인 수량적 변경, 물건의 인도를 목적으로 하는 채권이 손해배상채권으로 변하는 것이 그 예인 성질적 변경, 부동산임차권이 등기를 함으로써 대항력이 생기는 것이 그 예인 작용의 변경으로 나눌 수 있다.

(3) 권리 · 의무의 상실(소멸)

권리 · 의무의 상실이란 특정한 권리 또는 의무가 일정한 법적 원인에 의하여 그 주체로부터 분리되는 것을 말한다. 이는 권리나 의무 그 자체가 없어진 절대적 소멸과 권리나 의무가 이전되는 상대적 소멸로 나뉘어진다.

第12장 국 가 론

제 1 절 서 설

Ⅰ. 국가와 법

법규범이 다른 사회규범과 근본적인 차이점은 국가라는 가장 강력한 조직사회의 강제력에 의하여 뒷받침을 받는다는 점이다. 자력구제에 의해 피해자의 권리구제가 인정되던 시절에는 피해자는 자기보다 힘이 센 범법자에 대항하여 그의 권리를 관철할 수 없었기 때문에 법적 평화를 제대로 보장받지 못하였다. 따라서 오늘날은 피해자의 권리보장은 조직화된 국가권력을 통하여 확실한 관철가능성을 보유하는 것이 원칙이며, 자력구제는 부득이한 예외적인 경우에만 인정된다(예 : 위법성조각사유). 물론 법규범에도 자발적인 복종을 획득하는 것이 요구되는 면이 있고 자발적인 복종의 도가 높으면 높을수록 국가권력에 의한 법의 보장은 후퇴하게 되겠지만, 법의 결정적인 특징은 국가권력이라는 힘이 최후적으로 확보되어 있다는 점에 있다.

따라서 공동사회는 누가 옳은가 하는 문제를 공정한 기관에 의하여 결정할 수 있고 조직된 외적 강제력을 가지고 범법자를 제압할 수 있는 힘을 보유하는 국가권력을 반드시 필요로 한다. 결국 법의 실현은 국가를 떠나서는 생각하기 힘들기 때문에, 법의 기능을 올바로 이해하기 위해서는 국가의 본질을 선결문제로 다루지 않을 수 없다.

II. 국가의 개념과 특질

1. 국가의 개념

국가(State, Staat)는 여러가지 개념을 가질 수 있을 것이나, 국가구성의 3요소설(G. Jellinek)에 따라 정의를 내리면 "일정한 지역을 지배하는 최고권력에 의하여 결합된 인류의 집단"이라 할 수 있다. 따라서 국가는 ① '시원적 지배권'으로서의 국가권력, 즉 주권과 통치권이 있고, ② 또한 일정한 인류의 집단, 즉 국민(인민)을 그 구성요소로 하며, ③ 공간적으로 한정된 지면의 일부, 즉 영역을 기초로 한다.

2. 국가의 특질

(1) 지역사회성

국가란 일정한 지역을 존립의 기초로 하는 지역사회인 점에서 일정한 지역을 존립요건으로 하지 않는 주식회사나 사회단체와 구별된다.

(2) 조직사회성

국가란 일정한 강제력을 가지고 그 구성원의 의사와 행위를 통제하고 복종시켜 국가의 목적을 달성하는 지배적 권력이 있다. 즉, 국가는 통치권에 의하여 조직된 사회라고 할 수 있다.

(3) 최고독립성

국가는 식민지, 지방자치단체 등의 다른 지역적 사회단체와는 달리 주권을 보유하고 있으므로 최고독립성을 가진 지역사회이다.

제 2 절 국가의 발생 및 본질

I. 국가의 발생기원

자연상태에 있던 인간의 집단이 어떤 경로와 과정을 거쳐서 국가적인 형태로 조직되게 되었는가에 대해서는 아직도 명확한 정설이 확립되지 못하고 많은 논의가 있다. 주요 학설을 나누어 설명하면 다음과 같다.

1. 신 의 설

국가는 신의 의사나 신의 명령에 의해서 성립되었다고 보는 견해이다(Stahl, Bussuat). 다분히 기독교적인 국가의 발생이론이다.

2. 가 족 설

국가는 가족이 씨족으로, 씨족이 부족으로, 부족이 발전하여 국가가 성립되었다는 견해이다(Filmer). 이는 생물학적인 학설이나 역사적인 사실로서는 근거가 희박하다는 비판을 받는다.

3. 실 력 설

국가를 권력관계로 인정하여 한 종족의 다른 종족에 대한, 또는 동족내에 있어서의 한 계급의 다른 계급에 대한 폭력적 지배의 성립에 국가의 발생근거를 찾으려는 학설이다. 실력설도 몇가지로 나누어 질 수 있는데, ① 우월한 종족군이 열등한 종족군을 정복하는 가운데서 국가가 발생했다는 정복설(Oppenheimer), ② 농경시대에 들어간 토지소유자의 지배권이 그 토지와 관련이 있는 사람들에 대한 지배권으로 발전함으로써 국가가 발생했다는 재산설(근대 중농학파의 주장), ③ 국가는 부자가 빈자에게서 소유권을 확보하기 위하여, 즉 경제적 지배계급이 피지배계급을 경제적으로 착취하고 억압하기 위한 수단으로 국가가 발생했다는 계급국가설(F. Engels) 등이 그것이다.

4. 계 약 설

국가발생의 원인을 계약에서 구하는 이론으로서 유럽의 전통적인 계약사상에 그 근거를 가지고 있다. 사회계약설은 국가란 인민이 자연상태를 버리고 사회상태를 계약에 의해 맺음으로써(즉, 자연상태→사회계약→국가의 형성), 보다 행복한 생활을 추구하려는 조직이라고 주장한다. 이에도 ① 국가성립 이전의 자연상태를 '만인의 만인에 대한 투쟁관계'로 규정짓고 자연권의 전면적인 양도를 통하여 지배복종관계를 설정함으로써 국가가 성립했다는 Hobbes의 복종계약설과 ② 자연상태는 처음에는 자유롭고 평등하며 정의가 지배하는 사회지만 인간관계가 확대됨에 따라 자연권 유지가 불안해져 보다 확실한 자연권의 보호를 위해 자연권의 일부를 국가 또는 국왕에게 위임하는 계약을 맺음으로써 국가가 성립했다는 Locke의 위임계약설, ③ 자유와 평등이 보장되는 처음의 자연상태가 점차 강자와 약자의 구별이 생기고 불평등관계가 성립함에 따라 모든 사람에게 원시적 자연상태를 되찾아 주기 위해 사회계약에 의해서 개인의 권리를 국가에 신탁함으로써 국가가 성립했다는 Rosseau의 사회계약설(국가신탁설) 등으로 구분될 수 있다.

5. 결　어

국가발생에 관한 이러한 여러가지 견해는 그 사실여부를 경험적으로 정확히 입증할 수 없는 것으로서, 오늘날의 시각에서 볼 때 역사적인 과거사실에 대한 하나의 가설의 범주를 벗어나지 못하는 것이다. 따라서 각 이론의 정당성 여부를 논의하는 것은 큰 의미를 갖지 못한다. 법과의 상관관계 속에서 국가를 고찰하는 경우에는 역사적인 발생기원의 문제보다는 가치관적 사고를 전제로 하는 국가의 목적 내지는 존립근거의 문제가 더욱 중요성을 가진다는 주장은 이 점에서 정당성을 가진다. 국가의 발생기원에 관한 계약설은 국가의 성립을 역사적으로 해명하려는 것이 아니고, 국가의 본질을 설명하기 위한 이론적 가설로서 중요한 의의를 지니고 있고 오늘날 지지를 받고 있는 설이다.

II. 국가의 본질

국가는 이를 파악하는 관점의 범위에 따라, 특정한 하나의 관점에서만 국가를 고찰하는 일원론과 국가는 복잡하고 다면적인 성질을 가지고 있으므로 이러한 성질을 충분히 설명하기 위해서는 이원적 또는 다원적인 방법에 의하지 않으면 안된다는 이원론 내지 다원론으로 나뉘어진다.

1. 일원적 국가론

일원적 국가론도 관점과 이론전개에 따라 사회학적 국가론, 경제학적 국가론, 철학적 국가론, 법학적 국가론 등으로 대별할 수 있다. 즉, ① 국가와 국민을 유기체와 세포의 관계로 보아 국가는 개개의 국민을 그 구성요소로 하지만,

개개의 국민의 단순한 총화와는 상이한 독립한 의사를 가진 단체로 파악하는 기에르케(Gierke)의 유기체설은 사회학적 국가론이며, ② 강자(유산계급)가 약자(무산계급)를 억압·착취하는 지배형태로 보는 마르크스주의자(Marxist)의 주장은 경제학적 국가론이라 할 수 있고, ③ 국가를 인간이 도덕(윤리)을 완성하기 위한 제도로서 '윤리적 이념의 최고의 발현형태'로 보는 헤겔(Hegel) 등의 도덕설은 철학적 국가론이라 할 수 있으며, ④ 국가가 다른 사회와 구분되는 결정적인 점은 법이 존재한다는 점에 있다고 보아 국가는 법질서 그 자체라고 보는 켈젠(H. Kelsen)의 법질서설(법·국가동일설)은 법학적 국가론이라 할 수 있다.

2. 이원적 국가론

옐리네크(Jellinek)는 자신의 방법이원론(존재와 당위의 구별)에 따라 국가의 완전한 인식은 법학적 국가개념과 사회학적 국가개념을 필요로 한다고 보고, 전자를 "원시적 통치권력을 가진, 정주하는 국민의 사단"으로 후자를 "원시적 통치권을 갖는, 정주하는 인간의 단체적 통일체"로 파악하였다(국가에 관한 양면설). 또한 국가는 독립된 법인격을 가진 단체라는 국가법인설을 주장하였다.

3. 다원적 국가론

국가본질에 관한 다원적 국가론은 국가도 사회단체와 같은 병렬적, 부분사회의 하나로 본다. 즉, 국가란 모든 부분사회를 포괄하는 전체사회는 아니며 노동조합, 학교, 교회 등과 같은 하나의 부분사회에 불과하다고 하면서 국가는 치안의 유지를 기본목적으로 하는 부분사회라고 한다. 라스키(Laski), 매키버(MacIver), 콜(Cole) 등의 주장이다.

제 3 절 국가의 구성요소

전통적인 국가구성의 3요소설에 의하면 국가는 인적요소로서의 국민, 지역적 요소로서의 영역, 권력적 요소로서의 주권으로 구성된다. 즉, 국민, 영역, 주권은 국가의 존립기반이 된다. 권력적 요소로서의 주권 대신에 주권과 통치권을 포함하는 국가권력을 드는 견해도 있다. 우리 헌법은 총강조항의 맨 앞에서 (제1조-제3조) 주권, 국민, 영토에 관해 규정하고 있다.

Ⅰ. 국 민

1. 국민의 개념

국민은 국가의 항구적인 구성원으로서 영토내의 어디서든지 국가의 통치권이 미치는 인적 범위를 말한다. 국민은 국내법에 의해 그 지위가 부여되는 법적 개념인데 반해서 민족은 언어, 종교, 풍속, 관습 등 문화적 요소와 혈연관계라는 감정적 요소에 의하여 결부된 사회학적 개념이므로 양자는 구별된다. 따라서 민족은 달라도 동일한 국가의 국민이 될 수 있는 반면, 대한민국의 국적을 가지지 아니하는 한민족은 법적인 의미에서 우리나라의 인적인 존립기반은 아니다. 또한 국민은 생물학적인 개념인 인종과도 구별된다.

우리 헌법 제2조 제1항은「대한민국의 국민이 되는 요건은 법률로 정한다」고 규정하고 있다. 여기서 대한민국의 국민이 되는 요건(자격)을 국적이라 하며, 이를 정한 법이 국적법이다. 우리나라는 국적법을 단행법으로 정하는 입법례를 취하고 있으나, 입법례에 따라서는 국적을 헌법에서 정하는 국적헌법주의, 국적을 민법에서 정하는 국적민법주의도 있다.

2. 국적법상의 국적의 취득과 상실

(1) 국적의 취득

(가) 선천적 취득 선천적 취득이란 출생의 사실로써 국적을 취득하는 것을 말한다. 국적취득의 가장 보편적인 방법이다. 이에는 두 가지의 입법례가 있다. 즉, 부모의 국적에 의하여 출생자의 국적을 결정하는 속인주의(혈통주의)와 어떤 국가의 영토 안에서 출생한 자에 대하여는 부모의 국적을 묻지 않고 출생한 국가의 국적을 부여하는 속지주의(출생지주의)가 그것이다. 속인주의는 대개 단일민족국가나 소수민족국가에서 채택하고 있고, 속지주의는 미국과 같은 복수민족국가에서 주로 채택하고 있다.

우리나라는 부모가 대한민국의 국민인 자는 출생에 의해서 국적을 취득하는 속인주의를 원칙으로 하고, 출생자의 부모가 모두 불분명하거나 또는 무국적자

일 때에 대한민국에서 출생한 자와 대한민국에서 발견된 기아 등에는 예외적으로 속지주의(출생지주의)에 따라 국적을 부여하고 있다(국적법 제2조).

(나) 후천적 취득 후천적 취득이란 출생 이외의 사실에 의하여 국적을 취득하는 경우를 말하며 인지, 귀화, 국적회복 등이 있다.

종전 국적법은 '대한민국의 국민인 남자와 혼인한 외국여자'는 대한민국의 국적을 취득하나, 그 반대의 경우(대한민국여자와 결혼한 외국남자)는 혼인에 의한 국적취득을 인정하지 않았다. 이 규정은 남녀 평등에 반하는 위헌적 조항이라는 비판을 받은 바 있었으나, 1999년 개정 국적법에서는 우리 국민과 결혼한 외국인은 남녀 공히 혼인한 상태로 국내에 2년 이상 계속하여 거주한 후에 법무부장관의 귀화허가를 받아 우리 국적을 취득하도록 하였다.

① 인 지 혼인외의 출생자를 자기의 자녀라고 인정하는 의사표시를 인지라 하는데, 종전법상으로는 인지하면 그 자녀는 자동으로 우리 국민이 되어 우리 호적에 곧바로 오를 수 있었으나, 개정국적법은 인지한 부모가 그 자녀의 출생 당시에도 우리 국민이어야 하고 인지한 후 법무부장관에게 신고한 때에 그 자녀가 우리 국적을 취득하는 것으로 하여 인지에 의한 국적 취득의 요건을 정비하였다(국적법 제3조). 인지로 대한민국의 국적을 취득하기 위해서는 (1) 대한민국 민법에 의하여 미성년일 것, (2) 출생한 당시에 그 부 또는 모가 대한민국 국민이었을 것 등의 요건이 충족되어야 한다(동법 제3조 제1항 제1, 2호).

② 귀 화 대한민국의 국적을 취득한 사실이 없는 외국인은 법무부장관의 귀화허가를 받아 대한민국의 국적을 취득할 수 있는데, 개정국적법은 귀화를 일반귀화, 간이귀화, 특별귀화로 나누고 있다(종전법에서는 보통귀화와 특별귀화로 나눔).

㉮ 일반귀화는 (1) 5년 이상 계속하여 대한민국에 주소가 있을 것, (2) 대한민국 민법에 의하여 성년일 것, (3) 품행이 단정할 것, (4) 자신의 자산이나 기능에 의하거나 생계를 같이 하는 가족에 의존하여 생계를 유지할 능력이 있을 것(종전법에는 독립의 생계를 유지할 만한 자산이나 기능이 있을 것을 요구), (5) 국어능력 및 대한민국의 풍습에 대한 이해 등 대한민국국민으로서의 기본소양을 갖추고 있을 것 등의 요건을 필요로 한다(동법 제5조).

㉯ 간이귀화는 일반귀화의 요건(국내주소 5년 요건)을 갖추지 않았더라도 특정외국인에 대해 인정되는 것으로서 이에는 (1) 부 또는 모가 대한민국의 국

민이었던 자, (2) 대한민국에서 출생한 자로서 부 또는 모가 대한민국에서 출생한 자, (3) 대한민국 국민의 양자로서 입양당시 대한민국의 민법에 의하여 성년이었던 자로서 대한민국에서 3년 이상 계속하여 주소가 있는 자는 법무부장관의 허가로 대한민국의 국적을 취득할 수 있는 경우(일반귀화의 다른 요건은 역시 요구된다)와 배우자가 대한민국의 국민인 외국인으로서 (1) 그 배우자와 혼인한 상태로 대한민국에 2년 이상 계속하여 주소가 있는 자, (2) 그 배우자와 혼인한 후 3년이 경과하고 혼인한 상태로 대한민국에 1년 이상 계속하여 주소가 있는 자는 법무부장관의 허가를 받아 대한민국의 국적을 취득할 수 있는 경우 등 두 가지가 있다(동법 제6조).

㉰ 특별귀화는 (1) 부 또는 모가 대한민국의 국민인자. 다만 양자로서 대한민국의 민법상 성년이 된 후에 입양된 자를 제외한다. (2) 대한민국에 특별한 공로가 있는 외국인은 대한민국에 주소가 있으며 일반귀화의 요건으로 요구하고 있는 5년 이상 계속하여 대한민국에 주소가 있을 것, 대한민국 민법에 의하여 성년일 것, 자신의 자산이나 기능에 의하거나 생계를 같이하는 족에 의존하여 생계를 유지할 능력이 있을 것 등의 요건을 갖추지 않더라도 귀화허가를 얻어 대한민국의 국적을 취득할 수 있는 경우를 말한다(동법 제7조). 이 경우도 품행이 단정할 것, 국어능력 및 대한민국의 풍습에 대한 이해 등 대한민국 국민으로서의 기본 소양을 갖추고 있을 것 등의 요건은 필요하다. 다만 대한민국에 특별한 공로가 있는 자는 법무부장관이 대통령의 승인을 얻어서 허가한다(동법 제7조 제2항).

③ 국적회복 본래 대한민국의 국민이었던 자가 국적을 상실한 후 다시 법무부 장관의 허가를 얻어 국적을 회복할 수 있다(동법 제9조 제1항).

(2) 국적의 상실

우리나라 국민의 경우 다음의 경우에 국적을 상실한다. (1) 이중국적자가 국적이탈의 신고를 한 때(동법 제14조 제2항) (2) 대한민국 국민으로서 자진하여 외국국적을 취득한 때 자동상실(동법 제15조 제1항) (3) 대한민국의 국민으로서 ⓐ 외국인과의 혼인으로 인하여 그 배우자의 국적을 취득하게 된 자, ⓑ 외국인에게 입양되어 그 양부 또는 양모의 국적을 취득하게 된 자, ⓒ 외국인인 부 또는 모에 인지되어 그 부 또는 모의 국적을 취득하게 된 자, ⓓ 외국국적을 취득하여 대한민국의 국적을 상실하게 된 자의 배우자 또는 미성년의 자로서 그 외국의 법률에 의하여 함께 그 외국국적을 취득하게 된 자는 그 외국국적을 취득한 때부터 6개월내에 법무부장관에게 대한민국의 국적을 보유할 의사가 있다는 뜻을 신고하지 아니하면 그 외국국적을 취득한 때에 소급하여 대한민국의 국적을 상실한다(동법 제15조 제2항).

국적을 상실한 자는 대한민국 국민이 아니면 누릴 수 없는 권리를 갖고 있는 경우 그 국적을 상실한 날로부터 3년 이내에 한국국민에게 양도하여야 한다(동법 제18조).

3. 국민의 헌법상 지위

국가에 대한 관계에 있어서 국민은 일방 주권자이면서도 타방 국가권력에 복종하는 양면성을 가지고 있다. 구체적으로 국민은 주권자로서의 지위, 주권행사자 내지 국가기관으로서의 지위(이상 통일체로서의 지위), 기본권주체로서의 지위, 통치의 대상 내지 의무의 주체로서의 지위(이상 개개인으로서의 지위) 등을 갖는다.

4. 재외국민의 보호

현행 헌법 제2조 제2항은 「국가는 법률이 정하는 바에 의하여 재외국민을 보호할 의무를 진다」고 규정하여 재외국민에 대한 국가의 보호의무를 명시하고 있다. 재외국민(교민)이란 대한민국의 국적을 가지고 있으면서 외국에 생활근거를 가지고 거주하는 자를 말한다. 재외국민은 등록을 하여야 한다(재외국민등록법 제3조). 현재 재외국민의 대표자들은 민주평화통일자문위원으로 위촉될 수 있으나, 그들의 의사를 국정에 반영할 수 있는 부재자투표나 그 밖의 참정권은 인정되지 않고 있다.

II. 영 역

1. 영역의 개념

영역이란 국가의 영토고권이 배타적으로 행사되는 공간으로서 영토, 영해, 영공으로 구분된다. 영토고권이란 영역내의 모든 인과 물을 독점적, 배타적으로 지배할 수 있는 국가권력을 말한다. 우리나라의 영역은 한반도와 그 부속도서로 구성되며 영해나 영공은 당연히 이에 포함된다. 영역은 영토와 동의어로 사용되기도 한다.

2. 영역의 범위

(1) 영 토

영역 중 영토는 국가영역의 기초가 되는 일정한 범위의 육지를 말한다. 영토의 범위를 성문헌법에서 규정하는 경우가 많은데, 우리나라는 제3조에서 「대한민국의 영토는 한반도와 그 부속도서로 한다」라고 명시하고 있다. 이 영토조항에 따르면 북한지역은 당연히 대한민국의 영토로서 인정되고 있다.

(2) 영 해

영해는 영토에 접속한 일정범위의 해역으로 그 나라의 주권이 미친다. 영해의 범위에 대해서는 논의가 구구하였으나 최근의 UN해양법협약에는 12해리까지 설정할 수 있도록 규정하였다. 이에 따라 우리나라의 영해법도 영해의 범위를 12해리로 규정하고 있다(영해 및 접속수역법 제1조). 다만, 동법시행령은 대한해협에 있어서의 영해의 범위에 대해서는 예외를 인정하고 있다. 영해에 대한 국가권력의 행사는 외국선박이 연안국의 안전, 공공질서 또는 재정적 이익을 해하지 않는 한 자유로이 항해할 수 있는 권리인 국제관습법상의 무해항행권에 의하여 약간의 제한을 받는다. 대륙붕에 대하여도 신협약에 따라 그 범위가 확장되었고 연안국은 그 지역에 대하여 어업이나 지하자원을 개발할 수 있는 지배권으로서의 관리권이 인정되고 있다.

(3) 영 공

영공은 영토와 영해의 수직적 상공을 말한다. 영공의 범위에 대해서는 견해가 분분하고 특히 상방한계에 대해서는 아직 공식 합의가 없는 실정이다. 영공무한계설도 있으나, 지배가능한 상공에 한정되고 우주권에 대해서는 새로운 법적 규제가 필요할 것이다.

3. 영역의 변경

영역(영토)은 불변한 것이 아니라 때로는 변경될 수 있는데, 일반적으로는 국가간의 조약에 의한 영토의 병합, 매매, 교환, 할양 등이 원인이 될 수 있고 때로는 자연적 조건 또는 사실행위에 의해서도 변경이 일어날 수 있다.

영토의 변경은 통치권의 지역적 범위를 변경하는 것을 의미하기 때문에 영토변경이 있을 경우에는 주민의 국적 및 그 지역의 법에 대한 법적 효과가 문제된다. 국가병합의 경우에는 피병합국의 주민은 모두 당연히 병합국의 국적을 취득하지만, 일부할양의 경우에는 그 주민의 국적은 할양조약에 의하여 결정된다. 일반적인 관례로는 주민에게 일정한 기한을 주어서 국적을 자유선택하도록 하고 있다. 할양지의 법은 영토의 변경에 의하여 당연히 효력을 상실하는 것은 아니고, 신법에 의하여 변경될 때가지 계속 효력을 가진다. 다만 이 경우에도 할양지의 법은 구영유권의 법으로서 시행되는 것이 아니고 신영유국법이 적용된다.

4. 북한지역의 문제

앞서 본바와 같이 우리나라의 영토조항에 따르면 북한지역도 우리영토에 포함된다. 그러나 대한민국의 통치권은 실질적으로 휴전선 이남에만 미치고 있으므로 영토조항의 실효성이 의문시되고 있다. 이점이 같은 분단국이었던 통독전의 서독의 기본법의 영토조항과 차이가 있다. 우리 헌법의 영토조항은 대한민국이 한반도의 유일한 합법정부이고, 휴전선 이북은 「인민공화국」이 불법점령한 미수복지구라는 논리하에 제정된 규정이다. 그런데 이 조항의 실효성은 차치하고라도 현행 헌법에서 신설된 평화통일조항(제4조)과 상충되어 폐지되어야 한다는 주장도 있다. 조국통일의 대업을 달성하기 위해서는 종전의 경직된 사고의 논리만으로는 어려움이 있다는 점은 인정되어야 한다. 우리 헌법의 영토조항의 논리에 따르면 통일후에 우리나라의 법률이 북한지역에 실시될 것이나, 합의에 의한 통일시에는 통일헌법의 제정이 문제되며, 통일헌법에 위반되는 법률은 폐지되어야 할 것이다. 특히 사법의 영역에서는 상당한 문제가 발생될 것이 예견되기 때문에 이의 조화를 위한 잠정입법이 행해져야 할 것이다.

Ⅲ. 주 권

1. 주권개념의 성립

라틴어의 superanus로부터 유래하는 주권의 개념은 보댕(Bodin)에 의하여 '국가의 절대적이고도 항구적인 권력'이라는 의미로 정립되었고, 근세국가의 성립과 더불어 국가권력의 최고독립성을 의미하는 개념으로 확립되었다. 한편 옐리네크(Jellinek)는 주권개념이 '항의적 개념'(polemischer Begriff)임을 강조하였다.

2. 주권이론

주권이 최종적으로 누구에게 있느냐 하는 것은 많은 논쟁의 대상이 되었는데 주요한 견해를 보면 다음과 같다.

(1) 군주주권론

군주주권론은 국왕의 권력은 절대적, 항구적인 최고권력이며 그것은 단일·불가분이며, 양도할 수 없는 권력이라고 한다. 이 입장은 중세의 주권신수설을 대변하는 것으로서 보댕(Bodin)이 그 대표적 주장자이다.

(2) 국민주권론

국민주권론은 근세의 자연법학자들에 의해 주장된 것으로, 사회계약설에 따라 국민은 자연권을 국가권력에 전면적으로 이양한 것이 아니며 따라서 국가권력의 정당성은 국민에게 있음을 명백히 하여 주권이 국민에게 있다고 주장한다. 알투지우스(Althusius), 로크(Locke), 루소(Rousseau) 등이 주장한다. 한편 영국의 다이시(Dicey)는 "법적 주권은 의회에, 정치적 주권은 선거인단 또는 국민에게 있다"고 주장하여 의회주권론을 주장하였는데, 이는 영국적 상황하에서의 국민주권론이라 볼 수 있다.

(3) 국가주권론

국가주권설은 주권의 주체는 군주도 국민도 아닌 독립된 단체인격을 가진 국가 그 자체라고 한다. 이 견해는 19세기 독일에서 군주주권론과 국민주권론의 대립을 지양하기 위한 타협이론으로서 국가법인설을 그 논리적 전제로 하여 제창된 것이다. 따라서 이 이론은 양자로부터의 공격을 회피하기 위한 보수적 입헌군주제의 이념에서 나온 것이라 하겠다. 국가주권론은 옐리네크(Jellinek)에 의하여 체계화되고 완성되었다. 부로봉왕조의 재건 후 프랑스에서의 이성주권론과 국가주권론을 법학적으로 순화한 법주권론도 국가주권론의 아류라 하겠다.

(4) 현대국가의 주권이론

이상과 같이 주권의 주체에 관해서는 견해가 다양하지만, 현대의 보편적 이데올로기는 민주주의이고, 민주주의는 '국민에 의한 통치'를 그 내용으로 하기 때문에, 현대민주국가에 있어서의 주권의 주체는 국민이 아니면 안된다. '국민주권'의 진정한 의미는 국가권력의 정당성이 국민에게 있고, 국가내의 모든 통치권력의 행사를 이념적으로 국민의 의사에 귀착시킬 수 있다는 것을 뜻하는 것이라 할 수 있다. 현대의 국민주권론은 1차대전 후 슈미트(Schmitt)를 거쳐 헬러(Heller)에 이르러 복귀하고 2차대전 이후는 누구도 부인하기 힘든 보편적 원리가 되고 있다.

3. 주권과 통치권

주권은 국내에서 최고의 권력, 국외에 대하여 독립의 권력이며 그 속성이 절대적이고 항구적인 권력을 의미한다. 그러나 그와 같은 전통적인 견해에도 불구하고 주권의 개념은 여러가지 뜻으로 사용되고 있다. 즉, ① 국가의사를 결정하는 최고의 원동력, ② 국가의 정치형태의 최고결정권, ③ 국가권력 그 자체, ④ 국가권력의 최고독립성 등의 의미로도 사용된다.

주권을 국가권력 그 자체로 보면 통치권과 차이가 없고 실제로 주권과 통치권의 개념구별을 인정하지만, 이를 완전히 구분하면 주권은 공허한 것이 되고 주권의 절대성·독립성을 강조하는 경우 주권의 이양(독일), 연방국가 등의 설명이 어렵다는 견지에서 통치권을 주권의 한 내포로 이해하는 견해도 있지만, 다수의 견해는 주권은 국가의사를 전반적·최종적으로 결정할 수 있는 최고권력(헌법제정권력)으로 이해하고, 통치권은 구체적인 국가목적을 수행하기 위한 현실적인 국가권력(입법권, 집행권, 사법권)을 총괄하는 것으로서 주권에서 연원된 주권이 위임한 권력의 총괄적 지칭으로 이해하고 있다.

이렇게 주권과 통치권을 본질적으로 구별할 때 양자의 특징적 구별점은 주권은 ① 국민이 그 주체이고, ② 단일·불가분, 자율적 권력이며, ③ 헌법제정권력과 동일시되는 반면, 통치권은 ① 국가에 고유한 권력으로 통치권의 주체는 국가이고, ② 실질적으로는 자주조직권, 영토고권, 대인고권으로, 형식적으로는 입법권, 사법권, 행정권으로 가분되는 권력이라는 점에서 찾을 수 있을 것이다.

제 4 절 국가형태

I. 국가형태의 개념

근대헌법에는 국가의 전체적 성격을 구현하는 의미를 가진 국가형태에 관한 규정을 두는 것이 원칙이다. 민주공화국, 인민공화국, 사회주의 연방공화국 등이 그 일례이다. 이와 같은 국가형태를 나타내는 용어들은 국가의 전체적 성격을 선언한 것이며 국가의 동일성과도 밀접한 관계가 있다. 국가형태가 무엇이냐 하는데 대해서는 견해가 반드시 일치하지 않고 그 용어도 다양하게 주장되지만(헌법형태, 정부형태 등), “국가의 정치적 통일의 형식과 양태, 즉 국가조직에 관한 유형적 형태” 내지 “사회공동체가 정치적인 일원체로 조직되고 통일되는 형식”이라고 정의할 수 있다.

II. 국가형태의 분류

1. 고전적인 분류

고대 그리스의 철학자 헤로도트(Herdot)는 통치인의 수를 기준으로 국가형태를 1인통치형태, 소수통치형태, 전체국민의 통치형태로 분류한 바 있으며, 플라톤(Platon)은 일원적인 통치질서인 군주국과 자유의 원칙을 실현시키는 민주국으로 2분하였다. 그뒤 아리스토텔레스(Aristoteles)는 주권이 누구에게 있는가에 따라 주권이 1인에게 있는 군주국, 소수자에게 있는 귀족국, 국민에게 있는 민주국으로 3분하고, 통치권이 정당하게 행사되고 있는가에 따라 정당한 정부형태(제한정체)와 부당한 정부형태(전제정체)로 구분했다. 중세에 들어와 마키아벨리(Machiavelli)는 한동안 혼합적 국가형태의 장점을 내세우다가 최종적으로는 세습적 국가권력 담당자의 유무에 따라 공화국과 군주국으로 나누었다. 몽테스키외(Montesquieu)는 공화국, 귀족국, 군주국, 전제국으로 4분한 바 있다.

2. 근대적 분류(표준에 따른 분류)

(1) 옐리네크(Jellinek)의 분류(단일표준설)

옐리네크는 국가의사의 구성방법이라는 단일표준에 의해 1개인의 자연적 의사로 구성되는 군주국과 다수인의 법적 의사로 구성되는 공화국으로 국가형태를 분류하고, 군주국은 군주선거여부에 따라 세습군주국과 선거군주국으로, 군주권력의 제한여부에 따라 전제군주국과 제한군주국(귀족군주국, 입헌군주국, 의회주의적 군주국)으로 나누고, 공화국은 귀족공화국과 민주공화국으로 나눈 바 있다.

(2) 렘(Rehm)의 분류(복수표준설, 국체·정체분류설)

렘은 국가형태를 국가권력의 최고담당자를 표준으로 한 국가형태(헌법형태)와 국가권력의 최고행사자가 누구냐에 따른 통치형태(정부형태)로 구분하고 국가형태(헌법형태)는 다시 군주국, 귀족국, 계급국, 민주국으로 분류하고, 통치형태(정부형태)는 민주정과 공화정, 간접민주정과 직접민주정, 연방제와 단일제, 입헌정과 비입헌정으로 구분하였다.

(3) 국체(國體)와 정체(政體)의 구별론의 문제점

종래에는 렘의 복수표준설을 모방하여 '주권의 소재'를 기준으로 분류하는 국가형태를 국체(렘의 국가형태)라 하고, '주권의 행사방법'을 기준으로 분류하는 국가형태를 정체(렘의 통치형태)라고 하는 것이 일반적이었다. 그러나 현대적인 국민주권사상을 바탕으로 하고 있는 현실에서는 주권의 소재는 당연히 국민에게 있는 것이므로 '주권의 소재'를 기준으로 한 군주국과 공화국의 구별은 현실적인 의미가 없게 된다. 즉, 군주국이라고 불리는 영국이나 일본 등도 주권은 국민에게 있기 때문에 이러한 분류에 따른다면 영국이나 일본같은 나라는 공화국이라 해야 하는 모순이 생긴다. 한편 정체의 분류는 통치권의 행사가 전제적이냐 제한적이냐에 따라 전제정체와 입헌정체로 나누고 있는데, 렘의 통치형태(정체)이론은 군주국인 경우에도 그 정체는 제한정체나 민주정체까지도 가능하다고 함으로써, 민주주의 혁명으로부터 군주국을 옹호하기 위한 어용이론의 성격을 가지고 있어서 문제가 된다. 실제로 오늘날 전제정체로 자처하는 정부는 없으며 거의 전부가 입헌정체임을 공언하고 있다. 그러기에 레벤스타인은 뒤에서 보는 바와 같이 국가권력이 통합되어 행사되는 국가를 전제정체라 하고, 국가권력이 분산되어 행사되는 국가를 입헌정체로 구분하고 있다.

3. 현대적 국가형태론

이상과 같이 종래 렘의 표준 등에 따라 국가형태를 국체와 정체로 나누는 견해는 그 이론적 가치가 희박해졌다고 볼 수 있다. 현대국가는 그 조직형태뿐만 아니라 그 지배적인 가치질서라든가 헌법현실이라는 정치적 내용까지 아울러 참작할 때에만 전체적 성격을 올바르게 파악할 수 있다. 이러한 의미에서 구체적인 국가형태론에서는 그 국가를 지배하는 정치적 이념, 헌법규범, 헌법현실 등을 구별의 표준으로 하여야 한다. 이러한 인식하에 현대에서 의미있는 국가형태의 분류를 들면 다음과 같다. 이러한 분류는 전통적인 분류를 참고하되 새로운 분류기준에 따라 구분된다.

(1) 군주국과 공화국

오늘날의 군주국과 공화국의 분류는 '주권의 소재여부'에 의해서가 아니라 '군주제도의 존재여부'에 따라 분류된다. 즉, 군주제도를 가진 나라를 군주국이라 하고 군주제도를 가지고 있지 않은 나라를 공화국이라고 한다.

(2) 전제주의 국가형태(전제정체)와 입헌주의 국가형태(제한정체)

정체는 국가권력이 제한되어 행사되는가 그렇지 않은가에 따라 전제정체와 제한정체(입헌정체)로 구분하는 것이 대표적이다. 다만 오늘날에 있어서는 전제정체와 제한정체의 구별을 국가권력이 통합되어 행사되는가 분산되어 행사되는가에 따라 분류하려는 경향이 있는데, 레벤스타인(Loewenstein)이 그 대표적인 학자이다.

(가) 전제정체 전제정체란 국가권력의 행사에 있어 국가의 전권력이 1인, 1계급, 1정당 등에 집중되어 지배자가 하등의 구속을 받지 않고 그 권력을 행사할 수 있는 정치체제라고 일컬어지는데, 이에는 단일정당을 근간으로 국가가 성립되며 국민을 국가의 봉사수단화 하는 전체주의 국가형태(예 : 인민공화제)와 모든 국가권력이 하나의 국가기관에 집중된 권위주의 국가형태(예 : 신대통령제)로 구분될 수 있다.

(나) 입헌정체 입헌정체란 일반적으로 근대헌법의 특징으로 들어지는 기본권의 존중, 권력분립주의, 국민주권주의, 법치주의를 내용으로 하고 있는 헌법에 의하여 국가권력이 제한되어 행사되는 정치체제를 말하는데, 입헌정체로

는 직·간접민주제, 대통령제, 의원내각제, 이원정부제, 집정부제 등이 있다.

(3) 단일국가와 연방국가 및 국가연합

(가) 단일국가 단일국가는 통치권한을 배분함에 있어 통치권을 중앙에 집중·통일시키는 집권주의에 입각한 국가를 말한다.

(나) 연방국가 연방국가란 통치권을 각 지방(지분국)에 분산시키는 분권주의에 입각하고, 분할된 각 지방이 결합하여 하나의 국가적 결합체를 구성하는 국가를 말한다. 지분국이 독자적 주권을 가지는가에 대해 우리나라에서는 학설상 대립이 있다. 다수설은 지분국은 주권을 가지지 않는다는 점에서 본래의 국가와 구별되지만, 연방의 의사결정에 적극적으로 참여하고, 광범한 자주조직권을 가진다는 점에서 단순한 지방자치단체와는 구별되는 것으로 보는 반면, 소수설은 지분국이 각기의 국가적 성격을 보유하면서 결합하여 국가결합체를 형성하는 국가를 연방국가로 보고, 연방국가는 주권이 지분국에도 있고 연방정부에도 있기 때문에 주권의 복수성 내지 중첩성으로 특징지워진다고 한다(김철수). 생각건대 주권은 한 나라의 최고·독립의 권력으로 단일·불가분성이 특징이라고 본다면 지분국이 주권을 보유한다고 보기는 어려우며, 지분국이 행사하는 권력은 주권이 아니라 가분될 수 있는 통치권이라 보는 것이 타당하다고 본다.

(다) 국가연합 국가연합은 국제법적으로 성립한 국가간의 연합이다. 국가연합은 국제적으로는 단일체로 나타나나 그 자체는 단일국가가 아니다. 개별구성국가의 국가성, 그리고 독자성, 그리고 통치권의 시원성은 구성국가에 유보되고 구성국가는 자유로이 탈퇴할 수 있다. 또한 국교관계수립권 등 독자적 외교권도 구성국가가 가진다. 이 점이 연방국가와 큰 차이점이다. 소연방이 해체되고 1992년 탄생한 독립국가연합(Commonwealth of Independent States), 영연방(Commonwealth of Nations), 최근의 유럽연합(European Union) 등을 국가연합의 예로 들 수 있다.

III. 대한민국의 국가형태

1. 국가형태에 관한 헌법규정

우리 헌법 제1조 제1항은 「대한민국은 민주공화국이다」라고 규정하여 우리나라의 국호는 대한민국이고, 국가형태는 민주공화국임을 밝히고 있다. 그러나 민주공화국이 국체냐 정체냐에 대해서는 학설이 갈리고 있으며, 민주공화국의 법적 성격과 정치적 내용에 대해서도 견해의 차이가 있다.

2. 국가형태에 관한 학설

우리 헌법 제1조 제1항이 국가형태를 의미하고 있다는 점에 대해서는 이설이 없지만, 제 2 항과 더불어 이것이 구체적으로 무엇을 의미하는가에 대해서는 견해의 대립이 있다. 즉, 제 1 설은 민주공화국에 있어서 '민주'는 정체를 '공화국'은 국체를 규정한 것이고 제 2 항의 국민주권원리는 제 1 항을 구체적으로 부여한 것이라고 보고(국체 · 정체설), 제 2 설은 민주공화국에 있어서 '민주'는 민주정체를, '공화국'은 공화정체를 의미하며, 제 2 항의 국민주권원리에 관한 규정이 우리나라 국체를 민주국체로 규정한 것으로 보며(정체설), 제 3 설은 국가형태를 국체와 정체라는 두 가지 기준에 의해 분류하지 않고 '민주공화국'이라는 규정 자체를 우리나라의 국가형태에 관한 규정으로 보고 '민주'는 공화국의 정치적 내용이 민주주의적으로는 형성될 것을 요구하는, 말하자면 공화국에 있어서의 그 내용에 관한 것으로 본다(국가형태설).

오늘날 국체와 정체의 구분은 모순을 보이고 있고 또한 이를 엄격히 구별할 실익도 없다는 점에서 민주공화국 자체를 우리나라의 국가형태로 보는 제 3 설이 타당하며 다수설의 입장이다.

3. 민주공화국의 법적 성격

우리 헌법 제1조 제1항의 민주공화국은 그 전체적 의미로 미루어 볼 때, 한국헌법구조상의 국가적 질서가 전제, 독재, 전체주의, 인민공화국 등을 부정하는 성격을 가지고 있다. 공화국은 '비군주국'을 의미한다는 점에서 우리나라에서는 어떠한 명목으로도 군주제를 도입할 수 없으며, 나아가 우리나라의 국가적 질서가 '자유국가', '국민국가', '반독재국가'여야 한다는 점을 뜻하고 있다. 민주라는 표현은 현실적으로 민주적이 아닌 공화국도 존재하기 때문에 국가형태로서의 공화국을 특정한 내용에 국한시키는 의미를 가지고 있다.

4. 민주공화국의 규범성

우리 헌법의 '민주공화국'조항은 헌법핵으로서 근본규범의 효력을 가지고 있으며 당연히 헌법의 다른 규정을 구속한다. 그리고 이 조항은 우리 헌법에 있어서 헌법제정권자의 근본적인 결단을 의미하기 때문에 헌법개정절차에 의해서도 배제할 수 없는 헌법개정의 한계를 이룬다. 한편 우리나라의 민주공화국으로서의 성격을 보장하기 위하여 헌법은 정당의 목적과 활동이 민주적 기본질서에 위배되는 경우에는 정당을 해산할 수 있도록 규정하고 있고(제8조 제4항), 민주공화국의 형태를 변형시키려고 할 때에는 형법, 국가보안법 등에 의해 처벌된다.

5. 우리 헌법상 민주공화국의 정치적 내용

대한민국의 국가형태로서의 민주공화국의 정치적 내용에 대해서는 여러 견해가 있으나, 헌법의 전체계에 비추어 볼 때 대체로 대의제(간접민주제)를 원칙으로 하면서 직접민주제를 가미한 혼합민주주의, 정당을 헌법에 편입하여 정당의 존립과 활동을 보장하는 정당제민주주의, 위헌정당해산제도 등을 인정하여 민주주의 전복을 기도하는 이른바 민주주의의 적에 대해서는 이를 방어하지 않을 수 없다는 방어적 또는 투쟁적 민주주의, 소극적인 야경국가가 아니고 국민의 실질적인 복지향상을 위해 노력하는 사회적 법치국가 내지는 복지국가를 그 내용적 특징으로 들 수 있다.

제 2 편

각 론

제1장 헌　　법

제1절　헌법 서론

Ⅰ. 헌법의 개념과 특성

1. 헌법의 개념

헌법(Constitution, Verfassung)은 어원상 조직·구조·체제를 의미하는 말이지만, 근대 입헌주의하에서는 기본권보장을 필수적 요소로 한다. 즉, 헌법은 '국가의 통치조직과 통치작용의 원리를 정하고 국민의 기본권을 보장하는 최고법'이라고 일반적으로 정의할 수 있다. 그러나 헌법개념은 구체적으로 몇 가지 관점에서 고찰할 수 있다.

(1) 헌법개념의 이중성

헌법개념은 정치적 사실로서의 측면(사회학적 헌법개념)과 법규범으로서의 측면(법학적 헌법개념)의 양면에서 고찰할 수 있다. 헌법을 "사실적인 권력관계"(F. Lassale), "다양한 권력들에 의하여 정치적 통합이 끊임없이 형성되어 가는 과정의 원리"(R. Smend), "헌법제정권자가 내린 정치적 결단"(C. Schmitt) 등으로 파악하는 견해는 전자의 측면에서 헌법을 정의하는 것이고, 헌법을 정치적 현실을 규제하고 정치생활과 국민생활에서 있어야 할 당위(Sollen)의 측면에서 고찰하여 "한 나라의 권력구조와 기본권을 규정하는 국가의 최고법규범의 체계"(W. Kägi), "국가기관의 형성, 상호관계, 권한 등과 국가권력에 대한 개인의 기본적 지위에 관한 법규"(G. Jellinek), "법질서의 단계구조에서 최상위에 위치하는 규범"(H. Kelsen) 등으로 파악하는 견해는 후자의 측면에서 정의하는 것이라 할 수 있다.

(2) 역사적 발전과정에서 본 헌법개념

헌법은 당초부터 확정된 개념은 아니며, 역사적인 발전과정에 따라 변천해 온 개념이다.

(가) 고유의미의 헌법 고유의미의 헌법이란 "국가의 통치체제에 관한 기본사항을 정한 기본법"을 의미하는 것으로, 이러한 의미의 헌법은 국가가 존재하는 한, 그 형식이 성문이건 불문이건 반드시 존재하는 헌법이다.

(나) 근대 입헌주의적 의미의 헌법 입헌주의헌법은 입헌주의—국민의 기본권을 보장하고 권력분립을 규정한 헌법에 의거하여 통치할 것을 요구하는 정치원리—를 그 기본원리로 하는 헌법을 말한다. 이러한 헌법개념은 근대의 산물이라고 볼 수 있다. 1789년의 프랑스대혁명시 제정된 '인권선언'(인간과 시민의 권리선언) 제16조는 "권리의 보장이 확보되지 아니하고 권력의 분립이 규정되지 아니한 사회는 헌법을 가진 것이라 할 수 없다"고 규정하고 있는데, 이는 근대입헌주의 헌법의 특징을 단적으로 보여주고 있다. 근대입헌주의 헌법은 모든 나라가 가졌다고는 할 수 없다. 즉, 현대에도 인권보장과 권력분립이 이루어지지 않은 나라는 입헌주의 헌법을 가졌다고 할 수 없다. 근대입헌주의 헌법은 자유주의를 기본이데올로기로 하여 ① 국민주권주의, ② 권력분립주의, ③ 기본권보장주의, ④ 법치주의, ⑤ 의회주의, ⑥ 성문헌법주의, ⑦ 경성헌법주의 등을 특징으로 한다.

(다) 현대 복지국가적 의미의 헌법 근대 입헌주의 헌법의 기반을 이룬 자유주의·개인주의는 자본주의의 발전에 크게 기여하였으나, 반면에 자본주의의 발전은 부의 집중과 편재, 근로자의 빈곤과 실업, 노사간의 갈등과 대립 등 심각한 사회문제를 야기하였다. 따라서 자유방임주의로서의 근대 자유주의의 폐단을 시정할 필요성이 제기되었다. 즉, 종전의 소극적인 야경국가관에서 벗어나 시민사회의 존속을 위하여 자본주의체제를 보강함과 아울러 심각한 사회적 부조리를 제거하여 모든 국민에게 인간다운 생활을 실질적으로 보장하고 나아가 국민의 복지향상을 위하여 국가의 적극적인 역할이 기대되는 복지국가관으로 전환이 요청되었다. 현대 복지국가의 헌법은 근대입헌주의 헌법의 특징을 부정하는 것이 아니라 이러한 특징들을 기본적으로 유지하되, 실질적 평등이 요구되는 현대의 문제상황에 맞게 이를 수정한 헌법이라 할 수 있다. 그리하여 양차 세계대전 이후의 현대적 헌법들은 ① 보통·평등선거제도, 정당제도, 지방

자치제도 등을 통한 국민주권주의의 실질화, ② 자유권적 기본권의 보장 외에 생존권적 기본권을 통한 기본권의 실질적 보장, ③ 권력분립주의의 기본취지는 유지하되 적극국가, 행정국가화의 경향으로 권력분립주의의 완화 · 조정, ④ 형식적 합법성 외에 내용의 정당성을 요구하는 실질적 법치주의, ⑤ 헌법재판제도의 강화, ⑥ 국제평화주의 등의 특징에 의해 지배되고 있는 복지국가적 의미의 헌법을 지향하고 있다.

(3) 실질적 의미의 헌법과 형식적 의미의 헌법

(가) 실질적 의미의 헌법　실질적 의미의 헌법은 형식 여하를 막론하고 그 내용이 성질상 국가의 구성 · 조직 · 작용 및 국민과의 관계에 관한 근본원칙들이 들어 있는 법규범의 전체를 지칭한다. 헌법전은 물론이고 관습법, 법률, 명령, 규칙 같은 형식이라 하더라도 그 내용이 헌법의 요소를 갖추고 있으면 실질적 의미의 헌법이라고 할 수 있다. 헌법의 법원으로서 헌법전 외에 열거되는 많은 성문법(국회법, 정부조직법, 법원조직법, 지방자치법 등)과 불문법은 헌법을 실질적으로 파악한 것이다. 성문헌법이 없는 영국에도 실질적 의미의 헌법은 있다.

(나) 형식적 의미의 헌법　형식적 의미의 헌법은 그 내용이 어떠하든 그 존재형식 · 외형적 형식이 헌법으로 되어 있는 것을 의미한다. 즉, 성문화된 헌법전을 지칭하는 개념이다. '영국에는 헌법이 없다'라고 할 때, 이는 영국에 형식적 의미의 헌법, 즉 성문헌법전이 없다는 것을 말하는 것이다.

(다) 양자의 관계　양자는 일치하는 것이 바람직하지만, 실질적 의미의 헌법을 전부 성문화하는 것은 입법기술상 도저히 불가능하며 또한 "미리 마취하지 않는 한 식육동물을 도살해서는 안된다"는 스위스헌법의 '도살조항'처럼 실질적 의미의 헌법의 내용이 아니더라도 헌법정책상 헌법전에 편입시키는 경우가 있기 때문에 불일치가 발생한다.

2. 헌법의 특성

헌법은 국가의 최고법으로서 다른 일반법률에 비해 다른 특성을 가지고 있다. 헌법은 법률과 달라서 추상적 · 일반적이며 헌법위반에 대해서도 직접강제성이 적고 계몽적 · 강령적인 면이 많으며, 고도의 정치성이 있기 때문에 정책선언적이라고도 한다. 또 이는 국가 최고기관을 구성하는 조직규범이어서 그 규범대상자도 일반국민이라기보다는 국가기관인 경우가 많으므로 국가권력에 대한 제한적 근본규범이라고도 한다. 이와 같은 헌법의 특성문제는 헌법의 본질 여하와 관련하여 사실적 특성(제도적 특성)과 규범적 특성(법적인 특성)의 두 방향에서 고찰할 수 있다.

(1) 사실적 특성

사실적인 측면에서 볼 때 헌법은 정치적인 성격, 이념적인 성격, 역사적인 성격 등을 가지고 있다.

(가) 정치성　헌법은 여러 정치세력간의 공존을 위하여 정치적 투쟁이나 타협의 과정을 통하여 이루어진 것이므로 다른 법률보다 더 많은 정치성을 띠며, 그 결과 헌법은 개방성, 미완성성, 추상성, 유동성을 띠게 된다.

(나) 이념성　헌법은 일정한 이념이나 가치질서를 구현하려고 하는 점에 그 속성이 있다. 즉, 근대 입헌주의 국가의 헌법에서는 시민적 자유주의 이념을, 현대 복지국가의 헌법에서는 실질적 평등을 위한 사회적·실질적 법치주의의 이념을 구현하고자 한다.

(다) 역사성　헌법이 지향하는 이념과 가치질서는 선험적이거나 영원불멸의 보편적인 것이 아니며, 역사적 조건과 지배상황에 의하여 제약을 받는 역사적 이념이고 가치인 것이다.

(2) 규범적 특성

규범적인 측면에 볼 때 헌법규범은 최고규범성, 기본권보장규범성, 수권적 조직규범성, 권력제한규범성 등의 특성을 가지고 있다.

(가) 최고규범성(근본규범성)　헌법은 한 나라에서 그 이상의 상위규범이 없는 최고의 법이다. 따라서 하위의 법령은 헌법에 위반할 수 없으며, 헌법은 법률·명령 등의 하위법령의 입법기준·해석기준이 된다. 이러한 헌법의 최고규범성을 보장하기 위하여 위헌법령심사제, 경성헌법주의 등을 채택하고 있다.

(나) 기본권보장규범성　헌법은 국민의 기본권을 보장하기 위한 규범이다. 기본권보장이 이루어지지 않은 헌법은 입헌주의 헌법이라고 할 수 없다.

(다) 수권적 조직규범성　모든 국가조직은 헌법에 의하여 조직되고, 모든 국가작용은 헌법으로부터 그에 관한 권한을 위임받은 경우에만 성립하고 통용될 수 있다. 특정의 국가작용과 그것을 담당하는 기관은 그 조직과 권한을 헌법에 의거하여 인정받은 것이 된다.

(라) 권력제한규범성 헌법이 비록 정치권력의 타협의 산물이라는 점을 인정하더라도 헌법은 국가기관을 분립시키고 상호견제하는 제한규범의 역할을 한다는 점에 그 중요성이 있다. 권력을 분립시키고 제한하는 근본목적은 권력의 남용을 막아 국민의 기본권을 보장하는 데 있다.

(마) 기타의 특성 헌법에는 헌법제정권력의 주체와 개정권력의 주체를 규정하고 이 주체에게 제정권력 및 개정권력을 부여하고 있다. 오늘날 헌법은 민정헌법으로서 헌법에 개정절차를 규정하고 있다(헌법제정·개정규범성).

그리고 헌법은 관념적 세계에서만 존재하는 것이 아니라 국민의 생활 속에 존재하면서 국민의 일상생활에 의해 실현되고 발전되는 생활규범의 성격을 가진다는 견해가 있고(생활규범성), 치자와 피치자의 자동성의 원리에 입각한 민주주의국가에서는 국가의 정치의사의 최종적인 결단인 헌법은 국민의 자율적 결단에 의하여 결정되어야 하고, 다른 어떠한 영향도 받아서는 안된다는 자율규범성을 특성으로 드는 견해도 있다.

II. 헌법의 분류

헌법의 분류라 함은 세계 각국의 헌법을 일정한 기준에 따라 공통성을 가진 것끼리 묶어 몇 가지 그룹으로 유형화하는 것을 말한다.

1. 전통적인 견해

헌법은 누가 헌법을 제정하는가라는 제정주체에 따라 군주가 제정하는 흠정헌법, 군주와 국민의 협약에 의해 제정되는 협약헌법, 국민이 제정하는 민정헌법, 국가와 국가의 협약에 의해 제정하는 국약헌법으로, 헌법의 존재형식 따라 성문헌법과 불문헌법으로, 개정절차의 난이도에 따라 경성헌법과 연성헌법으로 분류하는 것이 일반적이었다. 그러나 오늘날 대부분의 나라가 민정, 성문, 경성헌법을 채택하고 있는 현실에서 이러한 전통적인 분류방식은 커다란 의미를 찾을 수 없다.

2. 헌법의 새로운 분류방법

전통적 분류방법의 형식성·비현실성을 비판하면서 새로운 관점에서 헌법을 유형화하려는 시도들이 레벤스타인(Loewenstein) 등에 의하여 이루어지고 있다.

(1) 레벤스타인의 분류

(가) 존재론적 헌법분류 레벤스타인은 정치적 현실과 헌법규범이 서로 일치하고 있는가 여부를 기준으로 하여 각국의 헌법을 규범적 헌법, 명목적 헌법, 장식적 헌법으로 분류하고 있다. 규범적 헌법이란 헌법규범의 내용과 헌법현실이 일치하는 헌법으로 서구의 헌법들이 이에 속하는데, 비유적으로 표현하면 의복(헌법규범)이 신체(헌법현실)에 꼭 맞고 또 실제로도 입고 다니는 '맞춤복'과 같은 헌법이다. 명목적 헌법은 이상적으로 만들었으나, 현실이 그 이상에 따르지 못하여 현실규범의 역할을 하지 못하고 있는 헌법으로 서구로부터 옷(서구민주주의 헌법)을 수입하였으나 신체(헌법현실)가 그에 맞을 정도로 성장하지 못한 아시아, 아프리카 후진국의 헌법이 이에 속한다. 즉, '기성복'과 같은 헌법이다. 장식적 헌법은 헌법이라는 것이 있기는 하지만 이것은 외국에 과시하기 위한 것이고, 현실은 이에 관계없이 규율되는 헌법으로서 권위주의국가나 과거 소련과 그 위성국가들의 헌법이 이에 속한다. 이를 비유적으로 표현하면 '변장복'과 같은 헌법이다.

(나) 독창적 헌법과 모방적 헌법 독창적 헌법이란 새로이 창조되고 다른 것에서 유래되지 않은 원천적인 헌법을 말한다. 독창적인 헌법의 예로는 영국의 의원내각제헌법, 미국의 대통령제헌법, 프랑스의 나폴레옹헌법, 노농(勞農)소비에트의 독재를 규정한 1980년대 말 민주화 개혁전의 구소련헌법, 5권분립을 규정한 1931년의 중화민국헌법을 들 수 있다. 모방적 헌법이란 규정의 대부분이 국내외의 과거에 성립된 헌법을 모방하여 만들어진 헌법을 말한다. 대부분의 나라의 헌법이 이에 속한다.

(2) 케네드 위어(K. Wheare)의 분류

위어는 중앙정부와 지방정부에 통치권력이 어떻게 배분되는가에 따라 연방국가의 헌법과 단일국헌법으로 분류하고, 중앙정부를 구성하는 각 기관에게 통치권력이 어떻게 배분되고 있는가, 즉 권력분립의 원리가 어느 정도로 채택되어 있는가에 따라 헌법을 대통령제헌법, 의원내각제헌법, 의회정부제헌법으로 분류한 바 있다.

(3) 기타의 분류

사회 · 경제체제에 따라 자본주의 헌법과 사회주의헌법으로, 국가체제에 따라 입헌주의 헌법과 전제주의적 헌법으로, 정당제도의 인정여부에 따라 이를 긍정하는 헌법(일개정당헌법, 복수정당헌법), 이를 부정하는 헌법으로 나누는 견해도 있다.

Ⅲ. 헌법의 제정과 개정

1. 헌법의 제정

(1) 헌법제정의 의의

헌법의 제정이란 성문헌법을 제정하는 것을 말하는 바, 이는 헌법제정권력자의 전체적 결단으로서의 헌법의 규범화를 의미한다. 헌법의 제정문제는 먼저 헌법제정권력이 무엇인가를 알아보고, 이어 이러한 헌법제정의 방법을 고찰함으로써 밝혀질 수 있을 것이다.

(2) 헌법제정권력

헌법을 창조하는 힘을 의미하는 헌법제정권력은 "국민의 정치적 존재에 관하여 근본적인 결단을 내리는 정치적 의사인 동시에 법적 권능"이라 정의할 수 있다. 헌법제정권력이론은 프랑스혁명 당시 시에예스(Siếyès)에 의해서 처음으로 체계화되었는데, 그는 국민(제3계급)만이 헌법제정권력을 가지며 국민의 헌법제정권력은 자연법에 그 최종적인 근거를 두고 있다고 하였다. 그뒤 옐리네크(Jellinek) 등 법실증주의자들은 헌법제정권력 · 헌법개정권력 · 입법권을 동일시하여 헌법의 실질적인 최고규범성을 부인하였다. 즉, 국가가 법의 연원이고 헌법 이전에 헌법을 초월한 권력은 사회적인 존재이지 법은 아니라고 하여 헌법제정권력개념을 부인하였다. 헌법제정권력이론은 헌법제정권력과 그에 의하여 만들어진 헌법개정권력의 개념을 구별하고 국민주권이론과 결부시킨 칼 슈미트(C. Schmitt)에 의해 현대적 의미를 가지게 되었다.

헌법제정권력의 주체는 역사적인 발전과정에 따라서 다르게 대답될 수 있기 때문에 시대성과 밀접한 관련이 있지만, 국민주권사상이 관철된 오늘날에 와서는 국민이 헌법제정의 주체가 되는 것은 오히려 당연한 일로 간주되고 있다.

헌법제정권력은 시원성 · 자율성 · 단일불가분성 · 항구성 · 불가양성을 그 본질로 하는 점에서 주권과 동일시 되고 있다. 헌법제정권력도 인간의 존엄과 가치를 존중하는 불변의 근본적인 가치인 자연법상의 원리에 의하여 제약을 받는다.

헌법제정권력은 원래 시원적 · 창조적인 것이므로 그 행사방법에 제한이 없다. 그러나 주체의 의사를 인식할 수 있고, 결단에 필요한 최소한의 요건이 필요하다. 오늘날에는 이것을 대개 제헌의회, 국민투표 등의 방법에 의하여 행사한다.

2. 헌법의 개정

(1) 헌법개정의 개념과 구별개념

(가) 헌법개정의 개념 헌법개정이라 함은 헌법에 규정된 절차에 따라 헌법의 기본적 동일성을 유지하면서, 헌법전의 개개의 조항을 의식적으로 수정 또는 삭제하거나 새로운 조항을 추가(증보)함으로써, 헌법의 형식이나 내용에 종국적인 변경을 가하는 행위를 말한다. 헌법개정의 문제는 성문헌법에서 문제된다.

(나) 구별개념 헌법개정은 헌법에 정해진 절차에 따라 기존헌법을 개정하는 작용이라는 점에서 헌법제정권력에 의해 새로이 헌법을 제정하는 작용인 '헌법제정'과 구별되며, 헌법개정은 기본적인 동일성이 유지된다는 점에서 '헌법의 파괴'와 구별되고, 헌법개정은 그것이 의식적인 헌법변경행위라는 점에서 헌법전에는 변경이 없이 헌법규범의 의미가 암묵적으로 변하는 '헌법의 변천'과도 구별된다. 그리고 헌법개정은 조항의 종국적인 변경을 가져온다는 점에서 헌법은 그대로 두고 헌법에 위배되는 조치를 내리는 '헌법의 침해'와도 구별되며, 당해조항의 효력을 일시적으로 중단시키는 '헌법의 정지'와도 구별된다.

(2) 헌법의 개정방법

헌법의 개정방법은 대개 ① 의회의 특별다수결에 의한 개정, ② 헌법의회에 의하는 방법, ③ 국민투표에 의하는 방법, ④ 연방국가가 지분국가의 승인을 얻어 개정하는 방법 등이 있다.

(3) 헌법개정의 한계

헌법개정의 절차에 따르면 헌법의 어떠한 조항, 어떠한 내용의 개정도 할 수 있느냐, 아니면 개정할 수 없는 조항 · 내용이 있느냐가 헌법개정의 한계문제이다. 이에는 한계부정설(법실증주의자)과 한계긍정설이 있으나, 다수의 입장은 헌법개정권력은 헌법제정권력에 의해 제도화된 것이므로 헌법제정권력의 소재를 변경하거나 헌법의 동일성을 파괴하는 개정은 할 수 없다고 보며, 그 밖에 자연법상의 원리에 기한 한계 등을 인정하고 있다.

(4) 한국헌법의 개정절차

우리 헌법은 그 동안 9차에 걸친 개정을 거쳤으며, 헌법의 전면개정과 전문이 개정된 것은 제5차, 제7차, 제8차, 제9차 개헌이다. 한국헌법의 개정절차를 분설하면 다음과 같다(헌법 제128조-130조).

(가) **제 안** 헌법개정안을 제안할 수 있는 자는 국회의원(재적의원 과반수의 찬성), 대통령(국무회의 심의를 거쳐)이다. 국민이 헌법개정안을 제출할 수는 없다.

(나) **공 고** 제안된 헌법개정안은 그 내용을 국민에게 주지시키기 위하여 대통령이 20일 이상의 기간 동안 공고하도록 하고 있다.

(다) **국회의결** 국회의원이 제안한 것이든 대통령이 제안한 것이든 헌법개정안은 공고된 날로 부터 60일 이내에 국회가 의결하여야 한다. 국회의 의결은 재적의원 3분의 2 이상의 찬성을 얻어야 한다. 국회는 헌법개정안을 수정통과시킬 수 없고, 그 표결은 기명투표로 하며 공개한다.

(라) **국민투표** 국회의결을 거친 헌법개정안은 국회의결 후 30일 이내에 국민투표에 회부되고, 여기에서 국회의원선거권자 과반수의 투표와 투표권자 과반수의 찬성을 얻어야 확정된다.

(마) **공 포** 이상과 같은 절차에 따라 헌법개정이 확정되면 대통령은 즉시 이를 공포하여야 한다. 공포는 효력발생요건이다. 헌법개정의 경우 법률과 달리 대통령의 거부권은 인정되지 않으며, 법률의 경우 특별한 규정이 없으면 공포한 날로부터 20일이 경과한 후부터 효력을 갖는다고 규정하고 있으나, 헌법은 즉시 공포한다고만 되어 있다. 대개 헌법부칙에서 효력발생시기를 규정하고 있다. 헌법에 특별한 규정이 없는 경우에는 헌법의 효력발생시기에 대해서는 공포시에 효력이 발생한다는 견해와 법률과 마찬가지로 20일 경과시부터 효력을 발생한다는 견해의 대립이 있다.

Ⅳ. 헌법의 수호

1. 헌법수호(보호)의 의의

최고법규인 헌법의 규범력과 기능이 헌법의 침해나 파괴로 변질 또는 상실되지 않도록 사전에 예방하거나 사후에 교정함으로써 헌법의 영속성과 실효성을 확보하려는 제도를 헌법의 수호(보호, 보장)라 한다.

2. 헌법수호의 유형

헌법수호의 유형에 대해서는 다양한 견해가 있으나, 평상시의 보장과 비상시의 보장으로 나누어 볼 수 있다. 평상시의 보장방법도 사전적·예방적 보장과 사후적·교정적 보장으로 나누어 볼 수 있다. 전자는 헌법의 최고법규성 선언, 공무원의 선서, 권력분립주의, 공무원의 정치적 중립성 등을 규정함으로써 사전에 헌법침해를 막는 보장방법이고, 후자는 위헌법령심사제, 탄핵심판제도, 위헌정당해산제도, 헌법소원제도 등을 통하여 헌법의 침해행위가 있을 때 사후에 이를 교정하는 제도이다. 비상시의 보장수단으로는 국가긴급권(긴급명령, 계엄)과 국민이 최후의 수단으로 행사하는 저항권 등을 들수 있다.

3. 헌법의 수호자

헌법의 진정한 수호자가 누구이냐에 대해서도 논쟁이 있지만, 최후의 헌법의 수호자는 국민이라 하겠다. 국민은 선거, 국민투표, 청원, 각종의 재판청구권 등의 통상의 보장수단과, 저항권과 같은 비상의 보장수단을 가진다. 공무원은 헌법의 제1차적 수호자로서 헌법을 준수할 의무가 있다.

제 2 절 대한민국헌법 총설

Ⅰ. 헌법의 제정 및 개정사

1. 대한민국헌법의 제정(제헌헌법, 건국헌법, 원헌법)

우리나라의 헌정사는 우리나라가 일본의 식민지로부터 독립한 1945년 8월 15일 이후의 정치역사이다. 해방후 미·소양군의 남북한 진주로 군정이 실시되었다. 그후 수차에 걸쳐 한국의 통일정부수립을 위한 미소공동위원회의 회합이 있었으나, 실패로 끝나고 말았다. 결국 UN에 한국문제가 상정되어 UN감시하에 남북총선거에 의한 한국의 독립안이 결의되었으나, 소련의 반대로 좌절되어 부득이 UN소총회의 결정에 따라 1948년 5월 10일 남한만의 단독정부수립을 위한 제헌의원 선거가 있었다. 제헌의원은 곧 헌법제정작업에 들어갔다. 처음에는 통치구조면에서는 의원내각제, 양원제, 위헌법률심사권의 대법원 부여를 골자로 한 유진오 박사의 초안을 중심으로 논의가 되었으나, 이승만 박사의 반대로 대통령중심제, 국회의 양원제, 헌법위원회에서의 위헌심사제로 변경한 헌법안을 1948년 7월 12일 국회에서 통과시키고 1948년 7월 17일 국회의장이 서명·공포하였다. 이렇게 성립된 제헌헌법은 ① 대통령의 국회간선(임기 4년, 1차중임 허용), ② 국회의 단원제, ③ 헌법위원회, ④ 탄핵재판소설치, ⑤ 가예산제도, ⑥ 근로자의 이익균점권, ⑦ 통제경제적 요소, ⑧ 소급입법규정(반민족행위자처벌의 근거) 등을 주요골자로 하고 있었다.

2. 대한민국헌법의 개정사

(1) 제1차 개헌(발췌개헌)

정부측의 정·부통령직선제 개헌안과 야당측의 의원내각제 개헌안을 발췌하여 마련한 개헌안을 1952년 7월 4일 강압적 분위기에서 통과시킨 제1차 개헌은 국회에서 간선으로 재선되기가 힘들다고 판단한 이승만 대통령이 직선제로 개헌하여 재선을 하려는 의도하에서 위헌적인 행위를 동원하여 이루어진 것이다. 제1차 개헌의 골자는 ① 대통령직선제, ② 국회양원제(헌법에 양원제를 규정했으나, 참의원선거를 실시하지 않아 단원제로 운영됨. 이는 헌법변천이라 볼 수 있다. 양원제가 처음 실시된 것은 제3차 개헌 때이다), ③ 국무원의 연대책임제(국회의 국무원 불신임제) 등이다. 제1차 개헌은 ① 헌법에 정한 공고절차를 결여하였고, ② 투표의 방식을 공개기립투표로 함으로써 투표의 자유를 제한한 위헌성이 있다.

(2) 제2차 개헌(사사오입 개헌)

제2차 개헌은 대통령의 임기가 중임으로 제한되어 있던 헌법을 고쳐 이승만의 계속 재임을 기도할 목적으로 이루어졌다. ① 초대 대통령에 한하여 중임제한철폐, ② 국무총리제 폐지, ③ 군법회의의 헌법적 근거, ④ 국무원의 연대책임제폐지(개별적 책임은 존치), ⑤ 주권제한 및 영토변경에 대한 국민투표제, ⑥ 경제조항을 자유경제체제로 수정, ⑦ 헌법개정안에 대한 국민발안 인정 등을 주요골자로 한 헌법개정안은 1954년 11월 29일 민의원에서의 표결결과 재적 203명 중 135명(203의 3분의 2는 135. 3333…)이 찬성하여 부결이 선포되었다가 수학에서나 통하는 사사오입이론을 적용하여 가결로 번복 결의되었다.

제2차 개헌은 의결정족수를 무시한 위헌적이고 불법적인 개헌이었다. 정족수 계산에서 단수가 생기면 1로 보는 것은 로마법 이래의 법의 일반원칙이기 때문이다. 그 밖에 초대 대통령에 한해서 중임제한을 철폐한다는 것은 합리적 차별이라 볼 수 없는 평등원칙위반이다.

(3) 제3차 개헌(제2공화국 헌법)

제2차 사사오입개헌으로 삼선을 실현한 이승만 정부는 1960년 3월 15일 제4대 정·부통령선거에서 조직적인 선거부정으로 4·19 혁명을 야기시켰다. 4·19로 제1공화국은 막을 내리고 1960년 6월 15일 제2공화국을 출범시킨 제3차 개헌이 있었다. 제3차 개헌은 ① 고전적 의원내각제 채택, ② 대통령의 국회간선, ③ 헌법재판소 신설(5·16으로 구성은 안됨), ④ 중앙선거관리위원회의 헌법기관·독립기관화, ⑤ 지방자치제도(읍·면장선거까지), ⑥ 대법관선거제(법관선거인단), ⑥ 국회양원제(실시), ⑦ 공무원의 정치적 중립성 및 신분보장, ⑧ 기본권의 강화(개별적 법률유보 삭제, 언론의 사전허가·검열제금지조항 신설, 기본권의 본질적 내용의 침해금지규정 신설), ⑨ 정당조항의 신설, ⑩ 선거연령의 인하(만 20세), ⑪ 긴급명령권의 폐지 등을 주요골자로 하였다.

(4) 제4차 개헌(소급입법 개헌)

헌법부칙에 형벌불소급의 원칙의 예외규정을 두어 3·15부정선거 관련자와 반민주행위자의 공민권 제한(제헌헌법에서의 소급조항은 반민족행위자의 처벌), 부정축재자 처벌에 대한 특별법을 제정할 수 있도록 하였다. 우리 헌정사상 본문은 개정되지 않고 부칙만의 개정이 있었던 유일한 개헌이다.

(5) 제5차개헌(제3공화국 헌법)

5·16 군사쿠데타 이후 국가재건최고회의에 의한 통치(회의제 정부형태)가 이루어지다가 국가재건최고회의가 헌법개정안을 발의하여 1962년 12월 17일 국민투표로 확정된 제3공화국 헌법은 국민투표로 개정한 최초의 헌법이며, 최초의 전면개정인 동시에 전문의 개정이 이루어진 헌법이었다. 제5차 개헌의 주요골자는 ① 대통령직선제(비교적 순수한 대통령제), ② 부통령제 폐지, ③ 국무회의의 심의기관화, ④ 법관추천회의제도, ⑤ 헌법개정에 있어서 필수적 국민투표제 채택, ⑥ 탄핵심판위원회 설치, 법원의 위헌법률심사권, ⑦ 국무위원에 대한 해임건의제도 신설, ⑧ 정당국가화경향의 강화(공직선거의 무소속 불허, 당적이탈 및 변경시 의원직 상실), ⑨ 기본권의 강화와 체계화(인간의 존엄과 가치 신설, 양심의 자유 신설, 직업선택의 자유 신설), ⑩ 손실보상의 기준으로 정당한 보상규정 등이다.

(6) 제6차 개헌(삼선개헌)

제7대 국회에서 개헌선을 확보한 박대통령은 장기집권의 꿈을 실현시키기 위해서 3선을 허용하는 헌법개정을 불법적인 방법으로 무리하게 관철시켰다. 즉, 대통령의 3선금지규정의 완화가 개헌의 동기가 된 6차개정은 야당의원을 배제한 채 국회의사당이 아닌 곳에서 여당의원들만으로 기습적으로 이루어진 반민주적인 개헌이었다. 1969년 10월 21일 확정·공포된 제6차 개헌의 골자는 ① 대통령의 계속재임은 3기에 한함, ② 대통령에 대한 탄핵소추요건을 강화, ③ 국회의원정수 증원(250명), ④ 국회의원의 겸직규정 등이다.

(7) 제7차 개헌(유신헌법, 제4공화국 헌법)

박정권은 1972년 10월 17일 헌법에 규정이 없는 비상조치를 선언하여 국회를 해산하고, 정당의 정치활동을 중지시키는 등 헌법의 일부조항의 효력을 정지하였으며, 비상국무회의를 구성하여 여기서 헌법기능을 수행하는 등의 조치를 내렸다(이른바 10월유신). 이어 급변하는 국제정세에 능동적으로 대처하고 국력의 조직화, 능률의 극대화를 기하자는 명분으로 비상국무회의의 의결을 거쳐 개헌안을 공고하고 1972년 12월 27일 국민투표로 확정한 것이 제7차 개헌이다.

제7차개헌은 ① 대통령에게 국정조정자의 지위를 부여하여 이른바 영도적 대통령제 채택(권력의 인격화), ② 대통령과 대통령이 추천하는 국회의원 3분의 1을 선출하는 주권적 수임기구인 통일주체국민회의 설치, ③ 대통령의 초헌법적 긴급조치권 및 국회해산권을 두어 행정권의 강화, ④ 국정감사권의 폐지, 총회기제 신설, 대통령의 임시회 소집요구권 신설, 각료의 대리출석제 도입 등으로 국회권한의 약화, ⑤ 대통령의 법관임명·보직제 창설, 징계처분에 의한 법관파면 인정 등으로 사법권독립의 약화, ⑥ 개별적 법률유보조항 규정, 권리의 본질침해금지규정의 삭제, 권리의 제한기준에 국가의 안전보장을 추가하는 등 기본권의 약화, ⑦ 구속적부심사제 및 자백제한 폐지, 언론의 자유의 허가·검열금지규정 삭제 등으로 자유권의 약화, ⑧ 주권행사방법의 명시, ⑨ 대통령이 발의한 헌법개정안은 국회의결과 국민투표로 확정하고, 국회의원이 발의한 헌법개정안은 국회의결과 통일주체국민회의의 의결로 확정하도록 하여 헌법개정절차를 이원화한 점 등이 그 특징이다.

(8) 제8차 개헌(제5공화국 헌법)

1979년 10·26사태에 의해 박대통령이 시해됨으로써 제4공화국은 실질적으로 와해되었다. 최규하 대통령권한대행이 동년 12월 6일 통일주체국민회의에서 제10대 대통령으로 당선되었으나, 1979년의 12·12 군사쿠데타와 1980년 5·17조치에 의해 사실상 권력을 장악한 신군부는 '국가보위비상대책위원회'를 발족하여 정권창출의 기반을 마련하였다. 동년 8월 최규하 대통령이 사임하고 전두환 국보위 상임위원장이 통일주체국민회의에서 대통령에 당선되었고 민주주의의 토착화, 복지사회의 건설, 정의사회의 구현, 국민정신의 개조를 국정지표로 내세운 정부에 의해 그 동안 준비한 제5공화국 헌법개정안을 1980년 10월 22일 국민투표로 확정하였다.

제5공화국 헌법의 골자는 ① 대통령선거인단에서 대통령 간선(7년 단임), ② 국회의원의 의무를 강화(청렴의무, 국가이익우선의무), ③ 대법원조직에 있어서 전담부설치 및 일반법관의 대법원장 임명, 행정심판의 헌법적 근거 부여, ④ 군의 사명신설, ⑤ 지방자치의 유보(지방자치단체의 재정자립도를 감안하여 순차적으로 실시하도록 함), ⑥ 국정자문회의, 평화통일자문회의의 신설, ⑦ 개별적 법률유보조항 삭제, 구속적부심부활(법률유보 예외사항 인정), 연좌제금지, 형사피고인의 무죄추정권, 행복추구권, 환경권, 사생활보호권(Privacy권)신설, 언론·출판의 사회적 책임규정 신설, 평생교육진흥조항 신설 등으로 기본권의 강화·신설, ⑧ 복지사회건설(적정임금조항, 독과점규제, 소비자보호, 농지임대차 및 위탁경영의 예외적 인정, 국가표준제도의 확립), ⑧ 재외국민 보호조항의 신설, ⑨ 문화국가조항의 신설, ⑩ 제5공화국의 출발을 명시(헌법에 공화국을 명시한 것은 5공헌법이 처음), ⑪ 대통령의 긴급조치권을 폐지하고 비상조치권 인정 등이다.

(9) 제9차 개헌(제6공화국 헌법, 현행 헌법)

제5공화국 출범 후 2번째 국회의원선거(제12대 국회)에서 신민당이 제1야당이 되자, 동당은 대통령직선제로의 개헌을 주장하였다. 전두환 대통령도 여야합의로 개헌을 제안하면 이를 받아들이겠다는 의사를 표시하였고 여당은 의원내각제를 신민당은 대통령제를 주장하면서 여야개헌협상이 시작되었다. 그러나 1987년 4월 13일 전대통령은 88올림픽 등 촉박한 정치일정을 이유로 개헌논의 중단을 선언하였다(이른바 4·13 호헌조치). 그러자 신민당(후에 내분으로 통일민주당 및 평화민주당으로 분당)과 각계의 민주화투쟁(6·10대회, 6·26 평화대행진)이 계속되었다. 이러한 민주화투쟁은 노태우 민정당 대표위원의 대통령직선제 개헌, 기타 야당요구수용 등을 내용으로 한 6·29선언과 대통령직선제개헌 및 민주화조치를 약속하는 전대통령의 7·1담화를 얻어 내었다. 이후 8인 정치회담에서 개헌협상이 다시 본격화 되어 1987년 10월 27일 국민투표로 6공화국 헌법을 확정하였다.

제6공화국헌법(현행 헌법)은 임시정부의 법통계승, 불의에 항거한 4·19 민주이념 계승(학설은 저항권의 간접규정으로 이해함), 조국의 민주개혁, 자율과 조화를 강조하는 전문의 개정에 이어, ① 대통령의 직선제(임기 5년단임, 후보자의 국내거주요건 5년 삭제, 임기만료 70일 내지 40일전에 후임자 선출), ② 국회권한의 강화(국정감사권의 부활, 총회기제의 폐지, 임시회 집회요건을 국회의원 3분의 1 이상에서 4분의 1 이상으로 완화), ③ 비상조치권의 폐지, 긴급명령권, 긴급재정경제명령·처분의 부활, ④ 국회해산권의 폐지, ⑤ 사법권독립의 강화(대법관임명에도 국회동의 요구, 일반법관 임명의 대법관회의의 동의), ⑥ 헌법재판소의 부활, ⑦ 국민경제자문회의 신설, ⑧ 총강의 보강(재외국민보호의무화, 자유민주적 기본질서에 입각한 평화통일정책수립규정 신설, 구속의 통지 및 고지제도신설, 법률유보조항을 삭제하여 구속적부심사의 범위확대, 허가·검열금지조항의 부활, 법률이 정하는 불기소처분을 받은 경우 형사보상 인정, 범죄피해자의 국가구조제도 신설), ⑩ 사회적 기본권의 실질화(방위산업체 종사자의 단체행동권의 예외를 제외하고 단체행동권의 개별적 법률유보를 삭제하는 등 노동3권의 실질화, 최저임금제실시, 여자·노인·청소년의 보호조항 신설, 재해예방의무 신설, 쾌적한 주거생활을 위한 국가의 주택정책의무를 강조하는 등 환경권의 강화, 모성보호조항 신설) 등을 주요 골자로 하고 있다.

II. 대한민국의 구성요소와 국가형태 (제1편 제12장 국가론 참조)

III. 대한민국헌법의 기본원리

1. 헌법의 전문과 헌법의 기본원리 개관

(1) 헌법전문의 의의와 법적 성격

헌법전문은 헌법본문 앞에 있는 서문으로서 헌법전의 일부를 구성하며, 일반적으로 헌법의 성립유래, 제정의 목적, 제정자, 헌법의 지도이념 내지 지도원리 등을 규정하고 있다. 제2차 대전후의 헌법은 대부분 장단의 차이는 있으나, 전문을 두고 있는 것이 원칙이다.

헌법전문이 규범적인 효력을 갖는가에 관해서는 견해의 대립이 있다. 전문은 헌법제정의 역사적 설명을 담은 화려한 문장에 불과하다고 하여 규범적 성격을 부인하는 견해도 있지만, 헌법전문은 헌법제정권력의 소재를 명시할 뿐만 아니라, 헌법의 본질적 부분을 내포하는 헌법의 기본원리를 선언한 것으로 헌법의 근본규범의 성질을 가진다고 보는 것이 다수의 입장이다. 우리나라의 헌법전문은 헌법의 이념 내지 가치지표를 제시하고 있는 것으로서 헌법본문 및 모든 법령해석의 기준이 되며, 헌법전문이 구체적 사건에 직접 적용될 수 있는가의 문제에 대해서 이를 부정하는 견해도 있지만, 최고규범성을 인정하면서도 재판규범성을 인정하지 않는 것은 모순이다. 헌법의 본문에 특별규정이 없는 경우에는 직접적인 재판규범성을 가진다고 보는 것이 타당하다.

(2) 헌법전문의 내용

우리 헌법전문은 헌법제정과정과 개정과정에 관한 서술 외에, ① 대한민국의 건국이념, ② 국민주권주의, ③ 자유민주적 기본질서의 확립, ④ 문화민족의 이념, ⑤ 기본권의 존중, ⑥ 국제평화주의 ⑦ 정의로운 복지국가의 실현, ⑧ 한국민의 국민적 과제 등 대한민국의 국가이념은 물론 국가적 질서를 지배하는 지도이념을 규정하고 있다.

(3) 한국헌법의 기본원리 개관

헌법의 기본원리란 국가의 정치적 존재방식과 존재형태에 관하여 헌법제정권력자(국민)가 내린 근본적인 결단 내지 사회적 통합을 위한 통합질서의 근본적 가치지표 내지 원리를 의미하는 것으로서, 이는 앞에서 본 헌법전문에서 집약되어 나타나 있고, 그 밖에 총강조항, 경제조항 등에서 추출되고 있다. 헌법의 기본원리는 헌법조항을 비롯한 모든 법령의 해석기준, 입법이나 정책결정의 방향제시, 공무원을 비롯한 모든 국민·국가기관이 헌법을 수호하도록 할 지침, 헌법개정의 한계를 이루는 법적인 성격을 가지고 있다. 우리 헌법의 기본원리가 무엇이냐에 대해서는 견해가 구구하나, 대체로 ① 국민주권주의 ② 권력분립주의, ③ 자유민주주의, ④ 법치주의, ⑤ 복지(사회)국가주의, ⑥ 문화국가주의, ⑦ 사회적 시장경제주의, ⑧ 국제평화주의, ⑨ 평화통일주의 등이 주장되고 있다. 서로 중복되는 내용을 정리하면 우리 헌법의 기본원리는 대내적 기본원리로 민주주의원리, 법치주의의 원리, 복지국가(사회국가)의 원리, 문화국가의 원리로 들 수 있고 대외적 기본원리로 국제평화주의를 들 수 있을 것이다.

2. 민주주의원리

(1) 민주주의의 개념

민주주의 개념은 무척 다의적인 개념이나, 우리 헌법이 추구하는 자유민주주의는 국가권력의 창설은 물론 국가내에서 행사되는 모든 권력의 최후적 정당성이 국민의 정치적인 합의에 귀착될 수 있는 정치체제라 할 수 있다. 민주주의의 어원에서도 나타나듯이 민주주의는 국민주권주의를 가장 핵심적인 요소로 한다.

(2) 국민주권주의

(가) 개념 및 연혁 국민주권주의는 주권이 국민에게 있음을, 주권자인 국민이 최고의 결정권을 가진다는 것을 뜻한다. 우리 헌법은 제1조 2항에서 「대한민국의 주권은 국민에게 있고, 모든 권력은 국민으로부터 나온다」고 하여 국민주권주의를 선언하고 있다. 여기서 전단의 국민은 주권자인 전체국민, 주권은 헌법제정권력 내지 국가의 최고결정권을 의미하고 후단의 모든 권력은 주권에 의하여 조직화된 통치권을 의미한다. 국민주권론은 군주주권하에서의 권력행사의 절대성과 자의성에 대한 항의적·투쟁적 이데올로기로서 발전한 것으로 알투지우스(Althusius), 로크(Locke), 루소(Rousseau) 등에 의하여 주장되었고 국가권력의 정당성이 국민에게 있고, 국민의 정치적인 의사형성이 자유로운 분위기 속에서 '상향식'으로 이루어질 것이 요청되는 현대 민주국가에 있어서는 국민주권의 이념이 원칙적으로 배척당하는 일은 없다.

(나) 한국헌법상 국민주권원리의 구현 헌법상 국민주권의 구현방법으로는 간접민주제(대의제)를 원칙으로 하고 직접민주제(국민투표제)를 보완적으로 채택하고 있다. 우리 헌법은 대의제를 통한 국민주권원리를 구현하기 위해 의회주의의 채택(제3장)과 더불어 국민에 의하여 직접 선출된 국민의 대표자인 대통령과 국회의원들로 하여금 국민을 대신하여 국가적 의사와 정치적 문제들을 결정하게 하는 방식을 채택하고 있다. 현행헌법은 대의제를 원칙으로 하면서도 예외적으로 직접민주제의 방식으로서 그것을 보완하고 있다. 직접민주제의 방식으로는 국민발안, 국민소환, 국민표결(국민투표)이 있지만, 우리 헌법은 국민투표만을 인정하고 있다. 즉, 헌법개정안과 국가안위에 관한 중요정책을 국민이 국민투표로써 직접 확정하는 것이 그것이다. 그 밖에 오늘날 대중적 민주주의 국가에서는 정당제도도 국민주권의 원리를 구현하는 중요한 방식의 하나가 되고 있고, 이러한 헌법제도 외에 공무원선거권과 공무담임권을 비롯한 언론·출판·집회·결사의 자유와 청원권 등 일련의 기본권보장을 통해서 국민주권원리를 구현하고 있으며, 민주주의와 지방분권의 사상과 결부되어 있는 지방자치제도도 국민주권원리를 구현하는 데 기여하는 제도이다.

(3) 민주적 기본질서

우리 헌법은 전문에 '자유민주적 기본질서', 제1조 1항에 '민주공화국', 제4조에 '자유민주적 기본질서', 제8조 제4항에 '민주적 기본질서'라 규정하고 있는데, 이는 우리나라 헌법이 민주주의가 국가의 근본이념과 질서임을 나타내고 있는 것이다.

우리 헌법상의 민주적 기본질서가 무엇을 의미하는가에 대해서는 자유민주적 기본질서(전문)를 민주적 기본질서(제8조 제4항)와 다른 개념으로 이해하여 자유민주적 기본질서는 민주적 기본질서 중 자유민주주의의 개념과 결부된 것만을 지칭하는 것으로 파악하는 견해가 있지만, 양자는 동일한 개념으로 이해하는 것이 다수설이다. 대한민국의 국가형태를 헌법이 민주주의적인 것으로 규정하고 있는 이상 자유민주주의와 더불어 또는 나란히 사회민주주의의 내용이 되는 사회국가(복지국가)적 원리를 추구할 수 있음은 물론이지만, 전문, 통일정책조항(제4조)에서 자유민주적 기본질서를 강조하고 있는 점에 비추어 볼때 자유민주주의에 보다 중점을 두고 있다고 할 수 있다. 이 점에서 제8조 제4항의 민주적 기본질서는 자유민주적 기본질서를 의미하는 것으로 본다.

자유민주적 기본질서의 내용이 되는 기본원칙으로는 ① 국민주권원리의 선언, ② 기본적 인권의 보장, ③ 권력의 분립, ④ 정부의 책임성, ④ 사법권의 독립, ⑤ 법치주의, ⑥ 복수정당제와 정당활동의 자유, ⑦ 국제평화주의 등을 들 수 있다.

자유민주적 기본질서를 보장하기 위해서 적극적으로 이를 실현하기 위한 제도와 권리(종교, 양심, 표현의 자유 및 의회주의 등)를 보장하는 한편, 정당이나 국가권력 또는 개인에 의하여 이것이 침해되지 않도록 위헌정당해산제도, 탄핵제도, 위헌법률심사제도 등을 규정하고 있고, 각종의 법규(형법, 국가보안법)에서 이의 침해를 처벌하고 있다. 즉, 우리 헌법은 자유민주적 기본질서의 보장을 위하여 방어적 민주주의를 채택하고 있다.

3. 법치주의의 원리

(1) 법치주의의 의의와 기능

법치주의는 국가가 국민의 자유·권리를 제한한다든가 국민에게 새로운 의무를 부과할 때에는 국민의 대표자로 구성된 국회가 제정한 법률에 근거해야 하고, 또 국민 뿐만 아니라 국가권력의 담당자도 법률에 구속된다는 원칙을 의미한다. 법치주의가 법에 의한 통치를 의미한다고 할 때의 그 법은 두 가지 기능을 수행한다. 즉, 국가권력의 발동의 근거가 되며(적극적 기능), 국가권력을 제한하고 통제하는 기능(소극적 기능)을 수행한다.

(2) 법치주의의 이론적 발달

법치주의는 영국에서는 '법의 지배'(rule of law)의 원리로 발전하였는데, 군주주권의 절대성에 반대하여 보통법의 우위가 코크(Coke)에 의해 주장되었고, 명예혁명에 의하여 제도적으로 확립되었으며, 다이시(Dicey)에 의해 이론적으로 체계화되었다. 미국에서는 '적법절차'(due process of law)의 이론으로 발달하였다. 한편 독일에서는 경찰국가나 관료국가에 대립하는 개념으로 법치국가(Rechtsstaat)의 이론으로 발달되었다.

(3) 형식적 법치주의와 실질적 법치주의

초기의 법치주의 이론은 법률에 의한 행정을 강조하여 법률에 의한 행정이면 그 내용을 불문한다고까지 하였으나(형식적 법치주의), 그후 법률의 남용을 겪은 후에는 법률의 내용이 정당한 것이어야 하고, 국민의 생존권을 보장할 수 있는 것이어야 한다고 하게 되었다(실질적 법치주의). 형식적 법치주의는 법치주의의 두 요소인 합법성과 정당성 중에서 국가권력행사의 형식적 합법성만을 강조하고 실질적인 내용의 정당성을 고려치 않아 독일 등 파쇼체제하에서 '권력의 합법화' 수단으로 이용된 바 있다. 그리하여 현대의 법치주의는 형식적 합법성뿐만 아니라 실질적 정당성을 중시하는 실질적 법치주의를 지향하지 않을 수 없다.

(4) 우리 헌법에 있어서 법치주의의 구현

법치주의는 법률의 우위, 법률에 의한 행정, 법률에 의한 재판을 그 내용으로 하나, 우리 헌법은 구체적으로 ① 성문헌법주의, ② 기본적 인권의 보장, ③ 적법절차의 보장, ④ 권력분립, ⑤ 사법권의 독립, ⑥ 위헌법률심사제, ⑦ 포괄적 위임입법금지, ⑦ 행정행위의 합법성심사제도 등을 인정하여 이를 구현하고 있다. 한편 법률에 의하지 않고도 권리의 제한이나 의무를 부과할 수 있는 법치주의의 예외로서 대통령의 긴급명령권 및 긴급재정경제명령·처분권(제76조)과 계엄선포권(제77조)을 인정하고 있다.

4. 사회국가(복지국가)원리

(1) 사회국가(복지국가)의 개념과 헌법상 구현

(가) 사회국가(복지국가)의 개념 독일에서는 사회국가와 복지국가를 개

념상 구별하는 경향이 있지만, 우리나라에서는 통상 사회복지주의라는 말에서도 볼 수 있는 바와 같이 사회국가와 복지국가를 같은 의미로 사용하고 있다. 사회국가(복지국가)란 극단의 개인주의 · 자유방임주의로부터 나오는 폐해를 지양하고 모든 국민의 공공복리를 증진함을 그 주요기능으로 하는 국가이다. 즉, 모든 국민에게 그 생활의 기본적 수요를 충족시키고 건강하고 문화적인 최저한도의 생활을 할 수 있게 하는 것을 목표로 하는 국가이다. 역사적으로는 1919년 바이마르헌법이 최초로 복지국가의 이념을 천명한 성문헌법이다.

(나) 우리 헌법에 있어서 복지국가원리의 구현 우리 헌법은 전문에서 사회적 폐습과 불의의 타파, 기회균등과 국민생활의 향상을 선언하고 있으며, 제10조에서는 인간으로서의 존엄과 가치 및 행복을 추구할 권리를 규정하고 있다. 그리고 제31조에서 제36조에 이르기까지 일련의 생존권적 기본권을 규정하고 있고(교육을 받을 권리, 근로의 권리 및 노동3권, 인간다운 생활과 사회보장을 받을 권리, 환경권, 보건권 등), 제9장 경제에서는 사회적 시장경제질서를 규정하고 있다. 그 밖에도 재산권행사의 공공복리적합의무(제23조) 등을 규정하고 있다.

(2) 사회적 시장경제질서

(가) 경제헌법과 경제질서의 유형 한 국가의 경제질서를 헌법에 편입시켜 규범화한 규정을 경제헌법이라고 부른다. 18～9세기의 자유방임적 자본주의시대에는 헌법에 따로이 경제조항을 두지 않았다. 즉, 경제생활은 사인에 맡기고 국가가 간섭하지 않는다는 정신의 표현이라고 할 수 있다. 그러나 자본주의가 발달하면서 또한 그 모순이 노정(露呈)되기 시작하였다. 따라서 자본주의의 수정 · 보완을 위하여 헌법상 경제질서에 관한 규정이 나타났다. 이러한 경향을 최초로 성문화한 것이 바로 1919년의 바이마르헌법이다.

경제질서는 자유시장경제질서, 사회주의적 계획경제질서, 사회적 시장경제질서의 3유형으로 분류할 수 있다. 자유시장경제질서란 18～9세기의 개인주의 · 자유주의를 배경으로 해서 경제로부터 국가의 중립성을 보장하는 경제질서를 의미한다. 즉, 사적자치와 개인의 경제적 자유를 최대한 보장하며, 국가의 관여는 최소한의 질서유지에 국한된 경제질서이다. 사회주의적 계획경제질서란 자본주의적 경제질서에 대한 전면적 부정으로부터 출발하고 있으며, 생산수단의 사회화와 중앙집권적 계획경제에 따라 경제적 과정에 대한 국가의 전면적인 통제가 이루어진다. 사회적 시장경제질서란 사유재산제의 보장과 자유경쟁을 기본원리로 하는 자유시장경제질서를 근간으로 하되, 복지와 정의실현을 위하여 사회주의적 계획경제 · 통제경제를 가미한 경제질서이다. 이는 사회국가(복지국가)라고 하는 국가적 성격에 대응하는 경제질서이다.

(나) 우리 헌법의 경제질서 우리 헌법은 개인과 기업의 경제상의 자유와 창의를 존중함을 기본으로 하고(제119조 제1항), 균형있는 국민경제의 성장과 안정, 적정한 소득분배의 유지, 시장의 지배와 경제력 남용의 방지, 경제주체간의 조화를 통한 경제민주화를 위하여 경제에 대해 국가의 규제와 조정을 인정하고 있는 등(제119조 제2항) 사회적 시장경제질서를 채택하고 있다. 경제질서에 관한 구체적 내용에 대하여 헌법의 경제조항에서는 중요 천연자원의 원칙적 국공유화, 국토와 농지정책, 농어촌보호를 위한 국가의 농어촌종합개발계획의 수립, 소비자보호, 사영기업의 원칙적 국공유화금지, 국가표준제도, 대외무역의 규제 등을 규정하고 있다(제120조 이하 참조).

5. 문화국가의 원리

(1) 문화국가의 개념

문화국가의 개념도 다의적으로 사용될 수 있으나, 문화와 국가의 관계고찰을 통하여 "문화의 자율성보장을 핵심으로 하면서 건전한 문화육성에 책임과 의무를 다하는 국가"라고 정의할 수 있다. 여기서 문화의 자율성을 존중한다는 것이 국가의 문화에 대한 절대적인 문화불간섭정책을 의미하지는 않으며, 문화영역에도 부담해야할 사회적 책임이 있다. 문화적 자율성을 보장한다는 것이 무제한의 방종 내지 제멋대로의 자유를 보장한다는 것은 아니기 때문이다. 국가는 문화영역의 사회적 책임을 벗어난 현상에 대해서는 적절한 조치를 취할 의무를 부담한다. 그러나 이러한 조치도 '문화자체'의 조성이 아니라 모든 국민이 문화생활에 동참할 수 있는 '문화풍토'의 조성이라는 관점에서 행해져야 한다. 한편 문화국가는 모든 사람의 문화적 향유권을 적극적으로 보장하기 위해서 시설의 확충, 문화예술인에 대한 지원, 민족문화 및 전통문화의 육성 및 조장 등 다양한 영역에서 적극적인 육성 및 진흥을 하여야 한다. 그러나 이러한 국가의 노력도 '간섭이 아닌 지원의 방식'으로 행해져야 한다. 아무튼 현대에 있어서 문화국가는 '문화의 자율성'과 국가의 '문화고권'의 문제가 어떻게 잘 조화되느냐가 관건이라고 할 수 있다.

(2) 우리 헌법상 문화국가원리의 구현

우리 헌법은 전문에서 "유구한 역사와 전통에 빛나는 우리 대한국민은…문화의 모든 영역에 있어서 각인의 기회를 균등히"할 것을 선언하고 있으며, 제9조는 "국가는 전통문화의 계승발전과 민족문화의 창달에 노력하여야 한다"는 소위 문화국가조항을 두고 있다. 본 규정은 문화국가원리의 선언이라는 일반적인 의의 외에, 특히 우리나라에서는 저질 외래문화의 영향으로 인한 우리 문화의 동질성 파괴에 대한 위기의식에서 민족이 동질성을 느낄 수 있는 문화를 북돋우고 그 문화를 미래에 이어 준다는 면과 분단상황에서 문화의 이질화현상이 심화되고 있는 상황에서 통일문화형성에 대한 국가의 노력을 강조한 규정으로서 의의가 크다고 본다. 이는 민족문화의 창달에 노력할 대통령의 책무규정(제69조)을 통해서 다시 강조되고 있다. 그리고 우리 헌법은 학문(제22조), 예술(제22조), 교육(제31조), 종교(제20조), 지적소유권(제22조 제2항) 등의 소위 문화적 기본권규정과 그 밖에 인간다운 생활을 할 권리(제34조), 환경권(제35조), 혼인·가족제도 등을 통하여 문화국가 및 문화민족의 이념을 구현하고 있다.

6. 국제평화주의

(1) 대외정책의 기본원리로서의 국제평화주의

우리들의 안전과 행복을 위해서는 국제사회의 평화와 정의가 유지되지 않으면 안된다. 제1·2차대전 후의 현대 헌법은 평화파괴행위의 처벌, 평화주의자의 보호, 국제분쟁의 평화적 해결, 국제법의 존중 등 국제평화의 원칙을 존중하고 준수하려는 경향을 나타내고 있다. 우리 헌법도 국제평화주의를 국제질서에 관한 헌법의 원칙으로 선언하고 있다.

(2) 우리 헌법에 있어서의 국제평화주의의 구현

(가) 침략전쟁의 부인 일본헌법과 같이 교전권 자체를 부정하는 헌법도 있지만, 우리 헌법은 침략적 전쟁만을 금지하고 있다. 침략적 전쟁이란 자위전쟁에 반대되는 것으로 영토의 확장이나 채권의 확보 등의 국가목적을 위한 전쟁을 말한다. 비록 전쟁은 아니더라도 실질적으로 전쟁이라고 볼 수 있는 대외적 군사행동도 금지된다. 침략전쟁만 금지할 뿐이지 적의 불법적인 공격에 대하여 국민의 안전과 국가와 헌법의 계속성을 보장하기 위한 자위전쟁을 부인하는 것은 아니다.

(나) **평화적 통일의 지향** 헌법에서 천명하고 있는 평화주의는 원칙적으로 국제문제에 대한 원칙이나, 분단국인 한반도에 관한 문제에도 적용된다. 우리 헌법은 헌법전문과 제66조 제3항, 제69조 등에서 조국의 평화적 통일을 국가적 과제로 천명하면서 그 방법을 평화적인 수단에 의할 것을 규정하고 있다. 특히 현행 헌법에서는 통일정책에 관한 규정을 신설하여 자유민주적 기본질서에 입각한 평화통일정책을 수립하고 추진할 의무를 국가에게 부여하여 통일의지를 강화시키고 있다(제4조).

평화통일정책조항의 신설로 종래 영토조항을 둘러싼 경직된 사고(북한지역의 미수복지구논리, 반국가단체논리 등)는 수정될 필요성이 강해졌다.

(다) 국제법존중주의

① 헌법 규정 우리 헌법은 제6조 제1항에서 「헌법에 의하여 체결·공포된 조약과 일반적으로 승인된 국제법규는 국내법과 동일한 효력을 가진다」고 규정하여 국제법을 국내법에 수용하고 이를 존중하는 입장을 밝히고 있다. 여기서 헌법에 의하여 체결·공포된 조약이란 명칭 여하를 불문하고 우리나라가 당사자로서 외국과 체결한 합의를 총칭하며, 일반적으로 승인된 국제법규는 국제사회의 일반적·보편적 규범으로서 세계 대다수 국가가 승인하고 있는 법규범으로서 우리나라가 가입하지는 않았지만 세계 다수국가들에 의하여 승인된 조약이나 국제관습법을 포함한다. 일반적으로 승인된 국제법규의 예로는 Genocide 금지조약, 조약준수의 원칙, 외교관의 법적 지위에 관한 원칙 등을 들 수 있다.

② 국내법과 국제법의 관계 국제법과 국내법의 관계에 대해서는 일원론과 이원론이 대립하고 있으나, 양자가 별개의 법질서로서 상호 무관계하다는 이원론보다는 양자가 하나의 통일질서를 형성한다는 일원론이 타당하다고 본다. 일원론 중에도 국제법우위론과 국내법우위론이 있는데, 후자가 다수설이라고 할 수 있다.

③ 국내법과 국제법의 효력관계 우리 헌법의 태도는 국제법과 국내법이 동일한 효력을 가진다고 하나, 국내법도 그것이 헌법·법률·명령·규칙 등으로 구성되어 있는 점에 비추어, 양자가 구체적으로 어떤 관계에 있는지는 명확하지가 않다.

해석상 헌법에 의하여 체결된 조약의 경우는 헌법보다는 하위라고 보는 것이 지배적이며(헌법우위설), 헌법 제60조 제1항에 열거된 조약(국회동의를 요하는 조약)은 법률과 동일한 효력을 가지는 것으로 보고, 기타의 조약(행정협정 등과 같이 조약의 기본세칙을 정하는 조약)은 국회의 동의를 요하지 않으므로 대통령령과 같은 효력을 가지는 것으로 보고 있다.

일반적으로 승인된 국제법규는 특별한 국내법적 절차를 거칠 필요가 없이 국내법과 같은 효력을 가진다. 일반적으로 승인된 국제법규의 국내법적 효력을 헌법보다는 하위에 있지만, 법률과 그 형식적 효력이 동일하다고 보아 상호 충돌할 경우에는 '신법우선의 원칙', '특별법우선의 원칙'에 의해 해결해야 한다는 견해와 헌법률과 같은 효력이 있는 것도 있고, 법률의 효력을 가진 것도 있으며, 법률하위의 효력을 가진 것(만국우편협정)도 있다는 견해가 있다.

(라) 외국인의 법적 지위보장　우리 헌법은 제6조 제2항에서 「외국인에 대해서는 국제법과 조약에 정한 바에 의하여 그 지위를 보장한다」고 규정하고 있다. 외국인의 보호에 관한 입법례는 상호주의와 평등주의가 있으나, 우리 헌법은 상호주의를 기본원칙으로 하고 있다. 외국인에 대해서는 국제관습법상 국내체류에 허가를 받도록 하고 있으며, 공민권이 인정되지 않고, 토지소유권 등이 제한되고 있다. 그러나 외국인도 인간으로서의 존엄과 가치를 가지며 재판청구권과 평등권, 전국가적 자연권 등은 원칙적으로 향유한다.

Ⅳ. 대한민국헌법의 기본제도

1. 정당제도

보통선거 등의 실시로 대중민주주의가 실현된 오늘날에는 종전의 명망가적인 대의적·의회주의적 민주주의가 대중적·정당적 민주주의로 변화되어 가고 있다. 이러한 대중민주주의 국가에서 국민의 정치적 의사를 형성하게 하기 위한 항구적 조직이 필요하게 되는데, 이것이 정당이다. 이와 같이 정당은 오늘날 민주정치의 본질적 징표로 간주된다.

(1) 정당의 개념

정당법 제2조는 정당을 「국민의 이익을 위하여 책임있는 정치적 주장이나 정책을 추진하고, 공직선거의 후보자를 추천 또는 지지함으로써 국민의 정치적 의사형성에 참여함을 목적으로 하는 국민의 자발적 조직」으로 정의하고 있다.

(2) 정당의 헌법상 지위

정당의 헌법상 지위에 대해서는 헌법기관설, 중개적 권력설, 사법적 결사설로 학설이 대립하나, 정당이 선거·국회운영·행정부의 조직 및 정책결정 등 광범위한 국정분야에서 현실적으로 수행하고 있는 정치적 역할에 비추어 볼 때, 국민의 의사와 국가의 의사를 중개하는 중개체로서의 지위를 갖는 것이라 본다(중개적 권력설, 제도보장설). 그리고 정당의 법적 형태는 당원들에 의하여 자발적으로 구성되는 단체로서, 민법상의 법인격 없는 사단이라고 보는 것이 통설이다.

(3) 현행헌법상의 정당조항

(가) 정당설립의 자유와 복수정당제의 보장 헌법 제8조 제1항은 「정당의 설립은 자유이며 복수정당제는 보장된다」고 규정하고 있다. 따라서 정당의 설립이 사전에 국가권력에 의해 제한받는 것은 위헌이며 다원적 사회의 필연적 결실로서 복수정당제가 보장되는 것이다.

(나) 정당의 권능과 의무 정당은 국민의 이익을 위하여 책임있는 정치적 주장이나 정책을 추진하고, 공직선거에 후보자를 추천·지지함으로써 국민의 정치적 의사형성에 참여하는 권능을 가지며(능동적 지위), 한편 정당은 자유민주적 기본질서 존중의무(제8조 제4항)와 목적·조직과 활동의 민주화의무(제8조 제2항), 재원의 공개의무(정치자금에 관한 법률 제2조 제2항) 등을 진다(소극적 지위).

(다) 정당의 보호 헌법 제8조 제3항은 「정당은 법률이 정하는 바에 의하여 국가의 보호를 받으며, 국가는 법률이 정하는 바에 의하여 정당운영에 필요한 자금을 보조할 수 있다」고 규정하고 있다(적극적 지위). 이에 따라서 정치자금법 제27조는 국고보조금의 배분에 관하여 규정하고 있다. 국고보조금의 배분은 동일정당의 의원으로 교섭단체를 구성한 정당에 대하여 100분의 50을 정당별로 균등분배하고, 교섭단체를 구성하지 못한 정당으로서 5석 이상의 의석을 얻은 정당에 100분의 5를 균등분배하고, 의석이 없거나 5석 미만인 정당에 대해서는 일정한 요건을 갖춘 경우 100분의 2를 지급한다. 잔여분중 100분의 50은 의석비율로 배분하고 나머지는 득표율로 배분한다.

(라) 정당의 해산 정당의 목적이나 활동이 민주적 기본질서에 위배될 때에는 정부는 헌법재판소에 그 해산을 제소할 수 있고, 정당은 헌법재판소에서 재판관 6인 이상의 찬성으로 결정, 해산된다(헌법 제8조 제4항, 제113조). 이는 "민주주의의 적

에게는 자유가 없다"는 방어적 민주주의의 이념을 선언한 것인 동시에, 정당은 오로지 헌법재판소에 의해서만 강제해산될 수 있도록 한 것은 다른 결사에 비하여 정당의 존속의 특권을 보장하고 있는 것이다. 이 외에 정당은 법에 정한 정당의 조직기준에 미달하거나 정당으로서의 의무를 이행하지 않을 때 선거관리위원회의 등록취소에 의하여 해산되거나(정당법 제44조), 정당의 대의기구의 결의로서 자진해산할 수 있다(동법 제45조).

2. 선거제도

대의제도에 바탕을 둔 통치구조내에서 선거제도는 필수불가결한 조직원리를 의미한다. 대의제도는 선거를 통해서만 실현될 수 있는 통치기관의 구성원리로서 선거제도 없는 대의제도는 상상할 수 없기 때문이다.

(1) 선거의 의의와 기능

선거는 다수의 선거인에 의한 공무원선임행위를 말하며, 대표민주제에 의하여 국민주권을 실현하는 기능을 한다. 즉, 선거제도는 국민의 참정권을 실현시킴으로써 국가권력의 창설과 국가내에서 행사되는 모든 권력의 최후적 정당성을 국민의 정치적인 공감대에 귀착시키게 하는 통치기구의 조직원리라는 점에서 국민의 참정권과 불가분의 관계에 있다.

(2) 선거의 제원칙

오늘날 선거의 기본원칙은 보통・평등・직접・비밀・자유선거이다. 현행헌법도 국민의 보통・평등・직접・비밀선거를 선거의 기본원칙으로 규정하고 있다(제41조 제1항, 제67조 제1항). 보통선거란 제한선거에 대비되는 것으로 재력이나 납세액 또는 그 밖의 사회적 신분・인종・성별・교육 등을 요건으로 하지 아니하고, 일정한 연령에 달한 모든 국민에게 원칙적으로 선거권을 인정하는 제도를 말한다. 그러나 합리적 이유가 있는 제한이면 허용될 수 있다(금치산자, 선거사범). 평등선거란 차등선거에 대비되는 개념으로 1인1표주의를 원칙으로 하고, 모든 선거인의 투표가치를 평등한 것이 되게 하는 제도이다. 직접선거는 간접선거에 대비되는 제도로 일반선거인이 중간선거인을 거치지 않고 대표자를 직접 선출하는 제도이다. 비밀선거란 공개선거에 대비되는 제도로서 선거인이 누구에게 투표하였는가를 제3자가 알지 못하게 하는 제도이다. 자유선거란 강제선거에 대비되는 제도로서 투표여부를 자기의 자유로운 선택에 맡기는 제도이다. 즉, 정당한 이유없이 기권하는 자에 대하여 일정한 제재를 가함으로써 선거권의 행사를 의무화해서는 안된다는 것이다.

(3) 대표제

대표제는 특정선거구에서 대표자가 선출되는 방식을 정하는 것인데, 일반적으로 다수대표제, 소수대표제, 비례대표제, 직능대표제 등을 들 수 있다.

다수대표제는 일정한 선거구의 투표자들 다수의 지지를 얻은 대표자만이 선출될 수 있게 하는 방법을 말한다. 이에는 일정한 득표수 이상(예 : 과반수)을 득표할 것을 요구하는 절대적 다수대표제와 상대적 다수대표를 요구하는 상대적 다수대표제가 있다. 이는 다수당에게 유리하며 소선거구제와 결합한다. 소수대표제는 대표자의 선출이 그 선거구 투표자들 소수의 지지로도 가능하게 하는 제도이다. 즉, 소수정당도 대표자를 낼 수 있도록 하기 위한 제도이다. 그러나 소수당에게 어느 정도의 대표를 보장하는가에 대해서는 일정한 기준이 없고 소수대표를 위한 방법으로는 누적투표법, 제한연기투표법, 순서체감법, 대선거구단기비양식투표법 등 여러가지가 있다. 소수대표제는 대선구제와 결합한다. 비례대표제는 소수나 다수를 불문하고 선거의 결과 나타난 득표수에 비례하여 대표자를 선출하게 하는 것으로 수학적인 선거법이라고도 말해진다. 비례대표제의 방식에 대해서는 여러 종류가 있으나, 현대적인 비례대표제는 대부분 명부식 비례대표제를 채택하고 있다. 즉, 국민은 합동명부에 대하여 투표하고, 여기에 투표되어진 표수를 당선기수(quota)방식이나 제수방식(除數方式, d'hondt)에 의하여 당선자를 결정한다. 직능대표제는 지역대표제에 반대되는 것으로, 선거인을 각 직업 또는 직역(職域) 또는 직종으로 나누고 그 직역을 단위로 하여 대표를 선출하는 방식이다.

(4) 선거구제도

선거구란 의회의원 등 대표자를 선출하는 지역을 말한다. 선거구는 Gerrymandering의 방지를 위하여 선거구법정주의를 채택하고 있다. 소선거구는 의원정수가 1인인 선거구를 말하며, 대선거구는 한 선거구에서 2인 이상을 선거하는 선거구를 말한다. 관례적으로 대선거구제를 한 선거구에서 2인 내지 5인을 선출하는 경우를 중선거구제라 하고, 그 이상을 선출하는 것을 대선거구제라 한다.

(5) 우리나라의 선거제도

우리나라는 공직선거법에서 각종 선거에 대해서 규정하고 있다. 국회의원선거는 지역구와 비례대표로 나누고 있는데, 지역구는 소선거구, 상대적 다수대표제로 선출한다. 비례대표는 명부식 비례대표제를 채택하고 있는데, 비례대표 국회의원의 의석배분은 비례대표 국회의원선거에서 유효투표총수의 100분의 3 이상을 득표하였거나 지역구 국회의원총선거에서 5석 이상의 의석을 차지한 각 정당에 대하여 당해 의석할당정당이 비례대표 국회의원선거에서 얻은 득표율에 따라 비례대표 국회의원의석을 배분하도록 하고 있다. 대통령선거는 상대적 다수대표제에 의해서 선출된다. 다만 대통령 후보자가 1인인 경우에는 무투표당선은 인정되지 않고 선거권자 총수의 3분의 1 이상의 득표수를 얻어야 한다. 그리고 최고득표자가 2인 이상인 때에는 국회재적 과반수의원이 출석한 공개회의에서 다수표를 얻은 자가 당선된다. 자치단체장 후보가 1인인 경우 투표자 총수의 3분의 1 이상 득표해야 하며, 국회의원과 지방의회의원은 무투표당선이 인정된다. 국회의원, 지방의회의원, 자치단체장의 경우 최고득표자가 2인 이상인 경우 연장자를 당선인으로 결정한다.

3. 공무원제도

통치기능은 현실적으로 공직자에 의해서 행해지기 때문에 공무원의 효율적인 공직수행을 뒷받침해 주는 합리적인 공무원제도를 마련하는 일은 현대국가에 있어서 매우 중요한 의미를 가지게 된다.

(1) 공무원의 의의와 범위

일반적으로 공무원은 국가 및 공공기관에서 공무를 담당하는 자라고 정의할 수 있지만, 헌법상 공무원의 개념과 범위는 그것을 규정하고 있는 조항에 따라 동일하지 않다. 공무원은 국가공무원과 지방공무원으로 분류되기도 하며 경력직 공무원과 특수경력직 공무원으로 분류되기도 한다(국가공무원법, 지방공무원법).

(2) 공무원의 헌법상의 지위

헌법 제7조 제1항은 「공무원은 국민전체에 대한 봉사자이며, 국민에 대하여 책임을 진다」고 규정하고 있다. 국민에게 봉사하고 책임을 지는 공무원은 국가·지방공무원뿐만 아니라, 공무원신분 없이 공무를 위탁받아 이에 종사하는 모든 자를 포함하는 최광의의 공무원을 지칭한다. 공무원은 국민 전체에 대한 봉사자로서 일정당, 일계급을 위해서 활동해서는 안된다. 공무원의 국민에 대한 책임은 국민 개개인에게 법적·구체적 책임을 지는 것이 아니라, 정치적·도의적 책임을 지는 것으로 보는 것이 다수설이다. 책임을 구현하는 방법으로는 선거, 탄핵, 해임건의, 국가배상, 청원권행사 등이 있다.

(3) 공무원의 신분보장과 기본권 제한

과거 정실주의·엽관주의를 배제하기 위하여 공무원의 신분과 정치적 중립성을 보장하는 직업공무원제도가 인정되고 있다. 직업공무원제도는 이를 통하여 정권교체에 관계없이 공무원의 신분을 보장하고 행정의 능률성과 전문성을 보장하는 데 목적이 있다. 직업공무원제도의 보장을 받는 공무원은 일반직, 특정직, 기능직 등 경력직 공무원이며, 정치적 공무원(국무위원, 장·차관)은 제외된다. 공무원에게는 일정한 권리를 보장하는 동시에 의무도 부여하고 있다. 그러나 공무원은 정치적 중립성에 의하여 정치활동이 금지되며(정무직 공무원은 제외), 법정 근로자에 한하여 근로3권이 인정되는 등 기본권이 제한되고 있다. 그 밖에 특별권력의 목적달성을 위하여 일정한 합리적 범위에서 기본권의 일부 제한이 있을 수 있다.

4. 지방자치제도

(1) 지방자치의 개념과 기능

지방자치는 일정한 지역을 기반으로 하는 지방자차단체가 지방적 이해에 관한 행정을 자기의 책임하에서 자기의 기관으로 처리하는 것을 말한다. 지방자치에는 주민자치와 단체자치의 두 관념이 존재한다. 주민자치는 영국에서 발달한 자치인데, 민주주의의 원리에 따라 지방적인 국가행정사무를 지방주민으로 하여금 담당시키는 제도로서 발달된 것인 반면(정치적 의미의 지방자치), 단체자치는 대륙법계, 즉 독일·프랑스 등에서 발달한 것으로서 국가 안에 일정한 지역을 토대로 하는 독립의 단체가 존재하는 것을 전제로 하여 그 단체의 의사와 기관으로서 그 단체의 사무를 처리하는 것이다(법률적 의미의 지방자치). 오늘날 지방자치는 민주정치의 교실로 간주되고 있으며, 풀뿌리 민주정치라고도 말해진다.

(2) 한국 헌법상의 지방자치

우리나라에서는 지방자치에 관한 헌법규정은 계속 존재했으나, 여러가지 이유로 실시하지 못하였거나 아예 연기하는 규정을 두었다. 제6공화국 헌법에서는 법률유보조항을 삭제하여 지방자치의 실시를 기정 사실화 하였다. 그 뒤 우여곡절이 있었으나 지금은 지방의회선거는 물론 지방자치단체장 선거도 모두 치러져 본격적인 지방화시대를 맞이 하게 되었다.

우리 헌법은 지방자치단체는 주민의 복리에 관한 사무를 처리하고 재산을 관리하며 법령의 범위 안에서 자치에 관한 규정을 제정할 수 있다고 하여(제117조 제1항), 지방자치단체의 자치권을 규정하고 있으며, 지방자치단체의 종류는 법률로 정하도록 하고 있다(제117조 제2항). 지방자치법은 특별시·광역시·도의 광역자치단체와 시·군·구의 기초자치단체로 나누고 있다. 그리고 지방자치단체는 의결기관으로서의 지방의회와 집행기관으로서의 자치단체의 장을 둔다. 지방자치에 관한 일반법으로는 지방자치법이 있고, 지방선거에 관해서는 공직선거법에서 규정하고 있다.

제 3 절 기 본 권

Ⅰ. 기본권 총론(일반이론)

1. 기본권보장의 역사

인권 또는 인간의 권리란 인간이기 때문에 당연히 갖는 권리를 말하며, 기본권은 헌법이 보장하는 국민의 기본적 인권으로서 생래적인 자연권인 인권 외에 국가내적인 권리(참정권, 생존권 등)도 포함되어 있다. 이 점에서 양자는 반드시 일치하는 개념은 아니지만, 기본권은 인권사상을 바탕으로 하여 인권을 실현시키려고 하는 것이므로 통상 양자가 동일하게 사용되기도 한다. 인권사상은 고대 그리스철학을 비롯해서 로마의 스토아학파, 중세의 기독교사상·자연법이론·도덕철학·인성론 등이 복합적으로 작용해서 결실을 맺은 하나의 복합적인 사상적 열매이나, 르네상스와 계몽주의시대를 거치면서 인간의 이성과 자연법을 강조하는 자유주의 인권사상이 신학적 인권사상을 약화시키면서 인권사상은 비로소 제자리를 찾기 시작하였다. 즉, 그로티우스(Grotius)와 로크(Locke)에 의해서 대표되는 자연법이론이 근대적인 인권사상의 성립에 공헌한 점은 부인할 수 없다.

영국에서의 인권의 발전은 1215년의 대헌장(Magna Carta), 1628년의 권리청원(Petition of Right), 1647년의 국민(인민)협정(Agreements of People), 1628년의 권리청원(Petition of Right), 1689년의 권리장전(Bill of Rights) 등의 일련의 문서들을 통하여 왕과의 타협과 투쟁을 통해서 등족의 권익을 보호하면서 발전하여 왔다(고전적 기본권, 등족적 기본권). 근대적 기본권보장의 역사는 미국과 프랑스에서 시작된다. 미국의 경우는 세계최초의 성문헌법전이라 할 수 있는 버어지니아 권리장전(1776)에서 생명과 자유를 누릴 권리, 재산소유와 행복추구 및 저항권을 규정하였고, 이는 독립선언(1776)에서 이어졌으며, 1787년의 미국의 연방헌법에서는 국민의 기본적 인권은 당연한 것이라 하여 규정하지 않았으나, 1791년의 수정헌법에서 10개조의 인권조항을 추가하였다. 프랑스의 경우는 1789년 프랑스 대혁명으로 구제도를 타파하고 동년의 프랑스 인권선언(인간과 시민의 권리선언)에서 인간의 불가침·불가양의 신성한 자연권에 기초한 제권리를 선언하였다. 특히 인권선언 제16조는 "인권보장과 권력분립이 확립되지 않은 나라는 헌법을 가졌다고 할 수 없다"고 규정하여 근대 입헌주의적 의미의 헌법의 특징을 단적으로 나타내 주고 있다.

기본권보장의 현대적 특성은 종전의 자유권보장 중심에서 사회적 약자의 인간다운 생활보장을 위한 생존권적 기본권(사회적 기본권)이 1919년 바이마르 헌법에서 규정된 이래 그 보장이 강조되고 있으며(인권선언의 사회화), 2차대전 당시의 나치즘, 파시즘, 군국주의의 인권유린에 대한 반성에서 인권의 자연권성이 강조되고 있고(자연법사상의 부활), ① 세계인권선언, ② 유럽인권규약, ③ 국제인권규약, ④ 인권에 관한 남미조약 등과 같이 인권에 대한 국제적 관심이 증가하고 있다(인권의 국제화).

2. 기본권의 성격과 제도보장

(1) 기본권의 성격

(가) 주관적 공권성 기본권은 시민이나 국민 각자가 스스로를 위하여 국가에 대한 부작위나 작위를 요청할 수 있는 개인의 권리라는 점에서 주관적 공권성을 가진다고 보는 것이 다수의 견해이지만, 켈젠(Kelsen)과 같이 자유권의 주관적 공권성을 부정하고 법률이 강제하고 있지 않은 까닭에 그 범위내에서

반사적 효과로서 누리는 반사적 이익으로 파악하는 견해도 있다.

(나) **자연권성** 　기본권에 대하여 헌법에서 비로소 인정된 실정권(헌법선존설)이라는 견해도 있지만, 기본권은 헌법의 규정 여하를 불문하고 인간의 권리로서 존재하는 것이며, 헌법의 기본권규정은 그 이전의 자연권을 선언한 것이라는 견해(권리선존설, 자연권설)가 타당하다. 우리 헌법 제10조의 "…의 불가침의 기본적 인권을 확인하고…"라는 표현은 기본권의 자연권성을 보여주고 있는 것이라 해석된다.

(다) **기본권의 이중성**(양면성) 　기본권의 이중성이란 기본권은 주관적 공권인 동시에 객관적 가치질서로서의 성격을 가진다는 것이다. 여기서 객관적 가치질서란 기본권은 모든 국법질서의 구성요소로서 모든 국법질서에 있어서 기본권을 침해해서는 안된다는 법원칙을 의미한다. 예를 들어 법앞의 평등이나 언론의 자유는 개인이 국가에 대하여 평등한 대우를 요구하며, 자유로이 의견을 발표할 수 있는 주관적 권리인 동시에 국가권력에 의한 자의적 불평등처우의 금지나 민주국가적 법질서의 내용을 규정하는 자유로운 여론형성과 여론존중의 원칙을 객관적으로 확인함으로써 민주주의의 원리를 유지·발전시키는 가치질서로서의 의미를 가진다는 것이다.

(2) **기본권과 제도보장**

제도보장(제도적 보장)이란 역사적, 전통적으로 형성된 일정한 기존의 객관적 제도 즉, 국가의 존립의 기초가 되는 일정한 법적, 사회적, 정치적, 경제적, 문화적인 제도 그 자체에 착안하여 그 제도의 본질적이고 핵심적인 요소를 특히 입법권의 침해로부터 객관적으로 보장하고 유지하기 위한 특정제도의 헌법적 보장을 말한다. Wolff 등에 의하여 시창(始唱)되었으며, C. Schmitt에 의해서 체계화되었다. 권리가 아닌 제도보장도 그 궁극적인 목적은 기본권보장을 강화함에 있다. 기본권은 전국가적으로 보아 최대한의 보장이고, 소권(訴權)이 있는 개인의 권리인 반면, 제도보장은 객관적으로 제도를 헌법에 보장함으로써 당해제도의 핵심을 보장하는 것으로 국가내적이고, 제도의 핵심인 본질의 침해만을 금지한다는 점에서 최소한의 보장이라 불리며, 소권이 없다는 점에서 기본권과 구별된다.

우리 헌법상의 제도보장의 예로는 ① 직업공무원제도, ② 복수정당제도, ③ 언론·출판의 자율성보장(표현제도), ④ 사유재산제도, ⑤ 교육의 자주성·전문성·정치적 중립성 및 대학의 자치보장, ⑥ 민주적 혼인·가족제도의 보장, ⑦ 민주적 선거제도, ⑧ 지방자치 제도 등을 들고 있다.

3. 기본권의 주체(기본적 인권의 향유자)

헌법이 보장하는 기본권을 누가 누릴 수 있는가를 따지는 것은 기본권의 주체의 문제이다. 기본권의 주체는 원칙적으로 대한민국의 국적을 가진 국민일반이다. 기본권의 주체로서의 국민은 개개인으로서의 국민이기 때문에 여기에는 미성년자나 정신병자·수형자 등도 포함된다. 그러나 특정한 정치적 기본권의 주체가 되기 위해서는 일정한 연령에 도달하여야 한다(예 : 선거권).

논쟁의 대상이 되고 있는 것은 외국인과 법인의 기본권주체성이다. 외국인은 외국국적을 가진 자와 무국적자를 포함한다. 외국인이 기본권의 주체가 되는가에 관해서는 기본권의 내용·성질에 따라 달리 보아야 한다. 즉, 인간의 권리(인간의 존엄과 가치, 신체, 양심, 신앙의 자유) 등은 성질상 당연히 외국인에게도 인정된다. 평등권, 자유권은 원칙상 외국인에게도 인정되나, 예외적으로 제한될 수 있다. 국민의 권리라고 할 수 있는 참정권, 생존권 등은 성질상 부정된다. 다만 생존권은 원칙적으로 제한되지만, 입법정책상 인정하는 것은 바람직한 현상이라 할 수 있다. 그 밖에 외국인은 국민경제정책상, 국가보안상 기본권이 제한된다. 즉, 입국의 자유는 부인되며, 일정한 직업(변호사, 도선사, 공증인)의 선택의 자유, 정치적 활동의 자유(정당가입 및 정치활동의 자유) 등이 제한된다. 그리고 국가배상청구권은 상호주의원칙에 따라 인정되며, 재산권(토지소유권) 등도 일정한 제한이 따른다. 기본권의 주체는 연혁상 자연인임을 원칙으로 하지만, 법인도 법에 의하여 권리능력을 부여받고 있을 뿐 아니라, 법인의 활동은 궁극적으로 자연인의 이익을 목적으로 하는 것이므로 법인의 특성과 구체적 권리의 성질을 비교하여 양립의 가능성이 인정되는 한 법인에게도 인정되는 것이 바람직하다(다수설). 사법인의 경우에는 영리법인(상법상의 회사)이건 비영리법인(사단, 재단, 권리능력 없는 사단)이건 성질이 허용하는 한 기본권주체성을 인정할 수 있다. 성질상 인정되는 기본권으로는 직업선택의 자유, 재산권, 평등권, 거주·이전의 자유, 주거의 자유, 언론·출판·집회·결사의 자유, 재판청구권, 국가배상청구권, 청원권, 손실보상청구권, 환경권, 적법절차의 보장, 명예권 등을 들 수 있다. 그러나 인간의 존엄과 가치·행복추구권, 생명권, 신체의 자유(인신의 자유), 정신활동의 자유(양심의 자유, 신앙의 자유), 정치적 기본권 등과 참정권, 대부분의 생존권 등은 성질상 부인된다. 공법인은 기본권 사상의 반전을 가져올 우려가 있기 때문에 원칙적으로 기본권의 주체가 될 수 없다. 다만 공법인 중에 기본권 생활영역에 존재하는 것은 예외적으로 인정될 수 있다. 즉, KBS도 언론의 자유는 누릴 수 있으며, 국립대학도 학문의 자유의 주체가 될 수 있다. 외국법인에게도 성질상 법인에게 인정될 수 있는 기본권은 외국인에 준하여 인정된다고 하겠다(재산권, 재판청구권, 영업의 자유 등).

4. 기본권의 효력

기본권의 효력은 기본권보장의 효력이 미치는 범위에 관한 문제로서 이에 관해서는 견해의 대립이 있다. 즉 기본권은 국가권력만을 구속하는 것인가 아니면 사인상호간의 법률행위도 구속하는가, 그리고 행정권을 대상으로 하는 경우에도 공권력의 발동만을 구속하는가, 비권력 행정행위도 구속하는 것인가, 또한 기본권이 경합하거나 충돌하는 경우에 해결방법은 무엇인가가 그것이다.

(1) 기본권의 대국가적 효력

기본권은 모든 국가권력을 구속한다. 이 점에 관하여 독일기본법은 명문의 규정을 두고 있다(제1조 제3항). 우리 헌법에서는 명문규정은 없지만, 기본권은 입법, 사법, 행정의 국가권력을 구속하며, 헌법개정권력도 구속한다는 것이 통설이다. 즉, 기본권보장에 반하는 입법, 집행, 사법(판결)을 할 수 없으며, 헌법개정도 기본권을 존중하는 방향으로 행사되어야 한다.

원칙적으로 모든 국가권력을 구속하지만, 기본권의 성질상 모든 국가권력을 구속할 수 없는 경우도 있다. 특히 생존권의 법적 성질에 대해서는 프로그램규정설, 추상적 권리설, 구체적 권리설이 주장되나 우리나라의 다수설은 입법권과 행정권을 구속하되 헌법에 직접 근거해서 법원에 대해서는 소구할 수 없는 권리로 보고 있다(추상적 권리설).

기본권이 모든 국가권력 중 권력행정을 구속함은 이설(異說)없이 인정할 수 있지만, 비권력행정으로서의 관리행위와 국고행위에도 기본권의 효력이 미칠 것인가에 대해서는 견해의 대립이 있다. 그러나 현대의 실질적 법치주의, 복지주의적 이념하에서는 인간의 존엄과 가치 및 불가침적 인권의 보장을 위하여 기본권보장의 주체가 국가라면 그것이 권력작용의 주체이든 비권력작용이 주체이든 구별할 필요가 없이 구속력이 인정된다고 보는 경향이 늘어 가고 있다.

(2) 대사인적 효력

기본권은 본래 국가권력에 대한 방어권으로 인정된 것이므로 대국가적 효력을 가지는 것이 원칙이나, 예외적으로 사인(사적 단체)의 힘의 증대로 사법관계에 있어서 사인 상호간에 기본권을 침해할 가능성이 높아지고 있어서, 사인간의 기본권 침해에 대해서도 기본권의 헌법적 보장의 법리를 확장하여 기본권의 효력을 인정할 것인가가 논의되고 있다(사인간의 인종차별, 노동3권의 침해). 이에 대해서는 사인간의 문제는 사적자치의 원칙으로 해결해야 하고 기본권규정은 사법관계에 적용되지 않는다는 부정설도 있지만, 사인에 의한 기본권침해의 가능성이 증대한 오늘날에는 받아들일 수 없는 견해이다. 오늘날은 명문의 규정이나 권리의 성질상 직접 적용되는 기본권 예를 들어 노동3권, 인간의 존엄과 가치, 행복추구권, 근로조건의 기준, 여자와 연소근로자의 보호, 표현의 자유 등은 사법관계에 직접 적용되고 그 밖의 경우에는 성질상 사법관계에 적용될 수 있는 기본권조항(평등권, 직업선택의 자유 등)만이 사법상의 일반원칙을 규정한 제조항(예 : 민법 제103조)을 통하여 간접적으로 적용된다고 보는 것이 통설이다.

5. 기본권의 한계와 제한

국민의 기본권도 만능은 아니며, 헌법의 다른 가치들에 의해서 제한될 수 있다. 즉, 기본권은 헌법유보(헌법직접적 제한), 법률유보(헌법간접적 기본권제한)에 의해 제한될 수 있으며, 그 밖에 헌법이론적으로 기본권 속에서 일종의 불문의 한계가 인정되는가 하는 헌법내재적 한계가 논의되고 있다.

헌법이 명문으로 기본권의 제약을 규정하고 있는 헌법유보에도 기본권일반에 대한 제약을 규정하는 일반적 헌법유보와 개별 기본권에 대한 제약을 규정하는 개별적 헌법유보가 있다. 우리 헌법에는 일반적 헌법유보는 없으며, 개별적 헌법유보로는 정당의 목적과 활동의 민주적 기본질서에 합치를 규정한 제8조 제4항, 언론·출판에 의한 타인의 권리침해금지를 규정한 제21조 제4항, 재산권 행사의 공공복리적합의무를 규정한 제23조 제2항을 들 수 있다. 그 밖에 공무원의 정치적 중립성(제7조 제2항), 공무원의 2중배상금지(제29조 제2항), 공무원의 근로3권제한(제33조 제2항) 등도 개별적 헌법유보로 볼 수 있다.

기본권제한의 방식으로 '법률의 형식'을 요구하는 법률유보도 기본권일반을 제약대상으로 하는 일반적 법률유보와 개별적 기본권조항에 법률이 정하는 바에 따라 제한할 수 있음을 명시한 개별적 법률유보로 나누어진다. 개별적 법률유보의 예로는 신체의 자유(제12조 제1항), 재산권의 내용과 한계(제23조 제1항) 등을 들 수 있다. 기본권제한의 일반원칙은 일반적 법률유보를 들 수 있는데, 우리 헌법 제37조 제2항은「국민의 모든 자유와 권리는 국가의 안전보장·질서유지·공공복리를 위하여 필요한 경우에 한하여 법률로써 제한할 수 있으며 제한하는 경우에도 자유와 권리의 본질적인 내용을 침해할 수 없다」고 규정하고 있다. 이 규정에 따라 모든 기본권이 제한대상이 되며, 제한의 목적은 국가안전보장·질서유지·공공복리를 위해서이다. 제한의 형식은 국회의결을 거친 형식적 의미의 법률에 의해서 해야 한다. 다만 법률의 위임이 있는 경우에 한하여 명령에 의한 예외적 제한은 가능하다. 기본권을 제한하는 법률은 일반성을 가져야 하고(처분적 법률이나 사권박탈법의 원칙적 금지), 제한법률의 내용은 명백하고 구체적이어야 한다. 또한 기본권의 제한은 제한의 불가피성, 즉 기본권을 제한하지 않고는 그 목적을 달성할 수 없는 경우에만 제한이 가능하고(필요성, 보충성의 원칙), 그 제한은 필요한 최소한에 그쳐야 하며(비례성의 원칙), 침해와 보호되는 이익 사이에 균형이 유지되는 제한이어야 한다(이익형량의 원칙). 특히 정신적 자유(표현의 자유)는 경제적 자유보다 우월하다는 관점에서 제한에 신중을 기해야 한다는 이중기준의 원칙이 주장된다. 이렇게 제한을 하더라도 기본권의 핵, 즉 기본권의 '본질적 내용'은 침해할 수 없다. 여기서 본질적 내용의 침해금지는 당해 기본권을 유명무실하게 하는 제한을 금지한다는 의미이다.

법률에 의해서도 제한할 수 없는 이른바 절대적 기본권을 규정하고 있는 헌법질서에서 그 절대적 기본권의 제한필요성이 현실적으로 생긴 경우 이를 합리적으로 해결하기 위해서 생각해 낸 것이 헌법내재적 제한이다. 절대적 기본권을 규정하고 있지 않은 우리나라에서도 헌법 내재적인 기본권 제한을 인정할 수 있는지가 논의되고 있다. 긍정설도 있지만, 우리 헌법은 절대적 기본권을 규정하고 있지 않으며, 모든 기본권에 대하여 헌법 제37조 제2항에 의하여 법률로써 제한할 수 있는바 기본권의 내재적 한계론보다는 기본권제한의 한계문제를 중요시하여야 한다고 한다(다수설). 법률유보에 의한 기본권제한보다 내재적 한계로 제한함이 쉽기 때문에 악용될 위험이 있으며, 일반적 법률유보에 의하여 제한된 기본권을 또다시 내재적 한계로 제한한다면 기본권의 본질적인 내용은 증발해 버릴 위험성도 도사리고 있다는 점(본질적 내용의 침해금지의 공동화)에서 부정설의 견해가 타당하다고 본다.

법률 이외의 방법에 의한 제한을 인정하는 기본권제한의 예외로서는 국가긴급권에 의한 제한(긴급명령, 비상계엄), 조약에 의한 제한, 특별권력관계에 의한 제한 등을 들 수 있다.

6. 기본권의 침해와 구제

(1) 입법기관에 의한 침해와 구제

국회의 적극적인 입법에 의해 기본권이 침해된 경우에는 위헌법률심사(구체적 규범통제), 청원권행사, 선거권행사의 구제방법이 있다. 문제는 입법부가 입법의무가 있음에도 불구하고 입법을 하지 않음으로 인한 기본권침해의 구제방법이다. 입법의 부작위에 의한 침해에 대한 구제방법으로 법원에 의한 의무화소송과 부작위위법확인소송은 인정되지 않는다고 보는 것이 통설·판례이다. 권력분립원리에 반한다는 것이 그 주된 이유이다. 다만 입법자의 부작위에 의하여 기본권이 침해된 경우에는 입법부작위에 대한 헌법소원을 제기할 수 있다(헌결 88헌마1).

(2) 행정기관에 의한 침해와 구제

기본권의 침해는 주로 법의 집행과정에서 행정기관에 의하여 일어난다. 행정기관의 침해에 대한 구제수단으로는 청원, 국가배상, 손실보상, 행정쟁송(행정심판, 행정소송), 행정절차, 특별한 인권옹호기관에 의한 구제(법률구조제도, 인권상담) 등에 의한 구제방법이 있다. 사전적 권리구제수단인 행정절차는 우리나라에서는 미비하다. 행정기관의 부작위에 의한 기본권침해에 대한 구제수단으로 의무화소송은 실정법상 인정되지 않으나(학설은 인정하는 경향), 부작위위법확인소송은 인정되고 있다.

(3) 사법기관에 의한 침해와 구제

사법기관에 의한 기본권침해는 드물지만, 법률적용의 잘못으로 발생할 수 있다. 이 경우 구제수단으로는 상소, 재심, 비상상고, 형사보상 등이 있다.

(4) 사인에 의한 침해와 구제

사인에 의해 침해된 경우는 검찰이나 경찰에 고소 혹은 고발을 하거나, 민사상 구제(손해배상 · 위자료)를 청구할 수 있다. 그리고 현행 헌법에서 신설된 범죄피해자구조청구권에 의하여 타인의 범죄행위로 생명 · 신체에 대한 피해를 받은 경우 국가에 그 구조를 청구할 수 있다. 그 외에 법에 의한 구제를 받을 수 없는 긴박한 상황에서는 정당방위나 긴급피난 등 자력구제에 의한 방법이 가능하다.

II. 기본권 각론

1. 헌법상의 기본권체계

현행 헌법은 제2장 국민의 권리와 의무의 장에서 제10조부터 제36조까지 개개의 기본권을 규정하고, 제37조에서는 헌법에 열거되지 않은 권리와 앞서 본 바와 같이 기본권제한의 일반원칙으로서 일반적 법률유보를 규정하고 있으며, 제38조와 제39조는 국민의 기본의무로서 납세의무와 국방의무에 대하여 규정하고 있다. 개개의 기본권은 다양한 기준에 따라 분류될 수 있지만, 기본권의 내용과 성질이라는 복합기준에 따라 분류해 볼 수 있다. 기본권 체계와 분류에 대해서는 논자에 따라 분류방식이 다소 차이가 있지만, 대체로 다음과 같이 분류할 수 있다.

(1) 포괄적 기본권

(가) 인간의 존엄과 가치와 행복추구권(제10조)

(나) 평등권(제11조)

(2) 자유권적 기본권

(가) 신체의 자유(제12조-제13조)

(나) 사생활에 관한 자유권

① 사생활의 비밀과 자유(Privacy권, 제17조)

② 주거의 자유(제16조)

③ 통신의 자유

(다) 정신적 자유권

① 양심의 자유(제19조)

② 종교의 자유(제20조)

③ 학문과 예술의 자유(제22조)

④ 언론·출판·집회·결사의 자유(제22조)

(라) 경제적 자유권

(자유권과 별도로 경제적 기본권으로 분류하여 재산권, 직업선택의 자유, 소비자의 권리 등을 이에 분류하는 견해도 있다.)

① 재산권(제23조)

② 직업선택의 자유(제15조)

③ 거주·이전의 자유(제16조)

(3) 참정권(제24조-제25조)

(4) 청구권적 기본권(권리보장을 위한 기본권)

(가) 청원권(제26조)

(나) 재판청구권(제27조)

(다) 형사보상청구권(제28조)

(라) 국가배상청구권(제29조)

(마) 범죄피해자구조청구권(제30조)

(5) 생존권적 기본권(사회적 기본권)

(가) 인간다운 생활권(제34조)

(나) 교육을 받을 권리(제31조)

(다) 근로의 권리(제32조)

(라) 노동3권(제33조)

(마) 환경권(제35조)

(바) 혼인·가족·모성·보건에 관한 권리(제36조)

(6) 헌법에 열거되지 아니한 권리(제37조 제1항)

III. 인간의 존엄과 가치·행복추구권

헌법 제10조는 「모든 국민은 인간으로서의 존엄과 가치를 가지며, 행복을 추구할 권리를 가진다. 국가는 개인이 가지는 불가침의 인권을 확인하고 이를 보장할 의무를 진다」라고 규정하고 있다. 헌법 제10조에 관해서는 첫째 인간의 존엄과 가치, 둘째 행복을 추구할 권리, 셋째 불가침의 기본적 인권의 확인과 그 국가적 보장의 의무가 어떠한 내용과 규범력을 갖는 것인가가 문제된다.

1. 인간의 존엄과 가치

헌법 제10조가 보장하는 '인간으로서의 존엄과 가치'는 인간 일반에게 고유한 가치로 간주되는 존귀함, 즉 인격성을 말하며 이는 우리나라 기본권질서의 이념적 · 정신적인 출발점인 동시에 모든 기본권의 가치적인 핵심으로서의 성격을 가진다. 즉, 인간의 존엄과 가치는 기본권의 일반원칙을 규정한 것이며, 동조가 구체적인 권리를 포함하고 있는지에 대해서는 견해가 나뉘어지고 있다. 이러한 인간의 존엄성조항은 직접적 효력을 가질 뿐 아니라 대국가적 효력과 대사인적 효력까지 갖는 최고의 객관적 헌법원리라 할 수 있다. 따라서 대한민국의 모든 법질서는 인간으로서의 존엄과 가치에 관한 헌법원리에 의하여 지배되며, 국가권력에 대해서는 그 실천기준이 되고 국민에 대해서는 행동규범이 된다.

2. 행복추구권

행복추구권은 "고통이 없고 만족감을 느낄 수 있는 상태를 실현할 수 있는 권리"로서 1776년의 버지니아 권리장전 제1조에서 인간의 타고난 권리의 하나로 행복을 추구할 권리를 명시하고 있고, 1776년의 미국의 독립선언에서도 천부의 권리로 선언하고 있다. 우리 헌법에서 규정하고 있는 행복추구권이 구체적으로 무엇을 내용으로 하는지에 대해서는 아직도 뚜렷한 정설이 없다. 행복추구권이 어떤 구체적인 권리를 내용으로 한다기보다는 '인간으로서의 존엄과 가치'를 존중받으며 살아갈 수 있는 모든 국민의 당위적이고 이상적인 삶의 지표를 설정해 놓음으로써 '인간의 존엄과 가치'가 갖는 윤리규범적 성격과 실천규범적 성격을 강조하는 것이라고 이해하는 견해가 있는가 하면, 행복추구권은 주관적 권리로서 포괄적 성격을 가지며, 신체의 자유, 양심의 자유와 같은 소극적 · 방어적인 성질의 권리인 동시에 청구권, 정치적 기본권과 같은 적극적 · 능동적인 성질의 권리로서 그 내용으로는 생명권, 신체불훼손권, 인격권, 평화적 생존권, 휴식권, 수면권 등을 들고 있는 견해도 있다. 아무튼 행복추구권은 포괄적 성격의 권리로서 특히 헌법에 열거되지 아니한 권리들의 근거로서 작용할 수 있다는데 그 의의가 있다고 보겠다.

3. 국가의 불가침적 기본권 확인·보장의무

헌법 제10조 2문은 국가의 기본권 확인 및 보장의무를 명시하고 있는데, 확인이라는 말에서도 알 수 있듯이 기본적 인권이 천부적·생래적 인권임을 나타내고 있으며, 그 보장의무는 국가가 국민의 기본권을 최대한으로 실정법화할 의무, 국가의 기본권침해금지의무, 다른 권력에 의한 침해로부터의 보호의무 등을 내용으로 한다.

Ⅳ. 평 등 권

1. 헌법규정과 연혁

평등권은 1776년의 버지니아 권리장전에 최초로 규정되었고, 1776년 미국의 독립선언과 1789년 프랑스 인권선언을 거쳐 세계인권선언을 비롯한 대부분의 헌법이 규정하고 있으며, 현대 민주정치의 기본원리로 인정되고 있다.

헌법 제11조 제1항은 「모든 국민은 법 앞에 평등하다. 누구든지 성별·종교 또는 사회적 신분에 의해 정치적·경제적·사회적·문화적 생활의 모든 영역에 있어서 차별을 받지 아니한다」라고 규정하고 있다.

인간의 평등사상은 고대로부터 계승되어 온 것으로, 근세의 평등사상은 국가권력에 대한 만인의 평등 또는 법앞의 만인의 평등이라는 점에 중점을 두었으나, 자본주의의 고도의 발달로 인하여 현대의 평등사상은 평균적 정의의 실현에 국한하지 않고 배분적 정의의 이념에 근거한 실질적 평등을 구현하려 하고 있다.

2. 법 앞의 평등

여기에서의 법은 헌법·법률·명령·규칙 등의 성문법만이 아니고 관습법 등 불문법을 포함한 일체의 법을 말한다. 법 '앞에'의 해석을 둘러싸고 입법은 구속하지 않고 법을 집행·적용하는 데 있어서 평등하다는 법적용평등설(입법비구속설)과 모든 국가작용(입법, 행정, 사법)에 대한 규제원리로 법내용의 평등으로 보아야 한다는 법평등설(입법구속설)이 대립하나, 입법으로도 불평등을 도입할 수 없다는 점에서 법평등설이 타당하고 통설의 입장이다. 법 앞의 평등에서 평등은 절대적 평등이 아니라 합리적인 차별은 정당화되는 상대적 평등을 말한다. 상대적 평등의 기준으로는 '자의의 금지', '합리성' 등을 들고 있다.

3. 평등권의 내용

차별금지사유로 들고 있는 성별 · 종교 · 사회적 신분은 예시규정으로 보아야 하므로 그외 다른 근거에 의한 불합리한 차별도 금지한다(예 : 인종, 피부색, 정치적 신조 등).

성별에 있어서의 차별의 금지는 곧 남녀평등을 의미한다. 즉, 남녀의 성에 관한 가치판단을 기초로 한 차별은 허용되지 않는다. 그러나 남녀의 사실적(생리적) 차이에 의거한 차별이라든가 그 밖의 합리적 이유에 의한 차별은 허용된다(여성만의 생리휴가, 남성만의 병역의무).

종교 또는 신앙에 의한 차별금지는 곧 종교평등을 의미한다. 종교를 이유로 하는 차별은 사기업의 근무관계라든가 사립학교의 입학 · 재학관계에서 흔히 문제되고 있다.

사회적 신분은 사회에서 일시적이 아니고 장기적으로 계속하여 가지고 있는 지위를 말하는 것으로 이에 의한 차별도 금지된다(적서의 차별).

우리 헌법은 나아가 평등권의 구체적 보장을 위해 사회적 특수계급을 부인하고 영전의 세습을 금지하고 있으며(제11조 제2항, 제3항), 혼인과 가족생활에서의 남녀평등(제36조 제1항), 교육의 기회균등(제31조 제1항), 선거권의 평등(제41조 제1항 등), 경제질서에서의 사회적 평등(제119조 이하)을 강조하고 있다.

Ⅴ. 자유권적 기본권

1. 자유권적 기본권의 의의와 법적 성격

자유권적 기본권(자유권)이란 개인이 그 자유로운 영역에 관하여 국가권력의 간섭 내지 침해를 받지 아니할 권리일 뿐, 국가에 대하여 적극적으로 어떠한 행위를 요구할 수 있는 권리가 아니다.

자유권은 국가로부터의 자유이며, 국가권력에 대한 개인의 방어적 · 소극적 공권인 동시에 천부적 · 초국가적 인간의 권리이며, 또한 헌법에 열거된 것만 인정되는 것이 아니라 그 외의 모든 자유권도 포함하는 포괄적 권리이면서 직접적 효력을 가지는 권리라 할 수 있다.

2. 신체의 자유

헌법 제12조 제1항은 「모든 국민은 신체의 자유를 가진다.…」고 규정하여 신체의 안전과 자율을 내용으로 하는 신체의 자유를 보장하고 있다. 신체의 생리적 기능과 그 외형적 형상이 물리적인 힘이나 심리적인 압박에 의해서 침해당하지 아니할 자유(신체적 안전성)와 자기의 뜻에 따라 임의로 신체활동을 할 수 있는 자유(신체활동의 임의성)는 모든 기본권의 전제가 된다. 즉, 신체의 자유는 인간의 시원적인 요구인 동시에 인간생존을 위한 최소한의 조건이므로 그것이 보장되지 않으면 그 밖의 자유나 권리의 향유는 말할 것도 없고, 인간의 존엄성의 유지와 민주주의 그 자체의 존립마저 불가능한 것이 되고 만다. 우리 헌법은 신체의 자유를 보장하기 위해서 특별히 두 가지 제도적 장치를 마련해 놓고 있다. 즉, 인신에 관한 실체적 권리를 제한하는 경우에 입법권자를 비롯한 국가권력이 반드시 존중해야 되는 헌법상의 기속원리를 헌법이 명백히 밝힘과 동시에, 체포·구속·압수·수색·심문·재판과정에 있어서의 여러가지 권리를 사법절차적 기본권으로 보장하고 있는 것이 그것이다.

인신에 관한 실체적 권리를 제한하려면 헌법이 정하는 기본권 제한입법의 한계조항(제37조 제2항)에 따라야 하는 것은 말할 것도 없고, 그 외에 헌법은 모든 국가권력이 존중해야 할 다음과 같은 기속원리를 명문화하고 있다. 즉, 적법절차원리(제12조 제1항·제3항), 죄형법정주의(제12조 제1항, 제13조 제1항과 제2항), 일사부재리의 원칙(제12조 제1항 후단), 사전영장주의(제12조 제3항, 제16조), 연좌제금지(제13조 제3항), 자백의 증거능력제한(제12조 제7항), 유죄확정까지의 무죄추정권(제27조 제4항) 등이 그것이다.

그 밖에 헌법은 여러가지 사법절차적 기본권을 보장함으로써 수사 및 재판과정에서 인신의 자유가 부당하게 제한되지 않도록 노력하고 있다. 고문을 받지 아니할 권리 및 불리한 진술거부권(제12조 제2항), 영장제시요구권(제12조 제3항), 변호인의 조력을 받을 권리(제12조 제4항), 체포·구속시 이유와 권리를 고지받을 권리(제12조 제5항), 구속적부심사청구권(제12조 제6항), 합법적인 재판을 받을 권리(제27조, 제103조, 제109조), 형사보상청구권(제28조) 등이 그것이다.

3. 사생활에 관한 자유권

(1) 사생활의 비밀과 자유

사생활의 자유는 현대의 정보화사회에서 특히 문제되는데, 1890년 워렌(Warren)과 브랜다이스(Brandeis)의 논문 '프라이버시의 권리(The Right to Privacy)'에 의해 독립된 권리로 인정되게 되었다. 우리 헌법의 '사생활의 비밀과 자유'는 '사생활의 자유'와 '사생활의 비밀'로 나눌 수 있는데, '사생활의 자유'가 사생활의 설계 및 그 내용에 대해서 외부로부터의 간섭을 받지 아니할 권리라고 한다면, '사생활의 비밀'은 사생활과 관련된 사사로운 '나만의 영역'이 본인의사에 반해서 타인에게 알려지지 않도록 나만이 간직할 수 있는 권리이다. 이 권리는 과거에는 '부당한 공개를 받지 않을 인간의 권리'로 파악되었으나, 오늘날에는 '자신에 대한 정보를 통제하는 권리'라는 적극적인 면도 강조되고 있다.

(2) 주거의 자유

사생활의 비밀과 자유가 국민의 사생활영역을 '내용적'으로 보호해 주기 위한 것이라면 주거의 자유는 국민의 사생활영역을 주로 '공간적'으로 보호하기 위한 것이라 할 수 있다. 헌법 제16조는「모든 국민은 주거의 자유를 침해받지 아니한다. 주거에 대한 압수나 수색을 할 때에는 검사의 신청에 의하여 법관이 발부한 영장을 제시하여야 한다」고 하여 주거의 불가침과 영장주의를 규정하고 있다. 주거의 자유는 사적인 생활공간을 권원없는 침해로부터 보호하는 것을 내용으로 한다. 따라서 주거자의 동의없이 그의 사적인 생활공간에 들어가는 것은 주거의 자유에 대한 침해이다. 사인이 타인의 주거의 자유를 침해한 경우에는 형법상 주거침입죄로 처벌받으며, 민법상 자력구제에 의해 퇴거당할 수 있다. 헌법에서 주거의 수색이나 압수에 영장을 요하게 한 것은 국가권력에 의한 주거의 침해를 최대한으로 억제하기 위한 것이다. 여기서 주거라 함은 사람이 거주하는 설비로서 널리 사생활이 중심이 되는 것이나 민법상의 주소와는 다른 개념이다.

(3) 통신의 자유

헌법 제18조는「모든 국민은 통신의 비밀을 침해받지 않는다」고 규정하여 통신의 불가침을 의미하는 통신의 자유를 보장하고 있다. 통신의 비밀이란 편지·전화·전보·소포·우편환·텔렉스 등의 통신수단을 이용함에 있어서 그 통신형태, 통신내용, 통신의 당사자, 배달의 방법 등이 본인의 의사에 반해서 공개되는 일이 없어야 한다는 것을 뜻한다. 그러나 통신의 비밀을 보호하는 데에는 일정한 한계가 있다. 즉, 헌법이 보장하는 통신의 비밀은 어디까지나 합법적이고 정당한 통신이용을 그 대상으로 하는 것이기 때문에, 예컨대 허가없이 행해지는 무선통신은 보호받을 수 없으며, 또 통신수단을 이용한 헌법질서의 침해나 범죄행위는 비밀보장의 대상이 될 수 없다. 통신의 자유를 보장하는 기본법으로는 통신비밀보호법이 있다.

4. 정신적 자유권

(1) 양심의 자유

헌법 제19조는「모든 국민은 양심의 자유를 가진다」라고 하여 양심의 자유를 규정하고 있다. 양심의 자유는 처음에는 종교의 자유와 같이 규정되다가 1919년의 바이마르헌법에서 독립하여 규정되기 시작하였다. 양심의 자유가 보호되지 않는 곳에서는 종교의 자유는 물론 학문과 예술의 자유, 정치활동의 자유, 사법권의 독립 등이 실질적으로 보장될 수 없기 때문에 최상급의 기본권이라 할 수 있다. 양심의 자유에서 말하는 양심에 대해서는 윤리적 양심설과 광의의 사회적 양심설이 대립하고 있으나, 사상과 양심을 일체로 파악하는 후설이 다수설이다.

양심의 자유의 내용으로는 ① 어떤 특정한 사상만을 강요하거나 이를 차단할 수 없다는 양심상 결정 및 형성의 자유, ② 자기의 양심상 결정을 외부에 표명하도록 강제받지 아니하는 자유인 침묵의 자유, ③ 양심상 결정을 표명 또는 실현할 자유 등이 일컬어지고 있는데, 양심실현의 자유는 양심의 자유의 내용에 포함시키지 않는 견해가 다수설이다.

양심의 자유의 한계와 관련한 구체적 사례를 살펴보면, 사죄광고를 법원의 판결로 강제하는 것은 양심의 자유의 침해인가에 대하여 헌법재판소는 양심의 자유의 침해로 보고 있으며 양심상 집총거부는 우리나라에서는 인정되지 않는다(병역법에 의해 처벌). 제2차대전후 미국에서 종종 있었던 충성선서는 양심의 자유에 반한다는 미국판례가 있다. 그리고 단순한 사실적·기술적 지식에 관한 침묵의 자유는 양심의 자유에 포함되지 않는다.

(2) 종교의 자유

헌법 제20조는 「① 모든 국민은 종교의 자유를 가진다. ② 국교는 인정되지 아니하며, 종교와 정치는 분리된다」고 규정하여 종교의 자유와 정교분리원칙을 규정하고 있다. 종교의 자유는 양심의 자유와 밀접한 관계가 있다. 전통적으로는 양심의 자유는 내면적인 종교의 자유로, 종교의 자유는 외면적 종교의 자유로 규정되었으나, 우리 헌법은 따로 규정하고 있으므로, 제20조는 종교에 관한 내면·외면적인 모든 자유를, 제19조는 그 이외의 양심과 사상의 자유를 규정한 것으로 본다.

종교의 자유는 ① 종교를 믿느냐 여부의 자유와 종교의 선택·변경의 자유와 신앙고백의 자유, 고백을 강요받지 않을 자유, 신앙여부에 의하여 차별 또는 불이익을 받지 아니할 자유를 의미하는 신앙의 자유, ② 종교상의 의식 기타 종교적 행사에 자유로이 참석할 자유와 강요당하지 않을 자유인 종교적 행위의 자유, ③ 종교적 집회를 한다든지 교회·교단을 조직·결성하는 자유와, 그러한 집회·결사에 가입·탈퇴하는 자유인 종교적 집회·결사의 자유, ④ 종교선전, 종교교육, 종교비판의 자유인 포교의 자유 등을 내용으로 한다.

정교분리의 원칙은 국가가 어떤 종교를 특별히 보호하거나, 특권을 부여하거나 지원해서는 안된다는 것을 의미한다.

(3) 학문과 예술의 자유

(가) 학문의 자유 학문의 자유는 독일의 대학의 자치에서 유래되었으며, 1848년 프랑크푸르트헌법에서 학문의 자유를 최초로 규정하였다. 학문의 자유는 진리탐구를 위한 모든 인간적인 노력을 그 보호대상으로 하는데, 주체는 대학이나 연구소의 구성원뿐만 아니라 모든 국민인 것이다. 학문의 자유는 학문연구의 자유, 연구결과 발표의 자유, 교수의 자유, 연구를 위한 집회·결사의 자유을 그 내용을 한다. 학문연구의 자유는 진리탐구의 과제·방법·기간·장소 등을 임의로 정해서 시행할 수 있는 자유로 성질상 절대 보장되어야 하며 법률로 제한할 수 없는 것이 원칙이다. 발표의 자유는 연구한 결과를 발표하고 토론·비판하는 자유이다. 교수의 자유(강학의 자유)는 학문을 자유롭게 교수할 수 있는 자유로 대학 이상의 고등교육기관에만 인정된다. 연구결과의 발표의 자유와 연구를 위한 집회·결사의 자유는 일반 표현의 자유보다 더 강한 보장을 받는다.

광의로 학문의 자유를 파악할 때 대학의 자치가 이에 포함된다. 대학의 자치보장은 제도보장의 성격을 가진다. 대학의 자치에 학생의 자치가 포함되는가에 대해서는 견해가 대립하고 있으나, 교수회의 지도 아래 과외활동, 공동생활의 자치는 인정되어야 할 것이다. 그리고 대학의 자치와 경찰권의 발동에 대해서는 일차적인 판단권은 대학당국이 가져야 하며, 그대로 안되는 경우에만 경찰권의 2차적 개입이 허용된다.

(나) 예술의 자유 예술의 자유는 1919년 바이마르헌법에서 최초로 규정되었다. 예술은 지각할 수 있고 표상이라 볼 수 있는 형태를 부여하는 창작적인 구체적 행위를 말하는데, 예술의 자유는 인간의 '미적인 감각세계' 내지는 '창작적인 경험세계'의 표현형태에 관한 기본권이다. 예술의 자유는 '예술창작영역'과 '예술영향영역'을 함께 그 보호대상으로 한다. 구체적으로는 예술창작의 자유, 예술표현의 자유, 예술적 집회·결사의 자유가 그것이다. 특히 아름다움을 추구하는 예술창작의 자유는 절대적인 자유의 성격을 가지지만, 예술작품의 전시는 상대적인 자유로 일정한 경우에는 제한이 가능하다. 한편 우리 헌법은 저작자·발명가·과학기술자와 예술가의 권리보호를 위한 규정을 두고 있다(제22조 제2항).

(4) 언론·출판·집회·결사의 자유(표현의 자유)

(가) 표현의 자유의 중요성 종교, 양심·사상, 학문과 예술 등을 외부적으로 표현하는 언론·출판·집회·결사의 자유를 표현의 자유라고 한다. 표현의 자유는 현대 대중민주정치에서 필수불가결한 정치적 자유의 성격을 가지고 있다. 따라서 표현의 자유를 제한하는 데는 경제적 자유의 제한에 비해 엄격한 기준을 인정하고 있는데, 이를 이중기준의 원칙이라 한다. 즉, 언론·출판에 대한 검열 금지와 집회·결사에 대한 허가금지를 의미하는 사전억제금지의 이론, 표현의 자유를 제한하는 법률은 명확하여야 하고 '애매한 경우에는 무효'로 한다는 명확성의 이론, 표현의 자유를 사후에 제한하는 경우에도 명백하고도 현존하는 위험이 있을 때에만 가능하다는 '명백하고도 현존하는 위험의 원칙'(Holmes판사가 주장), 표현의 자유를 제한하는 것과 방임하는 것의 이익을 비교하여 제한여부를 결정한다는 이익형량의 원칙, 제한하는 경우에도 필요한 최소한의 제한에 그쳐야 한다는 원칙 등이 주장되고 있다.

(나) 언론·출판의 자유 헌법은 모든 국민에게 의사접촉의 길을 열어 놓

기 위해서 '언론 · 출판의 자유'를 보장하고 있다(제21조). 언론 · 출판의 자유란 사상 또는 의견을 언어 · 문자 · 도형 등으로 불특정다수인에게 발표하는 자유를 말하며, 여기서 언론은 담화 · 토론 · 연설 · 연극 · 방송과 같은 구두에 의한 사상 또는 의견의 발표를 의미하고, 출판은 문서 · 도서 · 사진 · 조각과 같은 문자나 상형에 의한 사상 또는 의견의 발표를 의미한다.

언론출판의 자유는 구체적으로 ① 사상 또는 의견을 표명할 자유와 그것을 전파할 자유, ② 정보를 수집 · 처리할 자유(알권리), ③ 신문을 비롯한 통신 · 방송 등 언론기관의 자유와 책임을 그 내용으로 한다. 의사표현의 자유는 소극적인 내용과 적극적인 내용으로 나뉘어지는데, 자신의 의사를 표현하고 전달하는 데 국가권력의 간섭이나 방해를 받지 아니할 자유가 그 소극적인 내용이라면, 자신의 의사표명을 통해서 여론형성에 참여할 수 있는 권리는 그 적극적인 내용이다. 정보의 자유(알권리)는 일반적으로 접근할 수 있는 정보원으로부터 의사형성에 필요한 정보를 수집하고, 수집된 정보를 취사 · 선택할 수 있는 자유를 말한다. 언론기관의 자유는 보도의 자유와 방송 · 방영의 자유 등을 포함하는데, '보도의 자유'라 함은 출판물 또는 전파매체에 의해 의사를 표현하고 사실을 전달함으로써 여론형성에 참여할 수 있는 자유를 말한다(매스컴의 자유). 또 보도매체를 이용해서 자기의 입장을 밝히고 여론형성에 기여할 할 수 있는 이른바 액서스권도 언론 · 출판의 자유에 속한다.

언론 · 출판의 자유는 '민주주의의 생명선'과 같은 자유로 최대한 보장되어야 한다. 그러나 언론과 출판도 민주적 기본질서에 위배되어서는 아니되고, 국가의 존립을 위태롭게 해서는 아니되며, 타인의 명예를 훼손하거나 도덕률에 위반될 수 없다. 여기에 언론 · 출판의 내재적 한계(제약)가 있다. 우리 헌법 제21조 제4항도「언론 · 출판은 타인의 명예나 권리 또는 공중도덕이나 사회윤리를 침해하여서는 안된다」라고 규정하여 언론의 사회적 책임을 강조하고 있다.

언론 · 출판의 자유에 관한 법률로서는 '정기간행물의 등록 등에 관한 법률', '방송법' 등이 있다.

(다) 집회 · 결사의 자유　집회 · 결사의 자유는 집단적인 표현의 자유의 성격을 가지고 있다. 단체적인 행동은 공공질서에 대한 영향력이 크므로 직접적으로 언론 · 출판의 자유보다 더 규제를 받는다.

집회의 자유에 있어서 집회는 다수인이 공동의 목적을 가지고 일정한 장소에서 일시에 회합하는 것을 의미한다. 시위(Demonstration)도 움직이는 집회로 본다. 집회의 자유에는 적극적으로 집회를 개최하는 자유, 집회를 사회 또는 진행하는 자유, 집회에 참가하는 자유 및 소극적으로 집회를 개최하지 않을 자유와 집회에 참가하지 않을 자유가 포함된다. 집회의 종류로는 목적의 관점에서 정치집회와 비정치집회로 구분되고, 장소의 관점에서 옥내집회와 옥외집회로 구분된다.

결사의 자유에 있어서 결사는 다수의 자연인 또는 법인이 공동의 목적을 위하여 단체를 형성하고 그 조직적 의사에 복종함을 의미하며, 결사의 자유는 구체적으로 단체결성의 자유, 단체존속의 자유, 단체활동의 자유, 결사에 가입·탈퇴·잔류의 자유 등을 그 내용으로 한다. 결사의 종류로는 목적의 관점에서 정치적 결사와 비정치적 결사로 구분되고, 공개성에 따라 비밀결사와 공개결사로 구분된다.

헌법 제37조 제2항에 따라서 집회·결사에 대한 자유를 제한할 수 있으며, 집회·결사에 대한 허가제는 인정되지 않는다(헌법 제21조 제2항). 다만, 집회의 자유에 대해서는 '집회 및 시위에 관한 법률'의 신고제에 의하여 제한될 수 있고, 결사의 자유에 대해서는 등록제와 신고제가 허용될 수 있다. 종전에는 '사회단체신고에 관한 법률'에 의해서 사회단체는 신고해야만 성립하고 활동할 수 있었으나 이 법의 폐지로 신고없이도 단체는 성립·활동할 수 있다.

5. 경제적 자유권(경제적 기본권)

(1) 재산권의 보장

헌법 제23조는「모든 국민의 재산권은 보장된다. 그 내용과 한계는 법률로 정한다」라고 규정하고 있다. 여기서 말하는 재산권에는 소유권 등의 물권을 비롯하여 특허권·저작권 같은 무체재산권·광업권·어업권·공무원의 봉급청구권 등 사법상 및 공법상 경제적 가치가 있는 모든 권리가 포함되며, 그 내용과 한계는 민법, 그 밖의 특수법규의 정하는 바에 의한다. 그리고 이러한 재산권은 공공복리에 적합하도록 행사되어야 한다(제23조 제2항). 따라서 재산권의 보장은 절대적인 것은 아니며, 법률에 정하는 바에 따라 재산권행사의 일정한 의무화가 예상되는 것이다. 근대 초기에는 재산권은 신성불가침의 권리로 인정되었으나, 현대에 들어서면서 자본주의의 발달에 따라 여러가지 사회적 폐해가 노출됨에 따라서 개인주의적인 재산권개념은 수정을 받게 되었다. 즉, 재산권도 공공복리를 위하여 제한할 수 있는데, 이러한 재산권의 사회적 구속성을 인정한 헌법은 1919년의 바이마르헌법 제153조이다.

재산권의 보장은 그 내용과 한계가 법률로 정해지는 제도보장이지만, 일단 보장된 후에는 사유재산으로서 자유권적 성격을 가지게 되어, 그 제한에 대해서는 헌법 제37조 제2항에 의해야 한다는 것이 다수설이다(자유권과 제도보장의 병존설).

재산권은 국가권력이나 사인에 의해서 침해될 가능성이 크다. 개인의 구체적인 재산권이 국가권력에 의하여 합법적으로 침해될 때에는 헌법 제23조 제3항에 따라 손실의 보상을 청구할 수 있고, 위법적으로 침해될 때에는 헌법 제29조 제1항에 따라 손해의 배상을 청구할 수 있다. 사인의 불법행위에 의하여 침해되는 경우에는 형사상의 처벌이나 민사상의 손해배상의무의 효과가 따르게 된다. 헌법 제23조 제3항은 공공필요가 있는 경우에는 정당한 보상을 전제로 재산권의 수용·사용 또는 제한을 법률로써 할 수 있음을 규정하고 있다.

(2) 직업선택의 자유

근대시민혁명 이후의 자본주의적 경제질서가 국가와 개인의 관계에 있어서 국가의 간섭과 제한의 배제라는 성격을 띠게 되자, 그 논리적 귀결로서 사경제적 활동의 자유인 직업선택의 자유 내지 영업의 자유가 널리 인정되었다. 직업선택의 자유가 최초로 규정된 헌법은 1919년의 바이마르헌법이며 우리 헌법 제15조도 「모든 국민은 직업선택의 자유를 가진다」라고 하여 이를 규정하고 있다. 직업선택의 자유는 모든 국민에게 생활의 기본적 수요를 스스로의 노력에 의해서 충족시킬 수 있도록 하기 위한 자유로서 재산권의 보장 및 거주·이전의 자유와 밀접한 관련이 있다. 직업선택의 자유는 개인뿐만 아니라 법인에게도 보장되며 외국인에 대해서는 일정한 제한이 따른다.

직업선택의 자유의 내용에는 ① 직업결정의 자유, ② 영업의 자유, ③ 전직의 자유 등이 포함되며, 무직업의 자유에 대해서는 논란이 있으나, 다수설은 근로의 의무를 법적인 의무가 아니라 윤리적 의무로 보고 있으므로 무직업의 자유를 제한하는 것은 아니라고 본다.

직업선택의 자유는 국가의 안전보장, 질서유지, 공공복리를 위해서 제한할 수 있는데, 무기제조업, 통화 등의 제조도 제한되고 있으며, 아편 등의 제조도 금하며, 윤락행위와 그 매개행위도 제한되고 있다. 그리고 공공복리를 위하여 일정한 직업은 면허제 등에 의해 제한되고 있다.

(3) 거주 · 이전의 자유

거주 · 이전의 자유는 자기가 원하는 곳에 주소 또는 거소를 정한다든가 그 곳으로부터 자유로이 이전한다든가 또는 자기의 의사에 반하여 거주지를 옮기지 아니할 자유를 말한다. 거주 · 이전의 자유는 연혁상 경제적 자유의 성격이 강하고, 정신적 자유의 측면도 있다.

거주 · 이전의 자유의 내용으로는 ① 국내거주 · 이전의 자유, ② 국외거주 · 이전의 자유, ③ 국적이탈의 자유가 있으며, 무국적의 자유는 일반적으로 인정되지 않으며, 외국인의 입국의 자유는 제한되지만, 출국의 자유는 보장된다.

거주 · 이전의 자유의 제한은 헌법 제37조 제2항에 의하여 제한되는데, 국가보안법, 소방법, 전염병예방법, 해외이주법, 여권법 등에 제한규정이 있다.

Ⅵ. 참정권(정치적 기본권)

참정권은 국민이 국가기관으로서의 공무에 참여하는 권리로서 정치권이라고도 한다. 참정권은 표현의 자유 및 정당제도 등과 함께 오늘날 민주정치에 있어서 필수불가결한 정치적 기본권으로서의 성격을 가진다. 즉, 민주정치의 이념은 정부의 성립에 국민이 참가하고, 국민의 동의하에 정치가 행해지며 국민이 정부를 통제할 수 있고, 정부는 국민에 책임을 진다는 데 있다고 보면 국가권력의 형성과 행사에 국민이 직접 · 간접으로 참여하는 참정권은 매우 중요한 의미를 가진다. 이 권리는 국가내적인 권리로 외국인은 누릴 수 없으며, 국민의 경우도 참정권을 행사하려면 일정한 연령에 도달하여야 한다. 참정권은 일신전속적 권리로서 타인에게 대리행사시킬 수 없다.

참정권의 내용으로는 간접참정권인 선거권과 피선거권 및 공무담임권이 있고, 직접참정권으로는 국민발안권, 국민소환권, 국민투표(표결)권 등이 있다.

현행 헌법은 직접참정권의 유형으로 국민투표 하나만을 인정하고 있는데, 헌법개정안에 대한 국민투표(제130조 제2항)와 국가안위에 관한 중요정책에 대한 국민투표(제72조)가 그것이다. 간접참정권의 내용으로는 국가기관의 형성에 참여하는 권리, 즉 국가기관을 구성하는 공무원을 선거하는 권리인 선거권과 국가기관의 구성원으로 선임될 수 있는 권리인 피선거권 및 공무담임권이 있다.

우리의 현행법상 국민은 결격사유가 없는 한, 만 19세가 되면 선거권을 가지며, 대통령선거권, 국회의원선거권, 지방의회의원 및 자치단체의 장선거권을 가진다. 그리고 헌법 제25조는「모든 국민은 법률이 정하는 바에 의하여 공무담임권을 가진다」라고 규정하고 있는데, 공무담임권은 피선거권보다 넓은 개념이다. 여기에서 공무라고 하는 것은 행정・입법・사법 등 정부기관과 지방자치단체 기타 일체의 공공단체의 직무가 포함된다. 피선거권은 선거에 의해서 국가기관의 구성원으로 선임될 수 있는 권리로 국회의원피선거권, 대통령피선거권, 지방의회의원 및 자치단체장 피선거권 등이 있다. 피선거권의 제한은 법률에 의하며, 피선거권자의 연령요건 등이 있다(대통령은 40세, 나머지는 25세).

Ⅶ. 청구권적 기본권(기본권보장을 위한 기본권)

1. 청구권적 기본권의 의의와 법적 성격

청구권적 기본권은 국민이 국가에 대하여 적극적으로 일정한 행위를 요청하거나, 국가의 보호를 청구할 수 있는 기본권이다.

법적 성격은 ① 국가에 대하여 적극적인 행위를 요청하는 주관적 공권, ② 원칙적으로 국민에게만 인정되는 국가내적인 권리, ③ 헌법규정에서 직접 효력이 발생하는 현실적 권리, ④ 기본권을 실현하기 위한 절차적 기본권으로서의 성격을 가진다.

2. 청 원 권

청원권은 본래 전제군주시대에 군주의 자의적인 권력행사에 대해서 국민의 이익을 구제하기 위한 수단으로 등장하였다. 현대에 있어서는 의회제도와 사법제도의 발달에 따라 권리구제수단으로서의 의미는 줄어들고, 국민의 의사・희망을 개진하는 수단으로서의 의미가 중요해지고 있다.

헌법은 제26조에서「① 모든 국민은 법률이 정하는 바에 의하여 국가기관에 문서로 청원할 권리를 가진다. ② 국가는 청원에 대해서 심사할 의무를 진다」고 규정함으로써 청원권을 보장하고 있다. 청원권은 국민이 국가기관에 대하여 의사나 희망을 개진하는 권리이고, 국가기관의 행위에 의해 권리 또는 이익이 반드시 침해됨을 요하지 않는다. 또 국가기관의 행위의 적법여부나 당·부당 여부를 불문하고 청원할 수 있으며 제3자나 공공의 이익을 위해서도 청원할 수 있다. 청원권은 제기기간의 제한이 없고 국가기관은 수리하고 심사할 의무가 있다.

청원권의 주체는 모든 국민이며, 청원권의 상대방은 국가기관이 된다. 청원은 반드시 문서로 해야만 하며, 국회에 대한 청원은 국회의원의 소개가 있어야 한다. 기타 청원의 절차·방법 등은 청원법에 규정되어 있다. 청원법에 청원할 수 있는 사항으로 규정하고 있는 것은 예시적인 규정에 불과하다. 재판에 간섭하는 일, 국가의 원수를 모독하는 일, 타인을 모해할 목적으로 허위의 사실을 적시해서 제출하는 일 등 청원법의 금지사항 외에 어떠한 사항도 청원이 가능하다.

3. 재판청구권

(1) 재판청구권의 의의

재판청구권은 고대의 자력구제 및 근대초기의 전제군주에 의한 자의적인 재판으로부터 국민의 자유와 권리를 보장해 주기 위해 발생한 것으로, 국가에 대하여 사법권의 독립이 보장된 법원에서 신분이 보장된 자격있는 법관에 의한 재판을 청구하는 권리이다. 우리 헌법은 제27조에서 재판청구권을 보장하고 있는데, 이는 "독립된 법원에 의한 적정·공평·신속·경제의 재판"이라고 하는 재판원칙의 헌법화를 의미하며, 기본적 인권의 사후적 보장을 위한 권리보장을 의미한다. 재판청구권은 내국인뿐만 아니라 외국인에게도 원칙적으로 인정된다.

(2) 재판청구권의 내용

(가) '재판'을 받을 권리 재판을 받을 권리는 당사자간의 권리·의무에 관한 구체적인 분쟁(법률상의 쟁송)에 관한 법원의 법적 판단을 구하는 것이므로 그러한 재판을 청구할 자격이 있는 자(당사자적격)가 단순한 법의 반사적 이익이 아니라 법적 판단을 구하기 적합한 사건(권리보호요건)에 관해서 소를 제기할 이익(소의 이익)이 있는 경우에만 행사할 수 있는 권리이다.

(나) '헌법과 법률에 정한 법관'에 의한 재판을 받을 권리 '헌법과 법률에 정한 법관'이라 함은 헌법과 법원조직법에 의하여 그 자격을 구비하고 정식 임명된 법관으로 제척(除斥) 기타의 사유로 인하여 재판관여가 금지되어 있지 않

은 법관을 말한다.

(다) **'법률'에 의한 재판을 받을 권리** '법률'에 의한 재판이란 그 내용과 절차가 합헌적인 법률에 의한 재판을 말한다. 특히 형사재판의 경우에는 죄형법정주의 원칙상 여기의 법률은 국회제정의 형식적 의미의 법률만을 의미한다. 행정재판이나 민사재판의 경우에는 불문법도 포함되다.

(라) **'신속한 공개재판'을 받을 권리** 모든 국민은 신속한 재판을 받을 권리를 가지며, 형사피고인은 상당한 이유가 없는 한 지체없이 공개재판을 받을 권리를 가진다(제27조 제3항). 공개재판이란 재판의 공정성을 보장하기 위하여 재판의 심리와 과정을 이해관계 없는 제3자까지도 방청케 하는 제도를 말한다.

(마) **형사피해자의 공판정진술권** 범죄로 인한 피해자가 당해사건의 재판절차에 증인으로 출석하여, 자신이 입은 피해의 내용과 당해사건에 관하여 그 의견을 진술할 수 있는 권리를 말하는 것으로, 현행 헌법에서 신설된 조항이다(제27조 제5항).

(바) 그 밖에 군인 또는 군무원이 아닌 국민은 헌법에 정한 예외적인 경우를 제외하고는 군사법원의 재판을 받지 않을 권리를 가지며(제27조 제2항), 형사피고인은 유죄의 확정판결이 있기까지는 무죄로 추정되는 권리를 가진다(제27조 제4항).

4. 형사보상청구권

헌법 제28조는「형사피의자 또는 형사피고인으로 구금되었던 자가 법률이 정하는 불기소처분을 받거나 무죄판결을 받은 때에는 법률이 정하는 바에 의하여 국가에 정당한 보상을 청구할 수 있다」고 규정하여 형사보상청구권을 인정하고 있다. 형사보상청구권이 최초로 헌법에 규정된 것은 1848년의 프랑크푸르트 헌법이며, 형사보상청구권의 인정취지는 피의자·피고인으로서 입은 정신상·물질상의 손실을 전보해준다는 데 있다. 형사보상에 관한 일반법으로는 형사보상법이 있다.

형사보상청구권은 형사피의자 또는 형사피고인이 구금되었어야 하고, 법률이 정하는 불기소처분 또는 무죄판결을 받을 때 성립한다. 구금이 되지 않은 불구속기소는 해당되지 않는다. 여기서 법률이 정하는 불기소처분이라 함은 범죄가 불성립하거나 증거가 없기 때문에 기소하지 않는 경우를 말하며, 기소유예나 기소중지처분을 받은 자는 형사보상을 청구할 수 없다. 무죄판결은 당해

절차뿐만 아니라 재심 또는 비상상고절차에 의한 무죄판결의 경우도 포함한다. 그리고 면소(免訴) 또는 공소기각(公訴棄却)의 재판을 할 만한 사유가 없었더라면 무죄의 재판을 받았을 만한 현저한 사유가 있었을 때에는 형사보상을 청구할 수 있다(형사보상법 제25조 제1항).

보상청구는 불기소처분 또는 무죄판결이 확정된 날로부터 1년 이내에 하는데(형사보상법 제7조), 불기소처분의 경우는 지방검찰청 피의자보상심의회에 청구하며, 무죄판결을 받은 경우 무죄재판을 한 법원에 청구한다. 형사보상청구권은 양도 또는 압류가 금지된다.

5. 국가배상청구권

헌법 제29조 제1항은「공무원의 직무상 불법행위로 손해를 받은 국민은 법률이 정하는 바에 의하여 국가 또는 공공단체에 정당한 배상을 청구할 수 있다. 이 경우 공무원 자신의 책임은 면제되지 아니한다」라고 하여 국가배상청구권을 보장하는 한편 동조 제2항은 군인·군무원·경찰공무원 등에 대해서는 2중배상금지규정을 두고 있다. 국가배상청구에 관한 일반법으로는 국가배상법이 있다.

국가배상청구권이 성립하기 위해서는 ① 공무원의 직무상의 행위여야 하고, ② 그 행위는 고의·과실이 있는 위법한 행위여야 하며, ③ 손해가 발생해야 한다. 여기서 공무원이라 함은 국가공무원법·지방공무원법상의 공무원뿐만 아니라 사실상 공무를 위탁받아 그에 종사하는 모든 자가 포함된다(예 : 동원훈련중인 향토예비군, 시청청소차 운전수 등). 직무행위도 외관상 직무와 관련된 행위로 볼 수 있으면 족하며(통설, 판례), 불법행위와 손해 사이에는 인과관계가 있어야 한다. 그러나 공무원의 고의·중과실에 의한 행위로 국가가 배상하면 국가는 불법행위를 한 공무원에 대하여 구상할 수 있다.

그리고 도로·하천 기타 공공의 영조물의 설치 또는 관리에 하자가 있기 때문에 타인에게 손해를 발생하게 하였을 때에도 국가배상이 인정된다(국가배상법 제5조).

6. 범죄피해자구조청구권

현행 헌법은 제30조에서「타인의 범죄행위로 인하여 생명·신체에 대한 피해를 받은 국민은 법률이 정하는 바에 의하여 국가로부터 구조를 받을 수 있다」고 규정하여 범죄피해자구조청구권을 신설하였다. 이에 따라 제정된 법이 범죄피해자구조법이다. 이 제도는 타인의 범죄행위로 인하여 피해를 입었을 때, 가해자가 배상능력이 없거나 불명 또는 도주한 경우 민사법・국가배상법・형사배상명령만으로는 충분한 구제를 받을 수 없는 상황에서 피해자가 입은 손해를 국가가 보상해주는 사회보장적 성격을 갖는 청구권이라는 데 그 의의가 크다.

이 청구권은 대한민국의 영역 안 또는 영역 밖에 있는 대한민국의 선박・항공기 안에서 행하여진 사람의 생명・신체를 해하는 범죄행위로 인하여 사망 또는 중상해를 당한 경우에, ① 가해자의 불명, ② 가해자의 무자력으로 인하여 손해의 전부 또는 일부를 배상받지 못하고, ③ 피해자의 생계유지가 곤란한 사정이 있거나, 자기 또는 타인의 형사사건의 수사 또는 재판에 있어서 고소・고발 등 수사단서의 제공, 진술, 증언 또는 자료제출과 관련하여 피해자로 된 때에는 청구할 수 있다(범죄피해자구조법 제3조 제1항). 그러나 피해자와 가해자가 친척관계에 있는 경우와 같이 일정한 경우에는 구조금 지급이 제한된다(동법 제2조, 제5조 제4항, 제6조).

구조금은 유족구조금과 장해구조금으로 구분되며(동법 제4조 제1항), 청구기간은 주거지 또는 범죄발생지를 관할하는 심의회(지방검찰청)에 범죄피해의 발생을 안 날로부터 2년 또는 범죄피해가 발생한 날로부터 5년 이내에 하여야 한다(동법 제12조). 구조금수령권은 구조금 지급결정이 신청인에게 송달된 날로부터 2년간 행사하지 않으면 시효로 소멸된다(동법 제17조).

Ⅷ. 생존권적 기본권(사회적 기본권)

1. 생존권적 기본권의 의의와 법적 성격

생존권적 기본권은 인간다운 생활을 위하여 생활에 필요한 제조건을 국가권력이 적극적으로 관여하여 확보해 줄 것을 요청할 수 있는 권리이다. 따라서 국가권력의 불간섭을 요청하는 자유권적 기본권과 구별된다. 생존권적 기본권은 근대의 자유방임적 자본주의의 발달로 인하여 초래된 분배체계의 모순을 수정하기 위하여 등장하였다. 즉, 입헌주의시대 초기에는 철저한 개인주의와 자유방임주의를 배경으로 하여 자본주의가 발달하였는데, 비약적인 자본주의의 발달은 부익부・빈익빈의 현상을 초래하였고, 무산계급들은 명목적・형식적인 자유뿐으로 인간다운 생존이 위협을 받게 되었다. 그리하여 국민 각자에게 인간다운 최저한도의 생활을 보장하기 위한 경제적·사회적 기본권으로서 생존권적 기본권이 등장한 것이다. 사상적으로는 피히테(Fichte), 멩거(Anton menger) 등의 법조사회주의 학자들에 의하여 주장되었고, 1919년 바이마르 헌법에서 최초로 규정되었다.

생존권적 기본권의 법적 성격에 관하여는 생존권적 기본권의 헌법규정은 현실적인 권리를 부여한 규정이 아니고 입법에 의해서만 효력을 발생하는 강령규정으로 이는 입법자에게 입법의 방침을 지시하는 프로그램적 규정이라고 보는 프로그램(입법방침)적 규정설, 법적 권리이기는 하나 국가가 국민에게 직접 구체적 권리를 부여한 것이 아니고 인간다운 생활을 할 수 있도록 필요한 조치를 취할 추상적 의무를 국가에게 지워준 것이라는 추상적 권리설, 법적 권리로서 헌법상 규정에 의하여 직접적 효력을 갖는 권리라고 보는 구체적 권리설 등이 주장되고 있다. 생각건대 생존권적 기본권이 국가의 급부능력 등을 고려할 때 자유권에 비해 추상적이라 할지라도 법적 권리이며 국가의 의무이행이 재판에 의하여 강제될 수 없다 하더라도 국가의 생존권적 기본권 보장의무는 헌법에 의거한 법적 의무라고 보는 추상적 권리설이 타당하다고 하겠다(다수설). 그러나 생존권의 중요성을 감안하고 현행헌법상 헌법소원을 인정하고 있는 입장에서 점진적으로 생존권을 구체적 권리로서 재판규범적 효과를 인정하는 이론구성이 필요하다고 하겠다.

2. 인간다운 생활을 할 권리

인간다운 생활을 할 권리는 인간의 존엄성에 상응하는 건강하고 문화적인 생활을 할 권리를 의미하는데, 이는 모든 생존권적 기본권의 근본개념이 되며 총칙적 규정 내지 주생존권이다. 즉, 다른 모든 생존권적 기본권은 '인간다운 생활'을 확보하도록 하기 위한 수단이라고 할 수 있다. 헌법은 제34조 제1항에서 「모든 국민은 인간다운 생활을 할 권리를 가진다」고 규정하여 생존권적 기본권의 기본이념을 밝히고 있으며, 제2항에서는 국가의 사회보장·사회복지증진의무를, 제3항에서는 여자의 복지와 권익향상에 대한 국가적 노력을, 제4항에서는 노인과 청소년의 복지향상정책 실시의무를, 제5항에서는 생활능력이 없는 국민에 대한 생활보호의무를, 제6항에서는 재해예방의무를 규정하여 좀더 구체적인 보장책을 규정하고 있다(사회보장을 받을 권리).

3. 교육을 받을 권리

교육을 받을 권리는 교육을 받을 수 있도록 국가의 적극적 관여를 요구할 수 있는 권리로 문화적 생존권이라고 할 수 있다. 오늘날 헌법에서의 교육을 받을 권리는 국가권력으로부터 국민의 교육에 관한 자유를 보장하여 19세기의 방어적 성격보다, 교육을 받을 기회균등이라는 평등이념의 실질적 보장을 바탕으로 하는 적극적인 면이 강조되고 있다.

헌법 제31조 제1항에서는「모든 국민은 능력에 따라 균등하게 교육을 받을 권리를 가진다」고 규정하고 있다. 여기서 '능력'이란 정신적 · 육체적 능력을 의미하며 재력 · 가정 · 환경 · 성별 · 인종 기타 비전속적 능력은 포함되지 않는다. 즉 능력에 따른 교육이란 정신적 · 육체적 능력에 상응한 교육을 말한다. '균등'하게 교육을 받을 권리란 성별 · 종교 · 사회적 신분 등에 의한 차별대우의 금지(소극적 평등권설)뿐만 아니라, 국가가 모든 국민에게 균등한 교육을 받을 수 있도록 교육시설의 확장, 장학정책의 시행 등 적극적 의미를 갖는다(적극적 평등권설). 그리고 여기서의 교육은 학교 · 가정 · 사회 · 공민교육 등을 포함하는 광의의 교육을 말한다.

교육은 인간다운 생활을 할 수 있는 불가결한 조건의 하나이므로 헌법은 모든 국민은 그 보호하는 자녀에게 초등교육과 법률이 정하는 교육을 받게 할 의무를 규정하고(제34조 제2항), 의무교육은 무상으로 한다고 규정하고 있다(제34조 제3항). 의무교육의 무상범위에 대해서도 국가의 재정이 허용하는 한 수업료 · 학용품 · 급식 등 기타의 비용까지도 무상으로 한다는 취학필요비무상설이 다수의 견해이다.

그 밖에 헌법은 교육의 자주성 · 전문성과 정치적 중립성 · 대학의 자율성보장(제31조 제4항), 국가의 평생교육진흥의무(제31조 제5항), 교육제도의 법률주의(제31조 제6항) 등을 규정하고 있다.

4. 근로의 권리

근로의 권리란 근로자가 자신의 의사 · 능력 · 취미에 따라 직업 내지 근로의 종류 · 내용 · 장소 등을 선택하고, 가장 유리한 조건으로 노동력을 제공하여 얻는 대가로써 생존을 유지하며, 또한 타인의 방해를 받음이 없이 이러한 고용관계를 계속할 수 있는 권리를 말한다. 여기서 근로라 함은 육체적·정신적인 방법에 의한 경제적인 활동을 말한다. 근로의 권리의 주체는 자연인인 국민이다.

근로의 권리는 기본적으로 근로의 의사와 능력이 있는 자가 국가에 대하여 근로할 기회의 제공을 요구할 수 있음을 내용으로 하며(제32조 제1항), 그것을 보충하는 내용으로서 국가의 고용증진 및 적정임금의 보장, 최저임금의 보장(제32조 제1항 2문), 근로조건기준의 法定(제32조 제3항), 여자와 연소자의 특별보호(제32조 제4항, 제5항), 국가유공자 등의 우선취업기회보장(제32조 제6항) 등이 있다.

5. 노동3권

우리 헌법은 근로의 권리뿐만 아니라 취업중에 있는 근로자의 근로생활을 보호하기 위하여 제33조 제1항에서 「근로자는 근로조건의 향상을 위하여 자주적인 단결권·단체교섭권 및 단체행동권을 가진다」고 규정하여 근로자의 노동3권을 인정하고 있다.

근대 자본주의사회에서는 계약자유의 원칙에 의하여 노사가 대등한 입장에서 고용계약을 체결하였으나, 노동시장에 있어서 근로자 개인의 취약성과 최대이윤을 확보하려는 자본가의 필연적 요구앞에서 노동의 자유와 계약의 자유는 실질적 부자유·불평등일 수밖에 없었다. 결국 노사간의 형식적 자유와 평등은 근로자의 실업과 빈곤을 초래함에 따라 근로자의 인간다운 생활을 보장하기 위하여 상대적으로 열세에 놓여있는 근로자가 실질적으로 노·사의 대등한 지위를 확보케 하기 위하여 등장한 것이 노동3권이다.

노동3권은 단결권, 단체교섭권, 단체행동권을 내용으로 한다. 첫째, 단결권은 근로자가 사용자와 대등한 입장에 서기 위해 근로자단체(노동조합)를 조직할 수 있는 권리이다. 근로자가 단체를 결성하거나 가입함에 있어서 국가나 사용자의 부당한 개입이나 간섭을 받지 않으며, 단체에의 불가입 또는 탈퇴를 조건으로 하는 황견계약의 체결이나 단체의 결성이나 가입을 이유로 하는 해고는 금지된다. 둘째, 단체교섭권은 근로자단체가 단결권을 행사하여 근로조건의 향상을 목적으로 사용자와 자주적으로 교섭하는 권리이다. 사용자가 정당한 단체교섭을 거부하면 부당노동행위가 되며 단체교섭의 결과인 단체협약은 국법의 보호를 받는다. 셋째, 단체행동권은 노동쟁의가 발생한 경우에 근로자들이 그 주장의 관철을 위해 업무의 정상적 운영을 저해하는 쟁의행위를 하는 권리이다. 단체행동권의 구체적인 방법에는 동맹파업, 태업, 피케팅, 보이코트 등이 있다. 근로자의 정당한 쟁의행위는 민형사책임이 면책된다.

한편 헌법은 「공무원인 근로자는 법률이 정하는 자에 한하여 단결권·단체교섭권·단체행동권을 가진다」(제33조 제2항), 「법률이 정하는 주요방위산업체에 종사하는 근로자의 단체행동권은 법률이 정하는 바에 의하여 이를 제한하거나 인정하지 않을 수 있다」(제33조 제3항)고 규정하여 일정한 제한을 가하고 있다.

6. 환 경 권

환경권의 개념이 등장한 것은 1960년대 이후 미국에서 비롯되었는 바, 미국은 1971년 국가환경정책법을 제정하였고, 독일에서는 1972년 환경보호를 위한 기본법개정이 행해졌다. 일본의 경우도 공해대책기본법과 자연환경보전법을 통하여 공해방지를 위한 입법이 이루어져 왔다. 우리나라에서는 1960년대 후반부터 고도공업화에 수반된 공해산업의 폐기물에 의한 환경파괴가 현저함에 따라 1977년 환경보전법과 해양오염방지법이 제정되었고, 제5공화국헌법에서는 환경권을 신설하였다. 그후 환경보전법은 폐지되고 1990년 환경정책기본법이 새로이 제정되어 시행되고 있다.

환경권은 깨끗한 환경에서 건강하고 쾌적한 생활을 누릴 수 있는 권리로서, 나쁜 환경의 배제라는 소극적 성격과 깨끗한 환경을 보전하고 조성해 줄 것을 요구할 수 있는 적극적 성격을 포함하는 권리이다. 환경권의 내용을 협의로 보면 건강한 환경 속에서 생명과 건강에 침해를 받지 않을 환경에서 살권리를 의미하지만, 광의로 보면 이러한 자연환경 이외의 사회적·문화적 환경도 환경권에 포함시킬 수 있다. 현행 헌법은 제35조에서 「① 모든 국민은 건강하고 쾌적한 환경에서 생활할 권리를 가지며, 국가와 국민은 환경보전을 위하여 노력하여야 한다. ② 환경권의 내용과 행사에 관하여는 법률로 정한다. ③ 국가는 주택개발정책 등을 통하여 모든 국민이 쾌적한 주거생활을 할 수 있도록 노력하여야 한다」라고 규정하여 환경권을 보장하면서, 한편으로는 국가와 국민의 환경보전의무를 규정하고 있으며, 특히 현행 헌법에서는 환경권에 쾌적이라는 요소를 강조하고 쾌적한 주거생활을 위한 국가의 주택개발정책의무를 신설함으로써 문화적 환경의 측면을 강조하고 있다.

7. 혼인·가족·모성·보건에 관한 권리

(1) 혼인·가족제도의 보장

헌법 第35조 제1항에서「혼인과 가족생활은 개인의 존엄과 양성의 평등을 기초로 성립되고 유지되어야 하며, 국가는 이를 보장한다」라고 규정하여 혼인·가족생활에 관한 권리를 규정하고 있다. 이 규정의 법적 성격에 대해서는 기본권성을 부인하고 제도보장으로만 파악하는 견해도 있지만, 민주적 혼인제도와 가족제도를 보장한 제도보장의 성격 외에 경제적·사회적 약자의 인간다운 생활을 보장할 것을 국가에 요구할 수 있다는 점에서 생존권적 기본권의 성격도 갖는다고 본다(다수설).

혼인은 남녀평등에 의한 양성의 결합이므로 일부일처를 원칙으로 한다. 그리고 혼인의 자유를 그 내용으로 한다. 따라서 혼인을 할 것인가의 여부, 누구와, 언제, 어떻게 할 것인가는 당사자의 자유에 속한다. 국가는 개인의 혼인의 자유를 제한해서는 안되고 결혼퇴직제도 금지된다. 가족내에서도 부부의 평등이 보장되어야 한다.

(2) 모성에 대한 국가보호

현행 헌법은 第36조 제2항에서「국가는 모성의 보호를 위하여 노력할 의무를 진다」라는 규정을 신설하였다. 이 규정은 생존권(추상적 권리)으로 보는 견해가 다수설이다. 이 권리의 향유주체는 자녀를 가진 여성이다. 모성의 보호란 모성의 건강뿐만 아니라 자녀의 출산과 양육을 위한 사회·경제적 여건에 대한 국가의 보호를 말한다. 국가는 모성보호를 위한 각종의 시책과 제도를 실시하여 모성보호를 위하여 노력하여야 한다(모자보건법).

(3) 보건에 관한 권리

헌법 第36조 제3항은「모든 국민은 보건에 관하여 국가의 보호를 받는다」고 규정하여 보건에 관한 권리를 인정하고 있다. 이 권리는 모든 국민이 질병의 노예가 되지 않고 자신의 삶을 추구할 수 있도록 국가권력에 의한 건강생활의 침해금지와 국가에 대한 적극적인 보호요구를 내용으로 한다. 보건에 관한 권리는 국가에 대하여 적극적인 보호행정을 요구할 수 있는 권리, 즉 생존권적 기본권으로 본다(다수설). 보건의 권리는 가족만의 건강이 아니라 국민 개개인의 건강을 위한 권리이므로 그 향유주체도 국민이다.

국가는 건강보험제도, 무료진료, 주택개량 등을 실시하며, 또 이를 위하여 일련의 보호입법·사회입법을 제정할 의무를 진다. 국민의 보건에 관한 법률로는 의료법, 의료보호법, 전염병예방법, 보건소법, 결핵예방법 등이 있다.

Ⅸ. 헌법에 열거되지 않은 자유와 권리

헌법 제37조 제1항은「국민의 자유와 권리는 헌법에 열거되지 아니한 이유로 경시되지 아니한다」라고 규정하여 자유와 권리의 전국가성과 포괄성을 명문으로 확인하고 있다. 따라서 현행헌법의 구조상 헌법에 열거되지 아니한 자유와 권리도 넓은 의미의 기본권으로 보아야 한다. 헌법에 열거되지 아니한 자유와 권리는 비단 제37조 제1항뿐만 아니라 기본권의 이념적 기초를 선언한 제10조 등의 통합적 해석을 통하여 규명되어야 할 것이다. 구체적으로 생명권, 평화적 생존권, 일조권, 휴식권, 수면권, 스포츠권, 저항권 등이 그 예라고 할 수 있다.

Ⅹ. 국민의 기본적 의무

1. 의의와 유형

국민의 기본적 의무란 국민이 통치권의 대상으로서의 지위에서 부담하는 갖가지 의무 중에서 헌법에 규정된 의무를 말한다. 그 구체적인 내용에 대해서는 각국에 따라 일치하지 않지만, 국가의 기본질서의 유지를 목적으로 국민에게 부여된 납세의 의무와 국방의 의무는 고전적 의무로 이러한 의무는 헌법이 명문을 규정하고 있지 않더라도 당연히 인정된다고 할 것이다. 20세기 헌법의 등장과 더불어 기본의무도 양·질의 모든 면에서 많은 변화를 가지게 되었다. 즉, 사회국가나 문화국가의 이념에 봉사하고 생존권을 실질화시키는 적극적인 성질의 의무가 생겨난 것이다. 이를 새로운 의무라고 한다. 그 예로는 교육을 받게 할 의무, 근로의 의무, 환경보전의 의무, 재산권행사의 공공복리적합의 의무 등을 들 수 있다.

2. 납세의 의무

납세의 의무라 함은 국가활동의 재정적 기초를 마련하기 위하여 국민에게 직접적인 반대급부없는 금전적 부담을 지우는 것을 말한다. 우리 헌법도 제38조에서 납세의 의무를 규정하고 있다. 납세의무를 구체화해야 할 책임을 지고 있는 입법자는 조세평등의 원칙(제11조)과 조세법률주의(제59조)를 존중해야 한다. 따라서 국민의 담세능력을 고려해서 공정하고 평등한 과세가 되도록 노력해야 한다.

3. 국방의 의무

국방의 의무라 함은 외국의 침략으로부터 국가의 독립을 유지하고 영토를 보전하기 위한 국토방위의 의무를 말하며, 우리 헌법도 제39조에서 국방의 의무를 규정하고 있다. 국방의 의무의 내용과 범위에 관하여는 견해의 대립이 있다. 국방의 의무를 병력제공의 의무만을 의미한다는 견해가 있으나, 국방의 의무는 병력제공뿐만 아니라 방공·방첩·전시근무 등 국방에 관한 모든 의무를 포함한다고 보는 것이 타당하다(통설). 국방의무의 주체는 우리나라 국민에 한하며 외국인은 포함되지 않는다. 다만 방공의 의무는 외국인도 부담한다는 견해가 있다. 헌법은 국방의 의무를 규정하면서 「누구든지 병역의무의 이행으로 인하여 불익한 처우를 받지 아니한다」고 규정하고(제39조 제2항), 병역의무의 실효성을 보장할 수 있는 합리적인 병역제도의 확립을 입법자에게 촉구하고 있다.

4. 교육을 받게 할 의무

헌법 제31조 제2항은 「모든 국민은 그 보호하는 자녀에게 적어도 초등교육과 법률이 정하는 교육을 받게 할 의무를 진다」라고 규정하여 교육을 받게 할 의무를 규정하고 있다. 교육을 받게 할 의무란 친권자 또는 후견인이 그 자녀로 하여금 초등교육과 법률이 정하는 교육을 받도록 할 의무를 말한다. 즉, 의무교육을 받게 할 주체는 학령아동의 친권자 또는 후견인이며, 의무교육의 대상으로 교육기본법은 6년의 초등교육과 3년의 중등교육으로 하고 있다(교육기본법 제8조 제1항). 국가는 의무교육을 받게 할 주체는 아니지만, 의무교육의 주체가 된다고 본다.

5. 환경보전의무

헌법은 제35조 후단에서 국가와 국민에게 환경보전의 의무를 지우고 있다. 이에 따라 개인 또는 사기업이 공해나 환경파괴를 하는 경우에, 그로 말미암아 피해를 입은 사람은 그 원인행위의 배제를 청구하거나 손해배상을 청구할 수 있고, 국가도 행정적 규제를 가할 수 있다. 환경보전의무는 환경권을 실효성 있게 하기 위한 의무로 환경권과 불가분의 표리관계에 있다.

6. 근로의 의무

헌법 제32조 제2항에서 「모든 국민은 근로의 의무를 진다. 국가는 근로의 의무의 내용과 조건을 민주주의원칙에 따라 법률로 정한다」라고 하여 근로의 의무를 규정하고 있다. 그러나 자본주의국가에 있어서 근로의 의무는 법적인 의무로는 보기 어렵고 윤리적 의무로 보아야 한다(통설). 그러나 근로의무가 '실업보험적인 한계'를 이룬다는 점을 고려하면 일종의 법적인 의무의 면도 부인할 수 없다고 하겠다.

7. 재산권 행사의 공공복리적합의무

사회적 법치주의 사상의 영향으로 우리 헌법도 제23조 제2항에서 재산권의 행사는 공공복리에 적합하여야 한다고 규정하고 있다. 이 의무의 법적 성격에 대해서는 윤리적 의무로 보는 견해, 법적 의무로 보는 견해, 재산권 제한의 내용을 규정한 내용으로 보는 견해, 재산권의 내재적 제약을 명문화한 것으로 보는 견해 등의 대립이 있다. 재산권의 행사를 기본권주체의 임의에 맡기지 않고, 공공복리에 적합하도록 한 헌법규정은 재산권의 사회적 구속성 내지는 재산권의 헌법적 한계를 규정한 것이라고 본다.

제 4 절 통치구조

Ⅰ. 통치구조의 일반이론

통치구조의 본질은 헌법관에 따라 달리 파악될 수 있지만, 자유민주주의를 이념으로 하는 현대의 자유국가에서 그 통치구조는 사회의 정치적인 통합을 실현시켜야 하는 중요한 기능적인 과제가 주어진 권능구조라고 볼 수 있다. 이렇게 볼 때 자유민주적 통치구조는 통치권의 '기본권구속성', '민주적 정당성' 그리고 통치권 행사의 '절차적 정당성'의 요청이라는 근본이념을 반드시 존중하고 지켜야 한다. 즉, 통치구조의 제1차적인 과제는 국민의 기본권 실현을 위한 국가권력의 제도적 장치를 찾아내는 것이 중요하고, 통치권의 창설은 물론, 국가 내에서 행사되는 모든 권능은 언제나 국민의 합의에 바탕을 두어야 하며, 권능의 남용 내지 악용이 불가능하도록 권능에 대한 합리적이고 효율적인 통제수단을 마련함으로써 통치권의 행사가 그 행사방법과 행사과정의 측면에서도 정당성을 가질 수 있도록 적절한 권력통제장치를 마련해야 한다.

1. 통치구조의 조직원리(구성원리)

현대민주주의에 있어서는 통치구조와 통치작용이 입헌주의적 원리에 의하여 지배되고 있으므로, 통치구조의 기본원리도 그 '이념적 기반'으로 국민주권의 원리를, 그 '제도'로서 대의제의 원리와 권력분립원리를, 그 준거원칙으로 법치주의를 기반으로 하지 않을 수 없다. 국민주권원리와 법치주의는 헌법의 기본원리에서 살펴보았으므로, 여기서는 통치구조의 조직원리로서 권력분립원리와 대의제의 원리만을 살펴보도록 하겠다.

(1) 권력분립원리

권력분립원리는 국가의 통치작용을 그 기능면에서 입법·집행·사법으로 나누어 이들 각 작용을 각기의 다른 구성을 가진 독립기관인 입법부·집행부·사법부에 귀속시켜 이들 기관 상호간에 견제와 균형을 통하여 국가권력의 집중과 남용을 방지하고, 국민의 자유와 권리를 보존하기 위한 자유주의적 정치조직원리이다. 고전적 권력분립의 원리는 로크(Locke)의 이권분립론에서 비롯되어 몽테스키외(Montesquieu)의 삼권분립론으로 완성되었다. 그러나 오늘날 고전적인 권력분립의 원리는 그 기본이념은 변함이 없지만, 정당국가화의 경향, 복지국가의 요청, 국가긴급사태의 항구화 등으로 행정권이 비대해지면서 많은 수정이 이루어지고 있다. 특히 레벤스타인(Loewenstein)은 국가권력의 동적·기능적 분립을 주장하여 국가작용을 정책결정·정책집행·정책통제권으로 구분하고 있다.

우리 헌법은 전통적인 3분법에 따라 입법권은 국회에(제40조), 행정권은 대통령을 수반으로 하는 정부에(제46조 제4항), 사법권은 법원에(제101조 제1항) 속하게 함으로써 권력분산을 통한 권력견제와 균형의 효과를 추구하는 한편, 복수정당제도, 직업공무원제도, 지방자치제도, 헌법재판제도, 독립한 선거관리제도 등 새로운 기능적 권력제도의 메커니즘도 함께 마련하고 있다.

(2) 대의제의 원리(국민대표주의)

대의제란 주권자인 국민이 직접 국가의사 내지 국가정책을 결정하지 않고, 그들의 대표자를 선출하여 그 대표자로 하여금 국민을 대표하여 그 국가의사 내지 국가정책을 결정하도록 하는 원리를 말한다. 직접민주정치는 이상이기는 하나 현대국가에서는 일반적으로 채택할 수 없는 한계가 있기 때문에 오늘날은 대의제를 원칙으로 하면서 직접민주주의를 가미하는 형태가 보편화되고 있다.

대의제에서 국민을 대표하는 대표자는 국민으로부터의 강제적·명령적 위임을 받는 관계가 아니라, 자유·무기속위임을 받는 관계라는 점에서 중세의 등족회의의 대표자와 구별된다. 즉 대표자는 선거인에게서 명령이나 지시를 받지 않고 독립하여 국민 전체를 위하여 행위하는 정치적 대표의 성격을 가진다.

우리 헌법은 헌법 제1조 제2항에서 대한민국의 주권은 국민에게 있고, 모든 권력은 국민으로부터 나온다고 규정하여 국민주권의 원리를 선언함과 동시에 국민에 의하여 선출된 국민의 대표(제41조, 제67조)가 국가권력을 대신하여 행사한다는 대의제(국민대표제)에 관한 근거규정을 두고 있다. 한편 국가안위에 관한 중요정책과 헌법개정안에 대해서 각각 국민투표를 채택함으로써 직접민주제의 요소를 부분적으로 도입하고 있다(제72조, 제130조 제2항).

2. 통치(정부)형태

(1) 통치형태의 개념

통치형태라 함은 정부형태 또는 정치제도를 의미하고, 정부형태와 국가권력구조에 있어서 권력분립의 원리가 어떻게 적용되고 있느냐 하는 것을 의미한다. 정부형태란 결국 국가권력이 입법부·집행부·사법부에 각각 어떻게 배분되어 있고, 또 입법부·집행부·사법부는 그와 같은 국가권력을 어떻게 행사하고 있으며, 이들 3부의 관계는 어떠한가, 특히 집행부와 입법부의 관계가 어떤가 하는 것을 말한다.

(2) 정부형태의 유형

정부형태는 권력분산형과 권력통합형으로 대별될 수 있는데, 대통령제, 의원내각제, 집정부제 등 입헌주의적 정부형태는 전자에 속하고, 의회정부제(인민회의제)·독재제 등 전체주의적 정부와 절대군주제·신대통령제 등 권위주의적 정부형태는 후자에 속한다.

(가) 의원내각제 의원내각제 또는 내각책임제는 영국에서 국왕과 의회의 권력투쟁을 통하여 생성·발전한 제도로 의회에서 선출되고 의회에 대해서 정치적 책임을 지는 내각중심으로 국정이 운영되는 정부형태를 말한다. 의원내각제는 입법부와 행정부와의 관계를 기준으로 입법부우위형·행정부우위형·균형형 등으로 나눌 수 있다.

의원내각제는 기본적으로 다음과 같은 원리에 입각하고 있다. 즉 ① 행정부는 대통령(또는 군주)과 내각으로 구성되는 이원적 구조이며, ② 의회의 내각불신임제도와 내각의 의회해산제도를 통해서 입법부와 행정부간에 권력적 균형이 유지되며, ③ 입법부와 행정부는 긴밀한 협조관계를 유지하는 것을 특색으로 한다. 또한 내각과 수상은 의회의 다수파에서 선출되고 의원과 각료의 겸직이 가능하며, 각료의 의회출석·발언권과 법률안제출권이 인정된다.

의원내각제는 책임정치를 구현할 수 있으며, 의회와 내각의 대립시 불신임결의와 의회해산제도를 통하여 신속한 해결을 할 수 있으며, 내각의 존속과 진퇴가 국민의 대표기관인 의회에 달려 있으므로 민주주의적 요청을 만족시킬 수 있는 점 등의 장점이 있다. 그러나 정국의 불안정을 초래할 수 있으며, 강력한 정치를 추진할 수 없고, 다수의 횡포를 방지할 수 없는 점 등의 단점도 있다.

이러한 의원내각제가 성공하기 위한 조건으로는 ① 안정된 정당제도, ② 의회와 내각과의 기능적 균형, ③ 국민의 정치수준의 고도화, ④ 언론과 정치적 자유의 완전한 보장, ⑤ 정치적으로 중립을 지키는 직업공무원제도의 확립, ⑥ 국민간에 있어서 동질성과 화합 등이 들어지고 있다.

(나) 대통령제　대통령제는 몽테스키외의 3권분립원리에 따라 엄격한 권력분립이 이루어지고 국가권력 상호간에 독립이 이루어짐으로써 대통령이 임기중 독립하여 행정권을 행사하는 정부형태를 말한다. 대통령제는 독립전쟁 이후에 미국이 인위적으로 만들어낸 새로운 발명품이라 할 수 있다(1787년 미국 필라델피아의 헌법의회에서 유래). 대통령제도 고전적인 의미의 미국의 대통령제와 권위주의적인 대통령제에 해당하는 레벤스타인의 신대통령제, 바이메의 반(준)대통령제 등 여러가지로 나뉘어질 수 있다.

고전적인 대통령제의 제도적 특징으로는 ① 입법부와 행정부를 서로 독립시켜 국무위원의 국회의원 겸직이 금지되고, 국무위원의 국회출석발언권과 행정부의 법률안 제출권이 없으며, 정부의 의회해산권도 없다는 점(입법부와 행정부의 상호독립), ② 대통령은 국가원수인 동시에 행정부의 수반이며, 국무회의는 자문기관에 불과하고, 국무총리가 없고 대신 부통령제가 있다는 점(행정부의 일원성), ③ 의회와 정부가 병렬적으로 독립되어 대통령은 법률안거부권·법률안공포권을 가지며, 상원은 정부의 고급공무원 임명 및 조약체결에 대한 동의권을 가지고 서로 견제함으로써 균형을 이루고 있다는 점(상호견제와 균형) 등을 들 수 있다.

대통령제의 장점으로는 ① 대통령의 임기중 정국의 안정 및 정책의 계속성을 보장할 수 있다는 점, ② 의회의 다수당의 횡포가 있거나, 의원의 질이 떨어져 졸속입법을 행하려 할 때, 대통령은 법률안거부권을 행사하여 의회를 견제할 수 있다는 점 등을 들 수 있지만, 단점으로는 ① 대통령이 방대한 권한을 가지면서 임기중 의회에 대하여 책임을 지지 않으므로 대통령독재의 위험이 있다는 점, ② 엄격한 권력분립으로 인하여 국정의 통일적 수행이 방해된다는 점, ③ 입법부와 행정부의 충돌시 그 해소방법을 찾기 곤란하다는 점 등을 들 수 있다.

(다) 이원정부제　이원정부제는 1919년 바이마르헌법과 1958년 드골헌법의 정부형태가 여기에 속하며, 그 제도적 내용은 의원내각제의 요소와 대통령

제의 요소가 결합되어 있어, 평시에는 내각수상이 행정권을 행사하고 국회에 대하여 책임을 지고 대통령은 외교권과 군통수권만을 행사하지만, 위기시에 있어서는 대통령이 행정권을 행사하는 정부형태를 말한다.

이원정부제의 특징을 일률적으로 말하기는 곤란하나, 대통령은 의회에서 독립하고 위기시에는 대통령에게 국정의 영도자적 지위가 부여된다는 점, 내각은 불신임결의에 의해 의회에 책임을 지며, 내각은 의회해산권을 가진다는 점, 수상은 대통령이 임명하고 의회의 동의를 요한다는 점을 들 수 있다.

이원정부제의 장점은 평시에는 의원내각제적으로 운영되므로 국회와 행정부의 마찰을 회피할 수 있고, 국가가 위험에 처한 때 대통령의 강력한 통치로 신속·안정된 국정처리를 할 수 있는 점이다. 그러나 단점은 대통령이 긴급권을 행사하는 경우 내각과 의회가 견제하기 어렵고, 위기적 상황을 빙자하여 이를 행사할 경우 독재화의 우려가 있다는 점이다.

(라) **의회정부제**(회의제) 회의제란 의회가 가장 우월한 권력의 주체로 기능하는 정치체제를 의미한다. 오늘날에는 스위스 등에서 그 예를 볼 수 있다. 회의제는 레벤스타인의 지적과 같이 민주주의와 전제주의의 조직모델로 함께 연결될 수 있는 것이 특징이다.

의회가 다른 국가기관의 상위에 서서 다른 국가기관의 지배자로서 기능하며(민선의회에 권력집중), 집행부는 의회에 완전히 예속하게 되며, 의회해산권은 당연히 없으며, 의회의 통제에서 벗어난 군주도 생각하기 어렵고, 양원제의회도 성립되기 어렵고, 법률에 대한 위헌심사도 불가능하다는 점을 특징으로 들 수 있다.

의회정부제 중 스위스의 경우는 집정부제라고 하며 다른 나라에 비해 입헌주의적이라고 할 수 있다.

(3) 우리나라의 정부형태

우리나라가 지금까지 채택했던 정부형태는 제2공화국(1960년)의 의원내각제를 제외하고는 거의 모두가 대통령제와 의원내각제의 요소를 집권자 내지는 실력자의 기호에 따라 임의로 혼합시켰다는데 공통적인 특징이 있다.

현행 헌법상의 정부형태를 징표하는 특징적인 요소로는 다음 사항을 들 수 있다. ① 국가의 원수이며 행정부의 수반인 대통령은 임기 5년으로 국민에 의해서 직선되는데, 그 임기 중 국회의 탄핵소추를 받지 않는 한 아무런 정치적 책임도 지지 않는다. ② 대통령은 국가긴급권과 헌법개정발의권 및 중요정책에 대한 국민투표회부권등 통치적 권한을 갖는 국정의 최고책임자이다. ③ 최고의 국정심의기관은 대통령과 국무총리 및 국무의원으로 구성되는 국무회의이지만, 의결기관이 아니고 대통령의 심의기관이며 국무회의의 부의장인 국무총리는 국회의 동의를 얻어 대통령이 임명하고 국무위원은 그의 제청으로 대통령에 의해 임명된다. ④ 국회는 국무총리와 국무위원의 해임건의권을 갖는다. ⑤ 국무위원은 의원직을 겸할 수 있다. ⑥ 대통령에게 국회해산권이 없다. ⑦ 정부는 법률안제출권과 국회출석발언권을 갖는 외에 대통령은 또 법률안거부권도 갖는다. ⑧ 국회는 국정조사권 뿐만 아니라 국정감사권도 갖는다.

이상에서 볼 때 현 정부형태가 종전의 헌법에 비해서 의원내각제의 요소에 속하는 대통령의 국회해산권과 국회의 국무위원불신임권을 없애고, 대통령의 선출방법을 간접선거에서 직접선거로 바꾸는 등 대통령제의 요소를 강화하고 있는 것은 사실이지만, 현 정부형태를 순수한 대통령제로 보기에는 무리가 있다. 대통령의 국법상 행위에 대한 국무총리와 관계 국무위원의 부서제도, 정부의 법률안제출권과 국회출석·발언권, 국무의원의 의원직겸직 허용, 국회의 국무총리와 국무위원에 대한 해임건의권 등은 대통령제의 요소라고 볼 수 없다. 따라서 현 정부형태도 종전의 헌법과 마찬가지로 대통령제에 가까운 절충형 내지 변형된 대통령제라 할 수 있다.

3. 통치작용

통치작용이라 함은 국가작용 또는 국가기능을 지칭하는 것이지만, 오늘날에는 몽테스키외의 권력분립론에 따라 통치작용을 입법·집행·사법작용으로 분할하고 이들을 각기 분리·독립된 기관으로 하여금 담당하게 하는 것이 일반적인 경향이다. 우리 헌법도 통치작용을 입법·집행·사법으로 3분하는 권력분립을 규정하고 있다. 입법·집행·사법을 실질적으로 정의하면, 입법은 국가기관이 "일반적·추상적인 성문법규범을 정립하는 작용"이라 할 수 있고, 행정은 "입법의 하위작용으로서 법을 구체적으로 집행함으로써 현실적인 국가목적을 실현하는 형성적 국가작용"이라 할 수 있으며, 사법은 "구체적인 법적 분쟁이 발생한 경우에 당사자로부터 쟁송의 제기를 기다려, 독립적 지위를 가진 기관이 제3자적 입장에서 무엇이 법인가를 판단하고 선언함으로써 법질서를 유지하기 위한 작용"이라 할 수 있다.

II. 우리 헌법상의 통치기관

1. 국 회(입법부)

(1) 의회제도의 연혁

의회라 함은 정기적으로 국민에 의하여 공선된 의원들로 구성되는 합의체의 국가기관을 말한다. 그와 같은 의회가 다수결의 원리에 따라 입법이나 그 밖의 정책 등을 결정함으로써 의회를 중심으로 국정이 운용되는 정치방식을 의회주의 또는 의회정치라 한다. 근대적 의회제도의 기원은 영국의 모범의회에서 찾을 수 있다. 의회주의는 자유민주주의라고 하는 정치적 이데올로기를 기초로 하는 것이며 권력의 분립에 의한 권력균형의 원리에 입각하고 있기 때문에 오늘날에 있어서도 자유민주주의 국가에서는 불가결의 정치원리로 간주되고 있다. 의회제는 국민대표기관으로서의 기능을 해야 하고(대표기능성), 의회의 많은 의견을 자유로운 토론과 타협을 통하여 합의체의 다수로서 결정하는데(합의기능성) 그 본질이 있다.

(2) 국회의 헌법상의 지위

국회의 헌법상의 지위는 각 국가의 정치형태에 따라 동일하지 아니하나, 어느 국가를 막론하고 국회가 국민의 대표기관이고, 입법기관이며 또한 국정의 통제기관이라는 점에서는 공통된 성격을 갖는다.

첫째, 국회가 국민의 대표기관이라는 의미는 법적 대표관계를 의미하는 것이 아니라, 이념적 통일체로서의 전체국민을 정치적·이념적으로 대표한다는 것을 의미한다.

둘째, 국회가 입법기관이라 함은 실질적 의미의 입법에 관한 권한은 헌법에 다른 규정이 없는 한 원칙적으로 국회가 단독으로 그리고 완결적으로 행사한다는 것을 의미한다. 그러나 오늘날에는 국가기능의 증대와 입법대상의 확대로 입법에 있어서 고도의 전문성과 기술성이 요구되어 행정부의 역할이 크게 증대되고 정당정치의 발달로 입법기관으로서의 국회의 역할이 크게 저하되어 국회의 '통법부화'현상이 초래되고 있다.

셋째, 국회가 국정통제기관이라는 것은 국회가 대의적인 중심기관인 동시에 입법기관이요 예산심의기관으로서 집행부와 사법부의 국정수행을 감시·견제·비판함으로써 통치권행사의 절차적 정당성을 보장한다는 뜻이다. 오늘날 어떠한 정부형태이든 헌법과 법률에 의한 행정을 보장하기 위하여 정부를 감시하고 비판한다고 하는 국회의 국정통제기관으로서의 지위는 강화되고 있다. 헌법이 규정하는 국회의 정부통제권으로서는 국회의 국무총리·국무위원 해임건의권(제63조), 대통령 기타 고급공무원 등에 대한 탄핵소추권(제65조), 국정감사권·국정조사권(제61조), 국무총리·국무위원에 대한 국회에의 출석·답변요구권(제62조), 예산안심의 확정권(제54조), 중요한 재정정책에 대한 승인권(제55조 제2항, 제58조), 계엄해제요구권(제77조 제5항) 등을 들 수 있다.

(3) 국회의 구성과 운영

(가) 국회의 구성과 내부조직　국회의 구성은 통상 양원제나 단원제로 운영되는데, 양원제는 몽테스키외(Montesquieu), 브라이스(Bryce) 등에 의해 주장된 것으로 국회를 두개의 상호 독립한 합의체기관으로 구성하고 상호독립해서 활동하되 원칙적으로 두 합의체기관의 일치된 의사만을 국회의 의사로 간주하는 국회의 구성원리를 말한다. 양원제의 장점은 심의를 신중히 하여 경솔을 방지하며, 상원을 직능대표로 하여 하원을 견제하고, 정부와 하원이 충돌하였을 때 상원이 중재적 역할을 담당하게 되고, 상원이 원로원 구실을 함으로써 급진적인 개혁을 방지한다는 점 등을 들 수 있는 반면, 단점으로는 의결의 지연과 비용이 과다하게 드는 점, 국회의 책임소재가 불분명하다는 점등을 들 수 있다. 단원제는 루소(Rousseau), 시에스(Siéyès) 등에 의해 주장된 것으로 국회를 하나의 합의기관으로 구성하는 국회의 구성원리를 말한다. 단원제의 장점은 신속한 국정처리가 가능하고 비용이 경감된다는 점, 책임소재가 분명하다는 점, 국민의사를 직접적으로 반영할 수 있다는 점 등을 들 수 있는 반면, 단점으로는 경솔한 의결의 우려가 있고, 정부와 국회의 충돌이 있을 때 해결이 곤란하고, 의회의 정부에 대한 횡포가 우려된다는 점 등을 들 수 있다.

우리 헌정사상 제2공화국 헌법(제3차 개헌)하에서는 양원제가 실시되었으나, 그 외는 국회의 구성을 단원제로 하였다(제1차 개헌시 헌법은 국회를 양원제로 하였으나, 참의원선거를 실시하지 않아 단원제로 운영되었다). 현행 헌법도 구헌법과 마찬가지로 국회의 구성을 단원제로 하고 있다. 국회의원의 선거는 지역구에서 245명을 소선거구 상대적 다수대표제로 뽑고, 54명은 비례대표 국회의

원으로 명부식 비례대표제로 뽑으며 의원의 임기는 4년이다.

국회의 내부조직으로는 의장과 부의장, 위원회, 원내교섭단체가 있다. 의장 1인과 부의장 2인은 국회본회의에서 무기명투표로 국회재적의원 과반수득표로 선출되며 임기는 2년이다. 국회의 위원회에는 상임위원회와 특별위원회가 있다. 우리나라는 상임위원회 중심주의를 취하고 있다. 정당의 소속의원이 정당단위로 하거나 다른 교섭단체에 속하지 아니하는 의원 20인 이상으로 교섭단체를 구성할 수 있다.

(나) 국회의 운영　국회의 회의는 회기, 정기회와 임시회, 회계연도 등에 의하여 운영된다. 회기는 국회가 의안처리를 위하여 집회한 날로부터 폐회일까지의 국회의 활동기간을 말한다. 국회의 집회는 정기회와 임시회로 구분되는데, 정기회란 국회가 매년 1회 정기적으로 집회하는 것을 말한다. 우리 국회는 매년 9월 1일에 정기회를 집회해서 최장 100일 동안 활동한다. 임시회란 국회가 필요에 따라 수시로 집회하는 것을 말하며, 임시회기는 30일을 초과할 수 없다. 총회기의 제한은 현행 헌법에서 폐지되었다. 임시회는 대통령 또는 국회의 재적의원 4분의 1 이상의 요구에 의하여 집회한다. 회계연도란 국가예산편성과 집행의 기준기간을 말한다. 우리나라의 회계연도는 1월 1일부터 12월 31일까지이다.

(다) 국회의 의사원칙　국회의 의사원칙으로는 의사공개의 원칙, 회기계속의 원칙, 일사부재의의 원칙 등이 있다. 우리 헌법은 제50조에서 국회의사의 공개원칙을 규정하고 다만 출석의원 과반수의 찬성이 있거나 의장이 국가안전보장을 위하여 공개하지 않을 수 있도록 하였다. 그리고 국회에 제출된 법률안 기타의 의안은 회기 중에 의결되지 못한 이유로 폐기되지 아니한다고 하여(제51조) 회기계속의 원칙을 정하고 있다(의원의 임기만료나 해산시는 예외). 일사부재의의 원칙이란 한 회기에 있어서 부결된 안건은 회기 중에 다시 제출하지 못한다는 것으로 소수파에 의한 의사진행방해(filibuster)를 막기 위한 것이다. 그러나 다음 회기에 다시 심의하거나 의제로 된 안건이 의결전에 철회된 경우, 위원회의 결정으로 본회의에서 다시 심의하거나 동일대상에 대한 해임건의안이라도 새로운 사유에 의한 경우, 동일문제라도 사정변경으로 목적, 수단, 방법 등이 변경된 경우는 예외이다.

(4) 국회의 권한(기능)

(가) 입법에 관한 권한(입법기능)　헌법 제40조에 따라 국회가 갖는 입법에 관한 권한이 무엇을 의미하는 가에 대해서는 실질설, 형식설, 양립설의 대립이 있지만, 다수설인 실질설은 국민의 권리·의무에 관한 규정, 즉 법규를 정립하는 작용으로 본다. 이렇게 볼 때 입법에 관한 권한의 구체적 범위는 실질적 의미의 입법에 관한 권한 중에서 헌법정책상 헌법자체가 그 밖의 국가기관의 권한으로 하고 있는 것을 제외한 나머지, 즉 헌법개정의 발의·의결권·법률의 제정권, 조약의 체결·비준에 대한 동의권, 국회규칙제정권 등이다. 아무튼 입법에 관한 권한은 국회의 가장 고전적인 권한이다.

대표적인 법률의 제정절차를 상술하면 다음과 같다.

법률안의 제안은 국회의원과 정부가 할 수 있다(제52조). 다만 국회의원이 제출하는 경우는 10인 이상의 찬성을 얻어야 한다. 법률안이 제출되면 소관 상임위원회에 회부하며, 위원회의 심사가 끝나면 의안은 본회의에 붙여진다. 위원회는 법률안의 폐기권을 가지는데, 이를 보류함(pigeon hole)이라 한다. 그러나 법률안의 폐기결정이 본회의에 보고된 날로부터 7일 이내에 의장이 요구가 있을 때에는 이를 본회에 상정하여야 하며, 이를 위원회의 해임(discharge of committee)이라 한다(국회법 제87조 제1항). 본회의에 붙여진 법률안의 의결은 재적의원 과반수의 출석과 출석의원 과반수의 찬성으로 통과된다.

법률안이 본회에서 의결되면 정부에 이송한다. 정부에 이송된 법률안에 대하여 이의가 있을 때에는 대통령은 법률안이 이송된 날로부터 15일 이내에 이의서를 붙여 국회에 환부하고 그 재의를 요구할 수 있다. 국회의 폐회중도 같다(제53조 제2항). 이와 같은 대통령의 법률안거부는 환부거부(direct veto)라야 하며, 국회의 임기가 만료하거나 국회가 해산된 경우를 별도로 하고는 보류거부(pocket veto)는 인정되지 않는다. 환부거부된 법률안은 재적의원 과반수의 출석과 출석의원 3분의 2 이상의 찬성으로 재의결되면 법률로서 확정된다(제53조 제3항). 대통령이 15일 이내에 법률의 공포나 재의를 요구하지 않으면 그 법률안은 법률로서 확정된다(제53조 제4항).

이렇게 확정된 법률을 대통령이 지체없이 공포하지 않거나 국회의 재의결로 확정된 법률이 정부에 이송된 후 5일 이내에 공포하지 아니할 때에는 국회의장이 이를 공포한다(제53조 제6항).

법률은 특별한 규정이 없는 한 공포한 날로부터 20일을 경과함으로써 효력을 발생한다(제53조 제7항).

(나) **재정에 관한 권한**(재정기능) 재정은 행정작용에 속하나 그것이 국민의 재산과 권리에 미치는 영향 때문에 현행 헌법은 재정에 관한 중요사항은 반드시 국회의 의결을 거치도록 하는 '재정에 관한 국회의결주의'를 채택하고 있다. 즉, 조세법률주의(제59조), 국회의 예산 및 추가경정예산안의 심의・확정권(제54조, 제56조), 계속비에 대한 국회의 의결권(제55조 제1항), 국회의 결산심사권(제55조 제2항), 국채의 모집과 예산의 국가의 부담이 될 계약의 체결에 대한 의결권(제58조) 등이 그것이다. 재정에 관한 권한 중 중요한 것은 예산안의 심의・확정권이다. 예산안은 정부가 회계년도 개시 90일 전까지 국회에 제출하고 국회는 회계년도 개시 30일 전까지 이를 의결하여야 한다. 예산안이 새로운 회계년도가 개시될 때까지 의결되지 못할 때는 정부는 예산안이 의결될 때까지 일정한 목적의 경비는 전년도 예산에 준하여 세입의 범위내에서 지출할 수 있다.

(다) **국정통제에 관한 권한**(통제기능) 국회는 국민의 가장 중심적인 대의기관으로서 국정전반에 대한 통제권을 갖는다. 국회의 탄핵소추의결권(제65조)과 국정감사 및 조사권(제61조)이 가장 대표적인 통제권이다. 탄핵소추의결권은 대통령, 국무총리, 국무위원, 행정각부의 장, 헌법재판소 재판관, 법관, 중앙선거관리위원회 위원, 감사위원, 기타 법률이 정한 공무원이 직무집행과 관련하여 고의 또는 과실로 헌법과 법률에 위배되는 행위를 한 경우에 하는 것으로 국회는 탄핵소추만을 할 수 있고, 탄핵심판과 결정은 헌법재판소가 담당한다.

국정감사는 국정전반에 대하여 국회가 매년 실시하는 것을 말하고, 국정조사는 국회가 국정의 특정사안에 관하여 조사하는 것을 말한다. 그 밖에도 계엄해제요구권(제77조 제5항), 국방・외교정책에 대한 동의권(제60조), 일반사면에 대한 동의권(제79조 제2항), 국무총리・국무위원에 대한 해임건의권(제63조), 그리고 국무총리・국무위원 등의 국회출석요구 및 질문권(제62조 제2항)과 같은 실질적인 행정부통제권도 국회에 부여되어 있다.

(라) **헌법기관 구성에 관한 권한**(인사기능) 국회는 대통령의 국무총리 임명에 대한 동의권(제86조 제1항), 대법원장 및 대법관 임명에 대한 동의권(제98조 제2항), 헌법재판소재판관 및 중앙선거관리위원회 위원의 일부(3인) 선출권(제111조 제3항, 제114조 제2항), 대통령결선투표권(제67조 제2항) 등을 가지는데, 이는 국회가 여러 통치기관 중에서도 그

민주적 정당성이 가장 강한 기관이므로 통치기관의 민주적 정당성을 높인다는 점에서 중요한 의미가 있다.

(마) **국회내부사항에 관한 자율권**(자율기능) 국회는 다른 국가기관의 간섭을 받지 아니하고 헌법·법률·국회규칙에 따라 의사와 내부사항에 관하여 독자적인 결정을 할 수 있는 권한인 자율권을 가진다.

(5) **국회의원의 지위**

국회의원은 국정의 중심체인 국회의 구성원으로서의 지위를 가지며 국민대표로서 광의의 공무원이다. 그러므로 국민전체에 대한 봉사자로서 국민에 대한 책임을 진다. 국회의원은 선거구민의 의사에 의해서 선출되지만, 일단 국회의원에 당선된 이상 자기선거구민의 대표가 아니고 전체국민의 대표로서 행동한다. 20세기의 정당국가적 상황하에서는 정당의 구성원으로서의 지위도 가지지만, 국가의 이익과 정당의 이익이 충돌할 때에는 국민대표로서의 지위가 앞선다. 국회의원이 이러한 중책을 완수하는 데 필요한 한도내에서 헌법과 국회법은 다른 공무원에 볼 수 없는 특권과 의무를 부여하고 있다.

(가) **국회의원의 특권**

① 의원의 불체포특권 국회의원은 현행범의 경우를 제외하고는 회기중 국회의 동의없이 체포 또는 구금되지 아니하며 국회의원이 회기전에 체포 또는 구금된 때에는 현행범인이 아닌 한 국회의 요구가 있으면 석방된다(제44조). 이는 회기 중에만 누리는 일시적인 특권으로 형사책임이 면제되는 것은 아니다. 이 특권은 국회자체의 특권이자 국회의원의 특권이므로 포기할 수 없다.

② 의원의 발언·표결에 대한 면책특권 국회의원은 국회내에서 직무상 행한 발언과 표결에 관하여 국회 외에서 책임을 지지 않는다(제45조). 이 특권은 범죄가 성립은 되나 다만 국회의원이라는 신분 때문에 소추가 불가능하다는 인적 처벌조각사유이다. 이 특권 역시 국회의원이 포기할 수 없으며, 외부에 대한 면책을 의미하는 것이지 국회내에서의 징계책임까지 면제되는 것은 아니다.

③ 세비 및 기타 편익을 받을 권리가 특권인지 여부에 대해서는 논의가 있지만, 수당과 여비를 받을 권리, 국유교통수단의 무료이용권 등이 있다.

(나) **국회의원의 권리와 의무** 국회의원은 국회의 운영과 활동에 관한 권리를 가지고 있는데, 발의권, 질문권(발문권), 질의권, 토론권, 표결권, 자율권 등이 그것이다. 한편, 국회의원은 국민 전체에 대한 봉사자로서 국민 전체의 이

익을 위하여 전체국민에 대하여 책임을 진다. 이러한 책임과 관련하여 국회의원은 헌법상 청렴의무, 직권남용금지의무, 겸직금지의무, 국익우선의무 등을 지며, 국회법상으로도 국회 및 본회의에 출석의무, 의사에 관한 법령·국회규칙의 준수의무, 다른 의원을 모욕하거나 다른 의원의 발언을 방해하지 않을 의무, 국정감사·조사에 있어서 일정한 주의의무, 국회의 의결과 의장의 내부경찰권에의 복종의무 등을 진다.

2. 정　부(집행부)

(1) 정부의 개념

정부의 개념은 다양하게 사용된다. 가장 넓은 의미에서는 국가전체의 의미로 사용되기도 한다. 이러한 의미에서는 입법·행정·사법의 총체로서의 정부를 의미한다. 좁은 의미로서의 정부는 입법부와 사법부에 대비되는 행정부로서의 정부를 의미한다. 그리고 가장 좁은 의미로서의 정부는 행정부에서 대통령을 제외한 내각을 지칭한다. 우리 헌법상의 정부는 대통령과 행정부를 포함한 대통령제정부로서의 정부의 개념과 같다(헌법 제4장).

(2) 대통령

(가) 대통령의 헌법상 지위와 권한　우리 헌법상 대통령은 국가의 원수이며 행정부의 수반으로서 국민에 의해서 직접 선출되는데 그 임기중(5년 단임) 국회의 탄핵소추를 받지 않는 한 아무런 정치적 책임도 지지 않는 국정의 최고책임자로서의 지위를 가진다. 이와 같은 대통령의 지위는 크게 국가원수로서의 지위와 행정부 수반으로서의 지위로 나누어 볼 수 있다. 국가원수로서의 지위에서 대통령은 국가의 대표자, 국가수호자, 국정조정자, 국가기관구성자로서 일정한 권한을 가진다. 국가대표자로서 대통령은 조약체결준비권, 선전포고 및 강화권, 외교사절의 신임·접수·파견권, 외국 승인권 등을 가지며, 국가의 수호자로서 위헌정당해산제소권, 긴급재정경제명령·처분권 및 긴급명령권, 계엄선포권 등을 가지며, 국정조정자로서 헌법개정 발의권, 임시국회 소집요구권, 영전수여권, 사면권, 국군통수권, 국민투표부여권 등을 가지며, 국가기관구성자로서 대법원장·대법관, 헌법재판소장, 국무총리, 감사원장 임명권 및 헌법재판소 재판관 9인, 중앙선거관리위원회 위원 3인 임명권을 가진다. 한편, 행정부 수반으로서의 지위에서 대통령은 법령의 집행권, 행정의 지휘감독권, 일반공무원 임

명권, 대통령령 발포권, 국무회의 소집·주재권, 법률안 거부권 등을 가진다.

대통령의 국법상의 행위는 문서로 하여야 하며, 그 문서에는 국무총리와 관계 국무위원의 부서가 있어야 한다(제82조). 또한 일정한 사항(제89조)에 관하여는 사전에 국무회의의 심의를 거쳐야 하며, 국가안보와 관련하여서는 국가안전보장회의의 자문을 거쳐야 한다(제91조 제1항).

(나) **대통령의 신분상의 지위** 대통령은 국민의 보통·평등·직접·비밀선거에 의해서 선출되며, 최고득표자가 2인인 경우에는 국회의 재적의원과반수가 출석한 공개회의에서 다수표를 얻은 자를 당선자로 한다. 대통령후보자가 1인일 때에는 그 득표수가 선거권자 총수의 3분의 1 이상이 아니면 대통령으로 당선될 수 없다(제67조). 대통령의 임기는 5년이며, 중임할 수 없다(제70조). 그리고 중임변경 및 임기연장에 관한 헌법개정은 개정안 제안 당시의 대통령에게는 효력이 없다고 규정하여, 5년 단임을 하나의 중요한 헌법적인 결단으로 강조하고 있다. 단임제규정은 과거 우리나라 헌정사의 교훈으로부터 평화적 정권교체를 가능하게 하려는 배려라고 할 수 있다.

대통령은 취임에 즈음하여 선서를 하고(제69조), 일정한 의무가 부여 되는 한편(제83조), 대통령은 내란 또는 외환의 죄를 범한 경우를 제외하고는 재직 중 형사상 소추를 받지 아니하는 형사상의 특권을 보장받고 있다(제84조). 대통령은 퇴직 후에는 형사상 소추될 수 있으며 재직 중이라도 민사상의 책임은 면제되지 않는다. 그리고 대통령은 퇴임후 전직 대통령으로서의 예우를 받는다(제85조, 제90조 제2항).

(3) 행정부

(가) **국무총리** 현행 헌법은 대통령제를 기본으로 하고 있음에도 부통령제를 두는 대신에 의원내각제의 본질적인 요소로 간주되는 국무총리를 두고 있다. 우리 헌법상 국무총리는 국회의 동의를 얻어 대통령이 임명하는 집행부의 제2인자로서 대통령을 포괄적으로 보좌하는 헌법기관이다. 국무총리는 문민원칙에 따라 군인은 현역을 면한 후가 아니면 국무총리로 임명될 수 없다(제86조).

국무총리의 헌법상 지위는 대통령의 보좌기관으로서의 지위, 행정부의 2인자로서의 지위, 국무회의 부의장으로서의 지위, 대통령 다음가는 최고 행정기관으로서의 지위 등으로 나누어 볼 수 있다. 이러한 헌법상의 지위에 상응하여 대통령의 권한대행권, 행정부구성 관여권, 국정심의권, 부서권, 행정통할권, 총리령제정권, 의정관여권(국회출석·발언권) 등의 권한이 있다.

(나) **국무위원** 국무위원은 국무회의의 구성원이 되어 대통령을 보좌하는 지위를 갖는다. 국무위원은 총리의 제청으로 대통령이 임명하며 군인은 현역을 면한 경우가 아니면 국무위원이 될 수 없다(제87조 제1항, 제4항). 국무위원은 헌법상 국무회의의 구성원으로서의 지위와 대통령의 보좌기관으로서의 지위를 가지며, 대통령의 권한대행권, 국무회의의 심의·의결권, 부서할 권한과 국회에의 출석·발언권을 가진다.

(다) **국무회의** 국무회의의 형태와 성격은 정부형태에 따라 다르다. 의원내각제에서의 그것은 의결기관으로서의 지위를 가지는 반면, 대통령제에서의 국무회의(각료회의)는 대통령의 단순한 자문기관의 성격을 가지는 것이 원칙이다. 우리 헌법상의 국무회의는 단순한 자문기관이 아니고 정부의 권한에 속하는 중요정책을 심의하는 기관으로서, 헌법상의 필수기관이며, 최고의 정책심의기관이며, 독립된 합의제기관이다. 우리 헌법은 국무회의의 심의를 반드시 거쳐야 하는 정책사항을 16개 항목에 걸쳐 자세히 열거하고 있다(제89조). 이 점에서 대통령제하의 자문기관으로서의 성격을 가지는 그것과 분명히 구분되지만, 심의결과가 대통령을 법적으로 구속하지 않는다는 점에서 의원내각제하에서 의결기관으로서의 성격을 가지는 그것과도 구별된다. 이 점에서 우리나라의 국무회의는 양자의 중간적 성격을 가지는 심의기관이라 할 수 있다.

국무회의는 대통령을 비롯한 국무총리와 15인 이상 30인 이하의 국무위원으로 구성된다(제88조 제2항).

(라) **행정각부** 행정각부는 대통령을 수반으로 하는 행정부의 구성단위로서, 국무회의의 심의를 거쳐 대통령이 결정한 정책과 그 밖의 행정부의 권한에 속하는 사항을 집행하는 중앙행정기관이다. 행정각부장관은 국무위원 중에서 국무총리의 제청으로 대통령이 임명한다(제94조).

국무위원과 행정각부의 장은 비록 동일인인 경우에도 ① 국무위원은 심의기관인 국무회의의 구성원인데 대하여, 행정각부의 장은 이미 결정된 정책을 구체적으로 집행하는 기관이라는 점, ② 행정각부장관으로서의 지위는 법적으로 대통령이나 국무총리의 지휘·감독을 받는다는 점, ③ 국무위원은 사무의 한계가 없는데 대하여, 행정각부의 장에게는 각각 그 부에 국한되는 사무의 한계가 있다는 점 등에서 그 법적 지위는 서로 다른 것이다. 행정각부 장으로서의 권한은 부령발포권, 행정감독 및 처분권 등이 있다.

(마) 감사원 감사원은 세입·세출의 결산, 국가 및 법률이 정한 단체의 회계검사, 행정기관 및 공무원의 직무에 관한 감찰을 그 권한으로 하는 대통령 소속하의 독립된 합의기관이다(제97조).

감사원은 대통령소속하의 기관이지만, 기능상·직무상으로는 대통령으로부터 독립된 기관이며, 헌법의 필수기관이며 합의제기관이다.

감사원은 원장을 포함한 5인 이상 11인 이하의 감사위원으로 구성되며, 감사원장은 대통령이 국회의 동의를 얻어 임명하고, 감사위원은 원장의 제청으로 대통령이 임명하며, 감사원장과 감사위원의 임기는 모두 4년으로 1차에 한하여 중임할 수 있다(제98조).

(바) 대통령의 자문기관 대통령제 정부형태에 있어서 권력집중을 다소나마 완화하고, 국가원로와 전문가의 전문적 경험과 식견을 국정에 반영시키려는 목적으로 설치된 것이 자문기관이라고 할 수 있다. 헌법상 자문기관으로는 국가원로자문회의(제90조), 국가안전보장회의(제91조), 민주평화통일자문회의(제92조), 국민경제자문회의(제93조) 등이 있다. 국가안전보장회의는 국가안전보장에 관련되는 대외정책·군사정책과 국내정책의 수립에 관하여 국무회의의 심의에 앞서 대통령에게 자문하는 기관으로 헌법상 필수적 자문기관이다. 나머지 자문기관은 반드시 자문을 거쳐야 하는 것은 아닌 헌법상 임의적 자문기관이다.

(4) 선거관리위원회

헌법은 선거와 국민투표 및 정당에 관한 사무를 처리하게 하기 위하여 독립한 헌법기관으로서의 선거관리위원회를 두고 있다(제114조-제116조). 중앙선거관리위원회의 구성은 국회에서 선출하는 3인, 대법원장이 지명하는 3인, 대통령이 임명하는 3인의 위원으로 구성되며, 위원장은 위원 중에서 호선한다. 위원의 임기는 6년이고, 연임이 가능하며, 선거의 공정성을 보장하기 위하여 선거관리위원의 정당가입, 정치활동이 금지된다. 그리고 위원은 탄핵 또는 금고 이상의 형의 선고에 의하지 않고는 파면되지 않는다.

헌법 제116조는 「① 선거운동은 각급 선거관리위원회의 관리하에 법률에 정한 범위 안에서 하되 균등한 기회가 보장되어야 한다. ② 선거에 관한 경비는 법률이 정하는 경우를 제외하고는 정당 또는 후보자에게 부담시킬 수 없다」고 하여 선거공영제를 규정하고 있다.

3. 법 원(사법부)

헌법 제101조 제1항은「사법권은 법관으로 구성된 법원에 속한다」고 규정하여 사법권을 법원에 맡기고 있다.

(1) 법원의 조직 · 지위 · 권한

헌법 제101조 제2항은 법원은 최고법원인 대법원과 각급법원으로 조직된다고 하고 대법원과 각급법원의 조직은 법률로 정하도록 규정하고 있는데, 이에 관한 법률이 법원조직법이다.

법원조직법에 따르면 법원의 종류는 대법원 · 고등법원 · 특허법원 · 지방법원 · 가정법원 · 행정법원으로 하되, 지방법원과 가정법원은 그 사무의 일부를 처리하게 하기 위하여 그 관할구역내에 지원을 둘 수 있도록 되어 있다. 대법원에는 부를 둘 수 있고, 대법관 아닌 법관을 둘 수 있다.

군사법원은 헌법이 인정한 특별법원이며, 군사법원의 조직 및 권한 그리고 재판관의 자격은 법률로 정한다(제110조). 그 법률이 군사법원법이다. 군사재판의 상고심은 대법원이 관할한다. 비상계엄하에서의 군사재판은 군인 · 군무원의 범죄, 군사에 관한 간첩죄의 경우와 초병 · 유독음식물공급 · 포로에 관한 죄 중 법률이 정하는 경우에 한해서 단심으로 할 수 있다. 다만, 사형을 선고하는 경우에는 단심으로 할 수 없다(제110조 제4항).

법원, 특히 대법원은 주권행사기관으로서의 지위, 최고기관의 하나로서의 지위, 국민의 기본권보장기관으로서의 지위, 최고 · 최종심으로서의 지위, 위헌법률심사제청기관으로서의 지위, 최고사법행정기관으로서의 지위를 가진다.

법원은 민 · 형사사건을 비롯한 행정사건 기타 법률적 쟁송에 관한 재판권을 가지며, 그 외에도 명령규칙심사권(제107조 제2항), 위헌법률심사제청권(제107조 제1항), 대법원규칙제정권(제108조), 사법행정권, 법정질서유지권, 대법원장의 헌법재판소재판관(3인) 지명권, 대법원장의 중앙선거관리위원회 위원(3인) 지명권 등을 가진다.

(2) 사법권의 독립

사법권의 독립은 사법권을 입법권 및 행정기관으로부터 독립시키고 재판을 다른 권력 내지 세력의 간섭으로부터 독립시켜 법관이 누구의 지시나 명령에 구속되지 아니하고 오직 자기의 양심에 따라 재판함으로써 정당한 재판을 확보하려는 데 그 의의가 있다. 사법권의 독립은 입헌민주주의와 법치국가의 초석이며, 시민적 법치국가의 가장 중요한 조직적 징표로 간주되고 있다. 사법권의 독립은 법원(사법부)의 독립과 법관의 독립으로 나눌 수 있다.

(가) **법원(사법부)의 독립** 공정한 재판을 행함으로써 국민의 자유와 재산을 보호함을 사명으로 하는 법원은 입법부와 행정부로부터 독립되지 않으면 안된다. 따라서 법원은 내부규율과 사무처리를 자율적으로 할 수 있어야 한다(제108조).

(나) **법관의 독립** 법관의 독립은 직접 재판을 담당하는 법관이 공정하게 재판을 할 수 있도록 하기 위한 독립이다. 법관의 독립에는 법관의 직무상의 독립(물적 독립)과 신분상의 독립(인적 독립)을 내용으로 한다. 법관의 직무상의 독립은 법관이 재판을 행함에 있어서 일체의 외부작용으로부터 독립하여 '헌법과 법률에 의하여 양심에 따라서만 재판'함을 의미한다(제103조). 법관의 신분상의 독립은 재판의 독립을 확보하기 위하여 법관의 인사를 독립시키고, 법관의 자격과 임기를 법률로 규정함으로써 법관의 신분을 보장하는 것이다. 신분상의 독립은 결국 재판상의 독립을 확보하기 위한 전제로서의 보장이라고 하겠다.

(다) 기타 여론으로 부터의 독립도 중요하다. 데모 등의 대중운동, 공개재판에 앞서 피고인에게 불리한 자료의 보도 등은 사법권의 독립을 침해할 우려가 있다.

(3) 사법의 절차

재판의 심급제는 3심제를 원칙으로 한다. 그러나 종래 예외적으로 행정소송은 2심제로 고등법원이 제1심법원이었다. 이는 행정소송에 앞서 행정심판을 전치절차로서 거칠 것을 규정한 것을 반영한 것이라고 할 수 있다. 그러나 1998년 3월 1일부터 효력을 발생한 행정소송법, 법원조직법의 개정에 따라 지방법원급으로 행정법원을 설치하게 되고 행정심판전치주의도 임의적 전치주의로 바뀌게 되었다. 따라서 행정소송도 3심제가 되었다. 선거소송은 대법원이 단심으로 관할하는 것(대통령, 국회의원, 광역자치단체장선거)과 고등법원이 1심으로 관할하는 2심제가 있다. 비상계엄하의 군사법원도 일정한 경우에는 단심이다.

그리고 재판은 일반에게 공개함이 원칙이나, 재판의 심리가 국가의 안전보장 또는 안녕질서를 방해하거나 선량한 풍속을 해칠 염려가 있을 때, 법원의 결정으로 공개하지 아니할 수 있다(제109조). 그러나 이 경우도 판결의 선고는 반드시 공개해야 한다.

(4) 사법권의 한계

법원은 사법권의 범위내의 모든 쟁송을 관할하는 것이 원칙이겠으나, 사법권에는 실정법적 한계, 국제법적 한계, 사법본질상의 한계 및 정책적 또는 현실적 한계가 있다. 실정법적 한계는 실질적으로는 사법작용이나, 헌법이 다른 기관에 부여하고 있는 경우이다. 위헌정당해산심판권, 탄핵심판권, 위헌법률심판권, 헌법소원심판권, 권한쟁의심판권 등은 헌법이 헌법재판소의 권한으로 하고 있다. 국제법적 한계는 치외법권, 조약 등에서 논의되며, 사법본질상 사건성, 당사자적격, 소의 이익, 사건의 성숙성을 갖춘 사안에 대해서만 심판할 수 있는 한계가 있다. 고도의 정치성을 띤 통치행위, 자유재량행위, 행정소송에서의 이행판결 등은 권력분립원리 등과 관련하여 정책적 내지 현실적인 사법권의 한계로 논의되고 있다.

4. 헌법재판소

(1) 헌법재판소의 헌법상 지위

현행 헌법상의 헌법재판소는 위헌법률심판, 탄핵심판, 위헌정당해산심판, 헌법소원심판, 권한쟁의심판과 같은 정치적 사건(國事)을 사법적 절차에 따라 해결하는 심판기관이다. 현행 헌법은 제5공화국의 헌법위원회를 폐지하고 제2공화국 헌법에서 규정하였으나, 5·16쿠데타로 그 설치가 실현되지 못하였던 헌법재판소제도를 규정하고 있다(제111조-제113조).

헌법재판소는 헌법보장기관으로서의 지위를 가진다. 기관의 구성이 정치적인 것으로 정치적 심판기관의 성격이 전혀 없는 것은 아니지만, 헌법재판소는 정치적 헌법보장기관이라기보다는 사법적 헌법보장기관으로 보는 것이 타당하다. 그리고 헌법재판소는 주권행사기관으로서의 지위, 최종심판기관으로서의 지위, 기본권보장기관으로서의 지위 등을 가진다.

(2) 헌법재판소의 구성

헌법재판소는 법관의 자격을 가진 9인의 재판관으로 구성되며 재판관은 대통령이 임명한다. 이때 9인의 재판관 중 3인은 국회에서 선출하는 자를, 3인은 대법원장이 지명하는 자를 임명한다. 헌법재판소장은 국회의 동의를 얻어 대통령이 임명한다(제111조).

헌법재판소는 헌법재판소법에 의하여 조직되며, 재판관의 임기는 6년이고 법률이 정하는 바에 의하여 연임할 수 있다. 또한 헌법재판소 재판관은 정당에 가입하거나 정치에 관여할 수 없으며, 탄핵 또는 금고 이상의 형의 선고에 의하지 아니하고는 파면되지 않는다(제112조).

(3) 헌법재판소의 권한

(가) 위헌법률심판권 법률이 헌법에 위반되는 여부가 재판의 전제가 된 경우에는 법원은 헌법재판소에 심판을 제청하여야 한다(제107조 1항). 헌법재판소에 위헌여부의 신청을 한 경우에 당해사건은 헌법재판소의 결정이 있을 때까지 정지된다. 재판의 전제가 된 경우에만 위헌법률심사를 제청할 수 있다. 이것을 구체적 규범통제라 한다. 헌법재판소는 법률의 위헌결정을 할 때에는 재판관 3분의 2(6인) 이상의 찬성이 있어야 한다(제113조). 위헌결정을 받은 법률 또는 법률의 조항은 그 결정이 있은 날로부터 효력을 상실한다. 헌법재판소의 법률의 위헌결정은 법원 기타 모든 국가기관과 지방자치단체를 구속한다(일반적 효력).

(나) 탄핵심판권 일반 경찰권이나 검찰권으로는 사실상 소추가 불가능한 고위공직자가 직무상 위헌·위법행위를 한 경우에 국민의 대표기관인 국회가 탄핵소추하고 헌법재판소가 심판하여 공직으로부터 파면하는 제도가 탄핵제도이다. 국회는 대통령에 대해서는 재적과반수의 발의와 재적 3분의 2 이상의 찬성으로, 그 외의 탄핵대상자의 경우는 재적 3분의 1 이상의 발의와 재적 과반수의 찬성으로 탄핵소추를 할 수 있다(제65조). 국회의 탄핵소추의결이 있으면 해당 공직자의 공무집행이 정지된다. 헌법재판소의 탄핵결정은 재판관 3분의 2(6인) 이상의 찬성이 있어야 한다. 탄핵결정은 공직으로부터 파면함에 그치나, 민사상·형사상의 책임을 면제하는 것은 아니다(제65조).

(다) 위헌정당해산심판권 정당의 목적이나 활동이 민주적 기본질서에 위배될 때에는 정부는 헌법재판소에 그 해산을 제소하고 정당은 헌법재판소의 심판에 의하여 해산된다. 정당은 행정처분에 의해서는 강제해산될 수 없고 오직 헌법재판소의 결정에 의해서만 강제해산될 수 있게 한 것은 정당의 존속의 특권을 인정한 것으로 볼 수 있다. 정당이 헌법상 국가의 특별한 보호를 받는 결사라 하더라도 민주적 기본질서에 위배되는 정당을 해산시키는 것은 바로 방어적 민주주의정신을 표현한 것으로 볼 수 있다.

헌법재판소가 정당해산을 결정하는 경우에는 헌법재판소 재판관 3분의 2(6

인) 이상의 찬성이 있어야 한다(제113조).

헌법재판소에 의하여 위헌정당으로 해산되면 대체정당은 금지되며 해산된 정당의 잔여재산은 국고에 귀속된다. 그리고 해산된 정당 소속 국회의원은 의원직을 상실할 것인가에 대해서는 입법의 흠결로 인하여 견해의 대립이 있다.

(라) **권한쟁의심판권** 국가기관상호간, 국가기관과 지방자치단체간 및 지방자치단체 상호간의 권한쟁의가 있는 경우에는 헌법재판소가 결정한다. 이 경우 헌법재판소는 심판사항과 달리 재판관 과반수로 결정한다.

(마) **헌법소원심판권** 헌법소원이란 국민의 헌법상의 권리가 국가권력에 의하여 침해된 경우에 최종적으로 헌법재판소에 제소하여 구제를 청구하는 제도이다. 헌법소원은 현행 헌법에서 최초로 도입하였다. 상세한 제기요건이나 절차는 헌법재판소법에 규정되어 있다. 헌법소원은 주관적 권리보장이라는 의미 외에 객관적 헌법질서를 보장하는 기능도 아울러 가지고 있다.

헌법소원을 제기하기 위해서는 자신의 헌법상의 권리가 직접적·현실적으로 침해당했다고 주장하는 자(당사자적격자)가, 다른 구제수단을 경유하고(보충성), 권리보호의 필요성이 있는 경우에(소의 이익), 소송능력을 갖추어 제기하여야 하며(이상 실질적 요건), 소원형식을 구비하여 변호인을 선임하고(변호인선임의 능력이 없는 경우에는 국선변호인 선임을 신청), 제소기간내에 제소해야 한다(형식적 요건).

헌법소원에 대한 인용결정은 재판관 3분의 2(6명) 이상의 찬성이 있어야 한다. 인용결정은 모든 국가기관 및 지방자치단체를 구속한다. 그리고 공권력의 불행사에 대한 헌법소원을 인용하는 결정을 한 때에는 피청구인은 결정의 취지에 따라 새로운 처분을 하여야 한다.

(바) **헌법재판소규칙제정권** 헌법재판소는 법률에 저촉되지 아니하는 범위 안에서 심판에 관한 절차, 내부규율과 사무처리에 관한 규칙을 제정할 수 있다(제113조 제2항).

제 2 장 행 정 법

제 1 절 행정법 서론

Ⅰ. 행　　정

행정법은 행정을 그 규율대상으로 하는 법으로서 행정법의 이해는 행정의 개념을 이해하는 것으로부터 시작된다. 행정의 개념에 대해서는 실질적 의미에 있어서의 행정의 개념파악이 중요하며 이에 관해서는 적극적으로 정의하기를 단념하고 파악하는 견해(소극설)와 적극적으로 행정을 정의하려는 견해가 있다. 적극적인 견해 중 "법아래서 법의 규제를 받으면서 현실적 · 구체적으로 국가목적의 적극적 실현을 향하여 행하여지는 전체로서의 통일성을 가진 계속적인 형성적 국가활동"이라고 정의하는 입장인 결과실현설(양태설)이 지배적인 견해라 할 수 있다.

Ⅱ. 행 정 법

1. 행정법의 의의

행정법이란 행정의 조직과 작용 및 구제에 관한 국내공법을 말한다. 즉 국가 · 공공단체 등 행정주체의 기관의 설치 · 권한 및 기관상호간의 관계 등에 관한 법(행정조직법)과 행정주체와 사인간의 공법상 법률관계에 관한 법(행정작용법) 및 행정작용에 대한 개인의 권리구제에 관한 법(행정구제법)을 총칭한다. 행정법에 있어서는 다른 법체계와는 달리 행정법이라고 칭하는 통일법전이나 통칙적 규정이 있는 것은 아니며 행정의 조직과 작용 및 권리구제에 관한 무수한 개별법의 형태로 존재하게 되며 이 경우에 전체로서 공통의 지도원리를 가진 통일적 법체계를 이루고 있음에 착안하여 행정법이라고 부르고 있음을 유의할 필요가 있다.

2. 행정법의 특색

행정법을 전체로서 통일적인 법체계로 구성하게 하며 다른 법체계와의 관계에서 구별지우는 특수성은 보통 규정의 형식·성질 및 내용으로 나누어 고찰할 수 있다.

(1) 규정의 형식상 특색

(가) 성문성 행정법은 획일성·강행성을 갖기 때문에 법적 안정성을 도모하기 위하여 원칙적으로 성문법으로 되어 있다.

(나) 형식의 다양성 행정법의 규율대상인 행정은 전문성과 유동성이 강하므로 이에 따라 행정법의 형식은 법률뿐 아니라 행정입법(즉, 행정부의 위임명령·집행명령과 지방자치단체의 조례·규칙)의 형식도 취하게 된다.

(2) 규정의 성질상 특색

(가) 획일성·강행성 행정법규는 보통 다수의 국민을 그 규율대상으로 하며, 행정목적을 달성하기 위하여 당사자의 의사를 무시하고 행정권에 의한 일반적·획일·평등한 규율을 행하는 점에서 다른 법과 현저하게 그 성질을 달리한다.

(나) 기술성 행정법은 국가공공이익을 실현함을 목적으로 하며 이 목적에 봉사할 수 있는 기술적·수단적 성질을 가진다. 따라서 행정법의 해석·운용에 있어서는 합목적적으로 해석·운용할 필요가 생기게 된다.

(다) 명령성 법규는 명령규범과 능력규범이 있는데 행정법은 전자를 원칙으로 한다. 이를 위반하면 처벌이 가해지나 능력규범의 위반은 무효인 것이 일반이다.

(라) 행위규범성 행정법은 법치주의의 원칙에 따라 행정권의 활동의 기준이 되고 국가와 국민간의 권리·의무를 설정하여 주는 측면이 강하므로 사법의 특성인 재판규범성보다는 행위규범으로서의 성격과 기능이 강조된다.

(3) 규정의 내용상 특색

(가) 행정주체의 우월성 행정법은 전체적으로 볼 때 행정주체의 행위를 법률로 엄격하게 기속하는 반면에 실정법상 행정주체의 우월성을 승인하여 행

정주체의 의사에 우월적 효력을 인정하는 등 특별한 취급을 하고 있다.

(나) 공익우선성 행정주체가 사인과 대등한 입장에서 활동하도록 되어 있는 경우에도 행정법은 공익목적의 달성을 위하여 일반사법과는 다른 특별한 법적 취급을 인정하고 있는 것이 많으며 해석상으로도 특별한 취급을 인정하여야 할 경우가 많다.

3. 행정법의 법원

(1) 행정법의 법원의 의의

행정법의 법원이라 함은 행정기관의 조직과 작용 및 권리구제에 관한 실정법의 존재형식을 말한다. 행정법은 원칙적으로는 성문법(제정법)의 형식으로 존재하지만 불문법(비제정법)의 형식으로도 존재한다.

(2) 행정법의 성문법주의

행정법은 그 특성상 획일성・강행성・기술성을 가지며 행정작용과 관련된 국민의 권리와 자유를 보장하기 위하여 원칙적으로 성문법주의를 취하고 있다. 이에 해당하는 성문법으로는 헌법, 법률, 행정기관이 제정하는 명령, 지방자치단체가 정립하는 자치법규 및 국제법규가 있다. 그러나 행정법의 성문법주의는 엄격하게 적용되지는 않는다. 이는 행정법의 규율대상이 지극히 전문적・기술적이면서 유동적이기 때문에 아직 성문법이 정비되지 않은 영역도 존재하고 있다는 점과 기존 실정법도 행정대상의 가변성 때문에 빈번하게 개정되어야 할 필요성이 생기기에 성문법의 공백을 보충하고 기존 법상호간의 모순이나 불통일을 제거하기 위해 불문법의 도움을 필요로 하기 때문이다.

(3) 행정법상의 불문법

행정법에 있어서는 불문법도 보충적 법원이 되는데 이는 관습법, 판례법과 조리가 존재한다.

(가) 관습법 관습법은 행정의 영역에서 국민의 전부 또는 일부사이에 다년간 계속하여 동일한 사실이 관행으로써 성립되고 이 관행을 준수함이 국민일반의 법적 확신을 얻음으로써 성립하는 법규범을 말한다. 행정법에서는 행정선례법과 민중적 관습법의 유형이 존재한다.

(나) 판례법 행정쟁송에 관한 법원(특히 최고법원인 대법원)의 판결 중에 내포되어 있는 법의 해석・운용의 기준이 반복되어 쌓여서 행정법 전체에 걸친

기본적인 법원칙으로서 확립되는 것을 말한다.

(다) 조 리　조리는 일반사회의 정의감에 비추어 반드시 그리하여야 할 것이라고 인정되는 것을 말하며 성문법, 관습법, 판례법이 모두 없는 경우의 최후의 보충적 법원으로서의 중요성을 가진다. 행정법에 있어서 의미가 있는 조리로서는 신뢰보호의 원칙, 평등의 원칙 및 비례의 원칙이 있다.

Ⅲ. 행정법관계

1. 행정상 법률관계의 종류

일반적으로 행정상의 법률관계라 함은 행정권의 주체인 국가 또는 공공단체와 그 상대방인 사인간의 법률관계, 즉 행정작용법관계를 의미하나 넓은 의미에서는 이 밖에도 행정조직법관계까지도 포함한다.

(1) 행정조직법적 관계

행정관청상호간의 관계, 기관위임사무에 관한 국가행정기관의 장과 지방자치단체의 장과의 관계 등과 같이 행정기관 상호간 내지는 행정기관의 내부적 관계가 행정조직법적 관계이며, 이러한 관계에서 발생한 분쟁은 행정기관 내부의 문제로서 법률상 쟁송이 아니고 특별한 법률규정이 없는 한 법원에 출소할 수 없고 내부적으로 해결되어진다.

(2) 행정작용법적 관계

행정주체와 사인 사이의 관계에 있어서는 적용되는 법규가 공법인 공법관계와 사법적 규율을 받는 사법관계가 있다. 일반적으로 공법관계를 행정법관계로 지칭한다.

(가) 행정상의 사법관계(국고관계)　행정주체가 당사자인 경우에도 행정주체가 우월적 지위에서가 아니고 사법상 재산권의 주체(국고) 즉, 사인으로서 일반사인에 대하는 경우에는(예컨대 국가가 물품구매계약을 하거나 도로·교량의 건설도급계약을 하는 경우) 사법의 적용을 받게 되며 따라서 사법관계가 된다.

(나) 공법관계　공법적인 특수한 법규나 법원칙이 적용되는 관계인 공법관계는 권력관계와 관리관계로 나뉘어진다. 권력관계는 행정주체가 법률상 우월한 의사주체로서 사인에게 명령·강제하는 법률관계를 말하고 관리관계는 공물법이나 공기업법 등에 의한 재산관리·사업경영과 같이 행정주체가 공권력주

체로서가 아니고 사업 또는 재산의 관리주체로서 사인에 대하는 관계로서 성질상으로는 사인의 사업경영 등과 유사하지만 그것이 공행정으로 공공복리와 밀접한 관련이 있으므로 실정법상 공공복리를 보호할 필요상 특수한 법적 규율을 받게 하는 관계를 말한다.

2. 행정법관계의 특색

행정법관계에 대하여는 행정목적달성을 위하여 사법관계와는 다른 여러 특색이 인정되는 데 주로 공법관계 중에서 권력관계에서 현저하게 나타난다. 이에 해당하는 예로는 공정력, 확정력, 강제력과 권리 · 의무와 권리구제수단상의 특수성을 들 수 있다.

(1) 행정의사의 공정력

공정력이라 함은 행정행위가 행하여지면 비록 법정요건을 갖추지 못하여 흠이 있더라도 그 흠이 중대하고 명백하여 무효로 인정되는 경우를 제외하고는 행정기관의 판단을 우선시켜 권한있는 기관에 의하여 취소되기까지는 상대방이나 제3자에 대하여 일응 구속력이 있는 것으로 통용되는 힘을 말한다. 그러나 행정행위가 부존재하거나 비권력행정의 경우에는 공정력이 인정되지 않는다.

(2) 행정의사의 확정력(존속력)

행정행위의 확정력이라 함은 행정쟁송 제소기간의 경과나 기타의 사유로 말미암아 상대방이 행정행위의 효력을 다툴 수 없게 되는 힘인 불가쟁력(형식적 확정력)과 행정행위의 성질상 행정기관이 당해 행위를 임의로 취소 · 철회할 수 없는 힘인 불가변력(실질적 확정력)을 말한다.

(3) 행정의사의 강제력

행정기관의 의사의 실효성을 확보하기 위하여 인정되는 것으로서 행정법상의 의무이행을 강제하는 자력집행(행정강제)과 의무위반에 대한 제재로서 부과되는 제재력(행정벌)에서 이를 볼 수 있다. 이러한 행정강제도 법률에 근거가 있어야 가능하다.

(4) 권리 · 의무의 특수성

행정법관계에서의 권리 · 의무인 공권과 공의무는 공익적 성격 때문에 그 이전성이나 포기가능성이 제한되고 특별한 보호와 강제가 가해지게 된다.

(5) 권리구제수단의 특수성

행정법관계에서 권리가 침해된 때에는 사권이 침해된 경우와는 다른 특별한 구제수단이 마련되어 있는 바 행정상의 손해배상과 손실보상제도와 행정쟁송제도인 행정심판과 행정소송이 그것이다.

3. 행정법관계에 대한 사법규정의 적용

공법관계에 대하여는 이에 적용되는 특칙적 규정이 없을 뿐만 아니라 적용될 법규 또는 법원칙이 결여된 경우도 적지 아니하다. 따라서 공법관계에 대한 적용법규가 결여된 경우에 사법규정 또는 사법원리의 유추적용이 인정될 수 있을 것인지가 문제된다. 이에 대해서는 우선 보통 사법규정 속에 포함되어 있는 일반법원리적 규정은 공법관계에도 유추적용될 수 있다고 보는데, 이에 해당하는 규정은 신의성실과 권리남용금지, 자연인·법인·물건·의사표시·대리·부관·기간·시효 등 민법총칙의 규정들과 사무관리·부당이득·불법행위 등 채권법 중의 일부규정이 해당된다. 다른 한편으로 유추적용하려는 공법관계 그 자체의 성질도 검토하여 이 문제가 해결되어야 하는데 공법관계 중 권력관계에 있어서는 그 성질상 원칙적으로 사법규정이 적용될 수 없고 예외적으로 그 성질과 기능에 반하지 않는 한도에서 사법규정이 적용될 수 있고 관리관계에서는 공법적 규율과 사법적 규율이 혼합되어 있으므로 특별한 실정법 규정이 있거나 행정목적의 달성을 위하여 필요한 경우를 제외하고는 일반적으로는 사법규정이 적용되게 된다.

4. 특별권력관계

(1) 특별권력관계의 의의

특별권력관계는 특별한 법률원인에 의하여 성립되어 특별한 공법상의 목적을 위하여 필요한 범위 안에서 포괄적으로 일방이 타방을 지배하고 타방이 이 포괄적인 지배권에 복종함을 내용으로 하는 법률관계로서 국가 또는 지방자치단체의 일반통치권에 근거한 일반권력관계에 대응하는 개념이다. 특별권력관계의 개념은 연혁적으로는 입헌군주제 아래에서 군주에 의해 대표되는 행정권을, 입법권 및 사법권에 대해서 법률유보원칙을 제한하거나 사법심사 자체를 제한함으로써 그 독립적이며 고유한 권능을 가능한 한 확보하려는 목적으로 성립된 것으로서 법치주의와 기본권보장의 원칙이 확립된 오늘날의 헌법현실하에서는 많은 비판을 받고 있다.

(2) 특별권력관계의 성립

특별권력관계가 성립하기 위한 공법상의 특별한 법률원인에는 직접 법률의 규정에 의하여 성립하는 경우(예컨대 징병소집해당자의 입대나 죄수의 수감 등)와 상대방의 동의에 의하여 성립하는 경우(예컨대 공무원의 임명, 국·공립학교에의 입학이나 국·공립도서관의 이용 등)가 있다.

(3) 특별권력관계의 종류

특별권력관계에는 공법상의 근무관계(예컨대 공무원관계나 군인관계), 공법상의 영조물이용관계(예컨대 국·공립학교, 도서관, 국·공립병원의 이용관계), 공법상의 특별감독관계(예컨대 공공조합 또는 행정사무의 위임을 받은 자의 법률관계) 및 공법상의 사단관계(예컨대 공공조합과 그 조합원과의 관계)가 있다.

(4) 특별권력관계와 법치주의

현대적 헌법구조하에서는 오늘날 특별권력관계의 개념을 근거로 하여 헌법적 근거도 없이 법률유보의 원칙이나 사법심사를 제한하는 것은 인정되지 않는다. 따라서 특별권력관계에서도 구성원의 기본권의 제한은 일반권력관계에서와 같이 헌법 또는 법률에 근거하여야 하며 현실적으로도 대부분 법률에 근거를 두고 있다. 특별권력관계에서의 행위에 대한 사법심사의 범위의 문제에 있어서는 행위만을 사법심사의 대상이 되는 행정행위로 보는 것이 합리적이다. 이 경우에 사법심사가 가능한 기본관계란 특별권력관계 자체의 성립·변경·종료 또는 특별권력관계 구성원의 법적 지위 중 본질적인 것에 관련한 법률관계(예컨대 공무원의 임명, 전직·파면 또는 국·공립학교학생의 입학허가·정학·제적 등)를 의미하며 경영수행관계란 구성원이 특별권력관계내부에서 가지는 직무관계 또는 영조물관계에서 성립되는 경영수행적 질서에 관련된 법률관계(예컨대 공무원에 대한 직무명령, 수형자에 대한 행형 등)를 의미한다.

제 2 절 행정작용법

행정목적을 달성하기 위한 행정기관의 행위유형은 행정수요만큼이나 다양하게 나타나게 되지만 행정작용의 권력적 기초의 유무를 기준으로 할 때 권력적 행정작용인 행정행위, 행정입법, 행정계획 등과 비권력적 행정작용인 공법상 계약, 행정지도 등으로 대별할 수 있다.

I. 행정행위론

1. 행정행위의 개념

행정행위의 개념은 학자들의 이론에 의해 정립된 개념이기에 이에 관해서는 많은 주장이 있으나 "행정주체가 공법의 영역에 속하는 구체적 사실을 규율하기 위하여 외부에 대하여 직접적인 법적 효과를 발생하게 하는 권력적 단독행위"로 파악하는 것이 타당하다.

행정행위가 갖는 주된 기능은 우선 행정주체가 다른 권리주체에 대해서 구속력 있는 법률효과를 발생하게 하는 수단이 되며 행정집행을 위한 근거를 제공하며 또한 행정소송을 제기하기 위한 연결점으로서의 기능을 한다.

2. 행정행위의 종류

행정행위는 여러가지 기준에 따라 분류할 수 있는데, 주요한 분류방법은 다음과 같다.

(1) 법률행위적 행정행위와 준법률행위적 행정행위

양자는 행정행위의 구성요건인 정신작용의 내용과 법률효과의 발생원인에 따라 구별된다. 즉, 법률행위적 행정행위는 법집행을 위한 의사표시(효과의사의 표시)를 구성요소로 하고, 그 효과의사의 내용에 따라서 법률효과를 발생하는 행위이며(하명 · 허가 · 특허 · 인가 등), 준법률행위적 행정행위는 법집행을 위한 효과의사 이외의 정신작용(판단 · 인식 · 관념 등)의 표시를 요소로 하고 그 법률효과는 행위자의 의사 여하를 불문하고 직접 법규가 정하는 바에 따라 발생하는 행위이다(확인 · 공증 · 통지 · 수리 등). 이러한 분류는 민법상의 법률행위개념을 유추하여 행정행위를 분류하는 것인데, 행정청의 의사는 공무원의 심리적 의사가 아니라 법에 구체화된 객관적인 국가목적을 실현하는 의사에 불과하기 때문에 공무원 개인의 심리적 의사를 존중하는 이러한 분류법은 타당하지 않다는 견해도 있다.

(2) 수익적 행정행위와 부담적(침익적) 행정행위 그리고 복효적 행정행위

이는 행정행위의 법률효과의 성질에 따른 구별이다. 즉 행정행위가 상대방에게 수익적 내용을 부여하는가, 부담적 내용을 부여하는가, 또는 하나의 행위가 수익과 침익이라고 하는 복수적 효과를 발생하는가에 따라 수익적 행정행위와 부담적 행정행위 그리고 복효적 행정행위로 분류된다. 특히 복효적 행정행위는 그 복수적 효과가 동일인에게 발생하는 경우를 혼합효(예 : 부관부 행정행위)라고 하고, 1인에게는 이익을 타인에게는 불이익이라고 하는 상반된 효과를 발생하는 경우를 제3자효(예 : 주거지역내에 연탄공장설립허가)라고 한다.

(3) 기속행위와 재량행위

이는 행정행위에 대한 법의 구속의 정도를 기준으로 한 분류이다. 즉 행정작용의 근거가 되는 법률에서 입법자가 일의적으로 비교적 명확하게 규정하여 행정기관이 그 내용을 단순히 기계적으로 집행하는 경우에는 이를 기속행위라고 하고, 입법자가 다의적으로 규정하여 행정주체가 구체적인 행정현실에 직면하여 다양한 선택의 여지를 갖는 행정행위를 재량행위라고 한다. 재량행위는 어떤 행정행위에 대한 실행여부에 대한 선택의 자유가 인정되는 결정재량과 다수의 행정행위 중 어느 것을 실행할 것인가의 선택의 여지가 인정되는 선택재량으로 구분된다.

3. 행정행위의 내용

법률행위적 행정행위는 그 내용에 따라 명령적 행위와 형성적 행위로 나눠어진다. 명령적 행위는 국민에 대하여 작위·부작위·급부·수인의 의무를 부과하거나 그 의무를 해제하는 것을 내용으로 하는 행정행위를 말한다. 구체적으로 하명·허가·면제 등이 있다. 하명은 행정주체가 국민에 대하여 작위·부작위·급부·수인 등의 의무를 명하는 행위를 말하고, 이중 부작위를 명하는 행위를 금지라고 한다. 허가는 행정주체가 일반적으로 금지된 행위를 특정한 경우에 적법하게 일정한 행위를 할 수 있도록 금지를 해제하는 행위를 말한다. 면제는 법령에 의하여 부과된 작위·급부 등의 의무를 특정한 경우에 해제해 주는 행위를 말한다. 의무의 불이행에 대하여는 행정상의 강제집행이 행하여지고, 의무위반에 대하여는 행정벌이 과하여진다. 형성적 행위는 국민에게 특정한 권리 또는 포괄적인 법률관계 등 법률상의 힘을 발생·변경·소멸케 하는 행

정행위를 말한다. 구체적으로는 특허·인가·대리 등이 있다. 특허란 특정인을 위하여 새로운 법률상의 힘을 부여하는 것으로 새로운 권리나 능력을 설정하거나 법률상의 지위를 부여하는 행정행위를 가리키는 것이고, 인가란 제3자의 법률적인 행위를 보충하여 그 법률상의 효과를 완성시켜주는 행정행위이며, 대리란 제3자가 해야 할 행위를 행정주체가 대신하여 행하는 것을 말한다. 준법률행위적 행정행위에는 확인·공증·통지·수리행위 등이 있다. 확인행위는 특정한 법률관계의 존부(存否)나 정부(正否)에 관하여 의문이나 분쟁이 있을 때 행정청이 이를 공권적으로 판단해서 선언하는 행정행위이다. 공증행위는 의문이나 분쟁이 없는 특정한 법률사실 또는 법률관계의 존재를 공적으로 증명하는 행정행위이다. 통지행위는 특정인 또는 불특정 다수인에 대하여 특정한 사실을 알리는 행위이며, 수리행위는 타인의 행정청에 대한 행위를 유효한 것으로 받아들이는 행정행위이다.

4. 행정행위의 부관

행정행위의 효과를 제한 또는 보충하기 위하여 행정관청에 의해서 행정행위의 주된 의사표시에 부가되는 종적인 의사표시(規律)를 행정행위의 부관이라고 한다. 부관의 유형에는 아래와 같은 종류가 있다.

(1) 조 건

행정행위의 효과의 발생 또는 소멸을 장래의 불확실한 사실에 의존시키는 의사표시로서 이에는 조건에 의해서 당연히 행정행위의 효력이 발생하는 정지조건과 조건의 성취에 의하여 그 법적 효과가 소멸하는 해제조건이 있다.

(2) 기 한

행정행위의 효력이 발생 또는 소멸을 장래에 도달할 것이 확실한 사실에 의존하게 하는 부관으로서 이에는 시기와 종기가 있다.

(3) 부 담

행정행위의 주된 내용에 부가하여 상대방에게 작위·부작위·급부의무 등 특정의무를 부과하는 부관으로서 다른 유형의 부관과는 달리 행정행위의 구성요소가 아니라 독립된 행정행위로서의 성질을 갖는다.

(4) 철회권의 유보

행정행위의 주된 의사표시에 부가하여 특정한 사정하에서 행정행위를 철회할 수 있는 권한을 유보하는 의사표시를 말한다.

(5) 이 밖에도 그 부관성의 성질이 논란되고 있는 것으로서는 법률효과의 일부배제, 수정부담, 부담의 추가·변경 또는 보충권의 유보 등이 있다.

5. 행정행위의 하자

행정행위가 유효하게 성립하기 위한 법정요건(성립·발효요건, 적법요건)을 결함으로써, 그 효력이 완전하게 발생하지 못하는 경우를 행정행위의 하자라고 하는데, 행정행위의 하자의 효과에 관하여는 학설, 판례에 맡겨져 있지만, 그 유형을 대별하면 무효와 취소 및 철회가 있다.

(1) 행정행위의 무효

행정행위가 내용적으로 중대하고 외형적으로 명백한 하자가 있어서 행정행위로서의 외형은 존재하나 처음부터 행정행위로서의 효력을 발생하지 못하는 경우를 의미하며(중대명백설), 어느 누구에게도 구속력을 갖지 못하게 되며 단지 엄격한 요건하에서 유효한 행정행위로의 전환이 인정될 뿐이다. 행정행위가 성립되지 아니하거나 행정행위로 볼 수 있는 실체가 존재하지 않는 경우에는 행정행위의 부존재라고 한다.

(2) 행정행위의 취소

일단 유효하게 성립한 행정행위의 효력을 그 성립시에 있어서의 하자를 이유로 하여 행정기관이나 법원이 원칙적으로 과거에 소급시켜서 상실하게 하는 행위를 의미하며 그 주체에 따라 행정기관이 행하는 직권취소와 법원이 행하는 쟁송취소로 대별된다. 특히 수익적 행정행위를 직권취소하는 경우에는 많은 제한이 따르게 된다.

(3) 행정행위의 철회

행정행위가 하자없이 유효하게 성립하였으나 사후에 발생한 사정을 이유로 하여 장래에 향하여 그 효력을 소멸시키는 행위를 의미하며 이 경우에도 수익적 행정행위를 철회하는 경우에 많은 제한의 법리가 적용된다.

II. 행정입법론

1. 일 반 론

행정입법이라 함은 행정기관에 의한 일반적·추상적 규정의 정립작용을 의미한다. 원칙적으로 국민의 권리나 의무에 영향을 주는 법규의 정립은 의회입법주의의 원칙에 의해 입법부의 권한이나, 행정현실의 특성인 전문성, 다양성, 복잡성에 상응한 신속한 행정현실 해결의 필요성에 의해서 오늘날 행정기관에게도 일정한 제한하에서 이를 인정하고 있는 것이 일반적이다. 행정입법에는 법규명령, 행정규칙, 조례, 규칙 등이 있다.

2. 법규명령

행정기관이 제정하는 명령으로서 법규(즉, 직접 행정주체와 국민과의 관계에서 구속력을 가지는 규범)의 효력을 가지는 것을 법규명령이라고 한다. 법규명령은 법률에 근거하며 법률보다 하위의 효력을 갖는 것이 원칙이나 예외적으로 헌법에서 직접 수권되고 법률과 동등한 효력을 갖는 법규명령(헌법 제76조에 근거한 대통령의 긴급재정·경제명령이나 긴급명령)도 있다.

법규명령은 일반적으로 상위법령에서 구체적으로 범위를 정하여 위임받은 사항을 정하는 위임명령과 상위법령을 실시하기 위하여 발하는 집행명령으로 나뉜다. 위임명령에 있어서는 포괄적 위임이나 국회 전속 입법사항의 위임은 인정되지 않는다.

3. 행정규칙

행정규칙은 행정기관이 행정조직내부 또는 행정법상의 제도 내부에서의 조직과 활동을 규율하기 위하여 법률의 수권없이 정립하는 일반적·추상적규정으로서 원칙적으로 법규의 효력을 갖지 않는 것을 말한다. 행정규칙에는 조직규칙, 근무규칙, 영조물규칙, 행위통제규칙(특히 재량준칙) 등이 존재하며 오늘날 법규로서의 성질을 인정할 것인가의 문제로 많은 논의가 행해지고 있다.

Ⅲ. 행정계획론

행정계획이라 함은 행정주체가 일정한 행정활동을 위한 목표를 예측적으로 설정하고 서로 관련되는 행정수단의 조정과 종합화의 과정을 통하여 목표로 설정된 장래의 일정한 시점에 있어서의 일정한 질서를 실현할 것을 목적으로 하는 활동기준 또는 그 설정행위를 의미한다. 오늘날 행정계획이 중요한 의미를 갖는 이유로는 현대행정의 중점이 장기성·종합성을 요하는 복리행정으로 이전했고 다양한 행정수요에의 대응을 위한 필요성이 생겼을 뿐 아니라 과학기술의 진보에 따른 자료의 조사·분석과 장래예측의 확실도가 향상되었기 때문이다. 행정계획의 종류로는 대외적인 구속력을 발휘하는 구속적 계획과 행정기관의 구상이나 행정의 지침에 불과한 비구속적 계획이 존재한다.

행정계획에 있어서의 오늘날 주된 논점은 행정계획에 대한 입법적 통제의 문제와 행정계획의 법적 성질과 관련된 행정계획에 대한 사법적 통제의 문제 및 행정계획의 변경·폐지·실효와 관련된 손실보상의 문제이다.

Ⅳ. 비권력행위론

행정주체가 공권력발동의 수단에 의하지 아니하고 행정목적의 달성을 위하여 행하는 행정작용을 비권력적 행정작용이라고 하며 이에는 법적 행위로서 공법상 계약과 공법상 합동행위와 사실적 행위로서 행정지도가 있다.

1. 공법상 계약과 합동행위

공법상 계약이라 함은 공법상의 효과발생을 목적으로 복수의 대등한 당사자 사이의 반대방향의 의사의 합치에 의하여 성립되는 공법행위를 말한다. 이는 공익실현과 밀접한 관련을 갖기 때문에 사법규정이 그대로 적용되지 못하고 특수한 공법원리가 적용되게 된다.

공법상 계약에는 그 주체에 따라 행정주체 상호간의 공법상 계약과 행정주체와 사인간의 공법상 계약, 사인상호간의 공법상 계약이 있고, 그 성질에 따라서는 대등계약과 종속계약으로 분류된다. 공법상 계약과 관련된 쟁송은 공법상의 법률관계에 관한 소송(공법상의 당사자소송)으로서 행정소송법의 적용을 받게 된다.

공법상의 합동행위는 행정법상의 효과의 발생을 목적으로 하는 복수당사자간의 동일방향의 의사표시의 합치에 의하여 성립하는 공법행위이며 지방자치단체나 공공조합의 연합회구성이 그 예이다.

2. 행정지도

행정지도란 일본에서 성립된 행정실무상의 용어로서 행정주체가 일정한 행정목적실현을 위하여 상대방에 대하여 임의적 협력을 기대하여 행하는 비권력적 사실행위로 지도·조언·권고·요망 등을 총칭한 것이다. 행정지도는 행정현실 변화에 상응한 적극적인 행정작용의 수행의 요청에 대응하고, 상대방의 임의적 협조에 의하여 행정목적을 달성함으로써 분쟁을 사전 회피할 수 있는 실익과 새로운 지식이나 기술의 제공가능성이라는 필요성에 의해서 인정되는 제도이다. 이에는 법령의 직·간접적 근거에 의한 행정지도와 조직법에 의하여 부여된 일반적 권한에 기하여 행해지는 행정지도의 유형과 그 성질에 따라 조성적 행정지도, 조정적 행정지도, 규제적 행정지도의 유형이 존재한다. 그러나 행정지도에 있어서는 위법·부당한 행정지도의 문제와 사실상의 강제성의 문제, 이에 대한 권리구제 불비의 문제, 행정지도기준의 불명확성, 행정책임의 불명확성문제가 존재하고 있다.

Ⅴ. 행정법상의 의무이행확보수단

행정목적은 법령이나 이에 따른 구체적인 행정작용에 의하여 의무를 명함으로써 실현되는 것이나 의무자가 의무를 이행하지 아니하거나 위반하는 경우에는 행정목적의 실현을 확보하기 어렵게 된다. 따라서 행정목적의 실현을 확보하고 행정법규 자체의 실효성을 담보하기 위하여 강제적 수단이 필요하게 된다. 행정법상 이러한 강제수단으로는 직접적·간접적 강제수단으로 크게 나누어 볼 수 있고, 직접강제수단은 행정상 강제집행과 행정상 즉시강제로 간접강제수단은 행정벌과 새로운 행정의 의무이행확보수단으로 구분할 수 있다.

1. 행정강제

행정강제라 함은 행정목적의 실현을 확보하기 위하여 개인의 신체 또는 재산에 실력을 가함으로써 행정상 필요한 상태를 실현시키는 행정기관의 작용을 말한다. 행정강제는 행정목적의 실현을 확보함을 목적으로 하는 점에서 행정벌과 같으나 행정강제는 과거의 의무위반에 대한 제제가 아니라 앞으로 의무를 이행시키거나 이행이 있는 것과 같은 상태로 만들기 위한 강제수단이라는 점에서 행정벌과는 구별된다.

행정강제는 일반적으로 행정상의 강제집행과 행정상의 즉시강제로 나뉘어진다.

(1) 행정상의 강제집행

행정상의 강제집행은 행정법상의 의무불이행에 대하여 행정청이 실력을 가하여 그 의무를 이행시키거나 이행이 있는 것과 같은 상태를 실현시키는 작용을 말하며 그 구체적인 수단으로는 대집행·집행벌·직접강제 및 행정상의 강제징수가 있으나 현행법에서는 대집행과 행정상의 강제징수만이 일반적으로 인정되고 있다.

(가) 대집행 대집행이란 행정법상의 대체적 작위의무를 진 자가 그 의무를 이행하지 아니한 경우에 당해 행정청이 스스로 행하거나 또는 제3자로 하여금 이를 행하게 함으로써 의무의 이행이 있는 것과 같은 상태를 실현시킨 후, 그에 관한 비용을 의무자로부터 징수하는 행정상의 강제집행을 말한다. 대집행에 관하여는 일반법인 행정대집행법이 있다. 대집행의 절차는 계고(戒告)·대집행영장의 통지·대집행의 실행·계용징수의 단계로 집행된다.

(나) 집행벌 집행벌이란 비대체적 작위의무 또는 부작위의무를 이행하지 아니하는 경우에 그 의무자에게 심리적 압박을 가하여 의무의 이행을 간접적으로 강제하기 위하여 과하는 금전벌을 말한다. 현행법하에서는 대체로 집행벌 대신에 행정벌로써 그 목적을 달성하고 있다.

(다) 직접강제 직접강제라 함은 의무자가 의무를 이행하지 아니한 경우에 직접적으로 의무자의 신체 또는 재산에 실력을 가함으로써 의무의 이행이 있었던 것과 같은 상태를 실현하는 행정상의 강제집행이다. 현행법하에서는 출입국관리법, 공중위생법 등 특별법에서 개별적으로 인정되고 있다.

(라) 행정상의 강제징수 이는 행정법상의 금전급부의무가 이행되지 아니한 경우에 의무자의 재산에 실력을 가함으로써 그 의무가 이행된 것과 동일한 상태를 실현하는 작용을 말한다. 이에 대한 일반법으로는 국세징수법이 있다. 이에 의하면 행정상의 강제징수의 절차는 독촉과 체납처분으로 이루어지고 체납처분은 다시 재산압류·압류재산의 매각·청산의 3단계로 진행된다.

(2) 행정상의 즉시강제

행정상의 즉시강제란 목전의 급박한 행정상의 장해를 제거해야 할 필요가 있는 경우에 미리 의무를 명할 시간적 여유가 없거나 또는 성질상 의무를 명해서는 그 목적을 달성하기 곤란한 때에 직접 국민의 신체 또는 재산에 실력을 가하여 행정상 필요한 상태를 실현하는 작용을 말한다. 행정상의 강제집행은 선행적인 의무의 존재와 불이행을 전제로 하는 것인데 비하여 행정상 즉시강제는 선행하는 의무자체가 존재하지 아니하며 따라서 그 불이행을 전제로 하지 않는다는 점에서 양자는 구별된다. 행정상 즉시강제의 수단으로는 경찰관직무집행법상의 보호조치(제4조), 무기의 사용(제10조의 4) 등과 마약류관리에관한법률상의 마약류중독자의 치료보호(제40조), 전염병예방법상의 강제격리조치(제29조) 등이 있다. 이에 있어서는 헌법상의 영장주의를 적용할 것인가와 관련하여 논의가 있으나 헌법상의 영장제도에 관한 규정은 행정상의 즉시강제에도 원칙적으로 적용되는 것으로 보는 것이 타당하며, 불가피하고 합리적인 이유가 있는 경우에만 예외적으로 영장주의의 적용을 배제할 수 있다고 보아야 할 것이다.

2. 행 정 벌

행정벌은 행정법상의 의무위반, 즉 행정법규에 의한 명령 또는 금지위반에 대한 제재로서 일반통치권에 의거하여 과하는 처벌을 말하며 행정객체의 과거의 의무위반에 대한 제재이기 때문에 장래의 의무이행을 직접적으로 확보하는 수단인 행정강제와 구별된다. 행정벌도 일종의 처벌의 성질을 가지므로 죄형법정주의의 원칙이 적용되며 따라서 법률의 근거를 필요로 하게 된다.

행정벌은 행정분야에 따라서 질서행정벌·규제벌·공기업벌·재정벌·군정벌 등으로 분류되기도 하나 보통은 그 성질에 따라서 행정형벌과 행정질서벌로 나뉘어진다.

행정형벌은 행정법상의 의무위반에 대한 제재로서 형법상의 형(주로 징역이나 벌금형)을 과하는 행정벌을 말하고 행정질서벌은 행정법상의 비교적 경미한 의무위반에 대하여 과태료를 과하는 행정벌을 말한다. 따라서 행정질서벌에 있어서는 그 제재내용을 형벌로 하고 있지 않으며 이로 인해 행정형벌과는 달리 일반적인 형법총칙에 관한 규정들이 적용되지 않게 된다.

행정벌의 과벌절차를 보면 행정형벌의 경우에는 형사소송법이 정하는 절차에 따르는 것이 보통이나 통고처분과 즉결심판이라는 예외적인 과벌절차도 인정되고 있으며 행정질서벌에 있어서는 비송사건절차법상의 재판절차에 따르게 된다.

3. 새로운 의무이행의 확보수단

행정강제와 행정벌 이외에 행정의무이행의 확보수단으로는 ① 금전상의 제재로서 과징금・가산금・부당이득세, ② 공급거부, ③ 공표, ④ 관허사업의 제한 등이 활용되고 있다. 과징금은 행정청이 일정한 행정법상의 의무위반자에 대해서 과하는 금전상의 제재를 말하며, 가산금은 행정법상의 급부의무의 불이행에 대한 제재로서 과하는 금전부담이고, 부당이득세는 정부가 정하는 통제가격을 초과한 부분에 대하여 부당이득세를 징수함으로서 통제가격을 준수시키기 위한 수단이다. 공급거부는 행정법상의 의무를 위반하거나 불이행한 자에 대하여 일정한 행정상의 서비스나 재화의 공급을 거부하는 행정조치이다. 공표는 행정법상의 의무위반 또는 의무불이행이 있는 경우에 그의 성명・위반사실 등을 일반에게 공개하여 명예 또는 신용의 침해를 위협함으로써 행정상의 의무이행을 간접적으로 강제하는 수단이다. 관허사업의 제한이란 행정법령상의 의무를 위반한 경우에 당해 법령에 의한 각종 인・허가를 철회・정지하도록 하거나 거부함으로써 행정상의 의무이행을 확보하는 수단이다.

제 3 절 행정구제법

I. 서 설

행정구제라 함은 행정기관의 작용으로 인하여 자신의 권리・이익이 침해되었거나 될 것으로 주장하는 자가 행정기관이나 법원에게 원상회복·손해전보 또는 당해 행정작용의 취소·변경을 청구하거나 기타 피해구제 또는 예방을 청구하고 이에 대하여 행정기관 또는 법원이 이를 심리하여 권리·이익의 보호에 관한 판정을 내리는 것을 말한다. 행정구제제도는 그 시점을 기준으로 할 때 사전적인 구제제도와 사후적인 구제제도로 나눌 수 있는 데 전자에 속하는 것으로서는 대표적으로 행정절차를 들 수 있고, 후자에 해당하는 제도로서는 행정상 손해배상제도·행정상 손실보상제도·행정상 쟁송제도를 들 수 있다.

II. 행정절차—사전적 구제수단

1. 행정절차의 의의

행정절차란 행정기관이 행정에 관한 결정을, 특히 행정행위를 발령함에 있어서 요구되는 일련의 사전절차적 규율을 의미한다. 행정절차가 갖는 기능은 주로 다음과 같다.

(1) 행정작용의 공정성보장

행정작용과 관련을 갖고 있는 공익과 사익이 서로 대립하는 경우에는 이를 적절하게 조정할 필요가 있으며, 개별적인 경우에 구체적 타당성을 확보하기 위해서 관련당사자에게 행정작용 발동 이전에 자신의 입장을 표명할 수 있는 기회를 제공하여 이를 행정작용의 기초로 하게 되면 보다 공정한 행정작용이 가능하게 된다. 따라서 행정절차는 당사자에게 행정과정에의 참여를 보장함으로써 행정작용을 민주화하면서 동시에 능률적인 행정작용의 효과를 도모할 수 있게 된다.

(2) 효과적인 권리구제

행정절차는 행정작용의 초기단계에서 행정관청을 객관적·법적으로 의무지우고, 절차에 있어서의 개인의 주관적·법적 지위를 보장함으로써 개개인의 법률상의 이해관계를 보호하게 된다. 이러한 행정절차를 통한 권리보호기능은 특히 사후적인 법원에 의한 권리구제의 비효율성으로 인한 권리보호의 공백이나 약점을 보상하는 기능을 수행하게 된다. 주지하는 바와 같이 행정행위의 사법심사에 있어서는 행정행위의 전문성으로 인해 법원의 심사기능이 제한되게 되며 또한 법원을 통한 권리구제는 시간적 장기화의 문제점을 지니고 있으므로 이에 대한 대책으로서 소송이전단계, 즉 행정결정단계에서의 권리구제기능의 중요성이 부각되는 것이다.

2. 행정절차의 내용

행정절차의 내용을 알 수 있는 일반법률은 1996년 국회에서 통과된 행정절차법이 있으므로 이를 중심으로 보면 다음과 같은 주된 내용이 있다.

(1) 행정처분의 사전통지(행정절차법 제26조)

이는 당사자 등에게 의무를 과하거나 권익을 침해하는 행정처분을 하기 전에 이해관계인에게 일정한 사항 등을 통지하는 것을 말하며 이에 대해서 당사자 등은 서면 또는 구술로 의견을 제출할 기회가 부여된다(행정절차법 제27조～제27조의 2)

(2) 청문(聽聞)(행정절차법 제28조～제37조)

이는 행정처분을 하기 전에 그 상대방 기타 이해관계인으로 하여금 자기를 위하여 증거를 제출하고 의견을 진술케 함으로써 사실조사를 하는 절차를 말한다. 이러한 청문절차를 통해서 당사자는 자신의 입장을 표명할 수 있는 기회를 갖게 되며 이로 인해 결국 당해 행정작용이 공정하게 발동될 수 있게 된다.

(3) 이유제시(행정절차법 제23조)

이는 행정청이 행정처분을 내릴 때 당해 행정처분이 근거한 법률상의 이유와 사실상의 이유를 제시하는 것을 말한다. 이러한 행정처분의 이유제시로 인해 당해 행정기관은 좀더 신중한 결정을 내리게 되며 당사자는 당해 행정처분의 적법성여부를 검토할 수 있게 되어 권리구제에 도움을 제공하게 된다.

III. 행정상 손해배상

1. 의　　의

행정상 손해배상이란 공무원의 위법한 직무집행행위 또는 국가나 공공단체의 공공의 영조물의 설치 또는 관리의 하자로 인하여 개인에게 재산상의 손해를 가한 경우에 국가나 공공단체가 그 손해를 배상하는 것을 말한다. 현행 헌법은 제29조 제1항에서 "공무원의 직무상 불법행위로 손해를 받은 국민은 법률이 정하는 바에 의하여 국가 또는 공공단체에 정당한 배상을 청구할 수 있다"라고 규정하여 국가 또는 공공단체의 불법행위 배상책임을 헌법규정으로 보장하고 있으며 이를 구체화하기 위해 국가배상법이 제정되어 있다. 국가배상법은 배상의 유형으로서 공무원의 위법한 직무행위로 인한 배상과 공공영조물의 설치·관리의 하자로 인한 배상의 두 유형을 규정하고 있다.

2. 공무원의 위법한 직무행위로 인한 손해배상

국가배상법 제2조는 공무원의 위법한 직무행위로 인한 국가의 배상책임을 규정하고 있는 데 그 요건을 보면 우선 공무원이 직무를 집행함에 당하여 가해한 경우일 것, 고의 또는 과실로 법령에 위반하여 가해한 경우일 것 그리고 타인에게 이로 인해 손해를 발생하게 한 경우일 것 등의 요건을 필요로 하게 된다. 이 경우의 공무원의 범위는 국가공무원법 및 지방공무원법에 의하여 공무원의 신분을 가진 자는 물론, 널리 공무를 위임받아 이에 종사하는 모든 사람을 총칭하는 개념이며 직무행위의 범위는 행정기관의 권력작용과 비권력작용 중에서, 사인의 사경제적 행위와 구별할 필요가 없이 민사책임의 대상이 되는 국가나 공공단체의 사경제적 작용을 제외한 공행정작용만을 의미한다고 보는 것이 타당하다.

손해배상의 범위는 일반 민사상의 불법행위로 인한 손해배상의 경우와 마찬가지로 공무원의 가해행위와 상당인과관계가 있는 모든 손해액이며 배상기준에 관해서는 국가배상법 제3조 제1항 내지 제7항에서 규정하고 있다.

국가 또는 지방자치단체가 공무원의 직무상 불법행위로 인한 배상책임을 이행한 경우에는, 국가 또는 지방자치단체는 당해 공무원에게 고의 또는 중과실이 있는 경우에 한하여 구상권을 갖게 된다. 경과실의 경우를 제외한 것은 공무원의 근로의욕을 고취시키고 행정운영을 확보하기 위한 것으로 생각된다.

3. 영조물의 설치·관리의 하자로 인한 손해배상

국가배상법 제5조는 "도로·하천 기타 공공의 영조물의 설치·관리의 하자가 있기 때문에 타인에게 손해를 발생하게 하였을 때에는 국가 또는 지방자치단체는 그 손해를 배상하여야 한다"라고 규정하여 민법 제758조에 해당하는 책임을 인정하고 있다.

이 경우의 공공의 영조물이란 국가 또는 지방자치단체에 의하여 공공목적에 공용되는 유체물로서 인공공물(예컨대 도로·상하수도·관공서의 청사)·자연공물(예컨대 하천 · 호수) 및 동산(예컨대 소방자동차)을 모두 포함한다.

영조물의 설치 또는 관리란 민법 제758조의 설치 또는 보전과 같은 개념으로 설치 · 유지 · 보관 · 수선 등의 작용을 말하며, 국가 또는 지방자치단체가 손해를 배상한 경우에 손해의 원인에 대하여 책임을 질 자가 따로 있을 때에는 국가 또는 지방자치단체는 이들에 대하여 구상권을 가지게 된다.

Ⅳ. 행정상 손실보상

1. 의　　의

행정상 손실보상이란 공공필요에 의한 적법한 공권력행사로 인하여 개인에게 가하여진 특별한 희생에 대하여 사유재산권의 보장과 전체적인 공평부담의 견지에서 행정주체가 행하는 조절적인 재산적 전보를 말한다. 행정상 손실보상에 관한 실정법적 근거로는 "공공필요에 의한 재산권의 수용 · 사용 또는 제한 및 그에 대한 보상은 법률로써 하되, 정당한 보상을 지급하여야 한다"라고 규정한 헌법 제23조 제3항이 있다.

2. 손실보상의 원인

행정상의 손실보상은 공공필요에 의한 사유재산권의 수용 · 사용 또는 제한으로 인하여 사유재산권에 가하여진 「특별한 희생」을 그 원인으로 한다. 따라서 헌법 제23조 제2항이 규정하고 있는 재산권행사에 대한 사회적 제약에 해당하는 경우에는 손실보상의 요건에 해당되지 않고 재산권에 대한 공용손해가 사회적 제약을 넘는 「특별한 희생」일 것이 필요하게 된다. 그러나 어떠한 경우에 사회적 제약에 해당하고 어떠한 경우에 「특별한 희생」에 포함되는가의 구별기준은 쉬운 문제가 아니며 학설도 대립하고 있다.

이에 관해서는 우선 당해 침해행위의 인적 범위를 기준으로 하여, 일반적인 것인가 또는 특정인이나 특정집단에게 가해지기에 개별적인 것인가라는 형식적 기준설이 주장되기도 하고, 침해행위의 본질성 또는 그 강도라고 하는 실질적 표준을 근거로 하는 실질적 기준설(이는 다시 수인한도설, 보호가치설, 사적 효용설, 목적위배설 등으로 세분된다)이 주장되고 있으나 양 입장을 모두 고려하여 판단하는 것이 구체적인 타당성이 있게 된다.

3. 손실보상의 범위

손실보상의 범위를 침해된 재산가치에 대하여 어느 정도로 할 것인가에 대해서는 일반적으로 완전보상설과 상당보상설이 대립되고 있다.

완전보상설에 의하면 손실보상은 침해되는 재산이 가지는 재산적 가치에 대하여 완전하게 보상을 하도록 하는 것이고 상당보상설에 의하면 완전보상을 원칙으로 하면서도 공익상의 합리적 사유가 있거나 사회통념에 비추어 객관적으로 타당성이 인정되는 경우에는 완전보상을 밑돌아도 무방하다고 본다. 현행 헌법 제23조 제3항은 "보상은 법률로서 하되 정당한 보상을 지급하여야 한다"라고 하여 완전보상의 입장을 채택하고 있으며 구체적인 보상액의 산출기준은 법률에 유보하고 있다.

4. 손실보상의 방법

손실보상은 금전에 의함을 원칙으로 하나 예외적으로 특별한 사정이 있는 때에는 법률이 정하는 바에 의하여 현물보상 또는 매수보상을 할 수 있다.

5. 수용유사의 침해와 수용적 침해

(1) 수용유사의 침해

수용유사의 침해란 타인의 재산권에 대한 위법한 공용침해의 경우를 말하는 것으로 공용침해의 모든 요건을 갖추고 있으면서도 보상에 관한 요건을 결하고 있는 침해의 경우이다. 즉 공용침해를 허용하는 법률은 그로 인해 발생하는 특별한 희생에 대하여 보상규정을 두어야 함에도 불구하고 보상규정을 결하고 있는 결과 개인의 재산권에 침해적 결과를 가져오는 경우를 말한다. 독일의 연방최고법원(BGH)의 판례에 의해서 성립된 이 법리를 인정하는 경우에는 헌법상의 재산권보장규정(제23조 제1항)과 공용침해조항(제23조 제3항)에 근거하여 위법한 공용침해에 대하여 손실보상을 인정할 수 있는 이점이 있다.

(2) 수용적 침해

법률에 의하여 또는 법률에 근거하여 적법하게 타인의 재산권에 가해진 행정작용으로 인해서 당초에 예측할 수 없었던「특별한 희생」의 성격을 갖는 침해가 발생하여 결과적으로 타인의 재산권에 수용적 영향을 야기시키는 침해를 말한다. 이 법리는 전술한 수용유사침해의 법리의 적용대상을 적법한 침해로 확장한 것으로서 이러한 침해에 대해서 손실보상을 인정하는 것이다.

Ⅴ. 행정상 쟁송

1. 의 의

행정상 쟁송이란 행정상의 법률관계에 관하여 분쟁이 있을 경우에 이해관계인의 쟁송제기에 따라 일정한 판단기관이 그 분쟁을 판정하는 절차를 말한다. 행정상 쟁송제도는 법치주의 원리를 일관하는 한 당연히 인정되는 제도이다. 즉 법치주의원리는 모든 행정작용이 법에 적합하여야 할 것을 요구하는 한편, 법에 위반되는 행정작용이 있는 경우에는 사후적으로 이를 시정하여 원래의 행정의 합법성을 확보하는 것을 그 내용으로 하는 것이므로 행정상 쟁송제도는 법치주의원리에 따른 국민의 권리보호 및 행정의 합법성의 보장을 위한 기능을 지닌 것이라고 할 수 있다.

행정상 쟁송에는 여러 유형이 존재하지만 쟁송사항의 범위, 판정기관, 판정절차를 기준으로 할 때 행정심판과 행정소송으로 나눌 수 있다.

2. 행정심판

(1) 의 의

행정심판이란 위법 또는 부당한 행정행위로 인하여 권익을 침해당한 자가 행정기관에 대하여 그 시정을 구하는 행정쟁송의 절차를 말하며, 행정기관이 재결청이 되는 행정쟁송의 절차를 총칭한다.

행정심판의 존재이유는 우선 행정의 적법성 및 합목적성을 행정권 스스로 보장하려는 행정의 자기통제 내지 행정감독제도로서의 기능과 행정법관계에 대한 분쟁의 신속한 해결을 도모하는 기능 및 불필요한 행정소송의 제기를 방지하여 소송경제를 확보하는 기능에서 찾을 수 있다.

(2) 행정심판의 종류

현행법상(행정심판법 제4조) 행정심판의 종류는 취소심판, 무효등확인심판, 의무이행심판의 세 종류로 구분된다. 이 중에서 특기할 만한 것은 행정심판법의 개정으로 새로이 인정된 의무이행심판으로서 이는 행정청의 위법 또는 부당한 거부처분이나 부작위에 대하여 일정한 처분을 하도록 하는 심판유형이다.

(3) 심판청구의 재결

행정심판의 청구에 대한 심리의 결과에 따라 판단하는 행위를 재결이라고 하는 데, 재결은 소정의 사항을 기재한 서면으로 하여야 하는 요식행위이다.

재결의 종류에는, 심판청구의 제기요건에 대한 심리를 하여 흠결이 있는 경우에 본안심리를 거절하는 재결인 각하재결과, 본안심리의 결과 심판청구가 이유없다고 하여 청구를 기각하는 기각재결 및 본안심리의 결과 심판청구가 이유있고 원처분 또는 부작위가 위법·부당하다고 인정하여 청구의 취지를 인용하는 인용재결이 있으며 인용재결은 그 내용에 따라 취소재결·무효등확인재결·의무이행재결이 있다. 한편 심판청구에 대한 심리의 결과 그 청구가 이유있다고 인정되는 경우에도 그 처분을 취소·변경하는 것이 현저히 공공복리에 어긋난다고 인정하는 때에는 그 심판 청구를 기각하는 재결을 사정재결이라 한다.

재결청의 재결은 행정행위로서의 성질을 가지므로 이에 대해서 행정소송을 제기할 수 있으나 행정소송법은 원처분주의를 채택하고 있기 때문에「재결 자체에 고유한 위법」이 있는 경우에만 독립적인 취소소송의 대상이 된다(행정소송법 제19조).

3. 행정소송

(1) 의 의

행정소송이란 행정법규의 적용에 관한 분쟁에 대하여 제3자적 지위에 있는 법원의 재판절차에 따라 판단하는 쟁송을 말한다. 행정소송은 행정의 적법성의 회복을 통한 개인의 권익구제를 위한 기능뿐 아니라 행정작용의 적법성·타당성을 보장하기 위한 기능도 수행한다.

종전에는 행정소송을 제기하기 위해서는, 법령이 위법 또는 부당한 처분 등에 대한 행정심판을 인정하고 있는 경우에 원칙적으로 행정심판을 거치는 것을 필요적인 전심절차로 하고 있었다. 그러나 1994년 7월의 행정소송법 개정에서는 종전의 강제적(또는 필수적) 행정심판전치주의에서 개별법률이 특히 이를 요구하는 경우에 한하여 인정되는 경우에만 행정심판을 거치도록 하여 원칙적으로는 행정심판을 거치지 아니하고도 바로 행정소송을 제기할 수 있도록 하였다(제18조 제1항 본문).

이 경우의 행정심판의 의미는 소원·심사의 청구·이의신청 기타 행정청에 대한 불복신청 등 그 형식상의 명칭에 관계없이 모든 행정심판을 의미하며 공법상의 당사자소송이나 무효등확인소송의 경우에는 그 성질상 행정심판전치주의가 적용되지 않는다. 또한 지방법원급의 행정법원을 신설하여, 이 행정법원을 제1심 관할법원으로 함으로써 행정소송에도 3심제가 인정되고 있다.

(2) 행정소송의 종류

현행법상 행정소송은 내용에 따라 항고소송·당사자소송·민중소송·기관소송 등으로 나뉘어지며, 이 중 항고소송과 당사자소송은 개인의 주관적 권익의 보호를 목적으로 하는 주관적 소송에 해당하고, 민중소송과 기관소송은 개인의 주관적 권익의 보호를 목적으로 하기보다는 객관적인 행정법규의 정당한 적용과 확보를 목적으로 하는 객관적 소송에 해당한다.

대표적 행정소송의 유형이라고 볼 수 있는 항고소송은 행정청의 처분 등이나 부작위에 대하여 제기하는 소송을 말하며 다시 취소소송, 무효등확인소송, 부작위위법확인소송으로 세분된다.

당사자소송은 행정청의 처분 등을 원인으로 하는 법률관계에 관한 소송 또는 그 밖에 공법상의 법률관계에 관한 소송으로서 그 법률관계의 한 쪽 당사자를 피고로 하는 소송으로서 예컨대 공법상의 지위·신분의 확인에 관한 소송이나 공법상의 금전급부의 지급청구소송이 이에 해당한다.

민중소송이란 국가 또는 공공단체의 기관이 법률에 위반되는 행위를 한 때에 직접 자신의 법률상 이익과 관계없이 그 시정을 구하기 위하여 제기하는 소송을 말하며 대통령선거나 국회의원 선거 또는 국민투표의 효력에 대하여 이의가 있는 선거인이나 투표인이 제소하는 소송이 대표적인 예에 해당한다.

기관소송이란 국가 또는 공공단체의 기관 상호간에 있어서의 권한의 존부 또는 그 행사에 관한 다툼이 있을 때에 이에 대하여 제기하는 소송을 말하며 예컨대 지방의회의 의결이나 교육위원회의 의결에 대해서 제기되는 소송이 이에 해당된다.

(3) 행정소송의 심리와 판결

(가) 행정소송의 심리　　행정소송의 심리는 당해 소의 소송제기요건을 심리하는 요건심리와 당해 소에 의한 청구를 인용할 것인지의 여부를 판단하기 위하여 사건의 본안에 대하여 실체적으로 심리하는 본안심리로 나뉜다.

행정소송에 있어서도 원칙적으로는, 소의 제기가 없는 사건이나 소제기가 있는 사건에 대하여도 법원이 당사자 쌍방의 청구의 범위를 넘어서 심리하거나 재판하지 못하는 불고불리의 원칙이 적용되나, 예외적으로 공익적 입장에서 법원이 필요하다고 인정할 때에는 직권으로 증거조사를 할 수 있고 당사자가 주장하지 아니한 사실에 대하여도 판단할 수 있다(행정소송법 제26조).

(나) **행정소송의 판결**　행정소송의 판결에는 소송의 요건심리의 결과 소송요건을 갖추지 못한 부적법한 소라 하여 각하하는 소송판결과 본안심리의 결과 청구의 전부 또는 일부를 인용하거나 기각함을 내용으로 하는 본안판결이 존재하며, 본안 판결은 다시 청구기각판결과 청구인용판결로 나눌 수 있다. 행정소송의 판결유형 중에서 특이한 것은 당해 처분이 위법함에도 불구하고 공익적 견지에서 청구기각판결을 할 수 있는 이른바 사정판결이다. 사정판결은 항고소송 중 취소소송에 있어서 법원이 원고의 청구에 대하여 심리한 결과 문제된 처분 등이 위법임이 명백해서 청구가 이유있는 경우에 그 위법인 당해 처분을 취소 또는 변경하여야 함에도 불구하고 그것이 현저하게 공공복리에 적합하지 아니하다고 인정되는 때에 법원이 원고의 청구를 기각할 수 있는 판결을 말한다(행정소송법 제28조 제1항).

판결의 효력으로는 일반적으로 구속력 · 형성력 · 기판력 및 집행력 등이 인정되고 있다.

제 4 절　행정조직법

Ⅰ. 행정조직법 통칙

1. 개　설

행정조직법이란 행정조직에 관한 법, 즉 행정기관의 설치 · 폐지 · 구성 · 권한 및 행정기관 상호간의 관계를 정한 법을 말하며, 이 경우의 행정조직은 국가 또는 공공단체 등 행정주체의 조직을 의미한다. 행정조직법은 이러한 행정조직에 관한 법을 그 본체로 하나 행정조직의 구성인자인 인적 요소(공무원) 및 물적 요소(공물 · 공공시설)에 관한 법을 포함한다. 왜냐하면 행정조직을 충족하고 그 활동을 현실적으로 수행하기 위하여는 의사주체인 공무원이 필요하며, 행정기관의 행정활동을 위하여는 그 행정목적에 공용될 물건 내지 시설을 필요로 하기 때문이다. 따라서 행정조직법은 행정조직에 관한 법과 그 구성원인 공무원에 관한 법 및 공물·공공시설에 관한 법을 포괄한다. 그러나 공물·공공시설에 관한 법은 통상 급부행정법에서 다루어지고 있다. 우리나라는 행정조직에 관하여 원칙적으로 법률주의를 취하고(헌법 제96조, 제100조, 제118조 제2항 참조) 예외적으로 행정입법에 맡기고 있다.

2. 행정기관의 종류

행정기관은 법률상의 지위·권한이나 주관사무의 내용에 따라 여러가지로 분류될 수 있는데, 다음과 같이 나누어 볼 수 있다.

(1) 행정(관)청

국가의 의사를 결정하고 이를 외부에 표시할 권한을 갖고 있는 국가행정기관을 말한다. 각부장관은 이에 해당한다.

(2) 보조기관

행정관청을 보조함을 임무로 하는 국가행정기관을 말한다. 각부의 차관이나 그 하급기관은 이에 해당한다. 이러한 보조기관 가운데, 특히 정책의 기획·연구·조사 등 참모적 기능을 담당하는 기관(예: 차관보·담당관)을 보좌기관이라고 부르기도 한다.

(3) 자문기관

행정관청의 자문에 응하여 또는 자진해서 행정관청에 의견을 제공함을 임무로 하는 행정기관을 말한다. 관청을 구속하지는 못한다.

(4) 의결기관

행정관청이 표시할 국가의사를 의결형식으로 결정할 권한을 갖고 있는 합의제행정기관을 말한다(예: 징계위원회·행정심판위원회).

(5) 집행기관

행정관청의 명을 받아 실력으로써 국가의사를 집행함을 임무로 하는 기관을 말한다(예: 경찰공무원·세무공무원).

(6) 감사기관

행정기관의 사무 또는 회계를 검사하여 비위를 적발·시정함을 임무로 하는 기관을 말한다(예: 감사원).

(7) 기업기관 · 영조물기관

국가의 기업경영(예: 철도청) 그리고 영조물의 관리(예: 국립대학 · 국립병원)를 임무로 하는 기관을 말한다.

3. 행정관청의 권한

행정관청이 법률상 유효하게 국가행위를 할 수 있는 범위를 권한 또는 관할이라고 한다. 사항적 · 지역적 · 대인적 · 형식적인 한계가 있다.

4. 행정관청의 대리

행정관청의 권한의 전부 또는 일부를 타자(보조기관 또는 타행정기관)가 대리자로서 대리행사하여 그 행위가 피대리관청의 행위로서 효력을 발생하는 것을 말한다. 수권대리와 법정대리가 있으며, 법정대리는 협의의 법정대리와 지정대리로 나뉘어진다.

5. 행정관청 상호간의 관계

행정관청은 상하간 또는 대등한 관계로 병존하고 있다. 상하행정관청간의 관계를 보면 권한의 위임관계와 권한의 감독관계가 존재한다. 권한감독의 수단으로는 감시권, 훈령권, 주관쟁의결정권, 인가권, 취소 · 정지권 등이 있다. 대등한 행정관청 상호간에는 권한의 상호존중과 상호협력관계(협의, 행정위탁, 행정응원)가 존재한다.

II. 국가행정조직법

국가행정조직법은 국가의 행정을 담당하는 국가 자신의 행정기관의 설치 · 구성 및 권한에 관한 법을 말하고, 이 경우에는 국가의 행정을 하는 독립된 법인(공사 기타의 공법인) 및 국가의 위임에 의하여 국가행정을 처리하는 공공단체에 관한 것을 제외하게 된다.

국가행정조직법의 법원은 헌법을 비롯한 많은 법률 및(일반법으로는 정부조직법) 법률에 의거한 명령으로 이루어지고 있다. 국가행정조직은 크게 중앙행정조직과 지방행정조직으로 대별된다.

1. 중앙행정조직

현행 중앙행정조직은 대통령을 수반으로 하여 국무회의와 국무회의의 전심기관으로서 대통령의 자문에 응하기 위한 국가안전보장회의 및 대통령의 정책자문기관(예컨대 국민경제자문회의 등), 국가정보원과 국무총리, 행정각부, 감사원 등을 들 수 있다.

2. 지방행정조직

일정한 지역내의 국가행정을 관장하는 국가행정조직을 지방행정조직이라고 하는데 이에는 특정한 중앙행정기관에 소속되지 아니하고 그 관할구역내에서 국가의 행정사무를 보편적·일반적으로 관장하는 보통지방행정기관과 특정한 중앙행정기관에 소속되어 그의 소관사무만을 관장하는 특별지방행정기관이 있다.

우리나라에서는 국가행정을 수행하기 위한 보통지방행정기관을 따로 설치하지 아니하고 지방자치단체의 장인 서울특별시장·광역시장·도지사 및 시장·군수와 구청장에게 위임하여 행하고 있고, 특별지방행정기관에는 지방자치단체의 구역 안에 설치된 경찰서나 조달청 소속의 지방조달사무소 등이 있다.

Ⅲ. 자치행정조직법

1. 자치행정

자치행정이란 국가내의 일정한 법인이 그 구성원의 공동복리를 증진하기 위하여 어느 정도 국가의사로부터 독립하여 그 자신의 사무로서 하는 행정을 말하며, 보통 국가내의 일정한 지방(구역)을 확정하여 행하여지는 것이 보통이기 때문에 지방자치행정 또는 지방자치라고도 한다.

자치행정의 관념은 두 가지의 요소로 이루어져 있는데 주민자치와 단체자치가 그것이다. 주민자치는 지역주민의 관점에서 본 자치로서, 그 지역의 행정은 국가기관에 의하지 아니하고 당해 지역주민 스스로 의사에 따라 그 기관의 책임 아래 자신의 사무로서 처리되는 것을 말하며 영미에서 발단된 유형이다. 이에 대해 단체자치는 지역단체의 관점에서 본 자치로서 국가내의 일정한 지역을 기초로 하는 공법인이 국가로부터 독립하여 그 스스로의 목적과 의사 및 기관에 의하여 자기의 책임 아래에서 하는 행정을 말하며 독일을 비롯한 대륙법계에서 발달한 유형이다.

2. 지방자치단체법

(1) 지방자치단체의 종류

지방자치단체는 담당하는 사무나 구성의 일반성 또는 특수성에 따라 보통지방자치단체와 특별지방자치단체로 나눌 수 있는데, 보통지방자치단체는 구성 및 권한이 보편적인 성격의 지방자차단체를 말하며 이에는 서울특별시·광역시·도와 시·군·구가 있고, 특별지방자치단체는 특수한 행정사무를 처리하기 위하여 또는 행정사무의 전부 또는 일부를 공동으로 처리하기 위하여 필요한 때에 설치하는 지방자치단체로서 지방자치단체조합이 그 예이다.

(2) 지방자치단체의 기관

이에는 그 권한의 보편성의 여하에 따라서 보통기관과 특별기관이 있으며 보통기관에는 당해 지방자치단체의 의사를 결정하는 의결기관(지방의회)과 지방자치단체의 일반사무를 집행하는 집행기관(예컨대 지방자치단체의 장인 특별시장, 광역시장, 도지사 등)이 있고, 특별기관은 지방자치단체의 특정한 사무에 관하여 권한을 가지는 기관을 말하며 교육위원회와 교육장·인사위원회·지방공무원소청심사위원회가 이에 해당된다.

(3) 지방자치단체의 사무

이에는 지방자치단체 자신의 고유한 사무인 자치사무(고유사무)와 국가나 다른 자치단체의 위임에 의한 사무인 위임사무가 있다.

자치사무는 그 주민의 복리를 증진하기 위하여 시행되는 사무 및 자치단체의 존립을 위하여 필요한 사무를 말하며 이에는 지방자치단체의 구역조직 및 행정관리 등에 관한 사무, 주민의 복지증진에 관한 사무, 지역개발 및 주민의 생활환경시설의 설치·관리에 관한 사무 등이 해당된다(지방자치법 제9조 참조).

위임사무는 지방자치단체가 국가나 다른 자치단체로부터 위임받아 시행하는 사무를 말하며 위임을 위해서는 개별적인 법령의 근거를 요할 뿐만 아니라 소요경비는 국가가 부담하는 것이 원칙이다.

Ⅳ. 공무원법

1. 공무원의 개념

공무원이란 공무원의 성질에 착안하는 한, 국가 또는 자치단체의 기관의 지위에 서서 공무를 담당하는 공법상의 근무의무를 지는 자를 말한다(실질적 의미의 공무원의 개념). 이에 대해서 특정한 실정법질서 아래에서 인정되는 공무원의 개념(형식적 의미의 공무원의 개념)은 각 법률에 따라 상이하게 나타나게 되는 데, 헌법상의 공무원은 헌법 제7조 제1항에 규정된 바와 같이 '국민전체에 대한 봉사자'로서의 공무원이며, 이 때의 공무원 개념은 광의의 공무원을 의미하는 것으로서 직접 · 간접적으로 국민에 의해 선출되어 국가나 공공단체의 공무를 담당하고 있는 자를 총칭하며 국가의 공무원 및 지방자차단체의 공무원은 물론 국회의원 · 지방의회의원 기타 입법부 · 행정부 · 사법부의 모든 구성원이 포함되게 된다.

이와는 대조적으로 국가공무원법상의 공무원은 실질적 의미의 공무원 중에서 지방공무원과 비전문직공무원(일시적인 근무의무를 지는 자)을 제외하는 개념으로 파악된다. 공무원법(국가공무원법·지방공무원법)에서는 실적과 자격에 의하여 임용되고 그 신분이 보장되는 경력직공무원과 경력직공무원 이외의 특수경력직공무원으로 나누고 있다.

2. 공무원관계의 발생 · 변경 및 소멸

공무원관계의 발생원인에는 임명이나 선거에 의하는 경우 또는 법률의 규정에 의한 강제적인 경우 등이 있으나 임명에 의한 경우가 가장 보편적이다. 임명은 특정인과 국가 사이에 특정한 관직에 관하여 공무원관계를 설정하는 공법행위로서 그 법적 성질은 쌍방적 행정행위이다.

공무원관계의 변경은 공무원으로서의 신분은 그대로 유지하면서 직위 · 직급 · 직렬 등 공무원관계의 내용을 일시적 또는 영구적으로 변경하는 것을 말하며 그 유형으로는 승진 · 강임 · 전직 · 휴직 · 직위해제 · 정직 등이 있다.

공무원관계는 공무원으로서의 신분을 상실함으로써 소멸하는 데 이러한 소멸원인으로는 당연퇴직의 경우와 면직의 경우가 있다. 이 때의 당연퇴직은 임명권자의 처분에 의해서가 아니고 일정한 법정사유의 발생으로 법률상 당연히 공무원관계가 소멸되는 경우를 말한다.

3. 공무원의 권리와 의무

(1) 공무원의 권리

공무원은 일반국민이 갖지 아니한 많은 권리를 가지는 데 일반적으로 신분상의 권리와 재산상의 권리로 나눌 수 있다. 공무원의 신분상의 권리는 공무원으로서의 신분 자체에 직접 관계되는 권리를 말하며 이는 다시 신분 및 직위보유권·직무집행권·제복착용권 및 행정쟁송권 등으로 나눌 수 있고 재산상의 권리는 보수청구권·연금권 기타 실비변상청구권 등이 있다.

(2) 공무원의 의무

공무원은 주권을 가진 국민의 수임자이며 국민전체에의 봉사자로서의 법적 지위에 있기 때문에 일반국민이 가지지 아니하는 특별한 의무를 진다. 공무원의 구체적인 의무의 종류와 내용은 공무원의 종류에 따라 다르나 국가공무원법과 지방공무원법을 중심으로 일반직공무원의 의무를 살펴보면 성실의 의무, 직무상의 의무 및 신분상의 의무로 대별할 수 있다.

직무상의 의무는 공무원의 직무수행에 직접 관련되어 요구되는 의무로서 직무전념의무, 복종의무, 친절·공정의 의무, 법령준수의무가 이에 해당되며, 신분상의 의무에는 비밀유지의무, 청렴의무, 품위유지의 의무, 정치활동금지의무, 집단행동의 금지의무 등이 해당된다.

4. 공무원의 책임

공무원의 책임이란 공무원이 의무에 위반함으로써 법률상의 제재 또는 불이익을 받게 되는 지위를 말하며 이에는 의무에 위반함으로써 공무원관계 내부에서 사용자인 국가 또는 지방자치단체에 대하여 지는 징계책임 및 국가에 대한 변상책임과, 공무원의 의무위반이 일반법익의 침해를 초래함으로써 지게 되는 형사상의 책임 및 민사상의 배상책임이 포함된다.

이 중에서 징계책임이란 공무원의 의무위반에 대하여 공무원관계의 목적을 달성하기 위하여 국가 또는 지방자치단체가 과하는 제재를 말하며 징계의 종류로는 파면·해임·정직·감봉·견책의 5종이 있다(국가공무원법 제79조).

제 5 절 특별행정작용법

Ⅰ. 경찰행정법

1. 경찰의 개념

경찰의 개념은 형식적인 면과 실질적인 면의 두 가지 측면에서 살펴볼 수 있는데, 형식적 의미의 경찰은 제도상의 경찰의 개념을 뜻하는 것이며, 이는 곧 실정법상 보통경찰행정기관에 의하여 관장되는 행정작용을 의미한다.

실질적 의미의 경찰은 형식적 의미의 경찰과는 달리 특정한 국가의 실정법 질서나 일정한 행정기관의 소관사항과는 관계없이 학문적인 면에서 고찰된 경찰의 개념으로서 행정작용 전체 중에서 경찰작용이 가지는 실질상의 특수성에 착안하여 경찰작용이 일반적으로 가지는 공통적인 법적 특성을 추상한 것이다. 이러한 의미에서 볼 때 경찰이란 직접적으로 사회공공의 안녕질서를 유지하기 위하여 국가의 통치권에 의거하여 개인에게 명령·강제하는 작용을 가리킨다.

2. 경찰권의 근거와 한계

(1) 경찰권의 근거

경찰권은 사회공공의 안녕질서를 유지하기 위하여 국민의 재산·신체에 대하여 일방적으로 명령하고 강제하는 전형적인 권력작용이기 때문에 원칙적으로 국회가 제정한 법률에 따라서만 발동될 수 있다. 여기에서의 법률에는 조직법은 물론 작용법도 포함된다.

(2) 경찰권의 한계

경찰권의 한계란 경찰권이 유효하게 발동될 수 있는 법상의 한계를 의미하며 이는 법규상의 한계와 조리상의 한계로 구분할 수 있다.

법규상의 한계란 경찰권의 발동에 있어서 반드시 법률에 근거하여야 하는 동시에 법규에 의하여 허용된 한도 안에서 행해질 것을 요청하는 것을 말하며, 일반적으로 경찰권의 발동근거인 경찰법규는 다른 한편으로는 경찰권의 한계가 된다.

조리상의 한계는 경찰권의 발동 또는 경찰권발동의 정도에 대한 구체적인 규정이 없는 경우의 경찰권 행사에 관한 재량을 구속하는 한계로서 이를 넘는 경찰권의 발동은 재량권의 남용으로 위법이 된다. 이에 해당하는 내용에는 경찰권은 질서유지를 위한 위해방지라는 소극목적을 위해서만 발동할 수 있고, 복리증진이란 적극적목적을 위해 발동될 수 없다는 경찰소극목적의 원칙, 경찰권은 사회공공의 안녕과 질서를 유지하기 위해서만 발동할 수 있고, 사적인 생활관계에 대해서는 발동할 수 없다는 경찰공공의 원칙, 경찰권은 원칙적으로 질서위반의 상태에 대하여 책임이 있는 자, 즉 경찰책임자에 대해서만 발동할 수 있다는 경찰책임의 원칙, 경찰권 발동의 조건과 그 정도는 질서유지의 필요의 정도와 비교하여 사회통념상 적당하다고 인정되는 비례가 유지되어야 한다는 경찰비례의 원칙 및 경찰권의 발동은 모든 국민에 대해 성별·종교·사회적신분 기타 어떠한 근거에 의해서도 불합리한 차별을 하여서는 안된다는 경찰평등의 원칙을 들 수 있다.

3. 경찰작용

경찰작용은 사회공공의 안녕질서를 유지하기 위하여 개인에게 특정한 의무를 부과하거나 경찰법규에 의하여 부과된 일반적·상대적 금지를 해제(경찰허가)하는 방법에 의하는 것이 보통이다. 구체적 의무의 부과는 경찰명령 또는 경찰하명에 의하며, 경찰행정상의 목적달성을 위해서는 경찰행정상의 의무의 이행을 전제로 하기 때문에 다른 행정작용의 경우와 마찬가지로 행정강제, 즉 경찰강제와 경찰벌 및 경찰상의 조사가 인정되고 있다.

II. 급부행정법

1. 급부행정의 개념

급부행정이란 국가 또는 공공단체 등의 행정주체가 수익적 활동을 통하여 직접적으로 사회공공의 복리를 증진하기 위하여 주로 비권력적 수단에 의하여 하는 행정작용을 뜻한다.

급부행정은 그 내용을 기준으로 분류하면 공급행정(배려행정), 사회보장행정, 조성행정 등으로 나눌 수 있고, 구체적인 목적물에 따라서는 보조금의 교부

등의 금전지급, 공공용물의 이용제공, 전화·물의 공급 등 물건의 공여, 전신·전화사업, 영조물의 이용제공 등 역무제공, 직업보도 등 알선보호 등으로 분류할 수 있다.

2. 급부행정의 기본원리

급부행정을 주도하는 기본원리, 즉 일면으로는 급부행정법의 해석원리로 작용하고 타면으로는 급부행정에 대한 제약원리로 기능하는 주요한 원리로는 사회국가의 원리, 법적합성의 원리, 보충성의 원리, 평등의 원칙, 과잉급부금지의 원칙, 신뢰보호의 원칙의 여섯 가지를 들 수 있다.

여기에서 보충성의 원리란 사인의 생활수단의 확보 기타의 이익추구행위는 1차적으로 사인 또는 단위생활공동체에 맡겨져야 하고, 일반납세자의 조세부담에 의한 행정주체의 급부활동은 사인 또는 단위생활공동체가 생활수단의 확보를 스스로 충족할 수 없는 경우 또는 그들에게 맡기는 것이 부적당한 경우에 한하여 보충적으로 행하여져야 한다는 법원리를 말하고, 과잉급부금지의 원칙은 보충성의 원리와 상관관계에 있는 것으로서 급부행정의 내용과 정도는 구체적인 경우에 있어서의 개인의 생활관계 및 공익추구를 위하여 수요되는 적절한 범위내의 것이어야 한다는 것을 말하며, 신뢰보호의 원칙이란 수익적 급부활동의 적법성·계속성을 정당히 신뢰한 사람의 이익은 보호되어야 한다는 원칙을 말하는 것으로서 이 원칙은 급부주체의 수익적 행정행위의 철회에서 중요한 의미를 지니게 된다.

III. 규제행정법

1. 규제행정의 개념

규제행정이란 경제질서 또는 생활환경 등 생활여건을 일정한 방향으로 보전·개선·유도하고 형성함으로써 적극적으로 사회공공의 복리를 증진하기 위하여 개인의 사회·경제활동에 대하여 규제적으로 관여하는 행정작용을 말한다.

규제행정은 권력적 수단으로 개인에게 명령·강제한다거나 법률관계를 형성·변경·소멸시키는 등 직접으로 국민의 권리·의무에 대한 변동을 가져오는 것이므로 법률의 근거가 필요한 바 일반적인 근거법으로서 행정규제기본법이 있고, 또한 규제행정은 그 대상의 다양성 및 내용의 기술성 등으로 말미암아 일반적인 근거법인 행정규제기본법 외에 각 분야별·사업별로 이루어진 개별법이 있다(예컨대 대외무역법, 독점규제 및 공정거래에 관한 법률, 국토의 계획 및 이용에 관한 법률, 환경정책기본법 등).

규제행정은 그 규율대상에 따라 경제질서에 관한 규제행정인 경제규제행정과 생활환경에 관한 규제행정인 환경규제행정으로 나눌 수 있다.

2. 경제규제행정

경제규제행정이란 국가 또는 공공단체가 균형있고 조화로운 국민경제의 발전을 도모하기 위한 경제정책을 실현하기 위하여 적극적으로 생산·분배·유통·소비 등의 과정에 관여하여 경제의 자율적인 순환에 간섭을 가함으로써 경제질서를 일정한 방향으로 질서있게 형성하기 위하여 하는 행정작용을 말한다.

경제규제행정의 중요한 내용은 경제질서규제·경제활동규제 및 자원규제로 대별할 수 있는데, 경제질서규제의 예로는 기업공개, 부정경쟁 및 불공정거래방지, 독점규제와 소비자보호가 있고, 경제활동규제의 내용으로는 물자규제, 물가규제, 무역규제, 외환 및 외자규제가 있으며, 자원규제의 중요한 예로는 지하자원규제(예컨대 광업권) 및 수산자원규제(예컨대 어업권)를 들 수 있다.

3. 환경규제행정

환경규제행정은 현대산업사회에 있어서 국민이 건강하고 문화적인 생활에 필요한 생활환경적 조건을 보전·정비·개선하고 일정한 환경질서를 형성하기 위하여 하는 규제적 행정작용을 말한다.

환경규제행정은 내용을 기준으로 하면 생활공간규제행정과 환경오염규제행정으로 대별할 수 있다. 생활공간규제행정은 사회공공의 복리를 증진시키기 위하여 공간적 생활조건을 정비·개선하고 국토이용의 효율화를 도모함으로써 전체적인 생활공간을 합리적으로 개발·정비·보전하기 위한 규제행정작용으로서 토지계획, 토지제한 및 토지개발을 그 내용으로 하고, 환경오염규제행정은 환경오염으로 인한 보건위생상의 위해를 방지하고 환경을 적정하게 보전하기 위하여 하는 규제행정작용으로서 환경기준의 설정, 환경오염물질의 규제 및 폐기물처리를 그 내용으로 한다.

Ⅳ. 공용부담법

1. 공용부담의 개념

공용부담이란 특정한 공익사업 기타의 공익목적을 위하여 또는 일정한 물건의 효용을 확보하기 위하여 개인에게 강제적으로 과하여지는 공법상의 경제적 부담을 의미한다. 공용부담은 원칙적으로 강제적인 부담으로서 직접법률의 규정에 의하여 또는 법령에 의거한 행정청의 일방적인 행위에 의하여 과해지는 점에서 사법상의 부담과 구별된다.

공용부담은 그 내용에 따라 인적 부담과 물적 부담으로 나눌 수 있다.

2. 인적 공용부담

인적 공용부담은 특정한 공익사업 기타의 복리행정상의 수요에 따라 당해 행정주체 등이 법률에 의거하여 개인에게 과하는 공법상의 작위·부작위 또는 지급의 의무로서, 공법상의 의무의 성격을 가지므로 그 의무의 불이행에 대하여는 행정상의 강제집행(대집행 또는 행정상의 강제징수)이, 의무의 위반에 대하여는 행정벌이 과하여지는 것이 보통이다.

인적 공용부담은 그 내용에 따라 부담금, 부역·현품·노역·물품·시설부담 및 부작위부담으로 나눌 수 있다.

부담금은 특정한 공익사업에 대하여 특별한 이해관계를 가지는 자에 대하여 그 사업에 필요한 경비의 전부 또는 일부를 부담시키기 위하여 과하는 금전지급의무로서, 특정한 사업에 필요한 경비의 일부를 부담시키는 경우에는 특히 부담금이라고도 한다. 부담금은 금전지급의무이기 때문에 성질상 특별부담에 한하는 것이 원칙이며 부담권리자는 국가 또는 공공단체인 것이 보통이다.

부역·현품이란 특정한 공익사업의 수요를 충족시키기 위하여 노역 또는 물품과 그에 상당하는 금전을 선택하여 지급할 의무를 내용으로 하는 공법상의 선택적 지급의무로서 부역·현품 중에서 노역과 금전의 선택적 지급의무를 부역이라고 한다. 부역·현품은 반드시 대체성이 있는 것이어야 하기 때문에, 부역은 특별한 지식이나 기능을 요하지 아니하며 평균인이 감당할 수 있는 단순한 노역이어야 하며 현품의 내용은 특수한 주관적 가치나 미술적 가치가 있는 것이 아닌 대체적인 것이어야 한다.

노역·물품이란 특정한 공익사업을 위하여 필요한 노역 또는 물품 그 자체의 지급을 내용으로 하는 의무로서 비상재해 기타 눈 앞의 급박한 수요를 충족하기 위하여 달리 적당한 방법이 없는 경우에 한하여 예외적으로 인정되는 특별부담의 성질을 가진다.

시설부담은 특정한 공익사업을 위하여 그 사업과 특별한 관계에 있는 자 또는 우연히 그 필요를 충족시킬 수 있는 지위에 있는 자에 대하여 과하여지는 공사 등의 시설을 할 인적 공용부담으로서, 내용을 표준으로 하여 도로부담, 하천부담, 철도부담 등으로 나눌 수 있다.

부작위부담은 특정한 공익사업을 위하여 일정한 부작위의 의무를 지우는 것을 내용으로 하는 인적 공용부담으로서, 특정한 행위를 적극적으로 하는 것이 당해 공익사업에 지장을 가져올 우려가 있는 경우에 그와 같은 행위를 하지 못하도록 함으로써 그 사업을 원활히 시행하려는 것이다.

3. 물적 공용부담

물적 공용부담은 특정한 공익사업 기타의 복리행정을 위하여 일정한 물건의 효용의 확보에 필요한 특정한 재산권에 대하여 일정한 제한 또는 침해를 가하는 것을 말한다. 물적 공용부담은 일정한 재산권에 부착하여 직접 그에 대하여 물권적 변동을 발생시킬 수 있는 것이라는 점에서 물권적 부담이며 그 재산권과 더불어 타인에게 이전된다.

물적 공용부담은 그 부담의 성질에 따라 사유재산권에 물권적 제한을 가하는 공용제한, 재산권 자체를 취득하는 공용수용 및 재산권의 내용에 변환을 가져오는 공용환지·공용환권으로 나누어 볼 수 있다.

공용제한은 특정한 공익사업 기타의 복리행정의 수행을 위하여 또는 일정한 물건의 효용을 확보하기 위하여 개인의 재산권에 과하여지는 공법상의 제한을 말하며 당해 제한을 필요로 하는 공익상의 수요의 종류에 따라 계획제한, 사업제한, 공물제한, 사용제한으로 나눌 수 있다.

공용수용은 특정한 공익사업을 위하여 보상을 전제로 개인의 특정한 재산권을 강제적으로 취득하는 것을 말하는 것으로서 타인의 재산권을 공익상의 필요를 이유로 하여 강제적으로 취득하는 것을 본질로 하는 것이므로 사유재산권을 보장하는 법치국가에서는 현행 헌법 제23조 제3항이 규정하고 있는 바와 같이 반드시 법률의 근거를 필요로 한다. 공용수용은 그 수용하려는 목적물을 표준으로 하여 부동산수용, 동산수용 및 무체재산수용으로 나눌 수 있다.

공용환지는 토지의 효용을 증진하기 위하여 일정한 구역 안에 있는 토지의 구획 또는 형질을 변경함으로써 강제적으로 토지소유권 기타의 권리(지상권, 임차권 등)를 교환・분합하는 것을 말하며 현행법상은 농지개발사업이 인정되고 있다.

공용환권이란 토지의 평면적・입체적 이용을 증진하기 위하여 특정한 토지에 관한 소유권 기타의 권리 및 지상의 시설물에 대한 권리를 권리자의 의사에 관계없이 강제적으로 변화하는 것을 말한다.

Ⅴ. 재무행정법

1. 재무행정의 개념

국가나 지방자치단체가 그의 존립과 활동을 위하여 필요한 재력을 취득하고, 수입・지출의 회계를 경리하며, 재산을 관리하는 작용을 재무행정 또는 재정이라고 한다.

재정은 그 수단을 표준으로 재정권력작용과 재정관리작용으로 구분할 수 있는데 재정권력작용은 국가 또는 지방자치단체가 필요한 재력을 취득하기 위하여 개인에게 명령하거나 강제하는 작용을 말하며 이는 조세를 부과하고 징수하는 조세권과 특정한 물품을 독점하여 제조・판매할 수 있는 전매권 등을 주요한 내용으로 한다. 재정관리작용은 국가나 지방자치단체가 취득한 재력을 유지・관리하는 작용을 말하며 회계라고도 한다. 이에는 취득된 재산을 관리하는 재산관리와 재산의 수입・지출을 관리하는 수입・지출관리가 있다.

2. 조 세

조세란 국가 또는 지방자치단체가 그의 재력의 취득을 위하여 과세권에 의하여 일반국민에게 부과・징수하는 금전부담으로서 과세권의 주체에 따라 국세와 지방세로, 법률상의 납세의무자와 사실상의 조세부담자와의 관계에 따라 직접세와 간접세로 나눌 수 있다.

조세법의 기본원칙으로는, 형식면에서 조세법률주의와 영구세주의가, 실질면에서 공평부담의 원칙, 신의성실의 원칙, 수입확보의 원칙과 능률주의가 있고 부과기술면에서는 실질과세의 원칙, 근거과세의 원칙, 소급과세금지의 원칙 등이 있다.

3. 전 매

전매란 국가의 수입을 목적으로 특정한 재물의 판매를 독점하는 것을 말하며 국가가 특정한 재물의 판매를 독점함으로써 재정수입을 얻으려는 것이기 때문에 재정상으로 본다면 소비세 부과의 한 형식이라고 할 수 있으나 법률상으로는 재물의 판매라고 하는 사법상의 행위에 의하여 수입을 얻으려는 것이라는 점에서 권력적 과징금인 조세수입과 다르다. 현행법상의 전매로는 홍삼전매가 있다.

4. 회 계

회계란 국가 또는 지방자치단체가 내부절차로서 그의 재산과 수입·지출을 관리하는 작용, 즉 재정관리작용을 말한다. 회계는 그 관리하는 재산의 종류에 따라 현금회계, 채권회계 및 동산회계와 부동산회계로 나눌 수 있으며 이들은 각각 그의 적용법규를 달리하는 것이 보통이다.

현금회계는 국가 또는 지방자치단체의 수입·지출의 예정계산서, 즉 예산을 편성하고 그것을 집행하며 집행의 결과를 계산·정리하는 작용이다. 그러므로 현금회계는 현금지출에 관한 예산·출납 및 결산을 총칭하는 것이된다.

채권회계란 국·공유채권의 관리에 관한 작용이며, 동산회계란 현금 이외의 동산을 출납·경리하는 작용을 말하고 부동산회계는 국유나 공유의 부동산을 관리하는 작용이다.

Ⅵ. 군 정 법

군정이란 국가의 방위를 위하여 병력을 취득하고 유지하는 작용으로 일반통치권에 의거하여 국민에게 명령·강제하여 부담을 과하는 작용이다. 우리 헌법상의 군정에 관한 기본원칙으로는 국제평화주의, 병정통합주의, 민주군정 및 군의 정치적 중립성 등을 들 수 있다.

제3장 민　　법

제1절 서　　설

Ⅰ. 민법의 의의

1. 형식적 의의의 민법과 실질적 의의의 민법

민법이라고 할 때 그것은「형식적 의의의 민법」을 가리킬 때도 있고「실질적 의의의 민법」을 가리킬 때도 있다. 전자는 민법이란 이름을 가진 성문의 법전, 즉 민법전을 말한다. 현재 우리나라에서 시행되고 있는 민법전은 1958년 2월 22일에 법률 제471호로 공포되고 1960년 1월 1일부터 시행되어온 것이다. 후자는 사법(私法)의 일부로서 사법관계를 규율하는 원칙적인 일반법을 말한다. 형식적 의의의 민법은 실질적 의의의 민법을 성문화한 것이지만 양자는 반드시 일치하지는 않으며, 형식적 의의의 민법에는 공법적 내용도 포함되고 있는 경우도 있다. 실질적 의의의 민법은 민법전 외에도 유실물법, 외국인토지법, 부동산등기법, 호적법 등의 단행법과 민사에 관한 관습법·조리·판례법 등이 포함된다.「민법」이란 무엇인가라는 물음에 대해서, 육법전서에「민법」으로 나타나 있는 법률을 지칭한다고 답하는 것은 실질적인 답이 되지 못한다. 문제는「실질적 의의」의 민법의 성격이 무엇인가 하는 데 있다. 그러므로 다음에서는 그것을 살펴보도록 하겠다.

2. 실질적 의의의 민법의 성격

(1) 민법은 사법이다

법을 공법과 사법으로 구별하는 전통에 따를 때 민법은 사법에 속한다. 공법과 사법의 구별에 관하여는 많은 학설이 대립하고 있지만, 공법은 국가나 공공단체의 구성원으로서의 생활관계를 규율하는 법이고 사법은 국가와의 직접 관계없이 영위하는 인간으로서의 생활관계를 규율하는 법이라고 보는 것이 일반적이다. 개인상호간의 생활관계를 규율하는 사법을 구체적으로 관찰하여 보면, 이를 자기보존을 위한 관계와 종족보존을 위한 관계로 나눌 수 있다. 학문상으로 전자의 관계를 경제생활관계(재산관계)라 하고, 후자의 관계를 가족생활관계(신분관계)라 한다. 전자를 규율하는 것이 재산법(물권법·채권법)이고 후자를 규율하는 것이 가족법(친족법·상속법)이다.

(2) 민법은 일반사법이다

법을 일반법과 특별법으로 구별할 때 민법은 가장 일반적인 생활관계에 관하여 규정하는 일반사법에 속한다. 이에 대하여 각종의 특수한 구체적인 사법관계를 직접 규율하는 많은 특별사법이 있으며, 그 대표적인 것이 상법이다.

(3) 민법은 실체법이다

실체법은 직접 권리·의무의 귀속·변동 및 범위를 정하는 법을 말하고, 절차법은 실체법상의 권리·의무를 실현시키기 위한 방법과 절차를 정한 법이다. 민법은 실체법에 속하고, 민사소송법은 그 절차법에 속한다. 다만 현행 민법규정 중에 절차법적 규정도 포함되어 있는 것도 사실이다.

II. 민법전의 구성

근대 민법전의 체계에는 판덱텐체계(Pandektensystem)와 인스티투치오넨체계(Institutionensystem)가 있는데, 우리 민법은 독일민법을 본받아 민법 전체를 총칙·물권·채권·친족·상속의 5편으로 나누는 판덱텐체계를 따르고 있다. 이러한 판덱텐체계는 총칙을 민법의 맨 앞에 위치시키는 것으로 19세기에 독일의 보통법학에 의하여 수립되었으며, 논리주의적인 체계라 할 수 있다. 이에 대하여 인스티투치오넨체계는 민법을 인법(persona)·물법(Res)·소송법(Actio)의 3편으로 구성하는 체계이다. 프랑스민법(1804년)이 대체로 이 체계를 따르고 있다.

Ⅲ. 민법의 기본원리(구성원리)

1. 근대민법의 기본원리

봉건사회의 재산 및 신분상의 특권과 불평등을 타파하고 성립한 근대사회에 있어서 일반생활의 원리 내지 문화의 기조는, 개인주의・자유주의・합리주의이었으며, 이러한 이상은 경제적으로 사유재산제도와 경제활동의 자유 및 한없는 영리의 추구를 그 특질로 하였다. 그리고 이러한 경제사회의 특질을 반영하고 이것을 제도적으로 보장하며, 발전시켜 나아갔던 것이 바로 근대시민법이었다. 따라서 근대시민법은 개인주의사상에 입각하여 개인본위로 구성되어 개인의 자유와 평등 위에 사적 생활관계를 조화시키려는데 그 기조를 두게 되고, 이것을 보장하는 것을 그 지도이념 내지 원리로 하였다. 그리하여 이러한 기조 위에 성립한 근대시민법의 지도원리로 소유권절대의 원칙・계약자유의 원칙・과실책임의 원칙을 드는 것이 보통이다. 다만 시민사회의 사생활은 경제생활로서의 재산법적 질서와 가족생활로서의 가족법적 질서의 두 가지 영역으로 구성되는 것이기는 하나, 실제로 그 생활의 중심은 재산관계에 있다고 할 수 있으므로 근대시민법의 지도원리를 구성하는 것은 주로 자연법적 원리라 할 것이다.

(1) **소유권절대의 원칙**(사유재산권존중의 원칙)

개인의 재산은 절대불가침한 것으로서 보호되어야 한다는 것이다. 생활의 궁극적 보장은 자기의 사유재산에 기반을 두고 있는 것이므로 그 생활을 보장하자면 소유권으로 대표되는 개인의 사유재산은 침해를 당하지 않는 절대적인 권리가 보장되어야 한다. 본래 소유권은 물건을 전면적으로 지배할 수 있는 권리이므로, 그 목적물을 자유로이 지배하고 그에 대한 권리를 행사할 수 있어야만 비로소 지배의 실익을 얻을 수 있는 것이다. 그리하여 헌법은 국민의 재산권을 보장하고(헌법 제23조 제1항), 민법은 소유권의 내용에 관하여 「소유물을 사용・수익・처분할 권리」(민법 제211조)라고 규정하여 이 원칙을 선언・보장하고 있다.

(2) **계약자유의 원칙**

경제활동의 결과 얻어진 재산은 소유권절대의 원칙에 의하여 보장받고 있지만 재산권을 획득하고자 하는 행위 자체의 자유도 보장되지 않으면 안된다. 즉, 개인은 자기의 의사에 따라 상대방과 평등한 위치에 서서 자유로이 계약을 체결할 수 있고, 국가는 이를 제한하거나 개입해서는 안된다. 재산권의 획득은 대부분 법률행위를 통하여 이루어지는 것이니 법률행위의 자유가 보장되어야 하며 법률행위는 '계약'으로 대표될 수 있으니, 이를 계약자유의 원칙(또는 사적자치의 원칙)이라고 한다. 이 원칙의 내용으로는 ① 계약체결여부의 자유, ② 계약체결의 상대방을 선택하는 자유, ③ 계약의 내용을 결정하는 자유, ④ 계약에는 원칙적으로 방식을 요하지 않는다는 뜻에서의 방식의 자유 등 네 가지를 들고 있다.

(3) 과실책임의 원칙

개인은 자기의 고의·과실에 의하여 타인의 권리를 침해하여 손해를 발생하게 한 경우에만 책임을 부담하는 것이지, 자기의 고의·과실이 없는 한 가령 타인에게 손해를 입히더라도 책임을 지지 않는다는 것을 과실책임의 원칙 또는 자기책임의 원칙이라고 한다. 민법은 고의 또는 과실로 인하여 타인의 권리를 침해한 자는 불법행위를 구성하여 그 손해를 배상하여야 한다고 규정하여 이 원칙을 밝히고 있다(민법 제750조). 계약자유의 원칙이 적극적으로 개인의 활동의 자유를 보장하려는 것이라면, 과실책임의 원칙은 소극적으로 이를 보장해 주려는 것이다.

2. 현대민법의 기본원리

근대 초기의 시민사회를 배경으로 하고서 성립한 근대시민법의 지도원리는 그 후 경제적 자유방임주의를 기반으로 하는 자본주의체제가 점차 고도화함에 따라 부의 불균형을 초래하고 노사간의 대립이 격화됨으로써, 구체적인 인간은 결코 자유·평등하지 않고 지배·예속의 관계에 놓이게 된다는 현상이 나타났다.

즉, 소유권절대의 원칙은 유산자가 대다수의 무산자를 지배하는 무기로 이용되어 가진 것이 없는 자에게는 한낱 장식물에 지나지 않았다. 계약의 자유는 경제적 강자의 경제적 약자에 대한 일방적인 계약강제수단으로서 변질하였고, 과실책임의 원칙은 경제적 강자가 경제적 약자에 대한 책임을 면하는 구실로 되었다. 따라서 이러한 모순과 폐해를 극복하고 사회구성원의 실질적 평등을 보장하기 위하여 근대민법의 기본원리는 수정이 불가피하게 되었다. 민법에 있어서의 이러한 수정원리의 표현은 신의성실의 원칙과 권리남용금지의 원칙으로 나타나고 있다(민법 제2조).

(1) 소유권공공의 원칙

소유권도 절대적인 것이 아니라 사회전체의 이익을 위하여 제한을 받아야 한다는 것이다. 그리하여 재산권의 「내용과 한계는 법률로 정하며」(헌법 제23조 제1항 후단) 소유권의 행사는 「법률의 범위내에서」 허용하고(민법 제221조), 만일 이 범위를 넘는 경우에는 「권리의 남용」(민법 제2조)이 된다. 소유권의 행사는 「공공복리에 적합」하여야 하기 때문이다(헌법 제23조 제2항).

(2) 계약공정의 원칙

사회질서에 반하는 계약뿐만 아니라 심히 공정성을 잃은 계약은 보호를 받을 수 없다는 원칙을 말한다. 예컨대 노사관계를 규율한 제입법, 생존권적 기본권을 보장하기 위한 제입법 및 그 밖의 경제활동전반에 걸친 각종 통제입법 등이 바로 이러한 계약자유의 원칙을 제한하기 위한 것이다. 민법 제2조 1항에서는 「권리의 행사와 의무의 이행은 신의에 좇아 성실히 하여야 한다」라고 하였다. 이 신의성실이라는 말은 공정성(Billigkeit)과 비슷한 개념이다. 이 원칙은 법과 도덕을 조화시키려는 중요한 관념으로서, 처음에는 계약법에서만 적용되었던 것이나, 점차로 모든 권리의무관계를 규율하는 일반 조항으로 드디어는 법의 이념으로까지 고양된 것이다. 한편 민법 제104조는 불공정한 법률행위를 무효로 하고 있다.

(3) 무과실책임의 인정

오늘날의 고도로 발달한 기계문명과 대규모의 집단생활에 있어서는 비록 과실이 없는 경우에도 타인에게 불이익을 초래케 하는 대신 그 자신이 이익을 얻게 되는 경우가 많아졌다. 이러한 경우에 과실책임주의를 고수한다면 손해분담의 공평을 잃은 것이므로, 기업자는 고의나 과실의 유무를 불문하고 기업활동상 발생한 손해에 대하여 책임을 져야한다는 무과실책임론이 대두되었다.

이 원칙은 시민생활에 있어서의 개인존중의 사상에서부터 단체존중으로서의 전환을 의미하는 것인데 근로기준법에서는 노동자의 업무상의 재해에 관하여 사용자의 무과실책임을 인정하고 있다. 민법에서는 아직 일반원칙으로 확립된 것이라고는 볼 수 없지만, 이 원칙에 입각한 것이라고 볼 수 있는 규정들이 산발적으로 규정되어 있다(제756조의 사용자책임, 제758조의 공작물의 점유자, 소유자의 책임 등).

제 2 절 총 칙

민법총칙은 민법 전체에 공통되는 원칙으로, 권리의 주체, 권리의 객체, 권리의 변동에 관계되는 내용을 규정하고 있다. 그러나 민법총칙은 주로 재산관계에 적용되는 통칙이며, 가족법(친족·상속편)에는 총칙의 규정의 적용이 배제되는 경우가 많다.

Ⅰ. 권리의 주체

1. 서 설(권리주체와 권리능력)

사람의 사회생활에 있어서 일정한 이익(법익)을 향수하게 하기 위하여 법이 부여하는 힘이 권리이므로 권리가 존재하는 데는 반드시 그러한 법적 힘이 부여되는 자, 즉 권리의 귀속자가 있지 않으면 안 된다. 이 권리가 귀속하는 주체를 권리의 주체(Rechtssubjekt)라 하고, 권리의 주체가 될 수 있는 법률상의 지위·자격을 권리능력(Rechtsfähigkeit) 또는 인격(Persönlichkeit)이라고 하는데, 민법상의 권리능력자에는 자연인(natürliche Person)과 법인(juristische Person)이 있다.

2. 자 연 인

(1) 권리능력평등의 원칙

민법 제3조는 「사람은 생존한 동안 권리와 의무의 주체가 된다」고 규정함으로써 모든 자연인(인간)은 출생과 동시에 당연히 권리능력을 가지며 계급·종교·신분·연령·성별 등에 의하여 차별받지 아니함을 인정하고 있다. 이것을 권리능력평등의 원칙이라고 한다.

(가) 권리능력은 출생과 함께 취득된다(권력능력의 시기). 민법상 출생시기에 관하여 학설이 나누어져 있는데, 태아가 모체 밖으로 분리되려고 진통을 시작한 때에 출생한 것으로 보는 진통설, 모체로부터 태아가 일부 노출된 때를 출생한 것으로 보는 일부노출설, 태아가 모체 밖으로 완전히 분리된 때 출생한

것으로 보는 전부노출설, 태아가 모체 밖으로 완전히 분리된 후 독립하여 스스로 호흡을 할 때를 출생한 것으로 보는 독립호흡설이 있는데 민법의 통설은 전부노출설이다. 따라서 출생 이전의 태아는 권리능력이 없으나, 민법은 태아의 이익을 보호하기 위하여 예외적으로 다음과 같은 몇 가지 경우에(태아가 살아서 출생할 것을 조건으로) 이미 태아를 출생한 것으로 보아 권리능력을 인정하고 있다.

① 불법행위로 인한 손해배상의 청구(민법 제762조).

② 재산상속(제1000조)

③ 대습상속(제1001조)

④ 유증(제1064조)

⑤ 사인증여(제562조); 이에 대하여는 학설의 대립이 있음

이 경우 태아가 언제 권리능력을 취득하는가에 대해서 견해의 대립이 있다.

소수설, 판례의 입장인 정지조건설은 태아로 있는 동안은 아직 권리능력을 취득하지 못하고 다만 살아서 출생한 경우에 비로소 권리능력을 취득하게 되며, 그 취득의 효과는 문제의 시점까지 소급한다고 한다. 반면에 다수설인 해제조건설은 태아는 이미 출생한 것으로 보고 개별사항의 범위내에서 제한된 권리능력을 가지며 법정대리인의 규정이 태아에게 적용된다고 한다. 다만 태아가 사산되면 소급하여 효력이 상실된다.

(나) 권력능력은 사망(심장의 고동이 절대적으로 정지한 때)과 더불어 소멸한다(권리능력의 종기). 사자(死者)가 가지고 있던 권리와 의무는 상속인에게 상속된다. 권리능력의 소멸원인은 사망 단 한가지 뿐이다. 사망은 상속·유언의 효력발생, 잔존배우자의 재혼 등 여러가지 법률문제와 관련된다. 따라서 사망의 유무나 시기의 여하는 대단히 중요한 문제일 뿐만 아니라 그 증명·확정이 곤란한 경우가 많고 이에 대비하여 다음과 같은 여러 제도가 있다.

① 동시사망의 추정　　여러 사람이 동일한 위난으로 사망한 경우에 사망의 선후를 증명할 수 없는 때에는 동시에 사망한 것으로 추정한다(민법 제30조).

② 인정사망　　사망의 확정(시체의 발견·확인 등)은 없지만 사망한 것이 확실하다고 생각되는 경우(수난, 화재, 폭발)에 일정한 관청의 책임있는 증명에 의하여 사망한 것으로 인정하여 호적부에 사망한 것으로 기재할 수 있게 하는 제도이다. 인정사망도 사망을 추정하는 효력만을 가질 뿐이다.

③ 실종선고 어떤 사람이 일정기간 동안(실종기간은 보통실종의 경우 5년, 특별실종의 경우 1년) 생사가 분명하지 아니한 때에 법원은 이해관계인(예 : 가족)이나 검사의 청구에 의하여 실종선고를 하여야 하고 실종선고는 실종기간이 만료했을 때 사망한 것으로 본다(동 제27조, 제28조). 사망을 의제하는 실종선고제도는 어디까지나 실종한 장소를 중심으로 하는 법률관계를 사망을 의제해서 처리하는 데 그치며, 실종자의 권리능력을 소멸케하는 것은 결코 아니다. 즉 돌아온 후의 법률관계나, 실종자의 다른 곳에서의 신주소를 중심으로 하는 법률관계에 관하여는 사망의 효과가 미치지 않는다.

(다) 외국인의 권리능력은 원칙적으로 내국인과 동일하나, 외국인이 토지에 관한 권리를 취득하거나(외국인토지법 제5조), 또는 광업권을 얻는 경우에는(광업법 제6조) 그 능력의 제한을 받는다.

(2) 의사능력과 행위능력

위에서 본 바와 같이 권리능력은 다만 권리·의무를 향유하고 부담할 수 있는 지위에 불과한 것이다. 그런데 권리능력을 가진 자가 현실적으로 특정한 권리와 의무를 취득하려면 여기에 다시 의사능력과 행위능력이라는 것이 필요하다. 의사능력(Willensfähigkeit)이라 함은 현재를 정확하게 인식하는 인식력과 어느 정도 미래를 판단할 수 있는 예기력(豫期力)을 가지고 자기의 행위의 결과를 판단할 수 있는 정신적인 능력을 말한다. 그리고 이러한 의사능력을 구비한 자가 단독으로 유효한 법률행위를 할 수 있는 능력을 행위능력(Handlungsfähigkeit)이라고 하며, 행위능력이 없는 자, 또는 그 제한을 받는 자를 행위무능력자라 한다.

보통 의사무능력자의 법률행위는 무효이나, 구체적인 경우에 의사무능력을 입증하기 곤란하고 거래의 안전과 신속을 해하게 되는 수도 있다. 따라서 민법은 형식적이고 획일적인 행위능력개념을 인정하고 행위무능력자의 법률행위는 취소할 수 있도록 하였다(민법 제5조, 제10조, 제13조). 민법상의 행위무능력자에는 미성년자·한정치산자·금치산자의 세 가지가 있다.

(3) 행위무능력자

(가) 미성년자 미성년자(Minderjähriger)라 함은 만 20세에 미달한 자를 말한다(민법 제4조). 미성년자의 법률행위는 원칙적으로 법정대리인의 동의를 얻어야 하며(동 제5조 제1항), 이 동의없이 단독으로 한 행위는 미성년자 자신이나 또는 법정대

리인이 취소할 수 있다(동 제5조 제2항, 제140조). 그러나 ① 단순히 권리만을 얻거나 의무만을 면하는 행위(동 제5조 제1항 단서), ② 처분이 허락된 재산의 처분행위(동 제6조) ③ 법정대리인으로부터 허락을 받은 영업행위(동 제8조 제1항), ④ 대리행위(동 제117조 참조), ⑤ 유언행위(동 제1062조 참조), ⑥ 근로계약과 임금의 청구행위(근로기준법 제53조·제54조) 등은 단독으로 유효하게 법률행위를 할 수 있다. 법정대리인이 될 사람은 제1차적으로 친권자이고, 친권자가 없을 때에는 후견인이다(민법 제909조·제928조). 미성년자의 법정대리인은 미성년자를 위하여 대리권과 동의권을 행사할 수 있고, 동의를 얻지 않은 미성년자의 행위에 대하여 취소권을 행사할 수 있다.

미성년자가 혼인한 때에는 성년자로 간주하므로(동 제826조의 4) 혼인한 미성년자는 단독으로 유효하게 법률행위를 할 수 있다.

(나) **한정치산자** 한정치산자(demi-interdit)라 함은 심신이 박약하거나 재산의 낭비로 가족의 생활을 궁박하게 할 염려가 있는 자로서 법원으로부터 한정치산선고를 받은 자를 말한다. 한정치산의 선고는 금치산선고에 있어서와 같이 심신상실의 정도는 아니나 정상적인 판단력이 없는 상태에서 하는 것으로서, 이 선고를 청구할 수 있는 자는 금치산의 경우와 동일하며, 그 선고를 받은 자의 행위능력은 미성년자와 같다(동 제9조·제10조). 한정치산자에게는 1인의 후견인을 두어야 하며(동 제929조), 후견인에는 지정후견인·법정후견인·선임후견인 등이 있으며, 미성년자의 법정대리인에 관한 규정이 그대로 적용된다.

(다) **금치산자** 금치산자(Entmündigter)라 함은 심신상실의 상태에 있는 자, 즉 판단능력이 심할 정도로 없는 자로서 일정한 자의 청구에 의하여 법원으로부터 금치산의 선고를 받은 자를 말한다. 금치산선고를 법원에 청구할 수 있는 자는 본인·배우자·4촌 이내의 친족·후견인·검사 등이다(민법 제12조, 제9조). 금치산자의 법정대리인인 후견인은 대리권만을 가지고 동의권을 가지지 아니하므로 금치산자 자신이 한 법률행위는 동의여부에 관계없이 항상 취소할 수 있다(동 제13조). 따라서 금치산자의 후견인은 대리권과 취소권만을 가진다.

(4) 무능력자의 상대방보호

민법은 상대방을 보호하고 나아가 거래의 안전을 꾀하기 위하여 무능력자의 상대방에게 취소할 수 있는 행위의 추인여부에 대한 최고권(민법 제15조), 무능력자측의 추인이 있을 때까지 계약을 철회하거나 단독행위를 거절할 수 있는 '철회권'과 '거절권'을 인정하고 있다(동 제16조). 철회권은 선의의 상대방에게 인정되고, 거절권은 상대방의 선의·악의를 불문하고 인정된다. 또한 무능력자가 사술을 써서 상대방에게 자기를 능력자로 믿게 하거나 또는 법정대리인의 동의가 있는 것으로 믿게 한 때에는 무능력자의 취소권을 박탈하여, 본래의 법률행위로서 효과를 발생케 하여 상대방을 보호하고 있다(동 제17조).

3. 법 인

(1) 법인의 의의와 존재이유

법인(artificial person, corporation, juristische Person)은 자연인이 아니면서 법에 의하여 권리능력이 인정된 자로서, 일정한 조직을 가진 사인(私人)의 단체 또는 재단을 말한다. 이 사회에는 사회생활의 중심으로 인정된 자연인 이외에, 다수인이 모인 집단이나 일정한 목적을 가진 재산이 존재한다. 그리고 이러한 집단이나 재산이 존재하는 것은 그에 상응하는 사회적 필요에 의한 것이므로 이 재산이나 사람의 단체에 권리능력을 부여하여, 그의 영속성을 유지하고 또 그의 외부에 대한 법률관계를 간편하게 할 필요가 있다. 이러한 이유에서 법기술상 마련된 것이 법인제도인 것이다.

(2) 법인의 본질

법률상 독립한 권리주체로 인정되는 법인의 본질은 무엇인가에 대해서는 19세기 이래 학자들에 의하여 논의되고 있는데, 법인의 실체를 부인하는 법인부인설, 법에 의하여 의제된 것이라는 법인의제설, 법인의 실체를 인정하는 법인실재설이 있다. 이와 같은 법인의 본질에 관한 학설을 국가의 법인설립에 관한 입법정책(자유설립주의, 준칙주의, 인가주의, 허가주의, 강제설립주의 등)과 밀접한 관련이 있다. 즉 국가의 법인설립에 관한 태도는 법인부인에서 점차로 방임적 방향으로 추이하였고, 그에 따라 처음에는 의제설 또는 부인설이 우세하였으나, 이어서 실재설이 널리 인정되었다. 의제설은 원래 인간만이 권리주체로 될 수 있다는 생각에서 출발하여 의제된 자연인에 불과하다고 한다. 이에 반해 실재설은 법인을 사회적으로 실재하는 현실적인 존재로서 법에 의하여 창조된 것이 아니라 이미 존재하고 있는 것을 법이 승인한 것이라고 한다. 현대사회에서의 법인의 사회적 활동이 양적으로 증가하고 질적으로 심화됨에 따라 실재설의 입장이 지배적이다.

(3) 법인의 종류

법인은 공법인과 사법인으로 대별할 수 있다. ① 공법인(public corporation)은 국가와 공공단체(지방자치단체공공조합 등)가 있고, ② 사법인(private corporaiton)에는 2인 이상의 자연인의 결합을 요소로 하여 성립하는 사단법인과 일정한 목적을 위하여 출연된 재산의 집단인 재단법인이 있다. 다시 사단법인에는 영리를 목적으로 하는 영리사단법인(사회 또는 은행 등)과 영리를 목적으로 하지 않는 비영리사단법인이 있다. 재단법인은 비영리법인에 한하여 설립할 수 있으며, 학술·종교·자선·사교 등을 위하여 설립된 법인이 이에 속한다. 영리법인은 상행위를 목적으로 하는 상사회사와 상행위 이외의 영리를 목적으로 하는 민사회사로 구분할 수 있으나 다같이 상법의 적용을 받는다.

- 공법인
  - 국가 ……………… } 지역단체
  - 공공단체
    - 지방자치단체 } 지역단체
    - 공공조합
- 사법인
  - 사단법인
    - 영리법인……회사, 은행 등……상법 적용
    - 비영리법인……적십자 등 } 민법 적용
  - 재단법인 (비영리재단에 한함)…… } 민법 적용

그리고 공법인은 공법에 의하여 규율되는 것이므로 결국 민법의 규율을 받는 법인은 비영리법인에 한정되는 셈이다.

(4) 법인의 능력

(가) 법인의 권리능력 　민법의 규율을 받는 비영리법인은 권리의 주체가 되기 위하여는 법률에 따라 정관을 작성하여 주무관청의 허가를 얻어 그 주된 사무소에서 설립등기를 함으로써 권리능력을 얻게 되는 것이나, 그 권리능력은 정관에 정한 목적의 범위내에 한하고 그 범위를 넘어서는 권리능력이 없다(목적에 의한 제한). 또한 법인은 법률에 의하여 권리능력이 부여되었으므로, 법률에 의하여 권리능력이 제한됨은 당연하며(법률에 의한 제한), 자연인과 달리 법인은 성질상 권리능력이 제한된다. 즉, 자연인의 천연의 성질을 전제로 하는 권리(생명권, 친권 등)는 향유할 수 없다(성질에 의한 제한).

(나) 법인의 행위능력 　법인의 행위능력에 관하여 민법은 아무런 규정을 두고 있지 않지만 법인이 가지는 권리능력의 범위에서는 행위능력도 인정되어야 할 것이다. 법인실재설에 의하면 법인의 대표기관의 행위를 바로 법인의 행

위로 보게 되고, 법인의제설에 의하면 법인은 대리인에 의하여 행위할 수 있다고 보게 된다.

(다) **법인의 불법행위능력** 법인에게 불법행위능력을 인정할 것이냐에 관하여는 논의가 있으나, 민법은 법인의 대표기관이 그 직무를 행함에 있어서 타인에게 손해를 입혔을 때에는 법인은 그 손해배상의 책임이 있다고 하여 법인의 불법행위능력을 인정하고 있다(민법 제35조 제1항).

(5) 법인의 기관

법인은 생물학적·육체적 존재가 아니므로 결국 법인을 구성하는 어떤 개인의 행위가 법인의 행위로 될 수밖에 없다. 그리고 그 개인의 행위가 법인의 행위로 될 때에 그 개인을 법인의 기관이라 한다. 법인의 기관으로서는 사단법인과 재산법인에 공통필수기관으로 이사가 있고, 사단법인에 한하여 존재하는 필수기관으로 사원총회가 있으며, 양 법인에 임의적 기관으로 감사를 둘 수 있다. 이사는 대외적으로는 법인을 대표하는 권한과 대내적으로는 일반사무를 집행하는 권한을 가지며, 사원총회는 사단법인의 최고의사결정기관이다. 감사는 법인의 재산상황과 이사의 업무집행 상황을 감사하는 것을 그 임무로 한다. 법인의 기관은 법인의 대표이며 그 행위는 대리는 아니지만, 대리와 비슷하기 때문에 대리에 관한 규정을 준용하고 있다(민법 제59조 제2항).

II. 권리의 객체

1. 권리의 객체의 의의

권리는 특정의 생활이익을 향유하기 위하여 특정인에게 부여한 법률상의 힘인데 이 힘이 미치는 대상을 권리의 객체라고 한다. 권리의 객체는 권리의 종류에 따라서 다르다. 물권에 있어서는 일정한 물건, 채권에 있어서는 특정인(채무자)의 행위, 인격권에 있어서는 권리주체 자신, 지식재산권에 있어서는 지식의 경제적 가치 등이 각각 권리의 객체이다. 민법은 권리의 객체에 관한 일반적 규정은 두지 않고 오직 물건에 관하여서만 규정을 두고 있다.

2. 물건의 의의

민법에서 물건이라 함은 유체물 및 전기 기타 관리할 수 있는 자연력을 말한다(민법 제98조). 여기서 유체물이라 함은 물리학상 그 실체의 존재를 인식할 수 있는 자연계의 일부로서의 고체·액체·기체 등을 말하며, 관리할 수 있는 자연력이라 함은 열·빛·원자력 등과 같이 인위적 방법으로 지배·수익·처분할 수 있는 것을 말한다. 민법상 물건이기 위한 요건을 좀더 상설하면 다음과 같다.

(1) 물건은 관리할 수 있는 것이어야 한다(관리가능성)

그러므로 유체물이라도 일·월·성신·공기·해양 등은 관리가능성이 없으므로 물건이 아니다.

(2) 외계의 일부이어야 한다

이는 인격절대주의를 취하는 근대법에서는 사람에 대해 배타적 지배를 인정하지 않기 때문이다. 따라서 생존한 자연인의 신체나 그 일부는 물건이 될 수 없고, 의치·의안·의지 등도 신체에 고착되어서 신체의 일부가 된 때에는 물건이 아니지만 신체로부터 분리된 모발·혈액·치아 등은 물건이다.

(3) 물건은 그 자체로서 독립되어야 하므로, 물건의 일부나 그 구성부분은 원칙적으로 물권의 객체가 되지 못한다(일물일권주의)

3. 물건의 분류

(1) 서

민법은 물건을 동산과 부동산, 주물과 종물, 원물과 과실로 분류하고 있다. 이 밖에도 학설상으로는 ⑴ 단일물·합성물·집합물, ⑵ 융통물·불융통물(거래의 객체가 될 수 있느냐의 여부에 따른 분류), ⑶ 가분물·불가분물(물건의 성질 또는 가격을 현저하게 손상하지 않고서 분할할 수 있느냐의 여부에 따른 분류), ⑷ 대체물·부대체물(동종·동량·동질의 물건으로 대체할 수 있느냐의 여부에 따른 분류), ⑸ 특정물·불특정물(대체물과 부대체물의 구별이 객관적인데 반해 이의 구별을 당사자의 의사에 기한 주관적이다), ⑹ 소비물·비소비물(용도에 따라 반복하여 사용이 가능하냐에 따른 분류) 등의 분류가 행해지고 있다.

(2) 동산과 부동산

토지와 그 정착물을 부동산이라 하고 부동산 이외의 물건을 동산이라 한다(민법 제99조). 토지는 그 지상뿐만 아니라 지하까지도 포함하는 개념이며, 정착물이라 함은 계속적으로 토지에 부착된 물건을 말한다(예: 건물·수목·터널 등). 선박·자동차·항공기 등은 모두 동산이지만 특별법에 의하여 부동산과 같이 다루어지는 경우도 있다

(도로운송차량법 제5조, 자동차저당법 제5조, 항공기저당법 제5조).

(3) 주물과 종물

독립된 두 개의 물건 사이에 사회적 기능으로 보아서 한편이 다른 한편의 효용을 돕는 관계가 있을 때에(시계와 시계줄, 배와 노), 그 한 쪽을 주물이라 하고 다른 한 쪽을 종물이라 한다(민법 제100조 제1항). 주물과 종물은 동일한 소유자에게 속하여야 하며, 종물은 주물의 처분에 따른다.

(4) 원물과 과실

어떤 물건에서 나오는 수익물을 과실이라 하고, 그 수익을 낳은 물건을 원물이라 한다. 과실에는 천연과실(예: 곡물·채소·계란 등)과 법정과실(예: 집세·지대·이자 등)이 있다. 전자는 원물의 용법에 의하여 수취되는 과실이고, 후자는 타인에게 원물을 사용시킨 대가로 받는 과실이다.

Ⅲ. 권리의 변동

1. 총 설

(1) 권리변동의 의의

사람의 사회적 생활관계의 법적 측면인 법률관계는 그 생활관계가 발생·변경·소멸되는 과정에 따라 항상 변동하지 않을 수 없는 것이다. 그런데 이처럼 법률관계가 변동한다는 것은 결국 일정한 원인이 존재하면 일정한 효과가 발생하는 것을 말하는데, 이러한 법률관계의 변동에 있어서 그 원인이 되는 것을 법률요건이라 하고, 그 결과가 되는 것은 법률효과라 한다. 법률관계의 변동이란 법률관계의 내용인 권리·의무의 변동을 말하는데, 이것을 권리본위적 입장에서 본다면 권리의 변동, 즉 권리의 발생·변경·소멸이라는 모습으로 나타난다. 그리고 이것을 다시 권리의 주체(권리자)라는 입장에서 보면 권리의 취득·변경·상실이 된다.

(2) 권리변동의 원인

(가) 법률요건과 법률사실 권리의 변동은 그 변동요인이 되는 일정한 사실에 대하여 법이 적용됨으로써 생기는데, 이 일정한 사실을 총괄적으로 법률요건(juristischer Tatbestand)이라 하고, 다시 이 법률요건을 구성하는 개개의 사실을 법률사실(juristischer Tatsache)이라 한다. 그러므로 법률사실은 법률요

건을 조성하는 소인을 말하는 것으로서, 예컨대 매매계약에 있어서 청약과 승낙의 의사표시는 각각 법률사실이고, 이 두 개의 의사표시의 결과에 의하여 성립한 계약은 법률요건이며, 다시 이 법률요건(권리변동)의 원인인 계약으로부터 나오는 청구권은 법률효과(Rechtserfolg)가 되는 것이다.

(나) **법률사실의 분류** 법률사실은 먼저 용태(사람의 정신작용을 바탕으로 하는 법률사실)와 사건(사람의 정신작용을 바탕으로 하지 않는 법률사실)으로 대별되며, 용태(Verhalten)는 다시 외부적 용태(작위·부작위의 행위)와 내부적 용태(내심의 의식)로 나뉘어진다. ① 외부적 용태(Handlung)는 법적 평가에 따라 적법행위와 위법행위로, ㉠ 적법행위는 의사표시와 준법률행위가 있고, 의사표시는 효과의사와 표시의사로 구성되고, 준법률행위는 표현행위와 비표현행위 즉, 사실행위로 구분되고 표현행위는 의사의 통지(예 : 각종의 통고·각종의 거절)·관념의 통지(예 : 채무의 승인·사원총회소집의 통지)·감정의 표시(예 : 배우자의 부정행위에 대한 용서 등)로, 사실행위는 순수사실행위(예 : 과실의 분리·물건의 파괴)·혼합사실행위(예 : 선점·습득·첨부·사무관리·부부의 동거)로 분류되며, ㉡ 위법행위는 다시 채무불이행(민법 390조 이하)·불법행위(민법 750조 이하)로 분류되며, ② 내부적 용태는 관념적 용태(예 : 선의·악의 등)·의사적 용태(예 : 소유의 의사·사무관리에 있어서 본인의 의사) 등으로 나뉘어진다.

권리변동은 이를 법률의 규정에 의한 권리변동과 법률행위에 의한 권리변동으로 나눌 수 있다. 사적자치의 원칙상 법률행위(계약)에 의한 권리변동이 일반적이다. 민법은 여러 법률요건 가운데 법률행위·기간·소멸시효에 관한 규정을 총칙편에 두고 있다.

2. 법률행위

(1) 법률행위

(가) **법률행위의 의의** 법률행위(Rechtsgeschäft)라 함은 의사표시를 요소로 하고, 그 의사표시에 근거하여 법률효과를 발생시키는 법률요건을 말한다. 법률행위는 권리의 변동을 일으키는 사유 중 가장 중요한 것으로서 이와 구별하여야 할 것에 사실행위(순수사실행위와 혼합사실행위를 포함한다)가 있다. 사실행위(Realakt)는 법률적 행위이기는 하나 비표현행위이므로 이런 의미에서 무능력자도 이를 할 수 있다.

(나) **법률행위의 분류**

① 단독행위·계약·합동행위

(i) 단독행위(일방행위)……당사자의 일방적 의사표시만으로 성립되는 법률행위로서, 채무면제, 취소·해제 등과 같은 상대방 있는 단독행위와 재단법인

설립행위 · 권리의 포기 등과 같은 상대방 없는 단독행위로 구분된다.

(ii) 계 약(쌍방행위)……서로 대립하는 두 개의 의사표시의 합치에 의하여 성립하는 법률행위를 말한다. 매매 · 임대차 · 고용계약 등이 여기에 속한다.

(iii) 합동행위(협정행위)……방향을 같이하는 두 개 이상의 의사표시의 합치에 의하여 성립하는 법률행위이다. 사단법인의 설립행위 · 선정당사자의 선정행위 등은 그 예이다.

② 요식행위 · 불요식행위 의사표시에 일정한 방식을 요구하는가에 따른 구분이다. 요식행위란 의사표시를 서면 등과 같은 일정한 방식에 따라 행하여야 그 효력이 인정되는 법률행위를 말하고, 불요식행위란 일정한 방식이 요구되지 않는 법률행위를 말한다. 민법상 대부분의 법률행위는 불요식행위이다.

③ 채권행위 · 물권행위 · 준물권행위 채권행위는 채권의 발생을 목적으로 하는 법률행위(예 : 매매, 임대차 등)를 말하며, 물권행위라 함은 물권의 변동(득실 · 변경)을 목적으로 하는 법률행위(예 : 소유권의 이전, 지상권 또는 저당권의 설정 등)를 말한다. 준물권행위란 물권 이외의 권리의 변동(발생 · 변경 · 소멸)을 목적으로 하는 법률행위(예 : 채권양도, 채무면제 등)를 말한다.

④ 생전행위 · 사후행위 행위자의 사망으로 인하여 그 효과가 생기는 법률행위를 사후행위 또는 사인행위라고 하며, 그 이외의 법률행위는 모두 생전행위이다. 우리 민법상 사후행위는 유언과 유증 및 사인증여가 있다.

(다) 법률행위의 성립요건과 유효요건 법률행위라고 할 수 있을만한 것이 되기 위하여 요구되는 최소한의 외형적 · 형식적인 요건을 말하는데 모든 법률행위에 요구되는 일반적 성립요건으로는 ① 당사자, ② 목적, ③ 의사표시의 세 요건이 있으며, 요물계약에서의 물건의 교부, 요식계약에서의 방식의 구비 등과 같이 개별적인 법률행위에 대하여 그 성립의 요건을 별도로 규정하고 있는데 이를 특별성립요건이라고 한다.

법률행위가 완전히 유효하여 그 효력을 발생하기 위하여는 그 성립요건과 함께 다시 효력발생요건이 필요하다. 일반적 효력요건으로는, ① 당사자가 능력을 가지고 있어야 한다. ② 법률행위의 목적이 가능하여야 하고, 적법하고 사회적 타당성을 가지며, 확정할 수 있어야 한다. ③ 의사표시에 관하여 의사와 표시가 일치하고, 의사표시에 하자가 없어야 하며, 특별효력요건으로는 대리행위에서의 대리권의 존재, 물권변동에서 등기 · 인도 등과 같이 개개의 법률에 규정되어 있는 요건을 충족하여야 한다.

(2) 의사표시

(가) 의사표시의 의의 의사표시(Willenserklärung)라 함은, 일정한 법률효과의 발생을 의욕하는 의사를 표시하는 행위를 말하며, 법률행위의 불가결의 요소가 되는 법률사실이다. 의사표시를 함에는 행위능력과 의사능력이 필요하다. 의사표시는 상대방에게 도달한 때 효력이 발생한다(도달주의 : 민법 제111조 제1항).

의사표시는 법률효과를 발생케 하려는 내심의 의사(효과의사)와 그것을 외부로 표시하는 표시행위로 이루어지는데, 양자가 일치하지 않는 불완전한 의사표시의 효력과 효과의사가 타인의 부당한 간섭의 상태하에서 결정·표시한 경우의 효력에 관해서 민법은 다음과 같이 규정하고 있다.

(나) 의사와 표시의 불일치

① 비진의의사표시(심리유보) 표의자인 본인이 내심의 의사와 표시상의 의사가 일치하지 않음을 알면서 행한 경우로서 표시한 대로의 효과가 발생한다(민법 제107조 제1항 본문). 그러나 상대방이 표의자의 진의 아님을 알았거나 알 수 있었을 경우에는 무효로 한다(민법 제107조 제2항). 그러나 그 무효를 선의의 제3자에게는 대항하지 못한다(민법 제107조 제1항).

② 허위표시(통정허위표시) 상대방과 통정(통모)함으로써 하는 진의아닌 허위의 의사표시를 말한다. 허위표시는 표의자의 의사와 진의가 일치하지 않는다는 것을 상대방도 알고 있다는 점에서 비진의의사표시와 구별된다. 허위의 의사표시는 당사자간에 있어서는 언제나 무효이다(민법 제108조 제1항). 다만 선의의 제3자에게 그 무효를 주장하지 못한다(민법 제108조 제2항).

③ 착 오 내심의 의사와 표시에 의하여 추단되는 의사(표시상의 의사)가 일치하지 않으며, 그 불일치를 표시자 스스로 알지 못하고 한 의사표시를 말한다. 그 착오가 법률행위의 중요한 부분에 관한 것이고, 표의자 본인이 그러한 착오를 하는데 중대한 과실이 없으면 취소할 수 있다(민법 제109조). 그러나 그것을 알지 못하는 제3자에 대하여는 취소의 효과를 주장할 수 없다.

(다) 하자있는 의사표시 원래 자유이어야 할 의사의 결정이 타인의 부당한 간섭으로 말미암아 방해된 상태에서 행하여진 의사표시를 가리켜 하자있는 의사표시라 한다. 타인의 사기나 강박에 의한 의사표시가 이러한 경우이다. 사기(사람을 기망하여 착오에 빠지게 하는 행위) 또는 강박(공포심을 일으키게 하는

행위)에 의한 의사표시는 취소할 수 있다(민법 제110조 제1항). 그러나 이 의사표시의 취소는 선의의 제3자에게 대항하지 못한다(동 제110조 제3항).

(3) 법률행위의 대리

(가) 대리의 의의　대리라 함은 타인(대리인)이 본인의 이름으로 법률행위(의사표시)를 하거나 또는 의사표시를 수령함으로써 그 법률효과가 적접 본인에게 발생케 하는 제도를 말한다. 이는 의사능력이나 행위능력이 없는 자에게 대리인에 의한 거래의 길을 열어줌으로써 사적 자치를 확장 내지 보충하여주는 사회적 기능을 가지고 있다.

(나) 대리의 종류　대리는 법정대리와 임의대리, 능동대리와 수동대리, 유권대리와 무권대리로 나누어진다. 법정대리는 법률에 의해 대리권이 발생하고 대리인의 자격 및 대리권의 범위도 법률의 규정에 의해 정해지며, 임의대리는 본인의 수권행위에 의해 대리권이 발생하고 본인의 의사에 따라 대리인·대리권의 범위가 결정되는 것을 말한다. 능동대리라 함은 본인을 위하여 제3자에 대하여 의사표시를 하는 대리를 말하며, 수동대리라 함은 본인을 위하여 제3자의 의사표시를 수령하는 대리를 말한다. 그리고 대리인으로 행위를 하는 자가 정당한 대리권을 가지고 있느냐의 여부에 따라 유권대리와 무권대리로 나누어진다.

(다) 대리행위

① 대리의사의 표시(현명주의)　대리인이 대리행위를 함에 있어서 「본인을 위한 것임을 표시하고」 의사표시를 하여야 한다(민법 제114조 제1항). 이것을 현명주의라 한다. 수동대리의 경우에는 상대방이 대리인에 대하여 본인을 위한 것임을 표시하여야 한다(동 제114조 제2항). 공동대리의 경우는 대리인이 공동으로 법률행위를 하여야 한다. 대리인이 본인을 위한 것임을 표시하지 아니한 때, 즉 대리의사를 표시하지 않은 때에는 그 의사표시는 자기를 위한 것으로 본다(민법 제115조 본문). 상행위의 대리에 있어서는 현명주의의 원칙이 적용되지 아니한다(상법 제48조). 그러나 어음행위에 있어서는 다시 현명주의가 채택되고 있다(어음법 제8조, 수표법 제11조).

② 대리행위의 효과　대리인이 그 대리권의 범위에서 한 대리행위에 의한 법률효과는 모두 직접 본인에게 귀속된다(민법 제114조). 대리는 법률행위에 관한 제도이므로 본인은 대리인의 불법행위책임을 지지 않는다. 다만 이 경우에 본인이 대리인의 사용자로서의 배상책임을 지는 수가 있다(민법 제756조).

③ 대리인의 능력 대리인이 행한 행위의 효과는 직접 본인에게 귀속되고 대리인은 대리행위에 의하여 재산상의 손해를 입을 염려가 없으므로 대리인은 의사능력만 있으면 족하고 행위능력자임을 요하지 않는다(민법 제117조 참조).

④ 본인의 이익을 보호하기 위하여 대리인은 본인의 허락이 없으면 본인을 위하여 자기의 법률행위를 하거나(자기계약), 동일한 법률행위에 관하여 당사자 쌍방을 대리(쌍방대리)하지 못하게 하고 있다. 다만 본인의 허락이 있거나 채무를 이행하는 경우에는 예외적으로 자기계약·쌍방대리가 인정된다.

⑤ 복대리 대리인이 자신의 권한 내의 행위를 하기 위해서 자신의 이름으로 선임한 본인의 대리인을 말한다. 임의대리인은 원칙적으로 복대리인선임권이 없고, 다만 본인의 허락이 있거나 부득이한 사유가 있는 경우에만 복대리인을 선입할 수 있다(민법 제120조), 법정대리인은 자기의 책임하에 언제든지 복대리인을 선임할 수 있다(동법 제122조).

(라) 무권대리 무권대리라고 함은 대리권없이 행한 대리행위를 말하며, 이는 표현대리와 협의의 무권대리로 나누어 볼 수 있다.

① 표현대리 표현대리라 함은 대리인에게 대리권이 없음에도 불구하고 마치 대리권이 있는 것과 같은 외관을 나타내는 경우에 그 무권대리행위에 대하여 본인이 책임을 지게 함으로써 거래의 안전을 보장하고 대리제도의 신용을 유지하기 위한 제도이다. 이러한 표현대리에는 대리권수여의 표시에 의한 표현대리(민법 제125조), 권한을 넘은 표현대리(민법 제126조), 대리권소멸 후의 표현대리(민법 제129조)의 세 가지 경우가 있다.

② 협의의 무권대리 무권대리 중에서 표현대리에 해당되지 않는 경우로서, 이 때의 법률효과는 무권대리인 자신의 책임이다. 그러나 그 행위가 본인이 원하는 경우도 있을 것이므로 본인이 추인하면 본인이 책임을 지고 본인이 추인하지 않는 경우에는 상대방의 보호와 거래의 안전을 꾀하고 나아가서는 대리제도의 신용을 유지하기 위하여 무권대리인에게 무거운 책임을 지게 하고 있다(민법 제135조, 제136조).

(4) 법률행위의 무효와 취소

당사자가 의욕한 대로의 법률효과가 발생하지 않은 경우로 무효와 취소의 두 가지가 있다.

법률행위의 무효(Nichtigkeit)라 함은 법률상 당연히 법률효과가 발생할 수 없도록 되어 있는 법률행위를 말한다. 일반적인 무효원인으로는 의사능력의 흠결, 법률행위내용의 불확정・불능, 강행법규위반, 공서양속위반, 허위표시, 심리유보의 경우에 상대방이 표의자의 진의를 알았거나 알 수 있었을 경우 등이다.

법률행위의 취소(Anfechtung)라 함은 일단 유효하게 성립한 법률행위가 일정한 흠결이 있어서, 표의자 기타 특정인이 그 법률행위 효력을 소급적으로 소멸(법률행위의 효력이 처음부터 무효이었던 것으로 간주)시킬 수 있는 법률행위를 말한다. 취소의 원인으로는 무능력자의 행위, 착오・사기・강박에 의한 의사표시등이 있다.

(5) 조건과 기한(법률행위의 부관)

법률행위의 부관이라 함은 법률행위의 효과의 발생 또는 소멸에 관하여 이를 제한하기 위하여 당해 법률행위의 내용으로서 부가되는 약관을 의미한다. 법률행위를 함에 있어서, 그 효과를 곧 발생시키지 않고, 장차 일정한 사실관계가 성립하는 때에 발생시키기를 원하는 경우가 있는가 하면, 한편 일단 효과가 발생하기를 원하지만, 장차 일정한 사실관계가 성립하는 때에는 그 효과를 소멸시키기를 원하는 수도 있다. 법률행위의 부관에는 여러가지가 있으나, 민법은 조건과 기한에 대해서만 일반적 규정을 두고 있다.

(가) 조건(condition, Bedingung)　조건이라 함은 법률행위의 효력의 발생 또는 소멸을 장래의 불확실한 사실의 성부에 의존케 하는 법률행위의 부관을 말한다. 경우에 따라서는 그러한 사실 자체를 조건이라 부르기도 한다. 조건 가운데서 법률행위의 효력의 발생을 장래에 불확실한 사실에 의존케 하는 조건을 「정지조건」이라 하고, 이에 대하여 이미 발생한 법률행위의 효력의 소멸을 의존케 하는 조건을 「해제조건」이라 한다. 따라서 정지조건부법률행위는 그 조건의 성취로 효력이 발생하고, 해제조건부법률행위는 그 조건의 성취로 효력이 소멸하게 된다.

(나) 기한(term, Zeitbestimmung)　기한이라 함은 조건과는 달리 성취할 것이 확실한 장래의 사실에 의하여 법률행위의 효력을 발생 또는 소멸시키는 임의적 부관을 말한다. 기한에는 「명년 1월 1일」의 경우처럼 그 성취하는 시기가 확정되어 있는 확정기한과 갑모가 사망하였을 때처럼 그 시기가 불확정되어 있는 불확정기한이 있다.

Ⅳ. 기 간(Frist)

기간이라 함은 어느 시점에서부터 다른 시점에까지 계속된 시간의 구분을 말한다. 따라서 어느 특정의 시점이나 시기를 가리키는 기일과 구별된다. 기간은 모든 법률관계에 있어서 적용되는 것이므로 공법·사법을 묻지않고 통용되는 것이나 편의상 민법총칙에 규정한 것이다(민법 제155조).

기간의 계산방법에는 자연의 시간의 흐름을 순간에서 순간까지 계산하는 「자연적 계산방법」과 역에 따라 계산하는 「역법적 계산방법」의 두 가지가 있다. 전자는 정확하지만 불편하고 후자는 부정확하지만 편리하다. 이러한 점을 고려하여 민법은 단기간에 관하여는 자연적 계산방법을, 그리고 장기간에 관하여는 역법적 계산방법을 채용하고 있다.

Ⅴ. 시 효

시효(prescription, Verjährung)라 함은 일정한 사실상태가 오랜 기간에 걸쳐서 계속되는 경우에, 그것이 진실한 권리관계에 합치하는가의 여부를 불문하고, 그 사실상태를 존중하여 그에 대응하는 법률효과를 인정하는 제도이다. 시효에는 취득시효와 소멸시효가 있다. 취득시효는 물권편에서 규정하고 있다(민법 제245조~제248조). 취득시효는 「10년간 소유의 의사로 평온·공연하게 동산을 점유한 자는 그 소유권을 취득한다」(민법 제246조 제1항)고 하는 경우와 같이 권리행사의 외형인 점유라는 사실상태의 계속에 의하여 권리를 취득하는 효력이 생기는 것을 말한다. 소멸시효란 권리의 불행사라고 하는 사실상태의 계속에 의하여 권리가 소멸하는 결과를 가져오는 것을 말한다. 채권은 10년간 행사하지 아니하면 소멸시효가 완성한다(민법 제162조 제1항). 이 규정은 민법이나 다른 법령의 특별규정에 10년보다 단기의 시효기간을 정한 이외의 모든 채권에 적용된다. 채권 및 소유권 이외의 재산권은 20년간 행사하지 아니하면 소멸시효가 완성한다(민법 제162조 제2항). 그러나 3년 또는 1년의 단기소멸시효에 걸리는 채권도 있다(민법 제163조, 제164조 참조).

시효의 효과는 그 완성으로 인하여 확정적으로 발생하고, 그 효력은 기산일에 소급한다. 그러나 당사자가 시효를 원용하지 않으면, 법원은 재판상 이에 대하여 판단하지 못한다. 또 시효는 일정한 사실상태가 계속되는 것을 요건으로 하기 때문에, 그 상태가 중단 또는 정지되는 사유가 발생하면 시효의 중단, 시효의 정지가 생긴다. 즉, 정당한 권리자는 사실상태의 진행을 중단시켜 시효의 완성을 방지할 필요가 있는 바, 이를 시효의 중단이라 한다. 시효의 중단은 당사자 및 그 승계인 간에만 효력이 있다. 중단사유로는 청구 · 압류 또는 가압류 · 가처분 · 승인이 있다.

시효의 정지라 함은 시효완성 직전에 그대로 시효를 완성시켜서는 권리자에게 가혹하다는 사정이 있을 때 시효의 완성을 일정기간 유예하는 제도이다.

제 3 절 물 권

I. 물권의 의의

물권(real right, Sachenrecht)이라 함은 일정한 물건을 직접 지배하여 이익을 받는 배타적 권리를 말한다.

인간은 외계의 물건을 이용하지 않고서는 하루도 생활할 수 없다. 즉 인간은 재산을 소유하고 지배함으로써 비로소 생존할 수가 있는 것이다. 그런데 사람이 외계의 물건을 지배 · 이용하는 방법은 대체로 두 가지로 나누어 볼 수 있다. 그 하나는 재물을 직접적으로 지배하는 방법이고, 다른 하나는 타인의 적극적 행위를 통하여 간접적으로 지배하는 방법이다. 전자를 규율하는 것이 물권법이고, 후자를 규율하는 것이 채권법이다.

1. 물권의 성질

(1) 물권의 지배성

물권은 타인의 행위를 매개하지 않고 권리주체가 권리객체인 물건을 직접 지배하여 이익을 향유할 수 있는 권리이다.

(2) 물권의 배타성

물권은 물건을 직접 지배하여 생활이익을 향수하는 권리이기 때문에 어떤 물건 위에 한 개의 물권이 성립할 때에는 그 물건 위에는 다시 이와 동일한 내용의 물권은 성립할 수 없다.

(3) 물권의 특정성

물권은 일정한 물건을 그 객체로 한다. 그리고 물권의 객체는 특정성·독립성이 있어야 한다. 물권의 객체가 특정물이 아니면 직접 이것을 지배하여 이익을 얻을 수 없게 되고, 또 물권의 객체가 독립한 물건이 아닌 경우에는 그 지배관계를 제3자에게 공시하여 거래의 안정을 꾀할 수가 없기 때문이다. 따라서 한 개의 물권의 객체는 한 개의 물건임을 요한다(일물일권주의).

2. 물권의 효력

(1) 우선적 효력

서로 양립할 수 없는 물권 상호간에는 먼저 성립한 물권이 후에 성립한 물권에 우선한다. 성립의 선후는 부동산의 경우는 등기의 선후에 의하고 동산의 경우는 인도에 의한다. 동일한 물건을 목적으로 물권과 채권이 성립하는 경우는 물권이 성립의 선후에 관계없이 항상 우선한다. 그러나 주택임대차보호법에 의한 소액보증금에 관한 최우선특권, 임금채권은 예외가 인정된다.

(2) 물권적 청구권

물권의 내용의 실현이 침해를 받거나 침해받을 우려가 있는 경우에 물권자가 그 침해자에 대하여 그 침해의 제거 또는 예방에 필요한 행위를 청구하는 권리를 말한다. 이 물권적 청구권에는 타인이 소유자의 물건을 점유하고 있는 경우 물권적반환청구권, 물권의 행사가 방해되는 경우 방해제거청구권, 물권의 침해가 현실적으로 발생하지 않았지만 발생할 염려가 있는 경우의 방해예방청구권이 있다.

II. 물권의 종류

1. 서 설

물권은 법률 또는 관습법에 의하여 인정된 것 이외에는 임의로 창설하지 못한다(민법 제185조). 이것을 물권법정주의라 한다. 따라서 당사자 사이에서 이에 위반하는 물권을 설정하는 계약을 하거나, 민법이 인정하는 물권에 대하여 그 내용과 다른 내용을 임의로 부여하는 계약을 하여도 물권으로서의 효력은 발생하지 않는다.

민법이 인정하는 물권에는 점유권·소유권·지상권·지역권·전매권·유치권·질권·저당권의 여덟 가지가 있다. 이 가운데 지상권·지역권·전세권은 타인의 토지나 건물을 물질적으로만 이용할 수 있는 권리인 「용익물권」이며, 유치권·질권·저당권은 타인의 물건을 담보적으로만 이용할 수 있는 권리인 「담보물권」이다. 소유권이 물건에 대한 전면적 지배권인데 대하여, 용익물권과 담보물권은 그 내용이 제한되어 있기 때문에 이를 「제한물권」이라고도 하며, 또 원칙적으로 타인의 물건에 대하여서만 성립하므로, 이를 「타물권」이라고도 한다.

점유권은 점유하는 물건에 대한 사실적 지배만을 법률요건으로 하여 인정되는 물권이고, 그 이외의 물권은 물건을 법률상 정당하게 점유할 수 있는 물권이므로 이를 본권이라고 한다.

- 물권
  - 점유권
  - 본 권
    - 소유권
    - 제한물권(타물권)
      - 용익물권 : 지상권·지역권·전세권
      - 담보물권 : 유치권·질권·저당권

2. 소 유 권

소유권(property ownership, Eigentum)은 물건을 사용·수익·처분하거나 기타 어떠한 방법으로든지 물건을 지배할 수 있는 전면적 지배권이다. 소유권은 모든 물권 중에서 가장 강력하고 주요하며 항구적인 권리이다. 즉, 소유권은 그 위에 지상권·지역권·전세권 등의 제한물권이 설정되어 있는 때에도, 그 한도내에서 소유권의 내용은 제한되지만, 제한물권이 소멸되면 소유권은 당연히 본래의 전면적 지배권으로 회복한다. 이것을 소유권의 탄력성(회귀성)이라 한다. 다만, 이 권리도 법률의 범위내에서 인정되는 것이므로, 법률에 의하여 소유권이 제한된 경우에는, 그 한도에서는 권리의 행사를 하지 못하게 된다(민법 제211조).

소유권에 대하여 민법은 두 개의 중요한 제한규정을 두고 있다. 그 하나는 토지소유권의 상하에 있어서의 제한(동 제212조)이고, 다른 하나는 상린관계에 있어서의 제한(동 제216~제244조)이다. 이것은 재산권행사의 공공성(헌법 제23조 제2항) 및 신의성실의 원칙(민법 제2조 제1항)·권리남용금지의 원칙(동 제2조 제2항) 등에 의한 제한으로서 소유권절대의 원칙의 수정인 것이다.

그러나 소유권은 이러한 제한규정이 존재한다고 해서 그 전면적 지배권으로서의 성질을 잃는 것은 아니다. 따라서 소유권은 그 성질상 당연히 소유물반환청구권(민법 제213조)·소유물방해제거청구권(동 제214조 전단)·소유물방해예방청구권(동 제214조 후단) 등의 이른바 소유권에 따른「물상청구권」이라고 하는 효력을 가진다.

그리고 2인 이상의 다수인이 동일물건을 공동으로 소유하는 형태를 '공동소유'라 하는데 이에는 공유·합유·총유의 세 가지가 있다.

공유는 물건이 지분에 의하여 수인의 소유로 귀속되어 있는 경우의 소유형태를 말하고, 공유자는 서로 독립적이고 지분의 처분은 자유이며 언제든지 공유물의 분할청구가 가능하다.

합유는 법률의 규정 또는 계약에 의하여 수인이 조합체로서 물건을 소유하는 경우이다. 합유의 경우에도 지분이 존재하나 처분에 제한이 따르고 합유물의 분할청구가 불가능하다.

총유는 권리능력 없는 사단의 소유형태이며 지분이 존재하지 않고, 목적물의 처분에는 사원총회의 결의가 필요하다.

3. 용익물권

타인의 물건을 일정한 목적의 범위내에서 사용·수익할 수 있는 물권을 용익물권이라 한다. 즉 소유권에 포함된 여러가지 기능 중에서 사용·수익기능만을 타인에게 일정한 조건 아래 맡긴 것이 용익물권이다. 민법은 용익물권으로서 지상권·지역권·전세권을 규정하고 있다.

(1) 지상권

지상권은 타인의 토지에 건물 기타 공작물이나 수목을 소유하기 위하여 그 토지를 사용하는 권리를 말한다(민법 제279조). 지상권(Erbbaurecht)은 토지소유자와 지상권자 사이의 지상권설정계약, 즉 지상권의 설정을 목적으로 하는 물권적 합의와 등기에 의하여, 또는 유언과 지상권의 양도에 의하여 취득되는 것이 보통이다. 이 외에 법률의 규정에 의한 법정지상권, 관습법에 의한 관습법상의 법정지상권, 타인의 토지에 분묘를 설치한 자에게 인정되는 분묘기지권, 건물 기타 공작물을 소유하기 위하여 타인의 토지의 지하 또는 지상의 공간에 범위를 정하여 지상권을 설정하는 구분지상권에 의하여서도 지상권이 성립할 수 있다. 그러나 이러한 목적을 달성하기 위하여는 반드시 지상권을 취득하여야 하는 것은 아니며 채권인 임차권에 의하여도 가능하다.

(2) 지역권

지역권(easement, Grunddienstbarkeit)이라 함은 일정한 목적을 위하여 타인의 토지를 자기의 토지의 편익에 이용하는 권리를 말한다(동 제291조). 예컨대 자기 토지의 편익을 위하여 타인의 토지를 통행하거나, 타인의 토지로부터 자기의 토지에 인수하는 것 등은 그 예이다. 이 경우 편익을 받는 토지를 요역지(要役地)라 하고 편익을 제공하는 토지를 승역지(承役地)라 한다.

(3) 전세권

전세권은 전세금을 지급하고 타인의 부동산을 점유하여 그 부동산의 용도에 따라 사용·수익하는 권리를 말한다(동 제303조). 전세권의 존속기간이 종료되면, 전세권자는 부동산을 반환하고 전세금을 환수할 권리가 있다. 이 물권은 과거에 임대차에 유사한 계약으로 널리 행하여져 왔던 가옥전세의 관습을 물권화한 것이다. 다만 목적물인 부동산 가운데 농경지는 전세권의 목적으로 하지 못한다(동 제303조 제2항).

현행 민법에 있어서도 전세권설정등기가 된 때에는 전세권은 물권으로 되지만, 그러한 등기가 없는 경우에는 채권적 전세권이다. 현재 널리 이용되고 있는 전세는 채권적 전세이다. 물권으로서의 전세권은 그 부동산 전부에 대하여 후순위권리자 기타 채권자보다 전세금의 우선 변제를 받을 권리가 있다(1984년 개정).

4. 담보물권

담보물권은 채권을 확보할 목적으로 특정물 위에 설정되는 제한물권이다. 용익물권이 물건의 실질적 이용을 내용으로 하는 데 대하여, 담보물권은 그 목적물이 가지고 있는 경제적 교환가치를 파악하고 그에 의하여 채무의 이행을 확보하는 것을 목적으로 한다. 따라서 담보물권은 원칙적으로 피담보채권의 존부와 운명을 같이하고(담보물권의 부종성), 피담보채권이 이전되면 담보물권도 그 채권에 따라서 이전되고(담보물권의 수반성), 목적물이 멸실·훼손·공용징수되더라도 그 교환가치를 구체화하는 것이 존재하면 그것에 담보물권의 효력이 미치게 되고(물상대위성), 채권의 전부를 변제받을 때까지 담보물 전체에 대하여 효력이 미친다(담보물권의 불가분성). 민법은 담보물권으로서 유치권·질권·저당권의 3종을 규정하고 있는데, 이 가운데 유치권은 법률상 당연히 발생되는 담보물권이므로 「법정담보물권」이라 하고, 질권·저당권은 당사자간의 계약에 의하여 발생하는 것이므로 「약정담보물권」이라 한다.

그 밖에 판례에 의하여 인정된 '양도담보'와 가등기담보 등에 관한 법률에 의한 '가등기담보'가 있다.

(1) 유치권

유치권(Zurückbehaltungsrecht)이라 함은, 타인의 물건이나 유가증권을 점유하는 자가 그 물건이나 유가증권에 관하여 생긴 채무가 변제기에 있는 때에는 그 채권의 변제를 받을 때까지 그 물건이나 유가증권을 유치하여 간접적으로 변제를 강제하는 권리를 말한다(민법 제320조). 예컨대 시계점 주인이 시계의 수선대금을 받을 때까지 수리한 시계를 유치할 수 있는 권리는 그 예이다. 유치권은 공평의 관념에서 인정된 법정담보물권이다. 유치권이 성립하기 위하여는, ① 유치목적물과 그에 대하여 채권자가 가지는 채권과의 사이에 견련관계가 있어야 하며, ② 그 채권이 변제기에 있고, ③ 채권자가 그 목적물을 점유하고 있어야 한다. 그러나 유치권에는 우선변제적 효력이 없기 때문에 담보물권의 특성 중 물상대위성은 인정되지 않는다.

(2) 질 권

질권(pledge, Pfandrecht)이란 채권자가 그의 채권의 담보로서 채무자 또는 제3자로부터 받은 동산 또는 재산권을 점유하고 채무의 변제가 있을 때까지 유치함으로써 채무의 변제를 간접으로 강제하는 동시에 채무의 변제가 없는 때에는 그 목적물로부터 우선적으로 변제를 받는 담보물권이다(동 제329조, 제345조). 질권은 그 대상에 따라서 동산질권과 권리질권의 2종으로 나뉘어진다. 그러나 부동산은 질권의 목적이 될 수 없다(동 제345조 단서).

질권의 설정에는 당사자의 합의 이외에 목적물의 인도를 요한다(설정계약의 요물성)(동 제330조). 질권은 양도할 수 있는 물건만을 목적으로 할 수 있으며(동 제331조), 질권자는 그 권리의 범위내에서 자기의 책임으로 질권을 전질할 수 있다(동 제336조). 질권자의 권리는, ① 채권의 전액을 변제받을 때까지 질물은 유치할 수 있고(유치적 효력), ② 채무자가 변제기에 변제하지 않으며 목적물의 교환가치로부터 우선변제를 받을 수 있다(우선변제적 효력). 질권설정자는 채무의 변제기전의 계약으로 질권자에게 변제에 갈음하여 질물의 소유권을 취득하게 하거나,

질물을 처분할 것을 약정하지 못한다(유질계약의 금지).

(3) 저당권

저당권(Hypothek)이란 채무자 또는 제3자가 채무의 담보로서 제공한 부동산 또는 부동산물권을 채권자에게 인도하지 않고 다만 그 목적물을 관념상으로만 지배하여 채무의 변제가 없는 경우에 그 목적물로부터 우선변제를 받는 권리이다(동 제356조). 저당권은 유치적 효력이 없다는 점에서 질권과 다르고, 약정담보물권이라는 점에서 유치권과도 다르다. 민법이 인정하는 저당권의 목적물은 부동산과 부동산권(지상권·전세권)에 한정하고 있으나(동 제371조), 다른 법률에 의한 저당권의 설정을 부인하는 것은 아니다(예: 선박저당·어업권의 저당·광업권의 저당·공장저당·항공권 저당·자동차저당 등). 저당권은 담보할 채무의 최고액만을 정하고 채무의 확정을 장래에 유보하여 두는 근저당의 방법으로도 설정할 수 있다(동 제357조).

(4) 양도담보

담보로 제공하려는 권리 자체를 채권자에게 양도하였다가 일정한 기간내에 변제하면 그것을 다시 반환시킬 수 있는 담보제도를 양도담보라고 한다. 예를 들어 A가 B에게 가옥을 담보로 하고 돈을 꾸어 줄 때, A가 그 집을 산 경우와 같이 A의 것으로 등기이전을 하였다가 B가 채무의 이행을 하면 다시 반환하는 경우이다. 이는 판례와 학설에 의하여 인정된 것으로 질권이나 저당권의 경우와는 달리 복잡한 환가절차를 피할 수 있으므로 특히 채권자에게 편리하여 실제적으로 많이 이용되고 있다. 질권은 동산을 인도해야 하므로 동산을 인도하지 않고 담보화 할 수 있는 양도담보의 필요성이 제기되며, 기업용재산의 담보화가 이 제도에 의하여 가능하게 된다.

광의의 양도담보에는 매매의 형식에 의하는 매도담보와 담보를 위한 권리이전의 형식에 의하는 양도담보의 두 가지가 있다고 하나 실제상의 구별은 명확하지 않다.

양도담보의 법률적 구성에 있어서 통설·판례는 채권자는 목적물의 완전한 소유권을 취득하며, 다만 채무자에 대한 관계에서 담보목적을 넘어서 그 소유권을 행사하지 아니할 채무를 부담한다고 하는 신탁적 양도설을 취하고 있다.

(5) 가등기담보

가등기담보는 대물변제예약·재매매예약 등에서 행해지는데, 채무자가 이행기에 변제를 하지 않는 경우 부동산의 소유권을 채권자에게 이전할 것을 예약하고 이 권리를 가등기로 공시하는 담보를 말한다.

가등기담보는 채무자가 변제기일내에 변제하지 못하면 제소전 화해조서에 의하여 소송을 거치지 않고 가등기가 쉽게 본등기로 고쳐져 채무자에게 매우 불리하였기 때문에 채무자의 보호를 위하여 「가등기담보 등에 관한 법률」이 제정되었다. 동법은 저당권과 유사한 담보물권으로 규정하고 있다(가담법 제12조~제13조).

5. 점 유 권

점유권(Recht des Besitzes)은 사회의 질서를 유지하고 거래의 안전을 보호하기 위하여 물건에 대한 사실상의 지배상태를 일단 정당한 것으로 보아 이것을 법적으로 보호하기 위한 제도이다. 즉 점유권은 그 점유의 사실상태가 어떤 권리에 기초하고 있는 것인가에는 관계없이 다만 물건을 현실적으로 지배하고 있다고 하는 외형적 사실 자체를 보호하는 것이다. 그러므로 점유권은 물건을 현실적 · 사실적으로 지배하고 있거나 않거나를 묻지 않고 법률상 물건을 지배할 수 있는 물권인 본권과 다른 것이다. 그리하여 민법은, ① 점유자가 점유물에 대하여 행사하는 권리는 적법하게 가진 것으로 추정하며(권리의 적법추정)(민법 제200조), ② 소유의 의사로 선의·평온·공연하게 점유한 것으로 추정한다(동 제197조). 또 점유자는 점유소권에 의하여, ③ 점유자가 점유의 침탈을 당한 때에는 그 물건의 반환과 손해배상을 청구할 수 있고(점유의 회수)(동 제204조), ④ 점유자가 점유의 방해를 받은 때에는 그 방해의 제거와 손해배상의 청구를 할 수 있으며(점유의 보유)(동 제205조), ⑤ 점유자가 점유의 방해를 받을 염려가 있을 때에는 그 방해의 예방 또는 손해배상의 담보를 청구할 수 있다(점유의 보전)(동 제206조).

III. 물권의 변동

1. 물권변동의 의의와 물권변동을 일으키는 법률요건

권리의 변동이란 권리의 발생 · 변경 · 소멸을 의미하는 것이며, 물권의 변동이란 결국 물권의 발생 · 변경 · 소멸을 말한다. 이것을 물권의 주체를 중심으로 하여 보면 물권의 취득 · 변경 · 상실(물권의 득실변경)이 된다.

물권변동을 일으키는 법률요건에는 법률행위(물권행위)와 법률의 규정(준법률행위)이 있다. 물권행위란 물권적 의사표시를 요구하는 법률요건이므로 사적

자치의 원칙에 의하여 민법상의 물권변동은 대부분 이에 의하여 일어난다. 법률의 규정에 의한 물권변동은 당사자의 의사와는 관계없이 법률상 당연히 일어나는 것으로써, 민법이 규정하고 있는 것에는 취득시효·무주물선점·유실물습득·매장물발견·상속·가공·혼동·혼화·부합 등이 있고, 공법상 인정되는 것으로는 공용징수·몰수 등이 있다.

2. 물권변동에 관한 의사주의와 형식주의

물권변동을 일으키는 법률요건 가운데 가장 중요한 것은 물권행위(법률행위)이다. 물권행위에 관한 입법례로서는 프랑스민법의 의사주의와 독일민법의 형식주의가 있다. 의사주의는 물권변동을 일으키려는 의사표시만 있으면 곧 물권변동의 효과가 발생하는 것이고, 형식주의는 의사표시 이외에 다시 부동산에 있어서는 등기를, 동산에 있어서는 인도를 하여야 비로소 그 효과가 발생하는 것을 말한다. 우리나라 민법은 독일민법의 형식주의를 채용하고 있다.

3. 물권의 공시(등기와 인도)

(1) 등 기

등기(registration, Eintragung)라 함은 국가기관(등기관)이 부동산에 관한 물권관계를 등기부에 표시하는 공법상의 행위를 말한다. 등기는 대외적으로 매우 강한 권리에 속하는 물권을 누가 소유하고 있는가를 제3자에게 알리므로서 거래의 안전을 도모하기 위하여 마련된 제도이다. 등기에는 이러한 부동산등기를 비롯하여 법인등기·상업등기·부부재산계약의 등기 등 여러가지가 있다. 부동산등기부에는 토지등기부와 건물등기부가 있으며 각각 1필의 토지 또는 1동의 건물에 대하여 1용지를 사용한다.

민법은 물권행위로 인한 부동산물권의 득실·변경은 등기하여야 그 효력이 발생한다고 하여(민법 제186조), 등기가 부동산물권변동의 효력요건임을 규정하고 있다. 따라서 물권행위가 아닌 상속·공용징수·판결·경매 기타 법규에 의한 부동산에 관한 물권의 취득은 등기없이도 효력이 생긴다(동 제187조). 또 부동산등기법에 의하여, 등기를 필요로 하는 물권은 소유권·지상권·지역권·전세권·저당권이며, 질권은 부동산 위에는 설정할 수 없기 때문에, 또 부동산물권 중에서도 점유권·유치권은 각각 특수성이 있기 때문에, 등기를 필요로 하지 않는다.

(2) 인 도

인도(delivery, Übergabe)라 함은 물건의 사실상의 지배를 현실적으로 이전하는 행위를 말한다. 민법은 동산에 관한 물권의 양도는 그 동산을 인도 하여야 효력이 생긴다고 규정한다(민법 제188조 제1항). 이처럼 「인도」를 동산물권양도의 효력요건으로 하는 것은, 부동산물권에 대한 「등기」의 필요에 있어서와 같이 공시의 원칙의 한 표현으로서 거래의 안전을 보호하기 위한 것이다.

인도에는 물건의 사실상의 지배를 현실적으로 이전하는 「현실의 인도」와 다만 의사표시만으로 사실상의 지배가 이전되는 「관념적 인도」의 두 가지가 있다. 물건의 장소적 이동없이 사실상의 지배가 이전되는 관념적 인도에는, ① 목적물인 동산을 이미 양수인이 점유하고 있는 경우에 당사자의 의사표시만으로 인도의 효력이 발생하는 「간이인도」(동 제188조 제2항), ② 당사자의 계약으로 양도인이 그 동산의 점유를 계속하더라도 인도받은 것으로 보는 「점유개정」(동 제189조). ③ 제3자가 점유하고 있는 동산에 관한 물권을 양도하는 경우에는 양수인이 그 제3자에 대한 목적물반환청구권을 양도인에게 양도함으로써 동산을 인도한 것으로 보는 「목적물반환청구권의 양도」(동 제190조) 등 세 가지 경우가 포함된다.

(3) 공신의 원칙

물권의 존재를 추측케 하는 표상, 즉 공시방법을 신뢰해서 거래한 자는 비록 그 공시방법이 진실한 권리관계에 일치하고 있지 않더라도 그 공시된 대로의 권리로 인정하여 이를 보호하여야 한다는 원칙이다. 우리 민법은 현재 동산의 점유에 대해서만 공신력을 인정하고 있다. 따라서 동산의 점유자를 진정한 소유자로 과실없이 믿고서 그로부터 동산소유권을 양수하거나, 그 동산을 질(質)로 잡은 사람은 소유권이나 질권을 취득한다(민법 제249조, 제343조). 이것을 동산물권의 선의취득이라 한다. 그러나 부동산의 등기에 대해서는 이를 인정하지 않고 있다.

제4절 채 권

I. 채권의 의의

1. 채권의 의의와 기능

채권(right in personal, Forderungsrecht)은 특정인(채권자)이 특정인(채무자)에게 일정한 행위(급부)를 하게 하는 권리이다. 채권은 물권과 함께 재산권을 이루는 것인데 물권은 물건을 누구의 행위도 기다릴 필요없이 직접·배타적으로 지배하는 권리이다. 물권은 모든 사람에 대해 주장할 수 있는 대세적 권리로서 현재의 재산의 이용을 규정하는 것인데 대하여, 채권은 특정인(채무자)에 대해서만 주장할 수 있는 대인적 권리로서 장래의 타인의 재산과 노무를 이용할 수 있는 제도인 것이다. 따라서 채권이 인정됨으로써 비로소 사람은 재산의 지배에 있어서 시간의 장벽과 공간의 불편을 극복하였다고도 말할 수 있는 것이다. 채권의 이러한 기능은 결국 그것이 물권을 대상으로 하는 때에 있어서도 사람의 행위를 개입시켜 간접적 효력을 미치게 하는 채권의 본질적 성질에서 오는 것이다.

2. 채권법의 개념

채권법은 채권관계를 규율하는 사법의 부분이다. 채권법은 민법 제3편(제373조~제766조)에 포함되어 있다. 본편의 제2장에서 제5장까지는 채권관계의 발생원인(즉 계약·사무관리·부당이득·불법행위)을 규정하고 있다. 이 부분(즉 제2장~제5장)을 채권각론이라 한다. 제1장은 모든 또는 다수의 개별적 채권관계에 공통적·일반적으로 적용되는 총칙적 규정들을 포함하고 있으며, 이 부분을 채권총칙이라 한다.

II. 채권의 목적

1. 의 의

채권의 목적은 채권의 대상이 되는 채무자의 행위를 말한다. 이러한 채권의 내용이 되어 있는 채무자의 행위를 급부라고도 하는데, 채권의 목적인 급부에는 적극적 행위(작위)와 소극적 행위(부작위)가 있다. 따라서 그 행위의 내용이 물건에 관계되는 경우라도 물건 그 자체는 채권의 목적이 아니고, 채무자가 하여야 할 행위 그것이 채무의 목적이 되는 것이다.

채권의 목적은 본래 당사자의 의사에 따라서 자유로이 정할 수 있는 것이나(사적 자치의 원칙), 채권이 유효하게 성립하기 위하여서는, 채권의 목적은 일반 법률행위의 목적에 있어서와 같이, ① 채권의 목적이 강행법규나 공서양속에 반하지 않는 것을 내용으로 하여야 하며(목적의 적법성), ② 채권의 성립 당시에 급부가 가능하여야 하고(목적의 가능성), ③ 급부의 내용이 채권의 성립 당시에 확정되거나 적어도 이행시까지는 확정되어야 한다(목적의 확정성)는 등의 요건을 구비하여야 한다.

2. 채권의 목적의 분류

채권의 목적을 작위와 부작위로 구별할 때에는 이행의 강제방법과 관련하여 문제가 되지만, 다시 채권의 목적을 급부의 대상이 되는 요건의 종류·성질에 착안하여 분류하면, ① 특정물의 인도를 목적으로 하는 채권(특정물채권), ② 불특정물의 인도를 목적으로 하는 채권(종류채권), ③ 일정한 금액의 지급을 목적으로 하는 채권(금액채권), ④ 이자의 지급을 목적으로 하는 채권(이자채권), ⑤ 수개의 행위 중에서 한 개의 행위를 선택하여 행위할 것을 목적으로 하는 채권(선택채권), ⑥ 채권자 또는 채무자가 다른 행위로 바꿀 수 있는 권리(대용권·보충권)를 가지는 채권(임의채권) 등으로 나눌 수 있다.

Ⅲ. 채권의 발생원인

채권발생의 원인으로서 민법은 계약·사무관리·부당이득·불법행위의 네 가지를 규정하고 있다. 이 가운데 법률행위인 계약이 가장 중요하다. 사무관리·부당이득·불법행위는 법률행위가 아닌 채권발생의 법률요건이다. 이것들에 의해 채권이 발생하는 것은 계약과 달리 당사자의 의사와는 관계없이 직접 법률의 규정에 의해서 법률효과가 발생한다. 그러므로 채권은 법률행위와 법률의 규정에 의하여 발생함을 알 수 있다.

1. 계 약

(1) 계약의 의의

계약(contract, Vertrag)이라 함은 일정한 채권관계의 발생을 목적으로, 서로 대립하는 두 개 이상의 의사표시의 합치로써 성립하는 일종의 법률행위를 말한다. 예컨대 물건의 매매라든가 건축의 도급 또는 토지·가옥의 임대차 등의 경우와 같이 적어도 2인 이상이 서로 자기의 의사를 상대방에게 표시하고, 그 의사가 합치한 때에 성립하는 것이 계약이다. 이 경우 의사표시는 청약과 승낙으로 구성되는 것이 보통이지만 반드시 그것에 한하는 것은 아니다.

넓은 뜻에서 계약이라고 할 때에는 채권의 발생을 목적으로 하지 않는 합의, 예컨대 신분적인 합의(예 : 부부관계나 친자관계를 목적으로 하는 혼인·입양 등의 합의), 또는 물권적인 합의(예 : 소유권의 이전, 지상권, 저당권의 설정을 목적으로 하는 합의 등)도 계약이라고 부르나, 여기에서 계약이라 함은 채권적인 효과만을 발생시키는 것을 목적으로 하는 채권계약을 의미한다. 계약의 내용은 계약자유의 원칙에 의하여 당사자의 합의에 따라 자유로 정할 수 있는 것이지만, 민법은 14종의 전형계약을 정하여 그 내용·효력 등에 관하여 규정하고 있다. 이것을 유명계약이라고도 하는데, 민법은 그 종류로서, 증여·매매·교환·소비대차·사용대차·임대차·고용·도급·현상광고·위임·임치·조합·종신정기금·화해 등을 규정하고 있다.

(2) 계약의 분류

(가) 유상계약과 무상계약　계약당사자가 서로 대가적 의미가 있는 재산상의 출연을 하는 계약이 유상계약이고, 일방만이 급부를 하든가 혹은 쌍방이 급부를 하더라도 그 급부사이에 대가적 의미가 없는 계약이 무상계약이다. 매매계약·임대차·이자있는 소비대차·고용·도급·유상위임 등의 계약은 유상계약에 속하고, 증여계약·무이자소비대차·사용대차·무상위임 등은 무상계약에 속한다.

(나) 쌍무계약과 편무계약　당사자의 쌍방이 채무를 부담하고 그 사이 서로 대가적인 뜻을 가질 뿐만 아니라, 채무가 상환적으로 이행되어야 할 성질을 가지는 계약을 쌍무계약이라 하고, 당사자 일방만이 채무를 부담하거나 쌍방이 채무를 부담하더라도 그 채무가 서로 대가적 의미를 갖지 않은 계약이 편무계약이다. 쌍무계약은 유상계약과 비슷한 바가 있으나 그보다 좁은 개념이다. 즉, 쌍

무계약은 모두 유상계약이지만, 유상계약이 다 쌍무계약은 아니다. 쌍무계약은 특히 상호적으로 이행되어야 하므로, 동시이행의 항변(민법 제536조)·위험부담(동 제537조) 등의 문제가 있다. 증여·사용대차·이자있는 소비대차 등은 편무계약의 예들이고, 매매계약은 쌍무계약의 전형적인 예가 된다.

(다) **요물계약과 낙성계약**　계약의 성립요건으로서 의사표시의 합치뿐만 아니라 물건의 인도 기타의 급부를 필요로 하는 것이 요물계약이고, 당사자의 합의만으로 계약이 성립하는 것이 낙성계약이다. 현상광고를 제외한 모든 전형계약은 낙성계약이다.

(3) **계약의 효력**

계약이 성립하면 그 효력으로서 당사자간에 여러가지 권리·의무가 발생하는데, 그 내용은 각종 계약에 따라서 다르다. 그런데 민법은 특히 쌍무계약의 효력에 관하여 규정하고 있으므로 여기서는 그에 관하여 설명한다.

쌍무계약의 당사자 일방은 상대방이 채무의 이행을 제공할 때까지 자기의 채무의 이행을 거절할 수 있다(민법 제536조). 이것을 동시이행의 항변권이라 한다. 다음에 이행불능이 채무자의 귀책사유에 의하여 발생된 경우(채무불이행)에는 채무자에 손해배상책임이 발생하지만, 채무자의 귀책사유에 의하지 않고 이행불능이 된 경우(불가항력)에는 채무자는 책임을 면하고 채무는 소멸하거나, 상대방의 이행을 청구하지 못한다(채무자위험부담주의)(동 제537조). 다만 그것이 채권자의 책임있는 사유로 인한 것인 경우에는 채무자는 상대방의 이행을 청구할 수 있다(동조 제538 제1항).

채무자의 책임있는 사유로 계약상의 채무의 이행이 불능하게 된 때에는 채권자는 그 계약을 해제할 수 있다(동 제546조). 채무의 이행불능 또는 이행지체 등으로 당사자의 일방이 계약을 해제한 경우에는 각 당사자는 그 상대방에 대하여 제3자의 권리를 해하지 않는 범위내에서 원상회복의 의무를 가진다(동 제548조). 해제와 해지는 계약상·법률상 권리가 있는 자가 상대방에 대한 의사표시로 한다. 그러나 계약의 해제와 해지는 구별하여야 한다. 해제는 이미 발생한 계약관계로부터의 면제 또는 이미 이행한 급부의 반환을 목적으로 하는 것으로 소급효가 있지만, 해지는 계속적 계약을 대상으로 하는 것으로서 해지의 의사표시가 있으면 계약은 장래에 대하여 효력을 소멸시키는 것으로 소급효가 없다.

(4) 전형계약(유명계약)

(가) 증 여 증여(donatio, gift, Schenkung)라 함은 당사자의 일방(증여자)이 무상으로 재산을 상대방에게(수여자) 수여하는 의사를 표시하고 상대방이 이를 승낙함으로써 효력이 생기는 계약을 말한다(민법 제554조). 증여는 낙성계약이며, 무상·편무계약의 전형이다.

증여의 성립에는 특별한 방식은 필요치 않지만, 서면에 의하지 않은 증여는 아직 이행하지 아니한 부분에 한하여, 각 당사자가 해제할 수 있다(동 제555조·제558조). 또 수증자가 증여자에 대하여 중대한 망인행위를 한 때, 또는 증여계약 후에 증여자의 재산상태가 현저히 악화되어 그 이행으로 인하여 생계에 중대한 영향을 미칠 경우에는 증여자는 아직 이행하지 않은 부분에 한하여 증여계약을 해제할 수 있다(동 제556조~제558조). 증여자는 원칙적으로 증여의 목적의 하자에 대하여 담보책임을 지지 않는다(동 제559조).

(나) 매 매 매매(emptio venditio, Kauf)는 당사자의 일방(매도인)이 일정한 재산권을 상대방(매수인)에게 이전할 것을 약정하고 상대방이 이에 대하여 그 대금을 지급할 것을 약정함으로써 성립하는 계약을 말한다(민법 제563조). 유상·쌍무계약의 전형이며 낙성계약이다.

매매계약이 성립되면, 매도인은 목적인 재산권을 이전하고, 이에 필요한 일체의 행위를 하여야 하는 의무 이외에 담보책임을 지며, 이에 대응하여 매수인은 매도인에게 대금지급의 의무를 진다(동 제568조). 매매당사자의 일방이 계약금·보증금 등을 상대방에게 교부한 때에는, 어느 한 당사자가 이행에 착수할 때까지 교부자는 이를 포기하고 수령인은 그 배액을 상환하여 매매계약을 해제할 수 있다(동 제565조). 매매계약의 비용(예: 목적물의평가·증권의 작성비용)은 당사자 쌍방이 균분하여 부담한다(동 제566조). 매매의 목적물의 하자로 인하여 계약의 목적을 달성할 수 없는 경우에 매수인은 계약을 해제할 수 있으나, 그 밖의 경우에는 손해배상만을 청구할 수 있다(동 제580조 제1항·제575조 제1항), 다만 이 경우에도 매수인이 하자의 존재를 알았거나 과실로 인하여 알지 못한 때에는 그러하지 아니하다. 환매권부매매계약에 있어서 환매기간은 부동산은 5년, 동산은 3년을 넘지 못하며, 부동산의 경우에는 환매등기가 인정된다(동 제591조·제592조).

(다) 교 환 교환(exchange, Tausch)은 당사자가 금전 이외의 재산권을 서로 이전할 것을 약정함으로써 성립하는 계약이다(민법 제596조). 예컨대 한쪽이 반

지의 소유권을 다른 한 쪽이 시계의 소유권을 이전할 것을 약정하는 것은 그 예이다. 유상・쌍무계약이며, 일반적으로 매매에 관한 규정이 준용되나(동 제567조), 오늘날에 있어서 그 사회적 기능은 크지 않다.

(라) 소비대차 소비대차(mutuum, loan for consumption, Darlehn)는 당사자의 일방(대주)이 금전 기타의 대체물의 소유권을 상대방(차주)에게 이전할 것을 약정하고, 상대방은 그것과 동종・동질・동량의 물건을 반환할 것을 약정함으로써 성립하는 계약을 말한다(민법 제598조). 예컨대 금전이나 쌀(米)을 빌려쓰고 갚는 것이 이에 해당한다. 낙성・편무계약이며, 법률상으로는 무이자의 무상계약이 원칙이지만, 실제로는 이자있는 유상계약이 많다(상법 제55조 참조).

이자있는 소비대차의 경우에는 대주가 하자담보책임을 지고, 이자없는 소비대차의 경우에는 차주는 하자있는 물건의 가액으로 반환할 수 있으나(민법 제602조), 약정된 시기에 차용물과 동일한 물건을 반환할 수 없는 때에는 차주는 그 때의 시가로 상환하여야 한다(동 제603조・제604조).

(마) 사용대차 사용대차(commodatum, Leihe)는 당사자의 일방(대주)이 상대방(차주)에게 무상으로 사용・수익하게 하기 위하여 목적물을 인도할 것을 약정하고, 상대방은 이를 사용・수익한 후 그 물건을 반환할 것을 약정함으로써 성립하는 계약을 말한다(민법 제609조). 예컨대 책을 빌려서 읽은 후에 반환하기로 하는 계약은 이에 속한다. 이것은 무상・편무・낙성계약이다.

차주는 대주의 승낙이 없으면 그 차용물을 제 3 자에게 사용・수익시킬 수 없으며, 이에 위반한 때에는 대주는 계약을 해지할 수 있다(동 제610조). 차용물을 유지하는 데 필요한 통상의 필요비는 차주가 부담하고(동 제611조), 차용물을 반환할 때에는 원상회복을 하여야 하되, 그에 부속시킨 물건은 철거할 수 있다(동 제163조・제615조).

(바) 임대차 임대차(locatio conductio rei, Miete und Pacht)는 당사자의 일방(임대인)이 상대방(임차인)에게 목적물을 사용・수익하게 할 것을 약정하고 상대방이 이에 대하여 차임을 지급할 것을 약정함으로써 성립하는 계약을 말한다(민법 제618조). 예컨대 타인의 가옥 또는 토지 등을 빌려서 사용・수익하고 임대료를 지급하는 경우가 그 예이다. 이것은 유상・쌍무・낙성계약이다.

부동산의 임대차에는 등기제도가 인정되어 있으며, 등기를 하면 제3자에 대하여 효력이 생긴다. 임차인은 다른 약정이 없으면 임대인에 대하여 그 임대차

등기절차에 협력할 것을 청구할 수 있으며 부동산임차권이 등기된 경우에는 제3자에 대항할 수 있도록 하고 있다(부동산임차권의 물권화경향)(민법 제621조, 제622조). 또 주택임차인을 보호하기 위하여 주택임대차보호법을 제정하였다(1981. 3. 5. 법률 제3379호).

(사) 고 용 고용(locatio conductio operarumm, Dienstvertrag)은 당사자의 일방(노무자)이 상대방(사용자)에 대하여 노무를 제공할 것을 약정하고 상대방이 이에 대하여 보수를 지급할 것을 약정함으로써 성립하는 계약을 말한다(민법 제655조). 보충적으로 적용될 뿐 그 실질적인 중요성은 모두 특별법으로 넘어 갔다.

(아) 도 급 도급(locatio conductio operis, Werkvertrag)은 당사자의 일방(수급인)이 어떤 일을 완성할 것을 약정하고 상대방(도급인)이 그 일의 결과에 대하여 보수를 지급할 것을 약정함으로써 성립하는 계약을 말한다(민법 제666조). 이것은 낙성·유상·쌍무계약이며, 노무공급계약의 일종이다. 예컨대 토목·건축공사 혹은 운송·방송·논문작성 등은 이에 속한다.

부동산공사의 수급인은 그의 보수청구권을 담보하기 위하여 그 부동산을 목적으로 한 저당권의 설정을 청구할 수 있으며(동 제666조), 목적물에 하자가 있는 경우에는 도급인의 보수청구에 응하여야 한다(동 제667조). 또 수급인은 하도급을 시킬 수 있다.

(자) 현상광고 현상광고(promesse, Auslobung, publique)는 광고자가 어느 행위를 한 자에게 일정한 보수를 지급할 의사를 표시하고, 이에 응한 자가(응모자) 그 광고에 정한 행위를 함으로써 성립하는 계약을 말한다(민법 제675조). 예컨대 가출인의 수색·유실물의 수색 등은 그 예가 된다. 이것은 요물·유상·편무계약이다.

광고는 불특정다수인에 대한 의사표시이며, 이 광고행위가 청약이 되고, 광고에 정한 행위의 완료가 승낙이 되어 그 합치로써 계약이 성립한다. 광고의 방법에는 제한이 없으나, 광고에 정한 행위를 완료한 자가 수인인 경우에는 먼저 완료한 자에게 보수청구권이 있고, 수인이 동시에 완료한 경우에는 각각 균등한 비율로 보수를 받을 권리가 있다. 다만 광고에 1인만이 보수를 받을 것으로 정하여진 경우에는 추첨에 의하여 정한다(민법 제676조). 특히 광고의 존재를 모르고 광고에 지정한 행위를 완료한 경우는, 이것은 청약에 대하여 승낙을 한 것은 아니므로 계약의 성립으로 볼 수 없으나, 민법은 이런 때에도 계약의 성립을 인정하여 보수청구권이 있다고 하는 특칙을 두고 있다(동 제677조).

(차) 위 임 위임(mandatum, mandate, Auftrag)은 당사자의 일방(위임인)이 상대방(수임인)에 대하여 사무의 처리를 위탁하는 계약을 말한다(동 제680조). 이것은 노무공급계약의 일종이며, 무상·편무계약이 원칙이지만(동 제686조) 실제에 있어서는 보수의 특약이 있는 유상·쌍무계약이 많고, 특히 상법에는 유상의 특칙이 있다(상법 제61조).

(카) 임 치 임치(depositum, deposit, Verwahrung)는 당사자의 일방(임치인)이 상대방(수치인)에 대하여 금전·유가증권 기타 물건의 보관을 위탁하고 상대방이 이를 승낙함으로써 성립하는 계약을 말한다(민법 제693조). 임치는 낙성계약으로서, 보관료를 지급하는 경우에는 유상·쌍무계약이고, 보관료를 지급하지 않는 경우에는 무상·편무계약이 된다. 무상임치의 경우 수치인은 임치물을 자기재산과 동일한 주의로 보관하면 된다(동 제695조).

임치인은 임치물의 성질 또는 하자로 인하여 수치인에게 손해를 입혔을 때에는 이를 배상하여야 한다(동 제697조). 수치인은 임치인의 동의없이 임치물을 사용하지 못하나(동 제694조), 계약에 의하여 수치인은 임치물을 사용할 수가 있다(동 제702조). 이것을 특히 소비임치라 하며, 소비임차에 관한 규정이 준용된다. 목적물(임치물)은 동산인 경우가 많지만, 부동산일 수도 있으며, 임치 중에서 가장 중요한 창고업에 관하여는 상법에서 이를 규정하고 있다(상법 제155조~제168조).

(타) 조 합 조합(societas, partnership, Gesellschaft)은 2인 이상이 상호 출자하여 공동사업을 경영할 것을 약정함으로써 그 효력이 생기는 계약을 말한다(민법 제703조). 이것은 낙성·유상·쌍무계약이다. 조합의 공동사업은 영리·공익·친목 등 어느 것을 목적으로 하든 제한이 없으나, 다만 그 이익은 조합원 전원이 균점하는 것이어야 한다. 또 구성원의 손익분배의 비율은 당사자가 이를 정하지 않은 때에는 각 조합원의 출자가액에 비례하여 정한다(동 제711조).

조합원의 출자 기타 조합재산은 조합원의 합유로 한다(동 제704조). 또 조합채권자는 그 채권의 발생 당시에 조합원의 손실부담비율을 알지 못할 때에는 각 조합원에게 균분하여 그 권리를 행사할 수 있다(동 제712조). 조합원은 원칙적으로 언제든지 탈퇴할 수 있으며, 사망·파산·금치산·제명 등으로도 탈퇴된다(동 제716조·제717조). 조합은 부득이한 사정이 있을 때에는 각 조합원의 청구에 의하여 해산할 수 있으며(동 제720조), 해산한 때에는 청산사무를 집행한다(동 제721조).

(파) 종신정기금 종신정기금(life annuity, Leibrentenvertrag)이란 당사자

의 일방(정기금채무자)이 특정인(자기·상대방·제3자)의 종신까지 정기로 금전 기타의 물건을 상대방 또는 제 3 자에게 지급할 것을 약정함으로써 성립하는 계약을 말한다(민법 제725조). 이 계약은 당사자의 의사의 합치만 있으면 성립하며, 어떠한 방식도 필요치 않은 낙성·불요식계약이나 그 성질상 일종의 사행계약으로서의 특색을 가진다.

이 계약에 의하여 정기에 지급하는 금전 기타의 물건은 정기금이라 하는데, 정기금의 목적물은 보통 금전이지만 「기타의 물건」은 반드시 대체물임을 요한다. 비대체물은 정기적으로 반복하여 지급할 수 없기 때문이다(동 제726조 참조). 또 「정기로 지급한다」함은 매년 또는 매월 지급하는 것과 같이 규칙적으로 지급하는 것을 의미하고, 매기의 지급이 항상 동일한 분량이어야 함을 요하는 것은 아니다.

종신정기금계약은 보험적 기능을 나타내는 것으로서, 공공제도로서 정부에 의한 이용이 있을 뿐 사인간에 이용되는 경우는 적다.

(하) 화 해　화해(transatio, compromise, Vergleich)는 당사자가 서로 양보하여 당사자간의 분쟁을 종지할 것을 약정함으로써 성립하는 계약이다(민법 제731조). 화해는 유상·쌍무계약으로서 당사자가 서로 분쟁의 해결에 나서지 않고 제 3 자에 맡기는 중재와 구별된다.

화해계약은 당사자의 일방이 양보한 권리가 소멸되고 상대방이 화해로 인하여 그 권리를 취득하는 효력이 있는데, 이것을 화해의 창설적 효력이라 한다. 따라서 화해계약은 이 창설적 효력 때문에 그 계약의 의사표시에 착오가 있어도 화해계약을 취소하지 못한다(동 제733조). 다만 이 경우에도 화해당사자의 자격 또는 화해의 목적인 분쟁 이외의 사항에 착오가 있는 때에는 예외가 된다(동 제733조 단서). 이런 사항은 화해의 대상이 아니므로 창설적 효력을 인정할 필요가 없기 때문이다. 민법상의 화해는 재판외의 화해라 하여 법원에서 하는 재판상의 화해와 특히 구별한다.

2. 사무관리

사무관리(negotiorum gestio, Geschäftsführung ohne Auftrag)라 함은 법률상 의무가 없는 자가 타인을 위하여 그 사무를 관리하는 행위를 말한다(민법 제734조). 예컨대 이웃사람의 여행 중에 폭풍우로 파손된 지붕을 수리하여 주는 경우, 혹은 타인의 자녀를 부탁없이 양육하거나 유실물을 습득하여 보관하는 경우 등이 이에 해당한다. 이러한 행위는 타인의 생활을 간섭하는 것이 되지만, 실은 그 타인을 위하여 이익이 되는 행위이기도 한 것이므로, 민법은 사무관리를 법률요건으로 하여 본인과 관리자간에 서로 일정한 채권·채무가 발생하도록 규정함으로써 사회연대적 이상을 조장하고 있다. 즉, 의무없이 타인을 위하여 사무를 관리하는 자는 그 사무의 성질에 좇아서 본인에게 이익이 되는 방법으로 관리를 계속하도록 하고, 본인은 관리자에게 관리를 위하여 지출한 필요비 또는 유익비를 상환하도록 하고 있다(동 제734조·제739조).

그리하여 관리자가 일단 관리를 개시한 때에는 지체없이 본인에게 이 사실을 통지하여야 하며(동 제736조 : 통지의무), 그 본인이나 상속인 또는 법정대리인이 그 사무를 관리할 때까지는 본인의 의사에 반하거나 또는 본인에게 불리하다는 것이 확실하지 아니한 한, 그 관리행위를 계속하여야 한다(동 제737조 : 관리계속의무). 이에 대응하여 관리자는 관리를 위하여 지출한 필요·유익비의 상환청구권을 가지는 이외에 다시 그 관리에 있어서 과실없이 손해를 받는 때에는 본인의 현존이익의 한도내에서 그 손해의 보상을 청구할 수 있다(동 제740조). 사무관리는 법률행위가 아니고 준법률행위 중 비표현행위이다. 원칙적으로 관리자는 보수청구권이 없으나, 특별법(예 : 유실물법·수난구호법 등)에 의하여 보수청구권이 인정되는 경우도 있다.

3. 부당이익

(1) 일반적 부당이익

부당이득(condictio, ungerechtfertigte Bereicherung)이라 함은 법률상의 원인없이 타인의 재산 또는 노무에 의하여 이익을 얻고, 그로 인하여 타인에게 손해를 입히는 것을 말한다(민법 제741조 이하). 예컨대 채무의 이중변제, 무효인 매매계약에 의거한 목적물의 수령, 파혼한 경우의 약혼예물 등은 그 예이다. 즉, 공평의 원칙에 의거하여 부당한 이득자에게 이득반환의무를 부담시킴으로써 형평의 이념을 유지하려는 것이 부당이득제도인 것이며 그 법적 성질은 '사건'이다. 부당이득이 성립하기 위하여는, ① 타인의 재산 또는 노무로 인하여 이익을 얻은 자가 있어야 하고(이득자의 존재), ② 그 이득으로 인하여 타인에게 손해를 가하여야 하며(인과관계의 성립), ③ 그 이득이 법률상의 원인없이 이루어져야 한다(이득자의 부당성). 이득반환의 범위는 ① 이득자가 선의인 경우에는 현존이득의 한도내에서 반환하여야 하고, ② 이득자가 악의인 경우에는 이득에 이자와 손해배상을 합하여 반환하여야 한다(동 제748조). 또 이득의 반환은 원칙적으로 현물로 하여야 하는 것이나, 그것이 불가능한 경우에는 금전에 의한 가액반환을 하여야 한다(동 제747조).

(2) 비채변제 · 불법원인급여

부당이득의 요건을 충분히 갖추고 있으나 손실자에게 이득반환청구권을 인정하지 않는 예외적인 경우로서, 민법은 비채변제와 불법원인급여를 규정하고 있다.

비채변제(conductio indebiti, Zahlung einer Nichtschuld)라 함은 채무가 존재하지 않음에도 불구하고 채무가 있는 것으로 잘못 알고 변제로서 급부하는 것으로 비채변제의 경우에 변제자는 원칙적으로 수령자에게 그가 급부한 것을 부당이득으로 반환청구할 수 있다. 그러나 ① 채무가 부존재함을 알면서 변제한 경우(협의의 비채변제), ② 이행기미도래의 변제, ③ 착오로 인한 변제로서 그 변제가 도의관념에 적합한 경우, ④ 착오로 타인의 채무를 변제한 경우 등에는 이득반환청구권이 제한되거나 인정되지 않는다(민법 제742조~제745조).

불법원인급여(Kondiktion wegen verwerflichen Empfanges)라 함은, 예컨대 도박이나 인신매매를 위하여 한 금전 · 노무 기타의 급부와 같이 불법한 원인에 근거하여 행하여진 급부를 말하는 것으로서, 이러한 경우에는 이득의 반환을 청구하지 못한다(동 제746조). 그러나 불법의 원인이 오로지 수익자(이득자)에게만 있는 경우에는 그러하지 않다(동 제746조 단서).

4. 불법행위

불법행위(delictum, tort, unerlaubte Handlung)라 함은 책임능력 있는 행위자의 고의 · 과실로 인한 위법행위로 타인에게 손해를 가하는 것으로써, 이러한 행위를 한 자는 그 손해를 배상할 책임이 있다(민법 제750조). 여기에서 고의(dolus, intention, Vorsatz)라 함은 자기의 행위가 타인에게 손해를 가하게 되는 것을 알고 있으면서도 감히 이를 행한다고 하는 심리상태를 말하고 과실(culpa, negligence, Fahrlässigkeit)이라 함은 부주의로 인하여 자기의 행위가 타인에게 손해를 가하게 되는 것을 알지 못하는 심리상태이다. 다시 부주의라 함은 일반인이 주의능력을 표준으로 하여 사회생활을 하는데 있어서 당연히 요구되는 주의의무를 위반하는 것을 말한다. 과실 · 고의의 입증 책임은 원칙적으로 피해자에게 있다. 또 책임능력이라 함은 자기의 행위의 책임을 변식함에 충분한 정신적 능력을 말하는 것으로서 책임무능력자의 불법행위는 손해배상책임이 없다. 다만 이 경우 불법행위능력은 개별적·구체적으로 판단되어야 한다. 또 여기서 위법행위(widerrechtliche Handlung)라 함은 일반적으로 법질서에 의하여 허용되지 않는 행위 또는 법질서를 파괴하는 일체의 행위라고 볼 것이다. 위법행위는 불법행위로서 손해배상책임(민사상의 책임)을 발생시킴과 동시에 범죄로서 형벌(형사상의 책임)의 대상이 되기도 한다. 다만 일반적으로 위법성이 있는 경우라도 그에 정당방위·긴급피난·자력구제·사무관리·권리의 정당한 행사 등의 사유가 있을 때에는 위법성은 제거된다. 또 불법행위에 의하여 발생한 손해는 재산적 손해뿐만 아니라 정신적 손해도 포함되며, 가해행위와 손해와의 사이에 인과관계(상당인과관계설이 타당하다)가 있어야 한다.

민법은 이상과 같은 일반적 불법행위 이외에 다시 특수적 불법행위에 관하여 규정하고 있는데, 특수불법행위라 함은 타인의 행위에 대한 책임을 인정하고 또 고의·과실의 입증행위를 전환한다든가 혹은 무과실책임을 인정하는 경우를 말하는 것으로써 민법은 이에 관하여 다음의 다섯 가지를 규정하고 있다. ① 책임무능력자를 감호하는 자의 책임(동 제755조), ② 공작물을 점유·소유하는 자의 책임(동 제758조), ③ 피용자의 행위에 대한 사용자의 책임(동 제756조), ④ 동물의 점유자의 책임(동 제759조), ⑤ 공동불법행위(동 제760조) 등이 그것이다.

불법행위로 인한 손해배상의 방법은 금전배상이 원칙적이지만(동 제763조·제394조), 그러하지 않은 때도 있다(동 제746조). 또 배상하여야 할 손해의 범위는 가해행위와 상당인과관계에서는 모든 손해이며(동 제763조·제393조), 손해배상청구권은 손해 및 가해자를 안 날로부터 3년, 불법행위를 한 날로부터 10년이 경과하면 소멸한다(동 제766조). 피해자에게 과실이 있는 경우에는 과실상계가 인정된다.

Ⅳ. 채권의 효력

1. 대내적 효력

채권자와 채무자 사이에서 발생하는 채권 본래의 효력을 채권의 대내적 효력이라 한다. 채권자는 채무자가 채무의 내용을 그 이행기에 이행장소에서 성실히 이행하도록 할 수 있는 권리를 가진다.

채무자가 채무의 내용에 따른 변제를 하지 않는 경우를 총칭하여 채무불이행이라고 하며, 이에는 (1) 이행이 가능함에도 불구하고 이행하지 않는 이행지체, (2) 이행이 불가능하게 된 이행불능, (3) 이행은 있었으나 완전하지 못한 불완전이행 등이 있다.

이러한 채무불이행이 있는 경우에 채권자는 채무자에 대하여 계약의 해제는 물론, 국가권력에 의하여 강제적으로 채무의 내용을 실현시키는 강제이행과 금전상의 손해배상을 청구할 수 있다(이행불능의 경우에는 손해배상만이 가능하다).

2. 대외적 효력

채권자와 채무자 이외에 제 3 자와의 사이에 놓여져 있는 채권의 본래적 효력을 유지하기 위하여 인정된 채권의 효력을 대외적 효력이라 한다. 채권의 효력은 종국적으로는 손해배상채권으로 귀착하게 되므로, 채무자의 일반재산과 다시 그것을 확보하는 수단으로 채권의 효력이 채무자 이외의 제 3 자에 미치는 제도로서 「채권자대위권」과 「채권자취소권」이 인정되고 있다.

(1) 채권자대위권

채권자대위권(action subrogatoire)이란 채권자가 자기의 채권을 보전하기 위하여 채무자가 자신에 속하는 권리를 적극적으로 행사하지 않을 경우에 채권자가 자기의 이름으로 채무자의 권리를 대신 행사하는 것을 말한다(민법 제404조). 예컨대 채무자(B)가 자기의 채무자, 즉 제 3 채무자(C)에게서 받을 채권이 있음에도 불구하고 그 채권을 추심하지 않고 채권자(A)에게 변제를 하지 않는 경우에 채권자가 채무자를 대신하여 제 3 채무자로부터 추심하여 자기 채권을 확보하는 경우가 그 예이다. 채권자대위권의 행사효과는 직접채무자에게 귀속되고 채권자가 대위권을 행사하였더라도 우선변제권을 취득하지는 못한다.

(2) 채권자취소권

채권자취소권(actio pauliana, Gläubigeranfechtungsrecht)이란 채무자가 고의로 그 재산의 감소를 초래하게 하여 그로 인하여 채무의 변제를 불가능하게 만든 경우에는 채권자는 채무자의 사해행위로 인한 법률행위의 효력을 부인(취소)하고 감소한 재산의 회복을 법원에 청구하는 채권자의 권리를 말한다(민법 제406조). 이 권리의 행사는 반드시 채권자가 자기의 이름으로 법원에 대하여 소에 의하여 하여야 한다. 채권자 취소권행사의 결과 회복된 재산은 채무자에게 귀속된다. 즉, 채권자취소권의 효과는 모든 채권자의 이익을 위하여 효력이 있게 된다

(동 제407조).

Ⅴ. 채권양도와 채무인수

1. 채권양도

채권양도라 함은 채권의 동일성을 유지하면서, 채권을 양수인에게 이전하는 계약을 말한다(민법 제449조 이하). 채권은 일정한 경우(채권의 성질상), 당사자의 반대의 사표시, 법률의 규정에 의하여 양도가 제한되는 경우를 제외하고는 원칙적으로 양도할 수 있다. 당사자의 반대의사표시의 경우 선의의 제3자에게 대항하지 못한다. 즉, 양수인이 합의사실을 알지 못하는 경우 채무자가 그 양수인에 대하여 채권양도의 무효를 주장할 수 없다.

채권양도의 공시방법으로는 지명채권의 양도는 통지와 승낙이며(민법 제450조), 증권적 채권의 경우는 요식행위로 배서·교부하여야 한다. 무기명채권을 양도하는 경우에는 증서를 양수인에게 교부하면 된다.

2. 채무인수

채무인수라 함은 채무의 동일성을 유지하면서 인수인에게 이전하는 것을 목적으로 하는 계약을 말한다. 채무는 성질상 이전할 수 있는 것이어야 하며 채무인수계약은 채권자, 채무자, 제 3 자(인수인)의 3면계약으로 해결할 수 있다. 또한 채권자의 의사에 반하여 인수하지 못한다(동 제453조 제2항). 그리고 채무자와 인수인간의 계약으로 인수할 때에는 채권자의 승낙으로 효력이 생기며, 채권자의 승낙 또는 거절의 의사표시는 채무자나 제 3 자(인수인)의 어느 편에나 할 수 있다(민법 제454조). 채무인수가 유효하게 성립하면 채무는 인수인에게 이전하고 채무자는 채무를 면한다(면책적 채무인수), 면책적 채무인수가 원칙적이지만, 채무자가 채무를 면하지 못하고 인수인과 함께 채무를 부남하는 병존적 채부인수도 인정되는 바 이는 채권담보의 기능을 한다.

Ⅵ. 다수당사자의 채권관계

자동차를 수인이 공동으로 매수하는 경우, 혹은 타인의 채무를 보증하는 경우, 또는 수인이 연대하여 차금을 하는 경우에 있어서는 각각 급부는 하나이지만, 그 급부에 대하여 채권자 또는 채무자로서 여러 사람이 관여하고 있는데, 이러한 경우를 다수당사자의 채권관계라 한다. 민법은 이러한 법률관계에 관하여 다음과 같은 4종을 규정하고 있다.

1. 분할채권관계

수인이 공동으로 백미 3가마를 매도하였을 경우의 대금채권이나 또는 매수하였을 경우의 대금채무는 그 수인에게 분할될 수 있다. 이처럼 급부는 하나이지만 그 성질상 수인에게 분할될 수 있는 경우는 분할채권관계라 한다(이 경우에는 각 채권자 또는 각 채무자는 동등한 비율로 권리가 있고 의무를 부담한다. 민법 제408조).

2. 불가분채권관계

불가분채권관계(unteilbare Schuldverhältnisse)는 채권의 목적인 급부가 가옥이나 자동차와 같이 그 성질상 또는 당사자의 의사표시에 의하여 분할할 수 없는 것일 때의 다수당사자의 채권관계를 말한다. 이 경우 각 채권자는 총채권자를 위하여 급부의 전부에 대하여 이행을 청구할 수 있고, 각 채무자는 총채무자를 위하여 각 채권자에 대하여 이행을 할 수 있다. 그리고 전부의 이행을 한 채무자는 다른 채무자들에 대하여 자기의 부담부분 이외에 대하여 구상권을 가진다(민법 제411조 · 제424조).

3. 보증채무

보증채무(Bürgschaft)란 주채무자가 그 채무를 이행하지 않는 경우에 이것을 이행하기로 한 종적 채무를 말한다(민법 제428조). 보증채무는 주채무의 존재를 전제조건으로 하고서 성립하는 것이므로, 주채무가 무효 · 취소 등으로 인하여 소멸되면 보증채무도 소멸한다(부종성). 또 보증채무는 주채무가 변제되지 않을 때에만 이행하면 되고(보충성), 보증인은 최고 · 검색의 항변권을 가진다(동 제437조). 보증인이 채무자에 대하여 주채무자에게 먼저 이행을 청구하여 달라는 항변이 「최고의 항변」이고, 주채무자에 대하여 먼저 집행하여 달라는 항변이 「검색의 항변」이다. 그러나 연대보증의 경우는 보충성이 없다. 따라서 연대보증인은 최고 · 검색의 항변권을 가지지 않는다. 보증인이 변제를 하여 채무를 소멸시킨 때에는 주채무자에 대하여 구상권이 있다.

4. 연대채무

연대채무(Gesamtschuld)란 수인의 채무자가 같은 내용의 채무에 관하여 각자 독립적으로 채무의 전부를 이행할 의무를 부담하고, 그 중의 한 채무자가 변제를 하면 다른 채무자도 모두 채무를 면하는 다수당사자의 채무를 말한다(민법 제413조). 따라서 채권자는 연대채무자 중의 한 사람에 대하여 채무의 전부나 일부의 이행을 청구할 수 있고, 모든 연대채무자에 대하여 동시 또는 순차로 채무의 전부 또는 일부의 이행을 청구할 수 있다. 연대채무자 상호간에는 대내적으로 부담비율에 따라서 채무를 부담한다. 따라서 자기의 부담부분을 초과하여 변제한 경우에는 다른 연대채무자에 대하여 구상할 수 있다.

Ⅶ. 채권의 소멸

채권의 소멸이라 함은 채권이 누구를 위하여도 존재하지 않게 되는 것을 말한다(절대적 소멸). 채권양도처럼 채권의 주체가 변경되는 것은(상대적 소멸) 채권의 이전에 불과하다. 채권의 일반적 소멸원인에는 다른 권리와 같이 목적의 소멸, 시효의 완성 등이 있으나 민법이 정하는 특수한 소멸원인은 다음과 같은 7종이 있다.

1. 변 제

변제(solutio, payment, Erfüllung)라 함은 채무의 내용에 따른 급부를 하여 채권소멸의 효과를 발생시키는 채무자 또는 제 3 자의 행위를 말한다(민법 제460조 이하). 「이행」과 동일한 뜻을 가진 것이나 이행은 채권의 내용을 실현하는 적극적인 면으로 관찰한 것이요, 변제는 채무의 소멸이라고 하는 소극적인 면으로 관찰한 것이다.

2. 대물변제

대물변제(Hingabe an Erfüllungsstatt)라 함은 채무자가 채권자의 승낙을 얻어 본래의 채무이행에 대신하여 다른 급부를 함으로써 채무를 소멸시키는 당사자간의 계약을 말한다(민법 제466조). 예컨대 3만원의 채무 대신에 시계 한개를 급부하는 것과 같다. 대물변제는 변제와 동일한 효력을 가지는 것이나 계약인 점에서 변제와 다르다.

3. 공 탁

공탁(consignation, Hinterlegung)은 채권자가 변제를 수령하지 않거나 수령할 수 없을 때 채무자 기타의 변제자가 변제의 목적물을 공탁소에 임치함으로써 채무를 면하는 것을 말한다(민법 제487조). 공탁은 공탁소와 변제자간의 계약이다. 예컨대 가옥임대차에서 월세를 주려고 할 때에 집주인이 그 인상을 요구하여 수령하지 않거나 집주인이 여행중이라서 수령할 수 없을 때, 또는 채권자의 상속인이 불명하여 급부할 수 없을 때 등은 그 예이다.

4. 상 계

상계(compensation, Anfrechnung)는 당사자 쌍방(서로 채권자이고 채무자인 경우)이 서로 같은 종류의 목적을 가진 채무를 부담한 경우에 그 쌍방의 채무가 이행기에 있을 때에는 서로 현실의 변제를 하지 않고 각자의 채무를 그 대등액에 관하여 소멸시키는 의사표시를 말한다(민법 제492조 제1항 본문). 상계는 법률상으로 상계를 금지하지 않을 때라야 할 수 있다(법률상의 금지규정 : 민법 제496조 · 제497조 · 제498조). 예컨대 고의의 불법행위자가 피해자에게 채권을 가진 경우라도 상계를 할 수 없는 것은 그 예이다.

5. 경 개

경개(novation, Schuldunwandlungsvertrag)라 함은 채무의 중요한 부분을 변경하여 신채무를 성립시킴으로써 구채무를 소멸시키는 계약을 말한다(민법 제500조). 경개에는 다음의 세 가지 경우가 있다. ① 채권자변경에 의한 경개로서, 갑의 을에 대한 채권을 소멸시키고 병의 을에 대한 채권을 성립시키는 경우, ② 채무자변경에 의한 경개로서, 갑의 을에 대한 채무를 소멸시키고 병의 을에 대한 채무를 성립시키는 경우, ③ 목적변경에 의한 경개로서, 같은 당사자간에 있어서 갑이라는 급부를 목적으로 하는 채권을 성립시키고, 을이라는 급부를 목적으로 하였던 채권을 소멸시키는 경우 등이 그 예이다.

6. 면 제

면제(acceptilatio, Erlass)는 채권의 전부 또는 일부를 포기하는 행위를 말한다(민법 제506조). 즉, 면제는 채권의 소멸 그 자체를 목적으로 하는 채권자의 단독행위이다.

7. 혼 동

혼동(confusio, merger, Konfusion)은 채권과 채무가 동일한 주체에 귀속하는 사실을 말한다. 예컨대 채무자가 채권자의 상속인이 된 경우, 또는 채무자가 채권자로부터 채권양도를 받은 경우 등이 그 예이다. 혼동은 사실이지 행위가 아니다. 혼동으로 인하여 채무는 소멸하는 것이다(동 제507조).

제 5 절 친 족

I. 서 설

사람의 생활은 재화를 생산하고 소비하는 경제적 생활과 종족의 생식 · 보존을 위한 친족생활의 2분야로 나눌 수 있는데, 경제적 생활을 규율하는 법을 「재산법」이라 하고 친족생활을 규율하는 법을 「가족법」(신분법)이라 한다. 가족법이 규율하는 생활관계에는 역사적 · 사회적 제도로서의 혼인을 중심으로 한 부부관계와 다시 그것을 기초로 하고서 전개되는 친자관계 · 부양관계와 같은 가족관계 그 자체와, 이러한 자연적 · 우연적으로 형성되는 가족관계에 수반된 재산의 승계 내지 처리에 관한 생활관계가 있다. 전자를 친족관계, 후자를 상속관계라 하며, 이 양사의 관계는 다같이 일정한 가족적 생활관계를 기초로 하는 자연적인 관계로서 이러한 것을 규율하는 법을 각각 친족법 · 상속법이라 한다.

친족법은 혈연과 혼인에서 출발하는 친자관계, 호주관계, 배우자관계 등 가족관계의 신분적 공동생활관계를 규율하는 법규이다. 친족법은 재산법과는 달리 공동사회의 원리가 지배하기 때문에 보수적 · 관행적 성질을 나타내고 있다. 친족법은 총칙, 가족의 범위와 자의 성과 본, 혼인, 부모와 자, 후견, 친족회,

부양 순서로 규정을 두고 있다.

II. 친 족

1. 친족의 의의

친족이란 남녀의 배우자와 그들 사이에서 출생한 자녀, 또는 형제자매와 같이 혈연을 기초로 한 자의 연쇄적 단체 또는 그러한 사람들 사이의 관계를 말한다. 이처럼 친족관계는 혼인과 혈연을 기초로 하여 발전한 것이다. 그래서 민법은 배우자·혈족 및 인척을 친족으로 한다고 규정하고 있다(민법 제767조). 「배우자」는 혼인으로 인하여 결합된 남녀, 즉 부부관계를 말하고, 「혈족」은 서로 혈연관계가 있는 자연혈족(친자·형제 자매 등)과 혈연관계는 없으나 법률에 의하여 혈연이 의제된 법정혈족(양친자 관계)으로, 다시 자기를 중심으로 하여 직계혈족(직계존속· 직계비속)과 방계혈족(형제자매·형제의직계비속·직계존속의 형제자매 및 그 형제자매의 비속)으로 분류된다. 「인척」이란 혈족의 배우자·배우자의 혈족·배우자의 혈족의 배우자를 말한다(동 제769조).

2. 친족의 범위

법률상 의미있는 친족의 범위는 법의 목적에 비추어 일정한 범위내로 제한된다. 민법은 친족관계로 인하여 생기는 법률적 효력은 민법이나 다른 법률에 특별한 규정이 없으면 ① 8촌 이내의 혈족, ② 4촌 이내의 인척, ③ 배우자에 미치도록 하였다(민법 제777조, 1990. 1. 13. 개정).

3. 친족의 효과

민법상 친족의 효과는 친족간의 혼인금지·금치산과 한정치산의 선고 및 그 취소청구권·친족회원이 될 자격·부양의무 등이 있고, 형법상의 효과로서는 형의 감면사유 또는 가중사유가 되는 경우가 있으며, 소송법상에도 여러가지 효과를 발생시킨다.

III. 가족의 범위, 자의 성과 본

1. 호주제도

우리나라는 옛날부터 가부장제 가족제도를 기간으로 가족생활이 이루어져 왔다. 이러한 가부장제 가족제도의 특징은 바로 한 가족집단을 대표하고 상징하는 존재인 가장, 즉 호주가 가족을 통솔하는 것이다. 이러한 가족제도는 봉건적인 토지경제체제의 붕괴와 그로 인한 봉건적 사회제도의 붕괴로 인하여 무너지면서 가장의 권력이 위축되고, 사회발전에 따라 가족집단은 차츰 관념적인 존재로 바뀌게 되었다. 이러한 가족관에 대한 변화는 더이상 가부장적인 봉건적 혼인질서는 용인될 수 없게 되었고 이러한 시대적 추세를 받아들여 헌법재판소는 호주제도 및 자녀의 성과 본에 대한 규정이 헌법에 규정된 양성평등과 개인의 존엄성에 반한다는 이유로 헌법불합치 결정을 하였다. 이로 인해서 호주제에 관련된 모든 민법규정이 삭제되었고 가족의 범위 및 자의 성과 본에 관한 규정도 개정되어 2008년 1월 1일부터 시행되고 있다.

2. 가족의 범위

민법은 가족의 범위를 배우자, 직계혈족 및 형재자매와 직계혈족의 배우자, 배우자의 직계혈족 및 배우자의 형재자매로 규정하고 있으며, 후자의 경우는 생계를 같이할 것을 요구하고 있다(민법 제779조). 이와 같이 가족의 범위를 규정한 것은 호주제의 폐지로 인한 가족이 해체되는 것을 막는 상징적 의미와 가족관계등록법과 같은 관련법규 및 관습과 관련한 가족의 범위를 해석하는 기준을 제시한다는 점에서 가치가 있다고 보여진다.

3. 자녀의 성과 본

현행 민법은 자는 부의 성과 본을 따르는 것을 원칙으로 하면서(민법 제781조 제1항) 예외를 인정하고 있으며, 성불변의 원칙을 다소 완화하는 규정을 두고 있다. 예외로서 부모가 혼인신고시에 모의 성과 본을 따르기로 협의한 경우(동 제781조 제1항 단서), 부가 외국인인 경우(동 제781조 제2항), 부를 알 수 없는 경우(동 제781조 제3항)에는 모의 성과 본을 따른다. 부모를 알 수 없는 경우 자는 법원의 허가를 얻어 성과 본을 창설할 수 있고 창설 후 부 또는 모를 알게 되면 부 또는 모의 성과 본을 따른다(동조 제4항). 또한 자의 복리를 위하여 자의 성과 본을 변경할 필요가 있는 때에는 부, 모 또는 자의 청구에 의하여 법원의 허가를 받아 이를 변경할 수 있다(동조 제6항). 사실혼의 경우 자의 성과 본은 부모의 협의에 의하게 되지만 모의 성과 본으로 출생신고를 하는 경우 부를 알 수 없는 자에 해당하여 민법 제781조 제3항의 형식에 따르게 되고, 이 경우 모의 성과 본으로 출생신고후 부의 인지를 거쳐 부의 성과 본으로 변경할 수도 있다.

Ⅳ. 혼 인

1. 약 혼

(1) 약혼의 의의와 성립요건

약혼이라 함은 장차 혼인할 것을 내용으로 하는 남녀 사이의 신분계약을 말한다. 약혼은 장래 혼인할 당사자 사이의 계약이므로 집안 어른들의 합의인 정혼과 구별된다.

약혼이 성립함에는 특별한 형식은 필요없으나(불요식주의) ① 약혼 당사자간에 합의가 있을 것, 합의없는 약혼은 무효이므로 정혼은 본인의 승낙이 없는 한 무효이다. ② 양성평등의 원칙에 기하여 남녀 모두 만 18세에 달하여야 한다. ③ 미성년자인 남녀는 부모 또는 후견인의 동의를 얻어야 하고, 금치산자는 부모 또는 후견인의 동의를 얻어야 한다. 부모 또는 후견인이 없거나 동의할 수 없는 경우에는 친족회의 동의를 얻어 약혼할 수 있다. 한정치산자에 대하여는 제한이 없다. 또한 ④ 남녀가 금혼자간이 아니어야 한다. 근친자간의 약혼은 불능을 목적으로 함으로 무효이다. ⑤ 이중약혼 또는 배우자 있는 자와의 약혼이 아니어야 한다. 이에 위반한 약혼은 민법 제103조에 위배되는 행위로서 무효이다. ⑥ 선량한 풍속과 사회질서에 반하지 않는한 약혼에 조건이나 기한을 붙이는 것도 허용된다.

(2) 약혼의 효과

약혼이 성립하면 혼인할 의무가 생기나, 그 의무의 이행을 강제하지 못한다(민법 제803조). 다만 의무에 위반하면 손해배상의무가 발생한다. 약혼자간에는 친족관계가 생기지 않는다. 약혼중의 자는 혼인외의 출생자가 되나 그 후 부모가 혼인하면 혼인중의 출생자로 된다.

(3) 약혼해제사유

약혼당사자의 한 쪽은 다음과 같은 사유가 있을 때에는 약혼을 해제할 수 있다(민법 제804조).

(가) 약혼 후 자격정지 이상의 형의 선고를 받은 때

(나) 약혼 후 금치산 또는 한정치산의 선고를 받은 때

(다) 성병·불치의 정신병 기타 불치의 악질이 있을 때(1990. 1. 13. 본호 개정)

(라) 약혼 후 타인과 약혼 또는 혼인한 때

(마) 약혼 후 타인과 간음한 때

(바) 정당한 이유 없이 혼인을 거절하거나 그 시기를 지연한 때

(사) 약혼 후 1년 이상 그 생사가 불명한 때(1990. 1. 13. 본호 개정)

(아) 기타 중대한 사유가 있을 때

그리고 약혼의 해제는 상대방에 대한 일방적 의사표시로 한다. 그러나 의사표시를 할 수 없는 때에는 그 해제의 원인이 있음을 알았을 때 해제된 것으로 본다. 그러나 손해배상만 하면 아무런 이유없이도 약혼을 해제할 수 있으므로 사실상 파혼은 자유라고 할 수 있다.

(4) 약혼해제의 효과

약혼을 해제한 경우 당사자 한 쪽은 과실있는 상대방에 대하여 이로 인한 손해배상을 청구할 수 있다. 이 손해배상에는 재산상 손해 외에 정신적 고통에 대한 배상도 포함된다. 약혼의 해제나 파기시에 약혼예물의 반환과 관련하여 약혼의 해제나 파기에 일방당사자에게 책임이 있는 경우 무책당사자는 예물의 반환을 받을 수 있다는데 이견이 없다. 그러나 유책당사자가 예물반환청구권을 갖는가에 대해서는 민법에는 규정이 없지만 통설과 판례에 의하면 예물은 혼인의 불성립을 해제조건으로 하는 증여이므로 약혼해제에 책임이 있는 당사자는 그가 제공한 약혼예물을 반환청구할 권리가 없다고 한다. 즉, 혼인의 불성립이 양당사자에게 귀책사유가 없는 경우는 예물은 부당이득이 되어 서로 반환청구할 수 있으나, 약혼의 파기가 일방당사자에게만 책임이 있는 경우 유책당사자는 예물의 반환을 청구할 수 없다는 것이다. 또한 쌍방에게 책임이 있는 경우는 과실상계의 법리를 적용하여 쌍방에게 과실이 없는 경우에 준해서 해결하면

될 것이다.

2. 혼 인

(1) 혼인의 성립요건

혼인이란 영속적인 공동생활을 목적으로 한 일남일녀의 전인격적 결합관계를 말한다. 민법상의 혼인이 유효하게 성립하기 위하여는 다음과 같은 실질적 요건과 형식적 요건을 구비하여야 한다.

(가) 실질적 요건 ① 혼인의사의 합치가 있을 것, ② 혼인적령에 있을 것, ③ 중혼이 아닐 것, ④ 인척간이 아닐 것, ⑤ 부모의 동의가 있을 것(다만 미성년자가 혼인할 때만 이 요건이 필요하다).

(나) 형식적 요건 혼인은 당사자 쌍방과 성년자인 증인 2인이 연서한 서면(혼인신고서)을 부의 본적지 또는 주소지의 시장・구청장・읍・면장에게 제출함으로써 성립한다(동 제812조). 따라서 거식(擧式)이 있고 실질적인 동거생활을 하더라도 혼인신고서의 제출이 없으면 법률상의 혼인으로서 보호되지 않고, 다만 사실혼 또는 내연관계로 취급되는 데 불과하다.

(2) 혼인의 무효와 취소

(가) 혼인의 무효

민법 제815조는 혼인무효사유에 대해서 규정하고 있다. 혼인무효의 성질에 대해서 다수설・판례는 당연무효설을 취하고 있다. 따라서 혼인이 무효가 되면 그 혼인은 처음부터 아무런 효과가 발생하지 않으며, 처음부터 혼인관계가 없었던 것이 된다. 그러므로 당사자 사이의 출생자는 혼인외의 출생자가 되고 상속 기타의 권리변동은 무효가 된다. 무효혼인의 일방은 과실있는 상대방에게 손해배상을 청구할 수 있다.

(나) 혼인의 취소

혼인의 취소는 취소사유 발생하면(민법 제816조), 취소권자의 소제기에 의한 법원의 판결로서 효력이 발생한다. 그 판결 전까지는 혼인은 유효한 것으로 취급된다. 혼인의 취소는 소급하지 않으며, 혼인취소의 판결이 확정되면 장래에 혼인의 효력이 해소된다. 따라서 혼인중에 출생한 자는 신분을 상실하지 않으며 과실없는 배우자는 혼인취소에 귀책사유가 있는 상대방에게 손해배상을 청구할 수 있으며, 재산분할청구권도 인정된다.

(3) 혼인의 효과

(가) 신분상의 효과 친족관계의 발생, 동거의무 · 부양의무 · 협조의무의 발생, 정조의무, 부부간의 가사대리권 · 계약취소권 등이 발생한다. 또 미성년자라도 혼인을 하면 성년자로 본다(민법 제826조의 2). 이른바 혼인성년제로서 이 제도를 인정한 취지는 혼인한 후에도 미성년을 이유로 하여 혼인당사자 이외의 자의 친권 또는 후견에 복종하게 되면 혼인의 독립을 유지할 수 없기 때문이다. 성년의제를 받는 미성년자가 미성년상태에서 혼인이 해소나 취소되면 성년의제의 효과가 소멸하여 미성년자로 취급되는가에 대해서 다수의 학설은 무능력자보호제도의 부활로 인한 거래의 안전문제, 혼인중 출생자의 친권문제 등을 이유로 성년의제의 효과는 소멸하지 않는다고 본다.

(나) 재산상의 효과 부부는 각자의 재산을 소유 · 관리 · 수익할 수 있다. 그러나 혼인성립 전에 특별한 약정을 할 때에는 그 약정에 의한다. 이를 부부재산계약이라고 하며 이는 혼인신고전에 체결하고 등기하여야 부부의 승계인 또는 제3자에게 대항할 수 있다(민법 제829조 제1항, 제4항). 부부재산계약은 일정한 사유(동 제829조 제2항, 제3항)가 있는 경우를 제외하고는 원칙적으로 변경할 수 없다. 부부의 어느 편에 속하는지 불명한 재산은 부부의 공유로 추정한다(동 제830조). 부부공동생활의 비용은 당사자 사이에 특별한 약정이 없으면 부부가 공동으로 부담한다(동 제833조)(1990 개정). 일상가사에 관하여 부부의 일방이 제3자와 유효한 법률행위를 한 때에는 다른 일방은 연대책임을 진다(동 제832조). 그러나 이미 제3자에 대하여 다른 일방의 책임없음을 명시한 때는 그러하지 아니하다.

(4) 사실혼

(가) 사실혼의 의의 사실상 혼인생활을 하고 있으며 또한 사회적으로도 정당시되고 있으나, 다만 혼인신고를 하지 아니한 까닭에 법률상 부부로서는 인정할 수 없는 남녀관계를 말한다. 이것을 단순히 혼인예약이라고도 한다.

(나) 사실혼의 보호 사실혼은 종래 법률상 아무런 효과도 부여하지 않았으나 판례는 이른바 혼인예약으로서 어느 정도의 효과를 인정하게 되었다. 그러나 민법상의 보호는 받지 못한다 하더라도 사실혼은 여러가지 특별법에 의하여 보호되고 있음에 주의하여야 한다. 즉, 공무원연금법(제3조 제1항 2호) · 근로기준법시행령(제44조 제1항 1호) · 군인연금법(제3조 제1항 4호) 등은 사실혼배우자를 법률상의 배우자와 동례로 다루고 있으며, 가사소송법은 사실상혼인관계존부확인제도(가사소송법 가목 (2)나류사건 2호)를

두고 있고, 또 혼인신고특례법(1968. 12. 31. 법률 2067호)은 전쟁·사변에 있어서 전투참가·전투수행을 위한 공무로 인하여 당사자 일방이 미신고인 채 사망한 경우, 사실혼을 보호하는 규정을 두고 있다.

3. 이 혼

(1) 협의이혼

부부는 그 원인을 묻지 않고 협의에 의하여 이혼할 수 있다(민법 제834조 이하). 협의이혼이 성립하기 위하여는 실질적 요건으로서, ① 당사자간에 이혼의사의 합치가 있어야 하고, ② 금치산자는 후견인의 동의가 있어야 한다(동 제835조). ③ 형식적 요건으로서 가정법원의 확인을 받아 가족관계의 등록 등에 관한 법률에 정하는 바에 의한 이혼신고를 하여야 한다(동 제836조). 현행 민법은 협의이혼제도가 간편한 절차만으로도 이혼의 효력이 발생함으로써 혼인의 보호라는 점을 고려한다면 문제가 있다고 보아 협의이혼 당사자는 일정한 기간이 경과한 후 가정법원으로부터 이혼의사의 확신을 받도록 하는 이혼숙려기간제도를 도입하고 있다(동 제836조의 2). 또한 자녀의 양육환경의 개선을 위하여 협의이혼시 부부에게 양육자의 결정, 양육비의 부담, 면접교섭권의 행사여부 및 그 방법 등이 기재된 양육사항과 친권자결정에 대한 합의서 또는 가정법원의 심판정본을 이혼확인시 의무적으로 제출하도록 하고 있다(동 제836조의 2 제4항).

(2) 재판상의 이혼

재판상의 이혼원인으로서는, ① 배우자의 부정행위, ② 배우자의 악의의 유기, ③ 배우자 또는 그 직계존속에 의한 매우 부당한 대우, ④ 자기의 직계존속에 대한 배우자의 매우 부당한 대우, ⑤ 배우자가 3년 이상 생사불명인 경우, ⑥ 기타 혼인을 계속하기 어려운 중대한 사유의 존재 등이 있는데, 부부의 일방은 이상의 사유가 있는 경우에는 법원에 이혼을 청구하여 부부관계를 해소시킬 수 있다(민법 제840조). 재판상 이혼과 관련하여 유책배우자의 이혼청구에 대해서 학설과 판례는 원칙저으로 유책배우자의 이혼청구를 배척하지만 엄격한 요건하에 제한적으로 유책배우자의 이혼청구를 인정하고 있다.

(3) 이혼의 효과

이혼이 확정되면 혼인이 해소된다. 이혼은 부부관계를 종료시키고 신분상 및 재산상의 모든 법률관계를 혼인 전의 상태로 복귀시킨다. 따라서 부부간의 권리·의무와 배우자의 혈족과의 사이에 생긴 인척관계는 소멸한다. 이혼 후 자녀의 양육책임은 당사자간에 이에 관한 협의에 의하여 정한다(제837조 제1항). 협의가 되지 않거나 협의할 수 없는 경우에는 가정법원이 당사자의 청구에 의하여 그 자(子)의 연령, 부모의 재산상황 기타 여러 사정을 참작하여 양육에 필요한 사항을 정한다(동 제837조 제4항).

또한 현실적으로 자를 보호·양육하고 있지 않은 어버이가 그 자(子)와 직접 면접·서신교환 또는 접촉하는 면접교섭권(the visiting right, Umgangsrecht)을 인정하고 있다(민법 제837조의 2). 그리고 재판상 이혼의 경우에 이혼피해자가 과실있는 상대방에 대하여 재산상의 손해와 정신상 고통에 대한 손해배상청구를 할 수 있다. 또한 이혼을 한 당사자의 일방이 다른 일방에 비하여 재산분할을 청구하는 재산분할청구권을 인정하였다. 이는 공동경제가 종료하는 경우에는 다른 일방의 기여가 반영된 실재에 부합되는 청산을 하는 것이 필요하다는 이유와 생활능력이 약한 배우자에 대해서는 이혼 후에도 능력이 있는 자에게 부양의무를 지우는 것이 타당하다는 취지에서 인정된 것이다. 재산분할청구권은 이혼한 날로부터 2년을 경과한 때에는 소멸한다(동 제839조의 2). 그리고 재산명의자가 아닌 배우자의 부부재산에 대한 장래의 권리를 보호하기 위하여 부부일방이 상대방 배우자의 재산분할청구권의 행사를 행함을 알면서 사해행위를 한 때에는 상대방 배우자가 그 취소 및 원상회복을 법원에 청구할 수 있도록 하여 재산분할청구권을 보전하기 위한 사해행위취소권을 인정하고 있다. 이 취소권은 취소원인을 안 날로부터 10년, 사해행위를 한 날로부터 5년내에 행사하여야 한다(동 제839조의 3).

V. 친 자

1. 친 생 자

(1) 혼인중의 출생자

혼인중의 출생자란 법이 정당하게 인정한 혼인생활로부터 출생된 자를 말한다. 즉, 처가 혼인중에 포태하여 출생한 부의 자녀를 말한다. 혼인이 성립한 날로부터 200일 후, 또 혼인관계가 종료한 날로부터 300일 내에 출생한 자는 혼인중에 포태한 것으로 추정한다(민법 제844조 제2항). 혼인성립의 날이란 혼인신고의 날이며, 사실상 혼인관계존부확인청구의 경우는 조정성립의 날, 판결확인의 날, 그리고 경우에 따라서는 사실혼 성립의 날도 포함된다.

(2) 혼인외의 출생자

법률상의 부부가 아닌 남녀의 사이에서 출생한 자녀를 혼인외의 출생자라고 하는데, 생부·생모가 인지하면 법률상의 입적이 가능하다(민법 제855조 이하). 혼인외의 출생자라 하더라도 후에 생부·생모간에 법률상의 혼인이 성립되면 적출자의 신분을 취득하게 되는데 이것을 「준정(準正)」이라 한다(동 제855조 제2항). 이와 같이 혼인외의 출생자는 인지나 준정에 의하여 친자관계가 발생하며, 준정은 부모가 혼인한 때로부터 혼외자가 혼생자로 되는 것이며 인지와 달리 자녀출생시까지 소급하지 않는다.

2. 양 친 자

우리나라의 양자제도는 중국의 영향을 받아서 조상제사와 가의 계승을 위한 이른바 「가를 위한」 양자제도만이 인정되었었다. 민법은 제정 당시 이러한 가의 계승을 위한 양자제도 이외에 이른바 「어버이를 위한 양자제도」와 「자를 위한 양자제도」를 새로 채용하였다. 그러나 가를 계승하기 위한 양자제도를 그 기간으로 삼고 있기 때문에 근대법적 이념과는 거리가 먼 양자법이다. 그런데 1990년의 민법의 일부개정으로 사후양자제도·서양자제도 및 유언양자제도를 폐지함으로써 가를 위한 양자제도를 불식하고 양친과 양자를 위한 양자제도로 탈바꿈하였다.

입양은 가족관계의 등록 등에 관한 법률이 정하는 바에 의하여 신고함으로써 그 효력이 생긴다(민법 제866조 이하). 양자는 입양한 때로부터 양친의 적출자녀로서의 신분을 가지게 되고 양부의 혈족·인척과의 사이에는 친족관계가 생긴다. 그러나 이로 인하여 친생부모와의 사이에 친족관계가 소멸하는 것은 아니다. 특히 이성자녀는 입양하여도 그 성은 변하지 않는다.

우리 민법은 불완전양자제도에 머물러 있었으나 2005년 민법의 개정으로 친양자제도를 신설함으로써 완전양자제도를 채택하기에 이르렀다. 친양자제도란 양친과 양자를 친자관계로 보아 종전의 친족관계를 종료시키고 양친과의 친족관계만을 인정하며 양친의 성과 본을 따르는 제도이다(민법 제908조의 2~제908조의 8). 친양자의 입양요건은 법률로 정하고 있다. 친양자에 의하여 종전의 친족관계가 종료된다고 하여도 생물학적 혈족관계까지 소멸하는 것은 아니므로 종전의 혈족과의 근친혼금지규정의 효력은 그대로 존속하게 된다.

3. 파 양

파양은 유효하게 성립한 양친자관계를 인위적으로 해소하는 것이며, 이에는 이혼에 있어서와 같이 양친자간의 협의에 의한 「협의파양」과 일정한 법정원인의 발생에 의한 「재판상의 파양」의 2종이 있다. 호주가 된 양자도 파양할 수 있다(1990 개정).

재판상의 파양의 원인으로는, ① 가족의 명예를 오독하거나 재산을 경도(傾倒)한 중대한 과실이 있을 때(1990. 본호 개정), ② 다른 일방 또는 그 직계존속으로부터 심히 부당한 대우를 받았을 때, ③ 자기의 직계존속이 다른 일방으로부터 매우 부당한 대우를 받았을 때, ④ 양자의 생사가 3년 이상 불명한 때, ⑤ 기타 양친자관계를 계속하기 어려운 중대한 사유가 있을 때 등이다(민법 제905조).

친양자의 파양의 경우는 친양자란 마치 친생부모와 친생자 사이와 같은 혈연관계의 발생을 목적으로 하므로 예외적인 경우를 제외하고는 원칙적으로 파양은 인정되지 않는다.

4. 친권과 후견

(1) 친 권

친권이란 부모가 미성년인 자녀에 대하여 가지고 있는 신분상·재산상의 감독·보호를 내용으로 하는 권리·의무를 총칭하는 것이다. 친권의 본질은 미성년인 자녀를 양육·감독·교육하는 것을 내용으로 하는 것이므로 자녀가 성년에 달하면 해소된다.

미성년자인 자에 대한 친권은 부모가 공동으로 행사한다(민법 제909조 제1항). 다만 부모의 의견이 일치하지 않는 경우에는 당사자의 청구에 의하여 가정법원이 이를 정한다(동조 제909 제2항).

그리고 일방이 친권을 행사할 수 없을 때에는 다른 일방이 이를 행사한다(동조 제909 제3항). 양자는 친생부모의 친권에 복종하지 않고 양부모의 친권에 복종한다(동조 제909 제1항). 부모가 이혼한 때에는 부모의 협의로 친권을 행사할 자를 정하고, 협의를 할 수 없거나 협의가 이루어지지 않는 경우에는 당사자의 청구에 의하여 가정법원이 결정한다(동조 제909 제4항).

또한 가정법원은 혼인의 취소, 재판상이혼, 또는 인지청구의 소의 경우에는 직권으로 친권자를 정할 수 있고(동조 제909조 제5항), 자의 복리를 위하여 필요하다고 인정되는 경우에는 자의 4촌 이내의 친족의 청구에 의하여 정하여진 친권자를 다른 일방으로 변경할 수 있다(동조 제909조 제6항). 친권은 자가 사망하거나 성년자가 된 때, 또는 혼인한 때 친권은 절대적으로 소멸하며, 친권자가 사망한 때, 자가 입양 또는 파양된 경우, 친권자가 친권을 행사할 수 없게 된 때, 생모의 친권에 복종하던 혼외자가 부의 인지를 받아 부가 친권자가 된 때, 친권자가 심판으로 변경된 때, 친권자가 대리권 또는 관리권을 사퇴한 경우 친권은 상대적으로 소멸한다. 또한 부 또는 모가 친권을 남용하거나 현저한 비행 기타 친권을 행사시킬 수 없는 중대한 사유가 있는 때에는 법원은 그 친권의 상실을 선고할 수 있다(동 제924조).

(2) 후 견

후견이란 친권에 의하여 보호를 받을 수 없는 미성년자와 금치산자·한정치산자를 보호하기 위하여 마련된 민법상의 직무이다. 후견에는 후견의 직무를 집행하는 집행기관과 감독기관이 있는데, 전자에는 후견인이 있고, 후자에는 친족회와 가정법원이 있다. 후견인은 가족 중에서 선임된다(민법 제928조·제929조). 후견인은 1인으로 하며, 지정후견인·법정후견인·선임후견인의 순으로 후견인을 정한다. 후견인의 사무는 친족회와 가정법원이 감독한다.

Ⅵ. 친 족 회

친족회란 특정한 사람 또는 가를 위하여 중요한 사항을 의결하는 친족적 합의기관이다. 종래 우리나라에서는 이와 같은 성질의 것으로 종회와 문회가 있다. 민법상의 친족회는 3인 이상 10인 이하로 구성되며 대표자 1인을 두는데 이는 친족회원 중에서 호선하고, 그 대표자는 소송행위 기타 외부에 대한 행위에 있어서 친족회를 대표한다(민법 제961조).

친족회는 회의를 요하는 사건이 생길 때마다 법원에 의하여 조직·소집되고, 의결이 끝나는 것과 동시에 소멸한다. 그러나 무능력자를 위한 친족회는 그 무능력의 사유가 종료할 때까지 계속되는 상설기관이다(동 제965조). 친족회가 의결할 사항은 극히 많지만, ① 후견사무의 감독 (동 제941조~제945조·제951조·제957조), ② 일정한 신분행위에 대한 관여(동 제808조·제835조) 등으로 크게 나눌 수 있다.

제 6 절 상 속

I. 서 설

상속이란 어떤 사람이 사망한 경우에 그가 가지고 있던 모든 재산상의 권리와 의무가 다른 일정한 사람에게 포괄적으로 승계되는 것을 말한다. 피상속인의 사망으로 인하여 개시된다. 유언에 의한 상속과 법정상속을 같이 인정하고 법정상속은 유언이 없을 경우에만 2차적으로 통용된다.

II. 상 속

1. 상속의 순위

민법은 순위에 관하여 다음과 같이 규정하고 있다(민법 제1000조).

① 피상속인의 직계비속(제 1 순위), ② 피상속인의 직계존속(제 2 순위), ③ 피상속인의 형제자매(제 3 순위), ④ 피상속인의 4촌 이내의 방계혈족(제 4 순위).

배우자의 상속분에 관하여는 1990년 민법의 일부개정 전에는 처가 사망한 경우와 부가 사망한 경우에 따라 달랐다. 즉, 부가 사망한 경우에 처는 그 직계비속과 동순위(즉 1순위)로 공동상속인이 되고, 직계비속이 없는 경우에는 피상속인의 직계존속과 동순위로 공동상속인이 되며, 피상속인의 직계비속·직계존속도 없는 경우에 비로소 단독상속인이 되었다(구 제1003조 제1항). 이에 반하여 처가 사망한 경우에 부는 그 직계비속과 동순위가 되고, 그 직계비속이 없는 때에는 단독상속인이 되었다(구 제1002조).

이와 같은 규정은 부부평등의 원칙에 반하기 때문에 개정법은 부부가 평등하게 상속순위를 고쳤다. 즉, 배우자는 그 직계비속과 동순위(즉 제1순위)로 공동상속인이 되고, 직계비속이 없는 경우에는 피상속인의 직계존속과 동순위로 공동상속인이 되며, 피상속인의 직계비속·직계존속도 없는 경우에 비로소 단독상속인이 된다.

상속인이 될 자가 상속개시 전에 사망하거나 상속결격자가 된 경우 그의 직계비속이나 배우자가 사망하거나 결격자가 된 자의 순위에 갈음하여 상속인이 되는 대습상속을 인정하고 있다.

피상속인은 유언으로써 그 재산의 전부 또는 일부를 받을 자를 정할 수가 있으므로, 위의 순위는 유언이 없는 경우에만 적용된다. 또 위에서 제4순위의 상속인도 없을 경우에는 법원은 일정한 기간내에(1년 이상) 그 권리를 주장할 것을 공고하여야 하며, 이 기간내에 상속권을 주장하는 자가 없을 때에는 상속재산은 국고에 귀속한다(동 제1057조·제1058조).

2. 상 속 분

상속분이라 함은 상속인이 받게 될 상속재산의 전부에 대한 분량적 비율을 말한다. 즉, 동순위의 재산상속인이 수인이 공동으로 상속하는 경우에 그 상속재산에 대하여 각자가 받게 될 재산의 배당률을 상속분이라고 한다. 상속분은 피상속인의 의사 또는 법률의 규정에 의하여 정하여지는 데, 전자를 지정상속분이라 하고, 후자를 법정상속분이라 한다. 법정상속분에 관하여 민법은, ① 동순위의 상속인이 수인인 경우에는 그 상속분은 균분으로 하고(민법 제1009조 제1항), ② 피상속인의 배우자의 상속분은 직계비속과 공동으로 상속하는 때에는 동일가적내에 있는 직계비속의 상속분의 5할을 가산하고, 직계존속과 공동으로 상속하는 경우에는 직계존속의 상속분의 5할을 가산하고(동 제1009조 제2항), ③ 대습상속인의 상속분은 피대습상속인의 상속분에 의하고(동 제1010조 제1항), 피대습상속인이 수인이면 그 상속분은 앞에서 말한 일반원칙에 따라 상속한다(동 제1010조 제2항).

공동상속인중 피상속인으로부터 생전에 증여를 받았거나 또는 유증을 받은 자는 그 수증재산이 자기의 상속분에 미치지 못할 때는 그 부족한 부분의 한도에서 상속분이 정해진다(민법 제1008조). 또한 공동상속인 중 피상속인의 재산의 유지 또는 증가에 특별히 기여한 자가 있는 경우 그 자의 상속분에 기여분을 가산한 액을 그 자의 상속분으로 한다(동 제1008조의 2).

3. 상속의 승인

상속에 있어서 피상속인의 부채가 많을 경우에는 상속재산의 한도내에서 피상속인의 부채를 변제할 것을 유보하고 상속을 승인할 수 있다. 이것을 「한정

승인」이라 하며(민법 제1028조), 이러한 유보조건 없는 상속을 「단순승인」이라고 한다(동 제1025조). 또 상속의 포기는 상속의 개시로 인하여 일단 상속인에게 계승될 재산상의 권리·의무를 거부하는 행위를 말하는데(동 제1019조 이하), 이러한 상속의 승인과 포기는 상속인이 상속개시 있음을 안 날로부터 3개월내에 할 수 있다.

Ⅲ. 유 언

유언은 유언자의 사망과 동시에 효력을 생기게 할 목적으로 하는 법률행위이다. 민법은 만 17세 이상의 자라야 유언할 수 있게 하였으며, 그 방식으로는 자필증서·녹음·공정증서·비밀증서·구술증서의 5종이 있다. 이러한 법정방식 중 어느 하나에 의하지 않으면 유언으로서 효력이 없다(민법 제1060조 이하). 유언은 유언을 하는 당시에 성립은 하지만, 그 효력은 유언자가 사망한 때에 비로소 발생한다. 따라서 유언은 유언자가 사망하기 전까지는 언제든지 자유롭게 취소·변경할 수 있는 것이다.

Ⅳ. 유 류 분

1. 유류분의 의의

위에서 본 바와 같이 현행 민법은 유언의 절대적 자유를 인정하고 있다. 그 결과 가령 피상속인이 무사려(無思慮)한 유증을 하는 경우에는 재산의 방산(放散)을 초래하게 되고 이로 인하여 사후의 부양가족을 길거리에 방황하게 하는 등 여러가지 사회적 폐단이 생길 염려가 있다. 민법은 이러한 점 등을 고려하여 상속인이 피상속인의 유언자유에 의하여 피해를 보지 않도록 일정한 범위의 상속인에게 상속재산 중의 일정액을 취득할 수 있도록 법적 보장을 하여 주고 있는데 이것이 바로 유류분제도이다.

따라서 유류분은 상속인 측에서 이것을 볼 때에는 상속인이 상속재산 중의 일부를 당연히 취득하여야 할 법적으로 보장된 일정액의 상속재산이고, 피상속인 측에서 이것을 보면 상속인을 위하여 반드시 남겨 두어야 할 일정액의 상속재산이라고 볼 수 있다.

2. 유류분권리자의 범위

민법은 유류분권리자의 범위를 다음과 같이 3종으로 국한시키고 있다. 즉, ① 제 1 순위의 재산상속인인 피상속인의 직계비속과 배우자(민법 제1000조 제1항 1호, 제1003조), ② 제 2 순위의 재산상속인인 피상속인인 직계존속(동 제1000조 제1항 2호), ③ 제 3 순위의 재산상속인인 형제자매(동 제1000조 제1항 3호)가 그것이다. 따라서 피상속인의 4촌 이내의 방계혈족에 대하여는 유류분권리가 인정되지 아니한다.

3. 유류분의 비율

유류분의 비율에 관하여는 유류분권리자가 누구이냐에 따라 차등을 두고 있다. 즉, 피상속인의 직계비속과 배우자는 그 법정상속분의 2분의 1(민법 제1112조 1호·2호), 피상속인의 직계존속과 형제자매는 그 법정상속분의 3분의 1로 규정하고 있다(동 제1112조 3호·4호).

4. 유류분의 산정

유류분은 상속재산에 대한 일정한 비율로 표시되고 있으나, 그 상속재산 자체가 유류분산정의 기초가 되는 것은 아니다. 이에 관하여 민법은 피상속인의 상속개시시에 있어서 가진 재산의 가액에 증여재산의 가액을 가산하고 이로부터 채무의 전액을 공제한 것을 상속재산으로 삼고, 이것을 유류분산정의 기초로 하고 있다(민법 제1113조 제1항). 다만 이 경우 가산되는 증여는 원칙으로 상속개시 전 1년 내에 이루어진 것에 한한다(동 제1114조 전단).

5. 유류분반환청구권

피상속인이 증여 또는 유증으로 인하여 유류분에 부족이 생긴 때에는 부족한 한도에서 유류분권리자는 그 증여 및 유증재산의 반환을 청구할 수 있으며(동 제1115조 제1항), 이 경우 수증자가 수인인 때에는 각자가 얻은 유증가액에 비례하여 그 부족분을 반환하여야 한다(동 제1115조 제2항). 반환청구권의 행사는 상속의 개시 및 증여·유증의 사실을 안 때로부터 1년 이내에 하여야 하며, 이 권리는 상속개시 후 10년이 지나면 행사할 수 없다(동 제1117조).

제 4 장 상 법

제 1 절 서 설

Ⅰ. 상법의 개념

1. 형식적 개념

상법은 형식적 의의와 실질적 의의의 두 측면에서 살펴볼 수 있다. 형식적 의의의 상법은 「상법」이라는 명칭으로 제정된 법전, 즉 상법전을 의미한다. 현행 상법전은 총칙, 상행위, 회사, 보험 및 해상의 5편으로 구성되어 있다.

제1편 총칙은 상법의 범위에 대하여 규정하여 상법의 적용범위를 영업을 하는 인의 측면에서 정하는 상인의 개념을 정의하고, 다시 그 상인에 적용될 제도인 상업등기, 상호, 상업장부 등에 대하여 규정함과 동시에 상인의 보조자인 상업사용인에 대하여 규정하고 있다.

제2편 상행위는 상법의 적용범위를 영업행위의 면에서 정한 상행위의 개념을 정의하고 그 상행위에 적용될 약간의 통칙, 상인의 영업거래 가운데 가장 전형적인 상사 매매, 상인이 영업을 위하여 이용하는 상호계산과 익명조합제도에 대하여 규정하고, 다시 대리상, 중개업, 위탁매매업, 운송주선업, 운송업, 공중접객업, 창고업 등에 관하여 다수의 규정을 두고 있다.

제3편 회사는 회사의 개념과 종류에 대하여 규정하고, 각 회사에 공통되는 문제에 대하여 규정하고 있으며, 합명회사, 합자회사, 주식회사, 유한회사, 외국회사의 각각의 조직활동에 대하여 규정하였다.

제4편 보험은 보험의 의의 등 총칙규정을 두고 보험을 손해보험과 인보험으로 크게 나누고, 손해보험은 다시 화재보험, 운송보험, 해상보험, 책임보험, 자동차보험으로 나누고, 인보험은 생명보험과 상해보험으로 나누어 규정하고

있다.

제5편 해상은 해상영업에 관하여 선박과 선박소유자 및 선장에 대하여 규정하고, 해상에서 선박에 의하여 행하여지는 해상운송을 물건운송과 여객운송으로 나누어 규정하고 이와 관련하여 공동해손·선박충돌·해난구조 및 선박채권 등에 관하여 규정하고 있다.

2. 실질적 의의의 상법

실질적 의의의 상법은 상법전의 존부 및 그 내용과는 관계없이 이론적인 입장에서 통일적으로 파악되는 특별한 법영역으로서의 상법을 의미한다. 상법의 본질 내지 그 존재이유가 문제되는 것은 바로 이 실질적 의의의 상법이다.

상법전의 내용은 복잡다기하며 더구나 단편적인 규정이 적지 않기 때문에 통일적으로 파악될 수 있는 특별한 법영역이 존재하는가의 여부가 문제된다. 그러나 이러한 제법규가 통일적인 상법전으로 법전화되고 또 상법전외에 각종의 특별법 및 관습법을 포함하는 상법이라고 하는 독립된 법분야가 학문연구의 대상으로 되는 사실에 비추어 볼 때 그 기초에는 상법의 대상으로서 공통된 특수성을 가진 일정한 생활관계가 존재하는 것으로 고찰하여 이것을 이론적인 입장에서 통일적으로 파악하고자 시도하는 것은 당연한 것이다.

상법의 대상인 생활관계 내지 생활사실의 내용의 통일적 파악에 대하여는 학설의 대립이 있으나, 현재의 통설은 상법의 대상을 기업을 중심으로 하는 생활관계, 즉 기업관계로 보아 실질적 의의에 있어서의 상법을 기업관계에 특유한 법규의 총체라 한다. 상법은 기업의 조직과 활동에 관한 법이고 시간적으로는 기업의 생성·발전·소멸에 관한 법이다.

기업관계에 대하여는 자유주의 경제체제를 전제로 하는 한 사법법규(私法法規)가 중심이지만 기업과 이해관계를 가지는 일반의 이익을 위하여는 국가의 후견적 기능이 요구된다. 따라서 실질적 의의의 상법에는 소송관계·형벌·행정벌 등에 관한 공법적 규정도 포함된다.

II. 상법의 특성

상법은 기업생활관계를 그 대상으로 하는 법으로서 사법생활관계 일반을 대상으로 하는 일반사법인 민법에 대하여 특별법의 관계에 있으며, 그 자체 기업관계에 특유한 수요를 반영하는 기술적 성격의 법으로서 독자적인 법역을 형성하고 있어 민법에 대하여 여러가지 점에서 다른 특성을 지닌다.

그 특성은 상법이 정하는 각종의 제도 내지 규정의 내용에 관한 것과 상법의 발전방향에 관한 것의 두 측면에서 파악할 수가 있다. 이는 상법의 대상인 기업생활관계의 특이성을 반영하는 것이다.

1. 내용상의 특성

(1) 기업활동에 관한 특성

(가) 영리성 영리의 추구는 기업의 본질이며 기업의 활동은 영리목적을 향하여 통일적·계획적이고 계속적으로 실현되도록 제도화되고 있다. 상법의 적용범위를 정하는 기본관념인 상인 및 상행위·회사의 개념도 영리성을 기초로 한다. 또 상법이 상인의 행위의 유상성을 정하고 상사채무에 대한 고율의 법정이자를 정한 것 등은 그 현저한 사례이다.

(나) 계약의 자유 기업활동은 냉정하게 이해를 정산하면서 합리적으로 행동하는 경제인의 행위라고 할 수 있다. 따라서 기업활동에는 법의 후견적 작용은 필요하지 않으며 당사자의 자유의사에 위임하는 것이 적당하다. 이는 기업거래의 간이·신속한 체결을 위하여도 필요하다. 오늘날 사법의 일반원칙으로 되어 있는 계약의 자유가 상법의 영역에서 발달한 것은 이러한 사정에 의한 것이다. 그리고 상거래에 관한 상법전의 규정의 다수가 임의규정으로 해석되고 또 그러한 취지를 명문화한 것도 적지 않다.

(다) 간이신속성 기업이 영리의 목적을 실현하기 위해서는 다수인과의 사이에 동종의 행위를 집단적·반복적으로 행하게 된다. 그리고 기업활동이 집단적·반복적으로 행하여지는 이상 그 간이·신속한 체결 및 이행이 요구된다. 상법은 이에 대처하기 위하여 많은 규정을 두고 있다. 상사채권의 단기소멸시효·어음교환·상행위의 대리·확정기매매의 당연해제 등이 그 예이다.

(라) 개성의 상실 기업활동은 단지 영리를 위한 수단으로 행하여지기 때문에 행위의 상대방 및 목적물 기타의 급부내용과 그 개성은 중요시 되지 않는다. 또 기업활동은 집단적·반복적으로 이루어지므로 거래의 개성을 중요시하게 되면 거래의 원활을 기할 수 없게 된다. 각종의 개입권 및 개입의무·발기

인의 인수·납입담보책임·이사의 주식인수담보책임·어음수표 등의 유가증권 제도 등은 모두 개성 상실의 바탕 위에서 마련된 것들이다.

(마) 정형화 기업거래의 간이·신속성 및 개성 상실과 관련하여 기업활동은 집단적인 법률관계를 획일적으로 처리할 것이 요청된다. 이 요청에 응하기 위해서는 그 행위의 내용 및 효과를 정형화할 필요가 있다.

상법은 행위 자체를 요식화하는 것은 아니나 운송장·보험증권 등에 대하여 규정을 두고 있다. 주식이나 사채의 청약에 있어서 방식에 관한 사업의 규정·보통거래약관제도, 백화점의 정찰제매매 등은 이러한 정형화의 요청에 의한 것이다.

(바) 공시주의 기업활동에 있어서 각종의 사항을 공지시켜 거래의 상대방인 제3자를 보호하고 집단거래의 원활과 안전을 보장할 것이 요청된다. 이 요청에 응하기 위해서 상법은 거래상 중요한 사항을 일반에 주지시키기 위한 특별한 절차를 정하고, 기업자에게 그 이행을 요구하고 그 이행에 대하여는 특수한 법적 효력을 인정하고 있다. 이것을 공시주의라고 한다.

상업등기제도·주식회사의 대차대조표의 공고·기타 계산서류와 회사의 정관 및 의사록의 비치규정 등은 공시주의의 구체적인 예이다.

(사) 외관주의 기업활동에 있어서 집단적·반복적인 거래를 안전·신속하게 처리하기 위하여는 거래에 있어서 외관과 진실이 일치하지 않는 경우에 외관에 우위를 인정하여 이것을 표준으로 하여 해결하는 것이 강하게 요청된다. 이 요청에 응하기 위하여 상법은 외관존중주의에 따른 법규 및 제도를 다수 인정하고 있다. 부실등기의 책임·명의대여자의 책임·유사발기인의 책임·표현지배인·유가증권의 문언성·선의취득자의 보호 등이 그 예이다.

(아) 책임의 가중과 경감 기업거래의 안전과 간이·신속을 위하여는 그 전제조건으로서 기업자의 의무와 책임의 강화가 필요하다. 이에 대한 상법의 규정에는 상인간의 매매에 있어서 목적물의 검사 및 하자통지의무·목적물의 보관의무·공중접객업자의 책임 등이 있다.

한편 상법은 기업의 보호와 유지를 위하여 기업의 책임을 경감하는 규정을 두고 있다. 고가물임을 명시하지 않은 운송물에 대한 운송인의 책임·고가물임을 명시하지 아니한 임치물에 대한 공중접객업자의 책임·배상액의 법정 등이다.

(2) 기업조직에 관한 특성

(가) 자본의 집중 기업이 그 기능을 충분히 발휘하기 위해서는 그 물적 기초로서 다액의 자본을 필요로 한다. 자본을 조달하는 방법으로서는 민법상의 조합 및 소비대차의 제도도 있으나 이들만으로는 기업이 필요로 하는 자본의 수요를 충당할 수 없다. 따라서 상법에서는 익명조합·회사제도 등을 두어 자본조달의 편의를 도모하고 있다. 특히 주식회사제도에 있어서는 주식과 사채를 발행하여 거액의 자본을 조달할 수가 있다. 또한 상법은 선박공유제도·선박채권제도 등을 두어 자본의 집중을 도모하고 있다.

(나) 노력의 보충 기업에 필요한 노력은 민법상 인정되는 대리·위임·고용·청부 등의 제도를 이용하여 이를 보충할 수 있으나, 상법은 다시 상업사용인·대리상·위탁매매인·운송주선인·합명회사·운송인 등 기업보조자에 관한 규정을 두고 있다.

(다) 위험의 분산과 유한책임 기업은 영리를 목적으로 하고 있으나 항상 손실의 위험에 직면하고 있다. 이러한 위험은 기업의 규모가 커짐에 따라 크게 되어 개인이 단독으로 부담하도록 하는 것은 문제가 있다. 따라서 기업의 위험을 다수인에게 분담시키기 위한 특수한 제도가 상법상 인정되어 있다. 각종의 보험제도·공동해손제도 등이 그 예이다.

한편 기업자가 기업경영상 타인에 대하여 부담하는 채무에 대하여 민법에서와 같이 무한책임주의를 관철하는 경우 기업자의 경영활동을 위축시키고 일반인의 기업에의 참여를 저해하게 된다. 따라서 기업관계에 있어서는 당사자의 책임을 일정액 또는 특정한 재산에 한정하는 유한책임의 도입이 필요하게 된다. 합자회사의 유한책임사원·주주·유한회사의 사원의 책임·선박소유자의 책임 등의 유한책임이 그 예이다.

(라) 기업의 유지 기업의 건전한 발전을 위해서는 기업의 유지가 그 전제로 되어야 한다. 또 이미 성립한 기업에 대하여는 그것을 유지하고 기업의 해체에 의한 무익한 가치의 상실을 방지할 필요가 있다. 이러한 요청에 따라 상법은 영업소·상호·독립한 법인으로서의 회사 등의 제도에 의하여 기업의 독립성을 확보하고 또 영업양도·회사의 합병·회사의 승계 및 조직변경·주식회사의 정리·일인회사 등의 제도를 인정하여 기업의 해체를 방지하고 있다.

제 2 절 총 칙

총칙편은 기업에 공통하는 규정으로 대체로 기업의 조직 내지 구성에 관하여 규정하고 있다.

I. 기업의 주체(상인)

기업의 주체는 상인이며 형식적으로는 기업활동에 따른 권리·의무가 귀속되는 자이고, 실질적으로는 기업에 내재하여 기업활동의 주체가 되는 자이다.

1. 고유의 상인(당연상인)

자기명의로 상행위를 하는 자이다(상법 제4조). 여기서 '자기명의로'라는 것은 자신이 자신의 행위에서 생긴 권리·의무의 주체가 되는 것을 말하며, 상행위란 상법 제46조에서 규정한 21가지의 영업적 상행위와 특별법에서 상행위로 취급되는 것(담보부사채신탁법 제23조)을 말한다. 이것은 상법의 적용상 인정된 개념으로 경제상 내지 통속적 의미에서의 상인개념과는 다르다.

2. 의제상인(형식상인)

의제상인에는 설비상인과 민사회사가 있다. 설비상인이란 점포 기타 유사한 설비에 의하여 상인적 방법으로 상행위 이외의 영업을 하는 자를 말한다(상법 제5조). 민사회사는 상행위 이외의 영리를 목적으로 설립된 회사이다. 이에 대하여 상행위를 목적으로 설립된 회사를 상사회사라고 한다. 상사회사는 상법 제4조에 따라 당연상인으로 되지만 민사회사는 당연상인은 아니지만 영리를 목적으로 회사라는 기업형태를 갖추고 있다는 점에서 상인으로 의제한 것이다. 그러나 양자는 상법의 적용을 같이하므로 구별의 실익이 없다.

3. 소 상 인

상인은 다시 기업의 규모에 따라 완전상인과 소상인으로 나눌 수 있다. 소상인은 자본금액이 1,000만원 미만의 상인으로 회사가 아닌 자를 말한다. 따라서 합명회사나 합자회사는 자본금이 1,000만원 미만이 되더라도 회사이기 때문에 소상인이 아니다. 소상인에 대하여는 상법의 규정 가운데 지배인 · 상호 · 상업장부 · 상업등기에 관한 규정이 적용되지 아니한다.

II. 기업의 보조자(상업사용인)

상인의 영업의 규모가 확대됨에 따라서 상인의 영업활동에 대한 보조자가 필요하게 되어 상업사용인제도를 두게 되었다. 상업사용인이라 함은 특정한 상인에 종속하여 기업조직의 내부에서 경영상의 노무에 종사하는 자를 말한다. 상업사용인에는 지배인 · 부분적 포괄대리권을 가진 상업사용인 · 점포사용인의 세 가지가 있다.

1. 지 배 인

지배인은 영업주에 갈음하여 그 영업에 관한 재판상 · 재판 외의 모든 행위를 할 권한을 가지는 상업사용인이다(상법 제11조). 보통 지점장 · 지사장 · 지배역 등이 이에 속한다. 이러한 지배인의 대리권을 지배권이라고 하는데, 이는 민법상의 대리권과 같이 구체적인 개별성을 띠지 않고 추상적으로 정형화된 포괄적 성질을 가지는 특징이 있다.

2. 부분적 포괄대리권을 가진 상업사용인

매매 · 구입 · 대부 · 출납 등 영업의 특정한 종류 또는 특정한 사항에 관한 대리권만을 갖는 상업사용인을 말한다. 부장 · 과장 · 계장 · 주임 등이 이에 속한다. 이들은 한정적이면서도 포괄적인 대리권을 가지는 재판 외의 모든 행위를 할 수 있는 상업사용인이다.

3. 점포사용인

물건을 판매하는 점포의 사용인을 말한다. 이 사용인은 판매에 관한 모든 권한이 있는 것으로 본다(상법 제16조). 점포에서 물건을 구입하는 선의의 거래상대방을 보호하기 위한 것이다.

Ⅲ. 상 호

기업체제의 표시인 상호는 상인이 영업상 자기를 표시하기 위하여 사용하는 명칭이다. 상인은 원칙적으로 자유로이 상호를 선정하여 사용할 수 있다. 상인이 상호를 선정·사용하면 상호권이 생겨 법의 보호를 받게 되며, 가등기 및 등기를 하는 경우에는 더욱 두터운 보호를 받게 된다. 이처럼 상호의 등기 및 가등기제도는 상인의 이익과 상인과 거래하는 상대방의 이익을 조정하기 위해서 마련한 제도이다. 상호는 등기의 유무를 불문하고, 영업을 폐지하는 경우 또는 영업과 함께 하는 경우에 한하여 이를 양도할 수 있다(상법 제25조). 상호를 부정사용하는 경우에는 과태료의 제재가 가해진다.

Ⅳ. 상업장부

상업장부라 함은 상인이 그 영업과 재산의 상황을 명백히 하기 위하여 상법상의 의무로서 작성하는 장부를 말한다. 상업장부에는 회계장부와 대차대조표의 두 가지가 있다. 회계장부는 상인의 영업상의 재산에 영향이 있는 모든 사항을 기재하는 장부로서 재산상태의 변동을 기록한다. 이에는 일기장·분개장·원장·전표 등이 포함된다.

대차대조표는 일정한 시기의 기업재산의 구성상태를 표시하기 위한 장부로서 기업의 총재산을 차변·대변으로 구분하여 기업이 현재 가지고 있는 재산(부채·자산)과 가지고 있어야 할 재산(자본)을 대조하여 기재한 기업재산의 개괄표로서 재산의 상황과 손익계산을 명백히 하는 장부이다.

Ⅴ. 상업등기

상업등기란 상법의 규정에 의하여 법정사항을 공시할 목적으로 상업등기부에 하는 등기를 말한다(상법 제34조). 상업등기제도는 상인의 영업에 관한 조직 및 영업상의 중요한 사항을 공시하여 거래의 안전과 기업신용을 증대시키기 위한 제도이다. 회사기업에 있어서는 상업등기가 의무적이지만, 일반기업에 있어서는 지배인의 선·해임에 관한 사항을 제외하고는 등기의무가 없다. 등기사항은 등기후가 아니면 선의의 제3자에게 대항하지 못한다. 일반등기를 한 경우에는 후에 그 사항의 변경·소멸에 관한 사항은 등기하여야 한다.

상업등기사무의 폭주에 따른 등기사무처리의 기계화의 필요성을 인정하여 상업등기사무를 컴퓨터 등에 의한 전산처리 방식에 의한 처리가 허용된다.

Ⅵ. 영업양도

영업양도란 일정한 목적을 위하여 영업의 동일성을 유지하면서 영업재산의 포괄적 이전을 목적으로 하는 채권계약을 말한다. 영업양도를 하게 되면 영업양도인은 영업재산을 이전할 의무를 지며, 일정기간 동안 동일한 행정구역내에서 동종업종을 할 수 없는 경업금지의 의무를 진다. 양수인도 일정한 범위에서 양도인의 채권자에 대하여 연대변제책임을 부담하며, 양도인의 채무자가 양수인에게 악의·중과실 없이 변제하면 효력이 있게 되며, 상호를 계속 사용하지 않는 경우 양수인이 양도인의 영업상 채무의 이수를 광고한 경우 양수인도 변제책임을 진다(상법 제42조, 제43조, 제44조).

제 3 절 상 행 위

Ⅰ. 상행위의 의의와 종류

1. 상행위의 의의

상행위에는 실질적 의미의 상행위와 형식적 의미의 상행위가 있다. 전자는 행위의 내용이나 성질을 실질적으로 파악하여 상행위의 개념을 정하는 것으로서 기업이 영리를 목적으로 계속·반복하여 일정한 행위를 할 때에 그 행위를 상행위라고 한다. 이에 대하여 후자는 상법전이 형식적으로 상행위라고 규정한 행위를 말한다.

2. 상행위의 종류

상행위는 여러가지 관점에서 분류할 수 있는데, 기본적 상행위, 보조적 상행위, 일방적 상행위, 쌍방적 상행위 및 준상행위가 그것이다.

기본적 상행위는 당연상인의 개념적 기초가 되는 상행위를 말하며, 영업으로 하는 것이기 때문에 영업적 상행위라고도 한다(1995년 개정에 의하여 리스·프랜차이즈, 팩토링 등이 기본적 상행위에 추가되었다). 보조적 상행위는 상인의 영업을 보조하는 상행위로 상인이 영업을 위하여 함으로써 비로소 상행위가 되므로 부속적 상행위라고도 한다. 영업시설의 구입, 자금의 차입, 사용인의 고용 등이 이에 해당된다. 당사자 쌍방에게 상행위가 되는 행위를 쌍방적 상행위, 당사자의 일방에게만 상행위가 되는 행위를 일방적 상행위라고 한다. 상인간의 매매는 전자가, 상인과 비상인간의 매매는 후자가 그 예이나 어느 행위이든 상법의 적용에는 차이가 없다. 준상행위는 고유의 상행위는 아니나, 상행위에 관한 규정이 준용되는 상행위를 말한다. 의제상인인 설비상인과 민사회사의 행위가 상행위는 아니지만 상행위에 관한 규정이 준용되므로(상법 제66조) 준상행위라고 한다.

II. 상행위편의 내용

1. 상호계산

상호계산은 상인 상호간 또는 상인과 비상인간에 이루어지는 계속적 거래관계에서 일정한 기간의 거래로 인한 채권·채무의 총액을 상계하고 그 잔액을 지불할 것을 약정하는 계약으로 일종의 대차결제의 방법이다. 이는 빈번하게 이루어지는 거래에서 생기는 불편과 위험 등을 방지하는 데 그 목적이 있다. 상호계산기간은 당사자간의 특약으로 정하지만 특약이 없으면 6개월로 한다. 당사자는 언제든지 상호계산계약을 해지할 수 있다. 상호계산에 개입된 채권채무는 그 효력이 정지되고 독립성을 상실하게 되어 개별적으로 행사할 수 없다.

2. 익명조합

익명조합은 당사자의 일방이 상대방의 영업을 위하여 출자하고 상대방은 그 영업으로 인한 이익을 분배할 것을 약정하는 계약이다(상법 제78조). 당사자 가운데 영업자는 상인이어야 하지만 익명조합원은 상인임을 요하지 않는다. 익명조합은 경제적으로는 익명조합원인 출자자와 영업자의 공동기업형태의 일종이나 법률상으로 출자자는 영업자의 뒤에 숨어서 그의 존재는 외부에 나타나지 않는 영업자의 단독기업인 점에 특색이 있다. 익명조합원간에 손실분담비율에 관한 약정이 없으면 손실분담비율은 이익의 분담비율과 동일한 것으로 본다.

3. 대 리 상

대리상이란 일정한 상인을 위하여 상업사용인이 아니면서 상시 그 영업부류에 속하는 거래의 대리 또는 중개를 영업으로 하는 자를 말한다(상법 제87조). 거래의 대리를 영업으로 하는 자를 체약대리상이라 하고, 거래의 중개를 영업으로 하는 자를 중개대리상이라 한다. 대리상은 통상 영업소를 가지고 영업비를 부담하며 수수료를 받는 점에서 사업사용인과는 다르다.

4. 중 개 업

중개업은 타인간의 상행위를 중개하는 영업으로 그 목적은 계약체결의 기회를 촉진하는 데 있다. 중개업은 타인간의 거래의 성립에 진력하는 것을 그 영업목적으로 하는 점에서 위탁매매인이나 체약대리상과 다르며, 또 널리 불특정 다수인간의 상행위를 중개하는 점에서 특정상인을 위하여 중개를 하는 중개대리상과도 다르다.

5. 위탁매매업

위탁매매업이란 자기의 명의로써 타인의 계산으로 물건 또는 유가증권의 매매를 하는 영업을 말한다(상법 제101조). 위탁자의 이름으로 행위하는 체약대리상과 다르며, 단순히 중개를 하는 중개대리상이나 중개인과도 다르다. 또 위탁매매는 주선의 목적인 행위가 물건 또는 유가증권의 매매인 점에서 주선업 중의 운송주선업이나 출판·광고계약의 주선업무와 같은 준위탁매매인과도 다르다.

6. 운송주선업

자기명의로 물건운송의 주선을 하는 영업이며, 이 영업을 하는 자를 운송주선인이라 한다(상법 제114조). 운송주선인은 주선의 목적이 물건운송계약이라는 점을 제외하면 위탁매매인과 동일하다. 주선의 목적인 물건운송은 육상·해상·공중운송의 어느 것이라도 무방하다. 운송주선인은 운송 그 자체를 인수하는 것이 아니고 운송인과 운송계약을 체결할 것을 인수하는 점에서 운송인과 다르다.

7. 운 송 업

운송업이라 함은 육상 또는 호천·항만에서 물건 또는 여객의 운송을 하는 영업을 말하며, 이러한 운송을 영업으로 하는 자를 육상운송인이라 한다(제125조).

육상운송인은 송하인으로부터 운송물의 위탁을 받으면 유가증권인 화물상환증을 발행한다. 화물상환증이란 육상운송인이 운송물의 수령을 인정하고, 그 운송물을 운송하여 목적지에서 증권의 정당한 소지인에게 인도할 것을 약정하는 유가증권이다. 해상물건운송인이 발행하는 것을 선하증권이라 하며 양자를 운송증권이라 부른다.

8. 공중접객업

공중접객업은 객(客)의 집래(集來)를 위한 시설에 의하여 거래하는 영업으로 극장·여관·음식점·미장원·다방·당구장 등이 이에 속한다. 공중접객업의 종류는 다양하므로 계약내용은 종류에 따라 다르다. 공중접객시설에는 많은 사람이 빈번히 출입하며 장시간 머물기 때문에 객의 소지품의 안전이 문제된다. 상법은 객이 그 시설내에 가지고 들어간 물건이 없어지거나 한 때에는 공중접객업자에게 무거운 책임을 지우고 있다(상법 제152조).

9. 창 고 업

창고업은 타인을 위하여 물건을 창고에 보관하는 영업을 가리키며, 이러한 영업을 하는 자를 창고업자라 한다(상법 제155조). 상인이 상품의 임치에 관하여 전문적인 지식과 특수한 시설을 갖춘 창고업자를 이용하게 되면 상인이 직접 보관하는 경우보다 경비·시간 그리고 위험을 경감시킴으로써 대량거래의 원활·신속화를 기할 수 있다.

창고업자는 임치인으로부터 물건보관의 위탁을 받으면 유가증권인 창고증권을 작성·교부한다. 창고업자는 임치인이 보관물의 반환청구를 할 때까지 목적물을 보관하고 그에 대한 보수인 보관료를 받게 되나, 창고증권이 발행된 때에는 그 증권이 없으면 임차인이 보관물의 반환청구를 할 수 없도록 함을 원칙으로 하고 있다.

10. 리 스 업

리스계약의 인수행위를 상법은「기계·시설 기타 재산의 물융(物融)에 관한 행위」라고 정의하고 있어 리스업자는 당연상인이 되며 리스거래행위에 대하여는 상행위법이 적용된다. 리스계약은 시설대여계약이라고도 하며 리스회사(leasor)가 리스이용자(leasee)가 선정한 물건을 취득하여 그 물건에 대한 직접적인 유지관리책임을 지지 않으면서 리스이용자에게 일정기간(리스기간) 동안 사용하게 하고 그 기간에 걸쳐 일정한 대가(리스료)를 정기적으로 분할지급받음으로써 그 투자금을 회수하는 것을 내용으로 하는 계약을 말한다.

11. 프랜차이즈

프랜차이즈계약의 인수행위를「상호·상표 등의 사용허락에 의한 영업에 관한 행위」라고 규정하고 있어 프랜차이즈 설정(제공)자가 프랜차이즈 이용자를 위하여 프랜차이즈 설정을 하는 것을 영업으로 하는 경우에는 기본적 상행위가 되는 것으로 하였다. 그러므로 상법에 의하면 프랜차이즈설정자는 회사이든 비회사이든 모두 당연상인이 된다.

프랜차이즈계약은 당사자의 한쪽(갑)(프랜차이즈 이용자; franchisee)이 다른 쪽(을)(프랜차이즈 설정자; franchisor)의 상호·상표·서비스표 등의 영업표지를 자기(갑)의 영업을 위하여 이용하되 갑(甲)은 자기의 영업과 관련하여 을(乙)의 지도와 통제를 받고 이에 대하여 일정한 대가를 지급할 것을 내용으로 하는 계약을 말한다.

12. 팩 터 링

상법은 제46조의 기본적 상행위에「팩터링」을 추가하여「영업상 채권의 매입·회수 등에 관한 행위」라고 규정하고 있어(21호) 팩터링업자(factor)가 물품공급자와 위와 같은 내용의 팩터링거래를 영업으로 하는 경우에는 당연상인(상법 제4조)이 된다.

팩터링업자가 물품공급업자로부터 고객(물품매수인)에 대한 매매대금 채권을 양수하고, 대금의 회수·회계관리 또는 물품공급자를 위한 금융을 할 것을 내용으로 하는 팩터링업자와 물품공급자간의 계약을 팩터링계약이라고 한다.

팩터링계약의 당사자는 팩터링업자와 물품공급자이다.

제4절 회 사

Ⅰ. 회사의 의의

회사라 함은 상행위 기타 영리를 목적으로 상법 또는 특별법에 의하여 설립된 사단법인을 말한다. 회사는 영리성·사단성 및 법인성의 3요소를 구비하여야 한다.

회사의 영리성이란 회사가 기업활동에 의하여 이익을 얻는다는 것과 이와 같은 영리활동으로부터 생긴 이익을 사원에게 분배하는 것을 의미한다. 이 영리성은 회사의 설립동기이며 그 존재와 활동의 성격을 나타내는 요소가 된다.

회사의 사단성이란 회사의 공동목적을 위한 복수인의 단체로서의 성격을 말한다. 회사는 구성원의 단순한 집합체가 아니라 통일적인 결합체이다. 회사의 구성원은 사원이라고 한다. 사원은 주식회사의 일인회사를 제외하고는 2인 이상의 사원의 존재를 회사의 존립요건으로 하고 있다.

회사는 모두가 법인이다. 법인이란 자연인 이외의 권리의무의 주체를 말한다. 회사는 그 자체가 권리·의무의 주체가 되고 소송당사자가 된다. 또한 회사의 재산과 그 구성원인 사원의 재산과는 엄격히 구별된다. 상법이 모든 회사를 법인으로 하고 있는 것은 회사를 둘러싼 법률관계를 단순화하기 위한 것이다. 그런데 회사를 법인으로 하느냐 여부는 입법례에 따라 다르다. 프랑스·일본·한국과 같이 모든 회사를 법인으로 하는 입법례도 있고 독일과 같이 합명회사와 합자회사는 단순한 조합으로 하는 예도 있다. 또 미국과 같이 partnership은 법인격이 없고 corporation만 법인격을 부여하는 입법례도 있다.

II. 회사의 종류

상법상의 회사로는 합명회사 · 합자회사 · 주식회사 · 유한회사의 네 가지가 있다. 이와 같이 상법이 회사의 종류를 한정하는 것은 회사에 관한 법률관계를 명확히 하며 사원과 채권자 등을 보호하고 행정상의 감독을 편리하게 하고자 함이다.

1. 합명회사

합명회사는 2인 이상의 무한책임사원으로 구성되는 회사이다. 무한책임사원은 회사에 대하여 출자의무를 질 뿐만 아니라 회사채권자에 대하여 전사원이 직접 · 연대 · 무한의 책임을 지는 점에 합명회사의 특색이 있다. 합명회사는 이와 같은 무한책임사원만으로 구성되는 회사이다. 따라서 합명회사는 가장 신뢰할 수 있는 사람들끼리 모여서 조직하게 되며 사원의 수도 자연히 적게 된다.

사원은 재산 · 신용 · 노무 등 어느 것으로도 출자할 수 있으나 이것은 회사의 설립요건은 아니며 설립 후 필요에 따라서 출자하여도 무방하다. 그러나 사원의 출자의 목적, 그 가격 또는 평가의 표준 등은 미리 결정하여 정관에 기재하여야 한다.

합명회사의 설립은 2인 이상의 사원이 공동으로 정관을 작성하고 설립등기를 함으로써 성립한다.

2. 합자회사

합자회사는 무한책임사원과 유한책임사원 각 1인 이상으로 구성된 회사이다. 무한책임사원의 책임은 합명회사의 경우와 같고, 유한책임사원은 그가 출자한 한도에서만 회사채무에 관하여 직접 · 연대의 책임을 진다.

출자에 있어서도 무한책임사원은 합명회사에 있어서와 같으나, 유한책임사원은 재산출자만을 할 수 있고, 신용출자나 노무출자는 할 수 없다. 이에 따라 회사경영이나 대표권은 무한책임사원만이 담당하고 유한책임사원은 업무집행에 대한 감독만을 할 수 있다.

합자회사의 설립절차도 매우 간단하여 합명회사와 같이 정관을 작성하고 설립등기를 함으로써 성립한다. 다만 각 사원의 책임을 분명히 하기 위하여 사원의 책임이 유한인가 무한인가를 정관의 절대적 기재사항 및 등기사항으로 하고 있다.

3. 주식회사

(1) 의의와 기능

주식회사란 사단성과 법인성이 뚜렷한 회사로서 주식으로 세분화된 일정한 자본을 가지고 모든 사원이 주식인수가액을 한도로 하여 출자의무를 부담할 뿐 그 밖에 회사의 채무에 대하여는 아무런 책임을 지지 않고 회사재산만이 책임을 지는 회사를 말한다. 즉 주식회사는 자본·주식·유한책임의 세 가지 근본적 특색이 있다고 할 수 있다.

자본은 발행주식의 액면총액으로서 회사가 보유할 재산액을 표시하는 것으로 실제로 회사가 보유하고 있는 재산의 총액인 회사재산과는 다르다. 전자는 계산상의 수액으로서 일정한 절차를 밟지 않는 한 일정부동한 것이나, 후자는 영업의 성적, 물가의 등락에 의하여 항상 변동한다. 자본은 회사채권자에 대한 최소한도의 담보액이며 회사신용의 기초이므로 상법은 회사로 하여금 회사의 성립시나 성립 후나 항상 자본에 상당하는 현실적인 재산을 보유하도록 노력하고 있다. 이것은 특히 자본확정의 원칙·자본유지의 원칙·자본불변의 원칙이라는 자본의 3원칙에서 나타나고 있다.

주식은 주식회사에 있어서 사원으로서의 지위, 즉 사원권을 의미한다. 회사에 있어서 사원으로서의 지위는 일반적으로 지분이라고 불리워지는데, 주식회사에 있어서는 그 지위를 주식이라고 하고 주식의 소유주를 주주라고 한다. 주주는 그의 지위에 의거하여 회사에 대하여 재산적인 권리(자익권) 및 관리운영적인 권리(공익권)를 가진다.

주주의 의무는 출자의무가 전부이고 그 이외에는 아무런 의무도 부담하지 않는다. 주주의 의무는 그가 가진 주식의 인수가액을 한도로 하므로 정관이나 주주총회의 결의로서도 그 이상의 의무를 부담하게 할 수는 없다. 이것을 주주유한책임의 원칙이라고 한다. 또한 주주는 자신의 투자자금을 회수하기 위하여 자유롭게 주식을 양도할 수 있으며, 주식의 양도는 주권의 교부에 의해서 한다. 주권교부의 방법은 현실의 인도이지만 간이인도, 점유개정, 목적물반환청구권의 양도에 의한 교부이어도 상관없다.

(2) 설 립

주식회사의 설립에는 발기설립과 모집설립이 있다. 주식회사는 다른 종류의 회사보다 설립절차가 까다롭고 엄격하며 법의 간섭이 많다. 이와 같이 인적 회사와 물적 회사인 주식회사의 사이에 설립절차의 차이가 있는 것은 인적 회사에서는 사원이 회사채권자에 대하여 직접책임을 지는 데 반하여 주식회사에 있어서는 자본이 유일한 담보가 되므로 자본의 확정과 충실이 요청되기 때문이다.

발기설립은 2인 이상의 발기인이 설립시에 발행하는 주식을 전부 인수하고 일반인으로부터는 공모하지 아니하는 경우이다.

모집설립은 2인 이상의 발기인이 각각 1주 이상의 주식을 인수하고 그 나머지 주식에 대하여는 일반인이 인수하는 방법이다.

주식회사의 경우에도 설립절차는 정관의 작성으로 시작하여 여러가지 법정절차를 거쳐 설립등기를 함으로써 성립한다.

(3) 회사의 기관

주식회사가 꼭 갖추어야 할 필요적 기관에는 주주총회·이사회·대표이사·감사가 있다.

주주총회는 회사의 기본조직과 경영에 관한 중요한 사항에 관하여 주주들이 의사를 표시하여 회사내부에서 회사의 의사를 결정하는 필요적 기관이다. 주주총회에는 정기총회와 임시총회가 있으며 원칙적으로 이사회가 소집하나 임시총회의 경우 예외적으로 주주 및 감사가 소집을 청구하는 때도 있고, 법원의 명령에 의해서 소집되기도 한다.

이사회는 주주총회에서 선임되는 이사전원으로 구성되는 법정의 회의체로서, 상법 또는 정관에서 정하고 있는 주주총회의 권한 이외의 사항에 관하여 회사의 의사를 결정하는 필요적 기관이다. 상법은 주주총회와 이사회제도를 둠으로써 주식회사의 내부적 의사결정기관을 이원화하고 있다. 이사의 자격에는 제한이 없으며, 주주가 아닌 자도 이사로 될 수 있다. 이를 제3자기관이라 하며, 기업의 소유와 경영이 분리된 현상이다. 이에 대하여 인적 회사의 업무집행사원이나 대표사원이 반드시 무한책임사원이어야 한다는 것과 다르다(자기기관).

대표이사는 이사회에서 이사 중에서 선임하며 대표이사는 회사의 업무를 수행하고 회사를 대표하는 필요적 상설기관이며 독립기관이다. 대표이사는 수인을 둘 수 있다.

감사는 회계 및 업무의 감사를 임무로 하는 주식회사의 필요적 상설기관이다. 주식회사는 회사의 재산만이 유일한 대외적인 신용의 기초가 되고, 이사도 주주가 아닌 자 중에서 나올 수 있으므로 특히 회사의 경영이나 재산에 대하여 감사를 할 필요가 있다. 물론 주주가 총회에서 결산의 승인을 통하여 또는 소수주주권의 행사에 의하여 이사의 행위를 감독할 수 있지만 이것만으로는 불충분하기 때문에 상설의 감독기관으로서 감사제도를 둔 것이다.

4. 유한회사

유한회사는 사원의 균등액 이상의 출자로 이룩된 자본을 가지고, 사원은 회사에 대하여 출자의무를 부담하는 외에 회사채권자에 대하여 아무런 책임을 지지 않는 회사이다. 유한회사는 인적 회사의 장점인 광범한 자유와 주식회사의 특색인 사원의 간접유한책임을 유기적으로 결합한 회사형태이나 주식회사에 가깝다. 회사의 설립이나 운영기구도 간이하고 법의 간섭도 비교적 완화되어 있을 뿐만 아니라, 기구의 폐쇄성·소규모성도 인정되고 있으므로 중소기업의 법적 형태로는 매우 합리성이 있다.

유한회사의 업무집행과 대표권은 이사에게 있고(상법 제562조, 제564조) 사원의 수는 원칙적으로 50인을 초과하지 못한다(동조 제545 제1항). 사원의 지위의 양도는 원칙적으로 사원총회의 특별결의를 요한다(동조 제556 제1항). 지분의 유가증권화가 금지되고 양도도 제한되며, 사채발행과 건설이자의 배당이 금지되어 있는 점에서 주식회사와 다르다. 또한 설립도 발기설립에 해당하는 것 뿐이며, 검사인제도가 없고 감사는 임의기관이며 이사회가 없다.

설립에는 발기인제도가 따로 없고 사원이 되려고 하는 자가 정관을 작성하고 공증인에 의한 인정을 받은 후 이사·감사 등 기관을 선임하여 출자금액을 납입하고 설립등기를 하면 회사는 성립된다.

제 5 절 보 험

I. 보험의 의의

보험은 갖가지 위험으로 인한 경제생활상의 불안정을 제거할 목적으로 동종의 위험에 놓여 있는 많은 사람들이 통계적 기초에 의하여 산출된 보험료를 갹출하여 공동준비재산을 형성하고, 현실적으로 우연한 사고를 당한 사람들에게 이로부터 보험금을 지급하는 경제적 제도이다.

사람들의 생활은 예측할 수 없는 사고의 발생으로 끊임없는 위협을 받고 있다. 이 사고는 태풍·홍수·사람의 사망과 같은 자연적 사고이거나, 화재·도난 등의 인위적 사고 혹은 실업·공황과 같은 사회적 사고이다.

보험은 우리의 생활에서 생겨나는 각종의 위험에 대비하기 위하여 고안해낸 제도이다.

II. 보험계약

보험계약은 당사자 일방(보험계약자)이 약정한 보험료를 지급하고, 상대방(보험자)이 피보험자의 생명·신체 또는 재산에 대하여 보험사고가 생길 경우에 일정한 보험금액 기타의 급여를 지급할 것을 목적으로 하는 계약이다.

보험계약의 관계자로는 보험계약의 직접 당사자인 보험자와 보험계약자가 있으며, 보험계약에서 이해관계를 가지는 제3자로서 피보험자와 보험수익자가 있다. 보험자는 보험사고가 발생하면 보험금의 지급 등 일정한 급여를 하는 보험기업자이며, 보험계약자는 보험자와 보험계약을 자기명의로 체결하고 보험료를 납부할 의무를 지는 자이다. 보험수익자는 인보험에 있어서 보험계약상의 이익을 받는 자이다. 피보험자는 손해보험에 있어서는 보험사고가 발생한 때에 손해의 보상을 받는 자이고, 인보험에 있어서는 보험의 목적인 사람이다. 보험수익자 또는 피보험자는 자기를 위한 계약에 있어서는 보험계약자 자신이고, 개인을 위한 계약에 있어서는 제3자이다.

Ⅲ. 보험의 종류

상법상 보험의 종류는 손해보험과 인보험으로 크게 나누고, 손해보험은 다시 화재보험·운송보험·해상보험·책임보험·자동차보험 및 재보험으로 나누어지고, 인보험은 생명보험·상해보험으로 나누어진다.

1. 손해보험

손해보험은 보험계약자가 소정의 보험료를 지급하고 보험자가 보험사고로 인하여 피보험자가 입을 재산상의 손해를 보상할 것을 약정하는 보험이다. 손해보험의 종류로는 화재보험, 운송보험, 해상보험, 책임보험 및 자동차보험 등이 있다.

(1) 화재보험

화재보험은 화재로 인하여 생긴 손해를 보상함을 목적으로 하는 손해보험의 일종이다. 화재라 함은 일반적으로 보통의 용법에 의하지 아니하고 독립한 연소력을 가진 작용에 의한 재해 또는 사회통념상 화재로 인정되는 화력에 의한 연소작용을 말한다.

(2) 운송보험

운송보험은 육상운송에서 운송물에 관한 사고로 인하여 발생할 손해를 보상할 것을 목적으로 하는 손해보험이다. 육상이라는 것은 육지 이외에 호천·항만의 운송을 포함한다. 운송보험의 목적물은 운송물에 한한다. 보험사고는 차량의 전복으로 인한 운송물의 멸실·훼손과 운송 중의 화재·수재·도난 등이 포함된다.

(3) 해상보험

해상보험은 항해에 관한 사고로 인하여 생길 손해의 보상을 목적으로 하는 손해보험이다. 해상보험의 목적물에 따라 선박보험과 적하보험으로 나누어진다. 항해에 관한 사고라 함은 항해의 결과나 항해에 수반하여 생길 수 있는 모든 우연한 사고를 의미한다. 항해에 관한 사고라 할지라도 선원 또는 여객의 생명·신체에 관하여 생기는 사고는 해상보험에 포함되지 아니한다.

(4) 책임보험

책임보험은 피보험자가 보험기간 중의 사고로 인하여 제3자에게 손해배상책임을 진 경우에 보험자가 피보험자의 제3자에 대한 책임이행으로 인하여 생길 손해를 보상할 것을 목적으로 하는 손해보험이다. 책임보험은 피보험자가 보험사고로 인하여 직접적으로 입은 재산상의 손해를 보상하는 것이 아니라, 피보험자에게 귀책되는 사고로 말미암아 피해자인 제3자에 대하여 배상책임을 짐으로써 피보험자가 입을 간접손해를 보상해준다는 점에서 다른 일반적인 손해보험과 다르다.

(5) 재보험

재보험은 보험자가 보험계약에 의하여 인수한 책임의 전부 또는 일부를 다시 다른 보험자에게 인수시켜 보험자가 부담하는 위험을 분할하는 보험이다. 재보험에 대하여 첫번째의 보험을 원보험이라고 한다.

2. 인 보 험

인보험은 사람의 생명이나 신체에 관한 사고로 인하여 발생하는 손해에 대하여 보험금액 기타의 급여를 지급할 것을 목적으로 하는 보험이다. 인보험에는 생명보험과 상해보험이 있다.

(1) 생명보험

생명보험은 보험자가 보험계약자로부터 보험료를 받고 피보험자의 생명에 관한 보험사고가 생긴 경우에 약정한 보험금을 지급하는 인보험이다. 보험사고가 사람의 생사라는 점 및 보험사고의 발생시에 보험자가 지급하는 보험금액이 보험계약 소정의 금액 그 자체로서 보험사고로 인한 손해의 유무나 다소에 관계없는 정액보험이라는 점이 생명보험의 특색이다.

(2) 상해보험

상해보험은 보험자가 피보험자의 신체의 상해에 관한 보험사고가 생길 경우에 보험금액의 지급 및 기타의 급여를 할 책임을 지는 보험이다. 상해보험은 보험사고의 발생으로 인한 상해의 태양에 따라 일정한 보험금을 지급하는 정액보험과 상해로 인한 치료비를 지급하는 부정액보험이 있다.

제6절 해 상

Ⅰ. 해상법의 의의

해상법은 해상기업에 관한 법으로서 상법의 일부문이다. 해상기업은 직접 바다를 무대로 하여 선박에 의하여 활동하는 기업으로서 해상운송기업이 그 대표적인 것이다.

해상기업은 바다에서 선박을 이용하는 기술적인 특이성, 해상위험에서 오는 특이성, 국제성을 띠는 데서 오는 특이성 등의 특이성을 가지기 때문에 민·상법의 일반적인 규정을 보충하거나 변경하는 특별한 규정으로서 해상법이 필요하게 된다.

Ⅱ. 선 박

상법상 선박이라 함은 상행위 기타 영리를 목적으로 항해에 사용하는 선박을 말한다. 여기서 항해라 함은 호천·항만을 제외한 해상에 있어서의 선박의 운항을 말한다. 선박은 동산이지만 그 형체가 크고 고가이며 동일성의 인식이 용이하다는 특수성 때문에 일정한 규모 이상의 선박은 등기·등록에 의해서 저당권·임차권·매매·강제집행 등의 규정이 적용되어 부동산과 같은 취급을 받고 있다.

Ⅲ. 선 장

선장은 해상기업의 보조자로서 선박소유자로부터 고용·위임관계에 있어 특정선박의 항해를 지휘하는 선박권력을 가지고 있으며 대리인으로서 공법상·사법상의 직무권한을 가진다. 대리권의 범위가 항해본위로 정하여지는 점에서 지배인·이사·선박관리인과 다르다.

선장은 선적항 외에서는 항해에 필요한 재판상·재판외의 모든 행위를 할 권한을 가지며 경우에 따라서는 운송 중에 있는 적하를 처분할 권한을 가진다.

Ⅳ. 해상운송

해상운송은 해상에서 선박에 의하여 물건 또는 여객을 운송하는 것을 말하며 이에는 물건운송과 여객운송이 있다. 또 운송에는 선박의 전부 또는 일부를 운송에 제공하는 용선운송과 개개의 물건을 운송하는 개품운송이 있는데 후자가 일반적이다.

해상운송인은 운송에 관하여 여러가지 권리·의무를 가지는데 그 가운데에서도 선박이 안전하게 항해할 수 있도록 할 감항능력주의의무와 성실하게 운송을 이행할 의무가 중요하다. 물건운송의 경우 운송인이 유가증권인 선하증권을 발행하며 이 경우에는 원칙적으로 이 증권과 상환하여 운송화물을 인도받게 된다.

Ⅴ. 공동해손·선박충돌·해난구조

해상기업은 그 활동무대가 바다인 만큼 그에 따르는 위험이 불가피하고 또 빈번하다. 상법은 이러한 해상위험에 대한 대책으로 공동해손·선박충돌·해난구조에 관하여 규정하고 있다.

1. 공동해손

공동해손은 선박 및 적하의 공동위험을 면하기 위하여 선장이 선박 또는 적하에 대하여 한 처분으로 말미암이 생긴 손해를 이 처분에 의하여 이익을 얻은 선박과 적하의 이해관계인에게 공평하게 분담시키는 제도이다.

2. 선박충돌

선박의 충돌이라 함은 2척 이상의 선박이 직접·간접으로 수면에서 접촉하여 손해가 발생하는 것을 말한다.

선박의 충돌이 불가항력의 사유로 인하여 발생하거나 충돌의 원인이 명백하지 아니한 때에는 그 이해관계인이 각자 그 손해를 부담한다. 일방의 선박의 선원의 과실로 인하여 충돌사고가 발생한 때에는 불법행위의 일반원칙에 따라 과실있는 선박의 소유자는 타선이 입은 피해에 대한 손해배상책임을 부담한다.

3. 해난구조

해난구조라 함은 해난에 조우한 선박 또는 적하의 전부 또는 일부를 의무없이 구조하는 것을 말한다. 이 경우 구조자는 구조된 목적물의 가액의 한도내에서 구조료를 청구할 수 있다.

Ⅵ. 선박채권

해상기업에서 발생하는 채권을 확보하기 위하여 채권자에게 선박 기타 해산에 대한 우선변제를 인정하는 것은 선박채권자의 보호와 해상기업자에게 기업자금의 조달을 용이하게 해주는 방법이 된다. 여기에서 상법은 선박우선특권과 선박저당권제도를 마련하고 있다. 선박우선특권은 법률에서 정한 일정한 채권은 그 채권자가 선박과 그 부속물로부터 다른 채권자보다 우선하여 변제받을 수 있는 해상법상의 특수한 담보물권이다. 선박저당권은 등기된 선박을 목적으로 하여 계약에 의하여 설정되는 특수한 저당권이다. 양자가 경합하는 경우에는 선박우선특권이 선박저당권에 우선한다.

제 7 절 유가증권(어음 · 수표)

Ⅰ. 유가증권의 의의

유가증권이라 함은 사권(私權)이 표창되어 있는 증권으로서 그 권리의 발생 · 행사 또는 이전에 있어서 증권을 소지함을 요하는 것을 말한다. 유가증권은 사권이 표창되어 있는 증권이므로 영수증이나 차용증서와 같이 일정한 사실을 증명하는 증서에 지나지 않는 증거증권과 구별된다. 또 소지품을 보관시킬 때 받는 보관표나 신표 · 옷표와 같은 면책증권 또는 자격증권과도 구별된다.

유가증권에는 어음 · 수표 · 화물상환증 · 선하증권 · 창고증권 · 주권 등이 있다. 이 가운데 증권의 소지와 권리의 관련성이 가장 밀접한 것이 어음·수표인데, 이것을 특히 완전유가증권이라 하고 그 밖의 것을 불완전유가증권이라고 한다.

II. 어 음

어음에 관하여는 상법전과는 별도로 어음법에서 규정하고 있다. 어음은 엄격한 요식증권이므로 어음법에서 정한 기재사항을 모두 명확하게 기재하지 않으면 무효가 될 수도 있다. 어음에는 환어음과 약속어음의 두 가지가 있다. 어음법은 환어음에 관하여 상세한 규정을 두고 약속어음에 관하여는 대부분 환어음에 관한 규정을 준용하고 있다.

1. 환 어 음

환어음은 어음의 발행인이 지급인에게 증권에 기재된 금액을 일정일에 증권상의 권리자에게 지급할 것을 위탁하는 일종의 지급위탁증권이다. 환어음은 이러한 점에서 지급약속형식인 약속어음과 본질적으로 다르다. 환어음의 발행인은 어음의 지급과 인수에 대한 담보책임을 부담한다. 따라서 환어음의 지급인이 어음을 인수하고 만기에 지급을 하면 발행인은 아무런 책임도 지지 않는다. 그러나 지급인이 인수를 거절하거나 인수는 하였으나 지급을 하지 않은 경우에는 발행인은 소구의무를 이행하고 어음을 환수한 때에는 인수인에 대하여 책임을 물을 수 있다. 지급인은 인수를 함으로써 만기에 어음금을 지급할 의무를 부담한다. 환어음의 수취인은 환어음을 타인에게 배서하여 양도할 수 있다. 이 경우 배서인은 반대의 문언이 없으면 인수와 지급에 대한 담보책임을 부담한다.

2. 약속어음

약속어음은 발행인 자신이 일정금액을 일정한 자에게 일정일에 지급할 것을 약속하는 지급증권이다. 약속어음에는 발행인 자신이 어음금액의 지급을 약속하는 것이므로 발행인 이외에 지급인은 존재하지 아니하고 발행인의 발생시부터 주채무자의 지위를 겸하게 된다. 약속어음은 신용을 증권화하고 금전지급의 수단으로 이용되는 점 등에서 증권자체의 법률적 성격은 환어음과 동일하므로 환어음에 관한 규정이 다소 준용되고 있다.

Ⅲ. 수 표

수표는 발행인이 지급에 대하여 수취인 기타 증권의 정당한 소지인에게 일정한 금액을 지급할 것을 위탁하는 유가증권이다. 이와 같이 금전의 지급위탁이라는 점에서 환어음과 같고 그 법적 성질과 형식도 환어음과 아주 유사하다. 또 수표도 매우 엄격한 요식증권이라는 점에서는 어음과 같다. 그러나 수표는 어음과는 발달의 경로가 다르고, 그 경제적 기능이 전혀 다르기 때문에 별종의 증권으로 취급하고 있다. 이에 따라 수표법은 한편으로는 수표의 지급수단으로서의 기능을 다하게 하기 위하여 수표에 의한 지급이 간이·신속·안전하게 되도록 배려하고 있으며, 다른 한편으로는 수표가 신용증권화하는 것을 방지하기 위한 대책을 강구하고 있다.

제5장 형　　법

제 1 절　범죄와 법규범

I. 범죄와 형벌

동서고금을 불문하고 사회규범에 반하는 범죄문제는 인류사회의 필연적 현상으로 받아들여져 왔다. 나아가 사회현상이 점점 복잡해지고 개인의 행동이 전통이나 습속에 의해 통제되는 정도가 약해지면 약해질수록 범죄는 증가되고 있는 실정이다. 그러나 범죄가 우리 사회에 있어서 피할 수 없는 현상이라고 하더라도 인간의 존엄한 생명, 신체, 자유, 재산을 위협하고 사회공공의 이익을 해치는 암적 존재이기에 이를 방치할 수 없는 것이다. 어떤 사회도 이 범죄를 퇴치하려는 노력을 해왔고 이를 진압하고 예방하는 가장 효과적인 수단이 바로 형벌이라고 믿어왔던 것이다. 즉, 국가권력이 법규범위반자에 대해 심리적, 물리적인 강제력을 동원하여 강력한 제재를 가함으로써 규범내용의 실현을 도모하는 것이며 이 제재가 곧 형벌이다.

형법은 어떠한 행위가 범죄로 되고 이에 대해 어떤 종류·어느 정도의 형벌을 가할 것이냐 하는 것을 정하는 법규범을 뜻한다. 그 주된 것은 형식적으로 '형법'이라고 불리우는 형법전을 의미하지만 그 이외의 법이라도 범죄와 형벌의 관계를 정한 여러 특별형법과 행정형법 등을 통틀어서 실질적 의미에 있어서 형법으로 본다.

II. 범죄현상과 법규범의 역할

형벌은 이러한 형법의 적용을 통해서 개인의 생명, 신체, 재산을 불법한 침해로부터 보호하고 사회의 질서를 유지하려고 하는 것인 바 여기에는 두 가지 접근방법이 있다. 그 하나는 사전에 범죄를 예방하는 것이고 다른 하나는 사후에 범죄를 진압하는 것이다.

우선 범죄의 예방을 위해서는 범죄의 원인이 될 수 있는 제반 사회적·경제적 악조건을 제거하는 노력이 선행되어야 할 것이다. 즉, 모든 국민이 범법을 하지 않도록 최소한도의 인간다운 생활을 영위할 수 있도록 해주는 사회보장에 관한 법률과 정책의지가 있어야 할 것이며 범죄적 소질과 환경을 최소화하기 위해서는 정신장애자나 상습범 등의 격리나 입원조치를 규정하는 입법적 노력도 필요하다.

다음으로는 범죄가 행하여진 사후에 그 범죄의 진압을 위한 대응책이 요구된다. 이를 위해서는 범죄와 범인을 예외없이 밝혀내는 것이 가장 중요하다. 처벌의 확실성은 처벌의 준엄함보다 더 효과적인 것이다. 범죄와 범인을 확실히 발견해 내기만 한다면 검사가 기소유예를 하거나 또는 법원에서 집행유예를 선고하더라도 범죄진압에 상당히 효과가 있는 경우가 많다. 형벌은 응보적인 성질을 갖는 것이지만 그 집행과정에 있어서 수형자의 개선, 재범의 예방 등 교육적인 의미도 갖게 되는 것이다.

III. 한국형법의 성립과정

봉건사회에 있어서는 일반적인 국가 내지 군주가 권위적 통치를 하는 과정에서 그 신민에 대한 하향적 통제를 위한 수단으로서의 형법적 규제가 주된 것이었다. 우리나라에서도 여러 왕조가 성쇠를 거듭해 왔으나 조선 말기에 이르기까지 국가가 제정·실시해 왔던 성문법 중 많은 부분이 형법에 해당되는 것이었음은 주지의 사실이며 이것이 또한 한국인에게 법이라고 하면 으레 형법을 먼저 연상하게 하는 한 요인으로도 작용했을 것이다.

그러나 갑오경장 이후 법제의 근대화가 추진되면서 형법이 전체 성문법에서 차지하고 있던 비중의 변화가 일어나는 동시에 형법의 형식에 있어서도 변모가 이루어졌다. 1905년에 이르기까지는 개별 형사법령들이 입법되다가 1905년에는 「형법대전」이 제정되었는데, 특히 1908년이 형법대전 개정에서는 대전 안에 포함되어 있던 사법(私法)의 규정이 삭제됨으로써 형법이 독자적인 순수한 단일 법전을 이루게 되었다.

일제시대에는 민법과 마찬가지로 형법에 있어서도 일본법의 지배가 이루어져 1912년 조선형사령이 광범위하게 의용되게 되었다. 여기에서는 일부 범죄에 대하여는 특례가 인정되고 특히 전시체제에 접어들면서 식민지 한국을 대상으로 하는 특별법의 제정도 이루어졌다.

해방이 되어 미군이 진주한 뒤에도 미군정에 의해 구형법은 효력을 지속하였다. 다만 당시의 법률가들을 중심으로 법전기초가 모색되었다. 이러한 작업은 정부수립 후에 더욱 가속화되었는데 민법과는 달리 형법의 경우에는 6.25에 의한 기초작업의 단절이 덜 심하여 빠른 시일 내에 기초가 완성되고 순차적으로 국회에서의 심의와 의결이 이루어져 마침내 1953년 9월 18일 법률 239호로 공포되고 동년 10월 3일 시행되기에 이르렀다. 물론 형법은 여타 법률에 비해 개정이 적었던 것이 사실이나 시대적 변화에 부응하여 몇차례 개정을 거쳐서 현재에 이르고 있다.

Ⅳ. 형법의 이론적 기초

계몽주의시대 이전까지만 해도 죄와 형벌간에는 별다른 논리적 연관을 지움이 없이 단순히 원시적 혹은 사적 복수라는 토대 위에서 형벌제도가 존재하고 시행되어져 왔으나, 이후 차츰 민족국가의 수립이 진행되고 중앙집권이 강화됨에 따라 형벌에 관한 규범은 공적 복수의 형태로 발전되었다. 근대에 이르러 계몽사상, 시민혁명을 거치면서 국가형벌의 합리화와 형벌권의 법치국가적 제한이 행해지게 되어 전근대적 형법의 간섭성, 자의성, 신분성, 가혹성이 배제되고, 현대에 이르러서는 형식적 법률에 의한 형벌권의 제한뿐만 아니라 법률의 정당성에도 주목하는 실질적 법치국가원리가 강조됨과 동시에 목적형 사상 등 합목적적 범죄방지를 위한 형사정책적 원리가 도입되었다.

형법이론은 보통 형벌의 본질, 목적, 근거, 대상, 효과 등에 대한 기초적인 관념에 관한 이론을 뜻하나 형벌을 어떻게 이해하겠는가는 필연적으로 그 전제가 되는 범죄의 본질적 이해와도 밀접한 관련이 있으므로 형법이론은 형벌이론일 뿐만 아니라 범죄이론도 되는 것이다.

이와 같이 형법은 범죄와 형벌이라는 인간의 숙명적인 문제를 그 대상으로 하고 있으므로 형법이론도 각자의 인생관, 사회관, 세계관의 상위(相違)에 따라 종래 대립과 논쟁이 행해져왔다. 이러한 형법이론에 관한 대립이 이른바 형법학파의 논쟁을 일으키게 한 것이다. 형법에 있어서의 학설상의 논쟁은 요컨대 형법이론의 논쟁에 귀착한다.

1. 형벌이론

(1) 응보형주의(應報刑主義)

응보형주의란 형벌의 본질이 응보에 있다고 보는 사상이다. 즉, 범죄는 위법한 악행이므로, 이러한 행위를 한 자에게 대하여는 응당 그 범죄행위에 상응하는 형벌(해악)을 가하는 것이 곧 정의의 실현이라고 본다. 따라서 응보형론에 의하면 형벌의 본질은 응보와 속죄함에 있고, 형벌의 내용은 악에 대한 악의 보복적인 반동으로서의 고통이어야 하며, 형벌의 종류 및 분량도 범죄의 그것에 상응함을 요구한다.

(2) 목적형주의(目的刑主義)

목적형주의는 형벌이 범죄로부터의 사회방위를 위해 과하여지는 것으로써, 범죄예방의 수단으로서 의미가 있다고 하는 사상이다. 목적형주의는 과거에 대한 회고적인 형벌의 본질론(응보형주의)을 떠나 어디까지나 미래에 대한 전망적인 형벌의 목적을 고찰하는 것으로써 근대학파에 있어서 이론적 중핵을 이루고 있다. 목적형주의는 다시 사회일반인이 범죄를 행하지 않도록 예방하는 것에 목적을 두는 일반예방주의와, 범인 자신이 또다시 범행하지 않도록 예방하려는 데에 목적을 두는 특별예방주의의 두 가지 입장으로 구분되어진다.

2. 범죄이론

범죄이론은 형벌이 가하여지는 인간의 범죄행위의 어떤 부분에 중점을 두어 고찰할 것인가, 즉 범죄의 본질이 어디에 있는가를 밝히는 것이다. 그러므로, 범죄의 성립조건과는 자연히 구별된다. 범죄이론은 범죄의 성립조건을 갖춘 범죄에 대하여 그 어느 부분에 형벌적 평가의 중점을 두어야 하느냐 하는 문제이므로 형법해석론을 지도하는 기본원리를 이룬다. 여기에는 크게 보아 객관주의와 주관주의가 대립되고 있으며 이러한 대립은 착오, 책임, 미수, 공범문제 등 형법의 실제 해석에 있어 현저한 입장차이를 보이게 된다.

(1) 객관주의

객관주의란 형법적 평가의 대상을 외부적 범죄사실에 두고 인간의 자유의사의 존재를 전제로 하여 형사책임을 인정하는 이론이다.

(2) 주관주의

주관주의는 형벌의 대상을 범죄사실이 아닌 범죄인으로 정하고, 형벌의 종류와 경중을 범죄인의 악성 내지 사회적 위험성에 따라서 결정하여야 한다는 이론이다. 따라서 이것은 자연과학적 결정론의 입장에서 주장되는 것이 보통이다.

Ⅴ. 죄형법정주의

1. 의의 및 사상적 배경

'법률 없으면 범죄 없고 형벌도 없다'는 근대형법의 기본원리를 죄형법정주의라고 한다. 즉, 이는 어떤 행위가 범죄에 해당하며 그 범죄에 대해 어떤 처벌을 할 것인가는 미리 성문의 법률에 규정되어 있어야 한다는 원칙을 의미한다.

형벌은 사람의 생명·자유·재산의 박탈을 내용으로 하는 강력한 권력행사이므로 자칫 잘못하면 국민일반의 자유에 대하여 심각한 위협을 주게 된다. 전제정치하에서 형벌권의 자의적 행사의 결과 국민의 기본적 인권의 침해가 심하였다는 것은 잘 알려진 역사적 사실이다. 그래서 형벌권의 남용으로부터 국민의 기본적 인권을 지키기 위하여 죄형법정주의가 형법의 기본원칙으로 등장하게 된 것이다. 이 원칙은 프랑스혁명 당시의 인권선언에서 채택되었으며 오늘날 세계 각국에서 널리 받아들이고 있다(프랑스 인권선언 8조). '법률 없으면 범죄 없다', '법률이 없으면 형벌도 없다'(nullum crimen sine lege, nulla poena sine lege : 이 라틴어 법안은 포이에르바하가 지어낸 것이다)라는 법언이 죄형법정주의의 내용을 단적으로 표현해 주고 있다. 즉, 행위시에 존재하는 성문의 법률이 어떤 행위를 가벌행위로서 열거하고 있는 경우에만 그 행위를 처벌할 수 있다고 하는 원리로서 이것이 확립되기까지는 인류의 오랜 노력과 투쟁을 필요로 하였다. 이는 말하자면 개인주의적 자유주의사상에 바탕을 둔 인권보장의 방파제이자 범죄인의 Magna Charta라고 할 수 있을 것이다. 근대형법의 자유보장적 기능은 바로 이 죄형법정주의를 뒷받침함으로써 비로소 그 진가를 발휘할 수 있다.

2. 죄형법정주의의 파생적 원칙

(1) 관습형법의 금지

이는 범죄와 형벌이 성문의 법률에 의해서 규정되어야 한다는 것을 뜻한다. 문서로 명문화되어 있지 않는 관습적 규율을 형법에 적용한다면 개인은 존재가 불명확한 법으로 처벌되는 결과를 가져오게 되고 이는 범죄의 형벌에 관해 미리 법률로서 정하여야 한다는 죄형법정주의의 근본취지에 위반되기 때문이다.

(2) 유추해석의 금지

이 원칙은 형법의 해석에 있어서 유추해석의 방법을 채용할 수 없다는 것이다. 유추해석이란 어떠한 법규를 그 법규의 문언에 명시되어 있지 아니하나 이와 유사한 사실에 적용하여 해석하는 것을 말한다. 죄형법정주의의 원칙에 의하면, 형법의 해석은 오로지 문언에 좇아서 엄격히 해석할 것(문리해석)으로 제한하고 해석상 불명한 때에는 피고인에게 유리하도록 해석할 것을 요구한다.

(3) 사후법의 불인정

법적 안정성과 예측가능성을 위해서 형법의 효력을 그 형법제정 이전의 행위에 소급하여 적용할 수 없다는 원칙이다. 왜냐하면 소급효를 허용한다면 행위 당시에는 범죄로 하지 않았던 행위(적법행위)가 행위후의 법률에 의해 처벌되는 결과를 야기하게 될 것이기 때문이다. 그러나 범죄인에게 유리할 경우에는 이 원칙에 대한 예외가 인정된다(형법 제1조). 이는 실체법상의 사후입법에 의한 법률의 소급효를 금지하는 것을 의미하며 소송법의 규정에 대하여는 적용이 없다.

(4) 명확성의 원칙

형사입법에 있어서 모호하고 추상적인 규정을 두어 형법규정이 과도하게 확장되어 적용되는 결과를 방지해야 한다는 원칙으로서, 형벌을 규정함에 있어서도 형기를 확정짓지 아니하는 절대적 부정기형은 허용되지 아니한다. 다만 소년범에 대하여는 교육형적인 요소를 고려하여 「소년법」에 상대적 부정기형을 인정하고 있다(소년법 제60조).

(5) 적정성의 원칙

관습형법의 금지, 유추해석의 금지, 소급효의 금지, 명확성의 원칙이 모두 지켜진다고 하더라도 형법의 내용이 정당하지 못하면 죄형법정주의는 아무런 쓸모가 없게 된다. 즉, 행위시에 어떠한 내용의 형법이라도 존재하기만 하면 되는 것이 아니라 실질적 관점에서 적정성을 갖추어야 한다는 것이다. 적정성의 원칙이란 형벌법규의 내용이 인간의 존엄과 가치의 존중이라는 헌법의 근본규범에 실질적으로 부합해야 한다는 원칙이다.

제 2 절 범 죄 론

Ⅰ. 서 설

1. 범죄의 성립

범죄라 함은 일반적으로 형벌로써 억제·진압하여야 할 인간의 반사회적인 행위를 말하나 법학적 의미의 범죄는 그 행위가 "구성요건에 해당하고 위법성이 인정되며 행위자에게 책임이 있는" 것이어야 한다.

따라서, 형법상 범죄의 성립요건으로서는 구성요건 해당성, 위법성 및 책임이라는 세 가지 개념적 요소가 구비되어야 하는 것이다. 이하에서는 이들 개념에 관해 순서에 따라 설명하기로 한다.

2. 행위론

범죄란 앞서 본 바와 같이 구성요건에 해당하고 위법·유책의 '행위'인 고로 행위론은 이러한 인간의 행위를 보다 명확하게 판단하는 데서 출발하여, 범죄론 전반에 대한 체계적인 기본바탕이 되어야 한다.

(1) 인과적 행위론

인과적 행위론에서는 행위를 의사에 의하여 외부세계에 야기된 순수한 인과과정으로 이해하여, 유의성과 거동성을 행위의 두 요소로 파악한다. 이는 종래 범죄론에 있어서의 전통적인 행위이론으로 인정되어 왔다.

(2) 목적적 행위론

목적적 행위론에서는 인간의 행위를 목적성 내지 목적활동성의 작용으로 보고, 목적적 의사를 행위의 중추로 파악한다. 그리하여 행위자가 스스로 목표를 설정하고, 목표를 달성하기 위하여 필요한 수단을 선택하여, 목표달성과 결합된 부수적 효과를 고려하고, 그 다음 단계로서 행위자가 그의 행위를 현실세계에 실현시키게 되는 과정을 목적적 행위조종이라고 한다. 따라서 행위의 목적성은 바로 행위자의 실현의사를 의미한다.

(3) 사회적 행위론

사회적 행위론에서는 형법상의 행위를 사회적으로 의미있는 의사에 의하여 지배되거나 또는 될 수 있는 결과를 향한 인간의 행태라고 하거나, 객관적으로 예견가능한 사회적 결과에 대한 객관적으로 지배할 수 있는 일체의 행태라고 하여 사회성과 유의성을 두 요소로 사회적 행위개념을 전개하고 있다.

II. 구성요건해당성

1. 구성요건의 개념

죄형법정주의라는 형법의 기본원리에 상응하기 위한 형법이론으로서 등장한 것이 범죄구성요건이론이다. 이것은 형벌법규가 규정하는 범죄유형을 명확히 윤곽 지워서 그 범죄유형에 해당하느냐 않느냐, 즉 구성요건해당성의 유무에 의하여 형법상 중요한 행위와 그렇지 않은 것을 선별하여야 한다는 입장에서 출발한다. 구성요건을 체계적으로 어떻게 위치지워야 하느냐에 관해서는 학설의 대립이 있으나, 범죄를 우선 구성요건에 해당하는 행위로서 파악하는 것이 지배적 견해이다.

형법은 살인·방화·강도 등과 같은, 국가적 공동생활의 질서를 특히 심하게 침해하는 행위를 유형적으로 들어서 이에 일정한 형벌을 결부시키고 있다. 이와 같이 법률이 일정한 형벌과 결부시키고 있는 인간행위의 유형을 형법학에서는 구성요건이라 한다. 죄형법정주의의 원칙하에 있어서는 구체적인 어떤 행위가 범죄로 되기 위해서는 우선 그것이 형법 기타의 형벌법규에 정하여져 있는 어떤 구성요건에 들어맞아야 한다. 반질서적인 행위라도 그것이 어떤 구성요건에 들어맞지 않으면 범죄로는 되지 않는다. 이러한 구성요건을 중심으로 한 형법총론의 체계구성은 마이어(M. E. Mayer)와 벨링(E. Beling)에 의해 창시, 발전되었다.

2. 실행행위

행위는 모든 구성요건의 필연적 요소이다. 행위는 단순히 객관적인 것만이 아니고 반드시 주관적 요소를 포함한다. 생리적 반사운동이라든가 몽유병자의 발작에 의한 동작 등은 주관적인 면이 결여되어 있으므로 형법적 의미에 있어서의 행위로 볼 수 없다.

실행행위는 반드시 적극적인 작위일 필요는 없고 소극적인 부작위라도 좋다. 처음부터 부작위의 형식으로 구성요건이 규정되어 있는 것이 있다. 이를 진정부작위범이라 한다. 이에 관하여는 별 문제가 없으나, 문제는 작위의 형식으로 규정되어 있는 구성요건을 부작위로써 충족할 수가 있는가 하는 것이다. 이를 부진정부작위범이라 한다. 예를 들면, 어머니가 젖을 주지 않아서 유아를 죽게하였을 때 이는 부작위에 의한 살인이 되는 것이다. 부작위범이 성립하려면 행위자에게 일정한 작위의무가 전제되어 있어야 한다.

3. 인과관계

행위와 결과 사이에는 인과관계가 존재해야 한다. 행위와 무관하게 결과가 발생한 경우 그 행위자가 결과에 대한 책임을 질 수 없다는 것은 당연한 이치이다.

구성요건에 해당하는 행위에 의하여 결과가 발생할 것을 요하는 모든 범죄에 있어서 발생된 결과에 대해 행위자에게 그의 책임을 귀속시키기 위한, 행위와 결과 사이의 연관을 인과관계라고 한다.

여기서 문제가 되는 것은 인과관계의 유무 및 그 범죄를 어떠한 기준에 의해 판정할 것이냐 하는 것이다. 이에 관해서는 여러가지 학설이 주장되고 있으나 그 대표적인 것이 인과관계의 유무를 경험법칙에 비추어서 그 행위에서는 결과가 발생되는 것이 보통 인성되는 경우에 비로소 인과관계가 있다고 인정하는 입장인 상당인과관계설이다. 즉, 상당인과관계설은 추상적인 인과관계를 논하는 것이 아니고 형법적 가치에 비추어서 목적론적으로 인과관계의 유무를 판단하는 법적 가치판단이다. 이것이 학설·판례의 입장이다.

4. 사실의 착오

사실의 착오는 고의성을 인정하는데 필요한 구성요건요소에 대한 인식이 없는 경우를 의미한다. 즉, 행위자가 행위시에 구성요건에 속한 상황을 인식하지 못한 경우로서, 이러한 상황에는 모든 객관적 구성요건요소를 포함하게 된다. 또 사실의 착오는 구성요건요소에 대한 인식이 없는 경우이므로 당연히 고의를 조각하게 되며, 따라서 그 해결도 고의론 일반에 의하여 하게 된다.

5. 결과적 가중범

결과적 가중범이란 고의에 기한 기본범죄에 있어서 행위자가 예견하지 않았던 중한 결과가 발생한 때에 그 형이 가중되는 범죄를 의미한다. 결과적 가중범에는 진정결과적 가중범과 부진정결과적 가중범이 있다. 전자는 고의에 의한 기본범죄에 기하여 과실로 중한 결과를 발생케 한 경우를 말하며, 후자는 중한 결과를 과실로 야기한 경우뿐만 아니라 고의에 의하여 발생케 한 경우에도 성립한다.

Ⅲ. 위 법 성

1. 위법성의 의의

어떤 행위가 구성요건에 해당하는 것만으로 곧 범죄로 되지는 않는다. 그것이 현재의 국가질서유지의 입장에서 보아 시인될 수 없는 것, 즉 위법한 것이어야 한다. 그런데 원래 구성요건은 국가적 입장에서 볼 때 사회유해적이라고 생각되는 행위를 유형화한 것이므로 이 유형에 해당하는 행위는 통상 위법한 것이라고 할 수 있다. 즉, 구성요건에 해당하는 행위는 원칙적으로 위법한 것이다. 그러나 구성요건은 일반적 추상적인 유형이므로 행위가 행하여진 개별적·구체적 사정에 비추어 보면 비록 그 행위가 형식적으로는 구성요건에 해당하더라도 실질적인 사회유해성이 없는 경우 위법한 것으로는 볼 수 없고, 따라서 범죄로 되지 않는 경우가 있다. 이러한 특수사정, 즉 위법성을 배제하는 원인을 위법성조각사유라고 부른다.

2. 위법성조각사유

(1) 정당방위

(가) 개 념 자기 또는 타인의 법익에 대한 현재의 부당한 침해를 방위하기 위한 상당한 이유가 있는 행위를 정당방위라고 한다.

이러한 정당방위는 현재의 부당한 침해를 방위하기 위한 행위이므로 부정(不正) 대 정(正)의 관계이며, 자기보호의 원리와 법질서수호의 원리에서 인정되는 위법성조각사유의 일종이다.

(나) 성립요건 첫째, 법질서에 의해 보호되는 법익에 대해 현재의 부당한 침해가 있어야 한다. 현재의 침해란 법익에 대한 침해가 급박한 상태에 있거나 계속되고 있는 것을 말하며, 부당한 침해란 위법성과 같은 개념이며 부당한 침해인 이상 유책할 필요는 없다.

둘째, 자기 또는 타인의 법익에 대하여 방위의사를 가지고 행하는 방위행위가 있어야 한다. 보호되는 법익은 모든 개인적 법익이며 자기이외의 자연인·법인 등의 타인의 법익도 포함된다. 그러나 국가적·사회적 법익은 원칙적으로 정당방위에 의해서 보호될 수 없다.

셋째, 침해에 대한 방위는 사회상규에 비추어 상당한 정도를 넘지 않아야 한다. 상당한 이유는 침해에 대한 방위가 사회상규에 비추어 상당한 정도를 넘지 않고 용인될 수 있는 것이어야 한다.

(다) 과잉방위와 오상방위 방위행위가 상당성의 정도를 넘는 때 이를 과잉방위라고 한다. 그리고 객관적으로 정당방위의 요건이 구비되지 아니하였음에도 불구하고 이것이 있는 것으로 오신하고 방위에 나아간 경우를 오상방위라고 한다. 또한 현재의 위법한 침해가 없음에도 불구하고 이를 존재한다고 오신하고 상당성을 초과하는 방위행위를 한 경우를 오상과잉방위라고 한다. 이 세 가지 모두 위법성조각사유로 인정받지 아니한다.

(2) 긴급피난

(가) 긴급피난의 의의 자기 또는 타인의 법익에 대한 현재의 위난을 피하기 위한 상당한 이유있는 행위를 긴급피난이라고 한다. 긴급피난은 위법하지 않은 침해에 대하여 일정한 한도에서 피난하는 것을 법이 허용하는 것이므로 정(正) 대 정(正)의 관계이며 그 본질은 이익형량에 따른 위법성조각사유라고

할 수 있다.

(나) 성립요건 첫째, 보호의 필요성과 보호의 가치가 있는 자기 또는 타인의 법익에 대하여 확실하거나 개연성있는 위난이 존재하여야 한다. 둘째, 피난의사를 가지고 행하는 피난행위임을 요한다. 즉, 긴급피난상황에 대한 인식과 우월적 이익을 보호한다는 인식이 필요하다. 셋째, 피난행위가 위난에 빠져있는 법익을 보호하기 위한 적절하고 유일한 수단이어야 하며 긴급피난에 의하여 보호되는 이익이 침해되는 이익보다 우월하여야 한다. 이는 상당성, 보충성의 원칙, 우월적 이익의 원칙, 수단의 적합성의 원칙이 구비되어야 한다는 것이다.

(다) 과잉피난과 오상피난 피난행위가 상당성을 결한 경우를 과잉피난이라고 하며, 객관적으로 긴급피난의 요건인 사실이 존재하지 아니하는데도 불구하고 그것이 존재한다고 오신하고 피난행위를 한 경우를 오상피난이라고 하는데, 이 두 가지 모두 위법성조각사유로 취급받지 아니한다.

(라) 의무의 충돌 동시에 긴급하게 이행하여야 할 의무가 서로 충돌하여 행위자가 두 의무 가운데 하나만 이행할 수 있을 뿐이고 다른 의무를 이행할 수 없게 되어 그 결과 구성요건을 실현하는 경우를 말하는데, 상당성이 있고 주관적 정당화 요소를 갖춘 경우 위법성조각사유가 된다. 여기서의 의무는 실정법과 관습상으로 인정되는 것뿐만 아니라 법질서가 명시적 또는 묵시적으로 법적효과를 부여하는 법적의무를 말한다.

(3) 자구행위

법정절차에 의하여 청구권을 보전할 수 없는 경우에 그 청구권의 실행불능 또는 현저한 실행곤란을 피하기 위한 행위로서 상당한 이유가 있는 행위를 자구행위(Selbsthilfe)라 한다. 법치국가의 관념으로서는 사권의 구제는 국가의 권력에 의할 것이며 피해자의 자력구제는 허용할 수 없음이 원칙이나, 때에 따라서는 시간의 경과를 필요로 하는 법정절차에 의하여는 권리의 보전이 실제로 불가능한 경우가 있으므로 그와 같은 경우에는 피해자로 하여금 공서양속에 반하지 않는 범위 안에서 자력구제를 하도록 하는 것이다. 자구행위가 정도를 넘은 경우 이른바 과잉자구행위는 정황에 따라 형을 감경 또는 면제할 수 있다. 또한 자구행위의 객관적 요건이 존재하지 아니함에도 불구하고 이것이 존재하는 것으로 오신하여 자구행위를 한 경우를 오상자구행위라고 하며 위법성이 조각되지 않는다.

(4) 피해자의 승낙

(가) 의 의 피해자가 가해자에 대하여 자기의 법익을 침해하는 것을 허락함으로써 위법성을 조각하게 되는 경우를 말한다.

(나) 요 건 처분할 수 있는 법익에 대하여 승낙의 의미를 이해할 능력을 가진 법익의 소지자가 자유로운 의사에 기하여 법익침해 이전에 승낙하여야 한다. 그리고 행위자는 승낙이 있었다는 사실을 인식하여야 한다. 승낙은 명시적·추상적 승낙이어도 되고, 피해자의 승낙은 사회상규에 반하지 않아야 한다. 그리고 피해자가 승낙하여도 법률에 특별한 규정이 있으면 위법성이 조각되지 않으므로 법률에 특별한 규정이 없어야 한다.

(다) 양 해 구성요건이 피해자의 의사에 반하는 때에만 실현될 수 있도록 규정되어 있는 범죄에 있어서 피해자가 그 법익의 침해에 동의한 때에는 구성요건자체가 조각되는데 이를 양해라고 한다. 성립요건으로는 최소한 양해자에게 자연적 의사능력이 존재해야 하고, 양해가 외부에 표시되어야 하며, 행위자가 행위시에 양해가 있다는 사실을 인식하고 행위하여야 한다.

(라) 추정적 승낙 추정적 승낙이란 피해자의 승낙이 없거나 피해자 또는 그 대리인이 부재중이거나 의식이 없어 필요한 때에 승낙을 받을 수 없지만 모든 사정을 객관적으로 판단하면 승낙이 확실히 기대될 수 있는 경우로서 위법성이 조각된다고 할 수 있다. 추정적 승낙은 피해자가 당해 법익을 처분할 수 있는 능력이 있어야 하고, 행위자가 피해자로부터 현실적 승낙을 얻는 것이 불가능하고, 행위이전에 피해자의 명시적 반대의사가 없어야 하고, 객관적으로 승낙의 추정이 행해져야 하고, 추정적 승낙에 의한 행위는 사회상규에 위반되지 아니하고 법률에 저촉되지 않아야 한다.

(5) 정당행위

경찰이 범인을 체포한다든가, 교도관이 사형을 집행하는 것과 같은 법령에 의한 행위, 의사의 수술행위와 같은 업무로 인한 행위와 기타 우생학적 단종, 자손행위 등과 같이 사회상규에 위배되지 않는 행위는 위법성이 없으며 이는 정당한 행위로서 처벌받지 아니한다.

Ⅳ. 책 임

1. 의 의

행위가 구성요건에 해당하고 또한 위법한 것이더라도 아직 이것만으로는 범죄가 성립하지 않는다. 즉, 이것만으로는 형벌을 과하기에 충분하다고 할 수 없다. 형벌은 단지 사회적으로 바람직스럽지 못한 외형적 행위에 행해진 경찰작용이 아니라, 행위자에 대하여 도의적 비난을 가함으로써 행위자 및 일반인의 준법정신·정의의 감각에 호소하여 범죄의 억제와 사회질서의 유지를 도모함을 목적으로 하는 것이다. 따라서 형벌은 행위의 외형이 반사회적이라고 하는 것뿐만 아니라 행위자의 그런 사태를 야기시키기에 이른 의사형성의 과정이 도의적 비난을 받아야 할 경우에만 가해져야 하는 것이다. 왜냐하면 의사형성의 과정에 있어서 도의적 비난을 가할 여지가 없는 사람에 대하여 형벌을 과하는 것은 형벌의 도의적 성격을 잃게 하며, 사람들의 준법정신을 불러 일으킬 수 없기 때문이다. 이와 같이 의사형성의 과정에 있어서의 도의적 비난의 가능성(유책성)을 처벌의 조건으로 삼는 원칙을 책임원리라고 하며 문명국의 형법에 있어서는 죄형법정주의와 함께 공통적으로 인정되고 있는 형법상의 일대원칙이다. 그리하여 범죄는 구성요건에 해당하는 위법하고 유책적인 행위라고 정의되고 있는 것이다.

2. 책임능력

책임능력이란 행위자가 법이 지킬 것을 요구하는 사회공동생활상의 규범에 합치될 수 있도록 의사결정할 수 있는 능력을 말한다. 책임능력은 법과 불법을 분별·통찰할 수 있는 지적능력과 그 분별한 바에 따라 의사를 결정하고 행동을 통제할 수 있는 의지적능력으로 구성된다. 이러한 능력은 개개인에 따라서 커다란 차이를 보이고 있다. 그래서 현행 형법은 14세 미만자(형사미성년자) 및 사물변별력이나 의사결정력이 없는 자(심신상실자)를 책임무능력자로 규정하는 외에 사물의 분별능력이나 의사결정력이 미약한 자(심신미약자)와 청각능력과 발성기능 모두에 장애가 있는 자(농아자)를 한정책임능력자의 카테고리를 인정하고 전자의 경우는 아예 처벌받지 아니하고 후자의 행위에 대해서는 형을 경감하도록 규정하고 있다. 이들에 있어서는 형벌보다도 정신장애의 치료나 교육적 처우를 베풀어주는 것이 보다 적절하다고 판단되기 때문이다.

3. 책임조건

범죄구성요건에 해당하는 위법한 행위를 한 자가 가졌던 심리상태를 책임조건이라 한다. 이에는 고의와 과실의 두 가지가 있다. 고의로 행한 범죄행위만을 처벌하는 것이 원칙이고 과실로 행한 범죄행위를 처벌하는 것은 형법에 특히 규정된 범죄에 한하며, 그 형량도 고의범에 비해 매우 낮게 규정하고 있다. 이것이 고의인 경우와 과실의 경우를 구별하지 않고 손해배상책임을 인정하는 사법상의 원리와 다른 점이다.

고의라는 것은 구성요건에 해당하는 위법한 사실에 대한 인식과 의욕을 말한다. 인식한 바의 내용이 구성요건에 해당하는 사실이면 족하고, 구성요건에 해당한다는 것을 알 필요는 없다.

고의에서 인식과 의욕이라는 양 요소가 아주 약화된 경우, 즉 구성요건적 사실에 대한 가능성만을 인식하고 결과발생을 감수하겠다는 의사만을 지닌 경우를 '미필적 고의'라 하는데, 예를 들면 13층의 건물옥상에서 아래를 내려다보지 않고 직경 10cm 가량의 돌멩이를 사람의 통행이 빈번한 길바닥으로 떨어뜨리는 경우 미필적 고의가 인정되어 살인죄 혹은 그 미수범으로 처벌될 수 있다.

과실은 구성요건에 해당하는 사실을 인식하지 못하였으나, 행위자의 부주의로 구성요건적 결과를 야기시킨 경우로서 일상적으로 혹은 업무상 요구되는 주의의무에 대한 위반을 본질로 한다.

4. 기대가능성

고의과실이 있더라도 여러가지 사정으로 행위자에게 적법하게 행위할 것을 기대할 수 없을 때에는, 책임비난을 할 수 없으며 따라서 처벌할 수 없다고 하는 이론이 유력하며 이것이 이른바 기대가능성의 이론이다.

이러한 기대가능성의 판단기준에 관해서는 여러 표준이 있을 수 있겠으나 평균인을 기준으로 하는 객관적인 판단이어야 할 것이다.

(1) 강요된 행위

저항할 수 없는 폭력이나 자기 또는 친족의 생명, 신체에 대한 위해를 방어할 방법이 없는 협박에 의하여 강요된 행위는 기대가능성이 없기 때문에 책임이 조각된다.

(2) 초법규적 책임조각사유

형법의 규정이 없다 하더라도 기대가능성이 없음을 이유로 책임을 조각하게 되는 경우가 있는데, 이를 초법규적 책임조각사유라고 한다. 예를 들면 절대적 구속력이 있는 상관의 위법한 직무명령을 수행한 부하의 행위 등이 이에 해당된다.

Ⅴ. 미　수

형법에 있어서 범죄라고 할 때에는 일반적으로 기수를 의미한다. 범죄는 법적 구성요건의 모든 요소가 충족된 때에 기수가 된다. 그런데 행위자의 범죄의사가 범죄로 실현되는 데에는 여러가지 단계를 거치게 된다. 즉, 범죄의사는 예비·실행의 착수·결과의 발생을 거쳐 종료의 단계에 이르게 되는 것이다. 미수는 범죄의 실행에 착수하였으나 그 범죄의 완성에 이르지 못한 경우이다.

1. 범죄의사

범죄의사는 그것이 외부에 실현되지 않는 한 형법의 대상이 될 수 없다. 형법은 개인의 도덕성을 촉진하기 위한 법이 아니므로, 사회질서가 침해되거나 위태롭게 될 때 비로소 개입하게 된다.

2. 예비 및 음모

예비 및 음모란 범행장소의 탐사, 범행도구의 구입과 같은 범죄의 실현을 위한 준비 또는 계획의 단계로서 아직 실행행위가 개시되지 않은 것이며, 우리 형법도 특별한 규정이 있는 경우에만 벌하도록 하고 있다. 예비는 범죄실행을 위한 외부적 준비행위이고 음모는 2인 이상이 범죄실현을 위하여 합의하는 것이다.

3. 장애미수

(1) 의　의

형법 각 본조의 구성요건실현에 대한 확정적인 고의를 가지고 실행에 착수하였으나 범죄가 미완성될 경우 이를 장애미수라고 한다. 장애미수의 경우 미수범의 형은 기수범의 형보다 감경할 수 있다. 즉, 임의적 감경사유이다.

(2) 성립요건

첫째, 특별구성요건을 실현하려는 주관적인 결의로서 기수를 일으키려는 고의를 필요로 한다. 즉, 미수범의 고의는 기수범의 고의와 동일해야 한다. 이는 미수범의 고의는 기수의 의사이어야 하고 처음부터 미수에 그치겠다는 미수의 고의는 형법상 고의로 인정되지 않는다.

둘째, 범죄실행의 착수, 즉 범죄실행의 개시가 있어야 한다. 실행의 착수에 의해서 범죄는 예비단계로부터 미수단계로 넘어가므로 실행의 착수는 예비와 미수의 구별기준이 된다.

셋째, 범죄가 완성에 이르지 않을 것을 요한다. 범죄가 완성에 이르면 이미 미수는 아니기 때문이다. 범죄의 미완성은 행위자가 착수한 실행행위를 종료하지 못한 경우와 실행행위를 종료하였으나 예기하였던 구성요건적 결과가 발생하지 않은 경우가 있게 된다.

4. 중지미수

(1) 중지미수의 의의

중지미수란 범죄의 실행에 착수한 자가 그 범죄가 완성되기 전에 자의로 이를 중지하거나 결과발생을 방지한 경우를 말한다.

(2) 성립요건

첫째, 내부적 동기 내지 후회·동정 기타 윤리적 동기에 의하여 범죄를 완성시킬 수 있었음에도 불구하고 원하지 않아서 중지시켰어야 한다. 이 자의성은 중지미수와 장애미수의 구별기준이 된다.

둘째, 객관적으로 실행행위를 중지하거나 그 행위로 인한 결과의 발생을 방지하여야 한다.

(3) 중지미수의 취급

중지미수를 특별하게 취급하는 이유는 범죄의 기수를 방지하려는 형사정책적 고려와 그 위법성 내지 책임을 소멸, 감소시킬 수 있다는 법률적 이해에서이다. 중지미수는 구체적인 경우에 제반사정을 고려하여 법관의 재량으로 형을 감경 또는 면제한다.

5. 불능미수

(1) 의 의

불능미수란 실행의 수단 또는 대상의 착오로 인하여 결과발생이 불가능하더라도 행위의 위험성이 인정되는 경우에는 이를 미수범으로 처벌함을 의미한다. 불능미수는 기수범에 대한 임의적 감면사유이다.

(2) 성립요건

첫째, 실행의 착수가 있어야 한다.

둘째, 실행의 수단 또는 대상이 불가능하여 결과발생이 사실상 불가능하여야 한다.

셋째, 행위시에 행위자가 인식한 사실을 기초로 하여 행위자가 생각한대로의 사정이 존재하였으면 일반인의 판단에서 결과발생의 평가상 위험성이 있는 경우이어야 한다.

(3) 불능범

불능범은 실행의 수단 또는 대상의 착오로 인하여 사실상 결과의 발생이 불가능할 뿐만 아니라 위험성이 전혀 없기 때문에 벌하지 않는 경우를 말한다. 예를 들면 조잡한 마네킹을 사람으로 오인하고 총격을 가한 경우 등이 이에 해당한다.

Ⅵ. 공 범

1. 공범의 개념

공범이란 2인 이상이 협력하여 범죄의 구성요건을 실현하는 경우를 말한다.

현행 형법상의 구성요건은 원칙적으로 1인이 단독으로 범죄를 실행할 경우, 즉 단독범의 기수의 형식을 기본으로 하여 규정하고 있다. 이와 같이 단독범으로서 규정되어 있는 범죄에 수인이 가담한 경우를 공범이라고 한다. 그러나 구성요건상 수인의 행위자를 예상하여 규정된 경우가 있는데 이러한 종류의 범죄를 필요적 공범이라고 하고, 단독범으로 규정된 범죄에 수인이 협력하는 경우를 임의적 공범이라고 한다. 보통 공범이라고 할 때에는 이 임의적 공범을 가리킨다(형법 제30조 이하의 공범). 임의적 공범은 공동정범, 교사범, 종범 등으로 구분된다.

2. 공동정범

2인 이상이 공동으로 동일범죄를 실행하는 것을 공동정범이라 하여 각자를 그 죄의 정범으로 처벌한다(형법 제30조). 공동범죄자는 전부의 결과에 대하여 각자 독립하여 그 전부의 책임을 지는 것이다. 공동정범은 공동자 사이에 공동실행한다는 의사의 연락이 있어야 한다는 점에서 연락이 없는 동시범과 구별되고 공동자 각자에게 기능적 행위지배가 인정되는 정범이라는 점에서 기능적 행위지배가 없이 범죄를 구성하는 데 그치는 방조범과 구별된다.

3. 교 사 범

타인을 교사하여 죄를 범하게 한 자는 죄를 실행한 자와 동일한 형으로 처벌한다(형법 제31조). 교사란 타인에게 범죄실행의 결의를 일으키게 함을 말한다. 그 방법이 어떤 것이든 상관없다. 피교사자가 실행을 하였을 때 비로소 교사자의 책임이 발생한다. 이 경우에 실행한 피교사자가 정범이고 교사자는 그 배후관계이다. 정범이 없는데 교사범만을 벌할 수 없는 것이다(공범종속성설).

근대학파의 입장에서는 교사행위 자체를 범죄의 실행행위로 생각하므로(공범독립성설) 적어도 교사행위가 있는 이상 비록 피교사자가 실행을 거절한 경우라도 교사자는 미수의 책임을 지게 된다. 이러한 독립성설과 종속성설과의 대립은 교사범 뿐만 아니라 공범일반에 공통된 것이지만, 교사에 있어서 그 차이가 현저하게 나타난다. 교사범은 정범과 동일한 형으로 처벌된다.

4. 종 범(방조범)

타인의 범죄를 방조한 자 즉, 범행을 결의한 자의 실행을 도와주거나 범행의 결의를 강화시킨자는 종범으로 처벌한다(형법 제32조). 방조(Beihilfe)는 유형적 방법이거나 정신적 방법임을 묻지 않고 또 정범의 행위 이전에 행하여지거나 사후에 행하여지거나를 불문한다. 종범의 형은 정범의 형보다 감경한다.

제3절 형벌론

Ⅰ. 형벌의 종류와 보안처분

형벌이란 국가가 범죄에 대한 법률상의 효과로서 범죄인에 대하여 그의 책임을 전제로 하여 과하는 법익의 박탈을 의미한다.

1. 생명형

생명형은 일반적으로 수형자의 생명을 박탈하는 것을 내용으로 하는 형벌로서 사형이라고도 한다. 사형은 교도소내에서 교수(絞首)하여 집행한다.

2. 자유형

자유형이란 수형자의 신체적 자유를 박탈하는 것을 내용으로 하는 범죄로서 수형자를 교도소내에 구치하여 정역에 복무케 하는 징역과 수형자를 교도소내에 구치케 하지만 강제노역을 시키지 아니하는 금고, 그리고 30일 미만 수형자를 교도소내에 구치하는 것을 내용으로 하는 구류의 세 종류가 있다. 유기 징역 및 금고는 1월 이상 15년 이하의 범위에서(형을 가중하는 때에는 25년까지) 선고할 수 있으며, 그 이상의 경우에는 무기징역 또는 무기 금고를 선고한다.

3. 재산형

재산형이란 범인으로부터 일정한 재산을 박탈하는 것을 내용으로 하는 형벌이다. 이 중에서 벌금형은 범죄인에 대하여 일정한 금액(5만원 이상)의 지급의무를 강제적으로 부담하게 하는 것을 내용으로 하는 재산형이며, 과료는 범죄인에게 일정한 금액의 지급의무를 강제적으로 부담하게 하지만 그 금액이 적다. 그리고 몰수는 범죄반복의 방지나 범죄에 대한 이득의 금지를 목적으로 범죄행위와 관련된 재산을 박탈하는 것을 내용으로 하는 재산형이다.

4. 명 예 형

명예형이란 범인의 명예 또는 자격을 박탈하는 것을 내용으로 하는 형벌을 말한다. 이 때 박탈되는 자격에는 공무원이 되는 자격, 공무원의 선거권과 피선거권, 법률로 정한 공법상의 업무에 관한 자격, 법인의 이사, 감사 또는 지배인 기타 법인의 업무에 관한 검사역이나 재산관리인이 되는 자격이다. 이 명예형의 종류로는 자격상실과 자격정지의 두 가지가 있다.

5. 보안처분

(1) 보안처분의 의의

보안처분이란 형벌로는 행위자의 사회복귀와 범죄의 예방이 불가능하거나 행위자의 특수한 위험성으로 말미암아 형벌의 목적을 달성할 수 없는 경우에 형벌을 대체하거나 보완하기 위한 예방적 조치를 말한다.

(2) 보안처분의 종류

(가) 보호관찰 보호관찰은 가석방된 피보호감호자와 치료위탁된 피치료감호자를 감호시설 외에서 지도·감독하는 것을 내용으로 하는 보안처분인바 1995년 12월 개정된 형법은 이를 확대하여 성인범에 대해서도 형의 집행을 유예하는 경우 보호관찰 및 사회봉사명령형제도, 수강 명령제도 등을 도입하였다.

(나) 치료감호 치료감호란 심신장애자와 중독자를 치료감호시설에 수용하여 치료를 위한 조치를 행하는 보안처분을 말한다. 기간의 제한이 없기 때문에 종신토록 수용될 수 있다.

(다) 사회봉사·수강명령 형의 집행을 유예하는 경우에는 보호관찰을 받을 것을 명하거나 사회봉사 또는 수강명령을 할 수 있다. 사회봉사는 500시간, 수강명령은 200시간의 범위 내에서 사회봉사를 하거나 수강할 분야와 장소 등을 지정하여 부과한다. 형법 제62조의 2, 가정폭력범죄의 처벌 등에 관한 특례법 제40조 제1항 4호 등에서 규정하고 있다.

(라) 보안관찰 보안관찰법에 규정되어 있는 처분으로 사상범으로 복역하고 출소한 자의 재범방지를 위한 처분이다. 기간은 2년이며 횟수에 제한없이 갱신할 수 있기 때문에 영구히 보안관찰을 할 수 있다.

II. 선고유예 · 집행유예 · 가석방

형벌은 그 자체가 일종의 해악이며 형벌을 과하는 것은 그 정신에 있어서 응보주의적인 태도라고 아니할 수 없다. 그런데 그 점에 있어서 현대 형법은 점점 예방주의의 방향으로 전환함에 따라 그러한 응보적 색채를 띠지 않는 새로운 제도가 증가되어 가고 있다. 여기에 '선고유예,' '집행유예' 또는 '가석방' 그리고 앞서의 '보안처분' 등은 그러한 새 제도의 일종이라고 할 수 있을 것이다.

1. 선고유예(형법 제59조 내지 제61조)

형의 선고유예란 범행의 정도가 경미한 범인에 대하여 일정한 기간 선고를 유예하고 그 유예기간을 특별한 사고없이 경과하면 면소된 것으로 간주하는 제도로서 전과가 남지 않으며 선고는 법원의 재량이다.

요건은 1년 이하의 징역이나 금고, 자격정지 또는 벌금형을 선고할 경우일 것, 개전의 정이 현저할 것, 자격정지 이상의 형을 선고받은 전과가 없어야 하고 선고유예를 받은 날로부터 2년이 경과한 때 면소된 것으로 간주한다. 선고유예는 유예기간 중 자격정지 이상의 형이 확정되거나 자격정지 이상의 형에 처한 전과가 발견된 때에는 유예한 형을 선고한다.

2. 집행유예(형법 제62조 내지 제65조)

형을 선고함에 있어 일정한 기간동안 형의 집행을 유예하고 그 유예기간을 경과한 때에는 형의 선고의 효력을 잃게 하는 제도이며 선고는 법원의 재량이다. 집행유예는 첫째, 3년 이하의 징역 또는 금고의 형을 선고할 경우일 것, 둘째, 정상을 참작할만한 사유가 있을 것, 셋째, 금고 이상의 형의 선고를 받아 집행을 종료한 후 또는 집행이 면제된 후로부터 5년 이상을 경과한 자일 것을 요한다. 실효 또는 취소됨이 없이 유예기간을 경과하면 형의 선고는 효력을 잃으며, 전과는 남지 않는다.

3. 가석방(형법 제72조 내지 제76조)

금고, 징역과 같은 자유형의 집행 중에 있는 자가 그 행상이 양호하여 개전의 정이 현저할 때에 형기만료 전에 수형자를 석방하고 일정한 기간을 경과하면 형의 집행을 종료한 것으로 간주하는 것으로서 행정처분이다. 가석방은 징역 또는 금고의 집행 중인 자가 무기에 있어서는 10년, 유기징역에 있어서는 형기의 1/3을 경과한 후일 것, 행상이 양호하여 개전의 정이 현저할 것, 벌금 또는 과료의 병과가 있을 때에는 그 금액을 완납한 때에는 가석방심사위원회의 구신(具申)에 의하여 법무부장관이 행정처분으로 가석방할 수 있다. 무기형의 경우는 10년, 유기형의 경우는 잔여형기를 무사히 경과하면 집행을 종료한 것으로 한다. 가석방이 실효 또는 취소되면 가석방 중의 일수는 형기에 삽입하지 않고 잔여형기를 형무소에서 집행한다.

제 4 절 각종의 죄

형법 제2편 각론(各論)에서는 각종 범죄를 체계적으로 분류하는 데에 각 범죄의 본질을 기준으로 하고 있고, 침해된 법익의 종류·성질에 따라—보호법익을 표준으로 하여—범죄의 분류를 하고 있다. 그리고 법익에 관하여는 국가적 법익·사회적 법익 및 개인적 법익으로 삼분하는 것이 통례로 되어 있다. 우리나라 형법도 삼분설에 의하여 각종의 범죄유형을 국가적 법익에 대한 죄, 사회적 법익에 대한 죄 및 개인적 법익에 대한 죄로 구분하고 있다. 특히 주목할 것은 1995년 12월 개정된 형법에 따르면 다양한 신종범죄의 등장에 따라 이를 처벌하기 위한 근거 규정을 컴퓨터 관련범죄, 인질관련 범죄 등 해당 조항에 신설 또는 추가한 점이다.

Ⅰ. 개인적 법익에 대한 죄

1. 생명과 신체에 대한 죄

(1) 살인의 죄

사람을 살해하는 죄이다. 객체인 사람은 타인에 한하고, 살해란 생명을 끊는 것을 말하며, 그 수단방법은 불문한다.

(2) 상해와 폭행의 죄

상해죄란 사람의 신체를 상해하는 죄이다. 이 죄의 보호법익은 신체의 안전성이며, 상해란 신체의 생리적 기능에 장해를 일으키는 것을 말한다. 상해의 결과 후에 죽었을 때에는 상해치사죄가 된다. 폭행죄는 타인의 신체에 대하여 폭행을 가함으로써 성립되며, 폭행이란 사람의 신체의 건재를 해할 유형력의 행사를 뜻한다. 폭행에 의하여 사람을 사망에 이르게 하면 폭행치사죄가 성립된다.

(3) 과실사상의 죄

과실로 인하여 신체를 상해하거나 치사케 함으로써 성립된다. 업무상 과실이나 또는 중과실의 경우에는 형이 가중된다.

(4) 낙태의 죄

태아를 자연의 분만기 전에 인위적으로 모체 밖으로 배출함으로써 성립된다. 보호법익은 태아의 생명·신체의 안전에 있다.

(5) 유기의 죄

노유(老幼)·질병, 기타 사정으로 인하여 부조를 요하는 자를 보호할 법률상 또는 계약상의 의무가 있는 자가 유기하는 죄를 말하는데, 유기란 요부조자의 보호를 거부함으로써 보호받지 못하는 상태에 두는 것을 말한다.

2. 자유에 대한 죄

(1) 체포와 감금의 죄

타인을 불법하게 체포 또는 감금하는 죄이다. 체포란 사람의 신체에 대하여 직접적이고 현실적인 구속을 가함으로써 활동의 자유를 박탈하는 것이고, 감금이란 일정한 구획된 장소에서 벗어나지 못하게 하는 상태에 두는 것을 말한다.

(2) 협박의 죄

사람을 협박하는 죄이다. 협박이란 해악을 고지함으로써 상대방에게 공포심을 일으키게 하는 것을 말한다.

(3) 약취와 유인의 죄

미성년자를 약취 또는 유인하는 죄이다. 약취·유인이란 현재 보호받고 있는 생활환경에서 이탈시켜 자기 또는 제3자의 실력적 지배 아래 두는 것을 뜻하는데, 폭행·협박을 수단으로 하는 경우가 약취이고, 기망·유혹을 수단으로 하는 경우가 유인이다.

(4) 강간과 강제추행의 죄

개인의 성적 자유 내지 애정의 자유를 해하는 죄를 말한다. 강간죄, 준강간죄, 강제추행죄, 준강제추행죄, 유년자추행죄, 강간강제추행치사상죄, 피감호부녀간음죄, 혼인빙자에 의한 간음죄 등이 이에 속한다.

3. 명예와 신용에 대한 죄

(1) 명예에 관한 죄

명예에 관한 죄는 공연히 사실을 적시하여 사람의 명예를 훼손하거나 사람을 모욕하는 것을 내용으로 하는 범죄이다. 명예훼손죄, 사자의 명예훼손죄가 이에 속하며 모욕죄도 마찬가지이다.

(2) 신용 · 업무와 경매에 관한 죄

신용 · 업무와 경매에 관한 죄란 사람의 신용을 훼손하거나 업무를 방해하거나 경매 · 입찰의 공정성을 침해하는 것을 내용으로 하는 범죄를 말한다. 이에는 신용훼손죄, 업무방해죄, 경매 · 입찰방해죄가 있다.

4. 사생활의 평온에 관한 죄

(1) 비밀침해의 죄

비밀침해의 죄란 개인의 사생활에 있어서의 비밀, 즉 프라이버시를 침해하는 것을 내용으로 하는 범죄를 말한다. 비밀침해의 죄 외에 업무상 비밀침해의 죄가 있다.

(2) 주거침입의 죄

사람의 주거, 간수하는 저택 · 건조물이나 선박 또는 점유하는 방실(房室)에 침입하는 죄이다. 단체 또는 다중의 위력을 보이거나 위험한 물건을 휴대하고 침입하였을 때(특수주거침입)에는 형이 가중된다.

5. 재산에 대한 죄

(1) 절도죄

타인의 재물을 절취하는 죄이다.

(2) 강도죄

폭행 또는 협박으로써 타인의 재물을 강취하거나, 재산상의 이익을 취득하거나, 제3자로 하여금 이를 취득케 하는 죄이다.

(3) 사기 및 공갈의 죄

사기죄는 타인을 속여 재물 또는 재산상의 이익을 얻는 죄이고, 공갈죄는 타인을 공갈하여 재물 또는 재산상의 이익을 제공케 하는 죄이다. 공갈이라는 것은 해악을 통고함으로써 공포심을 일으킴을 말한다. 강도와 다른 점은 피해자의 의사에 기하여 제공됨에 있다. 상습으로 사기 또는 공갈의 죄를 범한 자는 형이 가중된다.

(4) 횡령과 배임의 죄

횡령죄는 자기가 보관하고 있는 타인의 재물을 제것으로 삼아 버리는 죄이다. 업무상의 임무에 위배하여 횡령함을 업무상 횡령이라 하여 보통의 횡령(單純橫領)보다 무겁게 처벌하고, 유실·표류 등으로 원점유자의 점유로부터 이탈된 물(또는 매장물)을 습득하여 횡령함을 점유이탈물횡령이라 하여 단순횡령보다 가볍게 처벌한다. 배임죄는 타인을 위하여 사무를 처리하는 자가 그 임무에 배치되는 행위로써 재산상의 이익을 취득하거나 또는 제3자로 하여금 이를 취득케 하여 본인에게 손해를 가하는 죄이다.

(5) 장물죄

장물, 즉 절도, 강도, 횡령 기타 재산침해를 내용으로 하는 범죄로 취득한 물건을 그런 물건인 줄을 알면서 운반을 하여 주거나, 양여하거나 취득하거나 하는 죄이다.

(6) 손괴의 죄

타인의 물건, 공익에 공하는 건축물 또는 계표(界標)를 못쓰게 하는 죄이다.

(7) 권리행사를 방해하는 죄

타인의 점유 또는 권리의 목적이 된 자기의 물건에 대해서 타인이 재산권을 행사하는 것을 방해하거나, 또는 강제집행을 면할 목적으로 채권자를 해하였을 때 성립하는 죄이다.

II. 사회적 법익을 해하는 죄

1. 공공의 안전에 대한 죄

공공의 안전에 대한 죄는 사회공공생활의 안전·평온을 침해 또는 위태롭게 하거나 공중의 생명, 신체, 재산을 해할 위험을 주는 것을 내용으로 하는 범죄인데, 형법이 규정하는 공공의 안전에 대한 범죄로서는 공안을 해하는 죄, 폭발물에 관한 죄, 방화와 실화죄, 일수와 수리에 관한 죄 및 교통방해의 죄이다.

2. 공공의 신용에 대한 죄

공공의 신용에 대한 죄는 통화, 유가증권, 문서, 인장 등을 위조·변조하거나 위조·변조한 것을 행사하는 범죄이다. 이러한 것들은 물건의 교환 매개 또는 사실증명의 수단으로서 경제적·법률적 거래에 있어서 중요한 기능을 가지고 있는 것이므로, 이러한 것을 위조·변조하는 행위는 그 진정에 대한 공공의 신용을 해하는 나아가서는 경제적·법률적 거래의 안전을 해하는 것이다. 여기에 형법은 공공의 신용을 보호하기 위하여 통화에 관한 죄, 유가증권, 우표와 인지에 관한 죄, 문서에 관한 죄 및 인장에 관한 죄를 규정하고 있다.

3. 공중위생에 관한 죄

공중의 건강생활은 문화사회의 기본적 요건이며 중요한 사회적 법익이다. 형법은 개인의 생명·신체의 안전을 개인적 법익으로서 보호하고 있으나, 공중위생에 대한 죄에서는 공중의 건강생활을 위태롭게 하는 행위를 처벌하여 이러한 사회적 법익을 독립하여 보호하고 있다.

형법이 공중위생에 대한 죄로서 규정하고 있는 것으로는 음용수에 관한 죄와 아편에 관한 죄가 있다.

4. 사회도덕에 대한 죄

사회도덕에 대한 죄는 사회일반의 성생활, 경제생활, 종교생활상의 도덕적 질서에 반하는 행위를 처벌하는 것이다.

형법은 사회도덕위반의 구체적 행위로서 성도덕에 반하는 풍속을 해하는 죄, 건전한 경제생활을 퇴폐하게 하는 도박과 복표에 관한 죄 및 종교상의 양속에 반하는 신앙에 관한 죄를 규정하고 있다.

Ⅲ. 국가적 법익에 대한 죄

1. 국가존립 및 권위에 대한 죄

(1) 내란의 죄

내란죄란 폭동에 의하여 국가의 존립과 헌법질서를 위태롭게 하는 범죄, 즉 국토를 참절(僭竊)하거나 국헌을 문란하게 할 목적으로 폭동하여 성립하는 범죄이다. 형법은 내란의 죄에 관하여 내란죄와 내란목적살인죄를 규정하고 있다. 그리고 내란예비·음모·선동·선전죄를 벌하고 있다.

(2) 외환의 죄

외환의 죄란 외환을 유치하거나 대한민국에 항적하거나 적국에 이익을 제공하여 국가의 안전을 위태롭게 하는 범죄를 말한다. 형법상 외환의 죄에는 외환유치죄, 여적죄(與敵罪), 이적죄, 간첩죄, 전시군수계약불이행죄로 구성되어 있다.

(3) 국기와 국교에 관한 죄

국기와 국장은 국가의 권위를 상징하는 표식이다. 국기에 관한 죄란 국기 또는 국장을 손상·제거·모욕 또는 비기(誹譏)하는 것을 내용으로 하는 범죄이다. 형법은 국기에 관한 죄로 국기·국장모독죄와 국기·국장비기죄를 규정하고 있다.

그리고 국교에 관한 죄는 외국과의 평화로운 국제관계를 침해하여 국제법상 보호되는 외국의 이익을 해하고, 외국과의 국교관계 내지 자국의 대외적 지위를 위태롭게 하는 범죄를 말하며, 이에는 외국원수에 대한 폭행등죄, 외교사절에 대한 폭행등죄, 외국 국기·국장모독죄와 외국에 대한 사전죄, 외교상 기밀을 누설하는 죄 등이 있다.

2. 국가의 기능에 관한 죄

(1) 공무원의 직무에 관한 죄

공무원이 직무를 유실하거나, 그 직권을 남용하거나, 청렴하여야 할 의무에 위반하거나, 또는 피의사실을 공표하는 행위 등을 내용으로 하는 죄를 말한다. 공무원이 직권을 이용하여 범한 형법 제7장 이외의 범죄에 대한 형은 2분의 1

까지 가중한다.

(2) 공무방해에 관한 죄

공무원의 직무집행행위를 방해하는 것, 공무원이 실시한 봉인·압류 기타 강제처분의 표시손상 또는 공무소 사용건물의 사실상의 효용을 침해하는 것을 내용으로 하는 죄를 말한다.

(3) 도주와 범인은닉에 관한 죄

도주의 죄는 피구금자가 스스로 도주하는 경우와 피구금자를 탈취하거나 도주하게 하는 것 등을 내용으로 하고, 범인은닉죄는 벌금 이상의 형에 해당하는 죄를 범한 자를 은닉하거나 도피하게 하는 것을 내용으로 한다.

(4) 위증과 증거인멸의 죄

위증되는 법률에 의하여 선서한 증인·감정인·통역인·번역인이 허위의 증언·감정·통역·번역을 하는 것을 내용으로 하고, 증거인멸죄는 타인의 형사사건 또는 징계사건에 관한 증거를 인멸·은닉·위조 또는 변조하거나 증인을 은닉 또는 도피하게 하는 것 등을 내용으로 한다.

(5) 무고의 죄

타인으로 하여금 형사처분 또는 징계처분을 받게 할 목적으로 공무소나 공무원에 대하여 허위의 사실을 신고하는 죄를 말한다.

제6장 소송법

제1절 서 설

I. 소송법의 의의

소송법(law of procedure, Prozessrecht)이라 함은 국가가 설치·운영하는 소송제도를 실효성있게 하기 위하여 제정된 공법으로서, 특히 소송을 규율하는 법규의 총체를 말한다. 소송법에는 소송의 종류에 따라 민사소송법(1960. 4. 4. 법률 547호)·형사소송법(1954. 9. 23. 법률 341호)·행정소송법(1951. 8. 24. 법률 213호) 등이 있다. 민사소송법은 사적 분쟁을 공권적·강행적으로 해결하기 위한 법이고, 형사소송법은 국가의 형벌권의 실현에 관한 절차를 규정하는 법이다. 또한 행정소송법은 행정법상의 법률관계에 관한 분쟁에 대하여 절차를 규정하는 법이다.

소송법은 추상적인 실체법규를 구체적인 사실에 적응하여 그 실현을 목적으로 하는 법규라는 의미에서 이를 형식법이라고도 하며, 또 소송의 절차에 관한 규정을 중심으로 한다는 점에서 절차법이라고도 한다. 요컨대 소송법은 국가재판권의 행사에 관한 공권으로서 사법절차법이다.

II. 법 원

1. 법원의 조직과 심급

법원(Court, Gericht)은 재판사무를 처리하기 위하여 일인 또는 수인의 법관으로 구성되며, 사법권을 행사하는 국가권력기관이다. 법원의 조직·구성에 관하여는 법원조직법(1949. 9. 26. 법률 51호)이 있다. 법원에는 최고법원인 대법원과 하급법원인 고등법원·지방법원 및 가정법원의 4종이 있다. 지방법원의 사무의 일부를 처리하기 위하여 그 관할구역내에 지방법원지원과 소년부지원 및 등기소를 둘 수 있고, 가정법원의 사무의 일부를 처리하기 위하여 그 관할구역내에 가정법원지원을 둘 수 있다.

대법원의 심판은 대법관 전원의 3분의 2 이상의 전원합의체와 대법관 3인 이상으로 구성되는 부를 병치하여 심판기구를 이원화하고 있으며, 고등법원의 심판은 판사 3인으로 구성되는 합의부에서 행하며, 지방법원과 그 지원 및 지방법원소년부지원, 그리고 가정법원과 그 지원의 심판은 원칙적으로 단독판사가 이를 행하나 필요한 때에는 판사 3인으로써 구성되는 합의부에서 행한다.

민사소송과 형사소송은 모두 3심제로 되어 있는데, 제1심은 지방법원 또는 그 지원이 관할하고, 제1심판결에 대한 상소인 항소심은 당해 판결이 단독판사에 의한 것인 때에는 지방법원 본원합의부가 관할하고, 당해 판결이 지방법원 합의부에 의한 것인 때에는 고등법원이 관할하며, 제2심인 항소심의 판결에 대한 상소인 상고심은 종심으로서 대법원이 관할한다. 이같은 심급제도를 두고 있는 이유는 법관에게 사실확정과 법률해석에 있어서 일어날 수 있는 과오를 시정할 기회를 주는 데 그 목적이 있다.

행정소송은 제1심을 고등법원이 관할하고 상소심은 대법원이 관할하여 2심제를 채용하고 있었으나 1994년도의 사법제도 개혁을 통해, 행정소송을 제1심으로 심판하는 별도의 행정법원을 지방법원급으로 새로 설치하여(법원조직법 제3조 제1항 6호, 제40조의 4; 행정소송법 제9조 제1항), 행정법원－고등법원－대법원의 3심제로 운영하게 되었다. 행정법원의 설치 및 운영은 법원조직법의 부칙 제1조 제1항과 행정소송법 부칙 제1조에 의하여 1998년 3월 1일부터 시행되게 되었다. 그리고 선거소송은 단심제로서 대법원의 전속관할로 하고 있다.

2. 법원직원의 제척·기피·회피

재판의 적정·공평에 대한 의혹을 피하기 위하여 사건을 심판하는 법관이 사건의 내용과 그 당사자 등과 특별한 관계가 있을 때에는 그 법관으로 하여금 당해 사건에 관하여 직무집행을 하지 아니하도록 할 필요가 있다. 이것이 법관의 제척·기피·회피이다.

제척(Ausschliessung)이라 함은 법정사유(민소법 제41조, 형소법 제17조)의 존재로 인하여 법관이 그 직무집행을 당연히 상실함을 말한다. 제척원인의 유무에 관하여 법원은 당사자의 신청 또는 직권으로 제척의 재판을 하지 않으면 안된다(민소법 제42조). 제척원인이 있는 법관의 직무집행행위는 절대적 상고이유가 되며(민소법 제424조 제1항 2호) 그 판결이 확정되었을 때에는 재심사유가 된다(민소법 제451조 제1항 2호).

기피(Ablehnung)란 제척원인 이외에 재판의 공정을 해할 만한 사유가 있을 때에 당사자의 신청에 의하여 법관을 배척하는 것이다(민소법 제43조 제1항, 형소법 제18조 제1항). 이것은 제척원인이 가지는 획일성을 시정하려는 것으로서, 기피재판은 제척재판과 달라서 그 재판의 확정으로써 비로소 법관은 직무집행을 하지 못하게 되는 것이다.

회피(Selbstablehnung)는 법관이 스스로 제척 또는 기피의 원인이 있다고 자인하는 경우에 사법행정상 감독권 있는 법원의 허가를 얻어서 자발적으로 직무집행을 피하는 것을 말한다(민소법 제49조, 형소법 제24조 제1항).

제 2 절 민사소송

Ⅰ. 민사소송의 의의와 이상

1. 민사소송의 의의

민사소송(civil procedure, Zivilprozess)이라 함은 사적 분쟁의 공권적 · 강행적 해결을 위한 절차를 말한다. 민사소송은 분쟁의 공권적 · 강행적 해결방식이라는 점에서 자치적인 분쟁해결방식(화해 · 조정 · 중재 등)과 다르며, 그 대상이 사적 분쟁이라는 점에서 형사소송 · 행정소송 등과 구별된다. 또 민사소송은 소송이라는 점에서 이른바 비송사건과도 구별된다. 비송사건은 통상의 만사법원에서 처리하는 사건이지만 법의 적용에 의한 법률적 판단이 아니라 민사상의 생활관계를 조장하거나 감독하기 위하여 국가가 직접 후견적 작용을 하는 것이 그 주목적이며 따라서 그것은 사법작용이 아니라 행정작용에 속하는 것이다. 그러므로 소송심리에 관하여서도 민사소송은 당사자주의를 원칙으로 하는 데 대하여, 형사소송, 행정소송, 비송사건 등은 직권주의를 원칙으로 하게 된다. 민사소송절차는 사법상의 법률관계를 확정하는 절차인 판결절차(협의의 소송)와 사법상의 의무 내용을 실현하는 절차인 강제집행절차로 구성된다.

종래의 민사소송법 안에는 협의의 민사소송절차와 강제집행절차를 함께 규정하고 있었으나, 2002년 1월에 강제집행절차 부분을 소송절차와 분리하여 별도의 법률로서 민사집행법을 제정하였다. 민사소송법의 형식적 의의로는 그 법전만을 의미하는 것이지만, 실질적으로는 이 외에 법원조직법 · 민사소송비용법 · 민법 · 통합도산법 · 변호사법 · 소액사건심판법 등이 있다.

2. 민사소송의 이상

민사소송의 이상은 민사소송의 목적을 완전히 법률적으로 달성시키는 데 있다. 여기에서는 민사소송의 이상인 적정 · 공정 · 신속 · 경제를 살핀다.

(1) 적 정

법관은 올바르게 사실을 확정하고 이 확정된 사실에 법을 올바로 적용하여 과오가 없는 것을 말한다.

적정이상을 구현하기 위한 제도로는, 헌법이나 법률에서 법원의 구성, 법관의 자격과 신분보장제도를 규정한 외에 소송법 자체도 심급제도, 재심제도, 특별항고, 전속관할제도, 석명권제도, 직권증거조사, 교호심문제도(交互訊問制度) 등을 설치하고 있다.

(2) 공 평

공평이라 함은 소송에 관계하는 이해관계인을 동등하게 대우하고, 또 공평하게 이익을 주장할 수 있는 기회를 주는 것을 말한다. 민사소송심리에 있어서의 공평성의 유지는 재판의 적정의 목적을 달성하기 위한 수단이라고도 볼 수 있다.

이러한 이상을 구현하기 위하여 민사소송법은 심리의 공개, 법원직원에 대한 제척 · 기피 · 회피제도, 당사자평등주의, 변론주의, 소송절차의 중단 · 중지 그리고 제3자의 소송참가제도 등을 두고 있다.

(3) 신 속

아무리 적정 · 공평한 재판을 한다고 하더라도 권리실현이 늦어지면 실효성이 없어지고 권리를 부정한 것이나 다름없는 결과로 된다. 민사소송법은 제199조에서 종국판결선고기간을 두어 1심의 경우 제소일로부터 5월 이내에, 2심과 3심의 경우에는 기록송부를 받은 날부터 각각 5월 이내에 사건처리를 끝내도록 훈시적으로 규정하고 있다. 실제에 있어서는 많은 경우에 이 기간이 지켜지지 못하고 있으며, 상급심으로 갈수록 사건처리는 더욱 지연되고 있는 형편이라고 한다.

이러한 이상을 구현하기 위한 민사소송법은 준비절차, 독촉절차, 제소전화해절차, 소송지휘권에 의한 절차의 직권진행, 기일연장의 제한, 실기한 소송자료 부조사, 쌍방불출석취하간주제도, 지법단독사건, 집행기일에 있어서의 의제진술제도, 제1회 변론기일지정기간, 상하심급간의 등기송부기간 등이 있고, 별도로 마련된 소송촉진 등에 관한 특례법, 소액사건심판법 등도 주로 신속 이상을 관철하기 위한 특별법이다.

(4) 경 제

소송수행에 있어서 법원이나 당사자가 과다한 비용과 노력이 소모되어 승소확정판결을 받아도 아무 실리가 없다면, 민사소송은 무용한 제도로 전락할 수 밖에 없으므로 이에 소요되는 비용과 노력은 최소한으로 그쳐야 한다. 소송상의 구조제도나 소액사건심판제도 등은 경제의 이상을 위하여 마련되었다고 하겠다. 민사소송법에는 소송상의 구조에 관하여 일정한 범위의 비용에 대한 지급유예를 내용으로 하여 몹시 미온적으로 규정하고 있으나(민소법 제128조 이하), 각 변호사회 및 공사기관에서 법률상담 및 무료변호활동을 벌리고 있으며, 특히 최근 몇년 전부터는 법무부가 주도하여 적극적인 법률구조사업을 전개하여 나아가고 있다.

II. 민사소송의 당사자

민사소송은 대립하는 사인간의 분쟁을 공권적으로 해결하기 위한 제도이므로 거기에는 반드시 그 이름으로 능동적으로 판결을 구하는 자와 수동적으로 그 자에 대한 관계에서 판결이 구하여지는 자가 존재할 필요가 있다. 이 양자를 당사자(party, Partei)라고 부르는데, 이러한 대립하는 양 당사자의 명칭은 절차에 따라 다르다. 제1심절차에 있어서는 원고·피고라 부르고 제2심(항소심) 절차에서는 항소인·피항소인이라 하며, 제3심(상고심) 절차에서는 상고인·피상고인이라고 한다. 또 독촉절차·강제집행절차·집행보전절차에 있어서는 채권자·채무자라 부르고, 화해절차·증거보전절차에 있어서는 단순히 신청인·상대방이라고 한다. 특히 동일소송절차에서 서로 대립하는 당사자의 일방 또는 쌍방에 수인의 당사자가 있는 경우에는 각 당사자를 공동소송인이라 한다.

원고와 피고간의 소송의 결과에 관하여 법률상 이해관계가 있는 소송 외의 제3자가 자기의 이익을 위하여 계속중인 소송에 가입하는 경우가 있는데 이를 소송참가라고 한다. 참가의 형태에 따라 제3자가 당사자로서의 권한이 인정되는 독립당사자참가 및 공동소송참가가 있고, 참가하는 제3자에게 당사자에 준하는 한정된 권한을 인정하는 보조참가와 공동소송적 보조참가가 있다. 소송참가를 넓게 보아 제3자가 자기명의로 독자적인 참가를 하는 위의 경우들 이외에 소송물의 양도에 의하여 제3자가 당사자의 지위를 승계함으로써 가입하는 경우를 포함하는 수도 있다.

절차의 주체로서의 당사자의 개념은 형식적인 개념으로서 소송의 목적인 권리 또는 법률관계의 주체와는 그 관념을 달리할 뿐만 아니라 또 제1심에서 원고이었던 자가 항상 항소인 또는 상고인이 되는 것도 아니다. 즉, 피고가 항소하면 항소인이 되고 피항소인이 상고하면 상고인이 되는 것이다. 이처럼 소송법률관계의 요소로서 요구되는 당사자의 개념은 반드시 대립의 구조로서 표현되는데, 이것을 2당사자대립의 원칙(Zweiparteienprinzip)이라고 한다. 당사자는 당사자능력 · 당사자적격 · 소송능력 등의 당사자 자격을 구비하여야 한다.

III. 제 1 심소송절차

1. 소의 개념

소송(Prozess)은 소의 제기에 의하여 개시된다. 소(Klage)라 함은 어떤 자(원고)가 다른 특정한 자(피고)와의 관계에서 특정한 주장(청구)의 법률적 당부에 관하여 특정한 법원에 심리판결을 신청하는 소송행위를 말한다.

소의 제기가 있으면 법원은 그 제개된 소에 대하여 심리한다. 법원은 원칙적으로 소송물에 관하여서만 판결하고 그 범위를 넘어서, 또는 그와 다른 사항에 관하여 판결할 수 없으므로(민소법 제203조), 소(청구)의 유형과 내용은 소송법상 매우 중요한 개념이다. 이처럼 제1심의 판결소송은 소의 제기로 인하여 개시되고 종국판결의 확정으로써 종료함을 보통으로 한다.

2. 소의 유형

소는 원고가 청구하는 판결의 성질과 내용에 따라 이행의 소, 확인의 소 및 형성의 소로 구분할 수 있다.

(1) 이행의 소

이행의 소(Leistungsklage)는 소송의 목적인 청구권의 존재를 주장하고 그 청구권의 만족을 내용으로 하는 피고의 작위·부작위를 명령하는 판결을 요구함을 그 목적으로 하는 소송유형이다. 따라서 이행의 소는 강제집행을 할 수 있는 요건, 즉 판결의 집행력(Vollstreckbarkeit)을 얻어내는 데 그 본질적인 목적이 있는 소의 유형이다. 이행의 소에는 이미 변제기가 도래한 이행의 청구를 할 경우(현재의 이행의 소)와 아직 변제기가 도래하지 않았으나 미리 그 청구를 하여야 할 필요가 있는 경우에 하는 경우(장래의 이행의 소)가 있다.

(2) 확인의 소

확인의 소(Festsellungsklage)는 특정한 권리의 존재 또는 부존재를 주장하여 그 확정을 목적으로 하는 소송이다. 따라서 확인의 소는 확인의 이익이 있는 경우에만 제기할 수 있는 것으로서, 이 소의 목적은 판결의 기판력(materielle Rechtskraft)을 얻어내는 데 있으며, 이 한도내에서는 이행의 소와 공통성을 띠지만 집행력은 발생하지 않는다. 확인의 소에는 권리 또는 법률관계의 존재를 주장하는 적극적 확인의 소와 그 부존재를 주장하는 소극적 확인의 소가 있다.

(3) 형성의 소

형성의 소(Rechtsgestaltungsklage)는 특정한 권리 또는 법률관계의 변동을 일정한 법률요건에 근거하여 주장하는 청구를 말한다. 즉 판결에 의하여 법률상의 효과를 설정·변경·소멸할 것을 요구함을 내용으로 하는 소이다. 따라서 창설의 소 또는 권리변경의 소라고 부르기도 하는데, 법률상태의 변동을 당사자는 물론 제3자에 대한 관계에서도 명확하고 획일적으로 생기게 해야 할 경우에 형성판결이 필요하게 된다.

3. 소의 제기

제1심소송절차는 원고가 소장을 관할권 있는 지방법원에 제출함으로써 시작된다. 이것을 소의 제기라고 한다(민소법 제248조). 소장에는 당사자·법정대리인·청구의 취지와 원인을 기재하여야 하고(소장의 필요적 기재사항)(민소법 제249조), 소송물가액에 상당한 인지를 첨부하여야 한다. 소장이 제출되면 재판장이 이를 심사하여 적법한 경우에 법원은 소장의 부본을 피고에게 송달하고, 피고는 원고의 청구에 이의가 있으면 30일 이내에 이에 대한 답변서를 제출해야 한다. 법원은 피고가 답변서를 제출하지 않는 경우 청구의 원인된 사실을 자백한 것으로 보고 변론 없이 판결할 수 있다(민소법 제254조~제257조). 양 쪽 당사자가 변론기일에 출석하지 않거나 출석하였더라도 변론하지 않은 때에는 재판장은 다시 변론기일을 정하여 양 쪽 당사자에게 통지하여야 한다. 새로운 변론기일 또는 그 뒤에 열린 변론기일에 양 쪽 당사자가 출석하지 않거나 출석하였다 하더라도 변론하지 않은 때에는 1월 이내에 기일지정신청을 하지 아니하면 소를 취하한 것으로 보며, 기일지정신청에 따라 정해진 변론기일 또는 그 뒤의 변론기일에 양 쪽 당사자가 출석하지 않거나 출석하였더라도 변론하지 않으면 역시 소를 취하한 것으로 본다(민소법 제268조). 소장의 필요적 기재사항에 흠결이 있는 경우에는 재판장은 그 보정을 명령하고 이에 응하지 않은 때에는 소송요건흠결을 이유로 소를 각하한다.

4. 소송의 심리

(1) 변 론(Verhandlung)

(가) 소송심리와 변론 소송은 판결을 향하여 진행되는 하나의 절차이다. 그리고 판결의 기본이 되는 소송자료를 수집하는 절차를 소송심리라 하고, 이것을 구술심리와 서면심리로 나눈다. 이 가운데 소송법의 규정에 따라 일정한 절차에 의하여 하는 구술심리를 특히 변론이라 하는데, 판결절차에 있어서는 이러한 변론에 의하여 소송자료를 수집하는 것이 원칙이다(민소법 제134조 제1항 · 제198조).

이처럼 당사자는 소송에 관하여 법원에서 변론하여야 한다. 변론(Verhandlung)이라 함은 당사자 쌍방이 변론기일에 수소법원의 면전에서 구술로써 공격 · 방어방법을 제출하고 심리에 협력하는 절차를 말한다. 변론은 심리절차상의 차이에 의해 필요적 변론과 임의적 변론으로 나눈다. 필요적 변론이라 함은 재판을 함에는 그 전제로서 반드시 변론을 열지 않으면 안되며, 변론에서 행한 구술진술만이 재판의 자료로서 참작되는 경우를 말하며, 임의적 변론이라 함은 반드시 변론을 열 것을 요하지 않는 경우에 법원의 재량에 의하여 임의적으로 열 수 있는 변론을 말한다. 또한 공격 · 방어방법은 소송의 정도에 따라 적절한 시기에 제출하여야 하는데(민소법 제146조), 이는 종래 변론종결시까지 수시로 제출할 수 있도록 한 수시제출주의를 제한한 것으로서, 동시제출주의와의 중간적 입장을 취한 것이다.

재판장은 소송관계를 명료하게 하기 위하여 당사자에게 법률상·사실상의 사항에 관하여 필요한 진술을 시키고, 그 입증을 촉구할 수 있는데 이것을 석명권(釋明權)이라 한다. 석명권의 행사는 재판장의 권능이며 동시에 의무이다. 따라서 석명권의 불행사는 상소원인이 된다.

변론은 변론기일에 하는데, 이 기일은 재판장의 직권 또는 당사자의 신청에 의하여 정하여지며 법원서기관 또는 서기는 기일마다 변론조서를 작성한다. 변론조서에는 일정한 증명력이 있다(민소법 제158조).

(나) **변론의 준비** 본래 소송의 본격적인 심리는 공판정에서 하는 변론절차에서 하는 것이 원칙이다. 그러나 변론은 소송관계인의 시간과 노력을 절약하고 쟁점을 정리하여 이를 집약화 할 필요가 있다. 이러한 필요에서 소송법은 준비서면 제도와 준비절차제도를 인정하고 있다. 준비서면(vorbereitendes Schriftsätze)이라 함은 당사자가 변론에서 진술하고자 하는 사항을 예고적으로 기재하여 법원에 제출하는 서면을 말한다. 소장에 임의적 기재사항(공격·방어방법)의 기재가 포함되어 있는 경우에는 그 한도에서 준비서면의 성격을 가진다(민소법 제249조 제2항·제398조). 또 피고의 본안의 신청을 기재한 최초의 준비서면을 답변서라고 할 때가 있다. 준비서면에는 일정한 기재사항이 법정되어 있으며(동법 제274조), 또 지방법원합의부 이상의 상급법원에는 반드시 서면으로 변론을 준비함을 요한다(동법 제272조).

준비절차(vorbereitendes verfahren)라 함은 합의법원의 사건에 관하여 합의부의 부담을 경감하고 변론, 특히 증거조사를 집중적으로 하기 위하여 합의부의 일원인 수명법관이 주재하는 변론의 예행절차를 말한다. 준비절차는 쟁점 및 증거의 정리를 목적으로 하여 개시되는 것이다. 수명법관은 이 절차에서 화해를 권고할 수 있으며(동법 제145조). 당사자도 그 면전에서 소의 취하는 물론 청구의 포기·인낙 및 화해도 할 수 있다(동법 제220조). 준비절차에 있어서도 법원서기가 입회하여 기일마다 조서를 작성하여야 한다. 당사자는 준비절차의 결과를 변론기일에 진술하여야 하나, 조서에 기재되지 않은 사항은 변론에서 주장할 수 없는 것이 원칙이다.

(2) **증 거**(Beweis)

법원이 재판을 하려면 우선 당사자가 주장하는 사실의 유무를 확정하고 이에 대하여 법규를 적용함으로써 한다. 그런데 당사자가 주장한 사실은 그것이 곧 판결의 기초가 되는 것이 아니고 진실이라는 것이 증명되어야 한다. 따라서 증거라 함은 당사자가 하는 이러한 사실상의 주장을 이유있게 하기 위한, 즉 그것이 진실이라고 하는 심증을 형성하도록 하기 위한 자료를 말한다.

증거법상 증거는 법관이 오관의 작용에 의하여 조사할 수 있는 유형물(증거방법), 법관이 오관의 작용에 의한 인식에 의하여 증거방법으로부터 감득한 자료(증거자료), 법관이 심증을 얻은 원인(증거원인)을 의미하기도 하며 유형물을 증거방법으로 사용할 수 있는 자격을 증거능력이라 하고 실제로 법관의 확신에 영향을 미칠 수 있는 효과를 증거가치(증거력)라 한다. 증거에는 증명책임의 부담여부에 따라 본증과 반증, 증명하는 대상이 주요사실인가의 여부에 따라 직접증거와 간접증거, 기타 엄격한 증명과 자유로운 증명으로 분류된다.

법관은 법정된 특별한 신분을 가진 자를 제외하고는 누구든지 언제나 증인으로 신문할 수 있다(민소법 제303조~제306조). 소환된 증인이 정당한 이유없이 출석하지 아니하는 때에는 법원은 증인의 구인을 명할 수 있다(동법 제308조~제312조). 증인신문은 신청한 당사자 · 그 상대방 · 재판장의 순으로 신문한다. 다만 증인은 일정한 이유가 있는 경우에는 증언을 거부할 수 있다(동법 제314조, 제315조).

(3) 증거조사

민사소송법이 채용하고 있는 변론주의하에서의 증거조사는 당사자의 신청에 의하는 것을 원칙으로 하나, 보충적으로 직권에 의한 증거조사를 할 수 있다(민소법 제292조). 당사자가 자백한 사실과 현저한 사실은 증명을 필요로 하지 않는 불요증사실로서 증거조사를 하지 않는다(동법 제288조).

법원은 당사자가 신청한 증거를 조사하여도 심증을 얻을 수 없거나 기타 필요하다고 인정될 때에는 직권으로 증거조사를 할 수 있으며, 처음부터 법원의 직권으로 증거를 탐지할 수 없다. 증거조사에는 증인신문, 서증, 감정, 검증, 당사자신문 등이 있다.

(4) 증거보전절차

민사소송에 있어서 증거가 가지는 위치는 결정적이다. 따라서 소송이 아직 법원에 계속되기 전이나 또는 이미 계속된 후라도 아직 증거조사를 할 단계에 이르지 않은 경우에 증거조사를 유예하면 증거자료를 사용하지 못할 염려가 있는 경우에는 본안절차와는 별도로 미리 그 증거를 조사하여 둘 필요가 있다. 이것을 증거보전이라고 하는데(민소법 제375조 이하), 증거보전은 소송계속중에는 그 증거를 사용할 심급의 법원에 신청하고, 제소전에 할 경우에는 신문을 받은 자나 문서를 소지한 자의 거소, 또는 검증물의 소재지를 관할하는 지방법원에 신청하여야 한다(동법 제376조 제1항). 다만 급박한 경우에는 가까운 지방법원에 신청할 수 있다(동법 제376조 제2항). 증거보전결정에는 불복할 수 없다(민소법 제380조).

5. 소송의 종료

(1) 소송종료의 원인

소송은 여러가지 원인에 의하여 종료하게 된다. 대체로 보아서 소송은 법원의 행위에 의하여, 또는 당사자의 행위에 의하여 혹은 기타 다른 사유에 의하여 종료된다고 볼 수 있는데, 이 가운데 가장 정상적인 원인은 법원의 행위인 종국판결에 의한 종료라고 볼 수 있다. 당사자의 행위에 의한 이례적인 종료는 소의 취하·청구의 포기 및 인낙·소송상의 화해를 들 수 있으며, 기타의 사실에 의한 종료원인으로는 당사자의 지위의 혼동·소송을 승계할 수 없는 경우에 당사자의 사망 등에 의한 종료를 들 수 있다.

소의 취하(Zurücknahme der Klage)는 원고가 소에 의한 심판요구를 도중에서 철회하여 버리는 당사자의 소송행위로서 이에 의하여 소는 처음부터 제기되지 않았던 상태로 돌아간다. 다음에 청구의 포기·인낙 및 소송상의 화해는 어느 것이나 청구에 관한 당사자 쌍방의 소송상의 진술이 일치함으로써 사건이 판결을 기다릴 필요도 없이 해결되는 것으로서, 이것이 조서에 기재되면 확정판결이 있었던 것과 동일한 효과를 발생시켜 소송이 종료하게 된다(민소법 제220조). 소송절차가 종료되기 전에 그 절차를 법률상 진행할 수 없는 상태가 되면 소송절차는 중단 또는 중지된다. 중단과 중지를 총칭하여 정지라고 하는데 그 사유는 법률에 규정되어 있으며, 당사자의 합의에 따른 일시휴지는 인정되지 아니한다.

(2) 종국판결(Endurteil)

위에서 본 바와 같이 법원은 당사자가 주장한 사실에 대하여 증거를 조사하고 소송이 판결을 할 단계에 놓이게 되면 변론을 종결하고 판결을 내리게 된다. 판결이라 함은 변론을 거쳐서 법정방식을 갖춘 서면인 판결원본을 작성하고 이에 의하여 선고의 효력이 발생하는 것을 말하는 것으로서 이에는 중간판결과 종국판결이 있다. 중간판결은 소송진행중에 부분적인 쟁점에 대하여 하는 판결로서 종국판결의 준비적 재판이다.

종국판결은 그 심급에 있어서 소송을 종료시키기 위하여서 하는 재판을 말한다. 종국판결에는 원고의 청구를 인용하는 판결과 그 청구를 기각하는 판결 및 소를 부적법하다 하여 각하하는 판결이 있다. 종국판결에 대하여는 2주내에 항소를 제기할 수 있으나, 이 기간을 도과하면 그 판결은 확정된다. 확정된 판결은 그 판결의 내용에 따라 각각 기속력·기판력·집행력·형성력 등의 판결의 효력이 생긴다. 이러한 판결의 효력은 판결의 선고로써 생기며, 판결의 선고는 판결원본에 의하여 재판장이 주문을 낭독하고, 이유의 요지를 설명하여야 한다. 이러한 판결원본에는 당사자 및 법정대리인, 주문청구의 취지 및 상소의 취지·이유 변론종결 연월일, 법원 등을 기재하고 판결한 법관이 서명날인하여야 한다. 판결의 선고는 원칙적으로 변론 종결일로부터 2주간내에 하여야 한다.

Ⅳ. 상소심소송절차

상소(appeal, Rechtsmittel)라 함은 재판에 대한 불복신청 가운데 재판의 확정 전에 상급법원의 재심사를 구하는 소송행위를 말하며, 상소를 제기할 수 있는 당사자의 소송상 권리를 상소권이라 한다. 상소의 제기에 의하여 원심재판의 확정이 차단되고(차단적 효력), 상급법원의 심사를 받을 수 있도록 사건은 상급법원에 계속되게 되며(이심(移審)의 효력), 판결의 일부에 대한 항소의 제기가 있더라도 판결 전부에 대하여 판결확정차단의 효력 및 이심의 효력이 미친다(상소불가분의 원칙).

상소제도는 사안해결의 적정을 꾀하고 법령해석의 통일을 도모하기 위하여 인정되는 제도이다. 상소의 종류에는 종국판결에 대한 상소로서 항소와 상고가 있고, 결정·명령에 대한 상소로서 항고가 있다.

1. 항 소

항소(Berufung)라 함은 제1심의 패소당사자가 항소법원에 대하여 제1심법원(원심법원)의 종국판결이 그 사실인정과 법령적용에 있어서 위법임을 이유로 하여 그것의 취소 또는 변경을 구하는 상소이다. 항소의 제기는 항소장을 제1심법원에 제출함으로써 하며, 당사자와 법정대리인은 제1심판결의 표시 및 판결에 대한 항소의 취지를 항소장에 기재하여야 한다(민소법 제397조 제1항, 제2항). 항소법원은 부적법한 항소로서 흠을 보정할 수 없는 경우에는 판결로서 항소를 각하할 수 있고, 1심판결이 정당하다고 인정되는 경우에는 항소를 기각하여야 하고, 1심판결이 부당하거나 판결절차에 위법이 있는 경우에는 원판결을 취소하고 스스로 재판하거나 1심법원으로 환송하여야 한다.

2. 상 고

상고(Revision)라 함은 항소심의 당사자가 상고법원에 대하여 항소심이 내린 종국판결에 관하여 그 법령적용의 당부를 심사하고 원심판결이 위법일 때에는 그 파기 또는 변경을 요구하는 상소를 말하다. 상고는 항소와는 달리 원칙적으로 원심법원의 사실인정에 관한 당부를 판단하지 않고 원심법원의 법률적 판단의 당부만을 심사한다(민소법 제422조, 제423조). 대법원은 상고가 이유있다고 판단되는 경우 원심판결을 파기하고 사건을 원심법원으로 환송하거나 동등한 다른 법원으로 이송하거나(동법 제436조), 법률에 규정된 사유에 해당하는 경우 원심판결을 파기하고 스스로 종국판결을 하여야 한다(동법 제437조).

3. 항 고

항고(Beschwerde)라 함은 판결 이외의 재판인 결정·명령의 위법임을 주장하여 그 취소 또는 변경을 요구하는 독립된 상소방법을 말한다. 따라서 항고는 소송절차에 관한 신청을 기각한 결정·명령(민소법 제439조), 결정·명령으로 재판할 수 없는 사항에 대하여 결정·명령을 한 경우(동법 제440조), 수명법관(受命法官)과 수탁판사(受託判事)의 재판에 대한 이의에 관하여 수소법원이 한 재판(동법 제441조), 강제집행절차에 관하여 내린 결정·명령(민집법 제15조 제1항) 등의 경우에만 할 수 있다. 항고는 원심법원에 대하여 항고장을 제출하여야 한다(민집법 제15조 제2항).

4. 재 심

재심(wideraufnahme)이라 함은 확정판결에 의하여 이미 종료된 사건에 관하여 재심사유에 해당하는 중대한 하자가 있는 경우에 그 판결을 취소하고 사건의 재심판을 구하는 비상의 불복신청방법이다. 재심관할법원은 심급에 관계없이 그 사건을 판결한 판결법원이다. 재심사유는 법정되어 있고(민소법 제451조) 그 제소기간은 당사자가 확정판결 후 재심사유를 안 날로부터 30일 이내에 제기하여야 하며 이는 불변기간이다. 그러나 확정판결 후 또는 재심사유 발생 후 5년이 경과하면 재심을 제기할 수 없다(민소법 제456조 제3항).

Ⅴ. 강제집행절차

민사소송에 있어서는 우선 지금까지 보아 온 판결절차를 통하여 법규를 구체적으로 적용하여 권리의무의 존부를 확정시키지만 이러한 과정을 거쳐서 확정된 채무를 채무자가 자발적으로 이행하지 아니하면 채권자의 권리는 확정될 수 없다. 그러므로 채권자의 권리를 확보하기 위하여 채무자의 의무이행을 강제하는 방법이 강구되지 않으면 안된다. 이 경우 채권자의 자력구제는 금지되어 있으므로 국가권력에 의존하여 채무이행을 강제할 수밖에 없으니 이것이 강제집행이다. 즉 사법상의 청구권의 만족을 얻기 위하여 채무자에게 국가권력에 의한 강제력을 가하여 급여청구권의 실현을 목적으로 하는 절차이다. 강제집행절차는 판결절차와는 분리되어 별개의 기관이 관장하는 독립된 절차이며, 판결절차의 필연적 연장으로서의 절차는 아니다. 강제집행을 할 수 있는 판결은 이행판결에 한하나 이행판결이라도 동거청구와 같이 성질상 강제집행에 부당한 것이 있는가 하면 확인판결이나 형성판결은 집행력이 없으므로 강제집행이란 있을 수 없다.

강제집행은 집행의 대상에 따라 채무자의 신체, 노동력을 집행의 대상으로 하는 인적 집행과 채무자의 재산을 집행의 대상으로 하는 물적 집행으로 구분되는데, 현행법상 물적 집행만이 인정된다. 또한 급부의 내용에 따라 원물집행주의와 금전집행주의로 구분되는데, 현행 민사집행법은 원물집행주의를 원칙으로 한다. 또한 강제집행의 방법에 따라 직접강제, 간접강제 및 대체집행으로 구분하기도 한다. 직접강제라 함은 채무자의 협력없이 직접 실현하는 집행을 말하며 금전지급이나 물건인도의무의 집행에 적합한 집행방법이다. 간접강제라 함은 채무자에 대하여 불이익을 예고 또는 부과하여 심리적 압박을 가함으로써 채무자로 하여금 채무를 이행케 하는 집행인데(민집법 제261조) 채무자 자신의 행위에 의하지 아니하면 목적을 달할 수 없는 부대체적 의무의 강제집행방법으로 적당하다. 대체집행은 채권자 또는 제3자로 하여금 대신 급여내용을 실현하게 하는 것을 용인하고 채무자로부터 그 비용을 금전으로 추심할 수 있는 방법이다(민집법 제260조).

강제집행의 방법은 집행의 내용이 금전채권이냐 또는 금전 이외의 채권이냐에 따라 다르다. 금전채권이란 금전, 즉 화폐의 지급을 목적으로 하는 채권인데 이 경우의 집행방법은 채무자의 재산을 압류하여 경매의 방법에 의하여 이를 환가, 즉 금전화하여 채권자에게 변제하는 것이다. 금전 이외의 채권, 즉 동산·부동산과 같은 유체물의 인도를 목적으로 하는 채권의 경우에는 집행관이 직접 그 목적물을 점유하여 채권자에게 인도하는 직접강제의 방법에 의하고, 채무자의 작위·부작위를 목적으로 하는 경우에는 위에 설명한 대체집행 또는 간접집행의 방법에 의한다.

제 3 절 형사소송

I. 형사소송의 의의

형사소송이란 형사재판에 관한 절차를 말한다. 즉 국가의 형벌권을 구체적으로 실현함을 목적으로 하는 소송절차이다. 형사소송은 범죄와 형벌에 관하여 추상적으로 규정하는 법률체계인 형법의 적용 또는 실현을 목적으로 하는 절차이며, 이 형사소송을 규정하는 규범체계가 형사소송법이다. 형사소송법은 실질적 의의와 형식적 의의로 나누어지는데, 실질적 의의의 형사소송법은 형사소송을 규율하는 법규의 총체를 말하고, 형식적 의의의 형사소송법은 1954년 9월 23일 법률 제341호로 제정·공포된 「형사소송법」전만을 의미한다.

II. 형사소송의 주체

형사소송의 주체는 형사법원·검사·피고인의 3자이다. 이것은 현행 형사소송법이 국가소추주의를 채용하고 있는 데에서 오는 결과로서 법원은 심판을 하는 주체이고 검사와 피고인은 심판을 받는 주체이다. 심판을 받는 주체를 소송당사자라 하며 검사는 원고로서의 지위를 가진다. 소송의 주체 중 법원에 관하여는 이미 설명하였으므로 여기에서는 검사와 피고인에 관하여만 설명한다.

1. 검 사

검사는 공소권의 행사를 주요임무의 하나로 하는 공익의 대표자로서 ① 범죄수사·공소제기와 그 유지에 필요한 행위, ② 범죄수사에 관한 사법경찰관리의 지휘·감독, ③ 법원에 대한 법령의 정당한 적용의 청구, ④ 재판집행의 지휘·감독 등에 대한 직무와 권한을 가진다. 검사는 검찰총장, 검사장 등의 보조기관이 아니고 각각 독립하여 공소권을 행사할 수 있는 권한을 가지며, 다만 상관의 지휘·명령에 복종할 따름이므로 검사는 행정기관에 속하면서도 준사법기관으로서 독립성이 보장될 것이 요청된다. 검사는 각각 독립하고 있는 법관과도 달라서 상명하복의 관계에 있다. 또한 검사는 검찰총장을 정점으로 하여 전국적으로 통일적·계층적인 조직을 이루어 일체 불가분의 유기체로서 활동하는데, 이것을 '검사동일체의 원칙'이라고 한다. 검사동일체의 원칙은 범죄수사와 공소의 제기·유지 및 재판의 집행을 내용으로 하는 검찰권의 행사가 전국적으로 균형을 이루게 하여 검찰권 행사의 공정성·통일성을 기하려는 데 주된 이유가 있다.

2. 피 고 인

형사소송에 있어서 피고인은 수동적 당사자, 즉 형사사건에 관하여 형사책임을 져야 할 자로서 검사에 의하여 공소가 제기된 자이다. 피고인은 공소가 제기된 자를 의미한다는 점에서 공소제기 전에 수사기관에 의하여 수사의 대상으로 되어 있는 피의자와 구별되며 유죄판결이 확정된 수형자와도 구별된다. 형사소송법상 원고인 검사와 피고인은 당사자평등의 원칙에 의하여 대등한 공격·방어의 수단과 기회가 부여되고 있으나 실질적으로 검사와 맞설 수 있는 방어력을 기대할 수 없기 때문에 피고인 또는 피의자의 보조자에 지나지 않는 변호인을 두어 방어력을 보충한다. 국선변호인제도는 그 한 가지 표현이라 할 것이다.

Ⅲ. 형사소송절차

1. 수 사

수사라 함은 범죄의 혐의가 있는 경우에 수사기관이 공소를 제기하고 이를 수행하기 위하여 범인 및 증거를 발견하고 수집하는 활동을 말한다. 그러므로 수사는 공소제기 전에 행하여지는 것이 원칙이나 공소제기 후에도 공소를 유지하기 위하여 행하여진다.

(1) 수사기관

수사기관에는 검사 및 사법경찰관리가 있다. 검사는 범죄수사의 주체가 되고 사법경찰관리는 그 보조기관이다. 이 외에도 법률로써 산림·해사·전매·세무·군수사기관 기타 특별한 사항에 관하여 특별사법경찰관리를 정할 수 있다. 이에 관하여는 「사법경찰관리의 직무를 행할 자와 그 직무한계에 관한 법률」이 있다.

(2) 수사의 개시

수사기관이 범죄의 혐의가 있다고 인정하면 수사를 개시하지 않으면 아니된다(형소법 제195조). 형사소송법상의 수사개시의 원인으로서는 현행범·고소·고발·변사자의 검시·자수 등이 있다.

(가) 현행범　현행범이라 함은 범죄의 실행중이거나 실행의 직후인자를 말하며, 이는 누구든지 영장없이 체포할 수 있다(형소법 제212조). 다만 검사 또는 사법경찰관이 아닌 자가 현행범인을 체포한 때에는 즉시 검사 또는 사법경찰관리에게 인도하여야 한다(형소법 제213조).

(나) 고 소　고소라 함은 범죄의 피해자 또는 그와 일정한 관계가 있는 고소권자가 수사기관에 대하여 범죄사실을 신고하여 그 소추를 구하는 의사표시이다. 고소는 친고죄에 있어서는 공소의 유효요건이 되지만, 그 이외의 범죄에 있어서는 수사의 단서가 되는 데 불과하다. 친고죄에 대하여는 범인을 알게 된 날로부터 6월을 경과하면 고소하지 못하며(형소법 제230조), 고소한 경우에는 제1심 판결의 선고 전까지는 이를 취소할 수 있다. 그러나 취소한 경우에는 다시 고소하지 못한다(형소법 제232조).

(다) 고 발　고발이라 함은 고소권자와 범인 이외의 사람이 수사기관에

대하여 범죄사실을 신고함으로써 그 소추를 요구하는 의사표시를 말하며 누구나 범죄의 혐의가 있다고 인정될 때에는 고발할 수 있다.

(라) 자 수　자수라 함은 범인이 스스로 수사기관에 대하여 자기의 범죄사실을 신고하여 그 수사와 소추를 구하는 의사표시를 말한다.

(3) 수사의 방법

수사의 방법에는 임의수사와 강제수사가 있다. 임의수사란 강제력을 행사하지 않고 상대방의 동의 또는 승락을 전제로 한 수사를 말하고 강제수사란 상대방의 의사 여하를 불문하고 강제적으로 실시하는 수사를 말한다. 형사소송법은 수사단계에 있어서도 가능한 한, 당사자주의인 소송구조를 구현하기 위하여 임의수사를 원칙으로 하고 강제수사는 특별한 규정이 없는 한 할 수 없도록 규정하고 있다.

임의수사에는 피의자신문, 참고인조사, 감정, 통역 또는 번역 등이 있다. 피의자신문은 검사 또는 사법경찰관이 수사에 필요한 때에는 피의자의 출석을 요구하여 진술을 듣는 것을 말하며, 참고인조사라 함은 피의자 아닌 자의 출석을 요구하여 진술을 듣는 것을 말한다.

강제수사에는 구속·압수·수색, 검증 등의 방법이 있는데, 이에는 각각 판사가 발부하는 영장이 있어야 한다.

피의자의 구속은 피의자가 범죄의 혐의를 받을 만한 충분한 이유가 있고, 피의자가 일정한 주소를 갖지 않거나, 증거인멸의 염려가 있거나 도주의 염려가 있을 때에는 관할지방법원판사의 구속영장을 받아 피의자를 구속한다. 사법경찰관이 피의자를 구속한 때에는 10일 이내에 검사에게 인도하여야 하고, 피의자를 인도받은 검사는 역시 10일 이내에 공소를 제기하지 않으면 석방해야 한다. 다만 지방법원판사는 검사의 신청에 의하여 상당한 이유가 있다고 인정할 때에는 10일을 초과하지 않는 범위에서 검사의 구속기간을 1차에 한하여 그 연장을 허가할 수 있다. 검사와 사법경찰관리는 일정한 경우에 영장없이 피의자를 긴급체포할 수 있다(형소법 제202조~제205조, 제200조의 4). 긴급체포시에는 48시간 내에 영장을 청구하여야 하며, 영장을 청구하지 않거나 발부받지 못하면 즉시 석방하여야 한다.

(4) 수사의 종결

수사절차는 공소를 제기할 것인가를 판단할 수 있을 정도로 피의사건이 해명되었을 때 종결된다. 수사는 검사의 공소제기, 불기소처분 또는 타관송치와 같은 처분으로 종결되는데, 불기소처분에는 협의의 불기소처분(혐의없음, 죄가 안됨, 공소권없음)과 기소유예 및 기소중지가 있다. 기소유예란 피의사건에 관하여 범죄의 혐의가 인정되고 소송조건이 구비되었으나 범인의 상황을 참작하여 공소를 제기하지 않는 경우를 말하고(형소법 제247조), 기소중지란 검사가 피의자의 소재불명 등의 사유로 수사를 종결할 수 없는 경우에 그 사유가 해소될 때까지 기소를 중지하는 처분을 말한다.

2. 공소의 제기

공소라 함은 검사가 특정한 범죄에 관한 형벌권의 존부 및 그 범위를 확정하는 것을 목적으로 하여 법원에 대하여 그 심판을 구하는 의사표시이다. 그러므로 공소의 제기는 수사의 종결을 의미하는 동시에 공판절차의 개시를 의미한다. 검사는 범죄의 수사가 끝나면 공소를 제기한다. 공소는 검사만이 제기할 수 있는데 이것을 기소독점주의(起訴獨占主義)라 한다.

검사는 수사의 결과 범죄사실이 있다고 인정한 경우에는 반드시 기소하여야 하는 것이 아니며, ① 범인의 연령·성행·지능·환경, ② 범인과 피해자와의 관계, ③ 범행의 동기·수단·결과, ④ 범행 후의 정황 등을 고려하여 기소하지 않을 수도 있는데, 이것을 기소편의주의(起訴便宜主義)라 한다(형소법 제247조 제1항).

공소를 제기함에는 공소장을 관할법원에 제출하여야 한다. 공소장에는 피고인의 형명·죄명·공소사실·적용조문 등을 반드시 기재하여야 한다. 공소는 제1심판결의 선고 전까지 이를 취소할 수 있다.

검사의 불기소처분에 대하여 고소인·고발인은 그 통지를 받은 날로부터 10일 안에 서면으로 그 검사소속의 지방검찰청 검사장을 경유하여 고등법원에 그 당부에 관한 재정을 신청할 수 있다. 이 경우 법원이 그 신청을 이유있다고 인정하여 심판에 회부하는 결정을 하였을 때에는 공소의 제기가 있는 것으로 간주하는 제도를 인정하고 있는데 이것을 준기소절차(準起訴節次)라 한다(형소법 제260조 이하).

3. 공 판

(1) 공판의 의의

공판 또는 공판절차라 함은 공소의 제기 후 법원이 행하는 피고사건에 대하여 심리・재판하고 또 당사자가 변론을 행하는 절차단계를 말한다. 공판은 좁은 의미로는 공판기일에 있어서의 심리・변론・판결・선고의 절차만을 가리키는 것이지만, 넓은 의미로는 법원 또는 법관이 행하는 모든 행위, 즉 검증・증인신문・피고인의 구속・보석 등을 포함하는 모든 절차의 단계를 의미한다. 공판은 각 심급마다 존재하고 사건에 관한 법원의 심리는 모두 공판절차에서 행하여지므로 공판은 형사소송의 중심을 이루는 것으로서, 이것은 공판준비절차와 공판기일의 절차로 나뉘어진다.

(2) 공판준비절차

공판준비라 함은 공판기일에 심리를 능률적으로 행하기 위한 준비로서 수송법원 또는 재판장・수명법관・수탁판사가 행하는 공판기일 외의 절차를 말한다. 공판기일의 지정 및 통지, 피고인의 소환, 공판기일 외의 증거수집・증거조사 등은 그 중요한 것들이다.

(3) 공판기일의 절차

공판기일에는 공개된 법정에서 정수의 판사・검사 및 법원서기가 열석하고, 피고인도 출석하여 심리・변론을 거쳐 종국판결을 한다. 변호인은 출석할 권리가 있고 공판기일은 변호인에게도 통지하여야 한다. 다만 변호인의 출석여부는 개정의 요건이 되는 것은 아니다. 공판은 대체로 다음과 같은 순서에 의하여 진행된다. 재판장은 먼저 피고인의 성명・연령・본적・주소・직업 등을 물어서 피고인임이 틀림없음을 확인하여야 한다. 다음에 검사는 공소장에 의하여 기소의 요지를 진술하여야 하며, 또 재판장은 피고에게 그 이익되는 사실을 진술하는 기회를 주어야 한다. 검사와 변호인은 순차로 피고인에 대하여 공소사실과 정상에 관한 필요한 사항을 직접 신문할 수 있으며, 재판장은 검사・변호인의 신문이 끝난 뒤에 신문할 수 있다. 이 경우 피고인은 각각의 신문에 대하여 진술을 거부할 수 있다.

피고인에 대한 신문이 끝나면 증거조사를 한다. 증거조사에는 당사자의 신청에 의한 증거조사와 직권에 의한 증거조사가 있다. 재판에 있어 사실의 인정은 증거에 의하여야 하나 증거의 증명력은 법관의 자유심증에 의한다. 피고인의 자백은 그것이 폭행・협박・고문 등에 의한 강제자백이라고 의심할 만한 이유가 있는 때에는 이를 유죄의 증거로 하지 못할 뿐만 아니라 자백이 피고인의 임의에 의하여 이루어진 때라도 그것이 피고인에게 불이익한 유일한 증거인 때에는 이를 유죄의 증거로 하지 못한다.

피고인신문과 증거조사가 끝나면 검사는 사실과 법률적용에 관하여 의견을 진술하여야 한다. 재판장은 검사의 의견을 들은 후에 피고인과 변호인에게 최종의 의견을 진술할 기회를 주어야 한다.

(4) 공판의 재판

이상의 모든 절차가 끝나면 선고된다. 판결의 선고는 공판정에서 재판장이 낭독하고 그 이유의 요지를 설명함으로써 한다. 이 경우에는 재판장은 피고인에게 상소할 기간과 법원을 고지한다.

Ⅳ. 상소심소송절차

상소제도 일반에 관하여는 민사소송의 경우와 같다. 형사소송에 있어서 상소를 할 수 있는 자는 검사 또는 피고인이며, 피고인의 법정대리인도 피고인을 위하여 상소할 수 있다. 이 이외에 피고인의 배우자·직계친족·형제자매 또는 원심의 소송대리인이나 변호인 등은 피고인을 위하여 피고인의 명시적인 의사에 반하지 아니하는 범위에서 상소권을 가진다. 상소는 재판의 일부에 대하여도 할 수 있으며, 이 경우 상소는 그 일부와 불가분의 관계에 있는 부분에 대하여도 효력이 미친다.

1. 항 소

제1심법원의 판결에 대하여 불복이 있는 경우에는 지방법원 단독판사가 선고한 것에 대하여는 지방법원 본원합의부에 항소할 수 있으며, 지방법원 합의부가 선고한 사건에 대하여는 고등법원에 항소할 수 있다. 항소는 판결 선고일로부터 7일 이내에 항소장을 원심법원에 제출한다.

2. 상 고

제2심법원의 판결에 대하여 불복이 있는 경우에는 대법원에 상고할 수 있다. 상고는 판결선고일로부터 7일 이내에 상고장을 원심법원에 제출함으로써 한다.

3. 항 고

항고는 법원의 결정에 대하여 불복이 있는 경우에 하는 상소이다. 항고에는 보통항고와 즉시항고가 있다. 보통항고는 즉시항고 이외에는 언제든지 할 수 있다. 즉시항고는 3일로 하며, 항고는 항고장을 원심법원에 제출함으로써 한다. 명령에 대하여 불복이 있는 경우에는 일정한 경우에 준항고가 인정되어 있다. 준항고는 서면으로 관할법원에 제출함으로써 한다.

V. 비상구제절차

판결이 확정되면 법적 안정성의 견지에서 같은 사건에 대하여 불복을 주장할 수 없으나, 확정판결에 중대한 하자가 있는 경우에 그 변경을 허용하지 아니하는 것은 정의에 반하므로 경우에 따라서는 비상구제절차로써 그 예외를 인정하지 아니할 수 없다. 재심과 비상상고가 그 예이다.

1. 재 심

재심이라 함은 유죄의 확정판결에 대하여 중대한 사실오인이나 그 오인의 의심이 있는 경우에 판결을 받은 자의 이익을 위하여 판결의 부당함을 청구하는 비상구제절차이다.

재심사유는 형사소송법 제420조 및 제421조 제1항에 규정되어 있으며 재심청구권자는 검사, 유죄의 선고를 받은자, 유죄의 선고를 받은 자의 법정대리인, 유죄의 선고를 받은 자가 사망하거나 심신장애가 있는 경우에는 그 배우자·직계친족 또는 형제자매 등이다. 재심은 판결이 확정된 이상 판결의 집행 전에는 물론이고 판결의 집행 중에도 이를 할 수 있고, 또 판결의 집행 종료 후에도 이를 할 수 있다. 이는 형의 집행 후에도 유죄의 판결을 받은 자의 명예회복이라는 이익이 있고, 또 재심에서 무죄의 판결이 있으면 형사보상을 받을 수 있기 때문이다(형사보상법 제1조 참조).

2. 비상상고

비상상고라 함은 확정판결에 대하여 심판이 법규에 위반한 것을 발견한 경우에 허용되는 비상구제절차를 말한다. 비상상고는 법령위반을 이유로 하는 비상절차인 점에서 사실인정의 잘못을 이유로 하는 재심과 구별된다.

비상상고는 법령의 해석·적용의 통일을 목적으로 하는 제도이며 피고인의 구제는 제2차적·부수적으로 고려되는 데 불과하다. 그리고 비상상고는 검찰총장에게만 그 신청권이 인정되고 그 대상은 재심과는 달리 모든 확정 판결이고 또 모든 법령위반을 이유로 할 수 있다. 관할법원은 대법원이며 비상상고가 이유없다고 인정되는 경우는 판결로서 기각하여야 하고 비상상고가 이유있다고 인정되는 경우는 그 위반된 부분을 파기한다.

Ⅵ. 특별절차

1. 약식절차

약식절차는 지방법원의 관할에 속하는 사건에 대하여 검사의 청구가 있는 때 공판절차에 의하지 아니하고 서면심리에 의하여 벌금·과료 또는 몰수를 과하는 절차이다. 약식명령은 그 청구가 있는 날로부터 14일 이내에 하여야 하며, 약식명령은 정식재판의 청구기간(약식명령의 고지를 받은 날로부터 7일)이 경과하거나 그 청구의 취하 또는 청구기각의 결정이 확정된 때에는 확정판결과 동일한 효력이 있다. 약식명령은 정식재판의 청구에 의하여 판결이 있는 때에는 그 효력을 잃는다.

2. 즉결심판절차

즉결심판절차란 지방법원, 지원 또는 시·군법원의 판사가 20만원 이하의 벌금·구류·과료에 처할 경미한 범죄에 대하여 정식 공판절차에 의하지 아니하고 즉결하는 심판절차를 말한다. 즉결심판절차는 경미한 형사사건의 신속·적절한 처리를 통하여 소송경제를 도모하려는 데 주된 목적이 있는 제도이다. 즉결심판의 청구자는 관할 경찰서장 또는 해양경찰서장이다(즉결심판에 관한 절차법 제3조 제1항). 따라서 즉결심판의 청구는 검사의 기소독점주의에 대한 예외가 된다. 즉결심판의 심리는 공개된 장소에서 행한다. 즉결심판에 있어서도 피고인의 출석은 개정(開廷)의 요건이다.

즉결심판을 받은 피고인은 정식재판을 즉결심판이 선고 또는 고지된 날로부터 7일 이내에 정식재판서청구서를 경찰서장 또는 해양경찰서장에게 제출하여야 한다(즉결법 제14조 제1항). 즉결심판에서 무죄, 면소 또는 공소기각의 선고가 있는 때에는 경찰서장은 선고 또는 고지한 날로부터 7일 이내에 정식재판을 청구할 수 있다. 이 경우 경찰서장은 관할지방검찰청 또는 지청의 검사의 승인을 얻어 정식재판청구서를 판사에게 제출하여야 한다(동조 제2항). 즉결심판은 정식재판의 청구기간을 도과하거나 정식재판의 포기 또는 청구의 취하에 의하여 또는 정식재판청구를 기각하는 재판이 확정된 때 확정판결과 동일한 효력이 발생한다. 즉결심판은 정식재판의 청구에 의한 판결이 있는 때에 그 효력을 상실한다.

3. 배상명령절차

배상명령절차란 법원이 직권 또는 피해자의 신청에 의하여 피고인에게 피고사건의 범죄행위로 인하여 발생한 손해의 배상을 명하는 절차를 말한다. 부대소송 또는 부대사소(附帶私訴)라고도 한다. 이 절차의 주된 취지는 피해자의 신속한 구제에 있다. 즉 범죄행위로 인하여 손해배상청구권이 발생한 경우에 형사절차에서 손해배상까지 판단하게 함으로써 피해자가 민사소송에 의한 번잡과 위험을 부담하지 않고 신속히 피해를 변상받게 하는 것이 피해자에게 이익이 될 뿐만 아니라, 소송경제를 도모하고 판결의 모순을 피할 수 있는 결과가 된다는 것이다. 배상명령을 할 수 있는 피고사건은 상해죄·중상해죄·상해치사와 폭행치사상 및 과실사상의 죄(형법 제26장), 절도와 강도의 죄(형법 제38장), 사기와 공갈의 죄(형법 제39장), 횡령과 배임의 죄(형법 제40장), 손괴의 죄(형법 제42장)에 한한다(소송촉진 등에 관한 특례법 제25조). 배상명령을 할 수 있는 채권은 성질상 금전채권에 제한된다. 배상명령은 피고사건의 범죄행위로 인하여 발생한 직접적인 물적 피해와 치료비의 배상에 제한하고 있다(동법 제25조 제1항).

제 7 장 사 회 법

제 1 절 사회법의 개념

I. 자유방임원리의 파탄과 시민법원리의 수정

자본주의 사회내부에 있어서 사회·경제체제적인 여러 모순은, 자본제 생산사회에서의 예정조화적인 경제적 균형과 자유방임에 기인한 발전을 규정한 고전적·추상적인 시민법의 3대원리를 전제로 하여 각자의 사생활은 자기책임의 원칙에 의하여 지배된다고 하는 법적 사실을 현저하게 형해화(形骸化)하였다.

이러한 시민법질서하에서는 노동관계를 겉으로는 개별적인 노동자와 사용자가 추상적·형식적으로는 평등한 관계에 있는 것으로 보고 있으나 실제에 있어서는 사회적인 관계에 있어서 현저하게 불평등하다.

그 결과로 생존의 최소한의 비용에도 미치지 못하는 저임금 등의 열악한 근로조건과 그나마 고용의 기회를 찾지 못한 다량의 실업자군(失業者群)의 등장이 예견되었다. 뿐만 아니라 주기적인 경제공황의 발생과 부의 편중에 의한 부익부·빈익빈 현상이 나타나게 되었다.

이리하여 시민법 자체가 추상적·고전적인 것으로 전화하여 자본주의 사회내부에 있는 제 모순과의 관계에 있어서 추상적인 평등에 대신하여 실질적인 자유와 평등을 실현하기 위하여 소수의 사회적 강자의 자유방임에 기인하는 사회적 폐해를 치유하고, 가능한 한 사회적 피해자인 다수의 사회적 약자의 생존을 가능하게 하는 법의 생성이 필연적인 것으로 된다.

그러나 이러한 제조건에서 생성된 법 — 사회법 — 은 자본주의체제를 부정하는 사회주의질서형성의 법으로 되지 않고, 자본주의국가에 있어서 추상적·고전적인 기본권인 자유권에 대하여 생존권적 혹은 사회권적 기본권을 전제로 하여 자본주의 질서와 조화하는 법질서 내부의 법으로 자유와 평등의 구체화·실현화를 통하여 추상적·고전적인 시민법질서를 보장하는 성격을 내포하였다고 할 수 있다.

II. 사회법의 의미와 그 영역

사회법의 생성·발전의 과정을 고려할 때 일반적으로 그 생성의 초기에 시민법질서하에서 생존에 위협을 받고 있는 계층은 자본주의 생산과정에서 사회적 약자계층으로서의 노동자들이었다. 이러한 노동자의 지위개선을 위하여 사적자치의 원칙이 지배되던 근로계약관계에 국가가 개입·간섭하여 자유방임의 수정이라는 형태로 구체화되었다는 데에서 사회법이란 곧 근로법을 의미하는 것으로 파악되었다.

그러나 오늘날에 있어서는 사회법을 어떻게 정의하느냐에 대하여 통일된 견해가 있는 것은 아니다. 굳이 정의를 한다면 고도의 자본주의 사회의 법 질서에 있어서 헌법상 생존권적 기본권에 관한 제규정에 터잡은 현대사회에서 인간의 존엄과 가치를 가지고 행복한 생활을 영위하도록 그 실현을 목적으로 하는 현대법체계 가운데에서 이에 관한 법의 총체라고 할 수 있다.

이러한 관점에서 볼 때 오늘날 사회법은 이전에 사회법과 동일시되어온 노동법 그리고 노동법과 중첩되어 발전하여 독자의 영역을 확보한 사회보장법 및 독점자본주의하에서 국가가 국민경제 전체의 입장에서 경제를 규제하기 위한 경제법을 그 영역에 포함시킨다.

제2절 노 동 법

I. 노동법의 개념

노동법의 개념은 여러가지로 설명할 수 있다. 일반적으로 노동법학을 의미하는 경우가 있는가 하면 노동관계법규의 총체라는 의미로 사용되는 경우가 있다. 대체로 노동법은 법규제의 대상과 법이념을 고려하여 자본주의사회에서 종속노동관계에 있는 근로자의 생존권확보를 위한 법이라고 정의할 수 있다. 이를 분설하면 다음과 같다.

1. 자본주의사회를 전제로 하는 법이다

노동법은 생산수단을 제공하는 경영자로서의 사용자의 존재와 노동자의 존재를 인정하여 노동시장에서 생산수단과 노동력은 계약에 의하여 결합하며 노동력의 수요공급의 원칙에 따라 임금 등의 제 근로조건이 결정된다. 시민법상으로는 이러한 관계에서 발생하는 모든 문제를 평등의 원칙에 입각하여 처리하고 있으나 현실적으로는 불평등한 관계이기 때문에 이를 조정하고자 하는 것이 노동법의 사명인 것이다.

노동법은 자본주의사회의 모순과 결함을 발견·시정하여 자본주의사회구조를 유지하기 위한 수단으로서의 사회정책적 입법이다.

2. 종속노동관계를 규율하는 법이다

노동법의 대상은 이와 같이 자본제사회의 근로관계에 한정한다고 하더라도 자본제사회의 노동 전반에 관한 법이라고는 할 수 없다. 노동법이 대상으로 하고 있는 근로는 타인의 지시와 명령을 받으며 특정조건하에서 일하는 종속노동관계이다.

노동법은 이와 같이 종속노동관계의 존재를 전제로, 종속근로관계에서 발생하는 부자유·불평등을 시정하고 조정하기 위한 법이다.

3. 노동자의 생존의 확보를 위한 법이다

근대사회에서 근로자의 존재가 인정되고 있는 이상 노동의 재생산과 사람다운 생존의 확보를 도모할 수 있도록 하는 것은 당연한 사회적 요청이다. 근로자의 생존확보의 구체적 내용은 각국의 경제적·사회적 여건에 따라 다르고 여러가지 제한을 받을 수밖에 없는 실정이지만, 자본주의사회는 노동자의 생존권확보에도 노력하여야 한다는 데 그 존재가치와 특색이 있다. 이런 의미에서 노동법은 근로자의 생존의 확보를 목적으로 하는 법이다.

II. 노동법의 생성

시민법질서가 자본주의사회의 법적 지주로서 자본주의사회 발전에 크게 기여한 점은 결코 무시할 수는 없다. 그러나 시민법질서에서 인간은 자유롭고 평등하다고 하나 구체적 인간으로서는 결코 평등하지가 못하였음이 시민사회가 발전되어감에 따라 점차 드러나기 시작하였다. 이렇듯 형해화한 시민법질서의 「자유」와 「평등」의 기치 아래 노동력을 제공하지 않고서는 생활을 할 수 없는 근로자들에게는 실질적으로는 부자유와 불평등으로 되어 열악한 임금조건과 작업환경에서 장시간의 노동에 시달릴 수밖에 없었다. 불리한 근로조건과 이로 인한 빈곤이 개개의 근로자의 분산된 힘으로는 해결될 수 없다고 인식하여 자구책을 강구하게 되었다. 즉 노동운동은 자본제사회의 역사적인 산물로서 자연발생적으로 일어나게 되었다.

이와 같은 근로자들의 노동운동은 드디어 자본주의 사회에서 법적으로 결실을 보게 되었는데, 이는 자본주의 사회 스스로가 노동문제에 대하여 시민법질서만으로는 합리적인 해결이 불가능하다라는 것을 깨닫게 되었기 때문이다.

오늘날 노동법의 규율대상이 되는 노동문제는 산업혁명 이후 근로자들이 열악한 근로조건하에서 장시간 집단적인 노동에 종사하게 된 때부터 발생하게 되었다고 할 수 있다. 근로자들의 저임금으로 인한 생활고와 산업재해에 의한 생명의 위협 및 신체장해는 중대한 사회문제가 되었고, 국가는 근로자의 보호를 위한 대책을 강구하지 않을 수 없게 되었다. 그 결과 제정된 것이 노동자보호입법이다. 그러나 이러한 법규들도 초기에는 그 내용이 다분히 은혜적인 색채를 띠게 되었고, 그 적용범위도 소년·부녀자 등 제한된 근로자를 그 대상으로 하고 있었다. 그후 근로자들의 단결권·단체교섭권·단체행동권이 확립되면서 근대적인 의미의 노동법으로 발전하게 되었으며, 법의 내용도 은혜적인 것이 아니라 노동자의 권리를 기초로 하여 구성되기에 이르렀다.

노동법사의 초기에 있어서는 개별적 근로관계에 대한 강행적 노동보호입법이 국가에 의하여 제정되었고, 그 다음 단계로 노동3권이 보장됨으로써 근로자들은 스스로의 노동운동을 통하여 임금 및 근로조건을 집단적으로 개선할 수 있게 되었다. 이와 같은 노동법의 생성과 발전은 각국의 경제적·사회적·정치적 사정에 따라 여러가지 형태로 발전하여 왔다.

우리나라의 경우는 노동관계제법이 제정되기 전까지 선진자본주의 제국이 겪어온 노동법생성의 역사적 과정을 경험하지 못하였다. 현행 노동관계제법은 1953년 이후에 제정되었고 그 대부분이 외국의 노동법제를 계수하여 이루어진 것이기 때문에 우리나라는 아직 우리의 사회적·경제적 사정에 기초한 노동법을 가지고 있지 못하고 노동문제 해결의 경험도 부족하여 여러가지 문제가 발생하고 있다.

III. 노동법의 특성

노동법은 근로자의 생존의 확보를 위한 법규의 총체로 법적 규제의 대상과 이념에 있어서 종래의 시민법체계에 속하는 법과는 다른 특수성을 지니고 있어 종래의 시민법에 비하여 특수한 성격을 가지는 법으로서 독자적인 법역을 이루게 되는 것이다.

1. 공·사법 혼합성

노동법은 노·사의 법률상의 평등을 전제로 시민법과의 공존을 꾀하는 법이기 때문에 노동법상의 정의는 평균적 정의와 배분적 정의가 교차하며 조화를 이루는 법분야라는 점에 그 특수성이 있다. 따라서 노동법을 공법과 사법이 교차하는 법분야라고 할 수 있다. 이러한 것은 근로자의 노동인격의 보호라고 하는 노동법의 이념으로 볼 때 불가피한 현상이다.

2. 배분적 정의의 실현

노동법은 배분적 정의의 실현을 위하여 근로조건의 기준을 법으로 정하는 등 근로관계 형성에 직접 개입하는 동시에 노·사관계를 실질적인 평등관계로 유지하기 위하여 집단적 근로관계를 장려한다. 이와 같이 노동관계에서 국가의 후견적인 배려는 형식적 평등에 대신하여 배분적 정의와 실질적 평등을 구현하고자 하는데 있는 것이다.

3. 집단자주성

근로자의 생존권의 보호를 위하여 개별적 근로관계에서 국가의 후견적 배려에 모든 근로조건을 의존하게 할 수는 없다. 따라서 근로자의 단결권을 배경으로 집단적으로 단체교섭을 통하여 근로조건을 개선·유지·향상시킬 수밖에 없다. 단체교섭에 의하여 노·사가 집단적으로 근로관계를 합리적·자주적으로 해결해 나가도록 하는 것이 노동법의 특색의 하나가 되어 있다.

Ⅳ. 노동법의 체계

헌법상 노동에 관한 조항을 두고 있는 국가의 노동관계법규는 헌법의 노동에 관한 규정을 정점으로 제정되고 있는데, 우리나라의 경우 헌법 제32조의 ① 국민의 근로의 권리와 의무 및 적정임금의 보장, ② 근로조건의 기준의 법정화, ③ 여자와 연소근로자에 대한 보호, ④ 국가유공자·상이군경 및 전몰군경유족에 대한 우선적 취업기회의 보장 등에 관한 규정을 정점으로 하는 개별적 근로관계법과 헌법 제33조의 근로권에 관한 규정을 정점으로 하는 집단적 근로관계법으로 체계화하고 있다.

1. 개별적 근로관계법

자본주의체제하에서의 근로관계에는 근로자와 사용자 사이의 근로계약이 필요불가결한 것이다. 그러므로 개별적인 근로자와 사용자 사이의 근로계약을 통하여 성립되는 근로관계가 개별적 근로관계의 중심을 이루는 것이다. 근로관계의 성립·이전·소멸, 근로관계 당사자의 권리·의무 등에서 근로자를 위한 강행법적인 기준을 설정하고 행정적인 감독과 함께 법위반에 대한 벌칙을 가하는 것이 개별적 근로관계법의 내용이다. 이러한 개별적 근로관계법에 속하는 것으로는 근로기준법, 선원법, 최저임금법, 직업안정법, 직업훈련기본법, 산업안전보건법, 남녀고용평등법, 국가유공자예우에 관한 법률, 산업재해보상보험법 등이 있다.

2. 집단적 근로관계법

개별적인 근로자는 사용자와의 관계에서 사실상 불평등한 관계에 있기 때문에 스스로 지위를 개선·향상시킨다는 것은 사실상 어려운 일이다. 따라서 국가는 근로자에 대하여 후견적 보호를 함과 동시에 개개의 근로자 대 사용자의 방식을 탈피하여 근로자 단체, 즉 노동조합을 용인·보장하여 대 사용자와의 관계에서 단체교섭을 통한 자주적 해결을 기대하고, 더 나아가 노사의 실질적인 평등을 확보할 것을 기대하여 노동조합 및 노동관계조정법, 노동위원회법, 근로자 참여 및 협력증진에 관한 법률을 제정하게 되었다. 집단적 근로관계법은 근로자의 단결을 중심으로 전개되는 노사의 집단적 관계에 관한 법규를 총괄하는 개념이라 할 수 있다.

3. 개별적 근로관계법과 집단적 근로관계법의 관계

근로관계는 근로계약에 의하여 개개의 근로자와 사용자의 결합을 전제로 하기 때문에 개별적 근로관계를 그 기반으로 한다. 그리고 이 개별적 근로관계는 국가의 후견적 보호를 전제로 하고 있지만, 이것만으로는 노사의 실질적인 평등을 확보할 수 없으므로 근대적인 근로관계에는 필연적인 것은 아니지만 숙명적으로 집단적 근로관계가 수반된다고 할 수 있다. 또 집단적 근로관계도 개별적 근로관계의 존재를 전제로 하는 것이라 할 수 있다. 양자는 노동법의 이념의 실현에 있어서 밀접한 관계를 가지고 있으며 서로 보완적 관계를 가지는 경우가 적지 않다. 따라서 근로관계에 관한 법적 규제를 고찰하는 경우 이 양자를 분리하여 형식적으로 고찰해서는 안된다.

V. 노동기본권

자본주의사회가 발전해 나감에 따라 사회의 비약적인 발전을 가져온 반면 빈부의 격차, 다수의 실업자군의 발생, 노동문제의 발생, 주기적인 공황의 발생 등의 여러가지 문제를 야기시켰다.

이러한 제문제는 근대 시민사회가 그 출발에 있어서 인간을 형식적·추상적으로 자유롭고 평등하다고 본 것에 기인하는 것이다. 인간의 인격은 평등하나 구체적이고 실질적으로 파악해 볼 때 인간은 결코 평등하지 못한 것이다. 인간은 그 능력이나 환경 등에서 천차만별인 것이다. 이렇듯 평등하지 못한 인간을 평등하다고 상정하고 자유경쟁을 시켰을 때 결국 강자의 논리에 의한 모순을 노정시키게 되는 것이다.

자본주의 사회가 갖는 모순점은 몇 안되는 암세포가 인간의 생명을 앗아가듯이 자본주의사회의 존립을 위태롭게 하는 요인이 되었던 것이다. 따라서 자본주의체제를 보전시키기 위해서도 국민의 인간다운 생활을 확보하기 위해서도 시민사회의 출발에 있어서의 제원칙은 그 수정이 불가피하게 되었다. 즉, 사유재산절대의 원칙은 재산권의 행사에 있어서 공공복리에 적합하게 행사할 의무의 부과 등으로 상대적인 것이 되었고 계약자유의 원칙도 약자의 보호를 위하여 경우에 따라서는 계약이 강제되기도 하고, 혹은 계약의 내용이 국가의 후견적 간섭을 받게 되었다.

그런가 하면 인간의 인간다운 생활을 위한 권리인 생존권이 새로운 기본권으로 추가되어 실질적인 자유와 평등을 꾀하게 되었다.

노사문제에 대하여 살펴보면 근로계약에 국가가 간섭을 하여 근로자를 보호하고 대등한 자주적인 노사관계의 전개를 할 수 있도록 노동권을 보장하는 등 노사의 실질적인 평등과 자유를 가져와 노동인격의 완성을 도모하게 되었다. 구체적인 내용은 항을 바꾸어 설명하기로 한다.

1. 근로의 권리

(1) 시민사회에 있어서는 모든 국민에게 경제활동을 통한 개성신장을 돕고 생활에 있어서 자기책임의 원칙에 따라 자주적이고 자율적인 생활의 물질적인 터전을 스스로 마련할 수 있도록 하기 위하여 재산권을 보장하고 있다. 이는 유산시민의 보호를 위한 것으로 그 의의를 찾을 수 있다. 이에 대하여 생존의 기초로 활용할 수 있는 재산을 갖지 못한 무산시민이 생존의 기초가 되는 일을 하고 보수를 받을 권리의 보호, 즉 근로의 권리의 보호가 필연적으로 대두되게 되었다. 이러한 근로의 권리는 18C～19C에 있어서는 자연법사상의 영향을 받아서 근로의 자유로서의 의미를 가지고 있었다. 즉, 국민 각자가 근로하는 자유는 천부의 자유로서 국가로부터 함부로 침해받을 수 없다고 하는 소극적 의미의 근로권으로부터 20C에 들어와서 노동문제가 심각한 사회문제로 등장함에

따라 근로자의 생존을 위한 근로의 권리로서의 적극적인 의미를 가지게 되었다.

(2) 근로의 권리의 의미

근로권은 다음과 같은 두 가지 측면에서 고찰할 수 있다.

첫째로 근로권을 일반적으로 근로의 의사와 능력이 있는 자가 스스로의 힘에 의하여 근로의 기회를 가지지 못할 때 국가에 대하여 일할 기회를 제공해 달라고 요구하는 권리로 보는 견해와, 둘째로 근로권을 근로의 의사와 능력이 있는 자가 자기 스스로의 힘에 의하여 근로의 기회를 가지지 못할 때에는 적절한 생활비를 지급을 요구할 수 있는 권리로 파악하는 견해가 그것이다.

첫번째 의미의 근로권은 일할 의사와 능력이 있는 모든 국민에 대하여 빠짐없이 일할 기회를 준다고 하는 의미에 있어서 매우 적극적인 권리관념이며 사회정책적인 입장에서도 이상적인 것이라고 할 수 있다.

그러나 근로권과 함께 재산권의 보장도 함께 하고 있는 자본주의사회에 있어서는 이는 불가능에 가까운 일이 될 것이다. 왜냐하면 국가가 모든 국민에게 일자리를 제공한다라고 하는 것은 개인이 사유하고 있는 생산수단을 생산활동에 강제적으로 동원하고 노동력의 수요와 공급이 이루어지고 있는 노동시장에 개입하여 노동력의 매입을 강제하지 않는 한 이는 불가능한 일인데, 사유재산제도와 자유시장경제질서를 근간으로 하는 자본주의사회에서는 이는 허용될 수 없는 일이기 때문이다.

두번째 의미의 근로권은 근로의 기회를 가지지 못한 경우에 국가에 대하여 일할 기회의 제공을 요구하고 이것이 불가능한 때에는 생활비를 지급 해줄 것을 요구하는 권리이기 때문에 이는 일차적으로 개개의 국민이 자기 스스로의 힘에 의하여 일할 기회를 확보할 것을 예정하고 있으며, 이것이 불가능할 때 국가는 보충적으로 일할 기회를 제공하거나 생활비를 지급하여야 한다는 권리관념으로 자본주의적 경제조직의 긍정을 전제로 하는 것이다. 일자리를 제공하는 대신에 생활비의 급부로 만족한다는 의미에 있어서는 헌법상의 생존권의 일종이라고 할 수도 있다.

(3) 근로의 권리의 내용

일할 권리는 일할 자리에 관한 권리와 일할 환경에 관한 권리를 그 내용으로 하고 있다.

(가) 일할 자리에 관한 권리　일할 자리에 관한 권리는 구체적인 취업의

기회를 박탈당하지 아니할 권리(자유권적인 소극적인 권리), 고용증진을 위한 사회정책, 노동정책, 경제정책을 요구할 수 있는 권리(생활권적인 구체적 권리) 등을 그 내용으로 한다. 즉 일할 의사와 능력을 가진 사람이 일자리를 찾는 데 국가권력이 방해를 하거나 고용증진에 역행하는 시책을 펴는 것을 금지할 뿐만 아니라 이를 어기는 공권력의 작용에 대하여는 여러가지 권리구제절차가 허용된다.

따라서 근로의 권리의 실현을 국가가 직접적으로 저해할 수 없을 뿐만 아니라 근로의 권리의 실현에 노력하여야 할 책무에 반하는 입법조치나 행정처분을 하는 경우에는 그 입법은 무효이며, 행정처분은 위법임을 면할 수 없다.

그러나 헌법상의 근로의 권리의 보장을 근거로 완전고용의 보장을 주장하거나 사용자의 해고의 자유제한의 법리를 전개하거나 주어진 일자리를 거부하고 그 대신에 실업수당의 지급을 요구하는 것은 허용되지 않는다.

(나) 일할 환경에 관한 권리 일할 환경에 관한 권리는 합리적인 작업환경의 보장을 요구할 수 있는 생활권적 성질의 구체적 권리이다. 이는 합리적인 근로조건의 보장을 요구할 수 있는 권리와 일한 대가에 알맞는 적정한 임금의 보장을 요구할 수 있는 권리를 그 내용으로 하고 있다.

(다) 합리적인 근로조건의 보장을 요구할 수 있는 권리 현행 헌법은 모든 근로자에게 합리적인 근로조건을 보장해 주기 위하여 세 가지 헌법적 기준을 제시해 주고 있다.

첫째로 인간의 존엄성을 존중하는 근로조건(제32조 제3항), 둘째로 여자와 연소근로자를 보호하기 위한 근로조건(제32조 제4항, 제5항), 셋째로 민주주의원칙에 어긋나지 않는 근로조건 등이 그것이다. 합리적인 근로조건에 대한 위의 세 가지 헌법적 기준은 계약자유의 원칙에 따라서 근로계약을 체결하는 데 있어서도 헌법적 한계를 뜻하게 된다.

따라서 모든 근로자는 쾌적한 작업환경의 보장과 합리적인 근로시간, 휴식시간, 휴가제도, 퇴직금제도, 재해대책 등이 실현될 수 있도록 적절한 조치를 요구할 수 있고 여자와 연소근로자는 생리휴가, 수유시간, 야간작업과 위험작업의 금지, 근로시간단축 등을 요구할 수 있다.

(라) 일한 대가에 알맞은 적정한 임금의 보장을 요구할 수 있는 권리

우리 현행 헌법에서도 국가에게 적정임금보장의무(제32조 제1항)를 명시하고 있기 때문에 모든 근로자는 국가에게 적정한 임금을 보장해 주도록 요구할 수 있는 권리를 가진다. 임금제도에는 최저임금제, 물가연동식생활급제, 고정급제, 능률급제 등이 있다. 현재 우리나라에는 최저임금법이 제정되어 이에 의하여 정하여지는 임금 이하로 근로자를 사용할 수 없게 되었다.

2. 노동3권의 보장

국가가 근로계약관계에 일일이 간섭을 한다는 것은 여간 번거로운 일이 아닐 뿐만 아니라 바람직한 것이 되지 못한다.

따라서 국가는 실질적 노사의 불평등관계가 실질적 평등관계로 전환될 수 있는 제도적 장치를 마련하고 이를 토대로 해서 노사 쌍방이 자주적으로 문제를 해결해 나가도록 하는 것이 바람직하다고 생각하게 되었던 것이다. 이에 국가는 개개의 근로자는 사용자에 약하지만 근로자의 집단은 사용자와 대등해질 수 있다고 생각하여 자연발생적으로 출현·발전되어온 노동조합에 일정한 법적 지위를 부여하여 이를 통하여 노동자가 실질적으로 사용자와 평등한 지위를 갖게 함으로써 단체교섭을 통하여 자주적으로 노사관계를 해결하도록 하고 이를 뒷받침하기 위하여 근로자의 단체행동권까지 보장하였는 바 이것이 바로 노동3권이라고 하는 단결권·단체교섭권·단체행동권이다.

이러한 노동3권이 헌법상 보장되었을 때에는 사소유권절대의 원칙과 계약자유의 원칙을 원리로 하는 시민법체계를 크게 수정하는 기반을 헌법상 부여한 것이며, 이는 다른 기본적 인권의 보장보다도 가장 뚜렷한 헌법상의 제도보장이라고 하겠다.

이와 같이 노동3권 보장을 헌법상의 보장기능으로 하고 있는 의의와 기능은 무엇인가?

첫째, 노동3권의 보장을 헌법에서 하고 있는 국가에서는 개개의 노동관계실정법은 헌법과의 관계에서 그 타당성의 여부가 검토되어야 한다. 이 점에 있어서 헌법에서 노동3권을 보장하지 않고 실정 노동관계법에서 보장하고 있는 국가에 비하여 근로자에게 유리한 제도적 보장장치가 마련되어 있다고 보아야 한다. 그리고 노동3권을 보장하는 규정은 일반적으로 추상적이기 때문에 이를 실정 노동관계법에서 구체화하는 경우와 노동관계법의 해석에 있어서는 항상 노동3권보장의 근본정신을 존중하여야 한다. 또한 노동3권보장의 기본적인 정책을 변경하고자 한다면 이는 헌법의 개정에 의해서만 가능하다고 할 것이다.

둘째, 노동3권은 근로자에게 인간다운 생활을 보장해 주기 위한 제도적 장치로서의 기능을 갖는다. 바로 여기에 헌법이 보장하는 인간다운 생활영위권을 제도적으로 뒷받침하려는 헌법제정권자의 강한 의지가 나타나 있다.

셋째, 근로자의 노동3권은 경제적 약자인 근로자에게 경제적 강자인 사용자에게 대항할 수 있는 헌법상의 권리를 보장함으로써 사회평화와 사회정의의 실현에 이바지한다고 하는 헌법상의 의의를 가진다.

넷째, 근로자의 노동3권은 계약자유의 원칙과 재산권보장의 역기능적 현상을 막고 헌법이 추구하는 실질적 평등이 노사관계에서도 실현될 수 있도록 뒷받침해 준다는 헌법상 의의를 갖는다. 즉, 계약자유의 원칙과 재산권보장이 사회적 불평등의 요인이 되지 않도록 이를 순기능적인 방향으로 유도하는 기능을 갖는 것이 노동3권이다.

다시 말해서 현행 헌법이 추구하는 가치지표로서의 실질적인 평등이념, 재산권보장, 계약의 자유 등을 내용적으로 조화시키기 위한 헌법적인 표현이 바로 노동3권이라고 볼 수 있다. 근로자의 노동3권이 사용자의 재산권, 계약자유 등과 이념적으로 갈등을 일으킬 수 있는 요인이 있는 것도 이 때문이다.

이에 비하여 미국 등과 같이 전통적인 시민법적인 자유와 사소유권을 헌법상 보장하면서 노동3권에 대한 헌법상의 보장규정이 없는 국가에 있어서는 노동입법과 그 법적인 기초가 되는 노동법원리는 사소유의 우선적인 보장이라고 하는 기본적인 정신을 무시하거나 이 정신에 배치될 수 없다. 따라서 노동법의 원리 내지 노동입법은 사소유권의 우선적인 보장이라고 하는 헌법의 기본적인 방향의 테두리 안에서 전개될 수밖에 없는 한계가 있는 것이다.

(1) 노동3권의 상호관계

노동3권, 즉 단결권 · 단체교섭권 · 단체행동권은 서로 밀접한 관계를 가지면서 근로자의 생존 확보를 위한 수단으로 보장되어 있다. 단결이 근로자집단의 근로조건의 향상을 추구하는 주체라고 한다면 단체교섭은 그 주체에 목적활동인 것이며, 그 목적활동은 단체협약의 체결에 의하여 결실을 보게 되는 것이다.

그러나 단결체가 단체교섭에 의하여 소기의 목적을 평화적으로 달성할 수 없을 때에는 단체행동이라는 실력행사에 의하여 그의 주장을 관철하지 않을 수 없게 된다. 따라서 단결권과 단체교섭권의 내용은 단체행동권이라는 강력한 실력적 배경에 의하여 그 구체적인 실현이 가능하게 되는 것이다. 이와 같이 노동3권은 서로 유기적으로 밀접한 관계를 맺고 있는 일체적 권리인 것이다. 자본주의사회에 있어서는 생산수단과 노동력의 결합은 사용자와 근로자 사이의 근로계약을 통하여 이루어진다.

따라서 근로자가 유리한 근로조건을 확보하기 위해서는 오로지 근로계약을 통해서만 가능하다. 그러나 개별적 근로자와 사용자와의 사이에 체결되는 계약은 결코 평등한 계약이 될 수 없기 때문에 근로자에게 유리한 근로조건은 기대될 수가 없다.

그러므로 노사간의 실질적인 평등을 보장하기 위해서는 근로자의 단결과 노동조합의 조직을 보장하고 이를 통하여 집단적으로 교섭하도록 하지 않으면 안된다. 이러한 점에서 단결권이 가장 근원적인 기본권인 것이며, 이는 결국 단체교섭권이나 단체행동권도 근로자의 단결없이는 불가능하게 된다는 것이다.

그러나 다른 한편으로는 근로자의 단결은 현실적으로는 사용자와의 단체교섭을 실현하기 위하여 마련된 것이라는 것을 부인할 수 없으며, 또한 단체행동도 단체교섭을 통한 노사대등관계의 실현수단, 즉 단체교섭을 유리하게 이끌기 위한 수단으로서의 의미를 갖는 것이므로, 단결이나 단체행동은 그것 자체에 목적이 있는 것이 아니라 단체교섭을 원활히 실현시키기 위한 수단적인 것이라고 할 수 있다.

따라서 노동3권의 중심은 어디까지나 단체교섭권이라고 할 수 있으므로 사용자와의 단체교섭을 포기한 노동조합이라든가 쟁의행위 그 자체를 위한 쟁의행위는 무의미하다고 할 수 있다.

그러나 노동3권을 보장한 헌법의 취지가 사유재산제를 기초로 하는 자본주의를 부정하는 것이 아님은 물론이다. 왜냐하면 처음부터 노사간의 단체교섭의 대상이 될 수 없는 사항에 있어서까지 근로자들이 단체행동권을 행사할 수는 없기 때문이다. 이러한 의미에서 노동3권은 단체교섭권을 주축으로 하여 상호관계를 맺으면서 재산권과의 균형관계를 이루는 가운데 그 한계가 정해져야 한다.

(2) 노동3권의 내용

근로자가 갖는 노동3권은 역사적으로 보아 단결권의 승인을 통하여 헌법상의 권리로서 또는 노동관계법상의 권리로서 보장되어 온 것으로서 근로자의 자주적인 단결권, 단체교섭권 및 단체행동권을 그 내용으로 한다.

(가) 단결권

① 단결권의 의의　근로자의 단결권이라 함은 근로자가 근로조건의 개선·유지·향상을 위하여 자주적으로 단체를 조직할 수 있는 권리를 의미한다. 따라서 근로자의 단결권은 '목적성'과 '자주성'을 그 본질적 특성으로 하고 있다.

즉 단결권은 근로조건의 개선·유지·향상을 실현시키기 위한 일종의 압력단체의 조직권이다. 그리고 단결권은 근로자와 국가권력이나 사용자의 간섭을 받지 않고 자주적으로 단체를 조직할 수 있는 권리이다. 국가권력에 의한 자주성의 침해는 위헌이 되고 사용자에 의한 자주성의 침해는 부당노동행위가 된다.

계속성은 근로자의 단결권의 필요요소가 아니다. 왜냐하면 노동조합과 같은 계속적인 단체 뿐만 아니라 일시적인 쟁의단체의 조직권도 함께 포함되기 때문이다. 그러나 일시적인 단결체인 쟁의단에 있어서는 노동쟁의와 관련하여 하나의 통일체가 이루어지는 데 지나지 않으며 단체교섭을 통하여 그 성과를 단체협약으로 권리화 할 것을 계속적인 목적으로 하지 않기 때문에 단결체가 적절하게 활동하기 위해서는 노동조합의 결성이라는 방법을 통하는 것이 가장 이상적인 것이다. 이러한 의미에서 단결권은 노동조합의 결성을 중심으로 고찰하는 것이 바람직하다 하겠다.

② 단결권의 내용　근로자의 단결권은 근로자가 근로조건의 개선·유지·향상을 위한 목적으로 자주적으로 (1) 노동조합 및 쟁의단체를 조직할 수 있는 자유, (2) 단결체에의 가입·탈퇴의 자유 등을 그 내용으로 하고 있다.

그런데 단결권의 내용에는 단결하지 않을 수 있는 소극적 단결권도 포함되느냐에 대하여 긍정설·부정설이 갈리고 있으나, 우리나라의 경우에는 소극적 단결권을 포함하지 않는다고 하는 견해가 압도적이라고 할 수 있다.

논리적으로 본다면 「단결하지 않을 자유」는 단결하는 자유의 이면이라고 할 수도 있으며, 단결하는 자유는 단결하지 않는 자유를 예상하지 않고서는 성립할 수 없는 개념이다.

그러나 헌법상의 단결권의 보장은 다음과 같은 이유로 소극적 단결권의 보장은 포함되지 않는다고 하겠다. 즉, (1) 헌법에서 국민일반에 대하여 결사의 자유를 보장하고 있음에도 불구하고 근로자에 대하여 별도로 단결권을 보장하고 있으며, (2) 근로자는 단결을 통해서만 실질적인 평등을 확보할 수 있고, (3)

헌법상의 단결권의 보장은 근로자의 단결을 위한 자유운동의 소산이라고 볼 수 있으며, (4) 독일의 Weimar헌법이나 Bonn기본법의 단결의 자유 또는 단결의 권리는 근로자에 대해서만이 아니라 모든 국민에 대하여 보장한 권리이지만, 우리나라 헌법상의 단결권은 근로자에게만 보장한 권리이다.

그런데 근로자의 단체조직과 가입은 단결권의 보장규정에 의해서만이 아니라 헌법이 보장하는 자유권적 기본권으로서의 결사의 자유에 의하여도 가능하다. 그럼에도 불구하고 국민일반에 대한 결사의 자유와는 별도로 근로자에 대하여 단결권을 보장한 이유는 무엇인가? 그 이유는 다음과 같이 단결권과 결사의 자유는 이질적인 것이기 때문이다.

첫째로, 결사의 자유는 정치적 자유권으로서의 성격을 강하게 가지는 권리인데 반하여 단결권은 경제적 자유방임주의의 반성으로 근로자의 생존을 확보하기 위하여 보장된 경제적 결사권으로서의 성격을 가지는 권리이다.

둘째로, 결사의 자유는 정치적 결사의 자유로서의 「국가로부터의 자유」이지만, 단결권은 국가로부터의 자유라고 하는 의미를 가질 뿐만 아니라 사용자로부터의 자유라고 하는 성격을 가진다.

셋째로, 결사의 자유는 당연히 결사하지 않을 자유를 포함하고 있으나, 단결권은 사용자에 대항하기 위한 수단으로 근로자에 대하여 어느 정도 강제적으로 단결에 참가하는 수단을 강구하지 않을 수 없는 성격을 가진다.

또한 근로자의 단결권은 근로자 개개인의 상술한 내용의 권리를 행사하는 것만을 의미하지 않고 근로자의 단결권에 의하여 조직된 단체 그 자체가 그와 같은 권리를 행사할 수 있는 것까지 포함한다고 보아야 한다. 예컨대, 여러 산업별 단위노동조합들이 산업별 연합단체를 구성하고 산업별 연합단체가 다시 총연합단체를 구성하는 것 등이 그것이다.

③ 단결권의 효력　　근로자의 단결권은 대국가적 효력과 대사인적 효력을 갖는다. 대국가적 효력은 다시 소극적 효력과 적극적 효력으로 나눌 수 있는데, 소극적 효력은 단결권에 대한 국가권력의 간섭배제 효과를 뜻하기 때문에 국가권력이 단결권을 침해하는 경우 국가는 위헌의 책임과 불법행위의 책임을 지게 된다. 국가권력에 대한 적극적인 효력은 단결권의 행사가 사용자의 부당노동행위 등에 의하여 침해받지 않도록 보호해 주어야 할 국가의 의무를 뜻한다. 이 보호의무를 어기는 국가권력은 부작위에 의한 단결권의 침해를 범하

는 것이기 때문에 소극적 효력의 경우와 마찬가지로 위헌의 책임과 불법행위의 책임을 면하기 어렵다.

대사인적 효력은 사용자가 근로자의 단결권을 침해하는 부당노동행위를 하지 못하도록 하는 방어적 효과가 있다.

(나) 단체교섭권

① 의 의 단체교섭권은 근로자가 단결체, 즉 노동조합이라고 하는 조직력을 배경으로 하여 사용자와 근로조건의 개선·유지·향상을 위하여 자주적으로 교섭하는 권리를 말한다.

단결권은 근로자의 단결에의 자유를 보장하는 기본권이지만, 단순히 단결한다는 것 그 자체만으로는 무의미하고 단결체를 배경으로 하여 사용자에 대하여 집단적인 교섭이라고 하는 목적활동을 함으로써 단결체는 그 의의를 찾을 수 있는 것이다.

따라서 단결권 및 단체행동권은 단체교섭을 떠난 관념적인 보장인 것이 아니라 그 중심이 단체교섭에 있다는 것을 유의해야 할 것이다. 단결권과 단체행동권을 인정하게 되면 단체교섭이라고 하는 단결의 목적활동은 당연히 그 속에 포함되어 있는 것으로 전제되기 때문에 단체교섭권을 단결권 및 단체행동권과는 별도로 보장하고 있는 국가는 드물다. 우리나라에서와 같이 단체교섭권을 단결권과 함께 보장하고 있는 국가에서는 헌법상의 단체교섭권의 보장은 기본권으로서의 선언이기 때문에 기본권으로서 명백히 부각시킨다는 의미와 이에 대한 법률상의 보장을 위한 입법을 마련한다는 의미를 가진다.

② 단체교섭권의 성질

i) 단체교섭권은 단결체의 권리이다.

단체교섭권은 개개의 근로자의 권리가 아닌 단결체의 권리이다. 따라서 노동조합은 물론 일시적인 쟁의단도 단체교섭권의 주체가 될 수 있다. 다만 노동조합으로서의 자격요건을 갖추지 못하면 부당노동행위의 구제신청을 할 수 없다.

ii) 사용자에 대한 관계에서 보장된 권리이다.

단체교섭권은 사용자에 대하여 단체교섭을 요구하는 권리로서 보장된 것이다. 그러므로 노동조합이 합리적인 시간·장소·인원·자세 등으로 단체교섭을 요구하는 경우에 사용자는 이에 응하여야 하며, 정당한 이유없이 단체교섭을 거부하거나 해태하면 부당노동행위가 된다. 다만 노동조합의 요구사항이 사용자의 지위에서 처리할 수 있는 성질의 것이 아닌 때에는 사용자는 단체교섭을 거부하거나 중단할 수 있다.

iii) 노동조합의 보편적인 권리이다.

단체교섭을 요구할 수 있는 권리는 노동조합으로서의 자격을 가진 근로자의 단체에 대하여 차별없이 부여되어야 하는 보편적으로 보장된 기본권이다. 따라서 유일교섭단체협약은 다른 노동조합의 단체교섭권의 침해가 되므로 위헌이며 교섭자체는 금지하지 않으나 단체협약체결능력을 제한하는 취지의 협약도 역시 마찬가지이다.

iv) 민사상·형사상의 면책을 받는 권리이다.

노동조합의 정당한 단체교섭권의 행사에 대하여는 형사상 면책을 받을 뿐만 아니라(노동조합 및 노동관계조정법 제4조) 사용자는 단체교섭권의 정당한 행사로 인하여 손해를 입은 경우에 노동조합 또는 근로자에 대하여 그 배상을 청구할 수 없다(동법 제3조).

③ 단체교섭의 방법과 내용 　단체교섭의 주체는 근로자의 단체인 노동조합과 사용자이다. 보다 구체적으로 살펴보면 단체교섭의 당사자와 담당자로 구분할 수 있다.

헌법상 근로자의 단체교섭권은 개개의 근로자의 권리로서 보장되고 있으나 실제에 있어서 단체교섭권은 근로자의 단체인 노동조합을 통해서 행사된다. 그러므로 단체교섭의 근로자측 당사자는 항상 노동조합이다. 노동조합은 단체교섭의 당사자가 될 뿐만 아니라 교섭의 결과 성립한 단체협약에 대하여도 그 당사자가 된다.

단체교섭의 사용자측 당사자는 근로계약상의 사용자이다. 그러므로 사용자는 개인인 경우 뿐만 아니라 영리법인이냐 또는 비영리법인이냐를 불문한다. 그리고 단체교섭의 당사자로서의 사용자는 근로기준법이나 노동조합 및 노동관계조정법상의 사용자개념과는 일치하지 않는다.

단체교섭의 담당자라고 함은 단체교섭을 직접적으로 담당하는 자를 말한다. 단체교섭을 직접적으로 담당한다고 하는 것은 현실적으로 협의하고 교섭하는 것을 의미하며, 담당자는 노사를 각각 대표하여 현실적으로 협의·교섭하는 자이다. 어떠한 사항이 단체교섭의 대상이 되느냐에 대하여 현행 노동조합 및 노동관계조정법상 명문의 규정이 없다. 따라서 교섭당사자의 재량에 의하여 교섭의 대상이 결정된다고 할 수 있다. 그러나 무엇이 단체교섭사항이냐를 둘러싸고 분쟁이 야기됨으로써 원활한 단체교섭을 저해하는 요인으로 작용하게 된다. 특히 원만한 노사관행이 확립되지 못한 우리의 경우, 특히 분쟁의 여지가 많다고 할 수 있다. 어떻든 단체교섭의 대상은 단체교섭의 성질에 비추어 광의의 근로조건 전반에 관한 사항이라고 할 수 있다.

단체교섭의 방법과 절차는 단체협약에 이에 관한 규정이 있으면 이에 따르고 그렇지 않을 때에는 일반적인 노동관행에 의한다. 그러나 노동관행도 확립되어 있지 않을 때에는 예비교섭에 의하여 방법과 절차를 정하는 것이 통례이다. 일반적으로 단체교섭의 대상사항을 사전에 통고하고, 노사의 대표자 인원수 및 일시와 장소를 합리적으로 정하여 구체적인 자료에 의하여 신의성실의 원칙에 입각하여 임하여야 한다.

어떠한 경우에도 폭력 또는 파괴행위에 의한 단체교섭은 허용되지 않으며, 이러한 경우는 민사상·형사상의 책임이 면제되지 않는다. 단체교섭의 담당자는 단체교섭의 결과 단체협약이 체결되는 경우에 협약상의 권리·의무의 주체가 되는 단체교섭의 당사자와는 구별된다.

④ 단체협약　　단체협약은 노동조합 또는 그 연합체와 사용자 또는 사용자단체간에 체결되는 개별적 근로관계 및 집단적 근로관계에 대한 계약이다.

단체협약은 노동조합의 단결권을 배경으로 집단적인 교섭을 함으로써 개개의 근로자와 사용자간에 체결되는 근로계약보다 유리한 근로조건을 획득한 교섭의 성과를 문서화한 것이므로 근로조건의 개선기능을 하고 있다. 또한 단체협약은 단체교섭의 성과로 그 내용은 단체교섭을 할 당시의 노사의 역학관계에 의하여 결정된다. 따라서 노사의 교섭력에 변동이 있게 되면 단체협약의 내용도 변화하게 된다. 그러나 단체협약의 유효기간 중에는 이와 같은 역학관계의 변화에도 불구하고 노사는 협약의 내용을 준수하여야 할 의무를 부담하기 때문에 적어도 단체협약의 유효기간 중에는 노사의 평화가 유지되는데 이것이 단체협약의 평화적 기능이다.

(다) 단체행동권

① 의　의　　근로자의 단체행동권은 단결권의 목적활동인 단체교섭이 근로자에게 유리하게 전개되도록 하기 위하여 보장하는, 즉 근로자와 사용자 사이에 단체교섭이 원만하게 이루어지지 않는 것을 전제로 해서만 허용되는 최후수단적인 성격을 갖는 집단적인 행동에 관한 기본권이다. 단체행동권은 근로

자가 그 주장을 관철하기 위하여 사업장에서의 정상적인 업무의 운영을 저해하는 집단적인 현상이므로 종래의 시민법원리에 의하면 사용자와의 관계에 있어서 개개의 근로자들이 노동조합의 지휘 아래 집단적으로 노무제공을 거부하는 경우에는 사용자에 대하여 채무불이행으로 인한 손해배상책임과 사용자의 근로계약상의 권리를 침해한 것에 대한 불법행위 책임이 발생하게 되며, 집단적인 힘을 이용하는 조직현상으로 인하여 형사상의 책임문제도 발생하게 된다.

그러나 헌법에서 단체행동권을 보장하고 있다고 하는 것은 집단적 노무제공의 거부를 사용자와의 관계에서 정당화하는 것이므로, 단체행동 내지 쟁의행위가 법이 보장하는 범위내에서 행하여지는 한 사용자는 이를 인용하고 이로 인하여 필연적으로 발생하는 손해를 감수하지 않으면 안되는 것이다. 이러한 의미에서 단체행동권의 보장은 개개의 근로자와 노동조합의 민사상 내지 형사상의 책임을 면제시키는 것이므로 시민법원리에 대한 중대한 수정인 것이다.

② 단체행동권의 내용 및 효과 단체행동권은 단체교섭의 내용을 관철시키기 위한 집단적인 실력행사를 그 내용으로 하는 것으로 집단적인 실력행사의 구체적인 방법으로는 파업(strike). 태업(sabotage), 보이코트(boycott), 피켓팅(picketting), 생산관리, 준법투쟁 등이 있다.

파업은 집단적으로 노동력의 제공을 거부하는 것이고, 태업(sabotage)은 의도적으로 작업능률을 떨어뜨리는 집단행동을 말한다. 보이콧트는 일차적으로 근로자측에서 사용자가 제공하는 시설의 이용을 거부하거나 사용자가 생산하는 상품을 사지 않을 것을 호소하는 것이다. 피케팅은 보조적 쟁의행위로 예컨대 파업효과를 높이기 위하여 파업상태를 순찰·감시하며 망을 보는 행위이다. 생산관리는 근로자단체가 생산시설을 점유해서 그들의 지배하에 두고 그들의 계획과 방침에 의하여 기업경영을 직접적으로 하는 실력행사를 뜻한다. 준법투쟁은 근로자들이 그들의 주장을 관철하기 위하여 법규정을 준수하고 법규정대로의 권리행사를 하겠다고 하는 명목하에 사용자에게 타격을 입히는 행위이다.

근로자가 행하는 단체행동은 그것이 여러 형태의 실력행사로 나타나기 때문에 다른 법익과 충돌을 일으키는 경우도 있다. 그러나 정당한 쟁의행위는 형사책임을 면책시키는 효과가 있으며 사용자는 단체행동권을 행사했다는 이유로 근로자를 해고하거나 근로자에게 불이익한 처우를 해서는 안된다.

③ 단체행동권의 한계 단체행동권은 근로자를 위한 권리로써 주어진

것이지만 이의 행사는 사용자는 물론이고 사회 일반에 미치는 영향이 크기 때문에 그 목적 · 방법 · 절차상 이를 제한하지 않을 수 없다.

즉, 단체행동권은 구체적인 근로조건의 개선 · 유지 · 향상을 위해서만 행사되어야 한다. 따라서 명백한 정치목적의 파업이라든가 사용자의 능력범위 외의 것을 요구하는 집단행동은 허용되지 않는다.

둘째, 근로자의 단체행동은 목적이 달성되면 직장에 복귀하는 것을 전제로 하는 것이기 때문에 실력행사는 사업장의 시설을 해치지 않는 비파괴 · 비폭력적인 방법으로 행하여져야 한다.

셋째, 단체행동권은 단체교섭을 통한 목적달성이 도저히 불가능한 최후순간에 행사될 때에만 정당화될 수 있고 조정기간 등을 준수하여야 한다.

Ⅵ. 근로기준법

1. 근로기준법의 의의

근로기준법은 개별적 근로관계에 있어서 근로자의 근로조건을 일정한 수준 이상으로 유지할 목적으로 최저근로조건을 정하여 종속근로관계의 합리적인 조정 및 근로자의 생존권의 보장을 위하여 사용자에게 일정한 책임을 지우고 그 책임을 국가의 감독에 의하여 실현시키고자 하는 법이다.

근로기준법의 내용은 크게 나누어 근로기준법상의 노동헌장적 규정, 근로계약, 임금, 근로시간, 휴식 · 휴일 · 휴가, 여성와 연소자에 대한 특별보호, 안전과 보건, 기능습득, 재해보상, 취업규칙, 기숙사, 근로감독관 등으로 되어 있다.

2. 근로기준법의 기본원리

(1) 생존권보장이념의 구체화

근로기준법은 헌법 제32조 제3항의 「근로조건의 기준은 인간의 존엄성을 보장하도록 법률로 정한다」는 규정에 따라 근로조건의 내용은 근로자의 인간으로서의 존엄성이 보장될 수 있도록 해야 한다. 실제로 현행 근로기준법에서도 균등처우에 관한 규정(제6조), 강제노동금지에 관한 규정(제7조), 폭행의 금지에 관한 규정(제8조), 공민권행사의 보장에 관한 규정(제10조) 등 헌법상의 기본적 인권의 보장에 관한 차원의 규정을 두고 있다.

(2) 근대적 노사관계의 확립

근로자의 생존권확보는 전근대적인 노동관행이 청산되지 않는 한 불가능하므로 근로기준법은 전근대적인 노동관행의 배제와 합리적 노동관행의 확립을 위한 규정을 두고 있다.

즉, 근로조건의 결정에 있어서 노사대등의 원칙(제4조), 강제노동의 금지(제7조), 폭행의 금지(제8조), 중간착취의 배제(제9조), 근로계약기간의 제한(제16조), 위약금약정의 금지(제20조), 전차금상계의 금지(제21조), 강제저금의 금지(제22조) 등의 전근대적인 노동관행을 배제하고자 하는 규정을 두고 있다.

(3) 여성과 연소자에 대한 특별보호

여성근로자와 연소근로자는 성년 남자근로자에 비하여 신체적·생리적으로 특수한 사정이 있기 때문에 이를 감안하여 특별한 보호를 할 필요가 있다. 따라서 근로기준법은 여성 근로자와 연소근로자를 보호하기 위하여 근로시간에 대한 특별규정, 야간근로·휴일근로의 제한, 유해·위험사업의 취업제한, 갱내근로의 금지 등의 규정과 여성근로자를 위하여 생리휴가, 산전산후의 유급휴가, 태아검진시간의 허용, 육아시간 등의 규정을 두고 있으며, 연소근로자를 위하여 취업최저연령과 취업인허제, 독자적인 근로계약체결, 근로계약의 해제, 교육시설 등에 관한 규정을 두고 있다.

(4) 감독행위에 의한 실효성 확보

근로기준법은 그 실효성을 확보하기 위하여 사용자에게 법의 준수를 요구하고, 위반자에 대하여는 벌칙규정을 적용함으로써 처벌하는 조치를 취하고 있다. 그러나 위반행위에 대한 처벌만으로는 법의 실효성을 확보할 수 없으므로 근로감독관 등에 의한 감독행정에 의하여 실효를 거두기 위한 규정을 두고 있다.

3. 근로기준법의 적용범위

우리 근로기준법 제11조 제1항은「이 법은 상시 5인 이상의 근로자를 사용하는 모든 사업 또는 사업장에 적용한다」는 원칙을 정하고, 단서에서「다만, 동거의 친족만을 사용하는 사업 또는 사업장과 가사사용인에 대해서는 적용하지 아니한다」라고 규정하고 있다. 또한 제2항에서「상시 4인 이하의 근로자를 사용하는 사업 또는 사업장에 대하여는 대통령령이 정하는 바에 따라 이 법의 일부규정을 적용할 수 있다」고 규정하여 근로기준법의 일부가 4인 이하의 사업장에도 적용되도록 하고 있다.

계속적으로 운영되는 사업체이면 사기업은 물론 국가 또는 지방자치단체에 의한 사업, 국영기업체와 공익사업 그리고 사회사업단체나 종교단체가 행하는 사업이 모두 근로기준법의 적용대상이 된다. 단서에서 동거친족만을 사용하는 사업 또는 사업장을 적용대상에서 제외한 것은 공동생활을 영위하는 친족에게까지 국가가 개입하여 통제를 하는 것은 불합리하기 때문이다.

그리고 근로기준법은 국내에서만 적용되는 것이 원칙이나 한국인 사업주가 외국에서 한국인을 고용하고 있는 경우, 그리고 그 본사가 한국에 있는 경우에도 적용된다.

Ⅶ. 노동조합 및 노동관계조정법

1. 노동조합 및 노동관계조정법의 목적

노동조합 및 노동관계조정법 제1조는 헌법 제33조 제1항의 규정에 의거하여 노동조합 및 노동관계조정법의 목적에 대하여 규정하고 있다. 이는 다음의 세 가지로 나누어 볼 수 있다. 즉 첫째는 노동3권을 보장함으로써 노동자의 노동조건을 유지·개선하고 근로자의 복지를 증진할 것을 목적으로 하며, 둘째는 근로조건의 유지·개선 및 근로자의 복지증진을 통하여 근로자의 경제적·사회적 지위를 향상시키며, 셋째로 근로자의 경제적·사회적 지위의 향상을 도모하고, 넷째로 노동관계를 공정하게 조정하여 노동쟁의를 예방·해결함으로써 산업평화의 유지와 국민경제의 발전에 이바지 하는 것을 목적으로 하고 있다.

2. 노동조합

노동조합 및 노동관계조정법 제2조 4호에서 「노동조합이라 함은 근로자가 주체가 되어 자주적으로 단결하여 근로조건의 유지·개선 기타 근로자의 경제적·사회적 지위의 향상을 도모함을 목적으로 조직하는 단체 또는 그 연합체를 말한다」라고 하여 노동조합의 정의를 내리고 있으며, 또 동조 단서에서는 ① 사용자 또는 항상 그의 이익을 대표하여 행동하는 자의 참가를 허용하는 경우 ② 경비의 주된 부분을 사용자로부터 원조받는 경우, ③ 공제·수양 기타 복리사업만을 목적으로 하는 경우, ④ 근로자가 아닌 자의 가입을 허용하는 경우 및 ⑤ 주로 정치운동을 목적으로 하는 경우를 노동조합의 결격 요건으로 열거함으로써 이에 해당하는 노동단체는 노동조합 및 노동관계조정법상의 노동조합이 아니라고 하고 있다.

또한 노동조합 및 노동관계조정법 제10조 제1항에서는 노동조합을 설립하고자 할 때에는 동항 각호의 사항을 기재한 신고서에 규약을 첨부하여 행정관청에 제출하도록 하는 신고주의를 채택하여 노동조합이 대외적인 자주성과 대내적인 민주성을 갖춘 적격조합으로 존속시키고자 하고 있다.

3. 단체협약

단체협약은 노동조합과 사용자 간에 체결되는 개별적 근로관계 및 당사자의 집단적 노동관계에 대한 계약이다.

단체협약은 그 내용으로 보아 당사자의 단순한 채권·채무에 관한 채무적 부분과 근로조건 기타 근로자의 대우에 관한 규범적 부분으로 나눌 수 있는데, 채무적 부분은 채권법적 계약으로서의 성질을 가지고 있으나 규범적 부분은 법적 구속력을 가지는 규범계약으로서의 성질을 가지고 있다.

노동조합 및 노동관계조정법 제33조 제1항은 단체협약에 정한 근로조건 기타 근로자의 대우에 관한 기준에 위반하는 취업규칙 또는 근로계약의 부분은 이를 무효로 한다고 하고 있으며, 동조 제2항에서는「근로계약에 규정되지 아니한 사항 또는 제1항의 규정에 의하여 무효로 된 부분은 단체협약에 정한 기준에 의한다」고 규정하고 있다.

단체협약이 유효하게 존속될 것으로 예정되어 있는 단체협약의 기간은 2년을 초과할 수 없다. 단체협약에 유효기간을 정하지 아니한 경우 또는 2년을 초과하는 유효기간을 정한 경우에 그 유효기간은 2년으로 한다.

4. 부당노동행위

부당노동행위제도는 노동위원회 기타 행정기관의 개입에 의하여 근로자의 노동3권의 구체적 보장을 위한 것이다. 구제방법이 사법적인 절차에 의하지 아니하고 간이·신속하게 구제의 실효를 거두기 위하여 행정적인 구제방법을 채택하고 있는 데 그 특색이 있다.

이와 같이 부당노동행위제도는 정책적인 의도 아래 특수한 행정위원회인 노동위원회가 노사관계에 개입하고, 행정기관의 개입을 통하여 국가의 노동정책적 영향을 미치고자 하는 제도이다.

노동조합 및 노동관계조정법 제81조에서는 사용자의 다음과 같은 행위를 부당노동행위로 규제하고 있다. ① 노동조합의 조직·가입·활동에 대한 불이익대우, ② 황견계약의 체결, ③ 단체교섭의 거부, ④ 노동조합의 조직·운영에 대한 지배·개입과 경비원조, ⑤ 단체행위에의 참가 기타 노동위원회와의 관계에 있어서의 행위에 대한 불이익대우이다.

사용자의 부당노동행위로 인하여 그 권리를 침해당한 근로자 또는 노동조합은 노동위원회에 그 구제를 신청할 수 있다. 부당노동행위사건의 심사는 원칙적으로 2심제를 채택하고 있는데, 초심은 지방노동위원회, 재심은 중앙노동위원회가 관할권을 가진다. 경우에 따라서는 특별노동위원회가 초심관할권을 가진다.

5. 노동쟁의조정

(1) 노동쟁의조정의 의의

단체행동권은 헌법 또는 법률에 의하여 보장되기 때문에 근로자들은 자신들의 주장을 관철할 목적으로 집단적인 실력행사를 할 수 있다. 그러나 노사간의 분쟁은 기업의 정상적인 운영을 저해하게 되고 노사 쌍방에 손실을 초래하게 할 뿐만 아니라 국민경제에도 커다란 영향을 미치게 된다. 이와 같은 의미에서 볼 때 쟁의행위는 사회적 필요악이라고도 할 수 있다.

따라서 국가는 노사간의 분쟁에 적극적으로 개입함으로써 이를 해결하는 제도를 마련하고 있다. 노사간의 분쟁이 노사의 자주적인 노력에 의하여 예방되고 또 해결되는 것이 바람직한 일이지만 이것이 불가능한 때에는 국가의 개입에 의하여 해결되도록 하는 것이 필요한 것이다. 이와 같은 목적을 달성하기 위하여 노동조합 및 노동관계조정법이 제정된 것이다.

(2) 노동쟁의와 쟁의행위

노동조합 및 노동관계조정법 제2조 5호에 의하면 「"노동쟁의"라 함은 노동조합과 사용자 또는 사용자단체간에 임금·근로시간·복지·해고·기타 대우등 근로조건의 결정에 관한 주장의 불일치로 인하여 발생한 분쟁상태를 말한다」고 하고 있다. 이와 같이 노동쟁의는 노동조합 내지 근로자의 단체와 사용자간의 분쟁상태를 총칭하는 개념이다.

쟁의행위는 노동조합 및 노동관계조정법 제2조 6호에서 「파업·태업·직장폐쇄 기타 노동관계 당사자가 그 주장을 관철할 목적으로 행하는 행위와 이에 대항하는 행위로서 업무의 정상적인 운영을 저해하는 행위를 말한다」고 정의하고 있다.

(3) 쟁의조정제도

노사의 분쟁은 노사 쌍방의 자주적인 노력에 의하여 해결함을 이상으로 하고 또한 이것이 실현되어야 한다. 그러나 당사자간의 노력에 의하여 자주적으로 해결될 것이 반드시 기대된다고 할 수는 없다. 따라서 국가는 입법에 의하여 당사자의 자주적 해결을 원조·촉구하고 경우에 따라서는 쟁의를 강제적으로 조정하는 제도를 설정하게 된다.

노동조합 및 노동관계조정법은 「노동관계를 공정하게 조정하여 노동쟁의를 예방·해결함으로써 산업평화의 유지와 국민경제발전에 기여함을 목적으로 제정된 법」이라고 하여 노동쟁의가 발생하였을 경우 당사자는 자주적인 해결에 노력하여야 한다는 당사자의 책무와 당사자가 자주적으로 해결할 수 있도록 정부가 노력하여 노동쟁의의 신속·공정한 해결에 노력하여야 할 것을 정부의 책무로 하고 있다.

노동조합 및 노동관계조정법에서는 쟁의의 조정방법으로서 종전에는 알선·조정·중재의 3단계 절차를 거치도록 했었으나 알선을 폐지하고 조정에 흡수시키면서 조정·중재의 2단계로 축소했다. 조정은 당사자 일방의 신청에 의하여 개시되고 조정전치기간제도가 도입되었으며, 조정위원회 또는 단독조정인, 중재위원회, 특별조정위원회 등이 구성되고 긴급조정절차를 규정하고 있다.

① 사적 조정 　사적 조정제도는 노·사 당사자의 의사에 따라 노동위원회에 조정을 신청하지 않고 사인(私人)이나 임의단체에 조정과 중재를 해 주도록 요청하고 사적 조정·중재인이 노사간 분쟁을 해결하는 제도이다. 조정기관의 구성에 관해서는 단체협약 내에 약정해 놓을 수 있고, 조정절차의 개시와 함께 노사당사자가 정할 수 있다. 조정절차와 기간·방법 등은 노사당사자가 자유로이 정할 수 있다. 사적 조정은 노·사 양 당사자와 조정인이 함께 서명날인함으로써 성립하며 단체협약과 동일한 효력을 가진다.

② 조정(調停) 　조정은 노동위원회내의 조정위원회가 관계당사자의 의

견을 들어 조정안을 작성하여 노동쟁의의 당사자의 수락을 권고하는 방식을 취한다. 권고가 강제적이 아니라는 점에서 조정은 노·사의 자주적 해결의 정신을 기초로 하고 있다.

③ 중 재 중재란 조정과는 달리 노사의 자주적 해결의 원칙과는 거리가 먼 제도이다. 현행법은 관계 당사자의 신청이 있을 때 그 절차가 개시되는 임의중재와 노동위원회의 위원장이 중재에 회부한다는 결정을 한 때 이를 개시하는 강제중재를 두고 있는데, 임의중재는 일반사업과 공익사업에 다같이 적용되나 강제중재는 필수공익사업에만 적용된다. 어느 경우를 막론하고 중재재정은 관계당사자를 구속하는 법률상의 효력이 있다.

④ 긴급조정 긴급조정은 관계당사자의 의사에 관계없이 공익사업에 관한 것이거나 그 규모가 크거나 그 성질이 특별하여 국민경제, 국민생활에 중대한 영향을 미치는 쟁의행위를 정지시켜 노동부장관의 결정에 의하여 강제적으로 쟁의의 조정을 하는 제도로서 쟁의권에 대한 중대한 제한조치라고 할 수 있다. 긴급조정은 노동부장관이 중앙노동위원회의 의견을 들어 결정한다. 이 결정을 하기 위해서는 일정한 요건을 구비하여야 한다.

Ⅷ. 노동위원회법

노동위원회는 부당노동행위에 대한 심사 및 노동쟁의의 조정 등을 담당하는 노동행정기관이다.

노동위원회는 노·사·공익의 3자 구성의 위원회로 회의제 운영을 원칙으로 하는 행정기관이며 노동쟁의의 조정·중재에 대하여는 법적 구속력을 부여하는 조정기관으로서 분쟁의 적절·신속한 해결을 임무로 하면서도, 부당노동행위의 판정에 있어서는 공익을 대표하는 공익위원만이 관여하는 준사법기관으로서 공정한 노사관계의 확립을 그 임무로 하고 있다.

노동위원회에는 중앙노동위원회, 지방노동위원회 및 특별노동위원회가 있다.

Ⅸ. 근로자참여 및 협력증진에 관한 법률

근로자참여 및 협력증진에 관한 법률은 근로자와 사용자 쌍방이 이해와 협의를 통하여 노사공동의 이익을 증진함으로써 산업평화를 도모하고 국민경제 발전에 기여함을 목적으로 제정된 법률이다. 이러한 목적을 위하여 설치된 것이 노사협의회이다. 노사협의회의 설치범위는 근로조건의 결정권이 있는 사업 또는 사업장 단위로 설치하며, 하나의 사업에 지역을 달리한 사업장이 있을 경우에는 지역적인 여건을 감안하여 사업장별로 따로 설치할 수 있도록 하고 있다.

현행 노사협의회는 광의의 경영참가제도의 일종이라고 할 수 있다. 근로자참여 및 협력증진에 관한 법률은 노사협의회와는 별도로 고충처리제도를 두도록 하고 있는데, 이 제도는 개개의 근로자의 기업내에서의 종업원으로서의 고충을 해결하고자 하는 제도이다.

제 3 절 사회보장법

Ⅰ. 사회보장과 사회보장법

1. 사회보장의 개념

인간의 존엄과 가치에 부응하는 국민의 인간다운 행복한 생활을 보장하기 위한 사회보장제도의 확립은 현대 제국가에 있어서 가장 중요한 과제 가운데 하나이다.

사회보장이 무엇인가에 대하여 그 범위를 한정하여 엄밀한 정의를 내리는 것은 곤란하다. 각국의 사회보장제도는 그 국가가 처한 정치적·문화적·사회적 및 경제적 환경에 따라 각기 다른 모습을 가지고 발전되어 왔기 때문에 사회보장은 하나의 역사적 개념인 동시에 하나의 목적적인 통합개념일 수밖에 없다.

사회보장은 하나의 법적인 제도로 보는 경우, 이것을 사회보장법이라고 한다. 따라서 사회보장법은 사회보장제도 그것을 법적 측면에서 고찰한 것이다.

(1) 역사적 개념으로서의 사회보장

극빈계층을 주된 대상으로 자혜적인 구제를 목적으로 하는 구빈법은 중세말기부터 19세기 말에 이르기까지 많은 국가에서 형성·발전되었으며, 노동자의 자조조직을 전신으로 하여 사회정책적 목적에서 국가적인 제도로 발전한 사회보장은 19세기말의 독일의 그것을 모범으로 하여 20세기초부터는 많은 국가에서 제도적으로 확립되었다.

역사적으로 두 개의 다른 계열에 속하는 제도인 사회보험과 계보적으로는 구빈법에 연결되는 공공부조가 사회보장이라는 하나의 제도에 통합되는 경향이 있게 된 것은 사회보험대상의 확대·보험성과 등가성의 축소·공적부조의 급부내용의 개선 등에 의하여 양자가 사실상 접근하는 것이 국민생활의 유지라고 하는 양자의 목적의 공통성과 양자가 추구하는 목적을 실현시킨다고 하는 유기적 관련성이 중시되었기 때문이다.

따라서 역사적 사실로서 사회보험과 공공부조를 중심으로 하는 통일적인 제도가 20세기 중엽부터 많은 국가에서 사회보장이라는 명칭하에 성립하였다.

(2) 목적개념으로서의 사회보장

사회보장이라고 하는 개념은 단지 각국에 현실적으로 성립한 제제도의 객관적인 파악을 위한 것만은 아니고 지향해야 할 목적으로서 입법의 지표로 쓰이는 것이다.

국민의 인간다운 생활의 확보를 위하여 바람직한 하나의 제도가 상정되어 그 실현이 요구될 때 이상적인 형태를 지향하는 대체로 완전한 형태의 것이 제시되는 것이 보통이다.

그러나 현실의 제 제도와 제 입법은 이와 같은 완전한 형태에 미치지 않는 것이 적지 않기 때문에 이와 같이 목적이라는 측면에서 개념규정을 엄밀하게 하면 제도가 완비되는 단계에 이를 때까지는 「아직 사회보장은 존재하지 않는다」라는 것이 된다.

그러나 목적개념으로서의 사회보장이라고 하는 것도 단지 추상적인 이상에 불과한 것은 아니고 현실의 제 제도에서 볼 수 있는 결함이나 부족한 점의 시정을 목표로 하거나 혹은 이미 외국에 실재하는 제도를 견본으로 하여 설정되기 때문에 역사적 개념 혹은 사회적 사실로서의 사회보장에 어느 정도 접근하게 되어 이것을 기초로 하여 만들어지는 것이다.

이와 같이 일단 설정된 목적이 어느 정도 달성되어 현실이 목표에 도달하는 단계에서는 그 실태를 관찰하고 문제점을 찾아내어 다시 보다 높은 단계의 목표가 설정되어서 목적 개념으로서의 사회보장은 유동성을 띠게 되며 부단히 발전하게 되는 것이다.

2. 사회보장의 내용

이미 살펴본 바와 같이 사회보장은 많은 나라에서 사회보장과 공공부조에 의하여 성립되었으며 오늘날도 이 양자를 중심으로 제도가 성립되어 운영되는 것이 일반적이다. 그러나 이와 관련되는 용어가 너무 많고 각자의 개념 및 관계가 분명하지 못하여 혼란을 일으키고 있다. 여기서는 사회보장의 가장 일반적인 개념과 관련하여 그 가운데, 특히 중요한 사회보장 · 공공부조 · 사회복지의 세 가지에 대하여 살펴보기로 한다.

(1) 사회보험

사회보험은 사회보장의 가장 큰 부분을 형성하고 있다는 점에서 흔히 이를 사회보장과 동일시하거나 혼용하는 경향이 있다. 사회보험은 연혁적으로는 동업자의 자조적인 상호부조조직에서 유래한다. 그 후 이것을 사회정책적인 목적에서 조직근로자를 대상으로 19세기말 독일에서 성립되어 일반노동자 및 국민전체를 대상으로 확대하여 각국에 보급되었다.

사회보험은 피보험자 등이 갹출한 보험료를 주된 재원으로 하여 일정한 보험사고에 대하여 일정한 급부를 하는 것으로 국가가 사회정책을 수행하기 위하여 보험의 원리와 방식을 도입하여 만든 사회경제제도이다. 구체적으로는 국민을 대상으로 질병 · 사망 · 노령 · 실업 · 기타 신체장해 등으로 인하여 생활능력의 상실과 소득의 감소가 발생하였을 때 보험방식에 의하여 필요한 비용을 일정한 급부로 커버하고 소득상실을 보충하는 제도이다.

(2) 공공부조

공공부조라 함은 생활불능상태에 있거나 생활이 곤궁한 상태에 있는 자에게 국가의 책임 아래 최저한도의 인간다운 생활을 할 권리를 보장해 주는 제도로서 사적부조에 대응하는 개념이다. 이는 개인이 아닌 국가나 공공단체의 이전지출금에 의하여 운용되는 것으로 사회보험과 더불어 사회보장의 2대지주를 형성하고 있다.

공공부조는 갹출을 요건으로 하지 않고 자산 및 수입의 부족에 대한 보충을 필요에 즉응하여 행하는 것으로 생활곤란에 빠진 원인 여하를 불문하고 최저생활수준을 유지하지 못하는 현상에 착안하여 무차별·평등하게 필요에 따른 급부를 하는 것이다. 전국민을 대상으로 한 최종적·포괄적 부조이며 생활곤궁에 빠진 사고의 종류 및 그 사고로 무엇을 잃었는가는 문제가 되지 아니하며, 사고 전의 생활수준의 고저에 관계없이 부조의 결과로 일정한 생활수준을 유지하려고 하는 것으로 사후적인 구제에 속한다.

공공부조제도는 국가책임의 원리·생존권보장의 원리·무차별평등의 원리·최저생활보장의 원리·보충성의 원리·자립조장의 원리에 의하여 정립되며, 신청보호의 원칙·기준 및 정도의 원칙·필요즉응의 원칙·세대단위의 원칙·현금부조의 원칙·거택보호의 원칙에 의하여 실시된다.

현행 우리나라 헌법 제34조의 정신에 기하여 현재 실시되고 있는 공공부조사업은 크게 나누어 보면 생활보호사업·공공근로사업·이재민구호사업 등이다. 이들의 공통점은 ① 그 대상이 자력으로 생활을 유지할 수 없는 자들이며, ② 그 목적이 수혜자의 자립향상을 기하고, ③ 비용은 국가가 부담하며, ④ 자산조사가 행하여지며, ⑤ 사회적 빈곤계층에 대한 최종적인 소득보장제도로서의 성격을 가진다.

(3) 사회복지

사회복지라는 용어는 일반적으로 많이 사용되고 있으나 그 관념자체가 논자에 따라 다르고 불확정적인 성격을 지닌다. 그 이유는 사회복지라는 개념이 이념적·목적적 개념으로서 복지사회 내지 이상국가의 건설이라는 형이상학적 의미로 사용될 뿐만 아니라 각국의 사회적·경제적·정치적·문화적 상황에서 유래하고 또 그에 의하여 영향을 받은 동적인 개념인 까닭에 고정된 의미를 가지지 못하기 때문이다. 사회복지를 사회보장과의 관계에서 일반적으로 광의로 이해할 때에는 사회보장이 사회복지를 실현하기 위한 수단으로서, 또한 그 목적을 달성하기 위한 방안이라고 할 수 있다.

한편 협의로 해석할 때에는 사회보험·공공부조와 함께 사회보장의 한 구성 부분으로 이해할 수 있다. 사회복지를 후자의 의미로 이해할 때 이 영역에 속하는 것으로는 노인복지·아동복지·장애자복지 등이 있다.

3. 사회보장의 기능

(1) 소득재분배적 기능

사회보장은 경제적으로 국민간의 소득재분배적 기능을 수행한다. 공적부조의 경우 일정한 소득 이상의 자로부터 징수한 세금을 재원으로 최저생활불능자에게 일정한 생활수준을 유지할 수 있도록 공비(公費)를 지급하여 소득재분배적 기능을 하고 있다.

소득재분배의 구조적 형태는 제도에 따라 여러가지 형태로 달라진다. 즉 고소득자→저소득자의 수직적 재분배, 동질자 사이의 수평적 재분배, 연금의 지급에서와 같은 세대간의 재분배로 나누어 볼 수 있다.

(2) 경제의 자동안정기능(自動安定機能)

사회보장급여는 유효수요를 창출하며 자본주의 경제의 안정화에 이바지하는 면이 있다. 특히 공적부조나 실업보험의 경우에는 이러한 기능이 두드러지게 나타난다. 실업보험의 경우 호경기 때에는 실업자가 적은 반면, 소득이 증가되어 징수되는 보험료도 증가하여 경기과열을 억제하게 된다. 이와 반대로 불경기 때에는 실업자가 많아지고 이에 따라 실업보험금의 지급도 증가되어 공공부조의 급여와 함께 구매력을 지탱하게 되어 경기후퇴를 방지하는 기능을 하게 된다.

(3) 자본축적기능

사회보험의 경우 적립방식을 채택하게 되면 막대한 보험료가 축적되어 거대한 규모를 이루게 된다. 이것이 국민경제에 투자되어 원활한 경제운영에 크게 이바지하게 되는데 사회보장의 경제적 기능 가운데 그 비중이 크다고 할 수 있다.

(4) 최저생활보장기능

사회보장이 보장하는 생활수준에 의하여 국민의 최저생활은 결정지워지며 이것은 생리적 한계에 있어서의 생활뿐만 아니라 사회적 한계에 있어서 최저생활을 의미한다.

(5) 사회안정적 기능

사회보장의 여러가지 기능은 자본주의 체제하에서는 자본주의 경제체제를 유지하고 사회를 안정화시키는 기능을 한다. 복지국가의 사상은 사회보장과 결부되어 자본주의의 제 문제점을 치유하여 자본주의 부정론에 대응하는 역할을 한다. 사회보장은 자본주의 체제하에서의 문제점을 솔직히 시인 비판하여 이의 해결을 도모함으로써 체제유지적 기능을 하고 있는 것이다.

II. 사회보장법

1. 사회보장법이란 용어의 등장

일반적으로 고도독점자본주의단계에서 고전적인 시민법과 구별되는 의미에서의 사회보장법은 민법이나 상법처럼 통일된 법전을 형성하는 것은 아니다.

사회보장법이란 용어가 법률용어로서 등장한 것은 미국에서 제정·시행된 1935년의 사회보장법(social security Act)에서 찾을 수 있으나, 우리나라의 법전에 등장하게 된 것은 1963년 11월 5일 법률 제1437호 "사회보장에 관한 법률"에서이다.

이렇듯 역사가 일천한 사회보장법이 사회보장관계실정법의 종합적인 것으로 법적으로 인식되게 된 것은 1919년의 바이마르헌법 제151조(인간다운 생활권)와 세계인권선언의 「인간의 존엄에 상응하는 생활」의 정신을 이어 각국의 헌법에서 그 표현은 다소 다르나 대체로 이에 관한 규정을 두고 있고, 또 우리 헌법도 이러한 각국 헌법에 영향을 받아 제헌헌법에서 "생활무능력자에 대한 보호"를 규정한 이래 현행 헌법 제10조·제34조에서 규정하고 있는 인간다운 생존권을 보장하기 위하여 전개된 법체계로서 경제적·사회적 발전에 수반하여 독자적인 법대상·법영역을 확보하여 체계화를 시도할 법적인 필요성에 기인하는 것이다.

2. 사회보장법의 개념과 그 대상

오늘날 사회보장제도의 발달에 따라 사회보장법이 하나의 법영역을 이루고 있으나 그 개념을 정의한다는 것은 매우 어려운 일이다. 그 이유는 앞에서 살펴본 바와 같이 사회보장법의 규율대상인 사회보장 그 자체가 각국의 역사적·사회적·경제적·정치적 제 상황에 따라 각기 다른 형태로 발전하여 왔기 때문에 그 개념결정이 어렵기 때문이다.

그러나 구태여 정의한다면 사회보장법이란 국민이 인간다운 생활을 할 수 있도록 생존권의 확보와 생활권의 보호를 목적으로 국가에 필요한 조치를 의무지우는 제 법규범의 총체라고 할 수 있겠다.

이러한 의미에서의 사회보장법의 이념과 목표는 인간다운 생활을 할 권리를 법률로써 보장하는 것이며, 그 법원은 헌법을 정점으로 하여 이 헌법의 이념을 직접·간접으로 구체화하고 있는 많은 관계법률(예컨대, "사회보장기본법," "국민기초생활보장법," "의료급여법," "국민건강보험법," "산업재해보상보험법," "사회복지사업법," "아동복지법," "노인복지법" 등)이 있다.

사회보장법의 영역의 문제는 구체적인 내용에 있어서는 "사회보장"의 경우에 있어서와 같이 논자에 따라 달라진다. 사회보장은 협의로 볼 경우 이에 따라 법도 사회보험법과 공공부조법으로 구성되는 것으로 볼 수 있으나, 사회보장을 광의로 보게 되면 협의의 사회보장법에 더하여 사회복지법 및 공중위생관계법뿐만 아니라 각종의 원호관계법도 광의의 사회보장법에 포함되게 된다.

3. 사회보장법의 법체계

사회보장법 체계는 국가에 따라 큰 차이가 있으며, 법체계를 형성하는 과정에서 제도적 측면에서 크게 정비되었다. 영국이나 뉴질랜드와 같은 나라는 포괄적인 사회보장법제로 이행하였으며, 프랑스는 통합적 사회보장법제를 채택하려 하였으나 이익집단의 반대에 직면해 있다. 한편 일본의 경우는 사회보장법 체계를 사회보험법과 공적부조법의 2분법이 경제학자들에 의하여 지지되고 있으며, 공적부조법과 사회보험법 외에 관련법제(사회복지, 공중위생 등)로 나누는 3분법에 의하여 법체계를 정립하려는 견해도 있다.

우리나라의 경우는 사회보장기본법 제3조에서 사회보장을 사회보험에 의한 제 급여와 무상으로 행하는 공공부조 및 사회복지를 의미하는 것으로 정의하는 데 착안하여 사회보장법을 사회보험에 관한 법과 공공부조 및 사회복지에 관한 법으로 나누어 체계화하는 주장과 사회보장의 성격과 기능에 착안하여 소득보장급여법과 장해보장급여법으로 나누어 체계화하고자 하는 견해가 있다. 그러나 우리나라의 경우 사회보장입법이 당위성과 명분을 앞세워 여건이나 제도에 관한 충분한 연구없이 졸속으로 무질서하게 제정되었기 때문에 현실적으로 현행 사회보장관계법을 체계화하는 데에는 무리가 따르나 대체로 다음과 같이 분류할 수 있다.

i) 사회보험관계법 : 고용보험법, 공무원연금법, 군인연금법, 선원보험법, 산업재해보상보험법, 국민건강보험법, 국민연금법, 사립학교교직원연금법 등.

ii) 공공부조와 사회복지관계법 : 사회보장기본법, 국민기초생활보장법, 의료급여법, 아동복지법, 모자보건법, 한부모가족지원법, 노인복지법, 장애인복지법, 사회복지사업법, 재해구호법 등.

제4절 경제법

I. 경제법의 생성

경제법이라고 불리워지는 제법규는 1910년 이래 자본주의가 총체적으로 고도화 내지 독점화 한 단계에서 전시경제통제법 혹은 불황대책의 법으로 발생하였다. 이러한 역사적 사실은 경제법의 발생이 필연적이 되도록 하는 사회적 기반이 자본주의의 독점화에 있다고 하는 것을 입증하는 것이다.

자본주의체제하에서 기술이 혁신되어 대량생산이 가능하게 되어 그 결과 주요한 산업부문을 소수의 대기업이 독점하게 되는 한편, 각 산업분야에 카르텔이 보급·발달하게 된 것이 19세기 말부터 20세기 초에 걸쳐서의 일이며 다시 1차 세계대전을 계기로 이러한 경향은 더욱 현저하게 되어 국가경제의 지배적 부분이 이러한 독과점화된 거대기업과 카르텔에 의하여 점거되었는 데 이것이 자본주의의 독점화 현상이다.

이와 같은 현상은 국가경제의 자동적 운행에 지장을 주는 것이다. 왜냐하면 아담 스미스가 주장한 자유방임체제하에서의 경제의 자연조화의 법칙은 다수의 영세기업의 경쟁을 통해서만 달성되는 것이기 때문이다.

전시통제경제는 독점자본주의의 소산이라기보다는 근대전의 하나의 특색이라고 보아야 할 것이겠으나 1차 세계대전 이후에 자본주의 각국을 강타한 이전에는 미처 체험하지 못했던 만성적 불황의 근본적 원인이 독점에 있다고 하는 것은 모든 경제학자들이 인정하는 것이다.

따라서 불황의 대책으로 출발한 경제법도 자본주의의 독점이라고 하는 것에 그 연원을 가지고 있다고 할 수 있다. 그러나 이것은 경제법의 기본자세가 항상 반드시 반독점적인 것을 의미하는 것은 아니다. 경제법이 오히려 독점의 보호통제의 역할을 할지도 모른다는 것은 역사가 실증하는 바이다.

II. 경제법의 개념

경제법이 무엇인가에 대하여 여러 견해가 있으나 여기서는 경제통제 또는 경제에의 국가적 간섭을 경제법의 중심개념으로 하는 견해에 따라 경제법의 개념을 설명하기로 한다.

1936년 독일의 Böhm은 경제법의 중심개념으로서 국가적 경제통제, 일정한 경제정책적 의미에 있어서 경제질서 및 이와 관련하여 경제제도가 여러가지로 변화하여 나타난다고 하였다. 또 Eichler도 Böhm의 설을 참고로 해서 법학적으로 발전시켰는데, 그는 경제통제를 경제법의 중심개념으로 하면서 경제통제는 경제에의 국가적 간섭을 실현하는 법적 수단 또는 이에 터잡은 행정행위에 관한 것이라고 하였다. G. Rinck에 의하면 "경제법은 독립된 영리활동을 한정하고 또 통제하기 위한 국가적 수단의 체계"라고 한다. 이와 같은 Rinck의 견해는 경제법의 개념설정에 큰 영향을 준 것으로 평가된다.

III. 경제법의 성질

(1) 경제법의 성질에 대하여는 학자에 따라 그 견해가 다양하나 그 가장 중요한 성질은 사회적 성격 혹은 공공성이다. 경제법은 국민경제 전체의 입장에서 공적 이익을 추구하는 것을 목적으로 하기 때문에 공공성, 즉 공공이익우위의 요구를 강하게 가지는 법이다.

(2) 경제법은 그 기본적인 체계는 크게 변동하지 않으나 그 이외의 부분은 현저한 유동성을 가진 법이다.

경제법의 대상이 되는 사회적·경제적 실제의 많은 부분은 신속하고도 격하게 변화하기 쉽기 때문에 경제법이 이에 대처하여 적절한 규제를 하기 위해서는 경제법 자신도 신속하게 변화해 나가지 않으면 안된다.

(3) 민법 및 상법에 추상성을 가진 규정이 많은데 대하여 경제법은 구체성을 다분히 띠고 있는 규정을 많이 가지고 있으며, 그 반면에 이에 의하여 생기

는 법적용상의 부적합성을 제거하기 위하여 탄력성도 함께 가지고 있다.

민법 · 상법이 추상성을 가진다고 하는 것은, 예컨대 그 규정하는 인(人) · 법인 · 상인 등은 그 사회상 · 경제상의 지위를 사상(捨象)한 추상적인 인격자를 의미하는데 대하여 경제법은 각각의 규정이 그 목적에 응하여 현저하게 구체적인 용어(예컨대, 사업자, 금융회사, 사업회사)를 사용하여 구체적인 규정을 두고 있다.

반면에 경제법은 탄력성을 가진다. 예컨대 독점규제법이 불공정한 거래방법을 규제하는데 「부당하게」라고 하는 탄력적인 용어를 사용하는 것이 그 예이다.

(4) 경제법은 정책성 내지 지도성을 내포하고 있다.

법 가운데에는 사회적 사실을 그대로 인정해서 후에 이것을 법으로 하는 경우, 예컨대 관습법과 같은 것도 있으나 경제법은 사회적 사실보다 앞서서 사회적 요구에 사회적 사실이 근접하도록 지도하는 역할을 한다. 경제의 자연적 흐름에 대하여 사회적 요구에 기한 정책에 의하여 흐름을 규제하고 수정하는 것과 같은 것이다. 그 결과 경제법이 관습법을 법원으로 하는 경우는 없게 된다.

(5) 경제법은 각 국가가 처한 상황에 따라 각기 특성을 지닌 법으로 되어 있어 세계적 통일성을 가진 것이 적으나 앞으로는 부분적으로나마 통일성을 띠는 분야가 생겨나게 될 것이다.

(6) 경제법은 기술적 · 합리적 성질을 가지고 있다.

경제법은 경제 및 기업에 관한 것을 규제하는 법이기 때문에 경제 및 기업이 가지는 기술적 · 합리적 성질에 대처해서 합목적적인 규제를 하지 않을 수 없기 때문에 자연히 경제법 자체가 기술적 · 합리적 성질을 가질 수밖에 없다.

Ⅳ. 경제법과 시민법과의 관계

경제법은 자본주의체제를 부정하는 것이 아니라 오히려 자본주의를 유지하기 위하여 이에 필요한 수정을 가하는 법이다. 따라서 경제법은 자본주의의 본질인 시장기능을 유지하기 위한 일반적 법질서인 시민법을 부정하는 것이 아니다. 자본주의경제가 독점화된 단계에서 형식적 평등의 추상적 규범으로서의 시민법이 노정한 결함을 현실적인 조건 아래서 수정하여 경제의 사회적 조화를 실현하기 위한 것이다.

그래서 경제법은 어떤 의미에서는 형해화한 시민법상의 자유와 평등을 실질적으로 회복시키기 위한 것이며, 시민법을 고전적 자유주의경제의 법이라고 한다면 경제법은 신자유주의경제의 법이라고 할 수 있을 것이다. 한편 이것은 야경국가에서 복지국가에로의 이행의 법규제적 표현이라고 할 수 있다.

결국 경제법은 경제의 사회적 조화의 요구 때문에 시민법을 보정하는 것을 본질적 역할로 하고 있으나 여기서 말하는 사회적 조화의 요구가 어떠한 구체적 내용을 담고 있는가는 시대와 국가에 따라 유동적이다. 그렇지만 이것은 궁극적으로는 최대다수의 최대행복을 목표로 한다고 할 수 있으며, 타인의 복지를 초월한 가치에 기초를 둔 전체주의적 이념에 의하여 지배되는 것이 아닌 것은 물론이다.

Ⅴ. 경제법의 대상

경제법의 규율대상은 경제질서의 기본원리를 정하고 있는 헌법의 제 규정을 정점으로 하여 국가가 경제에 개입·규제할 수 있는 근거를 정하고 있는 경제규제법(예컨대, 독점규제 및 공정거래에 관한 법률)과 사기업의 조직형태, 사기업자와 다른 사기업자와의 관계 및 소비자와의 관계를 정하고 있는 법, 특수공기업의 설치운영에 관한 법 및 대외적 경제활동을 규율하고 있는 대외무역법·외국환관리법 등이 이에 속한다.

Ⅵ. 경제법에서의 규제

1. 규제의 의의

여기에서 규제라고 하는 것은 권력적 방법 또는 비권력적 방법의 그 어느 것에 의하는가를 불문하고 일정한 계획에 기해서 경제활동에 영향을 주는 것을 목적으로 하는 국가작용을 가리킨다.

경제활동은 재화 또는 서비스의 생산·교환·분배 또는 소비에 관련한 인간활동이며 경제법의 규율대상이 되는 경제활동은 노동관계를 제외한 모든 부분이다. 따라서 경제법의 규제는 때로는 소비생활에 미치는 경우도 있다. 경제활동에 영향을 주는 것을 목적으로 하지 않는 입법은 결과적으로 경제생활에 영향을 주게 되더라도 경제법에는 포함되지 않는다. 예컨대 예산회계법은 예산의 기술적 방식에 관한 입법으로 그 자체가 경제정책적 목적을 가진 것이 아니기 때문에 경제법은 아니다.

경제법은 그 규제방법이 한 가지 태양(態樣)에 머물지 않고 단순히 경제적 강자의 권리를 제한해서 경제적 약자를 보호한다고 하는 데 그치지 않고 경제의 사회적 조화를 실현하기 위하여 국가 자체가 경제활동을 영위하는 형태로 전개된다.

2. 규제의 주체

경제활동의 규제는 법적인 근거에 의하여 이루어져야 하며, 이것은 국민경제 전체의 입장에서 이루어지게 된다. 따라서 규제의 주체는 법의 집행자로서의 국가이며, 규제의 객체는 기업과 개인이다. 경우에 따라서는 협회나 조합 등의 사업자단체가 국가의 위임을 받아 하는 경우도 있다.

3. 규제의 대상

경제법은 생산·교환·분배·소비 등 경제순환의 전과정과 관련된 경제활동 가운데 노동관계를 제외한 법률관계 뿐만 아니라 사실관계도 그 규제 대상으로 한다.

4. 규제의 방법

경제법의 규제방법은 크게 국가에 의한 권력적 규제와 비권력적 규제로 나눌 수 있다.

(1) 권력적 규제

이것은 법률에 기해서 강제력을 가지는 규제로 공권적 규제와 민사특별법에 의한 규제로 나뉘어지며, 전자는 다시 법률에 의한 직접적 규제와 행정권에 의한 규제로 분류된다.

(가) 공법적 규제

① 직접적·형사적 규제 이는 일반형법의 적용의 경우와 마찬가지로 일정한 행위를 일반적으로 금지하고 그 위반에 대하여는 행정권의 발동을 가져와 직접 형사상의 절차가 행해지는 방식의 규제이다. 이 규제방식은 행정권에

의한 규제와 병행해서 행하여지는 경우가 많다.

② 행정권에 의한 규제 이는 경제에 있어서 가장 널리 사용되는 방식의 규제로 특정한 행정관청에 의하여 법이 운용되는 규제방법이다. 이 규제방식에서는 담당행정관청이 법률에 의해서 주어진 권한에 기해서 국민에 대하여 일정한 작위·부작위를 명하며 명령위반에 대해서는 행정적 제재조치가 가해진다.

(나) 민사특별법에 의한 규제 이는 입법에 의하여 사법상의 법률관계 특히 강행법규로 작용해서 일반원칙을 변경·수정하는 것이며, 공법적 규제를 보완하는 역할을 한다.

예컨대 농지법의 경우 농지 등의 권리의 이전 등에 대하여 관계관청의 허가를 얻을 것을 의무지우며 무허가로 하는 경우에는 제재가 가해지고 사법상의 효력도 부정된다.

(2) 비권력적 규제

이는 법률상의 강제력을 가지지 아니하는 경제생활에 대한 국가의 개입방식을 전부 포함하나, 개괄적으로 세 가지 형태로 분류할 수 있다.

(가) 국가 또는 공공단체가 경제활동의 주체가 되는 경우로 국가에 의한 사업의 경영(공사·공단 등), 공공사업투자, 특정물자의 매입·매도(양곡관리법), 특정금융기관의 출자와 이를 통한 국가자금의 공급 등이 이에 해당한다.

(나) 국가의 사경제에 대한 경제적 원조 각종의 보조금, 손실보상 등이 이에 해당한다.

(다) 행정지도 행정지도는 일반적으로 행정주체가 일정한 공적목적을 달성하기 위하여 일정한 작위·부작위를 기대해서 상대방에 사실상의 행위를 지도하는 것이다. 행정지도는 그 자체로서는 법률적 효과를 가지는 것은 아니다. 따라서 법률상의 근거를 필요로 하지 않으나 법에서 「권고」에 대하여 정하는 예가 있다. 이러한 권고에 관한 규정을 행정지도에 어떤 권위를 부여하는 것은 아니다. 행정지도는 상대방의 자발적 협력에 의존하는 방법으로 탄력성과 유연성이라고 하는 장점을 가지나, 반면에 안이한 간섭이 되기 쉽고, 남용의 위험이 있는 것을 부정하기 어렵다. 행정관청에 대한 기업의 권리의식이 비교적 빈약한 우리 사회풍토하에서는 이 점에 유의할 필요가 있다.

제 8 장 국 제 법

제 1 절 총 설

Ⅰ. 국제사회와 법

법은 사회있는 곳에 비로소 존재할 수 있으며(ubi societas ibi jus est), 반대로 사회는 그 구성원 상호간의 관계를 규율하는 규범체계없이는 존재하지 못한다. 일반적으로 법의 성격은 그것이 작용하는 사회의 특성에 의하여 필연적으로 결정되는 것이며, 이 양자는 각각 타방없이는 이것을 이해할 수 없다. 국제사회를 규율하며 여기에 적용되는 법, 즉 국제법도 국제사회의 특질, 특히 그 주요한 구성원인 주권국가의 원심적 권력투쟁 및 분권적 경향으로 인해 집권적·구심적으로 기능하는 근대국가의 법과 비교할 때 특이한 성격과 기능을 갖는다. 그러므로 국제법을 이해하기 위해서는 먼저 국제사회에 대한 올바른 인식이 필요하다.

사회있는 곳에 비로소 법이 존재할 수 있기 때문에, 인간사회의 어떠한 현상과는 별도로 자연상태에 존재하는 자연법이 있다고 생각하는 것은 잘못이다. 「그로티우스(Grotius)」와 같은 고전국제법학자들이 자기들의 법학체계에 사용한 자연법이라고 하는 것은 「그리스」철학과 「로마」의 법학 및 기독교윤리에 근원을 가진 역사적 발전의 성과였다. 사실 어떠한 문화나 조직을 떠난 인간에 공통된 심리적 특성이 존재하지 않는 것은 아니다. 이와 같은 특성에 의하여 어느 정도 일반화가 가능하기 때문에 UN의 주도로 세계인권선언을 작성할 수도 있었다. 그러나 자연법이라 할지라도 그것은 특별한 전통 속에 뿌리박은 것이어서 그야말로 시공을 넘어서 전세계에 통용될 보편국제법(普遍國際法)을 연역할 수 있는 기반을 제공할 수는 없는 것이다.

그러므로 처음 유럽 기독교사회의 법으로서 출발한 국제법이 유럽세력의 세계적 팽창에 따라 비유럽사회·국가에도 통용됨에 이르자 공동의 합의(조약과 관습)가 그 법의 기반이 될 수밖에 없었다. 서양제국은 국제법의 기초가 된 근본신념과는 관계없는 제국에 대하여 복종을 요구하여 서양의 정복자와 기타의 피정복자간에는 다수의 조약이 체결되고, 이러한 조약체결의 방식을 통하여 유럽식의 외교와 전쟁에 관한 관행이 소개되었고 또 대체로 이것이 묵종되기에 이르렀다. 그러나 유럽의 전통을 지닌 조약과 관습은 문화를 달리한 국민간에 일단 분쟁이 발생한 경우에는 질서의 기초가 되기보다 오히려 충돌의 근원이 되는 경우가 많았다. 조약과 관습의 효력과 의미를 확인하는 공동의 법적 기관이 없는 관계로 분쟁을 유권적으로 해석할 도리가 없다. 특히 서양제국은 그 우월한 군사력을 배경으로 하여 조약을 일방적으로 작성하고 또 강행하려고 했던 결과 그 도덕적·정신적 지도성을 인정하지 않는 비유럽국가들은 실력의 변화가 오기만 하면 언제나 이러한 조약을 개정 또는 폐기하거나 혹은 그들의 이익에 합치하며, 그들 자신이 당사자가 된 합의로부터 발생한 것만을 선택하는 권리를 주장하기 시작하였다. 따라서 유럽에 기원을 둔 실정법은 유럽의 자연법보다 일반국제법에 대한 기반으로는 더 적절치 않다는 것이 증명되었다. 이상으로써 사회구성원이 다같이 적절하게 법을 해석할 수 있는 일정한 법원(法源)을 인정하고 또 법의 최소한의 준수를 보장하는 일정한 제재를 인정할 때, 그러한 사회내에서만 진정한 법이 존재할 수 있다는 것을 알 수 있다.

그런데 어느 사회에 통용되는 사회규범의 전부가 반드시 엄격한 의미의 법규범의 형태를 취하는 것은 아니다. 그 사회가 지닌 특징적 형태와 그 역사적 일정 시기에 있어서는 법규범이 기타의 규범으로부터 분화되지 않은 상태 그대로에서 작용하기도 한다. 그것은 습속적·종교적 요소로써 채색되어 그 어느 것인지 분간하기가 곤란한 경우도 많다. 그러나 시대의 진보, 사회의 발전과 더불어 점차 규범에는 분화가 발생함과 동시에 특히 의식적·조직적 및 강제적 사회규범인 법규범의 지배적 작용을 볼 수 있게 된 것이다.

이 점에서 국내사회는 국제사회보다 월등하게 커다란 분화과정을 겪은 것이라고 할 수 있겠다.

II. 국제법의 법적 성질

국제법에 대한 위반과 이에 따른 제재를 위한 제도적 장치의 흠결을 들어 국제법의 법으로서의 존재의의까지를 부인하는 견해도 없지 않았으나, 이와 같은 극단론은 사실에 대한 오해와 이에 대한 잘못된 해석에서 비롯된 것이다. 비록 국제법의 위반이 많은 것은 사실이라 할지라도 법규범과 법현실간의 이러한 괴리가 국제법은 법이 아니라는 주장의 충분한 논거가 될 수는 없다. 형법을 위반하여 절도와 강도의 죄나 사기와 공갈의 죄를 범한 자가 많다는 사실 그 자체만으로 형법의 존재의의나 실효성을 부인할 수 없는 것과 같은 이유에서이다.

국제법의 존재의의에 대한 회의는 무엇보다도 이 국제법이 오로지 전쟁과 평화의 문제만을 규율하는 것으로 오해하는 데에서 연유한 것으로 보인다. 왜냐하면 이 부분에 대한 위반이 가장 많았고, 또 늘 깊은 관심과 주목의 대상이 되어 왔기 때문이다. 그리하여 일부에서는 국제법을 위반한 전쟁이나 무력충돌이 발생하면 국제법이 마치 그 종말이라도 고한 것처럼 여겨왔다.

사실 유엔헌장에서는 자위권행사를 제외한 모든 무력행사를 금지하고 이 규정을 위반한 평화의 파괴나 침략행위에 대하여는 집단적 강제조치를 취하도록 하였으나, 자위권에 관한 헌장 제51조가 남용되어 왔을 뿐만 아니라 군사적 강제조치에 관한 규정은 사문화되고 있다. 이처럼 무력행사나 무력충돌에 대한 법적 규제를 위하여 모처럼 마련된 제도적 장치마저 소기의 성과를 거두지 못하고 있는 것만은 부인하기 어렵다. 하지만 그 반면 무력행사의 빈도가 줄어들고 그 기간이 단축되었을 뿐만 아니라, 그 범위 또한 일정한 지역에 국한되어 온 것 또한 사실이다. 국제법이 이와 같이 무력충돌의 발발 자체를 전면적으로 막는 데에는 실패하였다 하더라도 그 규제를 위하여 응분의 기능을 발휘해 온 것은 인정하여야 할 것이다.

국제법은 무력행사의 금지와 이에 대한 규제 이외의 분야에서는 실로 많은 기여를 해 왔다. 법의 기능적 한계를 모르는 것이 잘못이듯이, 그 효능을 간과하는 것 또한 오류이다. 국제법의 실효성을 과신하려는 태도도 문제이지만, 위반이 많다는 사실만을 내세워 법규범으로서의 본질마저 부인하려는 독단 역시 잘못이다. 위반과 법규범으로서의 본질은 별개의 문제이다. 위반 자체가 어디까지나 예외적 현상인 한에 있어서는 법규범으로서의 존재의의를 부인할 수는 없는 것이다.

국제법에 대한 위반을 이야기하려면 그 반대 측면도 아울러 고려하여야 한다. 국제법주체간의 이해관계가 동일하거나 또는 상호적인 것일 때에는 이를 규율하는 국제법규에 대한 위반이 거의 없거나, 있어도 국제법의 법적 성질이나 그 실효성을 부인할 정도로 많지는 않다.

국제법에는 경합적 이해관계만이 아니라 동질적 이익의 추구를 위한 원칙이나 법규도 많이 포함되어 있다. 특히 국제법의 규율대상이 국가간의 정치·외교나 군사관계뿐만 아니라 경제·사회·과학기술·통신 등의 여러 분야에까지 확대됨에 따라 이러한 현상이 더욱 두드러지게 나타나고 있다. 그리하여 이제는 각국의 권익만이 아니라 국제사회 그 자체의 법익까지를 문제시하게 되었다. 이처럼 당사국들이 서로 이해관계를 같이 하거나 또는 같은 목적을 달성하고자 할 때에는 관계되는 국제법의 원칙과 법규에 대한 위반도 상대적으로 감소되게 마련이다.

이와 같이 국제법의 법률대상이 수직적·수평적으로 확대되었을 뿐만 아니라 이해관계의 조정에서 한 걸음 더 나아가 공동의 이익을 추구하고 적극적인 협력을 기해 나가는 단계에 이른 이상, 무력충돌에 대한 법적 규제의 실효성만을 들어 국제법의 법적 성질이나 그 존재의의를 부인할 수는 없게 된 것이다.

국제법의 법적 성질이나 그 실효성에 대한 회의는 이에 대한 위반만이 아니라, 그에 따른 법적 제재를 보는 시각의 차이에도 연유하는 것 같다. 국제법에는 제재가 없다는 독단론이 있는가 하면 실질적으로 조직화된 제재가 없다는 사실을 지적하기도 한다. 이들은 국제법상의 특유한 제재장치들을 간과하고 있다. 국제법에서는 다만 제재의 주체와 그 방식이 분산되어 있을 뿐이다. 당사국 스스로 취하는 일방적 제재와 유엔이나 지역기구와 같은 국제기구들이 취하는 제재조치가 그것이다. 이 중에서 유엔의 제재조치는 조직화된 집단적 제재의 대표적인 예이다.

결국 국제법에 몇 가지 취약점이 있다고 해서 그것이 바로 국제법부인론이나 회의론의 근거가 될 수는 없는 것이다. 그 동안의 국제법에 대한 부정적 내지 회의적 견해는 국내법만을 기준으로 국제법을 보려는 데에서 오류를 범한 것이다. 국제법이 국내법에 비하여 흠결이 있는 것은 사실이나 이것 또한 오직 정도의 문제일 뿐이다.

III. 국제법의 법원(法源)

국제법의 법원은 다의적인 개념으로 쓰이기는 하나 일반적으로 국제법의 존재형식을 말한다. 이러한 존재형식을 중심으로 한 법원은 국제사법재판소규정 제38조를 토대로 하여 대체로 다음과 같은 형태를 둘 수 있다.

1. 조 약

국제법 주체간의 문서에 의한 합의를 조약이라고 한다. 즉, 이것은 성문국제법이며 국제법의 성립양식으로서는 가장 확실한 것이다. 2국가 또는 그 이상의 소수국가 사이에서 맺어지는 특수조약이 대부분이지만, 점차로 대다수의 국가가 참가하고 그리고 국제사회의 여하한 국가에도 개방되는 일반조약도 중요한 지위를 차지하게 되었다. 일반조약은 가장 완성된 성문국제법이다.

조약은 문서에 의해야 하지만, 그 문서에는 조약이라는 명칭을 가진 것 외에 협정·협약·헌장 등의 이름을 가진 것도 포함된다.

조약은 당사자의 대표가 문서에 서명·조인함으로써 체결되고 조인된 조약은 당사자에 의하여 비준됨으로써 확정된다.

2. 국제관습

국제관습이란 일반적으로 승인된 국제관행을 말하는 것이다. 일반적으로 승인된다는 것은 국제사법재판소규정 제38조에 명시된 「법으로서 수락된 일반적 관행의 증거로서의 국제관습」(international custom as evidence of a general practice accepted as law)이라는 규정이 의미하는 바와 같이 단순한 동종행위의 반복이 아니라 각국간에 일정한 행동을 취하는 명백하고도 계속적인 관행이 존재하며, 또한 그러한 행동을 취하는 것이 국제법상의 의무라고 확신되는 것을 말하는 것으로서 이러한 경우에 비로소 국제사회의 관행인 국제관습이 공인되고 따라서 국제관습성이 확립되는 것이다.

3. 법의 일반원칙

그 밖에 '법의 일반원칙', 즉 '문명제국에 의하여 승인된 법의 일반원칙'을 국제법의 연원으로 인정하느냐에 관하여는 학설이 대립되고 있다. 다만 국제사법재판소가 재판할 때의 준칙으로서 '법의 일반원칙'이 등장한다는 이유만으로 법의 일반원칙을 국제법의 법원이라고 단정하는 것은 무리인 듯하다. 이것은 국내법의 법원에서도 논하는 바와 같이 조리 또는 조리법을 국내법의 법원으로서 당연히 인정할 수는 없는 것과 마찬가지다. 그러므로 '법의 일반원칙'은 재판의 준칙은 될지라도 문명 각국이 국내법에서 인정한 법의 일반원칙이 동시에 각 국가간에서 서로 다른 쪽에 대하여 준수하도록 인정된 것은 아니므로 곧바로 국제법의 법원으로 인정하기는 어려울 것이다.

Ⅳ. 국제법의 국내적 효력

국제법이라고 해서 국제재판을 비롯한 국제관계에만 적용되는 것은 아니다. 국제법도 표현과는 달리 국내에 적용되는 경우가 많아 이에 따라 국제법과 국내법과의 관계가 문제된다. 국제법의 국내에서의 효력의 문제는 다음 몇 가지로 나누어 볼 수 있다. 첫째, 조약과 국제관습법의 국내에의 적용에 어떠한 절차나 조치가 필요하느냐이다. 둘째, 조약의 국내시행을 위한 국내법조치와 그 개정·보완의 문제이다. 셋째, 국제법이 국내에 적용되는 경우 국제법은 그 자체로서 적용되는 것인지 아니면 국내법으로 변형되어 시행되는 것인지의 문제이다. 넷째, 국제법과 국내법의 적용에 있어서 양자간의 충돌문제와 이 경우 어느 법이 우월적 효력을 갖느냐이다.

국제법과 국내법의 관계에 대하여는 양자간의 상호관계를 부인하는 이원론과 이에 반대하는 일원론이 오랫동안 대립해 왔다. 그러나 그 어느 이론도 국제적인 실증을 들어 그 보편타당성을 논증하기는 어렵고 오히려 학자들간의 논쟁에 그치고 있을 뿐이다. 사실은 각국의 헌법에서 국제법의 국내적 효력을 규정하고 있는 경우가 많아서, 국제법의 수용이나 국내법으로의 변형, 그리고 수용시의 양법간의 효력의 우선순위 문제는 관계조항의 규정과 그 해석에 따라 결정된다.

어떻든 변형의 방식을 취하는 국가에 있어서는 국제법이 국내법으로 변형되어 국내에 적용되기 때문에 두 법 사이에 효력이 우선순위의 문제는 제기될 여지가 없다. 왜냐하면 그 과정에서 당해 국가의 국내법질서 속에서 국제법과 국내법의 효력의 우선순위가 미리 결정되어지기 때문이다. 예를 들어 조약이 법률로 변형되면 법률로서의 효력을 갖게 된다. 이 방식의 채택여부는 국제법이 아니라 국내법에 의하여 결정되고 있어서 국제법상의 변형방식이 금지되어 있는 것은 아니다.

다음으로 수용의 방식을 보면 국제법의 발전에 유익한 역할을 하고 있어서 실제로 많은 국가들이 이 방식을 취하고 있다. 헌법이 국제법의 국내에의 적용을 위하여 수용의 방식을 규정하고 있으며, 조약의 공포와 같은 절차가 필요하다 하더라도 여전히 국제법으로서 관계국의 국내에서 적용되는 것이다.

우리나라 헌법도 「헌법에 의하여 체결·공포된 조약과 일반적으로 승인된 국제법규는 국내법과 같은 효력을 가진다」고 규정함으로써 국제법을 우리 국내법질서 속에 수용하고 있다. 벨기에·프랑스·스위스 등도 수용의 방식을 취하고 있는 입법예에 속한다. 국제관습법에 관해서는 영연방제국을 비롯한 많은 나라에서도 제정법이나 기타 국내법상 반대되는 규정이 없으면, 별단의 수용절차를 거치지 않고 대체로 국내법의 일부로서 국제관습법을 적용한다.

V. 국제법의 주체

1. 국 가

국제법의 주체는 국제법상의 권리·의무의 귀속주체이다. 한 마디로 국제법의 주체라고 하지만, 이 말은 다의적으로 쓰여 왔다. 국제법상의 권리의 주체가 되려면 단순히 권리가 귀속하는 데에 그치지 아니하고 직접 당사자로서 소송에 의하여 그 권리의 확보까지도 기할 수 있어야 한다거나, 또는 조약을 체결할 수 있는 당사자 능력이 있어야 한다는 주장이 유력하다. 그러나 일찍이 국제사법재판소가 적절히 밝힌 바와 같이 어느 법질서에 있어서나 법의 주체들의 성질이나 향유하는 권리의 범위가 반드시 같은 것은 아니다. 그 가운데 가장 중요하고 또 완전한 국제법의 주체는 국가라고 할 수 있다.

대다수의 국가는 완전한 국제법상의 능력을 가지고 있고, 일체의 권리·의무를 가지고 있다. 그러나 소수의 국가는 불완전한 주체로서 국제법상의 능력이 제한되기도 한다. 한편, Roma교황청(바티칸市國)은 국가와 같은 정치실체가 아닌데도 국가로서 또 국제법의 주체로서 공인되고 있고 민족해방운동에 기반을 둔 팔레스타인자치정부에 대해서도 그 주체성을 인정하자는 국가들도 있다.

2. 국제기구

국제기구도 회원국과는 별개의 독자적인 법인격을 갖고 국제법상의 권리의무의 주체가 된다. 다만 그 범위가 설립목적에 의하여 제한을 받는다는 점에서 국가와 다를 뿐이다. 여기서 말하는 국제기구는 정부간 국제기구만을 가리킨다. 정치·경제·사회·문화·과학·기술 등의 여러 분야에 걸쳐 지역 또는 국제협력의 필요성이 절실해짐에 따라 많은 정부간 국제기구가 창설되었다. 그 어느 국제기구를 가릴 것 없이 정부간 국제기구이면 그 창설목적의 범위내에서나마 국제법상의 권리·의무의 주체가 된다. 그 가장 대표적인 예가 유엔(UN)임은 말할 필요도 없다. 유엔도 국가와는 같지 않으나 국제법상의 권리를 향유하고 소송에 의하여 그 권리의 실현을 기할 수 있고, 반면에 일정한 의무도 부담하는 국제법의 주체이다. 범세계적 다목적국제기구인 유엔 이외에도 정부간 국제기구인 한, 그 동안 경제·사회적 목적의 달성을 위하여 창설된 많은 국제경제기구들의 경우도 그 범위만을 달리할 뿐 유엔과 같이 국제법상의 권리·의무의 귀속주체가 된다.

3. 자연인 및 법인

종래의 학설에 의하면 개인은 국제법상의 주체가 될 수 없다는 것이 통설이었다. 그러나 국제사회가 점차로 발달함에 따라서 국제법이 일부나마 개인의 권리·의무에 관해서도 규정하게 되었으며, 이러한 경향은 최근에 와서 제2차 세계대전을 계기로 더욱 명백하여졌다. 다수의 조약을 통해서 국제법은 개인에 관하여서도 규정하고, 이에 따라 개인도 국제법상의 권리·의무를 갖게 되었으므로 한정된 범위내에서 개인의 국제법주체성을 인정하여야 할 것이다. 그런데 여기서 개인이라 함은 자연인 뿐만 아니라 법인도 포함하는 개념이다. 종전에는 주로 자연인만을 다루어 왔으나 이것은 다국적기업과 같은 법인도 국제관계에 있어서 하나의 주체로서 현대국제법의 주요한 연구대상이 되어 있다는 사실을 간과한 결과이다.

주체성과 관련하여 비록 민간기업일지라도 외국의 국가기관이나 국영기업과 계약을 체결하여 경제관계를 설정하고 있음에 비추어 그 주체성을 긍정적으로 검토하자는 주장이 있다. 이 중에서도 그 요건은 서로 달라서 이들이 체결하는 계약의 준거법이 국제법일 때에 제한적 주체성을 인정하자는 주장이 있는가 하면, 다국적기업만을 국제법의 주체로 보는 견해도 있다. 한편 구소련과 같은 나라에서는 비정부간 국제기구나 법인의 국제법주체성을 처음부터 부인한 적이 있었지만, 그것은 어디까지나 정치적인 이유때문이라고 볼 수 있다.

법인에 있어서는 일반국제법상의 권리·의무를 말하기는 어렵고, 외국정부와 체결하는 자원의 개발이나 공익사업을 위한 계약도 국제법을 준거법으로 명시하는 예가 많지는 않다. 그러나 투자보장조약에서 말하는 외국인투자가란 대체로 외국의 자연인과 법인을 모두 포함하는 것이어서 조약의 규정에 따라 일정한 조약상의 권리를 갖는다고 보아야 한다.

제 2 절 국가의 대외기관

Ⅰ. 외교사절

외교사절(diplomatic envoy)이라 함은 국가를 대표하여 외교교섭을 하는 것을 그 임무로 하는 기관을 말한다. 외교사절에는 상임과 임시의 사절이 있다. 상임외교사절은 외국에 파견되어 계속적으로 주재하는 사절이고, 임시외교사절은 특정사항에 관한 외교교섭을 하거나 국제회의에 참석하기 위하여 임시로 파견되는 사절이다. 외교사절에는 대사·공사·대리공사의 3종이 있으나 점차 대사파견이 주종을 이루고 있다.

외교사절의 파견·접수는 원칙적으로 독립국가만이 할 수 있다. 파견·접수는 파견국과 접수국의 합의에 의하여 하되, 파견국은 접수국의 아그레망(agrement)을 얻은 사람을 사절로 임명하고 신임장을 교부하여 접수국에 파견한다. 그리고 신임장이 접수국에서 수리되는 때에 사절은 그 외교관으로서의 직무를 수행할 수 있다.

외교사절의 주요한 직무는 외교교섭·관찰과 보고·자국민의 보호와 감독 등이며, 외교사절의 특권으로는 불가침특권과 면제 등이 있다. 여기서 불가침특권의 내용은 신체와 명예의 불가침, 공관의 불가침, 문서의 불가침 등이고 면제의 구체적 내용에는 재판권의 면제, 경찰권의 면제, 과세권의 면제 등이 포함된다.

외교사절의 임무가 종료되는 것은 사절이 파견국의 명령에 의하여 소환된 경우, 접수국이 사절에 대하여 퇴거를 요구한 경우, 사절이 자발적으로 퇴거하는 경우 및 파견국 또는 접수국의 원수가 변경되는 경우 등이다.

II. 영　사(領事)

영사(consul)란 외국에서 자국의 통상을 촉진하고 자국민을 보호하는 것을 직무로 하는 공무원으로서 국제교섭기관의 일종이다. 영사에는 직무영사와 명예영사의 2종이 있다. 직무영사(professional consul)는 영사의 사무를 그 본무로 하고 본국으로부터 파견되어 전적으로 영사의 사무에만 종사하며 봉급을 받는다. 이에 대하여 명예영사(honorary consul)는 접수국의 주민 중에서 선임되어 영사의 사무를 위임받고 상업이나 기타 영업에도 종사할 수 있으며 봉급아닌 수당을 받는다.

영사의 파견에는 외교사절에 있어서와 같은 아그레망을 필요로 하지 않고, 파견국이 임의로 임명·파견한다. 영사는 접수국에서 신임장이 접수되고 인가장이 교부된 때에 정식으로 직무를 수행할 수 있다. 영사의 주요한 직무는 관찰과 보고·자국민의 보호감독이며, 영사도 불가침특권와 면제가 인정되는데, 그 범위는 외교사절에 있어서보다 다소 좁다. 영사는 통상관계상 흔히 항구에 설치하는 것이 보통인데, 자국민을 보호하기 위하여 접수국의 정부와 직접 교섭할 수는 없고 다만 지방관헌과 교섭할 수 있을 뿐이다. 따라서 영사가 정부와 교섭할 때에는 반드시 자국의 외교사절을 통하여야 한다.

제 3 절 국가영역과 해양법

Ⅰ. 국가영역

국가영역이라 함은 국가가 배타적으로 지배하는 공간을 뜻하며 이는 영토, 영해 및 영공으로 구성되어 있다.

1. 영 토

영토는 토지로 구성된 국가영역이며, 국가영역의 중심이 된다. 영토에 대한 국가의 권리는 영토를 지배하는 권리, 즉 영토를 영유·이용·처분하는 권리이다. 국가는 국제법에 특별한 제한이 없는 한, 영토에 대한 배타적인 권리를 가지고 있다. 따라서 국가는 그 영토에 대하여 현실적으로 거의 완전한 독점적 지배권을 가지고 있다고 하겠다.

영토는 국제법상 선점·시효·첨부·할양·정복 등에 의하여 변경된다.

2. 영 해

영해는 바다(海)로 구성된 국가영역이며, 영해를 구성하는 부분은 연안해·항구·만·내해·해협 등이다.

영해의 폭에 대해서는 종래 착탄거리를 근거로 하는 3해리설이 인정되어 왔으나, 근래에 와서는 4해리설·6해리설·12해리설 등 그 폭의 확대를 주장하는 국가가 대폭 증가해 왔던바 제3차 해양법회의의 결과 회의참가국의 합의에 의해 영해는 12해리까지 설정할 수 있게 되었다.

국가는 그 영해에 대하여 국제법상 제한이 없는 한, 배타적으로 그 관할권을 행사할 수 있으며, 구체적인 것으로는 연안경찰권·연안어업권·연안무역권 등이 있다.

3. 영 공

영공은 영토와 영해의 상공으로 구성되는 국가영역, 즉 영토와 영해의 한계선으로부터 수직으로 세운 내부공역이다.

국가는 그 상공에 대하여 원칙적으로 배타적 권리를 행사할 수 있으나 어디까지가 영공의 상방한계를 이루는지에 관해서는 아직도 국제적 합의에 이르지 못하고 있다. 이를 위해 UN 차원에서 오랜 기간 노력을 기울이며 해마다 토의를 거듭해 왔으나 결론을 내지 못하였다.

II. 해 양 법

1. 공 해(公海)

공해(high sea)는 모든 국가에 개방되어 있고 국제법상 어느 국가의 영역에도 속하지 않는다. 공해가 어느 국가의 주권이나 관할권에도 속하지 아니하고 각국이 공동으로 이용할 수 있다는 것을 공해자유의 원칙이라 한다. 이 원칙은 국제교통의 자유를 확보하고자 하는 것과, 공해에 있어서의 수산자원이 무진장이라는 데서 확립된 것이다. 공해자유의 원칙의 결과에서 나타난 것이 공해사용의 자유이다. 이 내용은, (1) 항행의 자유, (2) 어업의 자유, (3) 해저전선과 송유관부설의 자유, (4) 공해상의 비행의 자유 등이다.

공해에 대하여 예외적으로 국가의 관할권이 미치는 경우가 있는데, 그 중요한 것으로는 해적선박 · 국기남용선박 · 어업규칙위반선박 등의 포획, 해저전선 파괴선박의 단속, 자국선박보호를 위한 조치, 법위반선박에 대한 추적 등이 있다.

2. 공해에 대한 국가관할권의 확장

한편 근래에 이르러 각국은 영해의 범위에 만족하지 않고 자국의 이익을 보호하기 위하여 인접 공해에서의 권리를 주장하게 되어 사실상 공해자유의 원칙을 제한하는 관행이 성행하게 되었다. 이는 다음에서 보는 바와 같이 공해에 대한 국가관할권의 확장으로서의 의미를 갖는다.

첫째, 접속수역(adjacent zone)은 영해에 접속한 공해의 일정한 해양으로서 연안국이 필요한 통제를 할 수 있는 수역이다. 이를 인접수역, 보충수역이라고도 한다. 접속수역은 연안국의 영토 또는 영해내에서 발생한 관세 · 재정 · 출입국관리 · 위생 등의 법규위반을 방지 또는 단속하기 위하여 접속수역까지의 관리권을 인정하려는 데 있으며, 그 범위는 영해의 기선으로부터 24해리를 초과할 수 없다.

둘째, 보존수역(conservation zone)은 영해에 접속한 공해의 일정한 구역으로서 연안국의 수산자원의 보존·확보를 위하여 관리권을 설정하는 수역이다. 보존수역의 설정은 조약에 의하는 것이 보통이나 연안국의 일방적인 선언에 의하는 경우도 적지 않다.

셋째, 대륙붕(continental shelf)은 원래 해양지리학상의 용어로서, 육지로부터 보통 바다로 들어갈 때 경사가 완만하게 나가다가 갑자기 심도가 깊어져서 급경사로 떨어지는 지역에 이르는 부분을 의미하였으나 1982년 해양법협약은 이를 확장하여 대륙변계의 외연에 이르는 광역대륙붕 개념을 도입하였다.

대륙붕에 대한 관할권의 행사는 연안국이 주로 해상 또는 하층토의 천연자원을 개발하고자 하는 데에 있으며, 대륙붕 상부수역의 법적 지위에는 아무런 영향을 미치지 않는다.

3. 심 해 저

심해저는 국가관할권의 한계를 넘는 해저지역을 뜻한다. 종래에는 개발 기술의 미비로 관심 밖이었으나 해저탐사 및 개발기술의 급속한 발달과 더불어 심해저 이용과 개발에 대한 법질서의 정립이 요구되었다. 그러나 이는 후술하는 3차 UN해양법회의를 통해서 선·후진국간 이해가 가장 첨예하게 대립된 분야의 하나였고 또 협약의 비준과 발효가 늦어지게 된 주된 원인이 되기도 했다. 협약상 인정된 주요원칙에 따라 심해저는 인류의 공동유산이며 어느 국가도 심해저와 그 자원에 주권적 권리를 주장할 수 없고, 국제심해저기구를 설치하여 그에 관한 제반관리를 하도록 규정하고 있다.

4. 해양법의 발전

오늘날의 국제사회는 해양에 대한 연안국의 배타적인 관할권에 의거해 해양자원의 확보와 개발을 둘러싼 심각한 이해의 대립을 보게 되었으며, 상술한 바 있는 공해의 자유는 점차적으로 해양국, 특히 선진국과 개발도상국간의 경제적 이해관계로 종전의 개념을 수정하게 되었다.

그리하여 1958년의 제네바해양법회의에서 영해, 접속수역과 대륙붕에 관한 조약 및 어업과 공해의 생물자원보존에 관한 조약의 채택으로 국제법상 새로운 해양법이 성립하기 시작하였다. 그 후 1973년부터 유엔해양법회의가 개최되기 시작하여 10년간에 걸쳐서 이해당사국간에 격론이 거듭되어 왔던 바 1982년 12월에 전문 320개조에 달하는 새로운 해양법질서가 마련된 바 있다.

이 UN해양법협약은 해양법에 관한 종합적이고 체계적인 법전으로서 각국의 비준을 거쳐 일부 국가의 협약 거부를 가져온 걸림돌을 제거하면서 드디어 1994년 11월 16일 정식으로 그 효력이 발생하게 되었다.

제 4 절 국제조직

I. 국제연맹(LN)

20세기에 들어와 국제사회가 조직화되고, 특히 정치적 분야를 포함하여 국제관계가 긴밀화하게 됨에 따라 보편적 성격을 띤 국제조직이 등장하게 되었는데 국제연맹이 바로 그 중 최초의 기구이다.

국제연맹은 제1차 세계대전 후 전인류의 영구적인 평화의 실현을 목적으로 탄생한 국제조직으로서, 국제연맹규약에 의하여 성립하였다. 원연맹국(原聯盟國)은 동맹 및 연합국 32개국과 중립국 13개국이었다. 그 임무는 군비축소, 안전보장, 분쟁의 평화적 해결 이외에 위임통치, 소수민족의 보호, 경제적·사회적·인도적인 문제에 관한 국제협약 등이 있었다. 국제연맹은 그 성립 후 매우 유효한 활동을 하였으나, 1939년 제2차 세계대전의 발발과 더불어 그 기능이 정지되기에 이르렀고 드디어 1946년 4월 19일 제21회 총회에서 정식으로 해산하였다.

II. 국제연합(UN)

1. 국제연합의 성립

국제평화기구로서의 국제연합은 제2차 대전 후 성립하였다. 국제연합헌장(Charter of United Nations)은 1945년 4월 25일에서 6월 26일 사이에 샌프란시스코회의에서 제정되었고 이를 기초로 국제연합이 1945년 10월 24일 탄생하여

1946년 1월 10일부터 활동을 개시하였다. 국제연합본부는 미국 뉴욕에 있다.

2. 목적과 원칙

국제연합의 목적은 헌장 전문 및 제1조에 규정된 바와 같이 국제평화 및 안전의 유지, 우호관계의 발전과 평화의 강화, 국제협력, 공동목적달성의 중심이 되는 것이다.

이러한 목적달성을 위하여 국제연합이 행동할 때 따라야 하는 원칙은 첫째가 주권평등의 원칙이며, 둘째는 성실한 의무이행이며, 셋째가 분쟁의 평화적 해결, 그리고 넷째가 무력적 위협 또는 행사의 금지이며, 다섯째가 원조의무, 여섯째가 비가맹국의 협력확보이며, 일곱째로 국내문제의 불간섭의 원칙이다.

3. 가 맹 국

국제연합은 원가맹국과 가입국으로 구성된다. 원가맹국이란 샌프란시스코회의에 참가한 국가 또는 1942년 1월 1일의 연합국선언에 서명한 국가로서 헌장에 서명하고 이것을 비준한 국가이다. 가입국이란 연합 성립후 헌장에 규정된 조건에 따라서 참가한 국가를 말한다.

4. 기　　관

국제연합의 주요기관에는 총회, 안전보장이사회, 경제사회이사회, 신탁통치이사회, 국제사법재판소 및 사무국이 있다.

(1) 총　회(General Assembly)

총회는 형식상 국제연합의 최고기관으로서 각 가맹국의 5인 이내의 대표자로 구성된다. 정기총회는 1년에 1회, 임시총회는 필요에 따라 수시로 개최될 수 있다. 총회는 헌장의 범위내에서 여러가지 사항을 토의하여 그 결과를 각 가맹국 또는 안전보장이사회에 권고할 수 있다. 가맹국은 각 1개의 투표권을 가지며 의결은 중요문제에 있어서는 출석하여 투표하는 국가의 3분의 2의 다수결에 의한다. 의결의 효력은 구속력이 없고 단순히 권고력이 있을 뿐이다.

(2) 안전보장이사회(Security Council)

안전보장이사회는 사실상 가장 중요한 기관으로서 15개 이사국으로 구성된다. 이 가운데 5개국은 상임이사국(미·영·불·중·러)이고 나머지 10개국은 비상임이사국이다. 비상임이사국은 총회에서 3분의 2의 다수결로 선거하며 그 임기는 2년이다. 안전보장이사회는 국제평화와 안전유지의 1차적 책임을 지며, 이 책임을 수행하기 위한 이사회의 행동은 가맹국의 행동으로 인정되며 가맹국은 그 결정을 수락·실행하여야 한다. 안전보장이사회의 의결은 절차상의 사항에 관하여는 15개 이사국 중 9개국의 찬성으로써 행하고, 그 이외의 실질적 사항은 5개 상임이사국을 포함한 9개 이사국의 찬성투표로써 성립된다. 상임이사국은 자국 1개국의 반대로도 이사회결의 성립을 거부할 수 있는 특권을 가지고 있는데, 이 특권이 이른바 거부권(veto power)이다. 그러나 분쟁의 평화적 해결에 관한 문제의 의결에 있어서는 분쟁당사국은 상임이사국이라 하여도 투표권이 없다.

(3) **경제사회이사회**(Economic and Social Council)

총회 아래에서 경제·사회·문화·교육·보건·인도 등의 문제를 처리하는 기관이다. 총회에서 3년 임기로 선출되는 54개 이사국으로 구성된다.

(4) **신탁통치이사회**(Trusteeship Council)

동위원회는 총회 아래에서 신탁통치에 관한 문제를 처리하는 기관이다. 동 이사회는 모든 신탁통치국·신탁통치를 하지 않는 안전보장이사회의 상임이사국·3년 임기로 총회에서 선출되는 가맹국 등 3종의 이사국대표로 구성되나 1994년 마지막 신탁통치지역이 독립한 이후 사실상 활동이 정지된 상태에 있다.

(5) **국제사법재판소**(International Court of Justice)

국제사법재판소는 국제연합의 주요한 사법기관으로서 네덜란드의 헤이그에 있다. 동재판소의 구성·권한·절차 등에 관하여는 헌장과는 별도로 국제사법재판소규정에서 이를 규정하고 있으며, 모든 가맹국이 이 규정의 당사국이 된다. 동재판소의 판결은 재판의 당사자가 된 가맹국을 구속하며, 그 판결에 복종하지 않는 국가가 있을 때에는 상대방 당사국은 안전보장이사회에 제소할 수 있다. 이 경우 안전보장이사회는 판결집행을 위하여 필요한 권고 또는 취할 바 조치를 결정한다.

(6) **사무국**(Secretariat)

국제연합의 전조직에 걸친 사무와 행정을 담당하는 기관이며, 안전보장이사회 및 총회에서 선출된 사무총장과 총장이 임명하는 사무국 직원으로 구성된다.

제 5 절 조 약

I. 조약의 개념

조약(treaty)은 문서에 의한 국제법주체간의 명시적인 합의이다. 조약의 당사자는 원칙적으로 국가이지만 국가 이외의 국제법의 주체인 국제기구도 조약의 당사자가 될 수 있으므로 결국 조약은 국가간, 국가와 국가기구간, 국제기구 상호간의 합의라고 할 수 있다.

보통 조약(treaty) 외에 협약(convention) · 협정(agreement) · 선언(declaration) · 결정서(act) · 의정서(protocol) · 헌장(charter) · 규약(covenant) · 규정(statute) · 교환공문(exchange of notes) · 잠정협정(modus vivendi) 등 여러 명칭으로 사용되는 경우도 있다. 문서에 의한 합의이면 모두 넓은 뜻의 조약이며 당사국을 구속하는 효력에는 변함이 없다.

II. 조약의 체결 및 비준

조약의 체결은 보통 교섭 · 서명 · 비준 · 교환 · 등록 및 공포 등의 과정을 거친다.

교섭은 국가원수나 또는 원수에 의하여 임명된 대표자인 전권위원이 조약의 내용을 협의하는 것을 말하며, 서명은 조약내용에 대한 합의가 성립되었음을 증명하는 행위이다. 비준은 전권위원이 작성 · 서명한 조약내용에 대하여 체결국의 헌법상의 조약체결권을 가진 자가 이를 재심의하고 국가로서의 동의의사를 최종적으로 확정하는 행위를 말한다.

비준에 의하여 확정적으로 성립된 조약도 그 효력을 발생하도록 하기 위하여 비준서를 교환(이국간의조약) 또는 기탁(다수당사국간의 조약)하여야 한다. 그리고 국제연합헌장 제102조는「이 헌장이 발효한 후에 국제연합가맹국이 체결한 모든 조약과 국제협정은 가급적 빨리 사무국에 등록하고 사무국에 의하여 공표되어야 한다」고 규정하고 있다.

일반조약에 있어서는 모든 국가가 가입할 수 있도록 규정이 있기 때문에 조약의 작성에 참가하지 아니한 국가도 조약의 당사국이 될 수 있다. 또한 일반조약은 당사국이 다수이며 각각 사정이 다르기 때문에 조약내용을 당사국이 다 같이 받아들이기 곤란한 경우 일부사항에 대하여 유보할 수 있다. 이때 유보된 범위 내에서 조약의 적용은 제한된다.

조약은 체결당사자인 국가 또는 국제기구를 구속한다. 즉, 조약이 유효하게 성립하면 당사자는 중대한 사정의 변경이 없는 한 일방적으로 조약을 폐기할 수 없으며 조약의 내용을 성실하게 준수할 의무를 지게 된다.

조약은 당사자 아닌 제3국에 대하여는 아무런 효력을 미치지 않는 것이 국제법상의 원칙이다. 그러나 제3국이 묵시적 · 명시적으로 조약을 승인하는 경우 또는 제3국에 권리를 인정하거나 이익을 주는 경우에는 제3국에도 효력이 미치게 되는 경우도 있다.

제 6 절 국제분쟁의 해결

Ⅰ. 서 설

국가간에 특정한 구체적인 문제에 관하여 의견을 달리하여 서로가 자국의 주장을 고수함으로써 이를 관철하고자 하는 것은 불가피한 현상의 하나이다. 국가간에 이러한 분쟁이 발생한 경우에 이를 해결하는 수단으로서 전쟁에 의하여 강제적으로 해결하는 수도 있지만, 이에 의하지 않고 평화적 수단에 의하여 분쟁을 평화적으로 해결하는 것이 국제평화를 위하여 매우 중요한 일이다. 분쟁을 평화적으로 해결할 수 없게 되면, 결국 전쟁 기타의 무력행위에 호소하여 강제적으로 해결하게 되는데, 이것은 평화에 대한 위협인 동시에 평화를 파괴하는 행동인 것이다. 그러므로 국제간의 분쟁은 반드시 평화적으로 해결하지 않으면 안 된다.

II. 분쟁의 평화적 해결

1. 국제교섭

분쟁의 당사국이 직접적인 외교교섭에 의하여 평화적으로 분쟁을 해결하는 방법이다. 이 방법은 가장 원시적인 방법이며, 분쟁을 직접 해결하기 위한 방법이 될 수도 있겠지만 분쟁을 기타의 평화적 해결방식에 부탁하기 전에 필요한 예비적 방식으로서의 역할도 한다.

2. 주선(周旋)과 중개(仲介)

주선이란 제3국이 당사국에 대하여 직접 교섭할 것을 권유하고, 당사국이 이에 응하면 회담장의 설비와 통신의 편의 등 사무적 원조를 함으로써 당사국이 직접교섭을 하도록 편의를 제공하는 것이다. 그러나 제3국이 교섭의 내용에 개입하지는 않는다.

중개는 거중조정(居中調停)이라고도 하는데, 당사국의 일방 또는 쌍방에 양보를 권하거나 자기 스스로 해결안을 제의함으로써 제3국이 직접교섭의 내용에 개입하여 그 주장의 조화에 노력하는 것을 말한다.

3. 국제조정

여기서의 국제조정에는 사실심사도 포함하는 넓은 개념으로 사용된 바 국제조정이란 제3자가 분쟁사건의 사실을 심사하고, 분쟁당사국의 타협을 위하여 노력함으로써 분쟁을 평화적으로 해결하려는 행위를 말한다.

조정자의 결정은 구속력이 있는 것은 아니고, 다만 권고로서의 성질을 가질 뿐이므로 당사국은 그것에 복종할 의무는 없다. 따라서 양측이 모두 그 해결안에 동의한 경우에는 분쟁은 해결되나 동의하지 않으면 분쟁은 해결되지 아니한다.

조정의 기관으로서 중요한 것으로는 국제심사위원회, 국제조정위원회, 국제연합 등이 있다. 국제심사위원회는 분쟁의 사실을 심사하고 그것을 명백히 하는 것을 목적으로 하며, 국제조정위원회는 사건의 심사 후 적당한 해결안을 당사국에 제시하여 권고한다. 국제연합의 경우 안전보장이사회와 총회에 의한 분쟁의 심사도 조정의 일종이다.

4. 국제재판

국제재판은 국제분쟁을 해결하기 위하여 국제재판소가 행하는 재판이다. 따라서 국제재판은 분쟁당사국이 아닌, 독립된 제3자인 재판소에 의한 해결이며, 원칙적으로 국제법에 의하여 해결되고, 예외적으로「형평과 선」에 의거하여 행하여지며, 분쟁의 구속적 결정이므로 이 결정은 판결로서의 구속력을 가지게 되므로 분쟁당사국을 구속한다. 그러므로 다른 평화적 처리방법과는 달라 최후적인 처리방법인 동시에 분쟁해결에 가장 중요하고 평화의 확보에 크게 공헌하는 방법인 것이다. 국제재판에는 중재재판과 사법재판의 두 가지가 있다.

중재재판은 상설중재재판소 및 개별중재재판소가 하는 재판이다. 중재재판의 특색은 재판관이 대체로 분쟁당사국에 의하여 선임되기 때문에 재판관이 자기를 선임한 당사국의 주장을 지지하려는 경향이 있고, 또 지리적·정치적 고려가 가미되는 일이 많다. 상설중재재판소는 1899년의 국제분쟁평화적처리조약을 기초로 하여 1901년에 네덜란드의 헤이그에 설치된 것이다. 개별중재재판소는 개개의 사건마다 그 특정사건을 재판하기 위하여 설치되며, 그 재판이 끝나면 재판소도 소멸된다.

사법재판은 상설국제사법재판소 및 국제사법재판소 등에 의한 재판을 말하며, 재판관은 다수의 국가 또는 국제기구에 의하여 공동으로 선임되며 또한 법률적 해결을 통하여 판결의 공평성을 유지할 수 있다는 장점이 있다. 국제사법재판소는 상설적이기 때문에 분쟁이 일어나면 곧 재판에 붙이기 쉽고 또한 일반조약을 기초로 하여 설치된 것이므로 거의 세계적이고, 국제연합의 기관으로서의 지위를 가지고 있는 관계상 판결은 지지를 받고 당사자에게 복종하도록 구속한다는 등의 특색을 가지고 있다. 최근에는 국제해양법재판소, 국제형사재판소 등 분야별 상설적 재판소가 설치되고 있는 추세이다.

Ⅲ. 분쟁의 강제적 해결

분쟁의 강제적 해결방법으로는 보통 보복과 복구가 예시된다. 전쟁이나 병력의 사용은 분쟁을 해결하려고 하는 경우에 강력한 해결방법이 된다. 그러나 최근에 분쟁을 해결하기 위하여 전쟁이나 병력을 사용하는 것을 금지하도록 하고 있으며, 따라서 이러한 방법은 이미 합법적인 분쟁의 해결방법으로 인정되지 않고 있다.

1. 보　　복

타국의 부당한 행위로 인하여 자국의 이익이 침해되거나 또는 타국의 국제예양에 반하는 행위를 한 경우에 자국도 그와 동일한 부당한 행위를 하는 것을 말한다. 예컨대 간첩의 혐의가 있는 외교관의 국외추방에 대하여, 자국내에 주재하는 당해 국가의 외교관을 같은 혐의를 붙여 추방하는 행위 같은 것이다. 따라서 보복의 원인이 되는 행위나 보복 그 자체의 행위도 국제법상의 불법은 아니지만, 이것은 오히려 국제법상의 문제가 아니라 도덕상의 문제에 속한다고 할 것이다.

2. 복　　구

타국의 불법행위로 인하여 자국의 권리가 침해된 데 대하여 평화적 수단으로 이것을 중지시키거나 구제하는 것이 불가능한 경우에 상대국의 불법행위와 동일한 정도의 행위로서 상대국의 권리에 대하여 가해행위를 하는 것을 말한다. 예컨대 조약의 정지, 국민 또는 화물의 압류, 평시봉쇄, 영토점령 등은 복구행위의 예가 된다. 복구행위는 타국의 불법행위에 대하여 그 책임을 추구하는 수단이므로, 특히 금지되는 경우를 제외하고는 합법적이다.

3. 전　　쟁

이는 무력에 의한 국가 사이의 투쟁을 말한다. 종래는 전쟁도 국제분쟁의 강제적 해결의 하나로 생각되어 왔지만, 최근에 이르러서는 분쟁을 해결하기 위하여 전쟁이나 병력의 사용은 일반적으로 금지되게 되었기 때문에 전쟁은 불법한 것이고 용인할 수 없다는 학설이 유력하게 되었다. 전쟁의 금지를 규정한 조약으로서 가장 대표적이 것은 1928년의 부전조약(不戰條約)이고, 국제연합헌장도 구체적으로 전쟁을 금지한 규정은 없지만, 실질적으로는 널리 전쟁이나 무력행사를 금지하고 있고, 또 이러한 행위의 발생을 방지하고, 발생한 것을 제지하기 위하여 효과적인 예방 및 제재조치를 취할 것을 규정하고 있다. 이들

금지에 대한 위반은 국제범죄로 인정된다. 제2차 세계대전 후 일본과 독일의 침략전쟁을 개시한 책임자에 대하여 전쟁범죄인으로서 연합국의 이름으로 재판이 행하여진 바 있고 이로써 침략전쟁이 국제범죄의 하나로서 결정적으로 확립되었다고 할 수 있다.

제 7 절 전쟁법규와 중립

Ⅰ. 전쟁의 금지와 범죄화

전쟁은 무력에 의한 국가간의, 또는 국가와 교전단체간의 투쟁이며, 이것은 여러가지 원인에 의하여 또 여러가지 목적을 위하여 발생한다. 전쟁은 종래부터 국제분쟁의 해결방법으로서 수행되어 왔던 것이나, 최근에 와서는 그 피해가 매우 클 뿐만 아니라 핵무기의 개발로 인하여 더욱 위험하게 되어, 국제법은 전쟁을 위법화하고 범죄화함으로써 그 금지를 선언하고 있다.

그러나 전쟁은 금지되고 비록 범죄화되었다고는 하여도 실제로 모든 국가가 예외없이 이러한 국제법을 준수한다는 것을 기대할 수 없는 것이므로, 전쟁이나 무력행사가 발생할 수 있는 가능성은 항상 있는 것이다. 그리하여 여기에 전쟁을 금지하는 국제법이, 다시 전쟁이 발발될 경우에 그것을 규제하기 위한 전시국제법규를 가져야 할 필요가 있는 것이다. 전시국제법에는 전쟁이 개시된 후 교전국 상호간의 관계를 규율하는 교전법규와 교전국과 중립국과의 관계를 규율하는 중립법규가 포함된다.

Ⅱ. 전쟁법규

1. 전쟁의 개시

전쟁은 일방당사국이 전쟁을 할 의사를 표시하였을 때에 개시되며, 그 방법에는 선전포고·최후통첩·적대행위 등이 있다. 이에 관하여 1907년의 「전쟁개시에 관한 조약」은 반드시 선전포고 또는 최후통첩에 의하여 전쟁은 개시되어야 한다고 규정하였다.

2. 교전자격과 공격수단

무력에 의한 전쟁행위를 하는 것은 교전자격을 가진 전투원만이 할 수 있다. 교전자 혹은 전투원은 정규군과 비정규군으로 구분되는데, 정규군은 국가의 법령에 의하여 정식으로 편성된 군대이며, 비정규군은 임시로 군무에 종사하는 자로서 민병·의용병·군민병이 이에 포함된다.

또한 국제법은 인도주의적인 고려와 상호주의원칙 아래 공격수단에 대하여 일정한 제한을 두고 있다. 즉 공격은 전투원에 대하여서만 할 수 있고 비전투원인 평화적 인민에 대하여는 할 수 없다. 또 도시·촌락·주택·건물 등은 병력에 의하여 그것이 방수되고 있지 아니하는 한 공격할 수 없다. 핵무기를 포함한 무기의 사용에 관하여도 일정한 제한이 있다. 또 항공기에 의한 폭격은 군사적 목표에 대하여서만 할 수 있고, 사유재산을 파괴하거나 비전투원을 살상할 목적으로 폭격수단을 사용하여서는 안 된다.

3. 포로 및 상병자(傷病者)

교전국의 전투원이 적에게 잡혔을 때에 일정한 대우를 받는 국제법상의 지위를 포로라 한다. 포로에 관하여는 「육전법규에 관한 규칙(1907년)」과 「포로의 대우에 관한 조약」(1929년·1949년) 및 동 조약에 대한 추가의정서가 있다. 이에 의하면 포로는 국가의 책임 아래 인도적으로 대우하여야 하며 학대하여서는 안 된다. 포로는 자기의 명예와 인격을 존중받으며 사법상의 신분은 완전히 유지된다. 또 억류국은 포로를 급양할 의무를 지며, 일정한 수용소에 유치하여 노무자로서 사역시킬 수 있다. 그러나 그 노동은 계급·기능·체력에 적합하여야 하고 군사행동에 관계없어야 하며, 과도·위험·불건강한 것이 아니어야 한다.

상병자는 전투능력을 상실하고 전열로부터 이탈한 자이며, 이에 관해서 부상자 및 병자의 상태개선에 관한 1864년의 적십자조약과, 1949년의 제네바조약 및 1977년의 추가의정서가 있다. 상병자로서 적에게 체포된 자는 인도적으로 대우받으며, 교전국은 수용 또는 발견된 상병자와 사자의 성명 및 이를 인식할 수 있는 자료를 조속히 통지하여야 한다. 상병자의 간호를 목적으로 하는 위생기관과 위생인원은 어떠한 경우에도 존중·보호된다.

Ⅲ. 중립법규

1. 중립제도의 존재의의

중립(neutrality)이란 전쟁에 참가하지 않은 국가의 전쟁에 대한 국제법상의 지위를 말하며, 그러한 지위에 있는 국가를 중립국이라 한다. 중립국은 쌍방 교전국에 대한 공평과 무원조를 원칙으로 한다. 중립의 의의는 국제사회의 발달과 조직화에 따라 점차로 변천을 하게 된다. 국제연합이 설립된 오늘날에 있어서는 이론적으로 중립은 인정될 수 없게 되었다. 그러나 아직 국제연합이 완벽한 국제기구로서의 기능을 가지지 못하고 있는 이상 중립제도의 존재의의가 전적으로 상실되었다고는 할 수 없다.

2. 중립국의 권리·의무

국제법상 중립국은 중립법규에 의하여 일정한 권리·의무를 가진다. 즉 중립국은 교전국으로부터 침해를 받지 아니할 권리 및 교전국과 교통을 할 권리가 있으며, 이에 대하여 중립국은 교전국에 대한 의무로서 회피의무·방지의무·묵인의무 등을 부담한다.

회피의 의무(abstention)는 중립국이 전쟁의 수행에 관계있는 직접 또는 간접의 원조, 예컨대 병력·무기·군자금 등의 공급을 교전국의 어느 일방에도 제공하여서는 아니될 의무를 말한다.

방지의 의무(prevention)는 교전국이 중립국의 영역을 군사적으로 이용하지 못하도록 중립국은 방지하여야 할 의무이다.

묵인의 의무(toleration)는 중립국의 국민이 교전국의 일방에 유해한 행위, 예컨대 전시금제품을 수송하거나 봉쇄를 침파하거나 또는 군사적 원조를 하는 경우에 타방교전국(他方交戰國)이 이에 대하여 일정한 제재를 하는 것을 중립국은 묵인하여야 할 의무를 말한다.

이상의 교전 및 중립법규는 전쟁이 금지되고 범죄시되고 있는 오늘날에 있어서는 그 중요성이 상당히 감소되었다고 볼 수 있을 것이다. 하지만 여전히 전쟁에의 위기가 끊임없이 분출되고 있는 현재의 국제정세 아래에서는 아직도 그것이 갖는 가치는 크다고 하지 않을 수 없다.

제 9 장　국제사법

제 1 절　국제사법(國際私法)의 의의

국제사법은 섭외적 생활관계를 규율하는 사법을 지정하는 법규의 총체이다. 여기서 섭외적 생활관계라고 하는 것은 국경을 넘어서 교통하는 사람의 생활관계로 그 생활관계를 구성하는 내용이 예컨대 국적·주소·거소·행위지·사실의 발생지·물건의 소재지·소송지(법정지) 등의 요소에서 보아 둘 이상의 법역에 관계하는 생활관계이다.

이와 같은 섭외적 생활관계는 사람과 사람 사이의 생활관계의 국제화에 수반하여 오늘날 일상적으로 되어 있다. 예컨대, 국제결혼·국제양자·국제무역·대리점계약·기술제휴·항공기 사고 등 열거할 수 없을 정도로 많다.

섭외적 생활관계에 있어서도 사인의 이해관계를 조정해서 사법적 정의를 실현하는 것이 필요하다. 그러나 섭외적 생활관계를 대상으로 하는 국제적인 사법질서는 아직 확립되어 있지 않다.

따라서 섭외적 생활관계의 법적 규제에 관하여는 네 가지의 제안이 있다.

첫째로, 각국은 법정지법인 자국법을 국내적 생활관계와 구별하지 않고 적용하는 방안이 있다. 그러나 국제적 견지에서 보면 이 방법에서는 사실 및 당사자와 관련성이 박약한 우연적인 법이 적용되어 부당한 결정이 내려질 염려가 있어서, 판결의 조화 및 사법적 국제교통의 안정이 저해되는 문제가 있다.

둘째로, 세계제국의 사법을 통일하는 방안, 세계 각국의 사법을 통일하면 어느 나라에서 소송을 하여도 동일한 법에 의하여 판결이 내려질 수 있다. 그러나 이 방안은 현실성이 결여되어 있다. 각국의 사법은 그 국가 수만큼이나 많아서 각각 독자적인 전통·경제적·사회적 조건에 따라서 형성된 것이어서 통일이 불가능한 내용을 포함하고 있다. 따라서 전면적으로 세계사법을 통일하는 것은 불가능하다.

셋째로, 현재 내용을 달리하는 제국의 사법은 별도로 섭외적 생활관계만을 규율하는 통일사법을 창설하는 방안이 있다. 그러나 세계사법의 통일에 대하여 살펴본 바와 마찬가지 이유에서 이와 같은 만민법형의 통일법의 전면적 실현가능성은 없다.

넷째로, 문제로 되어 있는 섭외적 생활관계와 관계가 있는 복수의 법질서 가운데에서 가장 적당하다고 생각되는 것을 선택해서 이를 적용하는 방안이다. 섭외사법은 이 방법에 의하여 섭외적 생활관계의 법적 규제를 하는 것이다. 섭외적 생활관계의 법적 성질에 따라 이것과 가장 밀접한 관계를 가진 법역을 연결점에 의하여 찾아서 그 법역의 법을 적용하는 방법이다.

이와 같이 섭외사법은 어떤 섭외적 생활관계를 둘러싸고 복수의 법질서가 표견적으로 저촉하는 경우에 법의 저촉(conflict of laws)을 해결하는 저촉법이라고 할 수 있다.

섭외사법의 기본이념은 섭외적 생활관계의 법적 안전을 도모하기 위하여 어느 국가가 법정지가 되든 동일한 해결이 되어 판결의 통일을 이루는 것, 결국 국제적 판결조화를 달성하는 것이다.

상술한 둘째, 셋째의 방안 즉 통일사법 내지 만민법형통일사법의 형성은 거래에 관한 분야, 예컨대 어음·수표, 공업소유권, 해상법 등의 분야에서 부분적으로 진행되고 있으나 사법의 통일에는 한계가 있어서 통일되지 못한 부분도 많이 남아 있다.

따라서 섭외적 생활관계의 법적 규제는 앞으로도 계속해서 법선택의 법칙으로서의 국제사법을 중심으로 하여 행하여진다고 하겠다.

제 2 절 국제사법의 특성

I. 적용규범·상위성

국제사법은 민법이나 상법과는 내용을 달리하는 독특한 법규범이다. 문제가 되는 법률관계에 섭외성이 있는 것을 제하면 민법이나 상법에서 문제로 된 법률관계와 마찬가지이겠으나, 섭외사법은 그와 같은 사법관계를 직접 규율하는 것이 아니라, 어느 국가 또는 법역의 민법 및 상법을 지정하는 방법에 의하여 간접적으로 규율한다.

결국 법률관계의 실질적인 종국적 규율은 지정된 법역의 민법이나 상법에 의하여 행해진다. 이처럼 직접적으로 문제를 해결하는 사법을 실질법 또는 사항규정이라고 부르며, 이와 구별하는 의미에서 국제사법을 간접규범 또는 적용규범이라고 한다. 여기서 적용규범이라고 하는 것은 사법의 장소적 적용범위를 정하는 법이라고 하는 의미이다.

특히 국제사법이 민법이나 상법과 같은 실질법과 동일한 평면에 있는 것이 아니라 이러한 실질법의 상위에 있어서 복수의 실질법 중에서 문제된 법률관계에 적용시킬 것을 지정한다고 하는 점에 착안해서 섭외사법의 상위성이라고 하는 말로 그 성격을 설명할 수 있다. 국제사법이 실질법과 다른 평면에 있는 적용규범 내지 상위규범이라고 하는 특질을 이해하는 것은 국제사법의 이론의 전개에 있어서 중요하다.

II. 세계법적 성격

다음에 주목해야 할 것은 국제사법이 기반으로 하는 사회가 국경을 넘은 보편적 인류사회라고 하는 것이다. 이와 같은 보편적 인류사회의 법적 안전보장을 목적으로 하는 국제사법은 세계법적 성격을 가진다고 할 수 있다.

현실적으로 대부분의 국제사법은 국내법이며 그 내용도 서로 다른 것이기 때문에 국제사법의 세계법적 기능은 여러가지 제약을 받게 된다.

III. 국제사법의 국내법성

국제사법이 국내법인가 국제법인가라고 하는 문제에 대하여 학설상의 다툼이 있다. 개괄적으로 보아 국제법설은 국제사법의 임무 및 규율대상에 착안하고 국내법설은 현실적인 입법형식에 착안한 것이다. 다만 일부의 국제법설에서는 국제사법은 각국 사법의 적용범위를 정하는 것이며 그것은 각국의 입법권의 제한 밖에 있기 때문에 이와 같은 것은 국제법이라고 하여야 한다고 주장하고 있다. 그러나 외국법을 적용하는 것은 반드시 그곳에 외국의 주권이 미치는 것을 인정하는 것은 아니기 때문에 각국 사법의 적용범위를 정하는 것을 국가주권의 제한이라고 할 필요는 없으며, 이는 일국의 국내법에 의하여도 충분히 가능하다. 현실적인 존재형식의 면에서 볼 때 국내법설이 타당한 것은 물론이나, 그렇다고 하여 국제사법의 기능의 국제적 성격을 부정하는 것은 아니다. 국제사법의 통일에 의하여 국제법적인 국제사법으로 발전되는 것은 바람직한 일이다.

Ⅳ. 공법설과 사법설

국제사법이 공법에 속하느냐 사법에 속하느냐에 관해 논쟁이 있다.

사법설은 국제사법이 대상으로 하는 법률관계가 사법적 법률관계인 것을 논거로 하고, 공법설은 국제사법은 법관에 법의 적용을 명하는 국가주권의 작용에 관한 것이므로 공법이라고 한다.

그러나 공법 · 사법의 구별은 실질법에서의 분류이기 때문에 저촉법인 국제사법이 어느 것에 속하는가를 논하는 것은 무의미하며 또한 실익도 없는 것이다.

제 3 절 국제사법의 범위

Ⅰ. 법률의 저촉(抵觸)

국제사법은 저촉을 해결하는 법칙, 즉 저촉규정 내지 법선택법칙(choice of law rule)을 중심으로 하는 법체계이기 때문에 사법의 저촉문제 즉 섭외적 생활관계에 적용될 법(준거법)의 선택문제가 그 중심부분을 이룬다는 것에 대하여는 이론이 없다.

전에는 형법 및 행정법의 저촉을 취급한 예도 있었으나 그와 같은 공법문제는 국제사법의 범위에서 제외된다. 사법의 저촉문제이면 그것이 민법의 영역에 속하는가 여부를 불문하고 국제사법의 범위에 들어간다.

그러나 최근에는 경제법 · 노동법 · 사회보장법과 같은 사회법의 저촉문제를 취급할 필요성이 증가하고 있다.

II. 준국제사법(準國際私法)

법률의 저촉은 국가상호간에 생길 뿐만 아니라 일국내에 법을 달리하는 복수의 지역이 병존하면 그러한 지역상호간에도 생긴다.

이와 같이 일국가내의 법률의 저촉을 해결하는 법을 준국제사법이라고 한다. 국제사법과 준국제사법은 모두 사법의 장소적 저촉을 해결하는 법이라는 점에 있어서 본질적으로 같으며 역사적으로도 국제사법은 준국제사법에서 발달한 것이기 때문에 준국제사법도 국제사법의 범위에 포함시키는 것이 보통이다. 미국의 국제사법은 양자를 거의 구별하지 않고 있다.

다만 우리나라의 국제사법상 준국제사법이 특히 연구대상으로 나타나는 것은 본국법으로서 불통일법국(不統一法國)을 지정할 때에 어느 법역의 법을 적용할 것인가를 확정하기 위하여 본국의 준국제사법을 참조하는 경우에 한한다.

III. 국 적

국적은 본국법주의를 취하는 대륙법계의 국제사법에 있어서 특히 중요한 연결점이다. 이 때문에 프랑스의 국제사법과 교과서는 국적의 득실 등을 포함한 국적법의 문제에 많은 지면을 할애하고 있다. 그러나 국적의 결정자체는 국제사법이 직접 관계하는 문제는 아니고 국적법의 문제이다. 국제사법에서의 문제는 이중국적자 및 무국적자의 본국법을 결정하는 것이다.

IV. 외인법(外人法)

외국인에게 내국에서 어떠한 권리가 인정되느냐 하는 외국인의 지위의 문제를 규율하는 법률을 외인법이라고 한다. 국제사법은 생활관계를 직접적으로 규율하는 규범이 아닌데 대하여 외인법은 직접적으로 섭외적 생활관계를 규율하는 실질법이다. 따라서 외인법은 국제사법의 범위에 포함되지 아니한다. 그러나 외인법은 섭외적인 생활관계를 규율하기 때문에 국제사법의 중요한 관련 영역이라고 할 수 있다.

V. 국제민사소송법

섭외사건에 있어서 국제적 재판관할 및 외국판결승인의 문제는 이론상으로는 국제사법과는 다른 절차상의 문제이겠으나 종래에는 국제사법의 개별적 영역에서 언급되었었다. 근래에는 이러한 문제 외에 소송절차·파산·중재 등을 포함한 국제민사소송법이라고 하는 체계적 연구도 진행되고 있다.

실체법질서의 실효성을 담보하기 위한 국제민사소송은 국제사법의 중요한 관련 영역이다.

VI. 섭외실질법

통일조약이 없어도 각국은 섭외관계를 직접 규율하는 실질법을 제정해서 자국에 관한 범위에서 이를 시행한다. 무역거래법·관세법·외국환관리법 등이 그 예이다. 이러한 섭외실질법은 국제사법의 고유영역에는 속하지 않으나 관련 연구영역으로서의 중요성은 부정할 수 없다.

제 4 절 국제사법의 명칭

국제사법의 명칭으로서 전에는 「법률의 저촉」(conflictus legum)이라는 용어가 사용되었다. 19C 이후에 이론적 입장의 차이에 의하여 여러가지 명칭이 주장되었다. 현재 여러 나라에서 통용되고 있는 것은 「국제사법」(internationales Privatrecht, droit international privé, private international law)과 「법률의 저촉(저촉법)」(conflict of laws, conflict des lois)이 있다. 전자는 널리 대륙법계의 국가에서 사용하며 후자는 영미법계의 국가에서 사용하고 있으나 근래에는 국제사법이라는 명칭이 영미법계에서도 자주 사용되고 있고 저촉법이라는 구명칭은 후퇴하고 있다.

그러나 이러한 용어가 국제사법의 성격을 정확하게 전달하지 못하고 있다는 비판도 있으며, 이에 대신하여 섭외사법(涉外私法)·사간법(私間法)·한계법(限界法)·체계간법(體系間法) 등의 명칭이 제창되고 있으나 그 어느 것도 아직 정착하지 못하고 있다. 국제사법의 본질을 한 마디로 표현하는 것은 곤란하기 때문에 이제가지 관용되어온 명칭을 변경할 필요는 없다고 하겠다.

우리나라의 입법적인 공식명칭은 종래 「섭외사법」이었으나 현재는 관용적으로 사용되어 왔던 명칭에 맞도록 「국제사법」으로 법률명을 바꾸어 사용하고 있다.

제 5 절 국제사법의 법원(法源)

I. 성 문 법

본래 국제사법은 학설로서 발달한 것이나 1904년 프랑스민법전에 국제사법 규정이 들어간 이래 세계의 많은 국가는 민법전 속의 규정으로서 혹은 단행법률로서 성문의 국제사법을 제정하기에 이르렀다. 그러나 영·미·스칸디나비아제국 등은 아직 성문법을 갖고 있지 아니하다.

우리나라의 국제사법의 중요한 법원은 국제사법이라고 하는 법률이다. 해방 전까지는 1912년 3월 일왕의 칙령 제21호 「법례를 조선에 시행하는 건」에 의하여 일본의 법례가 한국에 시행되었고, 해방 후에는 재조선미국육군사령부군정청의 군정법령 제21호에 의하여, 대한민국 수립 후에는 당시의 헌법 제100조에 의하여 의용(依用)되었다. 그 후 1962년 1월에 섭외사법이 제정되었고, 1999년 2월에 한 번 개정되었다가 세계적인 입법의 흐름에 맞도록 대폭적인 개정이 이루어져 2001년 4월에 국제사법이라는 명칭으로 바뀌게 되었다.

II. 관습법·판례법

영·미 및 북구제국(北歐諸國)과 같은 판례법국가 및 프랑스와 같은 성문법이 불비된 국가에서는 관습법 및 판례법이 가장 중요한 국제사법의 법원이다.

우리나라와 같이 성문법이 정비된 국가에서도 이것만으로는 섭외적 생활관계를 규율하는 것은 불가능하며 판례법에 의한 보충이 필요하다. 또 근래 우리나라에서도 국제적 지위의 향상과 국제경제관계의 긴밀화에 의하여 다수의 섭외적 사건이 발생하고 있는 바 이에 따른 많은 판례법의 생성이 기대된다.

Ⅲ. 조 약

우리 헌법은 조약에 국내법으로서의 효력을 부여하고 있기 때문에 한국이 체결한 국제사법에 관한 조약규정은 곧 국내적 법원으로 되나, 조약을 바탕으로 하여 국내법이 제정되는 경우도 있다.

Ⅳ. 조 리(條理)

조리가 우리 국제사법의 법원으로 인정되느냐 아니냐에 대하여는 논란이 있으나 적지않은 경우 제정법 및 관습법(판례법)이 결여·불비되어, 적용해야 할 법률이 불분명한 경우에는 조리에 의하여 이것을 해결할 수 밖에 없다.

국제사법에 있어서 조리는 민법·상법 등의 실질법상의 그것과는 달라서 그 성질상 전문적·기술적인 것이기 때문에 사실상 학설과 구분하기 쉽지 않다. 국제사법이 학설법이라고 불리우는 이유도 이 때문이다.

제 6 절 국제사법의 내용

현행 우리 국제사법은 2001년 4월 7일 전면 개정되었으며 9장 62개조, 부칙으로 구성되어 있다.

제1장 총칙에서는 목적, 국제재판관할, 본국법, 상거소지법(常居所地法), 외국법의 적용, 준거법의 범위, 대한민국 법의 강행적 적용, 준거법 지정의 예외, 준거법 지정시의 반정(反定), 사회질서에 반하는 외국법의 규정 등에 관하여 규정하고 있다.

제2장 사람에서는 권리능력, 실종선고, 행위능력, 한정치산 및 금치산선고,

거래보호, 법인 및 단체 등에 관하여, 제3장 법률행위에서는 법률행위의 방식, 임의대리에 관하여, 제4장 물권에서는 물권의 준거법, 운송수단, 무기명증권, 이동중의 물건, 채권 등에 대한 약정담보물권, 지적재산권의 보호 등에 관하여, 제5장 채권에서는 당사자자치, 준거법 결정시의 객관적 연결, 소비자계약, 근로계약, 계약의 성립 및 유효성, 사무관리, 부당이득, 불법행위, 준거법에 관한 사후적 합의, 채권의 양도 및 채무의 인수, 법률에 의한 채권의 이전 등에 관하여, 제6장 친족에서는 혼인의 성립, 혼인의 일반적 효력, 부부재산제, 이혼, 혼인중의 친자관계, 혼인외의 친자관계, 혼인외 출생자에 대한 준정(準正), 입양·파양과 그 동의, 친자간의 법률관계, 부양, 그 밖의 친족관계, 후견에 관하여, 제7장 상속에서는 상속, 유언 등에 관하여 규정하고 있다.

제8장 어음·수표에서는 어음·수표의 행위능력 수표지급인의 자격과 그 방식 및 효력, 원인채권의 취득, 일부인수 및 일부지급, 권리의 행사·보전을 위한 행위의 방식, 상실 및 도난, 수표의 지급지법 등에 관하여, 제9장 해상에서는 해상, 선박충돌, 해양사고구조 등에 관하여 규정하고 있다.

大韓民國憲法

前　文

悠久한 歷史와 傳統에 빛나는 우리 大韓國民은 3·1運動으로 建立된 大韓民國臨時政府의 法統과 不義에 抗拒한 4·19民主理念을 계승하고, 祖國의 民主改革과 平和的 統一의 使命에 입각하여 正義·人道와 同胞愛로써 民族의 團結을 공고히 하고, 모든 社會的 弊習과 不義를 타파하며, 自律과 調和를 바탕으로 自由民主的 基本秩序를 더욱 확고히 하여 政治·經濟·社會·文化의 모든 領域에 있어서 各人의 機會를 균등히 하고, 能力을 最高度로 발휘하게 하며, 自由와 權利에 따르는 責任과 義務를 완수하게 하여, 안으로는 國民生活의 균등한 향상을 기하고 밖으로는 항구적인 世界平和와 人類共榮에 이바지함으로써 우리들과 우리들의 子孫의 安全과 自由와 幸福을 영원히 확보할 것을 다짐하면서 1948年 7月 12日에 制定되고 8次에 걸쳐 改正된 憲法을 이제 國會의 議決을 거쳐 國民投票에 의하여 改正한다.

1987年 10月 29日

第1章　總　綱

第1條　①大韓民國은 民主共和國이다.
②大韓民國의 主權은 國民에게 있고, 모든 權力은 國民으로부터 나온다.

第2條　①大韓民國의 國民이 되는 요건은 法律로 정한다.
②國家는 法律이 정하는 바에 의하여 在外國民을 보호할 義務를 진다.

第3條　大韓民國의 領土는 韓半島와 그 附屬島嶼로 한다.

第4條　大韓民國은 統一을 指向하며, 自由民主的 基本秩序에 입각한 平和的 統一政策을 수립하고 이를 추진한다.

第5條　①大韓民國은 國際平和의 유지에 노력하고 侵略的 戰爭을 否認한다.
②國軍은 國家의 安全保障과 國土防衛의 神聖한 義務를 수행함을 使命으로 하며, 그 政治的 中立性은 준수된다.

第6條　①憲法에 의하여 체결·公布된 條約과 一般的으로 승인된 國際法規는 國內法과 같은 效力을 가진다.
②外國人은 國際法과 條約이 정하는 바에 의하여 그 地位가 보장된다.

第7條　①公務員은 國民全體에 대한 奉仕者이며, 國民에 대하여 責任을 진다.
②公務員의 身分과 政治的 中立性은 法律이 정하는 바에 의하여 보장된다.

第8條　①政黨의 設立은 自由이며, 複數政黨制는 보장된다.
②政黨은 그 目的·組織과 活動이 民主的이어야 하며, 國民의 政治的 意思形成에 참여하는 데 필요한 組織을 가져야 한다.
③政黨은 法律이 정하는 바에 의하여 國家의 보호를 받으며, 國家는 法律이 정하는 바에 의하여 政黨의 運營에 필요한 資金을 補助할 수 있다.
④政黨의 目的이나 活動이 民主的 基本秩序에 違背될 때에는 政府는 憲法裁判所에 그 解散을 提訴할 수 있고, 政黨은 憲法裁判所의 審判에 의하여 解散된다.

第9條　國家는 傳統文化의 계승·발전과 民族文化의 暢達에 노력하여야 한다.

第2章　國民의 權利와 義務

第10條　모든 國民은 人間으로서의 尊嚴과

價値를 가지며, 幸福을 追求할 權利를 가진다. 國家는 개인이 가지는 不可侵의 基本的 人權을 확인하고 이를 보장할 義務를 진다.

第11條 ①모든 國民은 法 앞에 平等하다. 누구든지 性別·宗敎 또는 社會的 身分에 의하여 政治的·經濟的·社會的·文化的 生活의 모든 領域에 있어서 차별을 받지 아니한다.

②社會的 特殊階級의 制度는 인정되지 아니하며, 어떠한 形態로도 이를 創設할 수 없다.

③勳章등의 榮典은 이를 받은 者에게만 效力이 있고, 어떠한 特權도 이에 따르지 아니한다.

第12條 ①모든 國民은 身體의 自由를 가진다. 누구든지 法律에 의하지 아니하고는 逮捕·拘束·押收·搜索 또는 審問을 받지 아니하며, 法律과 適法한 節次에 의하지 아니하고는 處罰·保安處分 또는 强制勞役을 받지 아니한다.

②모든 國民은 拷問을 받지 아니하며, 刑事上 자기에게 不利한 陳述을 强要당하지 아니한다.

③逮捕·拘束·押收 또는 搜索을 할 때에는 適法한 節次에 따라 檢事의 申請에 의하여 法官이 발부한 令狀을 제시하여야 한다. 다만, 現行犯人인 경우와 長期 3年 이상의 刑에 해당하는 罪를 범하고 逃避 또는 證據湮滅의 염려가 있을 때에는 事後에 令狀을 請求할 수 있다.

④누구든지 逮捕 또는 拘束을 당한 때에는 즉시 辯護人의 助力을 받을 權利를 가진다. 다만, 刑事被告人이 스스로 辯護人을 구할 수 없을 때에는 法律이 정하는 바에 의하여 國家가 辯護人을 붙인다.

⑤누구든지 逮捕 또는 拘束의 이유와 辯護人의 助力을 받을 權利가 있음을 告知받지 아니하고는 逮捕 또는 拘束을 당하지 아니한다. 逮捕 또는 拘束을 당한 者의 家族등 法律이 정하는 者에게는 그 이유와 日時·場所가 지체없이 통지되어야 한다.

⑥누구든지 逮捕 또는 拘束을 당한 때에는 適否의 審査를 法院에 請求할 權利를 가진다.

⑦被告人의 自白이 拷問·暴行·脅迫·拘束의 부당한 長期化 또는 欺罔 기타의 방법에 의하여 自意로 陳述된 것이 아니라고 인정될 때 또는 正式裁判에 있어서 被告人의 自白이 그에게 不利한 유일한 증거일 때에는 이를 有罪의 증거로 삼거나 이를 이유로 處罰할 수 없다.

第13條 ①모든 國民은 行爲時의 法律에 의하여 犯罪를 구성하지 아니하는 행위로 訴追되지 아니하며, 동일한 犯罪에 대하여 거듭 處罰받지 아니한다.

②모든 國民은 遡及立法에 의하여 參政權의 제한을 받거나 財産權을 剝奪당하지 아니한다.

③모든 國民은 자기의 행위가 아닌 親族의 행위로 인하여 불이익한 處遇를 받지 아니한다.

第14條 모든 國民은 居住·移轉의 自由를 가진다.

第15條 모든 國民은 職業選擇의 自由를 가진다.

第16條 모든 國民은 住居의 自由를 침해받지 아니한다. 住居에 대한 押收나 搜索을 할 때에는 檢事의 申請에 의하여 法官이 발부한 令狀을 제시하여야 한다.

第17條 모든 國民은 私生活의 秘密과 自由를 침해받지 아니한다.

第18條 모든 國民은 通信의 秘密을 침해받지 아니한다.

第19條 모든 國民은 良心의 自由를 가진다.

第20條 ①모든 國民은 宗敎의 自由를 가진다.

②國敎는 인정되지 아니하며, 宗敎와 政治는 分離된다.

第21條 ①모든 國民은 言論·出版의 自由와 集會·結社의 自由를 가진다.

②言論·出版에 대한 許可나 檢閱과 集

會·結社에 대한 許可는 인정되지 아니한다.

③通信·放送의 施設基準과 新聞의 機能을 보장하기 위하여 필요한 사항은 法律로 정한다.

④言論·出版은 他人의 名譽나 權利 또는 公衆道德이나 社會倫理를 침해하여서는 아니된다. 言論·出版이 他人의 名譽나 權利를 침해한 때에는 被害者는 이에 대한 被害의 賠償을 請求할 수 있다.

第22條 ①모든 國民은 學問과 藝術의 自由를 가진다.

②著作者·發明家·科學技術者와 藝術家의 權利는 法律로써 보호한다.

第23條 ①모든 國民의 財産權은 보장된다. 그 내용과 限界는 法律로 정한다.

②財産權의 행사는 公共福利에 적합하도록 하여야 한다.

③公共必要에 의한 財産權의 收用·사용 또는 제한 및 그에 대한 補償은 法律로써 하되, 정당한 補償을 支給하여야 한다.

第24條 모든 國民은 法律이 정하는 바에 의하여 選擧權을 가진다.

第25條 모든 國民은 法律이 정하는 바에 의하여 公務擔任權을 가진다.

第26條 ①모든 國民은 法律이 정하는 바에 의하여 國家機關에 文書로 請願할 權利를 가진다.

②國家는 請願에 대하여 審査할 義務를 진다.

第27條 ①모든 國民은 憲法과 法律이 정한 法官에 의하여 法律에 의한 裁判을 받을 權利를 가진다.

②軍人 또는 軍務員이 아닌 國民은 大韓民國의 領域 안에서는 중대한 軍事上 機密·哨兵·哨所·有毒飮食物供給·捕虜·軍用物에 관한 罪 중 法律이 정한 경우와 非常戒嚴이 宣布된 경우를 제외하고는 軍事法院의 裁判을 받지 아니한다.

③모든 國民은 신속한 裁判을 받을 權利를 가진다. 刑事被告人은 상당한 이유가 없는 한 지체없이 公開裁判을 받을 權利를 가진다.

④刑事被告人은 有罪의 判決이 확정될 때까지는 無罪로 推定된다.

⑤刑事被害者는 法律이 정하는 바에 의하여 당해 事件의 裁判節次에서 陳述할 수 있다.

第28條 刑事被疑者 또는 刑事被告人으로서 拘禁되었던 者가 法律이 정하는 不起訴處分을 받거나 無罪判決을 받은 때에는 法律이 정하는 바에 의하여 國家에 정당한 補償을 請求할 수 있다.

第29條 ①公務員의 職務上 不法行爲로 損害를 받은 國民은 法律이 정하는 바에 의하여 國家 또는 公共團體에 정당한 賠償을 請求할 수 있다. 이 경우 公務員 자신의 責任은 免除되지 아니한다.

②軍人·軍務員·警察公務員 기타 法律이 정하는 者가 戰鬪·訓練등 職務執行과 관련하여 받은 損害에 대하여는 法律이 정하는 報償 외에 國家 또는 公共團體에 公務員의 職務上 不法行爲로 인한 賠償은 請求할 수 없다.

第30條 他人의 犯罪行爲로 인하여 生命·身體에 대한 被害를 받은 國民은 法律이 정하는 바에 의하여 國家로부터 救助를 받을 수 있다.

第31條 ①모든 國民은 能力에 따라 균등하게 敎育을 받을 權利를 가진다.

②모든 國民은 그 보호하는 子女에게 적어도 初等敎育과 法律이 정하는 敎育을 받게 할 義務를 진다.

③義務敎育은 無償으로 한다.

④敎育의 自主性·專門性·政治的 中立性 및 大學의 自律性은 法律이 정하는 바에 의하여 보장된다.

⑤國家는 平生敎育을 振興하여야 한다.

⑥學校敎育 및 平生敎育을 포함한 敎育制度와 그 운영, 敎育財政 및 敎員의 地位에 관한 基本的인 사항은 法律로 정한다.

第32條 ①모든 國民은 勤勞의 權利를 가진

다. 國家는 社會的·經濟的 방법으로 勤勞者의 雇傭의 增進과 適正賃金의 보장에 노력하여야 하며, 法律이 정하는 바에 의하여 最低賃金制를 施行하여야 한다.

②모든 國民은 勤勞의 義務를 진다. 國家는 勤勞의 義務의 내용과 조건을 民主主義原則에 따라 法律로 정한다.

③勤勞條件의 基準은 人間의 尊嚴性을 보장하도록 法律로 정한다.

④女子의 勤勞는 특별한 보호를 받으며, 雇傭·賃金 및 勤勞條件에 있어서 부당한 차별을 받지 아니한다.

⑤年少者의 勤勞는 특별한 보호를 받는다.

⑥國家有功者·傷痍軍警 및 戰歿軍警의 遺家族은 法律이 정하는 바에 의하여 優先的으로 勤勞의 機會를 부여받는다.

第33條 ①勤勞者는 勤勞條件의 향상을 위하여 自主的인 團結權·團體交涉權 및 團體行動權을 가진다.

②公務員인 勤勞者는 法律이 정하는 者에 한하여 團結權·團體交涉權 및 團體行動權을 가진다.

③法律이 정하는 主要防衛産業體에 종사하는 勤勞者의 團體行動權은 法律이 정하는 바에 의하여 이를 제한하거나 인정하지 아니할 수 있다.

第34條 ①모든 國民은 人間다운 生活을 할 權利를 가진다.

②國家는 社會保障·社會福祉의 增進에 노력할 義務를 진다.

③國家는 女子의 福祉와 權益의 향상을 위하여 노력하여야 한다.

④國家는 老人과 靑少年의 福祉向上을 위한 政策을 실시할 義務를 진다.

⑤身體障碍者 및 疾病·老齡 기타의 사유로 生活能力이 없는 國民은 法律이 정하는 바에 의하여 國家의 보호를 받는다.

⑥國家는 災害를 豫防하고 그 위험으로부터 國民을 보호하기 위하여 노력하여야 한다.

第35條 ①모든 國民은 건강하고 快適한 環境에서 生活할 權利를 가지며, 國家와 國民은 環境保全을 위하여 노력하여야 한다.

②環境權의 내용과 행사에 관하여는 法律로 정한다.

③國家는 住宅開發政策등을 통하여 모든 國民이 快適한 住居生活을 할 수 있도록 노력하여야 한다.

第36條 ①婚姻과 家族生活은 개인의 尊嚴과 兩性의 平等을 기초로 成立되고 유지되어야 하며, 國家는 이를 보장한다.

②國家는 母性의 보호를 위하여 노력하여야 한다.

③모든 國民은 保健에 관하여 國家의 보호를 받는다.

第37條 ①國民의 自由와 權利는 憲法에 열거되지 아니한 이유로 輕視되지 아니한다.

②國民의 모든 自由와 權利는 國家安全保障·秩序維持 또는 公共福利를 위하여 필요한 경우에 한하여 法律로써 제한할 수 있으며, 제한하는 경우에도 自由와 權利의 本質的인 내용을 침해할 수 없다.

第38條 모든 國民은 法律이 정하는 바에 의하여 納稅의 義務를 진다.

第39條 ①모든 國民은 法律이 정하는 바에 의하여 國防의 義務를 진다.

②누구든지 兵役義務의 이행으로 인하여 불이익한 處遇를 받지 아니한다.

第3章 國　會

第40條 立法權은 國會에 속한다.

第41條 ①國會는 國民의 普通·平等·直接·秘密選擧에 의하여 選出된 國會議員으로 구성한다.

②國會議員의 數는 法律로 정하되, 200人 이상으로 한다.

③國會議員의 選擧區와 比例代表制 기타 選擧에 관한 사항은 法律로 정한다.

第42條 國會議員의 任期는 4年으로 한다.

第43條 國會議員은 法律이 정하는 職을 겸할 수 없다.

第44條 ①國會議員은 現行犯人인 경우를 제외하고는 會期 중 國會의 同意없이 逮捕 또는 拘禁되지 아니한다.
②國會議員이 會期 전에 逮捕 또는 拘禁된 때에는 現行犯人이 아닌 한 國會의 요구가 있으면 會期 중 釋放된다.

第45條 國會議員은 國會에서 職務上 행한 發言과 表決에 관하여 國會 외에서 責任을 지지 아니한다.

第46條 ①國會議員은 淸廉의 義務가 있다.
②國會議員은 國家利益을 우선하여 良心에 따라 職務를 행한다.
③國會議員은 그 地位를 濫用하여 國家·公共團體 또는 企業體와의 契約이나 그 處分에 의하여 財産上의 權利·이익 또는 職位를 취득하거나 他人을 위하여 그 취득을 알선할 수 없다.

第47條 ①國會의 定期會는 法律이 정하는 바에 의하여 매년 1回 集會되며, 國會의 臨時會는 大統領 또는 國會在籍議員 4分의 1 이상의 요구에 의하여 集會된다.
②定期會의 會期는 100日을, 臨時會의 會期는 30日을 초과할 수 없다.
③大統領이 臨時會의 集會를 요구할 때에는 期間과 集會要求의 이유를 명시하여야 한다.

第48條 國會는 議長 1人과 副議長 2人을 選出한다.

第49條 國會는 憲法 또는 法律에 특별한 規定이 없는 한 在籍議員 過半數의 출석과 出席議員 過半數의 贊成으로 議決한다. 可否同數인 때에는 否決된 것으로 본다.

第50條 ①國會의 會議는 公開한다. 다만, 出席議員 過半數의 贊成이 있거나 議長이 國家의 安全保障을 위하여 필요하다고 인정할 때에는 公開하지 아니할 수 있다.
②公開하지 아니한 會議內容의 公表에 관하여는 法律이 정하는 바에 의한다.

第51條 國會에 제출된 法律案 기타의 議案은 會期 중에 議決되지 못한 이유로 폐기되지 아니한다. 다만, 國會議員의 任期가 만료된 때에는 그러하지 아니하다.

第52條 國會議員과 政府는 法律案을 제출할 수 있다.

第53條 ①國會에서 議決된 法律案은 政府에 移送되어 15日 이내에 大統領이 公布한다.
②法律案에 異議가 있을 때에는 大統領은 第1項의 期間내에 異議書를 붙여 國會로 還付하고, 그 再議를 요구할 수 있다. 國會의 閉會 중에도 또한 같다.
③大統領은 法律案의 일부에 대하여 또는 法律案을 修正하여 再議를 요구할 수 없다.
④再議의 요구가 있을 때에는 國會는 再議에 붙이고, 在籍議員 過半數의 출석과 出席議員 3分의 2 이상의 贊成으로 前과 같은 議決을 하면 그 法律案은 法律로서 확정된다.
⑤大統領이 第1項의 期間내에 公布나 再議의 요구를 하지 아니한 때에도 그 法律案은 法律로서 확정된다.
⑥大統領은 第4項과 第5項의 規定에 의하여 확정된 法律을 지체없이 公布하여야 한다. 第5項에 의하여 法律이 확정된 후 또는 第4項에 의한 確定法律이 政府에 移送된 후 5日 이내에 大統領이 公布하지 아니할 때에는 國會議長이 이를 公布한다.
⑦法律은 특별한 規定이 없는 한 公布한 날로부터 20日을 경과함으로써 效力을 발생한다.

第54條 ①國會는 國家의 豫算案을 審議·확정한다.
②政府는 會計年度마다 豫算案을 編成하여 會計年度 開始 90日 전까지 國會에 제출하고, 國會는 會計年度 開始 30日 전까지 이를 議決하여야 한다.
③새로운 會計年度가 開始될 때까지 豫算案이 議決되지 못한 때에는 政府는 國會에서 豫算案이 議決될 때까지 다음의 目的을 위한 經費는 前年度 豫算에 準하여 執行할 수 있다.

1. 憲法이나 法律에 의하여 設置된 機關 또는 施設의 유지·운영
2. 法律上 支出義務의 이행
3. 이미 豫算으로 승인된 事業의 계속

第55條 ①한 會計年度를 넘어 계속하여 支出할 필요가 있을 때에는 政府는 年限을 정하여 繼續費로서 國會의 議決을 얻어야 한다.
②豫備費는 總額으로 國會의 議決을 얻어야 한다. 豫備費의 支出은 次期國會의 승인을 얻어야 한다.

第56條 政府는 豫算에 變更을 加할 필요가 있을 때에는 追加更正豫算案을 編成하여 國會에 제출할 수 있다.

第57條 國會는 政府의 同意없이 政府가 제출한 支出豫算 各項의 金額을 增加하거나 새 費目을 設置할 수 없다.

第58條 國債를 모집하거나 豫算 외에 國家의 부담이 될 契約을 체결하려 할 때에는 政府는 미리 國會의 議決을 얻어야 한다.

第59條 租稅의 種目과 稅率은 法律로 정한다.

第60條 ①國會는 相互援助 또는 安全保障에 관한 條約, 중요한 國際組織에 관한 條約, 友好通商航海條約, 主權의 制約에 관한 條約, 講和條約, 國家나 國民에게 중대한 財政的 부담을 지우는 條約 또는 立法事項에 관한 條約의 체결·批准에 대한 同意權을 가진다.
②國會는 宣戰布告, 國軍의 外國에의 派遣 또는 外國軍隊의 大韓民國 領域 안에서의 駐留에 대한 同意權을 가진다.

第61條 ①國會는 國政을 監査하거나 특정한 國政事案에 대하여 調査할 수 있으며, 이에 필요한 書類의 提出 또는 證人의 출석과 證言이나 의견의 陳述을 요구할 수 있다.
②國政監査 및 調査에 관한 節次 기타 필요한 사항은 法律로 정한다.

第62條 ①國務總理·國務委員 또는 政府委員은 國會나 그 委員會에 출석하여 國政處理狀況을 보고하거나 의견을 陳述하고 質問에 응답할 수 있다.
②國會나 그 委員會의 요구가 있을 때에는 國務總理·國務委員 또는 政府委員은 출석·답변하여야 하며, 國務總理 또는 國務委員이 出席要求를 받은 때에는 國務委員 또는 政府委員으로 하여금 출석·답변하게 할 수 있다.

第63條 ①國會는 國務總理 또는 國務委員의 解任을 大統領에게 建議할 수 있다.
②第1項의 解任建議는 國會在籍議員 3分의 1 이상의 發議에 의하여 國會在籍議員 過半數의 贊成이 있어야 한다.

第64條 ①國會는 法律에 저촉되지 아니하는 범위 안에서 議事와 內部規律에 관한 規則을 制定할 수 있다.
②國會는 議員의 資格을 審査하며, 議員을 懲戒할 수 있다.
③議員을 除名하려면 國會在籍議員 3分의 2 이상의 贊成이 있어야 한다.
④第2項과 第3項의 處分에 대하여는 法院에 提訴할 수 없다.

第65條 ①大統領·國務總理·國務委員·行政各部의 長·憲法裁判所 裁判官·法官·中央選擧管理委員會 委員·監査院長·監査委員 기타 法律이 정한 公務員이 그 職務執行에 있어서 憲法이나 法律을 違背한 때에는 國會는 彈劾의 訴追를 議決할 수 있다.
②第1項의 彈劾訴追는 國會在籍議員 3分의 1 이상의 發議가 있어야 하며, 그 議決은 國會在籍議員 過半數의 贊成이 있어야 한다. 다만, 大統領에 대한 彈劾訴追는 國會在籍議員 過半數의 發議와 國會在籍議員 3分의 2 이상의 贊成이 있어야 한다.
③彈劾訴追의 議決을 받은 者는 彈劾審判이 있을 때까지 그 權限行使가 정지된다.
④彈劾決定은 公職으로부터 罷免함에 그친다. 그러나, 이에 의하여 民事上이나 刑事上의 責任이 免除되지는 아니한다.

第4章 政　府

第1節 大 統 領

第66條 ①大統領은 國家의 元首이며, 外國에 대하여 國家를 代表한다.
②大統領은 國家의 獨立·領土의 保全·國家의 繼續性과 憲法을 守護할 責務를 진다.
③大統領은 祖國의 平和的 統一을 위한 성실한 義務를 진다.
④行政權은 大統領을 首班으로 하는 政府에 속한다.

第67條 ①大統領은 國民의 普通·平等·直接·秘密選擧에 의하여 選出한다.
②第1項의 選擧에 있어서 最高得票者가 2人 이상인 때에는 國會의 在籍議員 過半數가 출석한 公開會議에서 多數票를 얻은 者를 當選者로 한다.
③大統領候補者가 1人일 때에는 그 得票數가 選擧權者 總數의 3分의 1 이상이 아니면 大統領으로 當選될 수 없다.
④大統領으로 選擧될 수 있는 者는 國會議員의 被選擧權이 있고 選擧日 현재 40歲에 達하여야 한다.
⑤大統領의 選擧에 관한 사항은 法律로 정한다.

第68條 ①大統領의 任期가 만료되는 때에는 任期滿了 70日 내지 40日 전에 後任者를 選擧한다.
②大統領이 闕位된 때 또는 大統領 當選者가 死亡하거나 判決 기타의 사유로 그 資格을 喪失한 때에는 60日 이내에 後任者를 選擧한다.

第69條 大統領은 就任에 즈음하여 다음의 宣誓를 한다. "나는 憲法을 준수하고 國家를 保衛하며 祖國의 平和的 統一과 國民의 自由와 福利의 增進 및 民族文化의 暢達에 노력하여 大統領으로서의 職責을 성실히 수행할 것을 國民 앞에 엄숙히 宣誓합니다."

第70條 大統領의 任期는 5年으로 하며, 重任할 수 없다.

第71條 大統領이 闕位되거나 事故로 인하여 職務를 수행할 수 없을 때에는 國務總理, 法律이 정한 國務委員의 順序로 그 權限을 代行한다.

第72條 大統領은 필요하다고 인정할 때에는 外交·國防·統一 기타 國家安危에 관한 重要政策을 國民投票에 붙일 수 있다.

第73條 大統領은 條約을 체결·批准하고, 外交使節을 信任·접수 또는 派遣하며, 宣戰布告와 講和를 한다.

第74條 ①大統領은 憲法과 法律이 정하는 바에 의하여 國軍을 統帥한다.
②國軍의 組織과 編成은 法律로 정한다.

第75條 大統領은 法律에서 구체적으로 범위를 정하여 委任받은 사항과 法律을 執行하기 위하여 필요한 사항에 관하여 大統領令을 발할 수 있다.

第76條 ①大統領은 內憂·外患·天災·地變 또는 중대한 財政·經濟上의 危機에 있어서 國家의 安全保障 또는 公共의 安寧秩序를 유지하기 위하여 긴급한 措置가 필요하고 國會의 集會를 기다릴 여유가 없을 때에 한하여 최소한으로 필요한 財政·經濟上의 處分을 하거나 이에 관하여 法律의 效力을 가지는 命令을 발할 수 있다.
②大統領은 國家의 安危에 관계되는 중대한 交戰狀態에 있어서 國家를 保衛하기 위하여 긴급한 措置가 필요하고 國會의 集會가 불가능한 때에 한하여 法律의 效力을 가지는 命令을 발할 수 있다.
③大統領은 第1項과 第2項의 處分 또는 命令을 한 때에는 지체없이 國會에 보고하여 그 승인을 얻어야 한다.
④第3項의 승인을 얻지 못한 때에는 그 處分 또는 命令은 그때부터 效力을 喪失한다. 이 경우 그 命令에 의하여 改正 또는 廢止되었던 法律은 그 命令이 승인을 얻지 못한 때부터 당연히 效力을 회복한다.
⑤大統領은 第3項과 第4項의 사유를 지체

없이 公布하여야 한다.

第77條 ①大統領은 戰時·事變 또는 이에 準하는 國家非常事態에 있어서 兵力으로써 軍事上의 필요에 응하거나 公共의 安寧秩序를 유지할 필요가 있을 때에는 法律이 정하는 바에 의하여 戒嚴을 宣布할 수 있다.

②戒嚴은 非常戒嚴과 警備戒嚴으로 한다.

③非常戒嚴이 宣布된 때에는 法律이 정하는 바에 의하여 令狀制度, 言論·出版·集會·結社의 自由, 政府나 法院의 權限에 관하여 특별한 措置를 할 수 있다.

④戒嚴을 宣布한 때에는 大統領은 지체없이 國會에 통고하여야 한다.

⑤國會가 在籍議員 過半數의 贊成으로 戒嚴의 解除를 요구한 때에는 大統領은 이를 解除하여야 한다.

第78條 大統領은 憲法과 法律이 정하는 바에 의하여 公務員을 任免한다.

第79條 ①大統領은 法律이 정하는 바에 의하여 赦免·減刑 또는 復權을 命할 수 있다.

②一般赦免을 命하려면 國會의 同意를 얻어야 한다.

③赦免·減刑 및 復權에 관한 사항은 法律로 정한다.

第80條 大統領은 法律이 정하는 바에 의하여 勳章 기타의 榮典을 수여한다.

第81條 大統領은 國會에 출석하여 發言하거나 書翰으로 의견을 표시할 수 있다.

第82條 大統領의 國法上 행위는 文書로써 하며, 이 文書에는 國務總理와 관계 國務委員이 副署한다. 軍事에 관한 것도 또한 같다.

第83條 大統領은 國務總理·國務委員·行政各部의 長 기타 法律이 정하는 公私의 職을 겸할 수 없다.

第84條 大統領은 內亂 또는 外患의 罪를 범한 경우를 제외하고는 在職 중 刑事上의 訴追를 받지 아니한다.

第85條 前職大統領의 身分과 禮遇에 관하여는 法律로 정한다.

第2節 行 政 府

第1款 國務總理와 國務委員

第86條 ①國務總理는 國會의 同意를 얻어 大統領이 任命한다.

②國務總理는 大統領을 補佐하며, 行政에 관하여 大統領의 命을 받아 行政各部를 統轄한다.

③軍人은 現役을 免한 후가 아니면 國務總理로 任命될 수 없다.

第87條 ①國務委員은 國務總理의 提請으로 大統領이 任命한다.

②國務委員은 國政에 관하여 大統領을 補佐하며, 國務會議의 構成員으로서 國政을 審議한다.

③國務總理는 國務委員의 解任을 大統領에게 建議할 수 있다.

④軍人은 現役을 免한 후가 아니면 國務委員으로 任命될 수 없다.

第2款 國務會議

第88條 ①國務會議는 政府의 權限에 속하는 중요한 政策을 審議한다.

②國務會議는 大統領·國務總理와 15人 이상 30人 이하의 國務委員으로 구성한다.

③大統領은 國務會議의 議長이 되고, 國務總理는 副議長이 된다.

第89條 다음 사항은 國務會議의 審議를 거쳐야 한다.

1. 國政의 基本計劃과 政府의 一般政策
2. 宣戰·講和 기타 중요한 對外政策
3. 憲法改正案·國民投票案·條約案·法律案 및 大統領令案
4. 豫算案·決算·國有財産處分의 基本計劃·國家의 부담이 될 契約 기타 財政에 관한 중요사항
5. 大統領의 緊急命令·緊急財政經濟處分 및 命令 또는 戒嚴과 그 解除
6. 軍事에 관한 중요사항

7. 國會의 臨時會 集會의 요구
8. 榮典授與
9. 赦免·減刑과 復權
10. 行政各部間의 權限의 劃定
11. 政府 안의 權限의 委任 또는 配定에 관한 基本計劃
12. 國政處理狀況의 評價·分析
13. 行政各部의 중요한 政策의 수립과 調整
14. 政黨解散의 提訴
15. 政府에 제출 또는 회부된 政府의 政策에 관계되는 請願의 審査
16. 檢察總長·合同參謀議長·各軍參謀總長·國立大學校總長·大使 기타 法律이 정한 公務員과 國營企業體管理者의 任命
17. 기타 大統領·國務總理 또는 國務委員이 제출한 사항

第90條 ①國政의 중요한 사항에 관한 大統領의 諮問에 응하기 위하여 國家元老로 구성되는 國家元老諮問會議를 둘 수 있다.
②國家元老諮問會議의 議長은 直前大統領이 된다. 다만, 直前大統領이 없을 때에는 大統領이 指名한다.
③國家元老諮問會議의 組織·職務範圍 기타 필요한 사항은 法律로 정한다.

第91條 ①國家安全保障에 관련되는 對外政策·軍事政策과 國內政策의 수립에 관하여 國務會議의 審議에 앞서 大統領의 諮問에 응하기 위하여 國家安全保障會議를 둔다.
②國家安全保障會議는 大統領이 主宰한다.
③國家安全保障會議의 組織·職務範圍 기타 필요한 사항은 法律로 정한다.

第92條 ①平和統一政策의 수립에 관한 大統領의 諮問에 응하기 위하여 民主平和統一諮問會議를 둘 수 있다.
②民主平和統一諮問會議의 組織·職務範圍 기타 필요한 사항은 法律로 정한다.

第93條 ①國民經濟의 발전을 위한 重要政策의 수립에 관하여 大統領의 諮問에 응하기 위하여 國民經濟諮問會議를 둘 수 있다.
②國民經濟諮問會議의 組織·職務範圍 기타 필요한 사항은 法律로 정한다.

第3款 行政各部

第94條 行政各部의 長은 國務委員 중에서 國務總理의 提請으로 大統領이 任命한다.

第95條 國務總理 또는 行政各部의 長은 所管事務에 관하여 法律이나 大統領令의 委任 또는 職權으로 總理令 또는 部令을 발할 수 있다.

第96條 行政各部의 設置·組織과 職務範圍는 法律로 정한다.

第4款 監査院

第97條 國家의 歲入·歲出의 決算, 國家 및 法律이 정한 團體의 會計檢査와 行政機關 및 公務員의 職務에 관한 監察을 하기 위하여 大統領所屬下에 監査院을 둔다.

第98條 ①監査院은 院長을 포함한 5人 이상 11人 이하의 監査委員으로 구성한다.
②院長은 國會의 同意를 얻어 大統領이 任命하고, 그 任期는 4年으로 하며, 1次에 한하여 重任할 수 있다.
③監査委員은 院長의 提請으로 大統領이 任命하고, 그 任期는 4年으로 하며, 1次에 한하여 重任할 수 있다.

第99條 監査院은 歲入·歲出의 決算을 매년 檢査하여 大統領과 次年度國會에 그 결과를 보고하여야 한다.

第100條 監査院의 組織·職務範圍·監査委員의 資格·監査對象公務員의 범위 기타 필요한 사항은 法律로 정한다.

第5章 法 院

第101條 ①司法權은 法官으로 구성된 法院에 속한다.
②法院은 最高法院인 大法院과 各級法院으로 組織된다.
③法官의 資格은 法律로 정한다.

第102條 ①大法院에 部를 둘 수 있다.

②大法院에 大法官을 둔다. 다만, 法律이 정하는 바에 의하여 大法官이 아닌 法官을 둘 수 있다.

③大法官과 各級法院의 組織은 法律로 정한다.

第103條 法官은 憲法과 法律에 의하여 그 良心에 따라 獨立하여 審判한다.

第104條 ①大法院長은 國會의 同意를 얻어 大統領이 任命한다.

②大法官은 大法院長의 提請으로 國會의 同意를 얻어 大統領이 任命한다.

③大法院長과 大法官이 아닌 法官은 大法官會議의 同意를 얻어 大法院長이 任命한다.

第105條 ①大法院長의 任期는 6年으로 하며, 重任할 수 없다.

②大法官의 任期는 6年으로 하며, 法律이 정하는 바에 의하여 連任할 수 있다.

③大法院長과 大法官이 아닌 法官의 任期는 10年으로 하며, 法律이 정하는 바에 의하여 連任할 수 있다.

④法官의 停年은 法律로 정한다.

第106條 ①法官은 彈劾 또는 禁錮 이상의 刑의 宣告에 의하지 아니하고는 罷免되지 아니하며, 懲戒處分에 의하지 아니하고는 停職·減俸 기타 不利한 處分을 받지 아니한다.

②法官이 중대한 心身上의 障害로 職務를 수행할 수 없을 때에는 法律이 정하는 바에 의하여 退職하게 할 수 있다.

第107條 ①法律이 憲法에 위반되는 여부가 裁判의 前提가 된 경우에는 法院은 憲法裁判所에 提請하여 그 審判에 의하여 裁判한다.

②命令·規則 또는 處分이 憲法이나 法律에 위반되는 여부가 裁判의 前提가 된 경우에는 大法院은 이를 最終的으로 審査할 權限을 가진다.

③裁判의 前審節次로서 行政審判을 할 수 있다. 行政審判의 節次는 法律로 정하되, 司法節次가 準用되어야 한다.

第108條 大法院은 法律에 저촉되지 아니하는 범위 안에서 訴訟에 관한 節次, 法院의 內部規律과 事務處理에 관한 規則을 制定할 수 있다.

第109條 裁判의 審理와 判決은 公開한다. 다만, 審理는 國家의 安全保障 또는 安寧秩序를 방해하거나 善良한 風俗을 해할 염려가 있을 때에는 法院의 決定으로 公開하지 아니할 수 있다.

第110條 ①軍事裁判을 관할하기 위하여 特別法院으로서 軍事法院을 둘 수 있다.

②軍事法院의 上告審은 大法院에서 관할한다.

③軍事法院의 組織·權限 및 裁判官의 資格은 法律로 정한다.

④非常戒嚴下의 軍事裁判은 軍人·軍務員의 犯罪나 軍事에 관한 間諜罪의 경우와 哨兵·哨所·有毒飮食物供給·捕虜에 관한 罪 중 法律이 정한 경우에 한하여 單審으로 할 수 있다. 다만, 死刑을 宣告한 경우에는 그러하지 아니하다.

第6章 憲法裁判所

第111條 ①憲法裁判所는 다음 사항을 管掌한다.

1. 法院의 提請에 의한 法律의 違憲與否 審判
2. 彈劾의 審判
3. 政黨의 解散 審判
4. 國家機關 相互間, 國家機關과 地方自治團體間 및 地方自治團體 相互間의 權限爭議에 관한 審判
5. 法律이 정하는 憲法訴願에 관한 審判

②憲法裁判所는 法官의 資格을 가진 9人의 裁判官으로 구성하며, 裁判官은 大統領이 任命한다.

③第2項의 裁判官 중 3人은 國會에서 選出하는 者를, 3人은 大法院長이 指名하는 者를 任命한다.

④憲法裁判所의 長은 國會의 同意를 얻어 裁判官 중에서 大統領이 任命한다.

第112條 ①憲法裁判所 裁判官의 任期는 6年으로 하며, 法律이 정하는 바에 의하여 連任할 수 있다.

②憲法裁判所 裁判官은 政黨에 加入하거나 政治에 관여할 수 없다.

③憲法裁判所 裁判官은 彈劾 또는 禁錮 이상의 刑의 宣告에 의하지 아니하고는 罷免되지 아니한다.

第113條 ①憲法裁判所에서 法律의 違憲決定, 彈劾의 決定, 政黨解散의 決定 또는 憲法訴願에 관한 認容決定을 할 때에는 裁判官 6人 이상의 贊成이 있어야 한다.

②憲法裁判所는 法律에 저촉되지 아니하는 범위 안에서 審判에 관한 節次, 內部規律과 事務處理에 관한 規則을 制定할 수 있다.

③憲法裁判所의 組織과 운영 기타 필요한 사항은 法律로 정한다.

第7章 選擧管理

第114條 ①選擧와 國民投票의 공정한 管理 및 政黨에 관한 事務를 처리하기 위하여 選擧管理委員會를 둔다.

②中央選擧管理委員會는 大統領이 任命하는 3人, 國會에서 選出하는 3人과 大法院長이 指名하는 3人의 委員으로 구성한다. 委員長은 委員 중에서 互選한다.

③委員의 任期는 6年으로 한다.

④委員은 政黨에 加入하거나 政治에 관여할 수 없다.

⑤委員은 彈劾 또는 禁錮 이상의 刑의 宣告에 의하지 아니하고는 罷免되지 아니한다.

⑥中央選擧管理委員會는 法令의 범위 안에서 選擧管理·國民投票管理 또는 政黨事務에 관한 規則을 制定할 수 있으며, 法律에 저촉되지 아니하는 범위 안에서 內部規律에 관한 規則을 制定할 수 있다.

⑦各級 選擧管理委員會의 組織·職務範圍 기타 필요한 사항은 法律로 정한다.

第115條 ①各級 選擧管理委員會는 選擧人名簿의 작성 등 選擧事務와 國民投票事務에 관하여 관계 行政機關에 필요한 指示를 할 수 있다.

②第1項의 指示를 받은 당해 行政機關은 이에 응하여야 한다.

第116條 ①選擧運動은 各級 選擧管理委員會의 管理下에 法律이 정하는 범위 안에서 하되, 균등한 機會가 보장되어야 한다.

②選擧에 관한 經費는 法律이 정하는 경우를 제외하고는 政黨 또는 候補者에게 부담시킬 수 없다.

第8章 地方自治

第117條 ①地方自治團體는 住民의 福利에 관한 事務를 처리하고 財産을 관리하며, 法令의 범위 안에서 自治에 관한 規定을 制定할 수 있다.

②地方自治團體의 종류는 法律로 정한다.

第118條 ①地方自治團體에 議會를 둔다.

②地方議會의 組織·權限·議員選擧와 地方自治團體의 長의 選任方法 기타 地方自治團體의 組織과 운영에 관한 사항은 法律로 정한다.

第9章 經　濟

第119條 ①大韓民國의 經濟秩序는 개인과 企業의 經濟上의 自由와 創意를 존중함을 基本으로 한다.

②國家는 균형있는 國民經濟의 成長 및 安定과 적정한 所得의 分配를 유지하고, 市場의 支配와 經濟力의 濫用을 방지하며, 經濟主體間의 調和를 통한 經濟의 民主化를 위하여 經濟에 관한 規制와 調整을 할 수 있다.

第120條 ①鑛物 기타 중요한 地下資源·水産資源·水力과 經濟上 이용할 수 있는 自然

力은 法律이 정하는 바에 의하여 일정한 期間 그 採取·開發 또는 이용을 特許할 수 있다.

②國土와 資源은 國家의 보호를 받으며, 國家는 그 균형있는 開發과 이용을 위하여 필요한 計劃을 수립한다.

第121條 ①國家는 農地에 관하여 耕者有田의 원칙이 達成될 수 있도록 노력하여야 하며, 農地의 小作制度는 금지된다.

②農業生產性의 提高와 農地의 合理的인 이용을 위하거나 불가피한 事情으로 발생하는 農地의 賃貸借와 委託經營은 法律이 정하는 바에 의하여 인정된다.

第122條 國家는 國民 모두의 生產 및 生活의 基盤이 되는 國土의 효율적이고 균형있는 이용·開發과 보전을 위하여 法律이 정하는 바에 의하여 그에 관한 필요한 제한과 義務를 課할 수 있다.

第123條 ①國家는 農業 및 漁業을 보호·육성하기 위하여 農·漁村綜合開發과 그 지원등 필요한 計劃을 수립·施行하여야 한다.

②國家는 地域間의 균형있는 발전을 위하여 地域經濟를 육성할 義務를 진다.

③國家는 中小企業을 보호·육성하여야 한다.

④國家는 農水產物의 需給均衡과 流通構造의 개선에 노력하여 價格安定을 도모함으로써 農·漁民의 이익을 보호한다.

⑤國家는 農·漁民과 中小企業의 自助組織을 육성하여야 하며, 그 自律的 活動과 발전을 보장한다.

第124條 國家는 건전한 消費行爲를 啓導하고 生產品의 品質向上을 촉구하기 위한 消費者保護運動을 法律이 정하는 바에 의하여 보장한다.

第125條 國家는 對外貿易을 육성하며, 이를 規制·調整할 수 있다.

第126條 國防上 또는 國民經濟上 緊切한 필요로 인하여 法律이 정하는 경우를 제외하고는, 私營企業을 國有 또는 公有로 移轉하거나 그 경영을 統制 또는 관리할 수 없다.

第127條 ①國家는 科學技術의 革新과 情報 및 人力의 開發을 통하여 國民經濟의 발전에 노력하여야 한다.

②國家는 國家標準制度를 확립한다.

③大統領은 第1項의 目的을 達成하기 위하여 필요한 諮問機構를 둘 수 있다.

第10章 憲法改正

第128條 ①憲法改正은 國會在籍議員 過半數 또는 大統領의 發議로 提案된다.

②大統領의 任期延長 또는 重任變更을 위한 憲法改正은 그 憲法改正 提案 당시의 大統領에 대하여는 效力이 없다.

第129條 提案된 憲法改正案은 大統領이 20日 이상의 期間 이를 公告하여야 한다.

第130條 ①國會는 憲法改正案이 公告된 날로부터 60日 이내에 議決하여야 하며, 國會의 議決은 在籍議員 3分의 2 이상의 贊成을 얻어야 한다.

②憲法改正案은 國會가 議決한 후 30日 이내에 國民投票에 붙여 國會議員選擧權者 過半數의 投票와 投票者 過半數의 贊成을 얻어야 한다.

③憲法改正案이 第2項의 贊成을 얻은 때에는 憲法改正은 확정되며, 大統領은 즉시 이를 公布하여야 한다.

附 則

第1條 이 憲法은 1988年 12月 25日부터 施行한다. 다만, 이 憲法을 施行하기 위하여 필요한 法律의 制定·改正과 이 憲法에 의한 大統領 및 國會議員의 選擧 기타 이 憲法施行에 관한 準備는 이 憲法施行 전에 할 수 있다.

第2條 ①이 憲法에 의한 최초의 大統領選擧는 이 憲法施行日 40日 전까지 실시한다.

②이 憲法에 의한 최초의 大統領의 任期는 이 憲法施行日로부터 開始한다.

第3條 ①이 憲法에 의한 최초의 國會議員選擧는 이 憲法公布日로부터 6月 이내에 실시하며, 이 憲法에 의하여 選出된 최초의 國會議員의 任期는 國會議員選擧 후 이 憲法에 의한 國會의 최초의 集會日로부터 開始한다.

②이 憲法公布 당시의 國會議員의 任期는 第1項에 의한 國會의 최초의 集會日 前日까지로 한다.

第4條 ①이 憲法施行 당시의 公務員과 政府가 任命한 企業體의 任員은 이 憲法에 의하여 任命된 것으로 본다. 다만, 이 憲法에 의하여 選任方法이나 任命權者가 변경된 公務員과 大法院長 및 監査院長은 이 憲法에 의하여 後任者가 選任될 때까지 그 職務를 행하며, 이 경우 前任者인 公務員의 任期는 後任者가 選任되는 前日까지로 한다.

②이 憲法施行 당시의 大法院長과 大法院判事가 아닌 法官은 第1項 但書의 規定에 불구하고 이 憲法에 의하여 任命된 것으로 본다.

③이 憲法 중 公務員의 任期 또는 重任制限에 관한 規定은 이 憲法에 의하여 그 公務員이 최초로 選出 또는 任命된 때로부터 適用한다.

第5條 이 憲法施行 당시의 法令과 條約은 이 憲法에 違背되지 아니하는 한 그 效力을 지속한다.

第6條 이 憲法施行 당시에 이 憲法에 의하여 새로 設置될 機關의 權限에 속하는 職務를 행하고 있는 機關은 이 憲法에 의하여 새로운 機關이 設置될 때까지 存續하며 그 職務를 행한다.

執筆者〈가나다順〉

노 병 호 慶熙大學校 法科大學 卒業
(盧秉昊) 高麗大學校 大學院 碩·博士課程修了(法學博士)
中國北京大學校客員教授
慶南大·崇實大·光云大 講師
忠北大學校 法科大學 學長 歷任
現, 忠北大學校 法科大學 教授

이 영 진 서울大學校 法科大學 卒業
(李永鎭) 서울大學校 大學院 碩·博士課程 修了(法學博士)
美 Harvard大學校 및 Canada British Columbia 大學校 客員教授
淑明女大·西原大·京畿大 講師
忠北大學校 法科大學 學長 歷任
現, 忠北大學校 法科大學 教授

장 석 천 忠北大學校 法科大學 卒業
(張錫天) 忠北大學校 大學院 碩·博士課程 修了(法學博士)
한밭大, 清州教育大 講師 歷任
現, 忠北大學校 法科大學 教授

법학통론

2008년 8월 25일 초판 [illegible]
2008년 8월 30일 초판 1쇄발행

저 자 노 병 호
이 영 진
장 석 천
발행인 배 효 선

發行處 圖書出版 法 文 社

경기도 파주시 교하읍 문발리 526-3 ㊐ 413-756
등록 1957년 12월 12일 제2-76호(倫)
전화 (031)955-6500~6, 팩스 (031)955-6525
e-mail(영업) : bms@bobmunsa.co.kr
(편집) : edit66@bobmunsa.co.kr
홈페이지 http://www.bobmunsa.co.kr
組 版 光 岩 文 化 社

定價 28,000원 ISBN 978-89-18-01159-2